스페인 문학사

스페인 문학사

김종옥

전북대학교출판문화원

책머리에

20세기 스페인 최고의 지성이자 98세대의 대표 작가인 미겔 데 우나무노 Miguel de Unamuno는 역사의 표면에 드러나 있지 않은 수많은 사람들의 일상이 사실은 뿌리 깊은 역사의 현실을 구성한다는 것으로부터 내재역사 intrahistoria를 설명한다. 이런 관점에서 본다면 개인의 역사들이 확장되어 한 나라의 역사를 이루고 그 역사의 민낯까지 펼쳐 보일 수 있는 문학이야말로 진정한 의미의 내재역사라고 해도 과언이 아닐 것이다. 역사가 큰 테두리라면, 문학은 그 안의 구석구석을 둘러볼 수 있게 해주는 훌륭한 자료다. 이 책에서는 스페인 문학 속에 재현된 그 나라의 역사와 당시의 사회상에 주목하면서 역사의 테두리를 이해하는데 주력하였고, 그 안에서 문학이 내재역사의 역할을 어떤 방식으로 수행하는지 설명해 보고자 했다.

12세기 중세에서 출발한 스페인 문학사는 그 역사만 해도 대략 천 년에 이른다. 문학사 안에 그 기나긴 문학의 여정을 담는 것은 결코 용이한 작업은 아니다. 특히 스페인 역사와 문화, 그리고 문학이 우리에게 다소 낯설고 이해하기 어려운 부분이 있어서 더욱 힘들었다. 유럽문화, 특히 스페인 문화의 핵심은 기독교 문화에서 출발하여 발전되고 분리되었다는 것이다. 기독교가 들어온 지 겨우 100년이 되는 우리로서는 기독교에 뿌리를 둔 스페인 문화와 문학을 이해하기가 불가능한 부분도 있다. 그러나 부득이하게 생길 수밖에 없었던 공감대의 부재를 채우고 그것들을 이해하기 위해 최대한 노력을 기울였다고 말하고 싶다.

스페인 문학을 사랑하고 자신이 사랑한 이 문학에 끊임없이 문제를 제기하며 스페인 문학사의 길을 닦은 증인 마르셀리노 메넨데스 펠라요 Marcelino Menéndez Pelayo는 죽음을 앞두고 "읽을 게 아직도 이렇게 많이 남았는데 죽다니 참으로 안타깝군! ¡Qué lástima, morir cuando me quedaba tanto por leer...!"이라 말했다고 한다. 큰 학자에게 이토록 간절했던 스페인 문학, 그 역사서를 출간하면서 더 많은 내용을 깊이 있게 설명하지 못한 안타까움에 그의 말이 더욱 마음에 와 닿는다. 비록 소박한 내용을 담고 있지만 스페인 문학에 관심을 갖는 많은 사람들에게 유효한 지침서가 되기를 바란다.

마지막으로 오랜 기간 동안 스페인 문학사를 강의하며 준비한 내용들을 정리하여 책으로 낼 수 있게 해 준 전북대학교 출판문화원에 감사드린다.

2015. 8.

저자 **김 종 옥**

목 차

제 1 부
중세 문학

Ⅰ. 14세기까지의 스페인 문학

1. 시대 배경

스페인 문학사는 크게 두 가지로 나누어 설명할 수 있다. 역사의 관점과 문학의 관점이 그것이다. 이를 제대로 이해하기 위해서는 먼저 개괄적 설명이 필요하다.

스페인 문학은 흔히 스페인어로 쓴 문학 활동을 의미하지만, 중남미 대부분의 나라에서도 스페인어를 쓰기 때문에 자칫 너무 광범위해질 우려가 있어 이 책에서는 스페인에서 나타나는 문학으로 그 범주를 제한한다. 중남미 지역에서의 문학 활동은 중남미 문학사나 그 외의 책을 통해 살펴볼 수 있다.

스페인은 유럽 남부의 이베리아 반도에 자리 잡고 있다. '강들의 대지'라는 의미의 이베리아 반도에는 일찍이 이베로 Ibero족이 살고 있었다. 이베로족은 페니키아, 즉 지금의 시리아 지역에 살던 사람들이 북아프리카의 도시 카르타고로 이주하면서 생긴 종족이다. 이베리아 반도에는 이들뿐만 아니라 북쪽으로부터 유입된 켈트족이나 중부의 셀티베로족도 함께 거주하고 있었다.

기원전 202년 로마가 카르타고를 점령하여 전 이베리아 반도를 정복하면서 라틴어 공용화를 의무화하자 원래의 지역어 요소에 라틴어가 자리를 잡으며 지금의 스페인어로 발전되었다. 이렇게 라틴어에 각 지역어적 요소가 결합되어 발전한 언어를 로망스어라고 부른다. 유럽의 로망스어에는 프랑스어, 포르투갈어, 이탈리아, 루마니아어가 있고, 이베리아 반도에는 스페인어와 포르투갈어 외에도 카탈란 catalán어와 가예고 gallego어가 존재한다. 물론 스페인에서는 바스크 언어도 사용되고 있지만 그 언어의 뿌리에 대한 의견이 분분한 탓에 로망스어에서 제외한다. 따라서 스페인의 로망스어로는 스페인어, 즉 카스테야노 castellano어와 카탈란어와 가예고어가 있다.

스페인에 존재했던 여러 왕국 가운데 가장 강성했던 것이 카스티야 Castilla 왕국이었기 때문에, 그곳에서 쓰던 카스테야노어가 스페인의 국어가 되었다. 각 지역에서 사용한 로망스어들은 20세기 프랑코 Francisco Franco 총통의 독재 기간 동안 카스테야노어를 제외하고 모두 금지되었으며 일상생활에서의 사용도 제한되었다. 그러나 1975년 프랑코 총통의 사망과 더불어 활발하게 사용되고 있을 뿐 아니라, 그 이전에는 일상생활의 범주에서 크게 벗어나지 못하던 지역어들이 지금은 오히려 지역어 방송국이 세워지고 학교에서도 자신들의 언어로 교육을 할 정도로 큰 사랑을 받고 있다. 그러나 무엇보다 중요한 것은 스페인 국가 전체를 통합하는 언어는 카스테야노어라는 것이다. 그러므로 우리가 배울 스페인 문학사는 스페인어 즉 카스테야노어로 쓰인 문학을 그 범주로 한다.

스페인 문학은 12세기에 시작되었다 할 수 있는데 그것은 스페인 문학의 태두를 알리는 작품 『시드의 노래 *Cantar de Mío Cid*』가 1140년경에 쓰였을 것이라 추정하기 때문이다. 그렇다면 이 작품이 탄생되기 이전의 이베리아 반도에는 어떤 일들이 있었는지 살펴보자.

유럽문화는 그리스에서 태동하였다. 그러나 이후 유럽에서 로마의 세력이 커짐에 따라 문화의 중심은 그리스에서 로마로 이동하고, 그것은 다시 로마의 정복과 더불어 광범위하게 확대되면서 이베리아 역시 로마 문화권에 속하게 된다. A.D. 313년 콘스탄티누스 대제의 기독교 공인은 로마 문화의 운명을 가르게 된 큰 변수였다고 설명할 수 있다. 이로써 고대 그리스와 로마의 문화는 기독교 문화로 대체되었고, 그 전반기는 A.D. 476년, 서로마 제국의 멸망과 더불어 일단락된다. 역사에서는 흔히 이 시기를 고대가 끝나는 시점으로 본다.

서로마 제국의 멸망에 이어 이베리아 반도는 서고트족의 침략을 받았는데, 언어와 문화, 그리고 종교까지 게르만족의 한 분파인 서고트족은 로마 문화의 우월성에 흡수되고 만다. 그 이후 711년에도 사라센 제국의 침략을 받은 이베리아 반도에는 본토와 침략자 아랍의 문화가 공존하게 되었다. 스페인 중세 문학은 유일신 알라를 믿는 회교도 세력에 대항해 기독교인들이 세력을 모아 국토회복운동 la Reconquista 종교 전쟁을 치르던 시기에 태동하였다. 이 전란 속에서 스페인 최초의 문학 작품 『시드의 노래 *Cantar de Mío Cid*』는 탄생한다. 재정복을 위한 싸움 끝에 13세기 후반 이베리아 반도에는 평화가 찾아오고, 그라나다에 남아있던 마지막 회교도 세력은 1492년 가톨릭 양왕 때 완전히 축출되었다. 이것을 계기로 스페인 중세 문학이 출발한다.

역사학자들은 중세를 동로마 제국이 멸망하는 1453년까지의 시기로 본다. 역사적 시기를 명확히 정하기는 어렵지만, 문학에서도 대략 하느님 중심 문화인 중세를 15세기경으로 한정 짓는다. 그러나 15세기는 이어 나타날 르네상스 시대와 매우 비슷한 특성들을 지니고 있어서 이 시기를 과도기로 따로 구분하여 설명할 필요가 있다. 따라서 중세 문학을 14세기경까지의 문학과 15세기 과도기의 문학으로 구분하여 설명하는 편이 좋겠다.

2. 중세 사회와 문화

12세기와 13세기는 스페인 중세 문학이 싹트는 시기다. 이 시기에 이베리아 반도는 카스티야 Castilla와 아라곤 Aragón이라는 두 개의 큰 왕국이 점령하고 있었고, 이 두 왕국은 국토회복운동으로 아랍인들을 제거하며 영역을 넓혀 갔다. 이베리아 반도에 존재하던 여러 왕국들 중에 레온 León 왕국은 1230년 페르난도 Fernando 3세 때에 카스티야 왕국에 병합되었고, 한때 임시적으로 아라곤 왕국에 병합되었다가 독립하기도 했던 나바라 Navarra 왕국은 13세기부터 프랑스 왕국에 종속되었는데 1512년에 결국 가톨릭왕 페르난도 Fernando el Católico가 이끄는 아라곤 왕국에 다시 병합되었다. 이베리아 반도의 두 대립세력인 아라곤 왕국과 카스티야 왕국은 1469년 아라곤 왕국의 페르난도 Fernando 왕자와 카스티야 왕국의 이사벨 Isabel 공주의 결혼으로 통일 국가가 되었다. 페르난도 왕자와 이사벨 공주는 가톨릭을 왕국 존재 이유의 핵심으로 내세워 통치하려는 의도로, 자신들을 가톨릭 양왕 los Reyes Católicos으로 명명하였다.

스페인 문학이 태동하던 당시 유럽 사회는 종교적 열의가 뜨거웠던 막바지 시기였다. 카노사의 굴욕과 십자군 전쟁은 이러한 분위기를 잘 설명해준다. 카노사의 굴욕은 1077년 교황 그레고리오 7세가 신성로마제국의 황제 하인리히 4세와의 갈등에서 승리한 대표적 사건이다. 자신의 명령에 정면 대립한 황제를 교황이 파문시켰고, 황제가 맨발로 눈 속에 서서 3일간이나 금식을 함으로써 겨우 교황의 용서를 받아낸 사건이다. 십자군 전쟁은 1099년부터 1244년까지 8회에 걸쳐 치러진 예루살렘 성전 회복을 위한 전쟁을 의미한다. 그러나 이베리아 반도는 자신들의 영토를 차지하고 있는 회교도들을 몰아내는 것이 급선무였다. 기독교 세력의 본래 영토를 회복하자는 국토회복운동 la Reconquista은 8세기부터 조금씩 시작됐지만 1212년 가톨릭 연합 세력이 하엔 Jaén의 나바스 데 톨로사 Navas de Tolosa 전에서 승리함으로 그 정점을 찍었다. 마침내 기독교 세력은 이베리아 반도를 되찾았고, 1248년 이후에는 그라나다 Granada만이 회교도의 지배 하에 남게 되었다. 그러나 종교적 열망이 급격히 시들면서, 그라나다는 200년이 넘는 기간 동안 회교도 세력 하에 방치되었다. 이후 1492년 스페인의 가톨릭 양왕 los Reyes Católicos이 드디어 그라나다를 탈환했고, 이로써 이베리아반도는 종교적으로 통일되었다.

국토회복운동 전쟁을 치르던 기간이었지만, 중세의 이베리아 반도에는 기독교인들과 회교도인들, 그리고 유태인 세파르디 sefardí가 공존하던 시기였다. 특히 상공업을 담당하던 유태인들은 돈이 많았고, 왕과 귀족들의 재정적 후원으로 군주들의 보호를 받았다. 그러나 가톨릭 양왕이 다스리던 1492년에 유태인들에 대한 강경 정책이 시작되었고 그들은 개종하라는 명령까지 받게 된다. 개종한 유태인들은 이베리아에 남을 수 있었지만, 유대교를 고집하던 이들은 삶의 터전이던 이베리아 반도를 떠나 유럽의 각지로 흩어졌다. 물론 개종을 한 대다수의 유태인들도 삶의 방편으로 선택한 경우가 많았기 때문에 이들은 그 이후에도 스페인 사회에 흡수되지 못하고 이질적인 존재로 남아 많은 문제를 야기한다. 이 밖에도 스페인 사회의 구성원들 중에는 모사라베 mozárabe와 무데하르 mudéjar도 있었는데, 모사라베는 회교도 영토 안에 살던 기독교인들이고 무데하르는 가톨릭 영토 안에 살던 회교도들로서 주로 농민이나 직인들이었다. 이들은 스페인 문화의 이중적 요소, 즉 기독교적 측면과 회교도적 측면이 융합되는 데 중요한 역할을 담당하였다. 그러나 유대인들과 마찬가지로 회교도인들 역시 펠리페 Felipe 3세 때인 1609년 개종을 종용받았고, 따르지 않는 이들은 추방당했다.

중세 사회는 성직자 계층과 귀족 계층, 그리고 평민으로 구성되었다. 카탈루냐 Cataluña 지방을 중심으로 부르주아 계층도 미약하나마 부상하였고, 후에 강성해진 이들 세력은 경제적인 능력에 힘입어 정치적으로도 귀족과 성직자 계층에 큰 영향을 미쳤다.

중세에 고대 그리스와 로마의 문화가 실질적으로 사라지고 대신 가톨릭교가 사회 전반에 걸쳐 주도적 역할을 맡게 되었다. 이에 따라 교회는 고대 로마 시대의 계승자로 인정받음과 동시에 이를 계기로 신 중심의 유럽 문화가 자리 잡게 되었다. 이 신 중심의 문화는 13세기 토마스 아퀴나스를 중심으로 기독교 교리를 학문적으로 체계화한 스콜라 철학과 신학을 통해 그 특징을 잘 살펴볼 수 있다.

중세의 문화는 수도원 monasterio 중심으로 이루어졌다. 종교 교리를 가르치는 것은 물론 수도원의 수사들은 작업장도 운영하였고, 작업장에서는 기술을 가르칠 뿐 아니라 조잡하나마 그 기술을 실험해 보기도 하였다. 미술이 발전하여 화가가 탄생하고 음악가와 건축가를 배출한 것도 수도원이었다. 그뿐만 아니라 작가 미상의 서사시를 비롯하여 여러 문학 작품이 나온 곳도 바로 이곳이었다. 특히 수도원의 도서관은 당시의 지식을 모두 모아놓은 곳으로 높은 가치를 지녔으며, 또 필사본을 제공함으로써 지식 전달의 중심지 역할도 담당하였다. 수도원 중심의 문화는 이후에 대학 중심의 문화로 바뀌었는데 이때부터 16세기 르네상스의 인문학이 시작되었다. 1212년에는 카스티야 지방에 최초의 대학이 세워졌는데 이 팔렌시아 대학은 1215년 지역을 옮겨 살라망카 대학의 전신이 되었다. 또 1300년에 아라곤 지방에서도 레리다 Lérida 대학이 설립되었다.

스페인은 동양과 유럽의 문화가 만나는 교차로이기도 했다. 스페인과 유럽 문화에 큰 영향을 미친 톨레도 번역 학교 Escuela de Traductores de Toledo는 12세기에 라이문도 don Raimundo 주교가 설립하여 13세기 알폰소 Alfonso 10세에 이르러 큰 발전을 이룬다. 회교도와 유태인, 유럽 학자들이 이 학교에 모여 들었고, 바로 이곳에서 아랍어로 된 철학서와 과학서가 라틴어로 번역되면서 고대 지식이 유럽 사회에 전해지는 계기가 되었다. 톨레도 번역 학교를 통해 동양 문화가 이베리아 반도에 유입되었다면, 유럽 문화는 11세기에 프랑스의 클뤼니 Cluny 수도회의 많은 수사들이 카스티야 지방에 오면서 유입되었다. 이들은 언어와 종교 관습을 비롯하여 궁정의 관습들에까지 많은 영향을 미쳤다.

중세의 예술과 문학을 이해하고 평가하는 것은 매우 어려운 일이다. 그것들이 하느님 중심의 사회 안에서 탄생하였기 때문이다. 기독교가 중심이었던 시대의 모든 예술 활동은 하느님의 영광을 위한 것이었다. 따라서 그것들을 누가 했는지는 중요하지 않았다. 11세기와 12세기의 로마네스크 건축 양식, 그리고 13세기와 14세기의 고딕 양식에 따른 웅장한 건축물들이 대부분 작자 미상으로 남아 있는 것은 바로 이 때문이다. 건축뿐 아니라 조각가, 화가, 음악가들의 이름도 알려지지 않은 경우가 많았다. 중세 문학 역시 예외는 아니어서 작가를 알 수 없는 작품들이 대다수였는데 그들의 재능과 노력, 그리고 열정까지 모두 하느님의 영광을 위한 것이기 때문이었다. 하지만 르네상스 시기가 도래하면서 이러한 생각은 변화되었고, 개인의 명예와 영광을 추구하는 풍조가 조성되었다.

3. 스페인어의 탄생, 글로사스 에밀리아넨세스 Glosas Emilianenses

로마 제국은 라틴어의 공용화를 요구하였다. 이에 따라 문서는 물론 일상생활에서도 라틴어가 쓰이면서 라틴어의 지방어인 로망스어가 발달하기 시작하였다. 당시는 교통이 원활하지 않았고 매스컴도 발달하지 않은 시기였기 때문에 각 지역마다 로망스 언어가 생겨난 것은 자연스러운 현상이었다. 로망스어로는 이탈리아어와 프랑스어, 스페인어와 포르투갈어, 루마니아어를 들 수 있다. 스페인에는 지금의 스페인어로 불리는 카스테야노 castellano어, 카탈란 catalán어, 가예고 gallego어가 있다. 물론 스페인의 바스크 지방에서 쓰는 바스크어도 있지만, 그 어원을 찾을 수 없다.

프랑스어가 최초로 쓰인 것은 842년경으로 추정되고, 이탈리아어는 카스테야노어와 비슷한 10세기경으로 추정된다. 카스테야노어는 칸타브리아 Cantabria 지방을 중심으로 싹튼 언어로, 이베리아 반도 내에서 가장 발전된 형태의 로망스어다. 스페인 어문학자 다마소 알론소 Dámaso Alonso는 카스테야노어 글의 첫 흔적이라 할 수 있는 글로사스 에밀리아넨세스 Glosas Emilianenses를 발견하였다. 산 미얀 San Millán 수도원의 고문서를 연구하던 그는 카스테야노어로 주석을 달아놓은 라틴어 단어를 발견하였고, 그 글이 바로 라틴어 책 속 몇몇 단어의 뜻을 명확하게 하기 위한 것임을 알게 되었다. 산 미얀 San Millán 수도원에서 발견된 주석의 글이라고 하여 글로사스 에밀리아넨세스라고 불린다. 단순한 주석이기 때문에 문학의 범주 안에는 포함시킬 수 없지만 문학을 연구하는 우리들에게 매우 중요한 자료임에는 분명하다.

4. 후글라르 문학, 메스테르 데 후글라리아 Mester de Juglaría

스페인 중세 시문학은 크게 메스테르 데 후글라리아 Mester de Juglaría라는 후글라르 문학과 메스테르 데 클레레시아 Mester de Clerecía라는 성직자 문학으로 나눌 수 있는데, 전자는 12, 13세기에 나온 대중적 성격의 문학이고 후자는 13, 14세기에 나온 식자층 위주의 문학이었다.

메스테르 데 후글라리아 Mester de Juglaría에서 'mester'는 'ministerio'와 같은 말로 '작업 ocupación' 또는 '직업 profesión'을 의미한다. 후글라르 문학은 12, 13세기의 중세 초기 서사시 epopeya 형식의 문학으로, 무훈시 또는 구전 영웅 서사시라고도 부른다. 무훈시, 칸타르 데 헤스타 cantares de gesta에서 gesta는 라틴어 gero '~하다'에서 파생되었는데 '일어난 일'을 뜻하는 이 말은 '영웅적인 일 hecho hazañoso'과 동의어로 사용되었다. 작가의 감동이나 정서가 드러나 있는 서정시와는 달리 '사실'에 기초한 서사시임을 알 수 있다.

후글라르 juglar들에 의해 전파된 메스테르 데 후글라리아는 작가 미상의 작품들이 많다. 후글라르는 광대, 떠돌이 음유시인, 종군기자 등의 복합적인 의미가 있다. 음유시인을 지칭하는 또 다른 말로 트로바도르 trovador가 있는데, 후글라르가 작품을 보통 글로 남기지 않은 반면에 이들은 직접 글로 써서 남겼다. 또 후글라르가 이 마을 저 마을 떠돌아다니며 투박하고 거친 시를 낭송했던 것과는 달리 트로바도르 trovador는 왕궁을 중심으로 활동하면서 세련되고 우아한 서정시를 많이 남겼다.

후글라르는 구전 서사시 문학의 형성 과정에 중요한 역할을 한다. 전쟁 기간이었던 당시 그들은 종군기자처럼 생생한 전쟁 이야기를 사람들에게 전해주었다. 또한 그들은 여러 도시와 성을 돌아다니며 다양한 전쟁 이야기뿐 아니라 악기를 연주하고 서정시로 노래를 하는 등 광대 역할까지 했기 때문에 관객들은 후글라르가 마을에 나타나기를 고대하였고 이야기가 끝나면 돈을 주었다. 알폰소 10세는 저서 『법전 *Partidas*』에서 영웅적 행동을 노래로 전파시키는 후글라르의 노래를 들으라고 기사들에게 충고하며 그들을 좋게 평가하기도 했지만, 대부분의 도덕가나 법률가들은 후글라르를 좋지 않게 생각하였다.

무훈시는 주로 영웅들의 업적을 기리는 내용의 장편 서사시다. 프랑스에서 시작된 이 장르의 가장 오래된 작품은 1100년경 샤를마뉴 대제의 업적을 기린 『롤랑의 노래 *Chanson de Roland*』다. 스페인에도 많은 무훈시가 있었지만 작품 전체가 비교적 잘 보존이 된 것은 『시드의 노래 *Cantar de Mío Cid*』가 유일하다.

『시드의 노래 *Cantar de Mío Cid*』도 작품 전체가 보존되지는 않았고, 일부가 빠져 있다. 그러나 그 외의 무훈시 작품은 거의 다 부분적으로 보존되었거나 산문으로 요약되었거나 아니면 기록만 남아 있는 경우도 있다. 예를 들어 프랑스의 『롤랑의 노래 *Chanson de Roland*』를 모방한 13세기 작품 『론세스바예스의 노래 *Cantar de Roncesvalles*』는 대략 100행 정도만 보존되었다. 12, 13세기의 작품 『라라의 일곱 왕자의 노래 *Gesta de los Siete Infantes de Lara*』도 수백 행이 남아 있을 뿐이며, 14세기의 작품 『청년 로드리고의 노래 *Cantar de Mocedades de Rodrigo*』는 1,000행 이상이 보존되어 있다. 『청년 로드리고의 노래』는 시드 장군, 즉 로드리고 Rodrigo의 젊은 시절을 환상적으로 그린 작품이다. 그러나 연대기 식으로 산문화된 작품 『페르난 곤살레스 백작 *Conde Fernán González*』과 『베르나르도 델 카르피오 *Bernardo del Carpio*』와 『산초 2세의 노래 *Cantar de Sancho II*』 등은 이름만 전해져 내려온다.

『시드의 노래 *Cantar de Mío Cid*』

『시드의 노래 *Cantar de Mío Cid*』는 1779년 토마스 안토니오 산체스 Tomás Antonio Sánchez의 『15세기 이전의 스페인 시 모음집 *Colección de poesías castellanas anteriores al siglo XV*』의 1권으로 출판되었다. 출판되기 이전의 필사본은 마드리드 국립 도서관에 소장되어 있는데, 14세기의 후글라르 juglar에 의해 옮겨진 것으로 작품의 처음 한 장과 중간의 두 장이 빠져 완벽하게 보존된 필사본은 아니다.

이 작품의 연대와 작가는 명확하지 않다. 멘넨데스 피달 Menéndez Pidal은 작품의 역사적 성격을 지적하며 시드 장군이 죽은 지 얼마 되지 않은 시기의 작품으로 추정하고, 두 명의 작가가 있었을 거라고 추정한다. 즉 1103년에서 1109년 사이에 산 에스테반 데 고르마스 San Esteban de Gormaz 지방의 시인이 1부 「추방의 노래 Cantar del destierro」 전체, 그리고 2부와 3부인 「시드 딸들의 결혼노래 Cantar de las bodas」와 「코르페스에서 당한 모욕 Cantar de afrenta de Corpes」의 개략적 내용을 썼고, 1140년 경 메디나셀리 Medinaceli 지역에 살던 다른 시인이 원작을 개작하여 소설적 성격들을 추가하였다는 설명이다. 그러나 비평가 콜린 스미스 Colin Smith는 다른 의견을 제시한다. 즉 역사적 사실을 가깝게 접할 수 있었던 산 에스테반 데 고르마스 시인이 작품의 사실적 성격을 부여하였고 메디나셀리 시인이 환상적인 부분을 완성하였다는 설명이다.

마드리드 국립도서관에 소장된 필사본 끝에는 '페르 아밧이 1245년 5월에 썼음 Per Abbat le escrivió en el mes de mayo en era de 1245'이라는 문구를 볼 수 있다. 시저력 1245년은 서기력으로는 38년을 뺀 1207년에 해당한다. 메넨데스 피달은 페르 아밧 Per Abbat을 페드로 아밧 Pedro Abbat으로 해석하며, 그는 작가가 아니고 단지 옮겨 적은 이였을 뿐이라고 설명한다. 연대 또한 1307년을 잘못 적었다고 설명한다. 그러나 최근의 비평가들은 메넨데스 피달과는 다른 의견을 제시한다. 즉 1207년은 작품이 필사된 연도이며 작품의 단일성으로 볼 때에 작가는 한 명이라는 것이다. 하지만 작품의 1부에서 각운이 자주 변화하고 또 티라다 tirada의 길이가 10행 이하로 짧은 반면에 2부에서 각운의 변화가 적고 3부에서는 거의 사라졌다는 점에서 두 작가일 것이라는 설명도 설득력이 있다.

작품의 주인공 시드 장군 Cid Campeador은 역사적 인물 로드리고 디아스 데 비바르 Rodrigo Díaz de Vivar다. 로드리고는 부르고스 근처의 비바르에서 1040년경에 태어났다. 카스티야 왕국의 후계자 산초 don Sancho 왕자와 함께 교육을 받았고, 1065년 왕좌에 오른 왕자는 로드리고에게 군대 명령권을 준다. 산초 왕과 형제들 사이의 다툼으로 전쟁이 일어났고, 로드리고는 전투에 참가한다. 산초는 암살당했는데 그 배후에 형제 레온 왕 알폰소 Alfonso가 있다는 소문에, 로드리고는 알폰소가 그것에 개입하지 않았다는 선서를 받아 온다. 그 후 알폰소 왕은 충성심 깊은 로드리고를 신하로 받아들이고, 세비야의 무어 왕에게 조공을 받아오도록 명령한다. 그러나 로드리고는 그를 시기한 가르시아 오르도녜스 백작이 조공 일부를 그가 횡령했다고 모함하여 1081년 카스티야 왕국에서 추방되었다. 이후에 그는 발렌시아의 무어인들을 정복하고 부인과 두 딸을 불러들인다. 그는 두 딸을 나바라와 카탈루냐 왕족과 결혼시키고, 1099년에 세상을 떠났다.

작품은 총 3,730행이 남아 있고 3부로 구성되어 있다. 그러나 필사본의 처음 한 장과 중간의 두 장이 빠진 것을 감안하면, 원래는 대략 4,000행 가까운 작품이라고 말할 수 있다. 1부는 1,085행까지의 「추방의 노래 Cantar del destierro」이고 2부는 2,277행까지의 「시드 딸들의 결혼 Las bodas de las hijas del Cid」이며 3부는 마지막 3,730행까지의 「코르페스에서 당한 모욕 La afrenta de Corpes」이다.

1부의 줄거리는 시드 장군이 세비야의 무어 왕이 바친 조공 일부를 횡령했다는 가르시아 오르도녜스 백작의 모함에서 시작한다. 이 때문에 시드 장군은 카스티야에서 추방돼 고향 비바르를 떠나 부르고스로 향한다. 왕의 보복이 두려워 아무도 시드 장군을 도와주지 않자 조카 마르틴 안톨리네스 Martín Antolínez가 모래 상자를 보석 상자로 속여 유태인들로부터 돈을 얻는다. 시드 장군은 수도원에 머물고 있는 부인 히메나 Jimena와 두 딸 엘비라 Elvira, 솔 Sol에게 작별 인사를 한다. 카스티야 국경을 넘는 시드 장군에게 가브리엘 천사가 나타나 용기를 북돋아주며 승리를 예언한다. 무어인들을 무찌른 시드 장군이 왕에게 많은 선물을 보내자 왕은 더 많은 군대를 모으도록 허락하고, 이에 시드 장군은 레리다 지방의 무어인들도 무찌른다.

2부와 3부는 극적인 요소가 많아 예술성이 뛰어나다. 2부 「시드 딸들의 결혼 Las bodas de las hijas del Cid」에서 시드 장군은 무어인들을 무찌를 때마다 왕에게 좋은 선물을 보내고, 부인과 딸들을 보내 달라고 요청한다. 왕은 이 요청을 받아들여 그의 부인과 딸들을 발렌시아로 보낸다. 시드 장군이 발렌시아 무어 왕의 군대도 무찌르자 알폰소 왕은 그를 용서하고 카리온 Carrión 왕자들과 시드 딸들의 결혼을 제안한다. 2부는 결혼식 준비로 끝난다.

3부 「코르페스에서 당한 모욕 La afrenta de Corpes」에서 사위 카리온 왕자들은 비겁하게 행동한다. 어느 날 밤 왕궁의 사자가 우리에서 도망치자 왕자들은 몸을 숨기기에 급급해 시드 장군 부하들의 조롱을 산다. 이 사건으로 창피를 당한 왕자들이 부인들과 함께 고향 카리온으로 가기를 원하자 시드 장군이 이를 허락한다. 카리온으로 가는 도중에 상수리나무 숲이 있는 코르페스에서 부하들을 먼저 보낸 카리온 왕자들은 시드 장군의 딸들을 발가벗기고 나무에 묶어 때린 후 버리고 떠난다. 왕자들을 수상히 여겨 뒤를 밟던 시드 장군의 부하가 이 사실을 전하자 장군은 왕에게 법정을 열어 달라고 요청한다. 법정에서 왕자들에게 선물한 검 콜라다 Colada와 티손 Tisón과 지참금을 되돌려줄 것을 요구하고, 마지막으로 명예 회복을 위한 결투를 요청하여 그 결투에서 이긴다. 소식을 들은 나바라 Navarra와 아라곤 Aragón 왕자들이 시드 장군의 딸들에게 청혼한다.

시는 시연 티라다 tirada마다 동일한 각운 monorrima의 모운 rima asonante으로 되어 있다. 티라다는 적게는 2행, 많게는 190행으로 되어있는데, 작품의 첫 번째 티라다는 1행부터 9행까지 a-o로 운이 맞춰져 있고 두 번째 티라다는 10행부터 14행까지 e-a로, 또 세 번째 티라다는 15행과 16행 a-a로 맞춰져 있다. 자운 rima consonante이 완벽한 각운 rima total인 반면 모운 rima asonante은 부분적 각운 rima parcial인데 스페인 서사시는 이 모운을 주로 사용한다. 이해를 돕기 위해 『시드의 노래』 첫 타라다를 인용해보자.

De los sos oios tan fuertemientre lorando[1]
tornava la cabeça e estávalos catando:[2]
vio puertas abiertas e uços sin cañados,[3]
alcándaras vazías sin pielles e sin mantos,[4]
e sin falcones e sin adtores mudados[5]
Sospiró Myo Çid, ca mucho avie grandes cuydados;[6]
fabló Myo Çid bien e tan mesurado:[7]
- 《!Grado a ti, señor Padre, que estás en alto,[8]

»esto me an buelto myos enemigos malos![9]

9행으로 구성된 첫 티라다는 모운 a-o 형식을 취한 것을 알 수 있다. 또 시 한 행의 음절수가 일정치 않고, 한 행은 휴지 즉 쉼 cesura을 중심으로 하여 두 에미스티키오 hemistiquio로 나누어진 bimembre의 형태인 것도 살펴볼 수 있다. 각 에미스티키오는 7음절 + 7음절 형태가 일반적이나 6음절 + 7음절, 7음절 + 8음절, 6음절 + 8음절 등의 형태도 많다. 느린 톤에서는 기준 음절수보다 많게 하고 긴박한 상황에서는 빠르게 이어지는 템포를 보여주기 위해 음절수를 적게 쓴다. 날마다 같은 이야기를 반복해야만 했던 후글라르 juglar들은 음절수를 하나하나 세어 보지 않고도 그 음율감을 감지하고 있었음이 명백하다.

마드리드 국립도서관에 소장된 필사본의 운율은 대부분 정확하다. 운율을 맞추기 위하여 e음 첨가 -e paragógica를 사용하기도 하였는데 음 첨가 paragoge는 한 단어의 끝에 하나 또는 하나 이상의 음을 첨가시키는 것으로 예를 들면 piedad 대신에 piedade로 쓰는 것이다. 10세기 스페인어는 아직 palabra aguda(마지막 음절에 강세가 있는 단어)가 없고 모든 단어가 spiritale, fare와 같이 어미 e를 가지고 있었다. 그러나 이 작품은 끝 어미 e가 이미 사라진 때에 쓴 것으로, 시 기법처럼 인위적으로 e음 첨가 -e paragoge 기법을 써서 각운을 쉽게 맞춘 것이다.

라파엘 라페사 Rafael Lapesa는 e음 첨가 -e paragógica를 고어적 표현이라고 설명한다. 즉 처음에는 사실의 전달이라는 목적을 지녔지만 시간이 흐름에 따라 현실의 문제들이 조금씩 과거의 업적과 신화적 성격들로 변화되면서 당시에 일반적으로 쓰던 언어를 피하고 고어적인 표현을 선호하게 되었다는 것이다. 음 첨가뿐 아니라 당시에 흔히 쓰던 perro, izquierdo, pobre 용어 대신에 고어 용어 can, siniestro, menguado

를 즐겨 씀으로써 과거 효과를 낼 수 있다는 것이다.

그러나 이와는 반대의 특징도 나타난다. 즉 당시에 유행하던 은어, 속담, 신조어 등도 찾아볼 수 있는데 '눈곱만큼드 상관없다 non lo preçio un figo'나 '손톱을 에어 내는 아픔으로 commo la uña de la carne' 등이 그 예로, 고어의 사용과는 외견상 어울리지 않아 보이지만 청중의 흥미를 돋우고 이야기를 재미있게 구성한다는 점에 있어서는 그 목적이 같다고 할 수 있다.

무훈시 『시드의 노래』는 몇 가지 특징을 보인다. 우선 무훈시의 영웅은 조국의 영토를 지키고 정의를 수호하는 인물로 묘사되는 반면에 인간적 모습은 잘 그려지지 않는다. 그러나 『시드의 노래』에서는 시드 장군의 인간적 모습이 강하게 부각된다. 전투에서의 용맹하고 강한 모습과는 달리 부하에게는 친근하고 부인과 딸들에게는 다정하며 왕에게는 훌륭한 신하의 모습을 보여준다. 『롤랑의 노래』와 마찬가지로 무어족과 싸우는 십자군 전쟁과 비슷한 성격의 작품이지만, 『롤랑의 노래』가 대부분 전승담에 그치는 반면 『시드의 노래』는 전승담을 중심으로 한 두 딸의 결혼과 파경, 그리고 복수가 큰 비중을 차지한다. 스페인 십자군 전쟁에 얽힌 시드 장군의 인간미와 역경, 가족 이야기를 담은 『시드의 노래』가 사소설적 분위기가 더 짙다고 할 수 있다.

또한 『시드의 노래』에서는 익살스럽고 코믹한 성격도 찾아볼 수 있다. 사자가 나타난 장면과 비겁한 왕자들의 모습에서 볼 수 있는 코믹성은 프랑스 무훈시의 그로테스크한 성격과는 다르다. 이러한 코믹한 성격은 무훈시와 영웅을 대중 생활에 접목시키려는 작가의 노력으로 설명할 수 있다.

또 주인공의 모습이 실제 역사 인물이라는 점 외에도 사건이 일어나는 장소로 구체적인 지명을 사용하는 등 사실적 묘사 방법을 택한다.

비현실적인 내용이 많은 프랑스 서사시와는 달리 『시드의 노래』는 사실에 충실하다. 물론 사실성의 강조는 예술성의 부족으로도 볼 수 있지만, 『시드의 노래』에 나타난 오류나 환상은 작가의 창조 작업의 결과이며 사실에서 영감을 얻은 문학적 인물을 설정한다는 점에서 진실한 예술성을 지닌 작품으로 설명할 수 있다. 메넨데스 피달은 이 작품이 여러 사건들을 잘 선별하여 쓴다는 점에서 구조적 완벽성을 가진다고 주장한다. 이것은 예술성을 논하는 데 중요한 요소가 될 수 있다. 에드문드 데 차스카 Edmund de Chasca 역시 『시드의 노래』가 유럽의 무훈시 가운데 가장 시적인 점을 들어 작품의 예술성을 강조한다. 페드로 살리나스 Pedro Salinas도 작품 속에 선별된 여러 내용이 영웅의 명예회복 테마를 중심으로 완벽한 구조를 다루고 있다고 설명한다.

『시드의 노래』를 포함한 스페인 서사시에는 공통점이 있다. 첫째로 사실적 표현을 들 수 있다. 역사적 사건을 사실적으로 그리고 지명이나 분위기에 대한 자료 또한 상세하여 역사성 historicidad이 강하다. 현실과는 거리가 먼 이야기를 환상적으로 그리지 않고 현실의 이야기를 시적인 수준으로 끌어올렸다고 말할 수 있다. 둘째로 스페인 서사시의 전통성 tradicionalidad을 들 수 있다. 작품의 테마가 시간의 흐름에 구애받지 않고 오랫동안 지속되는 강한 생명력을 가진다. 프랑스에서는 중세가 끝나자 서사시의 테마가 사라진 반면에 스페인에서는 이후에도 계속 새로운 형태로 등장하며 생명력을 이어나간다. 마지막으로 불규칙한 형식을 들 수 있다. 스페인 서사시는 모운 rima asonante의 사용과 불규칙한 운율을 특징으로 한다. 프랑스 서사시가 초기에는 모운 rima asonante을 사용하다가 곧 자운 rima consonante으로 변화한 것과는 큰 차이점이 있다. 한 행을 구성하는 두 에미스티키오 hemistiquios의 운율도 자유로워 각각 7+7, 6+7, 7+8, 6+8, 8+8 음절 등으로 다양하다.

5. 하르차 Jarcha

가장 오래된 스페인 문학 작품은 11세기의 서정시 하르차 Jarcha다. 다마소 알론소 Dámaso Alonso는 하르차를 유럽 최초의 서정시라고 말한다. 하르차는 『시드의 노래』보다 1세기 이상 앞선 문학작품으로, 스페인 문학사의 서두를 장식해야 하지만 대부분의 학자들은 관례적으로 하르차보다 『시드의 노래』를 먼저 다룬다. 그것은 우선 하르차가 스페인 고유의 시라기보다는 아랍어나 히브리어의 서정시 무아사하 muwaxaha의 일부인 짧은 시연으로 이중언어의 시작품이기 때문이다. 또 두 작품 사이의 시대적 차이가 많지 않고, 또 보존된 서사시 중에 가장 오래된 『시드의 노래』의 문학적 가치가 크기 때문이다.

서정시는 대중 노래이기 때문에 흔적이 남지 않은 경우가 대부분인데, 스페인의 하르차가 전해진 것은 큰 행운이다. 하르차는 9세기 말에서 10세기 초의 무아사하라는 시에서 유래하는데 이는 코르도바의 봉사 ciego 별명을 가진 모사라베 mozárabe 시인 무카담 벤 무아파 엘 카브리 Mucáddam ben Muafa el Cabrí가 처음으로 쓰기 시작하였다. 무아사하는 전통적 아랍시와는 달리 안달루시아 지방에서 유행한 시 형태로, 그 몇 줄의 후렴구를 모사라베가 발음하던 그대로의 스페인어로 적은 부분이 하르차다.

무아사하는 1948년 스턴 Samuel Miklos Stern이 '알 안달루스 Al Andalus'紙에 논문 '스페인 히브리어 무아사하 시의 서반아어 시행 Los versos finales en español en las muwaxahas hispano-hebraicas'을 발표해서 알려졌고, 이 시의 후렴구들은 스페인 고어로 쓰였음도 밝혀졌다. 이 후렴구가 바로 하르차로, 스턴의 논문에 발표된 시는 11세기 중엽의 시인 요세프 엘 에스크리바 Yósef el Escriba를 비롯하여 11세기 후반과

12세기 전반의 시인들이 쓴 작품이다.

대중 서정시 하르차는 대부분 사랑 노래로 사랑에 빠진 소녀가 그것으로 겪는 고통을 어머니나 자매들에게 고백하는 내용이다. 또한 시의 한 행이 8음절 이하인 아르테 메노르 arte menor이며 짝수 행마다 모운 rima asonante으로 운을 맞추는 경향이 있다. 평이한 어휘 사용이 많고 감동적이며 서정적인 느낌을 준다. 두 편의 예를 들어보자.

Ya mamma, me-w l-habibe
bais'e no más tornarade.
Gar ké faréyo,ya mamma:
¿No un bezyello lesarade?

(Madre, mi amigo/ se va y no tornará más./ Dime, qué haré, madre:/ ¿no me dejará [siquiera] un besito? 어머니, 나의 사랑하는 이는/ 가서 이제 돌아오지 않습니다./ 어머니, 제가 어떻게 해야 하는지 얘기해 주세요./ 이별의 입맞춤조차도 하지 않을까요?)

Gares yes debina
e devinas bi-l-haqqì
Garme kánd me bernád
mió habibi Isaq.

(그대가 점쟁이라지/ 정말로 그렇게 잘 맞히나요?/ 그렇다면 말 좀 해줘요/ 내 님 이삭은 언제나 나를 찾아올까요.)

또 하르차와 유사한 시로 세헬 zéjel을 들 수 있는데 몇 개의 단어와 문장이 스페인어로 쓰인 이 대화체 아랍어 시는 12세기의 시인 벤 쿠스만 Bén Quzmán의 『노래집 *Cancionero*』으로 전해온다.

6. 13세기 서정시

13세기 이후의 스페인 서정시는 프로방스 서정시의 영향을 받아 카탈란 catalán 서정시로 나타나고, 또 산티아고 Santiago 성지 순례길을 따라 갈리시아 지방에 영향을 미쳐 '갈리시아-포르투갈 서정시 lírica galaico-portuguesa'로 나타난다. 먼저 프로방스 서정시의 영향을 살펴보자면 12, 13세기에 프랑스 남부 프로방스 지방을 중심으로 발전된 궁정 서정시 lírica cortesana의 영향을 받은 것인데, 중세 유럽의 최초 로망스어 서정시인 궁정 서정시는 스페인뿐만 아니라 전 유럽에 큰 영향을 미친다. 유희화된 사랑의 개념이 궁정 서정시를 만나 비로소 표현된다.

로마 시인 카툴루스 Catulo의 작품에서 살펴볼 수 있듯이 고대 그리스와 로마 시대에는 사랑을 고통스러운 열정으로 표현한다. 또 플라톤은 『향연』의 아리스토파네스를 통해 양성론에 기인한 사랑의 기원을 설명한다. 원래 인간은 남성 masculino과 여성 femenino과 양성 andrógino으로 존재했는데, 막강한 힘을 가진 양성에 위기를 느낀 제우스신이 이를 분리시켜 남성과 여성만 존재하게 되었다는 것이다. 분리된 두 존재는 원래의 모습을 되찾기 위해 끊임없이 잃어버린 나머지 반쪽을 찾는다는 내용의 신화로, 사랑을 완전해지려는 욕망으로 설명한다. 또 플라토닉 러브의 사랑 개념은 철학적이고 명상적인 에로티즘의 사랑 이론이며, 여자가 배제된 왜곡된 이론으로 볼 수 있다.

12세기 남프랑스 프로방스 지방의 서정시를 통하여 사랑의 이론화가 시작된다. 남자와 여자가 삶의 중심인 사랑론이 서정시 속에 구현되는 것이다. 프랑스 남부의 봉건귀족을 중심으로 한 궁정 사랑 el amor cortés, fin'amors이 바로 서정시의 핵심이었다. 궁정 서정시에서는 사랑이 육체의 결합과 번식을 위한 것이 아니라 감정 높이로 표현된다. 이 궁정 서정시의 큰 특징은 라틴어가 아닌 로망스어로 쓰였다는 것인데, 단테 Dante는 이를 시인들이 자신의 작품을 시적 대상인 귀부인들이 이해하기를 원했기 때문으로 설명한다.

프로방스 지역에서 궁정 사랑이 탄생할 수 있었던 역사적 상황을 살펴보면, 우선 당시의 물질적 풍요를 들 수 있다. 12세기의 프로방스가 비교적 독립적이고 부유했던 봉건영주 지역이었고, 풍족한 농작물의 수확과 도시 경제의 시작으로 활발한 상업적 교류가 있었던 것이다. 두 번째 이유로는 정신적 풍요로움을 들 수 있다. 그곳은 십자군 전쟁 이후 문물의 교차로였던 스페인과의 지리적 근접성으로 동양과 서양의 풍요로운 정신세계를 동시에 맛볼 수 있었다. 셋째로 여성 지위의 변화를 들 수 있다. 기독교는 이교도에서는 알지 못하던 여성의 존엄성을 부여하였고, 또 로마의 여인들보다 더 자유로운 게르만 여인들의 성향도 영향을 미쳤다 할 수 있다. 옥타비오 파스 Octavio Paz는 사랑의 역사는 결코 여성 자유의 역사와 분리될 수 없다고 설명한다. 마지막으로 당시 봉건사회의 귀족들은 사랑하는 사람과의 결혼이 아니라 이해관계에 따른 정략결혼을 한 점을 들 수 있다. 더욱이 남편들은 전쟁으로 집을 비우는 일이 흔했고, 부부 사이의 정절은 그다지 엄격하게 지켜지지 않았다.

당시의 사회 분위기도 설명할 필요가 있다. 이 시기는 역사상 가장 유명한 연애 사건인 아벨라르 Abelando와 엘로이자 Eloisa의 스캔들이 일어난 시기로, 엘로이자는 '결혼이라는 족쇄로 나를 붙들어 매지 말고 오직 애정으로 날 속박하게 하소서'라고 부르짖었다. 또 당시에는 아더 왕의 부인 기네비아 여왕과 란셀롯의 불륜, 그리고 빗나간 열정의 희생물 트리스탄과 이졸데의 불행한 전설이 널리 퍼진 시기이기도 하다.

프로방스 지방의 궁정 서정시는 350여 명의 시인들이 쓴 작품 2,542편이 전해온다. 왕, 귀족, 성직자, 그리고 군인이 시를 쓴 경우도 있었지만, 대부분은 음유시인 트로바도르 trovador의 작품이었다. 초기 궁정 서정시는 귀족 남성들이 같은 사회 계층의 귀부인들에게 보내는 기사도적 내용의 시였다. 그러나 시간이 흐르면서 음유시인 트로바도르가 등장했는데 이들은 대부분 시로 생계를 유지했고, 높은 귀족과 귀부인의 보호를 받기도 했지만 여러 성을 전전하던 떠돌이 시인도 많았다.

궁정 서정시에서 시인은 사랑하는 여인을 부인 señora으로 부르며 스스로가 신하임을 고백하고 복종과 존경을 표한다. 중세 봉건사회는 법적으로나 또 종교적으로 군주와 신하 사이의 수직 결합이었던 것처럼 남녀 관계도 수직 관계를 보인다. 시인들은 복종의 대가로 부인의 호의와 언약을 얻는다. 따라서 부인이라고 부르며 사랑 앞에 신하로 묘사된 초기의 시적 허구는 더 이상 관례가 아닌 사회적 현실의 반영이었고, 앞서 설명한 수직 관계는 실질적 사회 신분의 관계와 일치한다. 당연히 시인의 감정이 시에 반영되지 않지만 흥미롭게도 혼외의 관계인 그들의 사랑이 정신적인 결합을 의미하기도 해, 남편은 질투심이 강하고 키가 작으며 아첨꾼에 둘러싸인 천박한 인물로 묘사된다. 음유시인 트로바도르 시의 사랑에는 네 단계가 있는데 그것은 수줍어하고 tímido, 구애하고 suplicante, 사랑의 증거를 내보이고 tolerado por la dama 결국 연인 amante이 된다는 것이다. 이 단계들을 거치는 동안 상당히 감각적인 묘사도 찾아볼 수 있다.

프로방스 궁정 서정시는 전 유럽에 많은 영향을 미쳤다. 단테 Dante Alighieri의 청신체 dolce stil novo 스타일의 작품도 이 시의 영향을 받아서 『신곡』에 등장하는 베아트리체 역시 기혼녀다. 물론 단테의 작품에 등장하는 여인 베아트리체는 천사와 같은 존재로, 외형적 아름다움이 아닌 내적 아름다움을 추구하며 남자와 하느님을 연결해주기 때문에 단테는 스콜라 신학에 궁정 사랑을 개입시켰다고 볼 수 있다.

프로방스 서정시가 인공적이고 정감이 결핍된 데에 비해 이 시의 영향을 받은 '갈리시아-포르투갈 서정시 lírica galaico-portuguesa'는 순수하고 정감이 마디마디 스며드는 노래다. 13세기의 '갈리시아-포르투갈 서정시' 2,116편은 님의 노래 cantigas de amigo와 사랑의 노래 cantigas de amor, 그리고 토론시 cantigas de escarnio로 구분된다. 특히 프로방스 서정시 영향은 님의 노래에 잘 나타난다. 갈리시아 시인들은 12세기와 13세기 초에 카스티야 궁정에서 환대를 받았다. 특히 알폰소 Alfonso 10세가 좋아해 그는 성모 마리아에게 바치는 시를 가예고어로 직접 쓰기도 하였다.

'갈리시아-포르투갈 서정시' 영향을 받은 카스티야 지방의 시인들도 가예고어로 시를 썼기 때문에 스페인어 서정시는 14세기 후반에야 시작된다. 이후 15세기에 절정기를 맞이하며 『바에나 노래모음집 *Cancionero de Baena*』을 탄생시킨다.

7. 성직자 문학, 메스테르 데 클레레시아 Mester de Clerecía

후글라르 문학 메스테르 데 후글라리아 Mester de Juglaría가 대중적 내용과 불규칙한 운율이 특징이라면 13세기의 성직자 문학 메스테르 데 클레레시아 Mester de Clerecía는 운율과 테마 면에서 이것과 많은 차이를 보인다.

중세의 유일한 식자층은 성직자 clero들이었다. 중세 초기의 왕과 귀족과 기사들은 정치와 전쟁에 매달렸고 교육에 신경을 쓰지 않아서 심지어 서명조차도 못했던 군주가 있었을 정도였다. 또 중산층과 부르주아 계층을 포함한 일반 대중이 식자층에 합류하기까지는 아직도 요원한 시기였기 때문이다. 따라서 당시의 "성직자는 '알다'와 동일어로 사용되었다 Clerecía y saber se hacen sinónimos".

유일한 식자층인 성직자들은 보통 라틴어로 글을 썼지만 로망스어도 사용하기 시작했다. 라틴어를 이해하는 사람이 적고 로망스어를 쓰는 사람이 많아지자 본인들의 지식 전파를 위해서는 불가피한 선택이었다. 13세기와 14세기에 발전한 성직자 문학은 초기에 엄격한 형식을 특징으로 하지만, 14세기에 이르러서는 형식 면에서 많이 자유로워지는 것을 알 수 있다.

성직자 문학으로는 13세기의 작가 곤살로 데 베르세오 Gonzalo de Berceo의 『성모 마리아의 기적 *Milagros de Nuestra Señora*』과 작가 미상의 『아폴로니오 이야기 *Libro de Apolonio*』, 『알렉산더 대왕 이야기 *Libro de Alexandre*』를 꼽을 수 있다. 또 칸시예르 데 아얄라 Canciller de Ayala의 『카스티야 왕 연대기 *Historia de los reyes de Castilla*』가 있고 14세기의 아르시프레스테 데 이타와 같은 중요 작가와 작품도 있다.

후글라르 문학의 무훈시가 불규칙한 운율을 가진 것과는 달리 성직자 문학은 엄격한 형식을 특징으로 한다. 성직자 문학에 사용된 시 연은 쿠아데르나 비아 cuaderna vía인데, 이것은 14음절의 시행 베르소 알레한드리노 verso alejandrino 4행으로 구성된 연이며, 각 시행은 행 중간의 쉼 cesura을 중심으로 7음절과 7음절로 구성되어 있다. 각 시행의 각운은 자운 rima consonante으로 맞추어졌다. 『알렉산더 대왕 이야기 *Libro de Alexandre*』에 나오는 한 연을 예로 들어 성직자 문학의 형식을 설명해 보자.

Mester trago fermoso, / non es de ioglaría, (A)
mester es sen pecado / ca es de clerezía: (A)
fablar curso rimado / por la cuaderna vía (A)
a síllabas cuntadas, / ca es gran maestría. (A)

아름다운 글로 이야기 해봅시다. 후글라르 문학이 아니지요.
흠잡을 데가 없습니다. 성직자 문학이기 때문이지요.
운율을 맞추고 음절을 하나하나 세어가며 읊어가는
쿠아데르나 비아랍니다, 정말 통달한 시작법이지요.

성직자 문학은 후글라르 문학과 달리 세련되고 다듬어진 언어를 쓴다. 물론 종종 일상적이고 평범하며 간결한 언어를 사용하기도 한다. 성직자들이 라틴어가 아닌 로망스어로 글을 쓴 것이 자신들의 지식을 전달하기 위함이라고 설명했듯이, 평범한 언어의 사용도 일반 대중들의 이해를 돕기 위해서였다.

성직자 문학의 또 다른 특징은 작품의 내용에 있다. 성직자 문학이라는 용어 때문에 당연히 종교적 내용을 다루었다고 생각하기 쉽다. 그러나 곤살로 데 베르세오의 작품을 제외하고는 종교적 작품은 거의 없다. 이 문학은 일상적이고 상식적인 내용을 다루지 않고, 연구를 통해 알 수 있는 내용을 다룬다. 즉 후글라르 문학에서 나온 시드 장군은 당시 이베리아 반도에 살았던 사람이라면 모두가 알 수 있는 내용이지만, 성직자 문학은 13세기의 스페인 작가가 기원전 4세기의 알렉산더 대왕 이야기를 쓰려면 많은 자료를 찾아보고 연구해야만 가능하다는 것이다.

곤살로 데 베르세오 Gonzalo de Berceo (1198?-1264?)

곤살로 데 베르세오 Gonzalo de Berceo는 스페인 문학사에서 처음으로 이름이 알려진 시인이다. 1198년경 리오하 Rioja 지방의 베르세오 Berceo 마을에서 태어나 1264년경까지 살았던 곤살로 데 베르세오는 성직자였고, 산 미얀 데 코고야 San Millán de la Cogolla 수도원과 산토 도밍고 데 실로스 Santo Domingo de Silos 수도원을 중심으로 활동하였다.

베르세오는 성직자 문학의 대가였지만, 후글라르 문학도 상당히 수용하여 스스로를 '성직자의 후글라르이며 성모 마리아에게 사랑시를 바치는 음유시인 juglar de Santo Domingo y trovador de la Virgen'이라 칭한다. 그의 문학이 평범한 어휘를 사용하고 일반 대중이 종교 내용에 관심을 갖도록 대중적 방법을 택했기 때문이다. 중세 문학은 가톨릭 중심의 신학 이론에 투철한 문학이기 때문에 지루하다는 편견이 있다. 그러나 베르세오의 작품은 종교의 내용을 이해하기 쉬운 흥미로운 이야기로 풀어 결코 지루하지 않아 그 편견을 깨트릴 수 있다.

베르세오는 종교 내용의 글을 성직자 문학의 형식 쿠아데르나 비아 cuaderna vía형식으로 썼다. 그의 작품으로는 성인의 일대기를 그린 『성자 도밍고 데 실로스 *Santo Domingo de Silos*』와 『성자 미얀 데 코고야 *San Millán de la Cogolla*』, 그리고 『성녀 오리아의 일생 *Vida de Santa Oria*』이 있다. 또 『성모 마리아의 기적 *Milagros de Nuestra Señora*』, 『예수 그리스도 수난의 날 성모 마리아의 애통 *Duelo de la Virgen el día de la Pasión*』, 『성모찬송 *Loores de Nuestra Señora*』이 있고, 교리 설명서 『미사의 예식에 대하여 *Del Sacrificio de la Misa*』도 있다.

베르세오는 『성모 마리아의 기적』의 제2연 1행을 '내 이름은 곤살로 데 베르세오 Yo, maestro Gonçalvo de Verceo nomnado'로 시작하며 자신을 소개한다. 다른 작품에서도 작가 자신을 우선 소개하고 성모 마리아와 성인에 대한 가호나 기원의 문구를 덧붙인다. 이어 자신의 글이 직접 쓴 것이 아니라 성인의 글을 베낀 것이어서 믿을 수 있는 이야기라는 문구가 나온다. 즉 이로써 베르세오 자신의 글이 근거가 있음을 강조하는 것이다.

베르세오의 대표작 『성모 마리아의 기적 *Milagros de Nuestra Señora*』은 중세의 마리아 문학 literatura mariana에 속한 작품으로, 우의(寓意)적 내용의 서설 introducción과 25편의 성모 마리아의 기적 이야기로 구성된다. 1910년 독일인 베커 R. Becker는 코펜하겐 도서관에서 마리아 기적 이야기 원본을 찾아내었다. 라틴어 원본을 바탕으로 쓴 작품이지만 작품의 서설과 「훔친 교회 이야기 La iglesia robada」처럼 출처를 알 수 없는 내용도 등장한다.

이 서설은 중세 문학의 상징 '로쿠스 아모에누스 locus amoenus'를 선명하게 드러낸 비유 문학의 진수다. 로쿠스 아모에누스는 가장 아름다운 곳, 즉 에덴 동산을 상징한다. 길을 가던 피곤한 나그네에게 아름다운 풀밭이 나타난다. 그곳은 세상에서 가장 아름답고 향기로운 꽃과 달콤하고 먹음직스러운 과일들이 넘치는 곳으로, 아담과 이브가 죄를 짓기 이전 신의 은총이 숨 쉬는 천국 에덴 동산을 의미한다. 풀밭이 에덴 동산을 비유하듯이 샘물은 네 복음서를 의미하고 시원한 그늘을 만들어 주는 나무들은 성모 마리아가 베푸는 기적이며 새들은 성인들을 뜻한다.

서설에 이어 등장한 25편의 기적 이야기는 성모 마리아를 깊이 믿었던 사람들에게 기적이 일어나고, 영혼이 구원되고 악으로부터 보호를 받는다는 내용이다. 예를 들어 「신실한 도둑 El ladrón devoto」은 성모 마리아에 대한 믿음이 깊었던 한 도둑 이야기로, 도둑질하다 잡혀 교수형에 처해진 도둑의 목을 성모 마리아가 손으로 감싸 죽음을 면하게 한다는 내용이다. 「무식한 승려 이야기 El clérigo ignorante」에는 '성모 마리아님이시어'만 아는 무식한 승려 이야기로, 그 승려는 날마다 '성모 마리아님이시어'만 반복한다. 이 사실을 안 주교가 화를 내며 그를 교회에서 쫓아낸다. 갈 곳도 없이 쓰러져 애원하는 소리를 들은 성모 마리아는 주교 앞에 현신하여 예전과 같이 미사를 드리도록 하라며 호령하고, 우직하고 무식한 승려는 평생 성모 마리아를 섬기다 천국으로 갔다는 이야기다. 중세의 파우스트라고 할 수 있는 「테오필로의 기적 El milagro de Teófilo」은 탐욕에 눈이 멀어 악마에게 영혼을 판 테오필로 이야기다. 성모 마리아가 악마에게 영혼을 팔고 곧 후회한 테오필로에게 영혼의 문서를 되찾아 준다는 내용이다.

『아폴로니오 이야기 *Libro de Apolonio*』

성직자 문학 작품으로 곤살로 데 베르세오 Gonzalo de Berceo를 먼저 다루었지만, 최초의 성직자 문학은 『아폴로니오 이야기 *Libro de Apolonio*』일 가능성이 크다. 1240년경의 작가 미상 작품으로 총 2624행으로 이루어진 『아폴로니오 이야기』는 유일한 필사본이 엘 에스코리알 El Escorial 도서관에 소장되어 있다. 이 작품은 사랑에 빠진 젊은이들이 헤어지고 만나는 과정에서 겪는 모험과 다양한 종류의 경험을 다루었는데 이것이 바로 비잔틴 소설 테마라 할 수 있다. 『아폴로니오 이야기』도 티로 Tiro 왕국의 아폴로니오가 겪는 모험과 납치, 표류와 예상치 못했던 만남 등의 이야기로, 사실성은 결여되지만 산문적 표현이 뛰어나 생동감을 더해주는 작품이다.

베르세오의 작품이 결집된 기독교 정신을 보여준 반면에 『아폴로니오 이야기』는 그 시대의 기사도 세계를 반영한다. 아폴로니오는 글재주도 뛰어나고 음악적 재능과 예의범절을 갖춘 주인공으로, 13세기 당시 궁정이 이상적으로 생각한 인물이다. 고대의 인물 아폴로니오를 13세기의 이상적 인물로 그려, 중세 문학의 특징인 시대착오 anacronismo적 성격도 살펴볼 수 있는 작품이다.

『알렉산더 대왕 이야기 *Libro de Alexandre*』

13세기 초의 『알렉산더 대왕 이야기 *Libro de Alexandre*』는 10,000행 정도의 분량으로 성직자 문학 중 가장 방대한 작품이다. 두 필사본이 전해온다. 하나는 후안 로렌소 데 아스토르가 Juan Lorenzo de Astorga의 것으로, 또 다른 하나는 곤살로 데 베르세오 Gonzalo de Berceo의 것으로 적혀 있지만 작가에 대해서는 정확히 알 수 없다.

기원전 4세기의 알렉산더 대왕 Alejandro Magno이 주인공인데 그의 어린 시절부터의 일대기를 그린 내용이다. 또 일대기 중간에 여러 이야기가 삽입되어 있는데, 1,688행의 트로이 전쟁 이야기도 그 중의 하나다. 이 이야기는 알렉산더 대왕이 폐허가 된 트로이 도시를 바라보며 군대 장군들에게 설명하는 형식으로 되어있다. 타락한 습관을 풍자적으로 그린 설교, 지옥에 대한 묘사, 알렉산더 대왕이 죽음을 준비하는 장면도 들어 있다.

작품 속에서 알렉산더 대왕의 모습은 정의와 용기를 갖추었을 뿐 아니라 스승 아리스토텔레스에게 모든 학문을 수학한 유식한 인물로 그려진다. 서두에 작가는 자신의 지식을 알리는 것이 의무라고 작품을 쓴 의도를 밝힌다. 이 작품에서도 마찬가지로 시대착오 anacronismo적 시각을 찾아볼 수 있는데 기원전 4세기의 인물인 알렉산더 대왕이 기사 서품을 받고 주피터 신이 기사들에게 둘러싸여 있고 아킬레스가 수녀들 사이에 숨어 있는 등, 작품의 등장인물들을 중세 인물로 묘사한 점이 바로 그것이다.

8. 산문과 賢王 알폰소 10세 Alfonso X el Sabio

로망스어 산문의 출현은 서사시와 서정시보다 늦은 13세기 초다. 로망스어는 단지 가족 간의 대화처럼 일상적 언어로 인식되었기 때문에 역사서, 법전, 종교 서적, 도덕 서적과 교리서 등은 모두 라틴어로 쓰였다. 메넨데스 피달 Menéndez Pidal의 의견에 따르면 스페인어가 최초로 글로 남겨진 흔적은 10세기경 라틴어 책에 달린 주석 글이다. 미얀 San Millán과 실로스 Silos의 수도원에서 발견되었기 때문에 각각 글로사스 에밀리아넨세스 Glosas Emilianenses와 글로사스 실렌세스 Glosas Silenses로 불린다.

그러나 진정한 의미에서의 산문은 13세기에 이르러서야 모습을 나타낸다. 1252년에서 1284년까지 카스티야를 통치한 알폰소 Alfonso 10세는 왕자 시절 아랍어 작품 『칼릴라와 딤나 이야기 *Libro de Calila e Dimna*』를 스페인어로 번역하게 하였다. 산스크리트어 원전의 작품이 페르시아어와 아랍어로 옮겨진 것을 다시 스페인어로 번역한 것이다. 인도 우화를 모아놓은 이 작품의 첫 이야기는 사자궁에 사는 칼릴라 Calila와 딤나 Dimna라는 늑대 남매 이야기다. 칼릴라의 오빠 딤나의 거짓말로 숲속의 왕은 비서인 황소 센세바 Senceba를 죽이려고 했으나 거짓이 탄로나면서 딤나가 배고픔으로 죽는 벌을 받는다는 내용이다. 원숭이 Ximio와 거북이 Galápago의 이야기는 우리나라의 별주부전과 흡사한 내용으로, 사랑과 우정이 대조된 재미있는 이야기다.

번역 사업은 알폰소 10세가 왕이 된 이후에 톨레도 번역 학교 Escuela de Traductores de Toledo를 중심으로 활발히 이루어졌다. 아랍어, 히브리어, 라틴어를 연구하는 학자들과 과학자들이 곳곳에서 모여들었다. 번역은 독창성이 결여된 작업이었으나 그것이 중세에 그다지 중요하게 여겨지지 않았고 편찬 사업에 바친 노력과 열정이 오히려 독창성보다도 훨씬 중요했다고 말할 수 있다.

알폰소 10세의 주요 작품은 다음과 같다. 우선 로마법을 모델로 한 『법전 *Las Partidas*』은 로마의 법전에서부터 중세의 주요 법전을 모은 책으로 7부분으로 나뉘어져 있는데, 알폰소 10세는 이 책의 편찬을 위해 여러 법률가의 도움을 받았다. 제1부는 종교생활과 교회의 규범, 2부는 통치자들의 의무와 권리, 3부는 행정 및 관리, 4부는 결혼법, 5부는 계약서법, 6부는 형법, 7부는 도덕법을 다룬다. 알폰소 10세는 책 편찬의 목적으로 세 가지를 제시했다. 첫째는 부친인 페르난도 Fernando 3세가 원했던 법률 개편 작업을 완성하는 것이고, 둘째는 법률가나 앞으로 통치를 할 군주들에게 도움을 줄 목적이었으며, 셋째로 신하들이 권리와 이유를 정확히 알게 하기 위해서였다. 또 그의 작품으로 『일반연대기 *Crónica General*』와 『세계사 *Grande e General Estorial*』도 있는데 『일반연대기 *Crónica General*』는 스페인 역사에 관한 책이고 『세계사 *Grande e General Estoria*』는 천지창조에서부터 시작해 신약에 이르는 내용을 다룬다. 역사서의 주된 원전은 바로 성경이다.

이 밖에도 점성술을 다룬 과학서 『천문학서 *Libros del Saber de Astronomía*』와 『별자리 *Tablas Alfonsíes*』, 보석들을 점성술적 관점에서 다룬 『탄생석 *Lapidario*』과 오락 서적 『장기, 주사위놀이, 끈놀이를 위한 책 *Libros de açedrex, dados e tablas*』이 있다. 알폰소 10세는 산문 서적 외에도 420편의 서정시 Cantigas를 가예고어로 썼는데 이것들은 사랑을 노래한 작품과 성모 마리아를 위한 서정시 Cantigas de Santa María로 문학적으로도 중요한 가치를 지닌 작품들이다.

9. 중세 연극

화려했던 고대 그리스와 로마의 연극은 중세에 들어 사라진다. 그 후 12, 13세기에 들어와 프랑스와 스위스에서 종교 행사와 관련된 중세극이 탄생한다. 예수 생애의 몇몇 장면들을 생생하게 표현하기 위한 작품들로, 특히 예수의 탄생에 관한 것이 많다. 즉 중세 유럽의 연극은 종교 행사와 연관되어 생겨났다고 설명할 수 있다. 11세기 중엽부터 스위스와 프랑스의 몇몇 수도원에서는 미사 중에 교창성가 交唱聖歌를 불렀는데 이것은 트로포 tropo라고 불리는 3, 4구절의 짧은 대화체의 문구를 성직자들이 라틴어로 노래한 것이다. 부활절과 성탄절 미사를 중심으로 불린 트로포는 내용은 예수의 탄생과 죽음과 부활에 관한 내용이었는데 이것들이 점점 복잡해짐에 따라 종교극 dramas litúrgicos으로 발전한다. 12세기의 독일과 영국과 프랑스에서는 몇몇 성인의 축제일에도 트로포 형식의 종교극이 상연되었고, 이 시기에 종교극은 로망스어로 쓰이기 시작했다. 전 유럽에 걸쳐 등장하는 종교극을 스페인에서는 '아우토 auto' 또는 '성사극 auto sacramental'으로 불렀고, 프랑스에서는 '미스테리오 misterio'로 불렀다.

카스티야에도 트로포 tropo가 도입되었는데 가장 오래된 것은 12세기의 실로스 Silos 수도원에서 부활절 미사 때에 라틴어로 부른 『무덤 방문 *Visitatio Sepulchri*』으로, 정확히 24단어로 구성된 트로포다. 이러한 흐름에서 12세기 중엽의 작품으로 추정되는 발전된 형태의 종교극 『동방박사극 *Representación de los Reyes Magos*』이 탄생한다.

스페인의 첫 극작품 『동방박사극 *Representación de los Reyes Magos*』은

1월 6일 주현절 el día de los Reyes Magos 축제 기간 동안 톨레도에서 공연되었다. 147행만이 전해질 뿐인 이 작품은 12세기 중엽의 것으로 추정된다. 7음절, 9음절, 14음절 등의 불규칙한 형식의 이 작품은 세 동방박사 가스파르 Gaspar, 멜초르 Melchor, 발타사르 Baltasar의 독백으로 시작한다. 예사롭지 않은 별 하나를 메시아 탄생의 의미로 해석하고 동방박사들이 각기 메시아를 경배하러 길을 떠난다. 각기 길을 떠난 세 동방박사들은 도중에 만나서 같이 가며 아기 예수를 찾는다. 예수의 신성함을 어떻게 알아보느냐는 멜초르의 물음에 발타사르는 황금 oro과 유향 incienso과 몰약 mirra을 선물로 주어 유향을 선택하면 하늘의 왕임을 알 수 있다고 답한다. 이 선물들은 각각 메시아의 인성과 신성, 그리고 선지자로의 고난과 죽음을 상징한다. 헤롯왕을 방문하여 소식을 전하자, 헤롯왕은 본심을 숨긴 채 메시아를 찾으면 그에게도 소식을 전해달라고 부탁한다. 세 동방박사가 떠나자 화가 난 헤롯왕은 이 사실에 대해 물어보지만 신하들은 모른 체한다. 보존된 작품은 여기에서 끝을 맺지만 미루어 짐작해 보면 세 동방박사들이 베들레헴에서 아기 예수를 경배하고 성탄절 노래로 마지막을 장식했으리라고 생각된다. 단순한 작품이지만 그 속에서 순수한 예술성을 찾을 수 있다. 당시 톨레도에는 클뤼니 Cluny 수도회에 속한 프랑스 수사들이 많이 거주하였기 때문에 그 영향을 받았다고 볼 수 있다.

로망스어 종교극은 13세기 이후에 카스티야 Castilla와 레온 León 지방의 교회를 중심으로 성직자와 신도들이 참여한 특별한 날에 상연되었을 가능성이 높다. 그러나 내용이 전해지지 않기 때문에 알 수는 없고, 단지 초기 극이었기 때문에 무대장치가 없거나 있다 해도 아주 단순한 무대장치를 했을 것으로 파악된다. 또한 교회 안에는 풍자놀이 juegos de escarnio라고 불리는 비종교적 행사도 있었다. 이 행사는 풍자적 내용의 춤과 팬터마임과 촌극 등으로 구성되었다. 배우들의 행동 등으로 보아 비도덕적인 내용까지도 포함하고 있었음을 알 수 있다. 알폰소 10세는 도덕가들의 비판을 받아오던 비종교적 행사를 그의 『법전 *Las Partidas*』에서 '적절치 못한 천박한 짓 muchas villanías e desaposturas'으로 규정하며 성직자들이 참여하는 것을 금지하기에 이른다.

카스티야 지방에는 비종교적 극은 존재하지 않았고, 종교극도 초라한 상황을 벗어나지 못했다. 그러나 이와는 대조적으로 프랑스에서는 13세기부터 야외에서 공연된 극에 화려함을 더해갔다. 또 일부 종교 축제일에는 비종교적 내용의 극도 교회 안에서 공연되었으며, 그 중에는 후글라르 juglar들과 대중이 참여하여 매우 소란스러운 극도 있었다고 전해진다. 그러나 그 내용에 상관없이 교회 안에서의 모든 극의 공연이 금지되면서 교회 밖의 광장에서 공연을 하기 시작했다. 종교극과 코믹한 성격의 비종교극은 교회 밖의 자유스러운 분위기에서 더 많이 발전할 수 있었다. 13세기의 프랑스 극은 아주 중요한 위치를 차지한다. 이렇게 발전된 극이 15세기의 미스테리오 misterio인데 이것은 마차 위에 앉아 행진을 하는 극으로 공연 시간이 매우 길었다. 축제 때에 왕궁과 길거리에서 비종교적 극도 공연하곤 하였다. 아라곤 Aragón 왕국이 이를 모방해 미스테리오가 큰 성공을 하기도 했고, 특히 성체축일 Corpus Christi에 공연했던 미스테리오는 굉장한 인기를 누렸다. 그러나 카스티야 Castilla 지방에서는 이러한 모습을 찾아볼 수가 없었다.

10. 14세기 문학

14세기는 중세의 안정된 기독교관에 균열과 갈등이 표출된 시기였다. 이때부터 신 중심의 개념이 약해지면서 인본주의 개념이 부상하기 시작한다. 세상의 삶을 눈물 골짜기 valle de lágrimas (성경 시편 84편)

라 하며 죽음을 영원한 행복의 출발로 인식하던 중세와는 달리 죽음을 세상에서 소유하던 모든 것을 잃는 개념으로 받아들이기 시작했다.

또한 백년전쟁 Guerra de los Cien Años (1337-1453), 페스트의 확산과 같은 사회 혼란을 겪으면서 현실적 가치 개념인 돈이 부각되고, 도덕적 측면은 예전과는 달리 약화된 모습이었다. 특히 괄목할 만한 사실은 상공업에 근거한 중산층 부르주아 계층이 성장하기 시작한 점이다. 부르주아 계층은 전통 세력인 교회와 귀족에 대항한 세력으로 성장하기 시작했다. 이와 더불어 이상적 미덕에 치우치기보다는 실용적 측면이 강한 문학이 자리 잡고, 사실적이고 풍자적 내용의 새로운 문학이 출현했다. 일상생활을 직접 반영하기도 하고 도덕적 내용을 담은 작품이 등장하기도 한다. 스페인에서도 고행자적 태도로 부패된 관습들을 묘사한 문학 조류가 나타나기도 한다.

12, 13세기의 유럽 문학이 프랑스에서 꽃을 피웠다면 14세기의 문학은 이탈리아에서 그 전성기를 누렸다고 할 수 있다. 물론 프랑스 문학은 14세기에도 그 영향력을 미쳤다. 예를 들어 최초의 소설가로 불리는 12세기의 크레티앵 드 트루아 Chrétien de Troyes풍의 기사도 로망스 roman courtois 장르의 영향으로 스페인에도 첫 기사 소설 『아마디스 데 가울라 *Amadís de Gaula*』가 탄생했다고 추측된다. 14세기 작품으로 추정되는 작자미상의 『아마디스 데 가울라』는 필사본으로 전해 내려오다가 1508년 로드리게스 데 몬탈보 Rodríguez de Montalvo가 출판하면서 큰 인기를 끌었고, 16세기 스페인 기사소설에 많은 영향을 미쳤다.

그러나 14세기의 이탈리아에는 문학 거장 단테 Dante Alighieri (1265-1321)와 페트라르카 Francesco Petrarca (1304-1374)와 보카치오 Giovanni Boccaccio (1313-1375)가 활동하며, 유럽 문학의 견인차 역할

을 담당하였다. 라틴어와 이탈리아어로 작품을 쓴 이 작가들은 이탈리아어를 중세의 최고 문학어로 올려놓고 15세기와 르네상스까지 큰 영향을 미친다.

중세를 탈피하고자 하는 변화가 점진적으로 일어나던 14세기에, 이탈리아의 작가들은 영혼과 육체 사이의 갈등을 겪게 된다. 단테의 『신곡』에서는 영혼이 우세하고 지배적이지만 인간적 사랑도 모습을 드러낸다. 페트라르카의 시에 나타난 여인은 비록 이상화된 모습이기는 하지만 시인의 마음을 차지하는 중요한 요소로 부각되었다. 보카치오에 이르러 그 변화가 더욱 뚜렷하게 나타났다. 단테의 작품 속 영혼과 정신의 존재도 아니고 페트라르카의 형이상학적 존재도 아니었다. 그에게 중요한 것은 단지 실제적이고 구체적인 즐거움의 대상이었다. 오귀스트 콩트 Comte는 단테의 베아트리체를 종교적 여인으로, 페트라르카의 라우라를 형이상학적 여인으로, 또 보카치오에 등장하는 여인을 실증적 여인으로 설명한다. 사랑의 우월성을 내세우고 강한 삶의 욕망을 담은 실증적 여인의 모습은 영국의 작가 초서 Geoffrey Chaucer의 『캔터베리 이야기』와 스페인의 후안 루이스 Juan Ruiz, 즉 아르시프레스테 데 이타의 『선한 사랑의 이야기 *Libro de Buen Amor*』에서도 찾아볼 수 있다.

14세기 스페인 문학의 대표 작가로 산문에서는 돈 후안 마누엘 Don Juan Manuel을, 운문에서는 후안 루이스 Juan Ruiz를 손꼽을 수 있다. 후안 마누엘은 당시의 보수적이며 귀족적 분위기를 종교와 도덕에 초점을 맞춘 이야기로 강한 교육 의지를 보이는 반면에, 후안 루이스는 서민적 음유시인의 유머를 통해 풍자와 재미를 더한 시인이다.

돈 후안 마누엘 Don Juan Manuel (1282-1348)

돈 후안 마누엘은 알폰소 Alfonso 10세의 조카이며 아버지는 페르난도 Fernando 3세의 손자이다. 1282년 5월 5일 에스칼로나에서 태어난 돈 후안 마누엘은 젊은 나이에 이미 여러 전투에 참여한 군인이자 정치가로 1348년에 무르시아에서 생을 마친다.

그의 작품의 주된 모티브는 기사도적 관심으로 설명할 수 있다. 기사들의 운동을 다룬 『수렵서 *El libro de la caza*』가 있고, 제목만 전해오는 『시작법에 관한 규칙서 *Reglas cómo se debe trovar*』는 귀족들의 취미 활동인 시를 쓰는 방법을 설명한 작품이다. 아들의 교리 교육을 위한 『교리서 *Libro infinido*』와 『기사와 말구종에 관한 책 *Libro de caballero y el escudero*』 그리고 『정치서 *Libro de los Estados*』도 있다. 그러나 무엇보다도 돈 후안 마누엘의 대표작은 『루카노르 백작 *Conde Lucanor*』이다. 그는 자신의 작품을 페냐피엘 Peñafiel 수도원에 보관하여 후세에 볼 수 있도록 신경을 많이 썼지만, 수도원의 화재로 소실되어 다른 필사본으로만 전해 내려온다.

『파트로니오 이야기 *Libro de Patronio*』라고도 불리는 『루카노르 백작』은 보카치오의 『데카메론』보다 13년 앞선 1335년의 작품이다. 따라서 가장 오래된 유럽 소설의 전신으로 간주된다. 14세기 스페인 문학의 소설적 요소를 쉽게 찾아볼 수 있으며 이솝의 우화와 동양에서 전해온 이야기에 영향을 받은 51개의 이야기로 구성된다. 루카노르 백작이 어려운 상황에 직면할 때마다 비서인 파트로니오에게 도움을 청하고, 파트로니오는 백작이 문제를 해결할 수 있도록 예를 들어 말해준다. 이야기 끝에는 내용과 관계된 격언을 짧은 시로 요약해 적어 놓았다.

작품의 내용은 대부분 도덕과 관련된 것들이다. 허영, 탐욕, 무관심, 위선, 불행, 배은망덕, 가난한 사람과 부자의 관계, 결혼 문제와 가정 문제, 여자들의 좋지 못한 습관, 거짓 등의 교훈적 내용이다. '하느님의 일과 더불어 세상일을 위하는 길'로 표현하는 것처럼, 돈 후안 마누엘은 『루카노르 백작』에서 중세 사회 관심의 초점인 영혼 구원을 중요하게 다룬다. 더불어 세상의 명예와 존귀함과 건강을 위한 교훈도 소홀히 다루지 않는다. 그러나 이 작품은 보카치오나 초서, 스페인의 후안 루이스의 작품들과는 대조적으로 우정에 대해서는 많은 부분을 할애했지만 남녀의 사랑은 다루지 않았다.

돈 후안 마누엘은 삼촌 알폰소 10세의 계승자로 간주되기도 한다. 그러나 산문 작가로서의 그의 개성은 뚜렷하다. 우선 직접 작품을 썼기 때문에 그의 작품은 항상 언어학적 획일성을 유지한다. 그는 라틴어 작품과 이전의 작품을 번역하는 대신, 영감을 받은 내용을 작품으로 만들어 냈고 또 자신이 읽은 내용을 정리해 그만의 방식으로 표현할 뿐 아니라 본인의 경험을 쓰기도 하였다. 알폰소 10세가 역사와 법률을 주로 썼다면 돈 후안 마누엘은 영혼과 도덕과 교육에 대한 내용을 많이 다루었다.

돈 후안 마누엘은 문체에 대해 의식을 많이 한 작가다. 가능한 적은 단어와 적절한 용어로 세련된 표현을 하고, 또 말하고자 하는 내용을 명백하고 정확히 쓰기를 원했다. 따라서 그의 문체는 명확성 con claridad, 정확성 de manera exacta e inequívoca, 간결성 con brevedad으로 설명할 수 있다. 또 라틴어로부터 완전히 탈피하고자 라틴어적 표현을 피한다. 그러나 『루카노르 백작』의 2, 3, 4부에서 나타나듯이 라틴어적 표현 대신 스페인어의 고급화를 시도한다. 스페인어를 어렵게 구사함으로서 라틴어에 견줄 만한 예술적 범주를 부여하기 위함으로 볼 수 있다.

돈 후안 마누엘은 14세기의 또 다른 대표 작가 후안 루이스, 즉 아르시프레스테 데 이타와는 문체 면에서 많은 차이를 보인다. 아르시프레스테 데 이타가 누구나 자신의 글을 어떤 방식으로 읽어도 좋다면서 문체 문제에 자유로웠다면, 돈 후안 마누엘은 자기 글과 문체에 유달리 신경을 쓴다. 그는 실수나 오류를 범하지 않으려고 애를 쓴 흔적을 역력히 보이는 귀족다운 태도를 취한다. 그리고 독자들에게 자신의 책에서 어떤 오류를 발견해도 그것을 읽어 보기 전에는 자신에게 잘못을 돌리지 말아 달라고 부탁한다.

후안 루이스, 아르시프레스테 데 이타
Juan Ruiz, Arcipreste de Hita, (1283?-1351?)

후안 루이스 Juan Ruiz, 즉 아르시프레스테 데 이타 Arcipreste de Hita는 이타 지방의 수석사제 arcipreste로 1283년경 알칼라 데 에나레스에서 태어나 톨레도에서 공부했고 1351년에 생을 마친 작가로 알려져 있다. 그는 생전에 톨레도의 주교 힐 데 알보르노스 don Gil de Albornoz 때문에 오랜 기간 감옥에 있었다고도 전해지는데 이 같은 작가의 정보는 작품을 통해 파악된 것이다.

그는 자신이 일인칭으로 쓴 작품『선한 사랑의 이야기 *Libro de Buen Amor*』에 '나는 이타 지방의 수석사제,/ 후안 루이스입니다 yo, Juan Ruiz,/ açipreste de Fita (19, bc)'라고 씀으로서 그의 이름이 무엇이고 어떤 일을 하는 사람인지 보여주고 있다. 또 무어 여인에게 인사하는 장면 '알칼라 출신인 제가 인사드립니다 Fija, mucho vos saluda uno que es de Alcalá (1510 a)'에서는 작가의 출신지 또한 추정할 수 있다.

또 매파 트로타콘벤토스 Trotaconventos가 가로사 수녀 doña Garoza에게 후안 루이스의 외모를 소개하는 장면으로 작가의 외모도 짐작해 볼 수 있다. '큰 키에 건장한 근육질의 몸/ 큰 머리와 굵은 목덜미에 털이 많아/ 목은 짧고 검은 머리에 큰 귀/ 숯검댕이 눈썹에 미간이 넓어/ 걷는 모습이 당당한 게 한 마리 공작새야/ 점잖은 걸음걸이는 편안한 모습이지./ 코가 너무 커 균형이 맞지 않아/ 붉은 잇몸에 나팔소리처럼 우렁찬 목소리/ 입은 크지만 입술은 평범해/ 붉은 산호빛 입술은 얇지 않고 오히려 두꺼운 편이야/ 등도 넓고 손목도 두껍고 El cuerpo á bien largo, miembros grandes, trefudo;/ la cabeça non chica, velloso, pescoçudo,/ el cuello non muy luengo, cabel prieto, orejudo,/ las çeias apartadas, prietas como carbón,/ el su andar enfiesto, bien como de pavón,/ su paso sosegado e de buena razón;/ la su nariz es luenga: esto le descompón./ Las enzías bermejas e la fabla tunbal,/ la boca non pequeña, labros al comunal,/ más gordos que delgados, bermejos como coral,/ las espaldas bien grandes, las muñecas atal (1485b-1487d)'. 그러나 여기에 묘사된 후안 루이스의 모습은 중세의 다혈질적이고 정열적인 남자의 전형적 외모로, 실제 작가의 모습인지에 대해서는 의문을 남긴다.

작가가 감옥에 갇혀 있었다는 내용도 '하느님.../ 시름에 잠긴 저를 이 괴로운 감옥에서 꺼내 주십시오 Señor Dios.../ saca a mí, coitado, desta mala presión'라는 글귀에서 추측할 수 있을 뿐이다. 작품을 옮겨 적은 알폰소 데 파라디나스 Alfonso de Paradinas는 후안 루이스가 감옥에서 작품을 썼다고 기술하지만, 믿을 만한 근거는 희박하다. 중세 시각으로 볼 때 감옥은 세상을 의미할 수도 있기 때문에, 작가의 의도를 하늘나라로 데려가 달라는 의미로 해석할 수도 있기 때문이다.

이 같은 작가에 대한 정보를 사실로 판단하기 위해서는 일인칭 작품

『선한 사랑의 이야기』가 자서전이라는 전제, 즉 작품의 주인공과 작가가 동일 인물이어야 한다는 전제가 필요하다.

작품은 세 편의 필사본으로 전해오지만, 그 어디에도 제목은 없다. 1898년 메넨데스 피달 Menéndez Pidal이 『선한 사랑의 이야기 *Libro de Buen Amor*』라는 제목을 붙이면서 널리 알려졌다. 이 작품은 7,000행 이상(1709연)의 방대한 양으로 내용의 획일성은 없다. 아메리코 카스트로 Américo Castro는 이 작품에 도덕적 교훈성과 선정성이 공존한다고 설명한다.

아르시프레스테의 자서전 형식인 이 작품은 독립된 여러 이야기들이 삽입되어 피카레스크식 구성을 띠고 있다. 먼저 많은 예화들이 있는데 그것들은 대부분 동양과 프랑스에서 유래한 대화 형식의 우화이다. 둘째로 로마 시인 오비디우스 Ovidio의 『사랑의 예술 *Ars amandi*』 변작이 들어 있다. 셋째로 12세기의 라틴어 희극 『팜필루스 *Pamphilus*』를 이야기 형식으로 바꾸어 넣었다. 『팜필루스』는 전 유럽에 걸쳐 널리 알려졌던 작품으로, 『선한 사랑의 이야기』에서는 멜론 씨 don Melón와 엔드리나부인 doña Endrina의 사랑 이야기로 재현된다. 넷째로 문학적 비유들이 있는 여러 에피소드가 있다. 사순절 부인 Doña Cuaresma과 육체 씨 don Carnal의 싸움, 사랑 씨 don Amor의 묘사와 사랑 씨의 막사에 사는 12달의 묘사 등이 그것이다. 다섯째로 도덕적이고 풍자적인 내용의 글이 있다. 죄에 대한 경고와 죽음에게 퍼붓는 악담, 작은 여인들에 대한 칭송의 글과 여러 이야기에 덧붙인 도덕적 고찰 등을 찾아볼 수 있는데 그 중에서도 돈에 대한 풍자시는 매우 유명하다. 여섯째로 서사시와 성모 마리아를 칭송하는 노래인 종교시, 그리고 산여인들에게 바치는 세속적 테마의 노래가 들어 있다.

작품에서는 맨 먼저 하느님을 부르며 하느님께 자신의 의도를 설명하고 간구한다. 이어 그리스의 현자와 무식한 로마인의 우문현답이 시작된다. 로마인들이 법을 가르쳐 달라고 하자 그리스인들은 토론에서 이기면 가르쳐 주겠다고 한다. 그리스 쪽에서 훌륭한 현자가 나오자 무식한 로마인이 상대로 나선다. 현자가 검지를 보이자 무식한 로마인은 손가락 세 개를 펴 보인다. 현자가 손바닥을 펴 보이자 로마인은 주먹을 불끈 쥔다. 그러자 그리스의 현자는 로마인들에게 법을 가르쳐도 되겠다며 손가락들이 의미하는 바를 해석해준다. 그리스 현자의 손가락 하나는 한 분이신 하느님을 뜻한다. 이에 로마인이 보인 손가락 세 개를 현자는 삼위일체라고 해석했다. 그러나 무식한 로마인은 그리스인이 한 손가락을 내민 것은 그 손가락으로 자신의 눈을 찌르겠다는 뜻으로 받아들였고 자신이 세 손가락을 내민 것은 두 손가락으로는 두 눈을, 엄지손가락으로는 이를 부수겠다는 뜻으로 답한 것이었다. 또 현자는 자신이 손바닥을 펴 보인 것은 모든 것이 하느님의 뜻에 의한 것이었다는 것을 말하고자 한 것이고 로마인이 쥔 주먹을 이 세상은 하느님의 세력 안에 있다고 말한 것으로 해석하였노라고 했다. 그러나 로마인의 해석에 따르면 희랍인이 손바닥을 내민 것은 자신의 뺨을 때리겠다는 의미였으며 이에 자신도 주먹을 쥐며 한 방 먹이겠다고 답했다는 것이다.

후안 루이스가 이러한 예를 들어 설명한 의도는 일종의 교훈을 얻기 위한 것이다. 즉 '나쁜 뜻으로 받아들이지 않으면 나쁜 말은 없으니/ 이해만 잘 한다면 얼마나 좋은 말이 될 것인가/ 내 책을 잘 이해하면 예쁜 여인을 얻을 것이다. Non há mala palabra, si non es a mal tenida;/ verás que bien es dicha, si bien fues'entendida:/ entiende bien mi libro: habrás dueña garrida.' 아메리코 카스트로가 이미 작품의 도덕적 교훈성과 선정성에 대해 언급하여 많은 논란이 일었는데 이것에 대한 작가의 의중을 엿볼 수 있는 장면이다.

즉 여러 우화가 등장한 후, 책의 핵심 내용인 사랑 이야기가 전개되면서 작가는 육체적 사랑인 미친 사랑 loco amor을 비난하고 영혼의 사랑인 선한 사랑 buen amor을 가르치겠다고 한다. 그러나 작가의 교훈적 의도는 독자의 해석에 맡기고 있어 사실 무엇이 작가가 가르치고 싶어 하는 선한 사랑인지는 알아보기가 쉽지 않고 또 작가가 밝힌 의도가 진정한 의도인지도 알기 어렵다.

자신은 여인을 좋아하는 성향을 가졌다고 고백한 다음에 애정 행각을 그려나가기 시작한다. 덕성을 갖추고 올바른 판단력을 소유한 여인을 사랑했는데 처음에는 그녀가 그의 사랑을 받아들일 것 같더니 거절한다. 다음엔 그다지 정숙치 못한 빵 굽는 아가씨 크루스 Cruz를 사랑해 친구 페란 가르시아 Ferán García를 개입시켜 사랑을 얻으려고 했지만, 오히려 그녀는 친구와 사랑을 맺는다. 이렇듯 마음에 드는 여인의 사랑을 구하기 위한 몇 번의 시도를 해보았지만 실패한 다음 사랑 씨 don Amor와 논쟁을 벌인다. 사랑 씨는 여자의 사랑을 얻는 방법에 대하여 몇 가지를 충고한다. 여기에서 오비디우스 Ovidio의 『사랑의 예술 *Ars Amandi*』의 변작이 등장하며 매파를 붙이라는 충고를 한다. 이에 후안 루이스는 젊은 과부 엔드리나 부인 doña Endrina과 사랑의 열매를 맺기 위해 매파 트로타콘벤토스 Trotaconventos를 찾고 결실을 맺게 되는데 이것은 작품에서 유일하게 해피앤딩으로 끝나는 사랑 이야기다.

다시 짧은 이야기 몇 편이 전개된 다음 아르시프레스테는 산을 여행하며 그곳에서 네 명의 야성적인 산여인들을 만난다. 완력으로 그의 사랑을 얻은 차타 la Chata와 가데아 데 리오프리오 Gadea de Riofrío, 거짓 결혼 약속으로 겨우 빠져나올 수 있었던 산여인, 그리고 지독히 못생긴 알다 Alda라는 여인이 그들이다. 이들과의 사랑 이야기에 덧붙여 서정시가 등장한다. 사순절이 다가오자 사순절 부인 doña Cuaresma 과 육체 씨 don Carnal의 비유적인 이야기가 등장한다. 이들 사이의 싸움이 전개되고 재의 수요일 Miércoles de Ceniza이 되어 사순절 부인이 승리하지만 부활절이 되자 이번에는 육체 씨로도 불리는 사랑 씨 don Amor가 승리를 거두고 돌아온다. 그러자 성직자를 포함한 모든 사람들이 그를 환영하러 나가고, 마지막에는 금식 기도를 명받는다. 절제주의와 금욕주의로 가득한 중세 기독교 정신을 드러낸 알레고리라고 할 수 있다.

다시 애정 행각을 시작한 후안 루이스는 가로사 수녀 doña Garoza와 서로 사랑하게 되지만 그녀는 곧 죽는다. 아랍 여인에게 위안을 받으려 했지만 냉정히 거절당한다. 매파 트로타콘벤토스가 죽은 후에는 죽음을 저주하는 글이 나오고 이어 작은 여인을 칭송하는 이야기를 비롯하여 몇 편의 글이 등장하다. '나는 항상 덩치 큰 여자보다는 작은 여자를 좋아했으니/ 큰 죄를 짓는 것은 피하는 게 좋다고 한 말은 틀린 말이 아니지!/ 나쁜 짓은 조금만 하라고 옛 현인들도 말했었지./ 그러니 여자 중에 최고는 역시 작은 여자지! Siempre quis' mujer chica, más chica, más que grand‘ nin mayor:/ non es desaguisado de gran mal ser foidor!/ Del mal, tomar lo menos: díselo el sabidor:/ por end' de las mujeres la menor es mijor!' 여인은 곧 죄라는 내용은 다시 한번 작가의 의도를 의심하게 한다. 이어 성모 마리아에게 바치는 노래와 탈라베라 Talavera 성직자들의 노래로 끝을 맺는다.

작품의 전체적인 내용은 속세의 사랑을 다루지만, 작가의 도덕적 의도는 매번 되풀이된 만큼 그 의도에 대한 많은 논란이 있었다. 아마도르 델 로스 리오스 Amador de los Ríos는 그를 엄격한 도덕자와 모범적 성직자로 칭하여, 죄인의 유형으로 자신의 삶을 그려나간다고 설명한다. 하지만 메넨데스 펠라요 Menéndez Pelayo는 그를 전형적으로 부패한 성직자로 해석하는데 다만 기독교 교리를 공격하는 인물로는 파악하지 않는다. 메넨데스 피달 Menéndez Pidal은 후안 루이스의 작품에서 자유분방하지만 도덕적이고 풍자적인 의도를 동시에 찾아볼 수 있다는 견해를 피력한다. 클라우디오 산체스 알보르노스 Claudio Sánchez-Albornoz와 아메리코 카스트로 Américo Castro 등 최근의 비평가들은 그를 도덕적 인물이 아닌 냉소적 인물로 본다. 또 그를 신앙심은 깊지 않으면서 자신의 진정한 의도를 감추려는 목적으로 설교 같은 이야기를 늘어놓는 인물로 규정한다. 즉 작품은 처음부터 도덕적 의도는 없다고 보고 단지 읽고 듣는 사람들에게 즐거움을 더해주는 책이라는 설명이다.

중세의 신학자들은 문학의 상상력이 진실을 혼동시키고 위험에 빠뜨리게 하는 요소라고 보았다. 성 아구스틴은 젊은 시절의 방탕한 연애의 이유를 문학에서 찾으며, 베르길리우스 Virgilio의 『아이네이스 *Eneida*』를 읽으며 디도의 죽음을 슬퍼했던 일을 부끄러운 일로 고백한다. 즉 도덕 가치에서 '문학은 거짓 poetica illa figmenta'이며 단지 '허황된 시각 spectaculum vanitatis'일 뿐이라는 것이다. 하느님을 향하지 않은 것은 모두 위험으로 본 것이다. 문학은 종교의 시녀일 뿐이었고 그 자체로서의 아무런 중요성도 없었으며, 단지 그것이 신학의 내용을 대변할 때에만 가치가 있었다. 그렇지 않고 문학이 비도덕성의 질책에서 벗어날 수 있는 유일한 방법은 비유문학적 해석을 통한 것이었다. 죄를 짓는 것은 인간의 본성으로 육체적 사랑, 즉 미친 사랑 loco amor을 찬양하고 노래하지만 작가 자신은 마치 미친 사랑을 반대하는 것처럼 도덕적이고 종교적인 모습으로 나타나는 이유다.

14세기 성직자 문학의 대표작 『선한 사랑의 이야기』는 상당히 다양하고 폭넓은 어휘를 사용한다. 어휘에 대한 지식을 과시하듯 여러 동의어를 나열하기도 한다. 성직자 문학의 시 형식 쿠아데르나 비아 cuaderna vía로 쓰였지만 엄격한 형식을 취하지 않고 14음절 시행과 16음절 시행을 반복하는 불규칙한 형태가 많이 나타난다. 이러한 불규칙성 때문에 메넨데스 피달은 후안 루이스를 후글라르 juglar라고 부르기도 한다. 그러나 코로미나스 Corominas는 후안 루이스 작품 속 운율의 불규칙성은 작가의 오류가 아닌 문학적 의도에 기인한다고 설명한다.

불규칙한 쿠아데르나 비아의 사용과 더불어 작품에는 후글라르풍의 아르테 메노르 arte menor라는 8음절 이하의 서정시 여러 편도 찾아볼 수 있다. 이 서정시는 스페인 문학사에서 처음으로 다양한 운율을 시도했다. 이 운율은 후안 루이스가 처음 썼다기보다는, 당시에 존재하던 대중 서정시의 형태가 그대로 그의 작품 안에 담겨졌다고 볼 수 있는데 여기에서 또한 후안 루이스의 작가적 역량을 엿볼 수 있다.

성직자 문학의 대표작이지만 작가가 보여주는 대중성은 대단하다. 메넨데스 피달은 작품에 나타난 대중문학적 성격을 부각시키며, 작품 전체가 대중문학적 요소로 점철되어 있다고 주장한다. 그 예로 자신의 작품을 듣는 사람들에게 작가는 후글라르 문학에서 받던 대가 솔다다 soldada의 용어를 사용하며, 자신에게 솔다다로 하느님 아버지께 간구해 달라고 요구한다. 또한 대중적 속담도 많이 등장하는데 이 속담은 15세기 『라 셀레스티나 *La Celestina*』의 매파 셀레스티나와 17세기 『돈키호테』의 산초를 통해 재탄생된다. 후안 루이스의 작품은 그를 중세 유럽의 최고 시인으로 손꼽을 수 있는 이유를 충분히 보여준다. 엄격한 구성은 부족하지만, 감정에 충실한 낙관주의자로 세상의 즐거움을 만끽하는 시인의 모습을 역력히 보여주기 때문이다. 작품에 비친 작가의 모습은 쉽게 감동하고 유희를 즐기며 인생의 즐거움과 쾌감을 만끽하는 사람, 인물과 지역의 특징적 면모를 면밀히 관찰하는 사람, 당돌하고 재미있는 사람이다. 이 모든 성격을 조화롭게 녹여낸 『선한 사랑의 이야기』는 스페인 문학의 매력을 잘 보여주는 작품이다.

Ⅱ. 15세기 문학 – 중세에서 르네상스로 –

1. 사회 배경

15세기는 중세에서 르네상스로 변화하는 과도기인데, 다른 유럽 국가들과 마찬가지로 스페인에도 많은 변화가 일어난 시기다. 중세 봉건의 시기에서 근대국가로의 변화는 스페인의 가톨릭 양왕 los Reyes Católicos에서 시작된다. 강성해진 카스티야 Castilla 왕국이 1412년 카스페 협정 Compromiso de Caspe에 따라 아라곤 Aragón 왕국을 실질적으로 통치하기 시작했고, 1469년 카스티야의 이사벨 Isabel 공주와 아라곤의 페르난도 Fernando 왕자의 결혼으로 두 왕국은 지리적 통합은 물론 정치적 통합을 이루며 근대국가의 면모를 갖추게 된다. 통치 이념의 우선순위로 가톨릭 종교를 내세운 가톨릭 양왕은 1492년 아직 회교도 세력이 남아 있던 유일한 도시 그라나다를 침공하여 종교적 통일도 이룬다. 지리와 정치와 종교의 통일을 이루며 스페인은 중세를 벗어나 근대국가로 변모하게 된다.

15세기의 카스티야 왕국은 엔리케 Enrique 3세(1390-1406), 후안 Juan 2세(1406-1454), 엔리케 Enrique 4세(1454-1474) 그리고 스페인 양왕 los Reyes Católicos(1474-1504)이 다스렸는데 이 기간은 재앙과 전염병에 내란이 빈번히 일어나는 등 여러 사회적 위기를 겪은 시기였다.

15세기 문화는 우선 궁정 cortesano 문화로 설명할 수 있다. 궁정 중심으로 활동하던 사람들은 모두 문학을 사랑하고 문학을 유희로 삼았다. 이런 궁정 문화가 발달할 수 있었던 것은 이때가 전쟁이 없는 평화로운 시기였고 또 사람들의 종교심이 약해졌기 때문이었다. 국토회복운동 la Reconquista이 실질적으로 13세기에 끝났음에도 불구하고 그라나다는 여전히 회교도의 세력 밑에 있었다. 스페인 양왕이 1492년 그라나다를 침공하고 이베리아 반도 전체가 기독교화되기까지 그라나다가 회교도 세력 밑에 있었다는 것은 당시의 종교심 약화를 설명할 수 있는 중요한 사실이다. 종교의 열정은 오히려 잘못된 방향으로 나가 사회의 부정적 상황과 모든 잘못의 책임을 유태인들에게 전가시켰다. 1492년 유태인들은 기독교로 개종을 하지 않으면 이베리아 반도를 떠나야 했다. 유태인이나 회교도의 피가 섞이지 않은 순수한 기독교인을 세습 기독교인 cristiano viejo으로 부른 반면, 개종을 했음에도 불구하고 유태인들을 개종한 기독교인 cristiano nuevo으로 부르며 그들을 향한 의구심을 떨쳐 버리지 않았다. 물론 유태인들의 재정적 도움이 필요했던 왕들은 때로는 그들을 보호하는 입장을 보이기도 했지만, 종교적 열정이 엉뚱한 방향을 향했고 이것은 곧 성직자들의 타락으로 이어졌다. 당시 스페인은 평화의 시기였고, 종교적 열정마저 사라진 스페인의 궁정은 문화를 향유하려는 분위기가 강했다. 많은 궁정 서정시가 탄생된 이유다.

당시 지배 계층은 도덕적 해이를 보였다. 상공업을 경시하는 풍조가 심한 스페인에는 부르주아 burguesía 계층이 발달하기 어려웠고, 귀족과 기사는 문화를 향유하기만 하는 섬세하고 나약한 모습을 보였고 이는 도덕적 해이를 낳게 하였다. 귀족에 대한 일반 봉기가 끊이지 않았고, 정치와 사회를 비판하는 작가미상의 풍자시가 난무하였다. 「코플라스 델 프로빈시알 *Coplas del Provincial*」은 수도원의 관구장 신부가 궁정을 방문하자 남자와 여자들이 패를 나누어 서로 헐뜯기 시작한다는 내용으로, 엔리케 4세 왕실의 귀족들을 비웃는 풍자시다. 「코플라스 데 밍고 레불고 Coplas de Mingo Revulgo」는 백성의 목자인 왕이 백성을 보호하기는커녕 약탈자의 손에 버렸다는 비난을 담아 풍자한 시다.

「코플라스 데 파나데라 Coplas de la panadera」는 후안 2세에 반발한 전투에서 패한 비겁한 기사들을 꼬집는 내용으로, 귀족과 왕족 양측을 다 비난한 작품이다.

또한 스페인의 15세기는 이미 문예부흥기로 들어선 이탈리아와 그리스, 로마의 영향이 상당했던 시기다. 가톨릭 양왕은 국가 최고의 존재이유를 '가톨릭 국가일 것 ser católico'으로 내세우며 종교를 강조했지만, 시간이 지나면서 기독교 국가로서의 면모는 단지 명목상일 뿐으로 전락하였다. 르네상스로 향하는 인본주의 색채는 시간이 지날수록 강해져 갔다. 그 결과로 나타난 것이 죽음에 대한 태도의 변화다.

중세에는 죽음의 개념을 늘 염두에 두고 살았다. 그러나 15세기에 들어와 현실의 중요성이 부각되고 죽음 이후의 삶에 희망을 두지 않게 되면서 죽음은 일종의 강박관념이었고 고통일 뿐이었다. 남아 있는 종교적 열정과 죽음에 대한 강박관념의 공존은 매우 특이한 문학으로 나타난다. 죽음의 개념은 15세기에 특징적인 면모를 보여주며 문학에 깊은 자취를 남겼다. 사회 풍자는 전 유럽에 걸쳐 널리 퍼진 '죽음의 춤 Danzas de la muerte'으로 잘 표현된다. 우의적 내용의 '죽음의 춤'에서 죽음은 함께 춤을 추자고 다양한 사회 계층의 사람들을 초대한다. 교황에서부터 천박한 농민에 이르기까지 죽음의 초대를 받는데, 죽음은 모두를 평등하게 취급하며 중세의 수직 사회와는 다른 사회의 모습을 보여준다. 또한 죽음은 그들이 저지른 죄에 대하여 비난한다. 죽음은 신분 여하를 막론하고 선행을 베풀었으면 죽음 이후에 복을 받을 것이고 악한 짓을 했으면 벌을 받을 것이라는 인과응보의 최후 심판을 경고한다. 15세기에는 '죽음의 춤'에 영향을 받아 여러 성사극 auto sacramental 작품과 俗劇 파르사 farsa도 등장한다.

2. 시

1) 궁정 서정시 La lírica cortesana

15세기에는 궁정 문화의 발달로 궁정 서정시가 전성기를 맞이하는데 특히 이 시기에 가예고 gallego어가 아닌 카스테야노 castellano어 서정시가 꽃을 피운다. 평화로운 이 시기에 귀족들이 왕실에 모여들고 여러 도시에 귀족적 분위기의 궁정이 생겨나면서 이 궁정 분위기를 반영한 서정시가 발전하게 된 것이다. 기사들은 자신들의 시적 재능을 왕실에서 과시하였고, 당시에는 성직자들을 포함한 궁정의 귀족과 학자와 음유시인들 모두가 문인이었다. 이탈리아의 인본주의에 영향을 받아 그리스나 로마의 고전을 읽는 게 유행이었고, 또 선진 이탈리아 작가들의 영향을 받아 인본주의 문화를 알아야 글 쓰는 사람 축에 들었던 시기다. 심지어 기사들도 창칼을 버리고 궁중 무도회에서 귀부인과 어울려야 사람대접을 받고 신사 행세가 가능한 시대였다.

이러한 성격의 서정 노래 canción lírica 작품을 모은 『바에나 노래 모음집 *Cancionero de Baena*』에는 사랑을 테마로 한 8음절의 짧은 시가 수록되었다. 프로방스 지방의 영향을 받은 갈리시아 Galicia와 포르투갈의 사랑의 노래 cantigas de amor에서 시 형태를 이어받은 것이다. 『바에나 노래 모음집』의 문학적 가치는 미미하다. 인간 내면의 진실성은 부재하고, 인위적이며 현학적인 인상만을 남긴 궁정 테마의 전형적 작품들이기 때문이다. 또한 내용도 여름보다 겨울이 더 좋다거나 파란색보다 초록색이 더 좋다거나 하는 등 지나치게 사소한 것들이 많기 때문이다.

2) 대중 서정시 La lírica popular

대중 서정시에 대한 문제의 제기는 1951년 메넨데스 피달 Menéndez Pidal의 논문에서 시작된다. 카스티야 Castilla에는 원시적 서정시가 존재하지 않았다는 의견이 20세기 초까지 지배적이었다. 다시 말해 카스티야는 무훈시 같은 서사시의 토양일 뿐으로, 서정시의 존재는 단지 갈리시아 포르투갈 서정시 lírica galaico-portuguesa에서 찾아볼 수 있다는 것이다. 이 시기의 카스티야 서정시가 전혀 보존되지 않았기 때문에 그런 주장은 설득력이 있었다. 그러나 피달은 대중은 고유의 언어가 아니면 노래로서 받아들이지 않는다는 점을 부각시키며 카스티야에도 서정시가 당연히 존재했을 것이라고 주장한다.

피달의 연구 이후로 16세기와 17세기의 짧은 노래들은 15세기 이전의 대중적 성격을 띤 서정시의 전통을 따른 작품들이라는 것에 생각이 미치게 되었다. 15세기까지 글로 전해지지 않았을 뿐, 구전으로 전해온 작품들도 있었는데 당시의 식자층이 이를 중요하게 생각하지 않아 글로 보존하지 않았다는 것이다. 그러나 마르케스 데 산티야나 Marqués de Santillana를 비롯한 15세기 이후의 몇몇 시인들은 대중시의 아름다움에 매혹되어 작품 안에 삽입해 소개하기 시작했다. 이런 경향은 15세기 이후에도 계속돼 식자층들은 자신의 시에 전통 노래를 접목시키기도 하여 이런 작품들이 보존될 수 있었다. 또 노래집과 로만세 민요집 romancero, 희극과 속담 등을 통해서 작품이 전해지기도 했다.

카스티야 지방에 전통적 서정시가 존재했을 것이라는 추측은 1948년 하르차 jarcha의 발견으로 확실시된다. 이베리아 반도의 회교도인들의 영토 안에 살고 있던 기독교인들을 모사라베 mozárabe라고 불렀는데, 모사라베 고유의 언어인 카스테야노어로 쓴 서정시가 이미 10세기나 11세기부터 모습을 보였다는 점은 앞에서 설명한 바 있다. 10세기 경부터 모사라베의 서정시가 존재했다면 순수 기독교인들이 카스테야노로 쓴 서정시도 존재할 것이라는 가정은 확실시된다. 하르차 jarcha의 발견으로 이베리아의 여러 지방에 고유 언어로 쓴 서정시가 있다는 사실을 입증할 수 있긴 하지만 단지 그것들이 15세기 이후의 여러 작품에 삽입되어 전해 내려올 뿐인 것은 안타까운 일이다.

다마소 알론소 Dámaso Alonso는 '전통적 형태를 가진 서정시의 가치는 20세기의 현대인을 감동시킬 만큼 대단해서 감동의 보물이라고도 말할 수 있을 정도다. 로만세 민요집 romancero과 전통 노래 형식의 칸시오네로 cancionero는 황금 세기 시인들 작품 못지않게 아름답고 인간적인 감동을 전해 준다'고 말한다.

전통 서정시의 종류는 다음과 같다. 장송곡 planto, llanto o endecha은 사랑하던 사람의 죽음으로 느끼는 고통을 표현한 노래다. 노동요 canciones de trabajo는 힘겨운 노동의 고통을 조금이라도 덜어 보고자 부르는 노래로, 추수 때 농부들이 부르던 노래가 많다. 사랑 노래 canciones de amor도 있는데, 이것은 대중 노래에 사랑의 감정을 실어 부른 가장 보편적인 시라고 할 수 있다.

3) 로만세 Romance

15세기에는 무훈시나 승려 문학의 쿠아데르나 비아 cuaderna vía가 더 이상 쓰이지 않았다. 무훈시에 이어 대중과 후글라르 juglar들의 관심을 끌었던 것은 로만세 romance였다. 비교적 짧은 산문시 로만세는 8음절의 시로, 짝수 행마다 모운 rima asonante으로 운이 맞추어진 형식이다. 이 시는 서사적이거나 서술적인 테마가 대부분으로 무훈시가 소설 형식으로 변환되는 과정의 가교 역할을 한다. 그러나 때로는 서정적 테마의 작품도 찾아볼 수 있다.

15세기에 많은 사랑을 받은 로만세는 다음과 같이 보존되어 전해 내려온다. 가톨릭 양왕 시대의 궁정 노래 『궁정의 음악 노래 *Cancionero musical de palacio*』에 포함된 38편의 로만세가 필사본으로 전해온다. 인쇄된 선집으로는 에르난도 델 카스티야 Hernando del Castillo의 『노래 모음집 *Cancionero general,* 1511』에 들어있는 48편의 로만세가 있다. 로만세 민요집 romancero을 통해 전해오는 작품들로는 마르틴 누시오 Martín Nucio가 출판한 『로만세 노래모음 *Cancionero de romances,* 1547』과 이후에 출판된 다른 로만세 민요집들도 있다. 또 낱장 노래집 pliegos sueltos으로 전해오는 몇 편의 작품도 있고, 구전으로 전해오는 로만세도 있다. 특히 스페인계 유태인 세파르디 sefardí의 후손들 덕분에 훼손되지 않고 전해온 로만세는 좋은 자료가 되었다.

15세기의 로만세는 두 가지의 기원설이 있다. 하나는 메넨데스 피달 Menéndez Pidal이 주장한 전통적 기원설 origen tradicionalista이다. 로만세는 무훈시의 한 부분이었는데 그 자체로서 아름다워 관심을 받게 되자 원래의 작품에서 떨어져 나와 짧은 시처럼 독자적으로 읽혔다는 것이 피달의 이론이다. 무훈시의 시행은 보통 16음절이었고, 로만세는 이 16음절이 8음절의 두 시행으로 바뀌어 짝수 행마다 모운 rima asonante의 운율을 갖는다는 이론이다.

피달은 전통적 기원설을 이해하기 위해 『라라家의 일곱 왕자 로만세 *Romance de los siete Infantes de Lara*』를 예로 들어 보자. 이 로만세 민요집을 보면 무훈시 『라라家의 일곱 왕자 노래 *Gesta de los siete Infantes de Lara*』의 두 시행이 4행의 로만세 시행으로 변환된 것을 발견할 수 있다.

Llorando de los sus ojos, dijo entonces a Almanzor:
눈물을 흘리며, 알만소르에게 말했다.
Bien conozco estas cabezas, por mis pecados, señor.
누구 머리인지 알다마다요, 다 제 탓입니다.

↓

Llorando de los sus ojos,
dijo entonces a Almanzor:
-Bien conozco estas cabezas,
por mis pecados, señor.

『라라家의 일곱 왕자 노래 *Gesta de los siete Infantes de Lara*』에 등장하는 이 장면은 곤살로 Gonzalo가 죽은 일곱 아들의 머리를 확인하는 장면이다. 곤살로의 아들인 라라家 일곱 왕자는 삼촌인 로드리고 람브라 Rodrigo Lambra의 결혼식에 참석해 삼촌의 신부를 조롱하고 모욕했고, 삼촌은 무어인 알만소르를 시켜 이들 모두를 다 죽여 아버지 곤살로가 확인하게 한다. 곤살로는 이후에 무어 여인과 재혼하여 아들 무다라 Mudarra를 낳았고, 무다라가 죽은 형제들을 위해 복수한다는 내용의 무훈시 작품이다.

로만세의 주제는 다양해서 국토회복운동 la Reconquista 과정에서의 일화와 소설은 물론 프랑스 서사시의 주인공의 모험담을 다루기도 했고, 또 성경을 비롯하여 종교적이고 서정적 내용을 담은 작품도 있었다.

로만세의 기원에 관한 또 다른 이론은 독자적 기원론 origen individualista인데 이것은 로만세가 처음부터 무훈시와는 무관했고, 한 천재 시인이 독자적 장르로 출발한 것이라는 이론이다. 전해오는 로만세 중에 가장 오래된 작품이 서사시가 아닌 서정시나 소설적 내용이라는 점에 근거한 이론이다.

어느 이론이 옳은지는 알 수 없다. 전통적 기원론은 문화적 현상으로 설명하기보다는 기계적 접근 방법을 취한 반면에, 독자적 기원론은 우리가 이미 알고 있는 장르 탄생의 방법, 즉 문학 장르는 누군가 처음 그것을 만들어낸 예술가에 의해 탄생되는 것이라는 방법을 취한다. 그러나 이것들 모두 로만세 장르가 어떻게 시작되었는지를 설명하기에는 부족하다.

다른 유럽 국가들에서는 중세 서사시의 전통이 르네상스와 더불어 사라진다. 그러나 스페인에서는 이러한 전통이 로만세로 유지되면서 독창적 시 장르로 꽃을 피우고, 황금세기와 낭만주의를 거쳐 오늘날까지도 계속된다. 로만세는 두 가지로 나눌 수 있는데 15세기의 작품집을 구 로만세 민요집 romancero viejo으로, 15세기 이후의 작품집을 신 로만세 민요집 romancero nuevo으로 부른다. 세르반테스를 비롯해 로페 데 베가, 공고라, 케베도 등 스페인 황금세기의 대표 작가들뿐 아니라, 낭만주의 시인들과 20세기의 많은 작가들도 로만세에 큰 애정을 보였다. 20세기의 마차도 Machado 형제와 우나무노 Miguel de Unamuno, 헤라르도 디에고 Gerardo Diego와 가르시아 로르카 García Lorca 등의 시인들도 로만세 작품을 썼고, 이 모두를 대표할 수 있는 작품으로 가르시아 로르카의 『집시 로만세 민요집 *Romancero Gitano*』을 들 수 있다.

4) 15세기 시인들

마르케스 데 산티야나 Marqués de Santillana (1398-1458)

마르케스 데 산티야나 Marqués de Santillana의 본명은 이니고 로페스 데 멘도사 Iñigo López de Mendoza로, 후안 Juan 2세 당시 적극적으로 정치활동을 한 인물이었다. 그는 군인이자 정치가였고, 또 문학작품에도 활발한 활동을 보인 초기 인본주의 시인이라 할 수 있다. 라틴어는 물론 다른 여러 언어에도 능통했던 박학다식한 시인으로 고전 작가의 작품에 대한 관심이 컸다. 또 플라톤을 비롯한 그리스와 로마시대 작가들의 글도 번역하였다.

마르케스 데 산티야나의 시에는 당시 시 조류가 잘 드러난다. 이 시 조류 가운데 하나는 기존의 시 스타일을 따르는 것으로 프로방스 스타일을 표방한 canciones와 decires와 serranillas 작품들을 그 예로 들 수 있다. 프로방스 영향을 받은 갈리시아 시풍의 serranillas는 산골 처녀를 주제로 읊는 6음절의 짧은 시행의 노래다. 산을 여행하고 돌아온 기사가 그곳에서 만난 산여인에 대해 이야기하는 형식으로, 작품에 등장하는 산여인들은 귀족 아가씨들 못지않은 기품과 미모를 갖추고 있다. 또 단테풍의 비유시 『연인들의 지옥 *Infierno de los enamorados*』과 『폰사의 소연극 *Comedieta de Ponza*』이 있는데 『연인들의 지옥』은 문학적 기반이 탄탄한 식자문학적 시도를 보여주는 작품이고 『폰사의 소연극』은 알폰소 5세와 형제들이 폰사 해전에서 패배한 것을 소재로 한 작품이다. 또 14세기의 전통을 이어받은 토론시 debates 형식의 시도 찾아볼 수 있다. 인간의 영광은 쓸모없고 허무한 것, 인생의 무상함 등 인간의 존엄성을 간파한 내용이다.

또 다른 시 조류는 이탈리아의 영향을 받았다는 것인데 소네트 soneto 작품집 『이탈리아식 소네트 *Sonetos fechos al itálico modo*』가 있다. 형식면으로 완벽하지는 않지만, 당시로서는 혁신적 시 형태인 소네트를 도입하였다. 소네트는 11음절의 사랑의 시로 이탈리아의 시인들처럼 체험에서 나왔다기보다는 신화적 인물을 등장시킨 사랑 노래로, 아름답고 고결한 이미지의 형상화가 돋보인다. 비록 소네트의 도입은 성공하지 못했지만 16세기 르네상스에 이르러 소네트와 이탈리아 전통의 여러 시 형식이 정착할 수 있는 토대를 만들어 주었다는 점에서 가치 있는 일이라 할 수 있다.

후안 데 메나 Juan de Mena (1411-1456)

후안 데 메나 Juan de Mena는 코르도바 출신으로 살라망카와 로마에서 공부하였다. 로마에서 공부를 마치고 돌아와 후안 Juan 2세의 라틴어 서신 담당 비서로 일했다. 그는 당시의 시 분위기를 잘 나타내는 대표 시인으로 큰 명성을 누렸지만, 그 생애에 대해서는 잘 알려진 바가 없다. 그는 정치적 분쟁에 휩싸이지 않고 자신의 연구와 작품의 창작에만 골몰한 순수 지식인의 전형적인 모습을 보여준 시인이었다고 전해진다.

후안 데 메나의 산문 작품으로는 『일리아드 *Ilíada*』의 라틴어 요약을 번역한 『로망스어로 쓰인 호메로스 *Omero Romançado*』와 51편의 시 해설 작품 『마르케스 데 산티야나의 대관식 해설 *Comentario a La Coronación del Marqués de Santillana*, 1438』이 있다. 그는 산문작가로서의 재능은 과소평가 받아왔지만 현대에 들어와 재평가되고 있다. 당시의 다른 작가들과 마찬가지로, 라틴어에 비해 스페인어의 수준이 형편없다고 생각한 그는 작품 속에 라틴어 용어를 사용하고 그 어순을 적용시켰다. 이는 스페인어의 완성과 발전에 필요한 과정으로 인정할 수 있다.

후안 데 메나의 시는 전통적 형태의 시와 이탈리아풍의 고전 시로 구분된다. 마리아 로사 리다 María Rosa Lida는 전통적 형태의 짧은 시들을 보고 그를 '내적 체험을 세련된 테크닉으로 묘사한 시인'으로 평하지만, 크게 주목을 받지는 못한 작품들이다. 이탈리아풍의 고전 시

작품으로는 『명암 *Claro-escuro*』을 비롯하여 그 자신과 문학적 관심과 우정을 나눈 마르케스 데 산티야나에게 바친 『마르케스 데 산티야나의 대관식 해설 *Comentario a La Coronación del marqués de Santillana*』과 『운명의 미로 *El laberinto de Fortuna*』를 들 수 있다.

대표작 『운명의 미로』는 297연으로 되어 있는데, 300연에 가까운 작품이라고 해서 『300연 *Las Trescientas*』으로 불리기도 한다. 아르테 마요르 arte mayor의 『운명의 미로』는 후안 2세에게 바친 우의적 성격의 작품으로, 인간의 삶에 드리워진 운명의 그림자를 주제로 한다. 작품에서 시인은 용들이 끄는 전쟁의 여신 벨로나 Belona의 마차를 타고 운명의 여신 포르투나 Fortuna 성으로 간다. 신의 섭리를 상징하는 프로비덴시아 Providencia의 아름다운 여인의 안내를 받아 지상을 움직이는 기계 máquina mundana를 감상한다. 기계는 세 바퀴로 이루어졌고, 움직이지 않는 두 바퀴는 미래와 과거를 상징하고, 움직이는 바퀴 하나는 현재를 상징한다. 각각의 바퀴에는 7별의 영향을 받은 7원이 있고, 그 원 안에 시인은 여러 인물들을 위치시킨다. 과거의 바퀴에는 역사적이고 신화적인 인물들을, 그리고 현재의 바퀴에는 스페인의 왕들과 시인들과 유명한 사람들을 위치시킴으로 스페인 역사를 종합해 놓는다. 미래의 바퀴에는 후안 2세의 성공을 예견할 수 있는 모습을 담아, 애국자의 입장으로 카스티야 역사를 재조명한다. 그러나 좀 더 명확한 미래의 모습을 보고자 아름다운 여인 프로비덴시아를 껴안는 순간 환상은 사라져버린다.

'삶의 수레바퀴 la rueda de la creación (약 3:6)'는 성경 속 표현이지만 바퀴를 움직이는 수성과 화성과 금성 등의 7별은 신화적 내용으로, 중세에서 르네상스로 향하는 15세기의 과도기 모습이 확연히 드러난다. 여기에 등장하는 포르투나 Fortuna와 프로비덴시아 Providencia도

과도기에 가질 수 있는 관심으로 볼 수 있다. 근대사회에 들어서 운명이라는 단어는 새로운 의미를 지닌다. 하느님에 의하여 모든 것이 결정된다고 믿던 중세와는 달리, 근대에는 여신 포르투나 Fortuna의 변덕에 따라 운명이 달라질 수 있다고 생각했다. 하느님의 섭리 프로비덴시아가 바로 운명이라는 생각과는 달리 하느님의 창조로 자연을 비롯한 물질세계가 만들어졌지만, 마치 시계가 만들어지면 그 이후에 시계가 움직이는 것은 별개인 것과 마찬가지로 운명을 이제 다른 방식으로 생각하기 시작했다. 이는 중세의 마녀 bruja와는 다른 요술할머니 hechichra의 개념으로 설명할 수도 있다. 요술할머니가 하느님을 거부하는 사람들이 아니라 하느님이 만든 자연과 물질세계를 약초 등의 자연의 힘으로 바꾸어 보려고 하는 사람들로 인식되기 때문이다.

후안 데 메나의 시에는 라틴어적 어순을 따른 도치와 라틴어 어휘를 많이 사용한다. 또 복잡한 수사학 기교를 과시한 시 작품들이 많은데 그것은 스페인의 위대함을 노래하기 위해서였다고 다마소 알론소 Dámaso Alonso는 말하고 있다.

호르헤 만리케 Jorge Manrique (1440?-1479)

중세에서 르네상스로 넘어가는 15세기의 과도기 문학에는 세상의 삶에 대한 태도가 두 가지로 나타나 있다. 하나는 세상의 삶을 눈물 골짜기로 생각하던 중세와는 다른 죽음의 개념이다. 이는 죽음에 신랄한 비판의 어조를 부각시키는 '죽음의 춤 Danzas de la muerte'에서 살펴볼 수 있다. 다른 하나는 중세적 개념의 특징에 뿌리내린 숭고한 도덕적 판단에 입각한다. 대부분의 문학작품들이 단지 세상 것의 덧없음을 강조하는 것으로 끝을 맺는 경우가 많다. 물론 지나간 과거를 아련히 회상하는 것으로 위안을 삼는 작품들이지만, 이런 반응은 스페인적인 사고방식의 전형이라고 볼 수 있고, 전통적으로 '어디로 갔는가 우비 순트 ubi sunt'로 표현되는 테마다. '우비 순트'는 인생살이의 덧없음과 부귀영화의 헛됨과 죽음 앞에서는 모두가 벌거숭이라는 진실을 밝히는 테마로 호르헤 만리케의 대표작 『아버지의 죽음에 바치는 조가 *Coplas a la muerte de su padre*』에서 잘 살펴볼 수 있다.

15세기 최고의 시인 호르헤 만리케 Jorge Manrique는 파드레스 데 나바 Padres de Nava에서 1440년경에 태어난다. 그의 집안은 카스티야의 전통 있는 가문으로, 아버지 로드리고는 이사벨 여왕의 권리 보호에 앞장선 유명한 정치가이자 군인이었다. 그는 아버지와 더불어 여러 전투에서 공적을 세운 군인으로 1479년에 전사한 영웅 시인으로 알려졌다.

아버지 로드리고의 죽음에 바치는 아들 호르헤의 시 『아버지의 죽음에 바치는 조가 *Coplas a la muerte de su padre*』는 그의 대표작이다. 그 외에 작품으로는 사랑을 테마로 한 49편의 시와 3편의 풍자시, 그리고 도덕적 내용이 담긴 2편의 시가 있다. 또한 미완성 작품 「세상에 맞서 Contra el mundo」는 호르헤 만리케가 죽음을 맞던 순간에 쓰던 시로 알려졌으며, 그가 전사했을 때 입었던 옷에서 발견되었다고 전해진다.

49편의 사랑시는 프로방스의 영향을 받은 시풍으로, 귀부인을 향한 궁정 사랑을 내용으로 한다. 진실성이 부족한 감동 부재의 작품으로 관념적이고 인위적인 느낌의 시들이다. 이와는 달리 큰 감동을 선사한 『아버지의 죽음에 바치는 조가』를 19세기 시인 마누엘 호세 킨타나 Quintana는 장례식에 붙이는 설교라고 설명한다.

『아버지의 죽음에 바치는 조가』는 copla de pie quebrado 또는 copla manriqueña의 40시연으로 된 작품이다. 각 시연은 이중 6행시

sextilla doble인 12행의 시로 구성되며, 각 6행시는 1, 2, 4, 5행이 8음절이고 3, 6행은 4음절이다. 그러므로 운율의 형식은 8a8b4c8a8b4c; 8d8e4f8d8e4f로 첫 연은 다음과 같이 시작한다.

잠든 영혼이여 깨어나,
정신을 차리고,
바라보아라.
인생이 어찌 그리 빨리 지나가며,
죽음이 어찌 소리도 없이,
다가오는지.
즐거움은 얼마나 빨리 지나가며
꿈에서 깨어나면 어찌 그리
고통스럽기만 한지.
우리에게는 어찌하여
지나간 세월이면 그 어느 순간이라도
더 낫게 보이는지.
Recuerde el alma dormida (8a),
avive el seso y despierte (8b),
contemplando (4c)
cómo se pasa la vida (8a),
cómo se viene la muerte (8b)
tan callando (4c);
cuán presto se va el placer (8d),
cómo, después de acordado (8e),
da dolor (4f);
cómo, a nuestro parecer (8d),

cualquiera tiempo pasado (8e)
fue mejor (4f).

12행으로 구성된 각 연마다 완벽한 시적 의미를 가지며, 8음절의 두 시행 후에 4음절의 시행이 이어지는 형식으로 시의 리듬이 매우 장엄한 느낌의 효과를 낸다. 8음절의 반에 해당하는 4음절의 시행은 마치 숨이 끊어지는 듯한 효과를 주며, 시인의 힘이 빠져나가는 듯한 분위기로 단절의 느낌을 전달한다. 아버지의 죽음에 느끼는 슬픈 마음을 표현하기에 적절한 운율이다.

후안 데 메나 Juan de Mena와 마르케스 데 산티야나가 라틴어화한 스페인어를 사용한 것과는 대조적으로 호르헤 만리케는 단순한 스페인어를 구사한다. 그가 작품 속에 쓴 ficciones, deidad, atender, esperar, diligencia 등의 단어들이 오늘날에도 일반적으로 쓰는 평범한 단어들인 것을 보면 작가의 어휘 선택 감각이 좋았다는 것을 알 수 있다. 또한 작품 안에 f-inicial과 h-aspirada를 비롯하여 non과 no, nin과 ni, vos와 os, e와 y도 혼용하고 있어 아직 정착되지 않은 스페인어의 모습을 생생히 살펴볼 수 있다.

『아버지의 죽음에 바치는 조가』는 세 부분으로 구성된다. 처음 13연은 인생의 짧음과 세상 것의 허무함 등 라틴 문학의 일반적 토픽인 '어디로 갔는가 ubi sunt' 테마의 사상을 발전시킨다. 14연부터 24연까지는 이에 대한 구체적인 예를 든다. 죽음으로 사라질 인생에 대하여 인간은 속고 있을 뿐이라며 예를 들어 나간다. 세상의 재물이며 영화가 얼마나 부질없는 것인가를 되뇌며 천하일색의 아름다움도 늙어지면 추함과 무거운 몸만 남는다고 설파한다. '어디로 갔는가 ubi sunt'의 기법으로 사라진 영화와 아름다움의 덧없음을 절규하는 내용이다. 마지막 16연은 아버지 로드리고 don Rodrigo의 죽음에 바치는 시다. 부친의 미덕과 업적을 칭송하는 것으로 시작한 다음, 시인은 중세 '죽음의 춤' 테마의 내용을 가져온다. 죽음 Muerte이 등장해 로드리고와 대화하자, 로드리고는 기독교적 평안함으로 죽음을 받아들인다. 하느님이 죽으라고 명하신 때에 살겠다고 발버둥치는 것은 미친 짓이라며 죽음의 사자를 따라 하느님께 나아간다. 가족과 친지에 둘러싸인 평화로운 죽음을 맞이한다. 작품의 세 부분은 인생의 세 단계에 비유되며, 보편적인 테마에서 개개인의 특수 테마로 발전시킨다. 영원한 삶, 죽음으로 사라지는 순간적 삶, 그리고 후세의 기억 속에 명예로 남을 삶으로 구성된 것이다.

많은 비평가들이 이 작품의 구성이 효과적이었다고 평가한다. 그리고 만일 순서가 바뀌었으면 감정의 밀도가 약해질 수도 있었다고 덧붙인다. 아버지의 죽음 앞에서 느끼는 아들의 실제적인 아픔이 감동을 자아내고, 또 이러한 아픔이 작품의 말미에 표현되면서 감동은 배가되고 최상의 예술 효과를 자아낸다.

이 작품의 테마는 독창적이지 않다. 라틴 토픽 '우비 순트 ubi sunt'는 이미 중세 전부터 널리 알려진 테마이고, 또 일부는 성경에서 유래했기 때문이다. 그러나 『아버지의 죽음에 바치는 조가』의 가치는 새로운 테마나 새롭게 표현된 감정보다는, 이미 알려진 테마와 일상적 감정을 얼마나 심오하고 진실하게 다루는가에서 찾을 수 있다. 바로 이 부분에서 작가만의 독창성도 논할 수 있다.

『아버지의 죽음에 바치는 조가』는 진실한 내용과 미적 균형이 탁월한 형식으로 예술의 기적을 보여준 작품이어서 스페인 시인들의 많은 사랑을 받았다. 로페 데 베가 Lope de Vega는 만리케의 이 작품을 스페인 시의 금자탑이라 할 만한 최고의 작품으로 평하고, 안토니오 마차도 Antonio Machado는 호르헤 만리케가 최고 시인의 제단을 차지해야 한다며 찬사를 보낸다.

3. 산문

1) 15세기의 산문 글

사회 풍자적 내용은 풍자시에서뿐만 아니라 당시 사학자나 궁정 작가의 산문 글에서도 찾아볼 수 있다. 15세기는 사회 비판적인 글과 더불어 반페미니즘 misoginia 성격의 글이 유행한 시기다. 교육적 내용의 대표 산문 글은 발렌시아 출신의 작가 하우메 로익 Jaume Roig(1460)의 『거울 *Spill*』과 아르시프레스테 데 탈라베라 Arcipreste de Talavera의 『코르바초 *Corbacho,* 1438』가 유명하다. 본명이 알폰소 마르티네스 데 톨레도 Alfonso Martínez de Toledo인 아르시프레스테 데 탈라베라는 보카치오의 『코르바초 *Corbaccio*』의 영향을 받아 『코르바초, 세속적 사랑에 대한 비난 *Corbacho, o Reprobación del amor mundano*』을 남긴다. 이것은 그 시대의 악한 관습에 대한 신랄한 비판과 풍자를 담은 작품이다. 세속적 사랑 loco amor과 사악한 여자들에 대한 비난과 더불어 사람의 기질에 대한 의견과 자유의지에 대한 생각을 중심으로 쓴 4부작 작품이다. 반페미니즘 풍자글 sátira은 중세 여성혐오문학의 최고 작품으로 손꼽힌다. 일상생활의 대화를 문학적 산문으로 옮겨 놓는 과감한 시도를 하여 생생한 문체가 일품인 이 작품에서, 작가는 감탄문과 의문문, 격언을 비롯하여 일상적인 언어를 쓰면서 대화체의 글을 이끌어 간다.

비슷한 내용을 쓴 작가로 엔리케 데 비예나 Enrique de Villena (1384-1434)가 있는데 허황된 것에 관심이 많았던 비예나는 특히 마술사로 유명했던 인물로, 후안 2세는 그의 사후에 작품들을 모두 없애도록 명령했을 정도다. 악마와의 협약을 통해 모습이 투명해지기도 하고 공기를 둥근 형태로 고체화시킬 수도 있으며 미래를 예견할 뿐 아니라 심지어 자신의 몸을 자른 다음 유리병에 넣어 두면 부활할 수도 있다는 마술 같은 이야기를 풀어 놓은 작가였기 때문이다. 그의 작품에는 흥미로운 얘기들이 많았고 낭만주의 극작가 하르첸부치 Hartzenbusch는 그에 관한 작품을 남기기도 했다. 눈병을 치료하는 의학과 미신을 접목시킨 『최면술 *Libro de aojamiento o fascinología*』과 영웅 헤라클레스의 업적과 신화를 도덕적 의미로 해석한 『헤라클레스의 열두 功業 *Doce trabajos de Hércules*』 작품이 있다. 학문과 미신을 접목하고 그리스와 로마 신화를 도덕적으로 해석하고 현학적인 라틴어풍의 문체를 구사했던 그는 중세 말의 전형적인 대표 작가로 볼 수 있다.

15세기는 스페인 언어에 큰 관심을 보인 시기여서 알론소 데 팔렌시아 Alonso de Palencia의 『라틴어와 로망스어의 일반사전 *Universal vocabulario en latín y romance,* 1490』과 인본주의 초창기 대표 인물 안토니오 데 네브리하 Antonio de Nebrija의 『서반아어 문법 *Gramática de la lengua castellana,* 1492』이 탄생되었다.

13세기 알폰소 Alfonso 10세 때에 시작된 역사서도 15세기에 전성기를 맞는다. 특히 왕들의 연대기가 많았고 대표작으로는 디에고 데 발레라 Diego de Valera의 『가톨릭 양왕 연대기 *Crónica de los Reyes Católicos*』를 들 수 있다. 역사적 인물에 대한 전기도 많았고, 대표작으로는 페르난 페레스 데 구스만 Fernán Pérez de Guzmán (1370?-1460?)의 『시대와 인물 *Generaciones y semblanzas*』을 들 수 있다. 엔리케 Enrique 3세, 니에블라 Niebla 백작, 알론소 데 루나 Alonso de Luna 등의 당대 주요 인물에 대한 전기 작품이다. 엔리케 Enrique 4세와 가톨릭 양왕 los Reyes Católicos의 비서였던 에르난도 델 풀가르 Hernando del Pulgar (1430?-1493?) 역시 전기 작가로 『카스티야의 인물들 *Claros varones de Castilla*』을 썼다.

2) 소설 산문 Prosa novelesca

첫 기사 소설 『아마디스 데 가울라 *Amadís de Gaula*』는 15세기에 널리 읽혔다. 14세기 작품으로 추정되는 이 소설은 전형적인 기사 소설 libro de caballerías이다. 많은 변화를 겪은 중세 귀족의 모습을 살펴볼 수 있는 작품으로, 중세 초기의 귀족은 야만적 귀족으로, 귀족의 최고 존재 가치는 전쟁을 통해 표현됐다. 그러나 전쟁이 끝나고 평화의 시기가 오자 귀족들은 섬세한 감성의 소유 계층으로 변모하며 영웅적으로 자신을 미화시키려는 노력을 기울이고 사랑의 감정을 최고의 이상으로 생각하였다. 이러한 이상을 그린 작품이 기사 소설이라고 할 수 있다.

15세기의 감상 소설 novela sentimental은 특히 주목할 필요가 있다. 이탈리아의 영향을 강하게 받은 감상 소설은 주인공인 귀족 여인을 중심으로 한 사랑 지상주의 내용을 담는다. 사랑을 위협하는 역경의 줄거리를 눈물겨운 사랑 이야기로 풀어나간 감상 소설은 대부분 비극적 결말로 끝난다. 감상 소설에 대한 당시 견해는 분분하여, 종교재판소는 해롭고 공허한 책으로 낙인을 찍은 반면에 당시의 궁중과 귀족들은 집에 꼭 소장해야 할 책으로 손꼽기도 했다.

감상 소설 작가 디에고 데 산 페드로 Diego de San Pedro의 작품에는 『아르날테와 루센다의 사랑 이야기 *Tratado de amores de Arnalte y Lucenda,* 1491』와 『사랑 감옥 *Cárcel de amor,* 1492』이 있다. 『사랑 감옥』은 20세의 젊은이 레리아노 Leriano와 마케도니아 공주 라우레올라

Laureola의 사랑 이야기다. 레리아노는 욕망 Deseo이란 이름의 괴물에 이끌려 사랑 감옥으로 들어간다. 감옥에는 슬픔과 괴로움과 고통만 존재할 뿐, 휴식도 희망도 만족도 없는 곳이다. 사랑의 고통을 겪는 레리아노에게 라우레올라 공주는 면담을 허락하는 자비를 베푼다. 그러나 라우레올라 공주가 밤마다 왕이 잠자리에 들면 레리아노와 놀아난다는 페르시오 Persio의 고자질을 들은 왕은 공주를 감금한다. 이에 레리아노는 공주를 구하기 위해 납치하고, 결국 왕은 진실을 알게 된다. 공주가 성으로 돌아가는 대신 공주를 만나지 않겠다는 약속을 한 레리아노는 죽음을 선택한다. 그는 아사하기로 작정한 마지막 순간까지도 공주를 걱정하는 마음에 라우레올라가 보낸 편지를 찢어 물에 타 마신다. 소설의 대부분은 레리아노와 라우레올라의 서간문으로 되어 있는데, 당시 산문의 특징적 면모를 잘 보여준다. 연설적 문구, 섬세한 심리 분석, 그리고 다양한 라틴어 어순과 용어 구사 등이 그 특징들이다.

4. 연극

스페인 극은 12세기의 『동방박사극 *Representación de los Reyes Magos*』 이후 15세기 후엽까지 침묵을 지킨다. 15세기 말의 고메스 만리케 Gómez Manrique의 『성탄극 *Representación del Nacimiento de Nuestro Señor*』이 탄생하기까지 3세기 동안을 스페인 연극의 공백 기간으로 보는 문제에 대해 많은 논란이 있었다. 스페인 극이 존재했다고 증명할 수 있는 자료는 없다. 그러나 당시의 이베리아 반도가 유럽의 다른 나라들과 동일한 문화의 발전을 보이고 상당히 밀접한 접촉을 갖고 있었기 때문에 서사시나 서정시와 같은 문학 장르에 있어서는 유럽의 나라들과 같이 나아갔다는 사실을 감안할 때에 스페인에도 극작품이 존재했다는 사실을 충분히 추측할 수 있다. 그러나 단지 이러한 추측이나 가정을 뒷받침해줄 극작품이 아직까지 발견되지 않았다는 것 역시 사실이다.

『동방박사극』 이후의 극 전통은 15세기의 고메스 만리케 Gómez Manrique와 후안 델 엔시나 Juan del Encina로 이어진다. 고메스 만리케로 스페인 극은 시작되고, 후안 델 엔시나는 스페인 극의 창시자 patriarca del teatro español라는 별명을 가질 만큼 이 두 사람은 스페인 문학사에 중요한 역할을 한 작가다.

15세기 후반의 가톨릭 양왕 los Reyes Católicos 왕궁에 극작품을 애호하는 분위기가 무르익었다는 점도 극이 발전할 수 있는 주요 요인이었다. 인본주의자들은 이탈리아에서 인본주의 극 comedia humanística 작품이 상연되는 것을 보았고, 이것을 따라 라틴어와 카스테야노어 작품을 써 왕궁에서 공연했던 것이다. 이들 작품 가운데 대표작인 프란시스코 데 마드리드 Francisco de Madrid의 『목가극 *Égloga,* 1495』은 페르난도 왕의 반프랑스 정책을 옹호하는 내용이다. 또한 성탄절과 부활절의 종교극을 계승한 여러 성사극 聖史劇 auto sacramental 작품도 궁정에서 큰 사랑을 받았다.

고메스 만리케 Gómez Manrique (1412-1490)

고메스 만리케 Gómez Manrique는 1412년 티에라 데 캄포스 Tierra de Campos에서 태어난 정치가이자 군인이었다. 이사벨 여왕을 보필하여 여러 전투에 참전하였고 1490년 톨레도에서 생을 마쳤다.

그의 작품으로는 『노래집 *Cancionero*』에 수록된 108편의 시가 있다. 당시 궁정 분위기를 주도한 프로방스 스타일의 사랑을 주제로 한 시와 도덕시와 교훈시가 있다. 마르케스 데 산티야나의 죽음에 바친 시 「애가 Planto」도 있다. 두 편의 극작품이 있고, 종교 테마로 쓴 『성탄극

Representación del Nacimiento de Nuestro Señor』과 『부활절을 위한 애가 *Lamentaciones fechas para Semana Santa*』가 있다. 『성탄극』은 수녀원 부원장이던 여동생 마리아의 요청으로 쓴 작품으로 수녀원에서 공연된 작품이었다. 아기 예수의 탄생 이야기로, 성모 마리아가 임신한 것을 알고 정혼한 요셉이 걱정하는 장면에서 시작하는 작품이다. 대중적 어조와 사실적 표현이 강조된 작품이다.

『부활절을 위한 애가』는 예수의 죽음을 다룬 작품으로 서정적 요소가 강조되어 표현된다. 지문도 상당히 제한되며, 단지 한탄이 이어질 뿐으로 극적인 요소는 적다. 슬픔에 빠진 성모 마리아의 한탄과 사도 요한의 한탄이 이어진다. 마리아 막달레나는 등장하지만 대사는 없다. 이어 성모 마리아가 사도 요한에게 아들 예수가 살아 있냐고 묻자 사도 요한은 죽었다고 대답하고 두 여인에게 예수의 무덤에 같이 가자는 것으로 끝난다.

후안 델 엔시나 Juan del Encina (1468-1529)

스페인 극의 창시자로 불릴 만큼 중요한 작가였던 후안 델 엔시나는 살라망카에서 태어나 로마에 사는 동안 매우 발전된 이탈리아의 연극과 접할 수 있었다. 그는 성직자로 예루살렘을 순례한 이후 계속 스페인 레온 León 지방에서 거주하였다. 후안 델 엔시나의 극작품에 영감을 준 것은 스페인의 대중 종교극과 목가극이 있는데 이 중에서 목가극은 이탈리아에서 유래한 인본주의 극으로 르네상스 시대와 같이 자연을 중시하는 극이다.

후안 델 엔시나의 작품은 종교 목가극 égloga religiosa 중심의 전기 작품과 르네상스 성격이 강조된 후기 작품으로 구분할 수 있다. 전기 작품으로는 종교 목가극 『성탄절 목가극 *Églogas de Navidad*』과 『예수의 죽음과 부활극 *Representaciones sobre la Pasión, y de sobre la Resurección*』이 있다. 이것들은 예수의 탄생, 죽음, 부활을 그린 목가극으로, 투박한 목동들이 등장해 성경의 내용을 해석한다. 그들이 나누는 대화에 사야게스 sayagués로 불리는 레온 지방 사투리가 관습적으로 쓰이고 종교적 내용이 목동들의 순진함과 어울려 코믹하게 표현된다.

비종교적 작품으로는 『사육제 목가극 *Égloga de Carnaval o de Antruejo*』, 『밍고, 힐, 파스쿠알라 목가극 *Égloga de Mingo, Gil y Pascuala*』, 『사랑의 승리 *El Triunfo del Amor*』가 있다. 『사육제 목가극』은 1494년에 공연된 작품으로, 첫 부분에서 목동들은 프랑스에서 전쟁이 일어났다는 소식을 전하며 알바 Alba 공작이 전쟁에 참전하게 될 것을 가슴아파한다. 그러나 한 목동이 이는 잘못된 소식이라고 말하자 모두들 평화를 기원하는 노래를 부른다. 두 번째 부분은 축제에 초대된 네 명의 목동을 사실적이고 우스꽝스럽게 그린다. 먹을 것을 밝히는 이들 목동들의 모습은 상당히 투박하고 거친 느낌을 준다. 이와는 달리 사랑 이야기를 그린 『밍고, 힐, 파스쿠알라 목가극』은 세련되고 고상한 분위기를 보여준다. 목동 밍고 Mingo와 말구종 힐 Gil은 목동녀 파스쿠알라 Pascuala를 사랑한다. 도시 생활을 약속하며 힐은 파스쿠알라의 마음을 사로잡는다. 그러나 파스쿠알라는 궁정의 아름다운 여인들에 대한 불안감에 힐이 목동이 되는 조건으로 그의 사랑을 받아들인다. 하지만 힐은 파스쿠알라에게 시골과 도시의 생활을 비교하여 보여주고 왕궁으로 돌아갈 것을 설득하여 결국 밍고와 부인 밍가 Minga까지 모두 함께 궁정에서 생활하게 된다는 내용이다. 극적인 내용과 효과가 강조돼, 이전 작품들과는 달리 매우 발전된 극작품이라 할 수 있다.

후안 델 엔시나의 대표작은 후기 작품 『필레노, 삼바르도, 카르도니오 목가극 *Égloga de Fileno, Zambardo y Cardonio*』, 『플라시다와 빅토리아노 목가극 *Égloga de Plácida y Victoriano*』, 『크리스티노와 페베아 목가극 *Égloga de Cristino y Febea*』이다. 『필레노, 삼바르도, 카르도니오 목가극』은 비극적 사랑 내용으로, 목동녀 세피라를 짝사랑하는 필레노가 자신의 고통을 두 명의 친구 목동에게 전하고 자살한다. 이탈리아의 영향이 강하게 드러난 작품으로, 주인공 필레노는 르네상스 사상에 젖은 귀족적이고 섬세한 감정과 복잡한 사고방식의 소유자다. 『플라시다와 빅토리아노 목가극』은 엔시나의 작품 중에서 가장 방대하고 중요한 작품이다. 인간적 사랑에 대한 대가로 자살을 선택하던 중세적 성격에서 탈피하여 인간적 사랑이 승리하는 작품이다. 빅토리아노에게 사랑을 받지 못한 플라시다가 자살을 하는 장면까지는 『필레노, 삼바르도, 카르도니오 목가극』과 비슷하나, 플라시다를 사랑하지 않은 것은 착각이었다는 것을 깨달은 빅토리아노가 그녀를 따라 자살하려고 한다. 그러자 비너스 여신이 그것을 막고 메르쿠리우스 신에게 명하여 플라시다를 다시 살아나게 한다는 내용으로 변화된 세계를 반영한다. 자살하기 전 플라시다의 유언 '사랑의 신 큐피드 신이여!/ 나의 제물을 받아주시오/ 고통의 첫 제물/ 내 사랑 따위는 거들떠보지도 않는/ 님을 주신 대가요. Oh Cupido, dios de amor!/ recibe mis sacrificios,/ mis primicias de dolor/ pues me diste tal señor/ que despreció mis servicios'에는 르네상스 성격이 뚜렷하게 나타난다. 발부에나 이 프랏 Valbuena y Prat은 작가가 『플라시다와 빅토리아노 목가극』 속에 이교도 신을 등장시켜 더 이상 비극에 동의할 수 없다는 뜻을 분명히 전하고 있다고 설명한다. 『크리스티노와 페베아 목가극』에서는 인간적 쾌락이 더욱 부각된다. 목동 크리스티노가 은둔자로 고행을 하려고 하자 화가 난 큐피드 신이 요정 페베아를 보내 그의 결심을 포기하게 한다는 내용이다.

엔시나에 이르러 스페인 문학은 중세에서 르네상스로의 전환을 맞이한다. 전기 작품들은 대부분 전통적 형식을 따르고 있다. 다시 말해 작품들이 종교적 내용으로 쓰여 있고 스페인 지방의 거친 분위기들을 담아냈으며 그 표현 또한 대중적이라는 것이다. 반면에 로마를 여행하며 인본주의 문화를 접촉한 이후의 작품은 방향의 대전환을 이룬다. 이전의 작품이 고행과 신앙이 주를 이룬 테마라면, 후기의 작품에는 사랑의 승리와 신화 속 신들의 개입을 주로 다룬다. 또 작품의 구조가 방대해지고 등장인물들은 세련된 언어로 대화를 나눈다.

후안 델 엔시나의 영향은 상당해서 17세기의 로페 데 베가 Lope de Vega도 그의 영향력 안에 들었다고 할 수 있다. 그리고 뛰어난 극작가인 수제자 루카스 페르난데스 Lucas Fernández (1474?-1542?)도 특히 예수 탄생과 죽음에 대한 聖史劇 auto으로는 단연코 빛나는 존재였다.

5. 『라 셀레스티나 *La Celestina*』

스페인 문학사에 『돈키호테』 다음으로 중요한 작품으로는 『라 셀레스티나 La Celestina』를 꼽을 수 있다. 1499년 부르고스에서 출판된 16막의 원본은 이 작품의 원본들 가운데 가장 오래된 것으로 단 한 부만 대영박물관에 소장되어 있다. 제목이 있는 첫 페이지는 떨어져 나가고 없다. 『칼리스토와 멜리베아 극 *Comedia de Calisto y Melibea*』이라는 제목의 다른 원본은 1500년에 톨레도와 살라망카에서 출판된 것으로, 톨레도에서 출판된 단 한 부만 제네바의 보드머 도서관에 소장돼 있는데 이것 또한 16막으로 되어 있다. 이 밖에도 1501년 살라망카에서 출판된 16막의 원본이 파리국립도서관에 한 부 소장되어 있다.

이 같은 공통점 말고도 세 원본은 모두 저자가 친구에게 보내는 편지를 싣고 있는데, 저자가 살라망카에 있을 때 우연히 그의 손에 작품의 1막이 들어오게 되었다는 내용의 편지다. 익명의 저자가 쓴 1막을 읽고 큰 감동을 받은 작가가 이를 이어서 계속 작품을 쓰기로 결심하고 15일 만에 끝냈다는 설명이다. 즉 1막은 작가 미상이고 나머지는 이름을 밝히지 않은 작가의 것이라는 추측이다. 저자의 이름은 편지의 답관체 시 versos acrósticos를 통하여 추정할 수 있다. 답관체 시란 각 행의 첫 글자를 이어 맞추면 하나의 이름이나 문장이 되는 시를 말하는데, '작가 페르난도 데 로하스는 푸에블라 데 몬탈반 출신이다 El Bachiller Fernando de Rojas acabó la Comedia de Calisto y Melibea y fue nascido en la Puebla de Montalbán'라고 써있는 내용으로 파악할 때에 작가는 페르난도 데 로하스 Fernando de Rojas임을 짐작할 수 있다.

1502년에 세비야와 톨레도, 살라망카에서 작품이 다시 출판된다. 제목은 『칼리스토와 멜리베아 희비극 *Tragicomedia de Calisto y Melibea*』이며, 이전 원본들과 동일한 내용이지만 나머지 부분에 중요한 변화를 보인다. 즉 '센투리오 등장분 Tratado de Centurio'으로 불리는 5막이 14막과 15막 사이에 추가되어 총 21막의 희비극 작품이 된다.

저자에 관해서도 여러 문제가 제기된다. 저자가 친구에게 보내는 편지의 내용을 그대로 믿는다면 두 작가가 있는 셈이나, 18세기의 레안드로 페르난데스 데 모라틴 Moratín과 블랑코 화이트 Blanco White 등은 이에 의문을 제기한다. 문체의 획일성으로 파악할 때 한 작가의 작품이라고 주장한 메넨데스 펠라요 Menéndez Pelayo 역시 같은 입장을 보인다.

최근에는 저자가 친구에게 쓴 편지의 내용을 사실로 보는 경향이 있어서 작품에 쓰인 언어와 문학적 사료의 결과로 1막과 나머지 막들 간에 많은 차이점이 있음을 밝히고 다음과 같은 결론을 내렸다. 작가 미상의 1막은 짧은 문장의 간결한 문체이고, 작품의 나머지 15막과 '센투리오 등장분' 5막은 페르난도 데 로하스의 작품이라는 설명이다. 그러나 작가에 대한 정확한 설명에 대해 결론을 내리기는 어렵다.

페르난도 데 로하스는 1475년 톨레도의 푸에블라 데 몬탈반 Puebla de Montalbán에서 태어나 살라망카에서 법학을 공부하면서 인본주의 학문과 접할 수 있었을 것으로 추정된다. 탈라베라 델 라 레이나 Talavera de la Reina에서 결혼하여 1538년에는 그곳 시장도 지냈다. 증조할아버지 때 기독교로 개종한 유태인의 자손으로 훌륭한 도서관을 가지고 있었으며, 특히 스페인어와 라틴어 책을 많이 소장했던 것으로 알려져 있다. 거기에는 페트라르카의 라틴어 작품도 있었는데 페트라르카의 영향은 『라 셀레스티나』의 2막 이후에 강하게 나타난다.

원래 제목이 『칼리스토와 멜리베아 극 *Comedia de Calisto y Melibea*』이던 작품이 1502년 이후 『칼리스토와 멜리베아 희비극 *Tragicomedia de Calisto y Melibea*』으로 바뀌었고, 1519년 이후로는 『라 셀레스티나 *La Celestina*』라는 제목으로 많이 불렸다. 작품의 줄거리는 다음과 같다. 남자 주인공 칼리스토 Calisto는 잘생긴 귀족으로 어느 날 사냥매를 쫓다 우연히 멜리베아 Melibea 집 정원으로 들어간다. 멜리베아를 보고 한눈에 반한 칼리스토가 말을 걸어 보지만 차갑게 거절당한다. 집으로 돌아와 하인 셈프로니오 Sempronio에게 고민을 털어놓자 셈프로니오는 셀레스티나 Celestina 노파에게 도움을 청하자고 제안한다. 노파의 집에 그의 애인 엘리시아 Elicia와 몇몇 창녀들이 살고 있고 셀레스티나가 그런 일을 해결할 능력이 있음을 알기 때문이다. 칼리스토는 다른 하인 파르메노 Pármeno와도 상의하지만, 파르메노는 셀레스티나를 사악한 노파라며 그녀의 개입을 반대한다. 하지만 칼리스토는 결국 셀레스티나에게 도움을 요청하고, 셀레스티나는 멜리베아 집으로 가 칼리스토 이야기를 꺼낸다. 화를 내는 멜리베아를 진정시키고 겨우 허리띠를 얻어온 셀레스티나는 파르메노에게 아레우사

Areúsa와의 잠자리를 약속하며 회유하여 자신의 편으로 만든다. 칼리스토가 자신을 사랑한다는 얘기를 셀레스티나로부터 전해 들은 멜리베아는 갑자기 사랑의 열병에 휩싸이고, 급기야 그녀에게 도움을 청하기에 이른다. 드디어 칼리스토와 멜리베아의 만남이 성사되고 그 대가로 셀레스티나는 묵직한 금 목걸이를 받는다. 그들이 만날 때 보초를 서던 셈프로니오와 파르메노는 셀레스티나에게 금 목걸이를 나누어 갖기를 요구한다. 그녀가 이를 거절하자 그들은 셀레스티나를 죽이는데 엘리시아의 비명 소리에 경찰이 들이닥치고 창문으로 도망치던 셈프로니오와 파르메노는 붙잡혀 참수형에 처해진다. 그럼에도 불구하고 칼리스토와 멜리베아는 밀애를 계속하고, 엘리시아와 아레우사는 센투리오 Centurio에게 이들에 대한 복수를 당부한다. 호언장담하며 복수를 약속한 센투리오는 친구 트라소 Traso에게 두 사람의 밀애 장소에 나타나 소동을 일으켜 놀래주라고 한다. 트라소의 소동 때문에 밀애를 즐기던 칼리스토는 놀라 황급히 사다리를 타고 담을 내려오다 떨어져 죽고 멜리베아 역시 집 탑 위에 올라가 떨어져 자살한다. 멜리베아의 아버지 플레베리오 Pleberio와 어머니 알리사 Alisa의 탄식으로 작품은 끝난다.

최근의 비평은 이 끔직하고 비극적인 결말의 이유에 대해 의혹을 제기하며 몇 가지 답을 제시한다. 우선 조상 대대로 기독교 집안임을 내세우던 귀족의 자제와 돈은 많으나 개종한 유태인 집안 아가씨의 결혼은 어려웠을 것이라는 추측이다. 작가 페르난도 데 로하스가 유태인 부모 사이에서 태어났다는 점을 감안하면 상당히 설득력 있는 해답이다. 그러나 이미 증조할아버지 때에 개종했고 페르난도 데 로하스가 비교적 귀족 냄새가 짙은 변호사였기 때문에 짙은 염세주의와 비극적 결말은 쉽게 납득되지 않는 것도 사실이다. 또 궁정 사랑의 전통에 기인한 사랑을 이유로 들기도 한다. 13세기 프로방스 시에서 이미 살펴본 궁정 사랑은 이미 12세기의 아벨라르 Abelardo와 엘로이자 Eloisa의 연애 사건에서 그 성격을 알 수 있다. '결혼보다는 사랑, 구속보다는 자유를 원한다'며 '시저의 아내가 되는 것보다 아벨라르도의 정부가 되는 것이 더 영광이다'는 엘로이자의 외침은 작품의 비극적 결말에 무게를 더 실어 준다. 이상적 사랑과 열정의 관계가 유지될 수 있는 것은 혼외의 관계에서만 가능하다는 생각, 다시 말해 궁정 사랑식 문학작품의 전통에 따른 결과라는 것이 코레알레스 에헤아 Correales Egea의 지적이다.

『라 셀레스티나』는 대화 형식 작품이지만 내용이 방대해 무대에 올릴 수 있는 극작품은 아니다. 인본주의 극 comedia humanística이라는 중세의 아주 특징적인 장르로 볼 수 있다. 페트라르카가 처음 쓴 인본주의 극은 14, 15세기 동안 이탈리아에 유행한 장르로 주로 라틴어 작품이었다. 이 극은 우선 내용이 단순하고 사건의 전개가 느리며, 하층민 등장인물에 관심을 기울이고 일상생활의 면모와 당시의 분위기를 그려 나간다. 또 일상 대화에서는 함축적이고 생생한 언어와 우아한 연설조 언어가 공존하여 언어의 다양성을 엿볼 수 있다. 인본주의 극에서는 격언 문구와 더불어 외설적 용어에 흥미를 보이고, 고대 작가들, 신화 그리고 역사에 대한 인용과 언급이 많다. 또 사실성을 고려하지 않고 시간과 장소가 비논리적으로 전환한다. 이렇듯 극이 보여주는 모든 특징들을 빠짐없이 가지고 있는 『라 셀레스티나』는 인본주의 최고의 극작품이라고 할 수 있다.

『라 셀레스티나』에서는 중세의 성격과 르네상스 성격을 모두 찾아볼 수 있다. 우선 작가가 작품을 쓴 의도를 '이성을 잃고 미친 사랑에 빠진 사람들을 질책하기 위하여 compuesta en reprehensión de locos enamorados'라고 명백히 밝힌 것은 중세적 특성이라 볼 수 있다. 인과응보를 보여주려는 의도 또한 명확해서 주인공과 하인들은 죄의 대가로 하늘에서 내린 벌 castigo divino을 받으며 처절한 죽음의 결말을 맞게 되는데 이는 중세의 전통적 종교 시각과 일치한다. 이 밖에도 『라 셀레스티나』는 중세 테마들을 많이 다루었다. 12세기 라틴극 『팜필루스 *Pamphilus*』는 귀부인에게 마음을 빼앗긴 청년 팜필루스 이야기를 다루고, 14세기의 아르시프레스테 데 이타 Arcipreste de Hita도 『팜필루스』의 내용을 작품 『선한 사랑의 노래 *Libro de buen amor*』에서 멜론 씨 don Melón와 엔드리나 부인 doña Endrina의 사랑이야기로 소개한다. 『라 셀레스티나』의 셀레스티나와 마찬가지로 매파 트로타콘벤토스 Trotaconventos는 셈이 빠른 전형적인 인물로 이들 매파의 개입은 사랑의 결말에 불가피한 요소다.

셀레스티나의 모습은 『선한 사랑의 노래』에서 아르시프레스테 데 이타가 묘사한 매파를 통해 유추해 볼 수 있다. 트로타콘벤토스는 '교회며 동네 지리에 훤한 노파는/ 기도문을 끼고 다니며 주술도 잘해./ 넘어가는 건 시간문제./ 교활하기로도 최고지!/ 아무 데나 끼어들고,/ 슬픈 표정으로 하느님께 간구하는 척./ 교활한 노파가 하는 짓이라고는 온통 나쁜 짓뿐!/ 약초를 뜯어 주술약을 만들고/ 이 집 저 집 들쑤시고 애 낳게 해준다고/ 분과 눈썹 연필과 면도기에/ 여자들 마음은 눈 뜬 장님꼴./ 쓸모가 많은 노파라/ 필요할 때가 있지.' 이 같은 내용으로 볼 때 페르난도 데 로하스의 작품 속 세 주인공 칼리스토와 멜리베아와 셀레스티나는 중세 문학 전통을 그대로 이어받은 것으로 볼 수 있다. 그러나 아르시프레스테 데 이타의 트로타콘벤토스는 멜론 씨와 엔드리나 부인의 결혼이라는 행복한 결말에 중재 역할을 하는 것으로 제한된 반면에, 『라 셀레스티나』의 매파는 사악한 욕심으로 등장인물 모두를 멸망시키는 복잡한 역할로 예술적으로 볼 때 한 차원 위의 인물이다.

중세는 자연과 초자연계에 대한 구분이 모호한 반면에 르네상스는 이 두 세계를 확연히 구분하는 특징이 있다. 중세와 르네상스의 과도기 작품 『라 셀레스티나』는 이런 점에서 르네상스 성격이 뚜렷하다. 우선 멜리베아를 보고 한눈에 반한 칼리스토에게 기독교인이 맞느냐고 셈프로니오가 물어보자 칼리스토는 '나? 내가 기독교인이냐고? 나는 멜리베아를 섬겨. 멜리베아를 숭배하고 멜리베아를 믿고 또 멜리베아를 사랑하지 ¿Yo? melibeo soy, y a Melibea adoro y en Melibea creo y a Melibea amo.'라고 대답한다. 유일신 하느님을 찬양하는 데만 허락되었던 adorar, creer, amar를 여인을 숭배할 때 썼다는 것은 기독교에 대한 명백한 반란으로 설명할 수 있다. '숫자 하나 el número uno'에 대한 철저한 공격도 기독교에 반하는 태도로 보인다. 유일신을 믿던 기독교에서 '하나'라는 숫자는 범할 수 없는 중요성을 지녔다. 그러나 셀레스티나의 입에서 나온 하나라는 숫자는 그러한 의미를 상실한 지 오래다. 작품의 일곱 번째 이야기 장면에서, 파르메노를 애인으로 받아들이라고 설득하던 셀레스티나에게 아레우사는 애인이 이미 있는데 어떻게 또 다른 애인을 받아들이느냐고 묻자 '하나'라는 것에 대한 셀레스티나의 반론이 시작된다. 또 물질과 감각 세계에 대한 주인공들의 동경도 르네상스적 특성으로 설명할 수 있다. 칼리스토가 셈프로니오에게 멜리베아를 묘사하는 내용과 멜리베아 집 정원에서 두 연인이 밀애를 즐기는 모습이 매우 감각적으로 처리된 것, 그리고 셀레스티나와 셈프로니오, 파르메노 사이를 돈 문제로 얽힌 계약관계로 그려낸 것은 바로 이러한 특성을 잘 보여주는 예라 하겠다. 외동딸 멜리베아를 잃은 아버지가 비통해하며 마지막으로 오열하는 장면에서는 새로운 세계에 대한 엄청난 두려움을 잘 보여준다. 지금까지는 일정한 규칙이 존재했었는데 앞으로의 세계는 미로일 뿐이라며 딸의 죽음 앞에 이해할 수 없는 세계에 대한 원망을 늘어놓는다. 또한 중세적 두려움 따위는 개의치 않고 눈앞에 보이는 세상에만 열정을 쏟아내는 등장인물의 묘사를 통해 작가가 전달하고자 하는 르네상스적 메시지를 엿볼 수 있다.

『라 셀레스티나』에는 칼리스토와 멜리베아를 중심으로 하는 상류계층과 셀레스티나를 중심으로 하는 창녀, 불손한 하인, 건달들과 같은 하류계층, 이 두 세계가 등장한다. 불행한 결말로 이르게 하는 악한 행실과 절제되지 못한 격정의 감정은 두 계층 모두에서 나타난다. 높은 가문과 재산은 더 이상 선한 인간의 징표로 작용하지 않고 오히려 악한 인간의 본성에서 벗어나지 못한다. 작가 페르난도 데 로하스가 개종한 기독교인이라는 사실을 염두에 둘 필요가 있는데 개종한 기독교인들은 일반적으로 사회비판적 성격이 강하고 특권 계층 중심의 가치관과 개념에 많은 불만을 품은 사람들이다.

이 두 사회계층의 공존을 스페인 문학사에서는 이상주의와 사실주의의 대립으로 설명하기도 한다. 즉 칼리스토와 멜리베아로 대변되는 이상주의와 셀레스티나 중심의 인물로 대변되는 사실주의다. 그러나 칼리스토와 멜리베아의 이상주의는 형식일 뿐으로, 단지 세련된 교육을 받은 덕에 표현 방식만 차이가 있을 뿐 격정적 감정은 다른 인물들과 다를 바가 없다. 혈통이나 교육으로 교양과 미덕을 얻을 수 없다는 강한 회의를 나타낸다.

제 2 부
황금세기 문학

스페인 문학이 가장 화려한 꽃을 피운 시기를 황금세기 Siglo de Oro라고 부르는데 그것은 이 시기에 중요한 작가들이 대거 등장하고 또 주요 문학 작품이 많이 나왔기 때문이다. 물론 매 시기마다 중요한 작가와 작품들이 나타났지만, 그것이 일부 장르로 국한되기도 하고 또 작품도 간헐적으로 탄생할 뿐이었다. 반면에 이 시기는 모든 장르에 걸쳐 훌륭한 작가와 작품들이 지속적으로 탄생했기 때문에 특별히 황금세기로 지칭한다.

세기는 100년간의 기간을 지칭하기 때문에, 황금세기는 16세기 후반과 17세기 전반의 100여 년을 지칭할 수도 있다는 의견이 있다. 그러나 16세기와 17세기 모두를 황금세기로 보아야 한다는 의견이 지배적이다. 구체적으로는 카를로스 5세가 통치하기 시작한 1517년부터 스페인 바로크의 마지막 작가로 지칭되는 칼데론 델 라 바르카 Calderón de la Barca가 사망한 1681년까지를 황금세기로 볼 수 있다는 것이다. 이에 따르면 황금세기는 100년을 지칭하는 세기 siglo의 개념보다는, 사실상 황금시기 Época aurea로 대체될 수 있다는 것이다. 우리는 보편적 명칭으로 쓰이는 황금세기를 그대로 따르되, 그 의미상으로는 황금시기에 적합하도록 16세기와 미겔 데 세르반테스 Miguel de Cervantes, 그리고 17세기의 바로크까지를 다루기로 한다.

Ⅰ. 르네상스 문학

1. 르네상스의 의미와 시대 배경

서로마 제국이 몰락한 5세기부터 동로마 제국이 멸망한 15세기까지를 중세로 보고, 중세 이후의 16세기는 르네상스로 불린다. 16세기 스페인은 가톨릭 양왕 los Reyes Católicos, 카를로스 Carlos 1세, 펠리페 Felipe 2세가 통치하던 시기로, 스페인이 가장 강성했던 시기다.

르네상스의 특성은 이미 15세기의 과도기를 거치면서 모습을 드러내지만, 그 완연한 모습은 16세기에 들어와 화려한 꽃을 피운다. 15세기와 16세기의 이탈리아 학자들은 르네상스 Renacimiento를 문화가 다시 태어난다는 개념으로 정립시킨다. 르네상스는 다시 태어난다는 의미의 이탈리아어 rinascimento로, 고대 그리스와 로마 시대의 화려한 인간 문화의 꽃이 중세의 야만적이며 어둡고 긴 터널 túnel de barbarie e incivilización을 벗어나 다시 태어난다는 의미다. 중세를 야만적이고 어둡고 긴 터널로 표현한 것은 중세를 폄하한 것인데 이렇듯 부정적이던 중세는 19세기 낭만주의로 새롭게 평가된다. 최근에는 중세와 르네상스를 단절이 아닌 연속의 개념으로 받아들이고, 르네상스 시대의 특징들이 중세에 뿌리를 둔 것이라 인식한다. 우선 시기적으로 명확한 구분이 어렵고, 중세에 뿌리를 둔 로망스어 문학의 탄생과 여러 문학 장르의 출현, 스콜라 철학, 그리고 로마네스크와 고딕 양식, 이 모든 것들로부터 르네상스가 시작되기 때문이다. 그러나 르네상스 시기에 나타난 여러 변화의 요소는 분명하다.

중세가 자연과 초자연을 구분하지 않은 반면에, 르네상스는 초자연에 대한 현실 즉 물질 세계의 독자성을 인정한다. 죽음 이후의 삶을 위해 이 세상에서의 삶을 시험으로 생각한 중세는 이 세상을 눈물 골짜기 valle de lágrimas(성경 시편 84:6)로 파악한다. 그러나 물질 세계인 이 세상을 중요하게 여긴 르네상스는 '산다는 것은 아름답다 Juvat vivere'는 본질을 가진다. 따라서 르네상스는 단지 문화와 문학에 국한된 사조가 아닌 변화된 현실과 삶의 개념으로 받아들여야 한다. 다시 말해 종교, 예술, 정치, 사회관습, 과학 등 사회 전반에 걸친 근본적 변화로 받아들일 수 있다. 우선 정치와 경제와 사회에 있어 많은 변화가 있었다. 중세는 엄격한 봉건 체계의 군주 사회였다. 군주가 통치하는 작은 영토 안에서 모든 생활이 이루어졌고, 군주는 사법권을 포함한 모든 권력을 행사할 수 있었다. 경제는 자급자족 경제로 돈은 교환 가치가 없었다. 그러나 13, 14세기부터 조금씩 도시 중심의 상공업이 발전하면서 상공업에 종사한 부르주아 계층이 성장하였고, 농업에 근거한 중세 봉건 체제는 점차적으로 붕괴되기 시작하였다. 상공업이 발달하고 시장 경제가 활성화되면서 인간 문명은 큰 변화를 가져왔고, 궁정과 도시 중심의 문화가 발달하였다. 더 이상 종교와 성직자들에 의해 주도되는 문화가 아니었고, 도시 중심의 문화가 변화를 주도할 수 있었다.

봉건 체제가 사라지면서 근대적 국가 estado의 개념이 형성되고 권력은 왕에게 집중되었다. 영국과 프랑스와 스페인에는 강한 세력의 절대 군주가 등장하였다. 물론 이탈리아처럼 아직 단일 국가가 아닌 밀라노와 피렌체와 베니스가 도시 국가를 형성하며 아름다운 르네상스의 꽃을 피운 곳도 있었다. 프랑스와 스페인의 정치 세력에 영향을 받은 도시국가들 사이에는 영역을 넓히려는 싸움이 끊이지 않았지만 르네상스 문화의 꽃을 아름답게 피우며 문화적인 우월성을 보여주었다.

정치와 경제와 사회는 당시의 문화에 큰 영향을 미쳤다. 경제적으로 부상한 부르주아는 귀족들이 누리던 사치와 세련된 생활뿐 아니라 예술을 향유하기를 원했고, 따라서 많은 작가에게 경제적 도움을 주며 예술 작업을 독려하고 작품을 보호하였다. 이것이 바로 르네상스 문화가 부르주아의 영향을 받아 그 정신을 반영할 수 있었던 이유다.

부르주아 정신으로는 우선 강한 삶의 의욕과 현실성을 들 수 있다. 현실성은 profanación 개념의 세속화로 표현할 수 있다. 따라서 태어나면서 신분이 정해지기 때문에 변화시킬 수 없다는 봉건사회의 중세와는 달리, 르네상스는 인간적인 것을 중요시하며 자신의 삶을 변화시킬 수 있다고 믿게 된다. 인간은 모든 사물의 척도며 이성적 인간은 세상을 조화롭게 할 수 있다고 믿었다. 이는 중세 하느님 중심의 문화에서 인간 중심의 인본주의로 변화해 감을 보여주는 것이라 할 수 있다. 또 인간이 가진 이성의 힘에 강한 신뢰를 보인 시기로, 이성으로 진리를 알 수 있고 우주의 신비를 풀 수 있다고 생각했다. 르네상스 시기는 가톨릭 중심의 중세적 관념과는 달리 비판 의식이 높고 호기심이 많아 새로운 지역의 발견과 근대 학문의 발전에 대한 관심도 컸던 시기다.

중세를 지나며 성경에서 벗어난 신앙과 로마 교황청 중심의 타락한 교회에 대해 비판이 거세졌다. 기독교의 진정한 진리를 망각한 채 세상의 부와 미신을 좇는 로마 가톨릭에 반기를 든 세력이 등장했다. 네덜란드의 에라스무스 Erasmo de Rotterdam와 독일의 루터 Martín Lutero를 중심으로 프로테스탄트 종교개혁이 일어나 로마 교황청을 중심으로 한 중세 교회의 단일성에 종말을 고하였다. 에라스무스의 종교개혁과 루터의 강경한 종교개혁은 성격의 차이가 있었지만, 성경과 하느님 중심의 신앙을 강조했다는 점에서는 의견을 같이하였다. 이러한 변화는 로마 가톨릭에 신뢰를 보내던 스페인과 같은 남유럽 국가에서도 나타났다. 특히 에라스무스 종교개혁은 스페인에 큰 영향을 미치면서, 교회의 해악을 없애고 신앙생활의 진실성을 요구하게 되었다.

그러나 종교개혁의 변화를 요구하는 움직임에 기존 로마 교황청은 1545년과 1563년 사이 25차례의 트렌토 공의회 Concilio de Trento를 열어 교황청 중심의 가톨릭 개혁을 시도하였다. 트렌토 공의회는 기독교 종교 정신과 교리를 순화하고 프로테스탄트 개혁에 교리적으로 대응해야 한다는 두 가지 목적이 있었기 때문에, 트렌토 공의회 중심의 운동을 반종교개혁운동 Contrarreforma이라고 부른다.

2. 인본주의 Humanismo

인본주의는 르네상스 시대를 표현하는 대표 개념이다. 이것은 우주 cosmos의 중심을 인간으로 보고, 또 인간을 소우주 micro-cosmos 개념으로 인식한다. 즉 우주가 인간 안에서 작은 형태의 소우주로 재현된다는 개념이다.

이 사상은 중세에 위력을 발휘하던 여러 가치 체계들이 인간에게는 더 이상 필요하지 않다는 선언과 더불어, 고대 그리스와 로마에서 인간 중심의 사상과 예술과 문학을 발견하고 그 문화를 재현하기를 원했다. 이탈리아에서 시작된 인본주의의 핵심 인물은 페트라르카 Francesco Petrarca(1304-1374)다. 그리스와 로마 작가들의 필사본을 발견해 수정하고 전파시키는 데 힘썼던 인물로, 퀸틸리아누스 Quintiliano와 비투르비우스 Vitruvio와 루크레티우스 Lucrecio 등의 책을 소개했다. 페트라르카와 이탈리아의 인본주의자들 덕분에 인간의 지혜를 담은 서적들은 단순히 중세적 관점의 과거 서적으로 치부되지 않고 16세기에도 생생한 위력을 발휘하는 모델로 변모하였다.

이탈리아를 비롯한 유럽 여러 국가에서는 대학을 중심으로 인문학 studia humanitatis이 시작되었다. 중세에는 신학과 아리스토텔레스 철학, 스콜라철학이 지배적이었지만, 이제는 문법, 수사학, 시학, 역사와 도덕 철학 등의 인문학이 그 자리를 대신하였다. 인쇄술은 인문학이 퍼지는 데 결정적 역할을 했다. 독일의 구텐베르크의 인쇄술 덕분에 매우 제한적으로밖에 나오지 않던 필사본 대신에 많은 책이 출판될 수 있었기 때문이다. 15세기 말경 이탈리아에서 고대 로마 작가들 선집이 출판되었고, 16세기에 들어와 출판 활동은 더욱 활발히 이루어졌다.

3. 르네상스 미학

중세에는 하느님 중심의 가톨릭 교리를 정립하고 이를 논리적으로 체계화하는 작업이 필요했다. 이 때 가장 문제가 됐던 것이 믿음 la fe과 이성 la razón을 어떻게 조화시키느냐였다. 스콜라철학을 정립한 토마스 아퀴나스 Thomas Aquinas는 아리스토텔레스의 '이성을 통해 중용의 덕을 습관적으로 실천하며 행복에 이른다'는 철학 이론을 빌어 '이성을 통해 하느님에게 나아간다'는 이론을 정립했고, 또 '모든 것은 어떤 목적을 향한다'는 아리스토텔레스의 목적론적 윤리설을 이용해 '모든 것은 하느님을 향한다'로 표현하였다. 이렇듯 아리스토텔레스 철학은 중세 종교철학의 형성과 발전에 중요한 역할을 담당했다. 반면에 플라톤과 그의 추종자 플로티노스와 성 어거스틴은 르네상스 시기에 큰 영향력을 발휘했다. 르네상스 미학의 핵심은 인간과 세상에 대한 열정을 바탕으로 하여 현실의 이상화와 균형, 조화와 질서를 추구한다는 것이다. 이러한 르네상스 미학에 플라톤의 영향은 결정적이었다.

플라톤의 이데아 Idea論은 형이상학 이론으로, 이데아는 현상계 밖의 세상이며 모든 사물의 원인이자 본질이라고 설명한다. 현상계는 그 원인이자 본질을 이데아에 둔다. 책상을 예로 들어 보면 현상계에 여러 모양과 재질의 책상이 있지만, 책상의 본질적 모습은 이데아에 있다는 이론이다. 따라서 이 현상계의 아름다움의 본질도 이데아에 있고, 아름다움이라는 본질은 이 세상의 자연과 인간의 아름다운 육체와 예술 작품을 통해 어렴풋이 살펴볼 수 있다는 설명이다.

중세가 보이지 않는 세상과 정신만 강조하고 육체를 경시했다면, 플라톤 미학에서는 세상은 보이지 않는 이데아의 반영이기 때문에 정신과 육체가 조화를 이룬다는 점을 강조했다. 따라서 플라톤 미학에 기초한 르네상스는 조화로운 인간과 세상의 아름다움을 추구한다. 예술 또한 플라톤 미학에 기초하는데 이에 따르면, 미를 창조하고 사랑하는 것은 하느님의 질서에 따르고 하느님의 창조 사업에 협력하는 것이며 인간이 천국에서나 누릴 수 있는 즐거움을 앞당겨 누리는 것이다.

4. 스페인 르네상스

스페인 르네상스는 유럽의 다른 나라들과 매우 다른 양상을 보인다. 물론 그 출발은 유럽의 보편적 조류를 따르며 다른 나라들과 같은 양상을 띠었다. 그러나 16세기 후반 이후의 르네상스는 매우 다른 모습을 보인다.

스페인이 보편적 양상을 따른 시기의 르네상스의 요소들을 찾아보면 다음과 같다. 우선 스페인은 15세기 말인 1478년과 1483년 사이에 카나리아 섬을 합병하고 1492년 회교도인이 차지했던 그라나다를 정복하면서 정치적으로 강성한 국가로 통일되었다. 또한 1492년 아메리카 대륙의 발견과 정복으로 국력은 더욱 강성해졌고, 특히 카를로스 Carlos 1세 때에는 독일의 신성로마제국이 스페인 왕국으로 흡수되었을 뿐만 아니라 이탈리아의 정치에도 적극적으로 참여한 시기다. 따라서 스페인 르네상스는 정치적으로 가장 강성한 시기와 일치한다. 카를로스 Carlos 1세(1517-1555)와 펠리페 Felipe 2세(1555-1598)가 통치하던 이 시기를 흔히 '해가 지지 않는 나라 en los dominios de España nunca se pone el sol'라고 부른다.

또한 인쇄술이 도입되어 1474년 처음으로 책이 출판되었고, 인본주의 영향으로 인문학이 발달하여 라틴어 학자 네브리하 Elio Antonio de Nebrija는 스페인 최초의 문법서 『스페인 문법 *Gramática castellana,* 1492』을 저술하였다. 살라망카와 알칼라 대학은 인본주의 사상의 중심 역할을 담당하고 인문학을 보급하였다. 레온 에브레오 León Hebreo와 카스틸리오네 Baltasar Castiglione의 서적 덕분에 플라톤 미학이 스페인에 자리 잡을 수 있게 되고, 이탈리아의 영향을 받아 예술 활동이 활발해졌다.

하지만 이런 보편적 특성과는 다른 특성들도 살펴볼 수 있다. 우선 지배 계층인 귀족과 성직자 세력이 강해, 부르주아의 성장이 매우 부진하고 상공업이 발달하지 못해 부르주아 정신이 굳게 자리 잡지 못했다. 그 중요한 이유로 유태인들의 추방 사건을 들 수 있다. 1492년 가톨릭 양왕 los Reyes Católicos은 기독교로 하나된 국가의 기치를 내세우며, 가톨릭으로 개종하지 않는 유태인들을 추방하였다. 많은 유태인들이 스페인을 떠났고, 일부는 삶의 터전을 떠날 수 없어 개종한 경우도 있었다, 그런 유태인들은 늘 의혹의 시선을 감당해야 했다. 세습 기독교인 cristiano viejo이 아닌 개종한 기독교인 cristiano nuevo으로 이들을 구분했고, 그들을 향해 인종적 편견을 강하게 드러냈다. 전통적으로 스페인 귀족들은 도시 활동과 상공업을 폄하했고, 스페인 상공업은 주로 유태인들이 종사하였다. 하지만 유태인을 추방하면서 스페인 상공업은 위축되기 시작하며 강성했던 스페인에 중남미 대륙으로부터 엄청난 부가 도입되었지만 그것들을 제대로 활용되기에는 역부족이었다. 오히려 이 부는 반종교개혁운동 Contrarreforma의 비용으로 충당되었다.

유럽의 르네상스에 에라스무스 Erasmo de Rotterdam는 큰 영향을 미쳤다. 그는 『우신예찬 *Elogio de la locura,* 1511』을 통해 개신교적 개혁을 견지하고 형식이 아닌 내면에 충실한 기독교를 주장하였다. 인간의 인격 완성에 올바른 신학의 필요성을 주장하며, 미신적 성격의 기독교를 비판하고 세상과 타협한 나태한 기독교인을 비난하였다. 스페인은 특히 에라스무스의 영향을 강하게 받은 나라였다. 그러나 1517년 독일을 중심으로 일어난 루터 Martín Lutero의 프로테스탄트 종교개혁 Reforma protestante이 강경한 입장의 종교개혁을 요구하자, 스페인은 받아들이기를 거부했고 따라서 에라스무스의 영향력도 제한되었다.

이후 스페인은 반종교개혁운동 Contrarreforma을 맞이하면서 더 이상 르네상스 초기와 같이 유럽의 다른 나라들과 그 방향을 함께 할 수 없게 되었다. 개신교가 전파되는 것을 막기 위해 스페인은 유럽으로부터 철저히 고립되었다. 종교재판소 la Inquisición는 16세기 전반기에 왕성했던 지적 활동과 예술 활동을 중단시키는 일을 담당하며 서적을 검열하고 유통을 제한시켰다. 종교적인 작은 의혹에도 금서가 되는 일이 비일비재했다. 펠리페 2세 때에는 외국에 나가 공부하는 것도 금지시키는 등 여러 사건들이 스페인을 과거의 중세로 회귀시키는 역할을 하였다.

르네상스는 중세와의 정신적 단절을 의미한다. 이는 삶의 비종교화에 다름 아닌 것으로 이 관점에서 볼 때 스페인의 16세기 후반기를 르네상스로 볼 수 없다는 논란은 당연하다. 이것이 바로 스페인 르네상스의 정통성에 문제를 제기할 수밖에 없는 이유다. 물론 다른 유럽 국가들의 르네상스는 과거와의 단절인 반면에, 스페인의 르네상스는 과거를 수용하고 새롭게 하여 종합적인 형태의 르네상스를 탄생시킨다고 보는 관점도 있을 수 있다. 이렇게 볼 때 스페인 르네상스는 상반된 성향들이 조화를 이룬 제2의 르네상스 Segundo Renacimiento, 혹은 기독교 르네상스 Renacimiento Cristiano로 부를 수 있다. 스페인 르네상스는 종교적 전통과 비종교적 인본주의, 대중성과 소수를 위한 고급 문학 cultismo, 이상주의와 사실주의, 지역적 전통과 유럽적이고 보편적인 테마가 서로 조화를 이루어 나타난다고 설명할 수 있다. 그러나 이 모든 것들에도 불구하고 정통성 논란의 문제는 그치지 않았다.

5. 시

16세기의 시는 그 전반과 후반에 매우 다른 양상으로 발전하는데 이것의 배경에는 반종교개혁운동 Contrarreforma이 있다. 16세기 전반에는 전형적 르네상스풍의 서정시가 등장한 반면, 후반에는 종교적 성향의 시가 자리 잡는데 이는 유럽의 다른 나라들과 매우 달라 보인다.

16세기 전반의 서정시는 이탈리아풍의 시가 강세를 보였다. 이는 15세기의 마르케스 데 산티야나 Marqués de Santillana가 이미 시도했었으나 15세기는 아직 새로운 정서의 시가 자리를 잡기에는 여러 어려움이 있어 성공하지 못하고, 16세기 전반에 들어와 큰 반향을 일으킨다. 새로운 흐름은 바르셀로나 출신의 시인 후안 보스칸 Juan Boscán을 기점으로 설명할 수 있다. 후안 보스칸은 1526년 그라나다에서 베네치아 출신의 인본주의 외교관 안드레아 나바제로 Andrea Navagero와 만남을 갖는다. 이 자리에서 그는 이탈리아에 페트라르카 Petrarca 이후에 새로운 형태와 모티브의 시가 유행한다는 사실을 알게 된다. 새로운 형태의 시를 쓰기로 마음먹은 후안 보스칸은 친구 가르실라소 델 라 베가 Garcilaso de la Vega에게도 이를 권한다. 천부적 재능을 가진 가르실라소는 새로운 형태의 서정시가 스페인에 자리를 잡는데 결정적 역할을 한 시인이다. 15세기의 시 전통을 충실히 따르던 많은 시인들의 반발이 있었지만, 가르실라소풍의 시는 혁명이라고 부를 수 있을 정도로 큰 성공을 가져왔다.

스페인 서정시는 가르실라소를 시작으로 페트라르카 시의 영향권 안에 들어갔다. 페트라르카는 고대 그리스와 로마의 문화를 재현하고자 했던 대표 인물로, 그의 시는 플라톤 미학에 따른 애정 관념을 드러내는 것에 그 핵심이 있다. 즉 사랑하는 여인의 아름다움에서 미 belleza를 찾는 시인은 사랑을 통하여 절대적인 신성의 아름다움 suprema belleza de la Divinidad에 도달하고자 한다. 시인은 여인을 사랑하는 존재이며, 그 사랑을 문학에 반영한다. 시인은 여인을 사랑하고 또 좌절하는 가운데 느끼는 모든 감정들, 예를 들어 망설임, 의혹, 희망, 슬픔, 회한, 고통 등의 과정을 순화시킨다.

플라톤 사상과 이에 기초한 이상적 인간상에 대한 내용은 이미 유태인계 스페인인 레온 에브레오 León Hebreo의 『사랑의 대화 *Diálogos de amor*』와 스페인 대사를 지낸 이탈리아인 카스틸리오네 Baltasar de Castiglione의 『궁정인 *El cortesano*』을 통해서 스페인에 소개되었다. 이들 작품은 현상계 존재인 물질의 아름다움은 이데아계의 하느님의 아름다움을 반영하고, 물질 존재를 사랑하고 존경하는 것은 곧 하느님에게 다가가는 것이라는 내용이다. 여인과 예술과 자연은 인간을 하느님에게 인도하는 중요한 매체다. 따라서 『궁정인』에 등장한 이상적인 인간상은 육체와 정신이 조화를 이룬 '기사'였을 것으로 보이며 그들이 중세와 같이 무예를 갖추는 것은 물론 시와 음악과 춤에도 조예가 깊고 예술을 즐기며 격조 높은 사랑을 할 수 있어야 한다고 생각했다. 이는 스페인 16세기를 대표하는 시인 가르실라소 델 라 베가 Garcilaso de la Vega가 탄생할 수 있는 배경이었다.

자연 naturaleza은 사랑의 배경이 되었고, 세상에서 아름다움을 볼 수 있는 또 다른 매체로 조화를 이루며 평안을 주는 요인이었다. 즉 현상계에서 자연은 완벽성의 상징으로, 신성한 아름다움 Belleza divina을 반영한다. 호라티우스 Horacio는 '베아투스 일레 Beatus ille' 테마로 자연을 향유하는 즐거움을 표현한다. 호라티우스 외에도 그리스의 테오크리토스 Teócrito와 로마의 베르길리우스 Virgilio, 『아르카디아 *La Arcadia*』의 산나차로 Sannazaro 등이 전원과 자연을 소재로 시를 쓴 시인들이었다.

그리스와 로마의 신화 테마도 많은 사랑을 받았다. 오비디우스 Ovidio의 『변신 이야기 *Metamórfosis*』에서 유래된 많은 내용이 문학의 모티브로 작용하면서 인간적 체온이 느껴지지 않던 우의적 성격의 중세 주인공들의 자리를 대신 차지했다.

르네상스 시대의 새로운 시는 내용뿐만 아니라 형태에 있어서도 많은 변화를 가져왔다. 이탈리아에서 유행하던 11음절의 시행 endecasílabo이 큰 사랑을 받았는데 그것은 이 시행이 우아함과 유연함으로 대표되는 새로운 시 내용을 표현하는 도구로 적절했기 때문이다. 11음절은 7음절과 혼합한 형태로 많이 쓰였다. 소네트 soneto (ABBA ABBA CDE CDE)와 3운구법 tercetos encadenados (ABA BCB CDC...), 시칠리안 옥타브 octavas reales (ABABABCC)와 실바 silvas (11음절 시행과 7음절 시행을 자유롭게 사용) 형식의 시 연이 많은 사랑을 받았다. 후안 보스칸과 가르실라소 델 라 베가를 중심으로 이 새로운 형식과 내용의 시들을 살펴보자.

르네상스적 특성을 가진 시의 조류는 16세기 후반에 들어와 급격한 변화를 보여준다. 16세기 전반의 스페인은 카를로스 Carlos 1세 시기로, 유럽의 인본주의와 이탈리아의 영향을 받았으며 비종교적 열정과 보편적 이상이 지배하던 시기였다. 그러나 펠리페 Felipe 2세가 통치하던 16

세기 후반의 스페인은 종교적 열정과 반종교개혁운동 Contrarreforma의 열풍이 강하게 불던 시기였다. 마틴 루터의 종교개혁으로 말미암은 프로테스탄트의 전파를 막기 위해 방어적이고 고립적인 태도를 취했던 스페인에는 로마 가톨릭을 방어하는 움직임과 함께 민족 문화의 기류가 강하게 형성되었다. 르네상스 시기의 중심이던 16세기 후반 스페인에는 스콜라철학이 다시 활기를 찾으며 산 후안 델 라 크루스 San Juan de la Cruz와 산타 테레사 데 헤수스 Santa Teresa de Jesús를 중심으로 하는 신비 문학과 고행 문학이 탄생한다. 또 민족적이고 종교적인 서사시가 등장한다. 후안 보스칸과 가르실라소가 중심이 된 이탈리아풍의 시는 스페인 식으로 변화되고, 종교와 애국을 테마로 하는 많은 시가 탄생된다.

16세기 후반의 서정시는 세비야 학파 Escuela sevillana와 살라망카 학파 Escuela salmantina의 두 조류로 구분하여 설명할 수 있다. 세비야 학파는 마니에리즘 manierismo을 특징으로 형식을 중요시하며 수사적 기교를 선호하여 화려하고 열정적인 면모를 보였는데 그 중심에는 시인 페르난도 데 에레라 Fernando de Herrera가 있었다. 살라망카 학파는 내용을 우선시하며 표현 형식과 내용 사이의 균형과 조화를 중요시하고, 도덕, 철학, 종교의 테마에 관심을 보인다. 대표시인으로 프라이 루이스 데 레온 Fray Luis de León이 있다.

후안 보스칸 Juan Boscán (1492-1542)

후안 보스칸 Juan Boscán은 바르셀로나의 부유한 부르주아 집안 출신으로 가르실라소와는 각별한 우정을 나눴다. 1542년 보스칸이 알바 백작과 프랑스 국경지역 순찰 여행에서 돌아오던 길에 숨지자 남편의 시 활동을 지지해주던 보스칸의 부인은 그의 작품을 정리해 출판한다.

1543년 3권으로 출판된 시집으로, 1권은 젊은 시절에 쓴 전통 형식의 시다. 2권은 이탈리아풍으로 쓴 92편의 소네트와 10편의 칸시온 canción으로 구성된다. 3권에는 『멘도사에게 보내는 서신 *Epístola a Mendoza*』과 알레고리풍의 시 『옥타바 리마 *Octava Rima*』, 헤로를 만나러 가다가 강에 빠져 죽은 레안더와 그를 따라 자살한 헤로를 줄거리로 하는 『헤로와 레안더 이야기 *Historia de Hero y Leandro*』가 있다. 그 외에도 카스틸리오네 Castiglione의 『궁정인 *El cortesano*』의 번역작이 있는데, 이 작품은 16세기 최고의 산문으로 인정받는다. 보스칸의 부인은 남편과의 우정을 생각해 가르실라소 작품을 4권으로 출판하는데 이 덕분에 가르실라소 시가 처음으로 세상에 나올 수 있었다.

이탈리아풍의 새로운 시의 내용과 형태를 도입한 보스칸의 업적은 스페인 문학사에서 지대하다고 할 수 있다. 그러나 그의 시는 큰 주목을 받지 못했는데, 가르실라소와 비교가 되기 때문이라는 설명이 지배적이다. 최근에 그의 작품을 다시 연구하고 평가해야 할 필요성이 강하게 제기되었다.

가르실라소 델 라 베가 Garcilaso de la Vega (1501?-1536)

가르실라소 델 라 베가 Garcilaso de la Vega는 1501년경에 톨레도의 명문 집안에서 태어났다. 카를로스 1세를 도와 1522년의 로다스 Rodas 섬 전투와 1524년의 푸엔테라비아 Fuenterravía 전투에 참가하였다. 1525년 부유한 귀족 출신의 엘레나 Elena de Zúñiga 부인과 정략결혼을 하지만 부인과의 사이는 좋지 않았고, 부인은 작품에 언급되지 않았다. 대신 그의 작품에는 이사벨 Isabel Freyre과의 사랑이 짙게 묻어난다. 포르투갈 공주의 수행원이던 이사벨은 그의 시 속에 엘리사 Elisa라는 이름으로 등장하며, 이사벨과의 불가능한 사랑과 그녀의 죽음은 가르실라소의 시에 많은 영감을 제공한다.

친구인 보스칸의 권유로 페트라르카풍의 시를 시도한 가르실라소는 나폴리에 2년간 머물며 이탈리아의 시인들과 교류를 맺었고 르네상스 예술과 인본주의에 깊이 젖어들었다. 1535년 튀니지 함락 전쟁에 참전하기도 한 그는 1536년 프랑스와의 전투에 참전하여 부상을 입고 생을 마감한다. 여러 전투에 참전한 군인이었지만 그의 시에는 전투적 분위기는 나타나지 않는다.

가르실라소는 세련된 시인이자 궁정의 예의 바른 신사였고 전쟁터에서는 영웅이었다. 카스틸리오네가 『궁정인』에서 정의한 르네상스 기사의 전형적 인물이다. 라파엘 알베르티 Rafael Alberti는 가르실라소에게 다음의 시를 바친다: '가르실라소가 돌아온다면/ 나는 시종이 되겠소./ 멋진 기사여// 번쩍이는 그의 칼날에/ 내 마도로스 옷은/ 전투복으로 바뀌어도 좋겠소/ 멋진 기사여.// 용사여, 당신의 말등자 옆에/ 당신의 목소리를 들을 수 있다면/ 한 손에 모자를 벗어 들으리다/ 멋진 기사여 Si Garcilaso volviera/ yo sería su escudero,/ que buen caballero era.// Mi traje de marinero/ se trocaría en guerrera/ ante el brillar de su acero;/ que buen caballero era.// Qué dulce, oírle, guerrero,/ al borde de su estribera!/ En la mano, mi sombrero;/ que buen caballero era.'

스페인 시의 왕자 Príncipe de los poetas castellanos로 불리는 가르실라소의 시는 앞에서 이미 말한 바와 같이 친구 보스칸의 부인 덕분에 1543년 남편의 유고집 4권으로 출판되었다. 4권의 서문에서 부인은 가르실라소 작품집 출판을 남편과의 우정 때문이라고 밝힌다. 이후 1569년 독자적으로 출판되면서, 가르실라소의 시는 많은 사랑을 받았다. 당대의 저명한 학자 브로사스 el Brozas와 시인 에레라 Fernando de Herrera 등이 그의 시에 주석을 붙여 출판하면서 많은 관심과 지탄을 받기도 하였다. 페트라르카풍의 가르실라소 시는 스페인 시가 중세시와 단절하고 새로운 방향에 접어들었음을 알린다. 또한 16, 7세기의 스페인 시인들 중에 종교적 언급이 없는 유일한 시인으로 이를 중세와의 단절로 설명할 수 있고, 아소린 Azorín은 절대 세속성 laicismo absoluto으로 해석하기도 한다. 다마소 알론소 Dámaso Alonso는 그를 '역사적 인물이 아닌 현재의 시인으로 생생히 느껴진다는 점에서 유럽 최초의 시인으로 볼 수 있다'고 설명한다.

가르실라소의 초기 시는 스페인 전통의 8음절 시로, 언어유희적이고 인위적이며 또 피상적인 느낌이 강했다. 그러나 마지막 10여 년간은 르네상스를 대표하는 시들이 탄생한 시기로, 3편의 목가시 égloga와 38편의 소네트 soneto, 2편의 엘레지 elegía와 1편의 서간시 epístola, 5편의 칸시온 canción과 3편의 라틴어 頌歌인 으다 oda가 있다.

나폴리에 머문 당시에 쓴 3편의 목가시 égloga는 가르실라소의 대표작이다. 『목가시1 *Égloga I*』에는 목동 살리시오 Salicio와 네모로소 Nemoroso가 등장해 목동녀 갈라테아 Galatea와 엘리사 Elisa와의 안타까운 사랑의 슬픔을 노래한다. 이사벨과의 이룰 수 없는 사랑과 그녀의 죽음에 괴로워하는 시인의 모습이 두 목동에게 투영되어 나타난다. 라페사 R. Lapesa는 이 작품을 시인의 시적 감정과 형태가 잘 어우러진 최고의 작품으로 손꼽는다.

『목가시2 *Égloga II*』는 1,900여 행의 방대한 작품으로 2부로 구성된다. 1부는 목동 알바니오 Albanio가 목동녀 카밀라 Camila를 향한 사랑을 노래한 목가적 내용이며, 2부는 네모로소 Nemoroso가 알바 Alba 공작에 바치는 영웅적 찬미시다.

『목가시3 *Égloga III*』은 가르실라소의 마지막 작품일 가능성이 크다. 타호 강변의 풍경을 이상화한 이 작품에는, 여러 요정 ninfas들이 타호 강가에서 신화의 장면들을 수놓는다. 오르페우스 Orfeo와 에우리디케 Eurídice 이야기와 다프네 Dafne와 아폴로 Apolo 신화, 비너스 Venus와 아도니스 Adonis 신화에 이어 엘리사 Elisa의 죽음 이야기가 등장한다. 시인의 수준 높은 예술적 기법이 잘 나타난 작품이지만, 사랑의 아픔을 집약적으로 표현하고 있지는 않다.

가르실라소의 소네트도 많은 사랑을 받는 작품으로 신화에 관련된 내용이 많다. 짧은 삶의 덧없음을 설파하며 현재를 향유하자는 내용의 카르페 디엠 carpe diem 테마의 소네트를 살펴보자. '당신 얼굴은/ 장미와 흰 백합 빛으로 물들고/ 당신 마음 속 뜨거운 눈빛은/ 분명 폭풍우의 노여움도 잠재우리라// 묶은 실타래처럼/ 당신의 머리결은/ 곧게 솟아오른 우유빛 목덜미 위로/ 바람이 부는 대로 흩어지며 춤추다.// 즐거운 봄날의/ 달콤한 열매를 거두시오. 성난 날씨에/ 아름다운 모습은 눈으로 덮이고.// 차가운 북풍에 장미는 시들고/ 항상 그러했듯이/ 덧없는 세월이 모두 망가트릴 테니. En tanto que de rosa y d'azucena/ se muestra la color en vuestro gesto,/ y que vuestro mirar ardiente, honesto,/ con clara luz la tempestad serena;// y en tanto que'l cabello, que'n la vena/ del oro s'escogió, con vuelo presto/ por el hermoso cuello blanco, enhiesto,/ el viento mueve, esparce y desordena:// coged de vuestra alegre primavera/ el dulce fruto antes que'l tiempo airado/ cubra de nieve la hermosa cumbre.// Marchitará la rosa el viento helado,/ todo lo mudará la edad ligera/ por no hacer mudanza en su costumbre.' 가르실라소 작품의 핵심 테마는 사랑이다. 중세와는 달리 그의 시에 나타난 사랑은 철저히 속세의 사랑이다. 연인 이사벨을 향한 가르실라소의 뜨거운 사랑의 열정은 작품의 주된 테마이고 이사벨의 결혼과 죽음은 시인의 슬픔을 자극하며 그의 시에 반복적으로 등장한다. 연인 라우라 Laura를

향한 페트라르카의 사랑이 눈물과 슬픔이라면, 가르실라소의 시에 표현된 사랑은 스토아철학에서 볼 수 있는 감정의 자제와 불행한 운명에 대한 체념과 고통의 감수라고 할 수 있어서 오히려 깊은 사랑과 맛을 더한다.

사랑과 더불어 가르실라소 작품의 주된 테마는 자연이다. 3편의 『목가시』를 비롯한 대부분의 시에 고대 그리스와 로마 시대 작가들의 목가적 전통이 뚜렷이 드러난다. 자연은 사막의 오아시스처럼 절대 아름다움 la belleza absoluta으로 등장하며, 가르실라소에게 풍경과 자연은 아름다움을 표현할 수 있는 대상이며 주인공이다. 자연은 완전함의 모델이고 조화와 안정을 표출하는 개념으로 묘사된다. 안정되고 조화롭게 자연을 묘사한 최고 예로 꼽히는 시는 다음과 같다. '꽃이 만발한 들에서 아련히 느껴지는 내음/ 시원하고 한적한 곳, 그 그늘에서 새들은/ 힘겨운 날갯짓을 접고 휴식을 취한다/ 대지는 깊은 숨을 들이마시고/ 태양은 하늘 높이 떠올랐다./ 침묵과 침묵/ 들리는 건 오직 벌떼들의 움직임 소리. Movióla el sitio umbroso, el manso viento,/ el suave olor d'aquel florido suelo;/ las aves en el fresco apartamiento/ vio descansar del trabajoso buelo;/ secaba entonces el terreno aliento/ el sol, subido en la mitad del cielo;/ en el silencio sólo se 'scuchava/ un susurro de abejas que sonava. (『목가시3』 10연)'.

가르실라소 시어의 특징은 자연스러움 naturalidad과 정선 selección된 언어와 명쾌함 claridad이었다. 이러한 특징은 살라망카 학파 Escuela salmantina 시인들에게 교본이 되었고, 에레라 Fernando de Herrera가 가르실라소 시에 주석을 붙여 발표했을 때는 비난을 받은 이유가 되기도 했다. 에레라를 중심으로 17세기 과식주의 Culteranismo 시인들을 비난할 때 가르실라소가 언급되는 것도 바로 이 이유에서다. 이러한 분위기는 공고라 Luis de Góngora를 비난하던 기지주의 Conceptismo 시인 케베도 Francisco de Quevedo의 시 구절 '박식한 척 난해함이 진동하는 냄새에서/ 예술의 날개를 지키기 위해/ 가르실라소 처방으로 불태우자 Mientras por preservar nuestros pegasos/ de mal olor de culta jeringonza,/ quemamos por pastillas Garcilasos. 「과식 쑤시기 *Aguja de navegar cultos*」' 에 잘 나타난다.

디에고 우르타도 데 멘도사 Diego Hurtado de Mendoza (1503-1575)

스페인 르네상스의 대표 인물 우르타도 데 멘도사 Diego Hurtado de Mendoza는 외교관이고 군인이고 시인이었으며, 무엇보다도 책을 사랑한 지식인이었다. 그라나다에서 태어나 공부하였고 후에 살라망카와 이탈리아에서도 공부하였다. 고전에 대한 지식이 해박하였고 그리스어와 라틴어는 물론 아랍어와 히브리어에도 능통하여, 영국과 베니스와 로마 등지의 대사로 역임하였다. 또 트렌토 Trento 공의회에 카를로스 Carlos 1세 왕 대신에 참석하기도 하였지만 펠리페 Felipe 2세는 그에게 호의적이지 않았다. 그는 그라나다의 아랍인 반란 사건 진압에 참여하기도 하였다. 소장하던 서적들은 현재 엘 에스코리알 El Escorial 도서관에 보관되어 있다.

전통 형식에서부터 이탈리아풍의 새로운 형식까지 그 작품 수도 많고 내용도 매우 다양하다. 이탈리아풍으로 쓴 시들은 그다지 큰 의미를 갖지는 못하나, 보스칸 Boscán에게 보내는 서간문과 『아도니스와 히포메네스와 아탈란테 우화 *Fábula de Adonis, Hipómenes y Atalanta*』 등을 대표작으로 손꼽을 수 있다.

에르난도 데 아쿠냐 Hernando de Acuña (1520-1580?)

르네상스 시대의 전형적 인물인 에르난도 데 아쿠냐는 군인이자 시인이었다. 르네상스 정신을 소유한 인물로, 고대 그리스와 로마 시대의 영웅들과 시인들에 대한 열정이 컸다. 그의 작품 속에는 오비디우스 Ovidio와 베르길리우스 Virgilio를 비롯한 고대 시인들의 영향이 강하게 나타난다. 가르실라소풍의 방대한 양의 작품과 『나르키소스 우화 *Fábula de Narciso*』, 『아킬레우스 무기에 대한 텔라몬의 아들 아이사스와 율리시스의 격론 *Contienda de Ayax Telamonio y de Ulises sobre las armas de Aquiles*』 등의 대표작이 있다.

크리스토발 데 카스티예호 Cristóbal de Castillejo (1490-1550)

앞에서 설명한 시인들은 이탈리아의 영향을 받은 시인들로 전통적 형태의 시와는 다른 시를 썼지만, 크리스토발 데 카스티예호는 새로운 경향의 시에 반발하는 대표 시인이었다. 16세기 당시의 시인들은 정도의 차이는 있지만 이탈리아 시풍을 받아들였는데 강경한 입장의 그는 전통시만을 고집하였다. 수사 카스티예호는 카를로스 Carlos 1세의 형제 돈 페르난도 데 보에미아 don Fernando de Bohemia의 비서이기도 했다. 수사였지만 자유분방한 성격의 카스티예호는 자신을 종종 14세기의 스페인 시인 후안 루이스 Juan Ruiz에 견주기도 하였다.

카스티예호는 8음절의 짧은 시행으로 된 작품 속 테마를 사랑과 여가, 도덕과 종교 등으로 제한한다. 작품으로는 사랑을 주제로 한 여러 편의 코플라 Copla와 오비디우스 Ovidio를 번역한 『폴리페모스 노래 *Canto de Polifemo*』, 자유분방한 수도원 생활 이야기 『사랑의 설교 *Sermón de amores*』, 안티페미니즘 풍자시 『여성조건에 대한 대화

Diálogo de las condiciones de las mujeres』 등이 있다. 또 대화와 여가 테마의 작품으로는 『작가와 펜과의 대화 *Diálogo entre el autor y su pluma*』가 있고 도덕을 주제로 한 『기억과 망각의 대화 *Diálogo entre la memoria y el olvido*』도 있다.

『이탈리아 시를 쓰는 스페인 시인에 대한 반박 *Reprensión contra los poetas españoles que escriben en verso italiano*』에서 카스티예호는 자신이 고수하던 전통적 입장을 설명하고 이탈리아풍의 시가 의미하는 바에 대해 설명한다. 전통적 입장을 고수한 대표 시인이었지만, 그 역시 르네상스의 영향에서 자유로울 수는 없었다. 형식 면에서만 전통적 기법에 제한되었을 뿐, 내용에서는 가르실라소를 비롯한 당시의 다른 시인들과 마찬가지로 르네상스를 반영한 시인으로 볼 수 있다.

프라이 루이스 데 레온 Fray Luis de León (1528-1591)

1528년에 유태인계 부모에게서 태어난 프라이 루이스 데 레온 Fray Luis de León은 1543년에 살라망카의 성 아구스티노 수도원에서는 신학을, 그리고 알칼라 대학에서는 희랍어를 공부하였고 이후 살라망카 대학의 교수가 되었다. 생활 규범을 엄격히 지킨 것으로 유명한 그는 연설에서 통해 절제되지 못한 성직자들의 생활 습관을 강하게 비판하였다. 또한 공격 성향의 성격 때문에 적들이 많았던 그에게 도미니쿠스 수도회 교수들은 그의 유태계 부모를 지적하며 매우 적대적인 태도를 보이기도 하였다. 구약 성경 라틴어판 불가타 Vulgata 대신 히브리어판 바타블레 Vatable를 지지한 프라이 루이스 데 레온은 성경을 로망스어로 번역하는 것에 대해서도 우호적인 입장이었다. '성경은 당시의 대중어로 쓰였기 때문에 모든 사람들이 이해할 수 있었다. 그러나 이후에 성경이 지역어인 로망스어로 번역되지 못하고 라틴어 성경만을 고수하기 때문에 그것을 읽을 수 있는 사람도 적을 뿐 아니라 제대로 이해하지 못한다'고 주장하며 '스페인어와 같은 로망스어를 천박하다고 생각하면 큰 오해다. 플라톤도 키케로도 당시의 비속 라틴어 latín vulgar로 썼지만, 그 글들이 전혀 천박하지 않다는 사실이 증명되었기 때문이다'고 말한다. 성경의 로망스어 번역을 금한 트렌토 공의회 명령을 어기고 성경의 아가서 Cantar de los Cantares를 번역해서 바야돌리드 감옥에 4년 9개월 동안 수감되었지만 이후 무죄로 판명되었다. 그러나 1584년에 다시 소송 사건에 휘말려 들었고 더 이상 문제를 일으키지 말라는 경고로 사건은 일단락되었다. 1591년 생을 마감한 그의 유해는 살라망카 대학 성당에 안치되었다.

프라이 루이스 데 레온은 시인이자 자연스러운 문체를 구사하기로 이름난 산문 작가였다. 산문 작품으로 『예수 그리스도의 이름에 관하여 *De los nombres de Cristo*』가 있다. 이것은 1574년과 1575년 사이에 감옥에서 쓴 대화 형식의 작품으로, 작가를 대변하는 아구스티노 수도회 소속의 성직자 마르셀로 Marcelo와 사비노 Sabino와 훌리아노 Juliano가 예수 그리스도를 지칭하는 성경 속 이름들에 대해 토론을 벌이며 설명하는 내용이다. 예수 그리스도를 지칭하는 하느님의 어린양 Cordero, 목자 Pastor, 여호와의 싹 Pimpollo (이사야 4장), 사모하는 자 Amado, 성도들의 남편 Esposo, 구원자 예수 Jesús, 평강의 왕 Príncipe de la Paz 등 이들 이름에 대해 토론하고 설명하는 것을 주된 내용으로 한다.

『완벽한 기혼녀 *La perfecta casada*, 1583』는 조카의 결혼을 축하하기 위해 쓴 글로, 여인들이 지녀야 될 덕목을 다룬 작품이다. '기혼자는 성실한 기혼자가 된 점에 하느님께 감사드리고, 성직자는 믿음이 깊은 성직자가 된 것에, 상인은 자신의 직무에 충실함에, 또 군인은 필요한 때에 자신의 능력을 보일 수 있음에 하느님께 감사드리자'로 시작한 이 글은 여성의 권리를 옹호하고 이해하는 근대적 입장을 보인다.

『욥기 강해 *Exposición del Libro de Job*』는 20여 년의 오랜 기간에 걸쳐 쓴 작품으로, 아가서와 마찬가지로 성경 욥기를 해석하고 산문 해설을 붙였다. 힘든 감옥 생활에 시달린 프라이 루이스 데 레온이 성경에 등장하는 인물 중에 고통의 대명사 욥을 통해 자신의 감정을 표현한다.

또 투옥의 빌미가 된 작품 『아가서 번역과 해설 *Traducción literal y declaración del Cantar de los Cantares*』이 있다. 사촌 수녀의 청에 번역은 했지만 트렌토 공의회의 금지 사항 때문에 보관 중이던 것을 수도원 하인이 유출하여 알려진 작품이며, 프라이 루이스 데 레온은 이로 인해 투옥되었다. 솔로몬 왕의 사랑 노래인 아가서를 신비주의 체험에 입각해서가 아니라 문자적 해석에 그친 작품이어서 성직자가 번역하기에 적절한 내용이 아니라는 비난을 받았다.

1631년 케베도 Francisco de Quevedo는 프라이 루이스 데 레온의 시 40여 편을 출판하였다. 케베도는 17세기의 극단적 과식주의 시인들에 대항하기에 프라이 루이스 데 레온이 더할 나위 없이 좋은 예라고 생각했기 때문이다. 프라이 루이스 데 레온의 시 작품으로는 젊은 시절에 유행하던 페트라르크카풍으로 인간적 사랑을 다룬 5편의 소네트가 있다. 젊은 시절의 소네트는 수사학 연습용 시로 인정되는 작품일 뿐 큰 평가는 받지 못한다. 이후 프라이 루이스 데 레온은 페트라르크카풍의 시를 떠나 단순하고 자연스러운 삶과 자유를 만끽하는 낙원 생활을 주제로 頌歌 오다 oda를 남겼다. 세상에 대한 경멸과 세상을 벗어나려는 욕구와 영원한 삶에 대한 그리움을 테마로 한다.

그의 시는 감옥 생활을 하기 이전인 1572년까지와 1572년에서 1577

년 사이 감옥에서 쓴 시와 감옥에서 나온 뒤의 작품으로 구분될 수 있다. 1572년 이전의 작품은 고독에 대한 열망의 표현이 지배적이다. 영웅적 미덕의 칭송과 욕심과 천박한 열정에 대한 경멸과 세상의 덧없음을 표현한다. 기독교 교리에 깊이 젖은 도덕가적 태도다. 감옥에서 쓴 시는 내면적 고통의 테마가 지배적이다. 고독은 시인에게 무거운 짐이었고 그 짐을 내려놓는 유일한 길은 하늘로 향하는 길이라는 내용으로, 종교적 색채가 강하다. 1577년 이후의 작품에는 감정의 동요가 적다. 연륜과 고통에 작가는 더 이상 동요하지 않는다. 세상을 벗어나 평화를 향한 욕망이 강렬히 나타나고, 하늘나라에 대한 그리움이 짙게 표현된다. 진정한 신앙인으로 신비주의 경험을 갈망하는 것처럼 보이고 실제로 일부 시는 신비주의 성격을 보이기도 하지만 프라이 루이스 데 레온을 온전히 신비주의 시인으로 보기는 어렵다.

그는 베르길리우스와 호라티우스를 중심으로 한 고대 로마 시인들을 번역하기도 하였는데 이를 통해 그들 시인에게서 조화와 균형의 의미를 배우고 자연과 고즈넉한 삶의 즐거움을 배웠다고 할 수 있다. 이렇듯 고대 그리스와 로마의 유산과 이탈리아의 영향, 여기에 스페인 전통 요소와 종교적 요소를 융합시키고 조화롭게 만든 프라이 루이스 데 레온이야말로 스페인 르네상스의 대표 시인으로 볼 수 있다.

프라이 루이스 데 레온의 시 작품은 그의 산문 작품과 마찬가지로, 문체가 간결하고 우아하며 아름답다. 메넨데스 펠라요 Menéndez Pelayo는 프라이 루이스 데 레온의 시 문체를 그리스어 용어 sofrosine, 즉 '평안'과 '고요'로 설명한다. 하지만 최근 비평가들은 그의 언어에는 시적 기교를 향한 열정이 있고 또 그 열정을 다스리려는 노력이 강하다고 해석한다. 그가 시 문체에 감정을 전달하려는 강한 의지가 있다는 점을 지적한 것이다.

프라이 루이스 데 레온의 작품 오다 oda에는 이인칭이 많이 쓰인다. 이인칭의 대상은 예수 그리스도와 성모 마리아, 성경의 인물들, 그리고 친구들이다. 시인의 감정을 이인칭으로 전달하기 위해 그의 문장들은 연설조가 많다. 연설조 문장은 때로는 웅변조로 변하기도 하고 또 수사학적 열거로 쓰이기도 하며 감탄문과 의문문으로 표현되기도 한다. 그의 시는 길이가 짧아 오히려 시적 긴장감이 강하다.

페르난도 데 에레라 Fernando de Herrera (1534-1597)

르네상스 시기에 페트라르카 영향권의 대표 시인으로는 페르난도 데 에레라 Fernando de Herrera를 들 수 있다. 세비야 학파 Escuela sevillana의 대표 시인인 에레라는 1534년경 세비야에서 태어났다. 세비야는 당시 중남미로의 관문이며 상업의 본거지였고, 강한 애국적 자긍심의 분위기가 넘쳤다. 따라서 세비야 중심의 문학은 살라망카 중심의 문학보다 현실적이고, 또 종교적 테마보다는 애국적인 주제가 많다.

에레라 생전에 출판된 『페르난도 데 에레라 작품 *Algunas obras de Fernando de Herrera,* 1582』에는 그의 작품 중 극히 일부분만 포함되어 있다. 에레라의 사후인 1619년에 절친한 화가 친구 파체코 Pacheco의 노력으로 365편의 작품이 수록된 『페르난도 데 에레라 시 *Versos de Fernando de Herrera*』가 출판되었다.

에레라의 서정시는 가르실라소의 시보다 광범위한 테마를 가지고 있다. 목가적 테마와 감각적 테마는 물론이고 여기에 애국적이고 종교적인 테마까지 더해진다. 테마뿐 아니라 문체와 시 형식에도 새로운 면모를 보인다. 시적 요소가 강화되고 풍부한 어휘와 라틴어 용어가 다각적으로 쓰였다. 또 문장 구조가 복잡하며 수사적 기교가 강해 화려하고 아름답다. 에레라 시의 이러한 성격은 17세기 과식주의 대가 공고라 Góngora에 이르러 집약적으로 표현된다. 케베도 Quevedo는 가르실라소 Garcilaso를 과식주의 처방약으로 생각할 정도로 두 시 세계를 대립의 관계로 파악했지만, 살라망카 학파와 세비야 학파를 두 개의 이질적인 학파로 구분하는 것은 위험하다. 가르실라소가 시에 도입한 인위적 아름다움과 우아함의 요소가 과식주의와 무관하지 않고 오히려 에레라풍의 시와 연결될 수 있기 때문이다.

애국적 영웅 테마의 시 「세바스티안 왕의 패배에 붙여 Por la pérdida del rey Don Sebastián」와 당시 스페인 문단에 많은 논란을 일으킨 『가르실라소 시 주석 *Anotaciones a Garcilaso*』도 있다.

6. 종교 문학

16세기 후반 르네상스 시기에 스페인에는 기독교 정신이 강한 종교문학이 화려하게 꽃을 피웠다. 유럽의 종교문학이 중세에 꽃을 피운 것과는 달리 스페인에는 종교문학이 반종교개혁운동 Contrarreforma의 여파로 16세기 후반이 되어서야 나타나기 때문에, 스페인을 '늦은 열매의 나라 país de frutos tardíos'로 부른다.

종교 문학은 고행주의 ascetismo와 신비주의 misticismo로 구분해 설명할 수 있다. 고행주의는 인간의 완벽성과 영혼 구원을 추구하는 데 중점을 둔다. 고행주의의 한 부분이라 할 수 있는 신비주의는 하느님의 선물로 주어지는 체험을 바탕으로 한다는 점에서 고행주의와 구별된다. 그것은 하느님과의 교감을 통해 인간 영혼이 느끼는 신비를 표현한다.

신비주의 시인은 자신의 영적 체험을 시로 표현하는데, 하느님과의 합일에 도달하는 경험은 보통 세 단계로 나뉜다. 첫째는 고행 단계 vía purgativa로, 영혼은 고행을 통하여 세상에 대한 관심을 없애고 인연을 끊는다. 하느님을 보고자 하는 갈망은 커진다. 둘째는 광명 단계 vía iluminativa로, 하느님을 명상하는 일에 영혼은 집중되고 인간 의지는 하느님에게 전적으로 의탁된다. 이때 인간의 지혜와는 비교할 수 없는 특별한 지혜를 얻게 되며 이것은 영혼을 밝게 비춘다. 마지막은 합일 단계 vía unitiva로, 하느님과 동일시되는 지점이다. 이는 하느님의 특별한 은총에서 비롯된다. 합일 단계에 이르면 종교적 황홀경을 맛보며 모든 감각이 마비되고 느낌을 표현할 방법이 없는 체험 experiencia inefable을 하게 된다.

산 후안 델 라 크루스 San Juan de la Cruz (1542-1591)

산 후안 델 라 크루스 San Juan de la Cruz는 1542년 폰티베로스 Fontiveros의 가난한 집안에서 태어났다. 가르멜 수도회 Orden de los Carmelitas 수사로 본명은 후안 데 예페스 이 알바레스 Juan de Yepes y Álvarez였다. 그는 살라망카 대학의 프라이 루이스 데 레온 Fray Luis de León과 멜쵸르 카노 Melchor Cano의 제자였는데 우수한 성적과 훌륭한 성품으로 성직자의 자질을 갖추고 있었다. 그는 산타 테레사 데 헤수스를 도와 가르멜 수도회 개혁에 앞장섰는데 개혁의 일환으로 세운 수도원 이름 '산 후안 델 라 크루스'를 자신의 이름으로 삼았다. 그의 노력으로 개혁 수도원이 여러 군데 세워졌지만, 가르멜 수도회 개혁에 동요가 일면서 감옥에 투옥되기도 했다. 수도회의 여러 요직에서 봉사하던 산 후안 델 라 크루스는 1591년 생을 마쳤고 이후 1726년 성인으로 인정되었으며 1926년 교황 비오 Pío 11세는 그에게 교회박사 칭호를 수여하였다.

신비주의 대표 시인 산 후안 델 라 크루스의 작품은 고행주의와 신비주의 성격을 모두 보여준다. 신앙인으로 명상에 대한 절대적 소명을 받은 산 후안 델 라 크루스는 봉쇄수도회 카르투시오회 Orden de los Cartujos에 마음을 두고 있었다. 그러나 산타 테레사 데 헤수스의 설득으로 가르멜 수도회에 들어와 개혁에 동참하게 되었다. 바쁜 생활에서도 명상은 신앙생활의 중요한 부분을 차지했고, 스페인 문학사에서 최고의 신비주의 시인이 탄생하는 데 중요한 역할을 한다.

산 후안 델 라 크루스의 작품에는 『어두운 밤 *Noche oscura*』, 『영혼의 노래 *Cántico espiritual*』, 『뜨거운 사랑의 불길 *Llama de amor viva*』이 있다. 이 신비주의 작품들에 작가는 방대한 산문 주해를 덧붙인다. 시의 단어와 의미는 시인의 의도에 따른 것이 아니고 신비한 힘에 이끌려 쓴 것이기 때문에, 시를 쓸 당시의 시인의 영적인 상황을 주해를 통해 설명한다. 신비한 영감으로 쓴 시의 감정을 전달하려는 작가의 의도로 볼 수 있다. 뜨거운 영적 사랑에 불가항력으로 써내려간 시에 정확한 어휘 설명은 불필요하다고 생각한 시인은 이성의 힘이 아닌 영혼으로 배우고 즐겨야 한다고 말한다. 『영혼의 노래』 서문에서 시인은 '신비한 사랑의 교감으로 쓴 이 작품은 그 정확한 의미를 알 수 없지만 그냥 세상에 내놓았다. 하느님의 영적 사랑의 크기와 폭을 가늠할 수 없어 그대로 내놓을 수밖에 없지만, 이 방법이 옳다고 생각한다. 신비의 지혜는 명확히 이해할 수 없고 단지 믿음이라는 방법으로만이 영혼의 사랑을 깨달을 수 있기 때문이다. 이해할 수는 없어도 하느님을 사랑하기에 느낄 수 있는 것이다.'고 고백한다.

산타 테레사 데 헤수스 Santa Teresa de Jesús (1515-1582)

테레사 데 세페다 이 아우마다 Teresa de Cepeda y Ahumada가 본명인 산타 테메사 데 헤수스는 1515년에 아빌라 Ávila에서 태어났다. 신앙심이 깊었던 그녀가 일곱 살의 어린 나이었음에도 오빠에게 예수 그리스도를 위해 무어인들과 싸우러 가자고 설득했던 일화는 유명하다. 또 기사 소설을 즐겨 읽으며 정의감을 불태우기도 했던 그녀는 19세의 나이에 아빌라의 가르멜 수도회에 들어갔다. 가르멜 수도회의 개혁과 수도원을 세우는 일에 앞장섰지만, 때로는 교회의 반발과 박해를 받기도 하였다. 스페인 각처에 16개에 달하는 가르멜 수도원을 세우고 방문하여, 기독교 정신을 기리고 함양하는 데 일생을 바쳤다. 1582년 사망한 산타 테레사 데 헤수스는 1622년 성인으로 추앙되었다.

단순과 진실을 삶의 원칙으로 삼았던 산타 테레사의 성격은 작품 속에도 그대로 반영된다. 장식이 없는 단순하고 진실된 글을 쓰고자 했던 그녀는 일상 대화의 스페인어를 즐겨 사용하고 한번 쓴 글에 대해서는 다시 손을 대지 않아 문장의 완성도가 떨어지기도 한다. 따라서 즉흥적이라는 비판을 받기도 했지만 그것은 그녀의 성격이었고 문체의 특징이었다. 중요 작품으로는 정신과 영적인 삶을 주로 그려낸 『자서전 *Libro de su vida,* 1588』과 하느님과의 완전한 합일에 도달하기 위한 여섯 단계의 기도문 『마음 깊은 곳의 성 *El castillo interior o las moradas,* 1588』, 개혁된 수도회의 수도원 설립에 대한 설명 『수도원 설립에 대하여 *Libro de las fundaciones*』, 신실한 기독교인이 되기 위한 충고의 글 『완성의 길 *Camino de perfección,* 1585』이 있다. 또 여러 편의 시와 441통의 편지를 담아 출판한 『편지 *Cartas*』도 있다.

프라이 루이스 데 그라나다 Fray Luis de Granada (1504-1588)

프라이 루이스 데 그라나다의 본명은 루이스 데 사리아 Luis de Sarria로, 도미니쿠스 수도회의 성직자로 일하며 선교 활동에 일생을 바쳤다. 그의 글은 상상력과 관찰력이 뛰어나며, 고전주의의 조화와 균형을 잘 보여준다. 대표작 『죄인 인도書 *Guía de pecadores,* 1556』와

『믿음의 상징 서설 *Introducción del símbolo de la fe,* 1582』이 있다.

7. 소설

16세기는 소설이 많은 사랑을 받았던 시기다. 무훈시에서 유래된 서술 형식의 산문인 소설은 15세기에 널리 퍼지기 시작하여 소설의 세기로 불린 19세기에 이르러 꽃을 피운 장르다. 16세기에 큰 사랑을 받은 소설의 소장르로 우선 기사 소설 Libro de caballerías을 들 수 있다. 정의를 위해 싸우는 기사의 환상적이고 초인간적 모험을 그린 스페인의 첫 기사 소설은 14세기의 『아마디스 데 가울라 *Amadís de Gaula*』다. 필사본으로 전해지던 『아마디스 데 가울라』는 1508년에 가르시 로드리게스 데 몬탈보 Garcí Rodríguez de Montalvo가 수정해 출판하면서 널리 읽혔고, 이후 개정판이 계속 나왔다. 주인공은 오리아나 Oriana 공주를 사랑하는 기사 아마디스 데 가울라 Amadís de Gaula로, 영웅 기사의 환상적 경험, 그리고 마술과 가공의 왕국 정복 등을 그린 작품이다. 1490년, 발렌시아 출신의 작가 조아놋 마르토렐 Johanot Martorell은 카탈란어로 쓴 『白의 티란테 *Tirant lo Blanch, Tirante el Blanco*』를 출판하였다. 이후 기사 소설은 큰 반향을 일으키며 대중의 사랑을 받았고, 많은 소설이 출판되었다. 당시 도덕가들과 지식인들 대부분은 기사 소설에 대해 매우 부정적인 입장이었다. 거짓 내용과 비도덕적 상상력은 기독교 진리와 거리가 멀다고 생각했기 때문이다. 스페인 문학의 대표 기사 소설 『돈키호테』의 저자 세르반테스도 이 소설에 매우 부정적이었다. 그는 『돈키호테』의 서문에서 더 이상의 기사 소설이 나오지 않게 하기 위해 작품을 썼다고 말하였고 그가 의도한 대로 17세기에는 기사 소설의 유행이 사라진다.

16세기에는 기사 소설 외에도 이와 유사한 성격의 목가 소설 novela

pastoril과 무어인 소설 novela morisca이 많은 사랑을 받았고 피카레스크 소설 novela picaresca도 등장한다.

목가 소설은 이탈리아의 자코포 산나차로 Jacopo Sannazaro가 쓴 『아르카디아 *Arcadia*, 1504』가 전 유럽에 번역되고 모방 작품이 나타나면서 시작된 장르로, 스페인의 첫 목가 소설은 1559년경에 호르헤 데 몬테마요르 Jorge de Montemayor가 쓴 『7권의 디아나書 *Los siete libros de Diana*』라는 작품이다. 목동과 목동녀의 사랑을 주제로 한 목가소설은 섬세한 감성의 목동들이 아름다운 자연을 배경으로 사랑하고 시기하고 질투하는 내용을 다룬다. 이어서 힐 폴로 Gil Polo의 『사랑에 빠진 디아나 *Diana enamorada*, 1564』, 갈베스 데 몬탈보 Gálvez de Montalvo의 『필리다의 목동 *Pastor de Fílida*, 1582』, 세르반테스 Cervantes의 『라 갈라테아 *La Galatea*, 1585』가 발표되었다.

무어인 소설은 작자 미상의 『아벤세라헤와 아름다운 하리파 이야기 *Historia del Abencerraje y de la hermosa Jarifa*, 1551』로 시작된다. 스페인 역사 성격이 강한 무어인 소설은, 스페인의 재정복 la Reconquista 전쟁 시기를 배경으로 기독교인들과 무어인들 사이의 상상적 모험담을 그린 내용이다. 무엇보다도 기독교인과 무어인의 경쟁적인 신사도 정신과 예절에 초점을 맞춘 소설이다. 기독교 장군 로드리고 Rodrigo de Narváez는 그라나다의 아벤세라헤 Abencerraje 가문의 모로인 장군 아빈다라에스 Abindarráez를 포로로 잡는다. 하리파 Jarifa와 결혼을 약속한 아빈다라에스는 로드리고에게 결혼식을 올릴 수 있게 해주기를 부탁하고, 사정을 딱하게 여긴 로드리고는 감옥으로 다시 돌아오는 조건으로 그를 풀어준다. 결혼을 마친 아빈다라에스가 약속한 대로 돌아오는데, 하리파 역시 그를 따라 감옥으로 온다. 이에 감동한 로드리고가 그들을 석방했고, 젊은 부부는 값진 선물로 답례를 하려 했지만 로드리고는 받지 않는다는 줄거리다.

16세기에 유행한 기사 소설과 목가 소설과 무어인 소설은 모두 르네상스의 이상주의에 젖은 장르로 보인다. 숭고한 감정과 명예, 영광과 이상적 사랑을 주제로 한 이 소설들에는 일상생활의 사실성과 인간적 감정과 고통이 철저히 배제되어 있다. 16세기에 역시 사랑을 받은 피카레스크 소설 novela picaresca은 이와는 정반대의 성격을 보인다는 점에서 흥미롭다.

1554년의 『라사리요 데 토르메스 *Lazarillo de Tormes*』로 시작된 피카레스크 소설에는 사실적 주인공 피카로 pícaro가 등장한다. 피카레스크라는 소설의 명칭도 등장인물 피카로에서 유래한다. '피카로'라는 단어의 어원은 정확히 밝혀지지 않았지만, 코로미나스 Corominas는 프랑스어의 picard에서 파생된 단어로 설명한다. 카를로스 Carlos 1세 때 프랑스와 전쟁을 하던 스페인 군사들이 더럽고 시끄럽고 도둑질 잘하던 프랑스 군대 Picardía를 지칭하면서 이 단어를 사용하게 됐다는 설명이다. 하지만 이것이 동사 '피카르 picar'에서 유래되었다는 의견도 있는데 그것은 부엌에서 잡일을 돕는 아이를 지칭한 피카로가 잡일을 하며 음식을 몰래 집어먹는다는 의미의 '집어먹다 picar'에서 유래됐다는 것이다.

많은 비평가들은 피카레스크 소설의 탄생을 이상화된 목동과 영웅적 기사의 모습에 대한 반발로 본다. 그 반발로 반영웅적이고 거친 사실적 주인공이 등장한다는 설명이다. 그러나 독일 비평가 판들 Ludwig Pfandl은 피카레스크 장르 탄생을 문학적으로 설명하기보다는 16세기 당시 스페인의 사회와 사상과 경제적 분위기에서 파악하려고 하며, 그러한 분위기에서 피카레스크 소설의 등장은 필연적일 수밖에 없다고 설명한다. 파커 A. Parker는 피카레스크 소설이 스페인에서 탄생한 이유를 스페인의 문화와 문학에서 찾는다. 사실주의 성격의 피카레스크 소설이 탄생할 수 있었던 사회와 경제 분위기는 16세기 유럽의 모든 나라에도 존재했지만, 스페인에서만 피카레스크 소설이 탄생할 수 있었던 것은 문화와 문학의 전통에 의한 것으로 설명한다.

16세기에는 15세기의 감상 소설 novela sentimental도 계속 사랑을 받았지만 비잔틴 소설 novela bizantina이라는 장르도 찾아볼 수 있다. 그리스 헤로도로스 Heliodoro의 『테아게네스와 카리클레이아 *Teágenes y Cariclea*』에서 시작된 비잔틴 소설은 주인공이 겪는 여러 사건과 여행과 모험을 그린 소설로, 스페인에는 17세기에 그 전성기를 맞이하여 세르반테스의 작품 『페르실레스와 시히스문다의 고난 *Los trabajos de Persiles y Sigismunda*』 등의 작품을 탄생시킨다.

『라사리요 데 토르메스 *Lazarillo de Tormes*』

1554년 출판된 『라사리요 데 토르메스의 생애와 불운과 역경 *Vida de Lazarillo de Tormes y de sus fortunas y adversidades*』은 피카레스크 소설의 시초일 뿐 아니라 근대 소설의 효시라는 점에 그 중요성이 있다. 『라사리요 데 토르메스』는 1554년 스페인의 부르고스 Burgos와 알칼라 Acalá, 벨기에의 안트베르펜 Amberes에서 동시에 출판되었다. 이와 더불어 곧 많은 인기를 누렸지만 1559년에 금서 목록에 포함되었다. 그러나 이탈리아와 포르투갈, 프랑스와 베네룩스 삼국에서 스페인어로 출판된 책이 스페인 국내로 유입되면서 계속 읽을 수 있었다. 1573년에는 작품 4장과 5장이 삭제되고 불경스러운 내용을 암시하는 내용이 삭제된 수정본 출판이 허가되었다. 삭제 없이 온전한 작품은 1834년 바르셀로나에서 출판되었다.

작자 미상으로 알려진 작품이지만, 외교관 디에고 우르타도 데 멘도사 Diego Hurtado de Mendoza나 톨레도 출신 작가 세바스티안 데 오로스코 Sebastián de Horozco, 그리고 후안 데 오르테가 Juan de Ortega 등이 작가로 추정되기도 했다. 그러나 이들 중 누구도 단정 지을 수 있는 작가는 없다.

작품에는 성직자답지 못한 여러 성직자들에 대해 불경스러운 조소와 비판의 태도가 분명하다. 성직자에 대한 비판과 종교 관습의 개혁 의사를 보인다는 점에서 에라스무스식의 종교개혁을 모색하는 신실한 기독교인이 작가로 추정되기도 한다. 이와 반대로 작가의 종교적 진실에 대한 의혹과 더불어 개종한 유태인일 가능성도 추측해 볼 수 있다. 개종한 유태인들 중에는 전적으로 기독교에 귀의하지 못하고 기독교 사회에 대하여 적대적인 사람들이 많았기 때문이었고, 따라서 작품을 익명으로 처리한 경우가 많았다.

이미 말한 바와 같이『라사리요 데 토르메스』는 최초의 피카레스크 소설이자 근대 소설의 효시다. 그 이유로 우선 주인공이 성인 영웅이 아닌 낮은 계층의 어린아이라는 점을 들 수 있다. 이전 작품의 주인공은 상류 계층의 기사나 귀족, 혹은 왕자였기 때문에 작품 속 주인공의 모습과 운명은 이미 정해졌고, 그들이 겪는 사건과 모험이 주인공을 변화시키기보다는 이미 존재하는 것을 확인시켜줄 뿐이다. 이와는 반대로『라사리요 데 토르메스』 속 주인공은 작품 속의 여러 사건들을 통해 자신의 삶을 형성해 나간다. 주인공이 걷게 되는 삶의 궤도를 어린 시절부터 보여주기 때문에 주인공이 불명예스러운 결말을 맺는 상황이 와도 이해할 수 있다. 이전의 작품들과는 달리 가난하고 비천한 주인공이 겪는 삶의 과정을 보여 준 작품이다. 라사로가 첫 주인으로 모셨던 장님과의 에피소드를 모르면 두 번째 주인인 마케다 Maqueda 신부와의 관계를 이해할 수 없다. 따라서 사건을 염주처럼 엮은 줄거리로 순서가 바뀌어도 줄거리 과정에 변화가 없던 이전의 소설과는 달리, 점진적이라 순서를 가지고 있어서 이를 변경할 수 없다는 점에서 근대 소설의 성격을 찾아볼 수 있다.

피카레스크 소설은 사실적 허구 ficción realista 방법을 통해 내용의 진실성을 추구하며, 또 사실주의 접근 방식의 자전적 성격을 지닌다. 기존 소설의 주인공인 성인 영웅의 삶을 주목하고 기록할 사람은 있지만 사회적으로 낮은 계층인 피카로 pícaro의 삶을 주목하고 기록할 사람은 없다. 자전적 소설의 형식을 취하고 있어, 허구가 아닌 사실적 접근을 해야 하기 때문에 작자 미상 작품으로 남아 있다는 점도 기억할 만한 일이다.

서간문 형식의 『라사리요 데 토르메스』는 자전적 내용의 일인칭 소설이다. 작품 서문에 귀하 Vuestra merced로 불리는 한 신사가 톨레도에 떠도는 라사로에 관련된 루머를 사실대로 이야기해 달라는 요청에 라사로가 답을 하는 형식을 취한다. 루머는 작품의 마지막 장에 나오는데, 라사로와 결혼한 여자가 수석 사제 arcipreste와 구설수에 오르던 수석 사제의 하녀라는 소문이 톨레도 사람들의 입방아에 오른다는 내용이다. 주인공 라사로는 톨레도 수석 사제의 포도주 중간판매원인 포고원 pregonero 일을 하고 있었는데 자신에게 지금은 일생 중 가장 행복한 순간이라고 답하며, 자신의 불명예에 개의치 않고 현실적 태도를 취한다. 그동안 주인공이 겪은 가난과 어려운 환경 때문에 불명예를 감수하고도 현재의 행복을 포기할 수 없다는 결론을 이해하기 위해서는 그의 인생 전반을 알 필요가 있기 때문에 자신의 삶을 처음부터 이야기해 나간다.

7장으로 구성된 작품의 줄거리는 라사로가 살라망카의 토르메스 Tormes 강가에서 태어난 것에서부터 수석 사제의 포고원 일을 하며 결혼할 때까지의 이야기다. 처음 3장은 점진적 구도로 이루어져 있는데 그 핵심 테마는 배고픔이다. 1장에서 주인공의 아버지는 방앗간에서 곡물을 훔친 죄로 무어인 토벌전에 끌려가 죽고, 승병단의 무어인 의붓아버지의 도움으로 생계를 이어 나간다. 어머니와 무어인 사이에 라사로의 동생까지 태어나지만, 무어인 아버지가 승병단에서 음식을 훔친 것이 드러나 더 이상 집에 오지 못해 생활이 어려워진다. 그러자 어머니는 라사로를 봉사에게 길 안내자로 내어 주고 이때부터 라사로는 인색한 봉사를 주인으로 모신다. 순진한 어린아이였던 그는 봉사에게 여러 나쁜 짓을 배웠고, 결국에는 봉사를 석상에 부딪치게 한 뒤 그를 떠난다.

2장에서는 새로운 주인 마케다 Maqueda 신부를 만난다. 욕심 많은 성직자 마케다 신부가 라사로에게 먹을 것을 주지 않자, 라사로는 꾀를 내어 신자들이 바친 빵을 훔쳐 먹는다. 이전 주인 봉사보다도 못한 주인을 만난 것을 '천둥을 피해 주인을 바꿨더니 번개를 만났다 pero al cambiar de señor escapé del trueno y di en el relámpago'고 표현한다. 마케다 신부에게 얻어맞고 쫓겨난 라사로는 가난뱅이 양반 hidalgo melómano을 만난다. 자존심만 대단한 양반 주인을 라사로가 구걸하여 먹여 살리지만, 그는 이전의 두 주인과는 달리 라사로를 인격적으로 대한다. 이 세 번째 주인은 결국 빚쟁이에게 쫓겨 도망간다.

이후의 장들은 매우 짧다. 4장에서 라사로는 성직자답지 못한 수사를 주인으로 모시는데 사람 만나기를 좋아해 이곳저곳을 돌아다니던 그를 따라다니다가 라사로의 신발이 헤지자 수사가 신발을 선물로 주지만, 걷기에 지친 라사로는 그를 떠난다. 5장에서 라사로는 면죄부를 파는 성직자를 주인으로 모시다가 사람들을 속여 면죄부를 파는 모습에 염증을 느껴 그를 떠난다. 6장에서는 탬버린에 그림을 그리는 사람과, 라사로에게 물장수를 시킨 사제를 차례로 주인으로 모신다. 4년간 물장수를 하며 약간의 돈을 벌게 되자 라사로는 새 옷을 사 입고 외모를 갖춘다. 7장에서 라사로는 잠시 포졸을 주인으로 모시지만 위험해 보이자 곧 그만둔 후 수석 사제의 포고원으로 일하게 되면서 그의 하녀와 결혼한다. 불명예를 일종의 행복으로 받아들이는 이야기로 끝을 맺는다.

『라사리요 데 토르메스』는 자전적인 내용의 일인칭 소설이다. 교육을 받은 적이 없는 포도주 포고원의 글이기 때문에 표현은 매우 단순하다. 또 작품의 상당 부분은 대화체 형식인데, 길에서 들을 수 있는 일상적인 스페인어로 표현해서 사실적으로 보인다. 저자가 서문에서 비속 문체 grosero estilo를 쓴 것에 양해를 구하지만 사실적 대화체 언어는 작품의 내용과 잘 어울린다. 묘사와 서술도 인위적이지 않고 자연스럽다.

『라사리요 데 토르메스』를 시작으로 피카레스크 소설은 하나의 장르를 형성한다. 하지만 이 작품을 피카레스크 소설로 인식하는 데에 많은 논란이 있었는데 그것은 주인공 라사로를 피카로 pícaro로 언급한 부분이 없기 때문이다. 이런 이유로 일각에서는 마테오 알레만 Mateo Alemán의 1599년 작품 『피카로 구스만 데 알파라체의 삶 *Vida del pícaro Guzmán de Alfarache*』을 최초의 피카레스크 소설로 보기도 한다.

물론 이후의 피카레스크 소설에 등장하는 피카로 pícaro들과 비교해 볼 때에 라사로는 단지 불행할 뿐이고, 매우 경미한 죄를 저지를 뿐이다. 그러나 파카레스크 소설이 갖는 공통점으로 볼 때 『라사리요 데 토르메스』는 명백히 피카레스크 소설이라 말할 수 있다.

피카레스크 소설은 우선 자서전 형식으로 주인공이 자신의 인생을 이야기하기 때문에 사실적 묘사가 뚜렷하다. 또 불명예스러운 부모의 존재를 조소적으로 밝힌다. 보통 가난 때문에 가정을 떠나고 도둑질과 범죄를 저지르지만 때로는 악한 천성 때문에 저지르기도 한다는 점도 공통점이다. 여러 주인을 섬기며 벌어지는 일을 서술하는 것도 피카레스크 소설의 중요한 요소다. 더 높은 사회 계층으로 올라가려고 하지만 끝내 비참함을 벗어나지 못하는 결정론 determinismo적 결말도 언급할 수 있다. 또 불명예스러운 결혼으로 다음 세대의 불행을 예고하기도 한다.

1555년에 『라사리요 데 토르메스』를 모방한 『라사리요 2부 *Segunda parte del Lazarillo*』가 벨기에의 안트베르펜에서 출판된다. 작자미상의 이 작품에는 주인공이 조난을 당해 물고기로 변화하는 등의 환상적인 이야기가 있지만 문학적 가치는 크지 않다. 피카레스크 소설이 하나의 장르가 될 수 있었던 것은 세비야 출신 작가 마테오 알레만의 『피카로 구스만 데 알파라체의 삶』 때문이었다. 『라사리오 데 토르메스』 이후 50여 년 만에 발표된 이 작품이 큰 인기를 얻으면서, 17세기에도 많은 피카레스크 소설이 발표된다.

17세기의 작품으로는 프란시스코 로페스 데 우베다 Francisco de López de Úbeda의 『피카라 후스티나의 오락서 *Libro de entretenimiento de la pícara Justina*, 1605』와 비센테 에스피넬 Vicente Espinel의 『말구종 마르코스 데 오브레곤의 삶 *Relaciones de la vida del escudero Marcos de Obregón*, 1618』, 파리의 스페인어 교수이자 통역관 루나 H. de Luna의 『라사리요 데 토르메스 2부 *La segunda parte del Lazarillo de Tormes*, 1620』와 케베도 Francisco de Quevedo의 『파블로스씨라고 불리는 부스콘의 생애 *La vida del Buscón llamado don Pablos*, 1626』 등이 있다.

8. 연극

왕과 귀족 중심의 궁정 연극은 15세기 말과 16세기 초에 자리를 잡아 간다. 그러나 아직 대중극은 없고 단지 종교 행사를 기념하기 위해 교회에서 공연된 종교극이 있을 뿐이었다.

유럽 최초의 르네상스 극 개념을 도입한 작가는 바르톨로메 데 토레스 나아로 Bartolomé de Torres Naharro (1485?-1530?)와 힐 비센테 Gil Vicente (1470?-1539?)를 들 수 있다. 토레스 데 나아로의 『프로파야디야 *Propalladia*, 1517』에 수록된 9편의 극은 사실적 작품 comedias a noticia과 환상적 작품 comedias a fantasía으로 구분된다. 아리스토텔레스의 시학 이론과는 달리 토레스 나아로의 희극 작품에는 높은 신분의 주인공이 등장하여 행복한 결말로 끝을 맺는다. 또 17세기의 스페인 극처럼 상류계층의 인물로 주도되는 줄거리와 더불어 하인과 하녀들 간의 이야기도 등장해 복잡한 구조를 보인다.

힐 비센테 Gil Vicente는 포르투갈 출신이지만 스페인어로 작품을 썼다. 우의적인 내용의 작품을 쓰고 또 성경과 마술을 주요 테마로 삼았던 그는 중세와 르네상스를 잇는 가교 역할을 한 극작가였다. 힐 비센테의 우스꽝스러운 소극 파르사 farsa는 일반 대중의 일상적인 이야기를 재미있게 다룬 작품으로 서정적 성격이 탁월하다.

16세기 초는 일반 대중의 연극에 대한 관심이 높아진 시기였다. 성체축일 Corpus Christi 기념 행사를 위해 성사극 auto sacramental이 공연되었는데, 대부분 작자 미상의 작품으로 성경과 성인 이야기를 다루었고 목가적 분위기의 종교극이다. 당시의 많은 작품들은 스페인 국립도서관 Biblioteca Nacional의 古성사극 사본 Códice de Autos Viejos에서 찾아볼 수 있다.

16세기의 연극에 대한 관심은 이탈리아 배우들의 극단 코메디아 델라르테 comedia dell'arte가 스페인에서 활발한 활동을 하면서 높아졌는데, 대중적인 내용이 대부분인 작품들을 장소를 가리지 않고 공연하면서 관심을 끌었다. 극본이 있는 작품도 있었지만 배우들이 즉흥적으로 대화를 꾸며낸 작품들이 대부분이었다. 이탈리아어를 사용하는 배우들의 엉터리 스페인어에 비록 다 알아듣지는 못해도 재미가 더해지면서 많은 사람들에게 즐거움을 주었다. 이탈리아의 코메디아 델라르테 극단의 성공에, 스페인에도 로페 데 루에다 Lope de Rueda가 최초로 만든 극단이 최고의 전성기를 누렸다. 스페인 도시마다 성체축일이 되면 성사극 공연을 위해 로페 데 루에다와 앞다투어 계약을 맺으려고 했기 때문이다. 그들은 성체축일이 지나면 각 도시를 순회하며 여러 작품과 파소 paso를 공연하기도 하였다. 파소 paso는 당시 풍습을 담은 소극 형식으로 희극 작품 막과 막 사이에 공연되는 막간극이었다. 이런 성격의 작품은 17세기에 엔트레메스 entremés로 발전된다.

16세기 후반기는 종교 테마가 아닌 대중극에 매료되기 시작한 시기로, 이 시기에 야외의 노천에서 공연하는 여러 극단이 생겨난다. 후안 델 라 쿠에바 Juan de la Cueva (1543-1610)의 『라라의 일곱 왕자 *Los siete infantes de Lara*』, 역사극 『베르나르도 델 카르피오 *Bernardo del Carpio*』, 레이 데 아르티에다 Rey de Artieda의 전설극 『연인들 *Los amantes,* 1581』은 극단들이 공연한 대표작들이었다. 이들은 아리스토텔레스 Aristóteles의 삼일치의 법칙 tres unidades을 고수한 작품들이었다. 16세기 말의 루페르시오 레오나르도 데 아르헨솔라 Lupercio Leonardo de Argensola와 미겔 데 세르반테스 Miguel de Cervantes도 아리스토텔레스의 고전 법칙을 충실히 고수한 작가들이었다. 그러나 16세기 말에 로페 데 베가 Lope de Vega가 등장하면서 스페인 극의 양상은 완전히 바뀌었고, 고전 법칙들이 무시된 제멋대로 극 teatro desarreglado이 큰 인기를 끌면서 국민극 teatro nacional으로 발전된다.

II. 미겔 데 세르반테스 Miguel de Cervantes

1. 미겔 데 세르반테스 (1547-1616)의 생애

미겔 데 세르반테스 사아베드라 Miguel de Cervantes Saavedra를 르네상스에 속하는 작가로 보아야 한다는 의견이 있지만, 또 바로크 시대의 작가로 보아야 한다는 의견도 있다. 시기적으로 세르반테스를 설명할 때 흔히 '대립되다 contraponerse'와 '보완되다 complementarse' 두 단어가 사용된다. 즉 르네상스나 바로크 중 어느 한 시기로 한정할 경우에는 '대립되는' 성격이 강하여 한 사조로 한정할 수 없고, 오히려 르네상스와 바로크 사조에 '보완되는' 성격의 작가로 소개할 수 있기 때문이다. 따라서 세르반테스는 두 시기를 종합하는 성격의 작가로 볼 수 있으며, 두 사조 사이에 따로 구분하여 설명하는 것이 바람직하다.

스페인 문학사에 가장 중요한 인물 세르반테스가 태어난 정확한 해는 알려지지 않고, 단지 1547년 10월 9일에 알칼라 데 에나레스 Alcalá de Henares의 성당에서 세례를 받았으며 일곱 남매 중에 네 번째 자식으로 태어났다는 사실만이 전해질 뿐이다. 그의 어린 시절에 대해서도 떠돌이 의사 아버지 때문에 바야돌리드와 마드리드, 안달루시아의 여러 도시를 전전하며 살아야 했다는 사실만 알려져 있다. 1569년에 아쿠아비바 Acquaviva 추기경 시종으로 이탈리아에 갔지만 1571년의 레판토 해전에서 부상을 입어 왼팔을 쓸 수가 없게 되는데 '레판토 해전의 외팔이 Manco de Lepanto'란 별명은 바로 이때 얻은 것이었다. 군인으로 그곳에 남아 있던 세르반테스는 1575년 '솔 Sol' 선을 타고 스페인으로 귀국하던 중 터키 군사의 포로로 잡힌다.

세르반테스는 스페인 귀국 후에 일자리를 얻으려고 추천서를 갖고 있었지만 이를 본 납치범들은 몸값을 뜯어낼 수 있겠다고 생각하며 500에스쿠도를 요구하였다. 하지만 이를 지불할 능력이 없었던 세르반테스는 알제리의 알제에서 포로 생활을 해야 했다. 포로 생활 5년 동안 4번에 걸친 탈출을 시도했지만 단 한 번도 성공하지 못했고 생명의 위험을 느꼈던 때도 여러 번 있었다. 다행히 삼위일체 수도회 Orden trinitaria의 신부들이 몸값을 지불해준 덕택에 5년간의 포로 생활을 끝내고 1580년 마드리드로 돌아올 수 있었다. 1584년 한 유부녀와의 사이에 사생아 딸 이사벨이 태어나고, 같은 해 카탈리나 데 살라사르 Catalina de Salazar라는 여인과 결혼한다. 1585년 소설 『라 갈라테아 *La Galatea*』를 출판하고 몇 편의 극작품도 무대에 올리기는 했지만 성공하지 못한 세르반테스는 전혀 알려지지 않은 무명의 작가였을 뿐이었다. 결혼 생활은 채 2년도 되지 않아 실패로 끝났고, 그의 부인에 대한 언급은 어디에서도 찾아볼 수 없다.

1587년 무적함대 Armada Invencible의 식량 조달을 위한 일자리를 얻어, 안달루시아 지방을 두루 다니며 올리브유와 곡물들을 모으는 일을 하고 세금 징수원으로도 일을 하면서 10년을 보냈지만, 결국 공금 횡령의 혐의를 받아 3개월 동안 수감되었다. 『돈키호테』 서문에서 세르반테스는 이 작품이 감옥에서 '태어났다 engendrar'고 말한다. 아이디어가 떠올랐다는 것인지 쓰기 시작했다는 것인지는 잘 모르지만, 작품을 쓰게 된 주요 동기가 된 장소가 감옥임에는 틀림없다.

이후에 바야돌리드에 정착한 세르반테스는 1604년에 『돈키호테 *Don Quijote*』의 출판 허가를 받았고, 이듬해인 1605년 작품의 제1부가 출판되었다. 그러나 집 앞에서 벌어진 한 청년의 피살 사건에 연루되면서 다시 잠깐 투옥되었지만 무죄로 판명되면서 여동생과 딸과 함께 풀려날 수 있었다.

1615년 『돈키호테』 2부가 출판되면서 세르반테스는 활발한 문학 활동을 보여주었다. 그러나 경제적으로는 여전히 힘들었고, 1616년 4월 23일에는 죽음을 맞이하게 이른다. 그는 세상을 떠나기 4일전까지도 마지막 소설 『페르실레스와 시히스문다의 고난 *Los trabajos de Persiles y Sigismunda,* 1617』에 매달리며 탈고하는 열정을 보였다.

삶에 대한 기록이 적다는 점 외에도 세르반테스의 인생은 많은 부분 명확히 밝혀지지 않았다. 그러나 그가 경제적으로 무능했고, 또 무력했다는 것은 쉽게 알아차릴 수 있다. 두 번째 감옥에 갔을 때의 상황을 살펴보면, 딸과 동생을 중심으로 한 가족의 생계 유지 방법은 상당히 비도덕적이었던 것으로 추정된다. 그러나 경제적인 능력이 없던 세르반테스로서는 눈을 감을 수밖에 없었을 수도 있다. 천성적으로 온화한 성품을 지닌 그가 일상 생활의 필요성에 어쩔 수 없이 체념하고 마는 모습도 이해될 수 있다. 이러한 회의적 성격은 당시 사회의 편견에 대해 상당히 비판적인 입장을 보이지만, 그런 문제에 적극적으로 대립하기보다는 단지 글을 통해 의견을 피력하고 있음을 알 수 있다.

세르반테스의 삶의 어두운 부분과 더불어 늘 논란이 되었던 점은 그의 문화적 기반에 대한 의문이다. 19세기까지의 많은 비평가들은 세르반테스를 '무식한 천재 ingenio lego'로 보는 의견이 많았다. 즉 당시 유럽의 사상과 예술에 무식하고 단지 직관으로만이 훌륭한 작품을 쓸 수 있었다는 것이다. 그러나 아메리코 카스트로 Américo Castro는 1925년의 저서 『세르반테스의 사상 *El pensamiento de Cervantes*』을 통해 이러한 이론을 반박한다. 즉 세르반테스가 이탈리아에 체류했을 때 당시의 인본주의와 르네상스 사상에 접했을 뿐 아니라 심취해 있었고, 반종교개혁운동 Contrarreforma 등에 문제의식을 가지고 있었으며 그 해결책 또한 깊이 생각하고 있었다는 것이다. 다시 말해 세르반테스가 무식한 천재라는 의견은 맞지 않다는 것이다. 더불어 세르반테스가 창조적 예술 작업과 장르 등에 대한 지식, 그리고 정확한 의식까지도 소유했었음을 증명해 보인다. 이로써 세르반테스가 '무식한 천재'라는 의견은 사라졌다.

2. 미겔 데 세르반테스의 시와 연극

세르반테스는 좋은 시를 쓰는 시인이 되고 싶었을 만큼 시에 대한 열정이 컸다. 그러나 그 열망은 이루어지지 않았고, 세르반테스는 이를 '하늘이 주려고 하지 않은 은총 la gracia que no quiso darme el cielo'으로 표현한다. 그의 시 작품은 대부분 분실되어 소설과 극작품에 삽입되었던 작품 일부만이 전해지고 있다.

그는 로만세 romance에 대한 열정 또한 남달라서 「파르나소스 산 여행 El viaje del Parnaso」에서 '끝도 없이 로만세를 썼지/ 그렇고 그런 작품 중에/ 열정을 노래한 로만세가 좋더군, Yo he compuesto romances infinitos/ y el de los celos es aquel que estimo/ entre otros que los tengo por malditos'이라고 말한다. 로만세 작품 또한 거의 분실되었고 남아 있는 것은 작품에 삽입된 20여 편뿐이다. 1580년의 스페인은 새 로만세 민요집 romancero nuevo이 화려하게 꽃을 피운 시기다. 로페 데 베가 Lope de Vega와 공고라 Góngora와 케베도 Quevedo뿐 아니라 당시의 많은 시인들은 로만세의 아름다움에 끌려 새로운 테마와 스타일의 로만세를 썼고, 세르반테스도 그런 시인들 중 하나였다. 또 음악가들이 로만세에 곡을 붙이면서 유행을 선도하기도 했다.

「마테오 바스케스에게 보낸 서신 Epístola a Mateo Vázquez」은 펠리페 Felipe 2세 당시의 비서인 마테오 바스케스에게 터키 해적 소탕을 위한 대응책을 요구하는 것으로 세르반테스가 알제에서 포로로 있던 기간에 쓴 시로 추정된다. 그는 또 「파르나소스 산 여행」에서 스페인 시인들을 익살스럽게 묘사하기도 하였지만 그들에 대한 칭송은 아끼지 않았다. 당시의 유명 작가 로페 데 베가에 대해서는 감히 근처에도 갈 수 없을 만큼 훌륭한 시인으로 평하고, 케베도는 아폴로神의 아들이라고까지 묘사한다. 공고라는 예리하고 흥미 있는 글의 열쇠를 쥔 시인으로 소개하며, 어쭙잖은 칭찬으로 공고라를 욕되게 할까 두렵다고 말하기도 한다.

극은 세르반테스가 강한 소명의식을 가지고 시도했던 장르다. 관심을 끌 수 있는 작품을 쓴다면 경제 문제가 해결될지도 모른다는 생각에 극을 썼지만 성공하지는 못했다. 세르반테스가 극작가로 처음 발을 내디뎠을 때 스페인에서는 비종교 테마의 극이 상당한 인기를 누렸고, 앞에서 이미 언급했듯이 로페 데 루에다 Lope de Rueda가 스페인 최초의 극단을 만들기도 하였다. 그가 어린 시절 로페 데 루에다의 극단의 공연을 본 기억이 있다고 회상한 것을 감안하면 당시의 많은 극단에 사람들의 관심이 고조되고 있음을 잘 알 수 있다. 대중을 즐겁게 해줄 수 있는 극의 형태를 갖추어 많은 노력을 하였지만 아직은 아리스토텔레스의 삼일치의 법칙 tres unidades을 따르는 작품이 대부분이었다. 삼일치의 법칙은 사실성 verosimilitud을 바탕에 둔 이론으로, 현실은 곧 진리이기 때문에 현실을 모방해야 한다고 주장한다. 따라서 일관된 행위 (줄거리)로 단일성을 유지해야 하고, 공연할 곳으로부터 멀지 않은 장소에서 짧은 시간(길어야 하루 안에 일어나는)에 일어나는 이야기를 다뤄야 한다. 또한 품위 있는 언어와 귀족 중심의 테마로 된 긴 시의 작품을 선호하였다.

성공을 열망하던 세르반테스는 1583년과 1585년 사이에 이런 원칙에 맞도록 작품을 썼는데 『라 누만시아 *La Numancia*』와 『알제에서 있었던 일 *Los tratos de Argel*』이라는 두 작품이 전해진다. 『라 누만시아』는 로마 시대의 역사극으로, 스키피오 Escipión 장군을 선두로 한 로마군이 스페인 소리아 Soria 북쪽에 위치한 누만시아 마을에 쳐들어오자 마을 주민 모두가 죽음을 불사하고 저항하다 전멸한다는 비극적 이야기다. 『알제에서 있었던 일 *Los tratos de Argel*』은 알제에서의 포로 생활에 대한 기억을 토대로 쓴 작품이다. 이 밖에도 『해전 *La batalla naval*』이라는 작품도 언급하였으나 이것은 전해지지 않는다. 세르반테스는 영혼 속 깊은 곳의 생각과 상상력으로 작품을 쓴 최초의 작가로 평가되기도 했지만 관객들의 큰 관심을 받지는 못했다.

반면에 관객들의 관심과 사랑을 한 몸에 받은 작가는 로페 데 베가 Lope de Vega였다. 변화에 망설이며 고전의 원칙을 따르던 작가들과는 달리 로페 데 베가는 새로운 극을 시도하며 큰 인기를 누렸다. 성공에 실패한 세르반테스는 '다른 할 일이 있어 내가 극작품을 그만두었더니, 자연의 괴물 el Monstruo de la naturaleza 로페 데 베가가 나타나 희극 제국을 만들고 잘난 척 했다'며 은근히 그를 공격하기도 했다. 로페 데 베가의 성공으로 길이 막혔고, 더 이상 경제 문제 해결도 기대할 수 없었기 때문에 세르반테스로서는 공격할 명분은 충분했다. 극작품을 다시 시도해보려는 노력은 있었지만, '다시 극작품을 쓰기 시작했지만, 새 둥지에서 새를 찾을 수는 없었다. 다시 말해 나에게 작품을 요구하는 사람은 아무도 없었다'는 세르반테스의 표현처럼 그는 또 다시 좌절할 수밖에 없었다.

이후 세르반테스는 1615년에 『여덟 편의 극과 여덟 편의 막간극 *Ocho comedias y ocho entremeses*』을 출판한다. 어떤 작품들은 로페 데 베가풍으로 써 보려 했던 흔적이 역력하다. 예를 들어 여덟 편의 극 중 「행복한 건달 El rufián dichoso」의 우의적 인물인 '극 Comedia'의 대화를 통해 장소의 일치가 지켜지지 않는 문제를 언급하며, '세월이 흐르면서 세상도 변하고 예술도 발전해. 그리스의 작가와 로마의 세네카, 테렌티우스, 플라우투스가 남겨준 원칙을 때로는 지키고 때로는 버리지. 지금은 원칙에 맞지 않는 예술을 원하니까'라며 정당성을 부여한다. 『여덟 편의 극과 여덟 편의 막간극』에 수록된 작품은 다음과 같다.

- 「행복한 건달 El rufián dichoso」은 성인 크리스토발 데 루고 Cristóbal de Lugo의 자유분방했던 젊은 시절과 회심, 그리고 죽음을 다룬다.
- 「알제의 목욕탕 Los baños de Argel」은 작가의 포로 생활에 관한 이야기다.
- 「위대한 술탄비 La gran sultana」는 터키의 술탄 무라드 Murad가 기독교 여인 노예를 사랑하며 생기는 일을 희화한 작품이다.
- 「페드로 데 우르데말라스 Pedro de Urdemalas」는 명랑 쾌활한 악당 피카로 우르데말라스를 그린 작품이다. 그 외에 「멋진 스페인 사람 El gallardo español」과 「사랑의 미로 El laberinto de amor」, 「질투의 집 La casa de los celos」과 「애인 La entretenida」이 있다.

막간극 엔트레메스 entremés는 16세기 때부터 극작품 중간의 휴식 시간에 공연한 단막극이다. 주인공은 주로 사회적으로 낮은 신분이고 희극적인 내용을 담고 있다. 16세기의 로페 데 루에다 Rope de Rueda의 파소 paso를 엔트레메스의 전신으로 보는 견해가 일반적이며 18세기 이후에는 사이네테 sainete가 등장한다. 「홀아비 건달 El rufián viudo」, 「기적의 제단畵 El retablo de las maravillas」, 「다간소 시장 선거 La elección de los alcaldes de Daganzo」, 「조심성 많은 감시인 La guarda cuidadosa」 등의 엔트레메스가 있다.

3. 미겔 데 세르반테스의 소설

세르반테스가 스페인 문학사에 예외적인 작가로 자리매김할 수 있었던 것은 바로 소설 때문이었다. 그의 소설로는 『라 갈라테아 *La Galatea*』, 『모범 소설 *Novelas ejemplares*』, 『돈키호테』 1, 2부와 『페르실레스와 시히스문다의 고난 *Los trabajos de Persiles y Sigismunda*』이 있다. 『갈라테아』는 목가 소설이고, 『돈키호테』는 기사 소설이다. 또한 『모범 소설』 12편의 작품 중 「개들의 대화」는 피카레스크 소설이며, 세르반테스의 마지막 소설 『페르실레스와 시히스문다의 고난』은 비잔틴 소설 novela bizantina이다. 비잔틴 소설은 후기 그리스 작가 헬리오도로소 Heliodoro와 아킬레우스 타티오스 Aquiles Tacio로 시작된 장르이며 대표작으로는 헬리오도로소의 『테아게네스와 카리클레이아 *Teágenes y Clariquea*』와 타티우스의 『레우키페와 클레이토폰 이야기 *Los amores de Leucipe y Clitofonte*』가 있다. 이 작품들은 16, 17세기동안 스페인어를 포함한 유럽 여러 언어로 번역됨에 따라, 비잔틴 장르가 유럽과 스페인에서 크게 유행하는 계기를 만들었다. 역사적 사실과 상상을 조화시킨 작품으로 상상 속의 지역들을 여행하며 사랑하는 연인이 겪는 이상한 모험담이다. 작품은 주로 주인공들의 행복한 해후로 끝난다.

세르반테스는 기사 소설, 목가 소설, 피카레스크 소설, 비잔틴 소설 등 스페인 황금세기에 인기를 끌었던 모든 장르의 소설을 섭렵했다고 할 수 있다.

『라 갈라테아 *La Galatea*』

목가 소설 novela pastoril 『라 갈라테아 1부 *Primera parte de la Galatea*』는 1585년에 출판되었다. 세르반테스는 작품의 2부 계획에 대

해 여러 번 언급했지만 출판되지는 않았다. 줄거리는 목동 엘리시오 Elicio와 목동녀 갈라테아 Galatea의 사랑 이야기다. 엘리시오는 타호 강변에 사는 아름답고 얌전한 목동녀 갈라테아를 사랑한다. 그러나 갈라테아의 아버지 아우렐리오 Aurelio가 딸을 포르투갈의 부자 에라스트로 Erastro에게 결혼시키려 한다는 사실을 알게 된다. 3일만 지나면 에라스트로가 도착한다는 소식에 엘리시오는 친구들에게 자신의 계획을 밝힌다. 갈라테아의 아버지에게 마을에서 가장 아름다운 처녀 갈라테아를 떠나게 할 수는 없다는 간청을 하겠다는 것이다. 작품은 단순한 미완성의 사랑 이야기다. 여기에 친구 목동들의 사랑 이야기가 더해지지만 주요 인물인 엘리시오와 갈라테아 중심의 사랑 이야기는 미완성으로 끝을 맺기 때문에 작가가 언급한 2부의 탄생은 꼭 필요하다는 것을 알 수 있다. 부수적으로 등장하는 친구 목동들과 목동녀들의 사랑 이야기는 때로는 행복한 결말로 또 때로는 실패하여 좌절과 괴로움을 남기기도 하는 이야기다. 또 우연한 만남이 생겨나고 비슷한 외모로 착각 소동이 일어나는 등 목가 소설의 특징들이 두루 나타나는 작품이다. 다른 목가 소설과 마찬가지로 이 소설 안에는 거의 80여 편의 시가 삽입되어 있는데 잘 알려진 「칼리오페의 노래 *Canto de Calíope*」도 그 중의 하나다.

목가 소설에 대한 세르반테스의 의견은 상당히 부정적이었다. 모범소설 「개들의 대화 El coloquio de los perros」에서 주인공 개 베르간사 Berganza가 시피온 Cipión에게 '목동들의 생활에 대해 쓴 이야기들은 사실일 리가 없다. 목동들이 그저 노래나 하고 이상한 악기나 연주하며 사는 것처럼 묘사되어 있지만 내가 본 목동들은 거친 목소리로 소리를 지르거나 다투기밖에 안 하더라. 이름도 고상하게 아마릴리스 Amalilis나 필리다스 Fílidas, 갈라테아 Galatea로 불리지만 실제로는 안톤 Antón과 도밍고 Domingo, 파블로 Pablo처럼 촌스런 이름뿐이더라' 고 말한다. 또 세르반테스는 목가 소설을 '꿈 같은 내용을 흥미 위주로 써서 한가한 시간에 즐기기에는 좋지만 진실이라고는 전혀 없는 소설' 로 폄하하기도 한다.

목가 소설에 대해 부정적 의견을 보인 세르반테스가 첫 소설로 목가 소설 『라 갈라테아 *La Galatea*』를 쓴 이유는 두 가지로 설명할 수 있다. 하나는 당시의 문학적 유행에 따라 썼다는 것이며, 다른 하나는 이상의 세계는 현실이 아닌 단지 예술에서만 찾아볼 수 있다는 작가의 르네상스 사고방식 때문으로 설명할 수 있다. 이탈리아의 르네상스 작가 산나차로 Sannazaro의 『아르카디아 *La Arcadia,* 1504』는 이 작품에 많은 영향을 미쳤고, 세르반테스는 여기에 새로운 요소들을 도입시켜 독창적인 조화를 만들어 낸다.

『모범 소설 *Novelas Ejemplares*』

『라 갈라테아』가 나온 지 20년이 지나 『돈키호테』 1부가 출판되었다. 그 사이 세르반테스는 무적 함대를 위한 세금 징수원으로 일하다 공금횡령죄로 투옥되는 등 여러 고통스러운 일을 겪었다. 이러한 고통의 세월을 보내는 동안 작가만의 예술 세계가 형성되었고, 그 속에서 자신의 생각과 영혼을 표현하면서 예술가로서의 창조적 시각과 재능은 최고의 경지에 이르렀다. 세르반테스는 경제적 어려움에 극작품을 쓰기도 했지만 그것으로 성공할 수 있다는 확신이 점점 멀어져 감에 따라 자신의 재능과 생각을 마음껏 펼칠 수 있는 소설을 시도한다. 1605년의 『돈키호테』 출판 이전부터 쓰기 시작한 짧은 소설들을 모아 발표한 것이 1613년의 『모범 소설 *Novelas Ejemplares*』이다. 그래서 『모범 소설』은 『돈키호테』의 명성이 우연히, 또 갑자기 이루어진 것이 아니라는 사실을 확인시켜 주는 작품이다.

이 작품은 두 가지 측면 즉, 하나는 '모범'이라는 단어를 중심으로, 또 다른 하나는 '소설'이라는 단어를 중심으로 살펴보아야 한다. '모범'이라는 단어를 사용하면서 작가는 '내가 작품을 모범 소설이라고 했는데, 그것은 어떤 소설도 자세히 들여다보면 모범이 될 만한 유익한 점이 있기 때문이다. 내 소설도 마찬가지이며, 누군가 이것을 읽고 사악한 욕구나 생각이 들었다면 차라리 내 손가락을 자르겠다'고 모범적 성격에 대한 자부심을 털어 놓는다. 그것뿐만이 아니라, 작품을 출판하던 당시의 나이 55세를 언급하며 '더 이상 죽음 이후를 비웃을 나이가 아니다'고 자신 있게 말한다.

그러나 책 속의 이야기는 도덕과 모범과는 거리가 있는 내용들도 많다. 그렇다면 세르반테스는 왜 '모범'이라는 단어를 사용했을까? 그것은 책을 통해 독자들이 모범적인 결론을 유추하도록 교육적 역할을 하기를 바라는 작가의 바람 때문이라고 할 수 있다. 또 다른 이유는 검열 때문이라고 할 수 있는데 '모범 ejemplar'이라는 용어를 붙여 검열관의 눈을 피할 수 있다는 계산도 들어있었을 것이다. 결과적으로 이 작품은 별 논란 없이 출판할 수 있었고 17세기에만 60판을 찍었을 정도로 큰 성공을 거두었다.

'소설'이라는 단어에 대해 말해 보자면 책의 서문에서 세르반테스는 스페인어로 소설 novela이라고 칭해진 최초의 작품이 자신의 것이었음을 자랑스럽게 밝힌다. 소설 novela은 이탈리아어에서 유래한 단어로, 당시 스페인어로는 '거짓, 조롱, 속임수 mentira, burla, engaño'나 '사건, 사고 suceso, acaecimiento'의 의미로 쓰이거나 외국 작품을 번역할 때 '이야기'의 의미로 쓰일 뿐이었다. 'novela'가 이탈리아어로 짧은 이야기를 의미한 것과는 달리, 스페인에서는 'cuneto'라는 용어를 대신 사용하였다. 16세기의 후안 데 발데스 Juan de Valdés는 당시로서는 신조어였던 'novela'라는 단어를 거부하고 'cuento'를 고집하기도 하였다. 이러한 상황 때문에 스페인어에서는 오랫동안 이 두 단어의 구별이 명확하지 않았었다. 따라서 세르반테스는 자신이 스페인어를 써서 이탈리아식 '소설화 novelar'를 이룬 최초의 작가라는 설명이다.

『모범 소설』은 12편의 작품으로 구성되었다. 이를 보통 두 그룹으로 구분하지만, 그 경계가 명확하지 않은 경우도 많다. 한 그룹은 이탈리아의 영향이 강한 작품들로, 이상적 성격이 지배적이고 환상적인 요소가 많다. 「스페인 출신의 영국 여인 La española inglesa」, 「두 아가씨 Las dos doncellas」, 「피의 힘 La fuerza de la sangre」, 「자유로운 연인 El amante liberal」, 「코르넬리아 부인 La señora Cornelia」, 「거짓 결혼 El casamiento engañoso」 등의 작품들을 들 수 있다. 다른 그룹은 스페인 생활의 묘사가 강하고 현실적 성격이 뚜렷한 작품들로, 「집시 아가씨 La Gitanilla」, 「개들의 대화 Coloquio de los perros」, 「린코네테와 코르타디요 Rinconete y Cortadillo」, 「유리학사 El Licenciado Vidriera」, 「질투심 많은 엑스트레마두라人 El celoso extremeño」, 「고귀한 하녀 La ilustre fregona」가 있다.

주요 작품 몇 편을 소개해 보자.

- 「린코네테와 코르타디요」에는 14, 5세가량의 소년 페드로 린콘과 디에고 코르타도가 등장한다. 도둑질하다 들켜 마드리드와 톨레도에서 도망쳐 세비야로 간 소년들은 그곳 불량배 왕초 모니포디오 Monipodio 밑에 들어가 짐꾼으로 일도 하고 도둑질도 한다는 내용이다. 소설의 말미에 '유명한 도시 세비야의 치안이 얼마나 소홀한지, 이렇게 못된 짓을 일삼는 사람들도 얼마든지 숨지 않고 살아갈 수 있는 도시다'라며 정보를 알려주는 모범을 보인다.

- 「유리학사」에는 토마스 로다하 Tomás Rodaja 학생이 겪은 기이한 사건을 그린다. 이탈리아에서 군 복무를 마친 후에 돌아와 살라망카에서 공부를 계속하던 로다하는 자신을 짝사랑하는 여인의 마음을 받아들이지 않는다. 복수를 결심한 여인은 마술을 걸어 로다하가 미치게 만든다. 즉 자신의 몸 전체가 유리로 되어 있다고 착각하여, 로다하는 매 순간마다 자신의 몸이 부딪혀 깨질까 전전긍긍하며 날카로워진다. 소설은 정신을 차린 로다하가 플랑드르 지방으로 떠나는 이야기로 끝을 맺는다.
- 「개들의 대화」에는 바야돌리드에 사는 시피온 Cipión과 베르간사 Berganza, 두 마리의 개가 등장한다. 개들은 어느 하룻밤 동안 인간들처럼 말을 할 수 있는 능력을 갖게 된다. 베르간사가 자신의 위험천만했던 경험을 얘기하자 시피온도 그동안 섬겨 왔던 도살장 주인, 목동들, 세비야의 부자 상인, 겁쟁이 경관, 군인들, 집시들 이야기를 해준다. 그들이 저지른 많은 속임수와 얼마나 많은 못된 짓을 일삼았는지에 대해서도 흉을 본다. 새벽이 다가오자 개들은 더 이상 대화를 할 수 없게 되면서 작품은 끝난다.

세르반테스의 비판은 날카롭다. 이 작품은 르네상스에 높이 평가되던 2세기 그리스 작가 루키아노스 Luciano de Samosata의 소설 전통을 따르고 풍자적 비판의 내용을 다룬다. 그러나 오늘날에는 이 작품을 피카레스크 소설 장르로 보는 견해가 일반적이다.

- 「집시 아가씨」는 젊은 귀족 후안 데 카르카노 Juan de Cárcano가 집시 아가씨 프레시오사 Preciosa를 사랑하는 이야기다. 귀족 후안은 가족을 버리고 집시들과 같이 사는 조건으로 프레시오사의 사랑을 얻을 수 있었다. 집시들과 같이 생활하던 후안이 어느 날 도

둑으로 몰리는 사건이 벌어졌고, 조사를 받는 과정에서 귀족의 자제임이 밝혀진다. 또한 프레시오사도 행정관의 딸이었는데 한 집시 노파가 유괴해 집시가 된 사실이 밝혀지면서 소설은 이 둘의 결혼으로 끝난다.

- 「자유로운 연인」은 세르반테스가 가장 먼저 쓴 작품으로 알려졌다. 젊은 연인 리카르도 Ricardo와 레오니사 Leonisa는 터키 군대의 포로로 잡히는 등, 사랑을 이루기에 너무 어려운 여러 사정과 함정을 극복하고 결국에는 승리한다는 내용이다. 사실성이 떨어진다는 것이 이 작품의 단점이다.
- 「스페인 출신의 영국 여인」은 카디스 도시가 영국인들에게 약탈을 당할 때 붙잡혀 영국으로 끌려간 일곱 살 난 여자아이 이사벨라 Isabela 이야기다. 세월이 흘러 그 영국인의 아들 리카레도 Ricaredo는 이사벨라를 사랑해 청혼한다. 그러나 이사벨라를 사랑한 또 다른 남자가 있었는데, 뜻을 이루지 못하자 그녀를 독살하려고 한다. 독 때문에 못생겨진 이사벨라가 부모님과 재회하며 예전의 건강한 얼굴을 회복하고, 터키군에 포로로 잡혀 있다 풀려난 리카레도와 재회하고 결혼한다.
- 「피의 힘」에는 젊은 여인 레오카디아 Leocadia가 등장한다. 낯선 남자에게 끌려가 강간당한 레오카디아는 임신을 하고 아이를 낳는다. 시간이 많이 흐른 어느 날 아이가 사고를 당해 부상을 입게 되었는데, 다친 아이를 데려다가 간호해 준 사람은 바로 친할아버지였다. 레오카디아가 강간당했던 방을 알아보면서 사실은 밝혀지고, 이를 전해 들은 친할아버지는 이탈리아에 가 있던 아들을 데려와 레오카디아와 결혼시킨다.
- 「질투심 많은 엑스트레마두라人」은 남미에 가서 많은 돈을 벌어

온 엑스트레마두라 출신의 펠리페 데 카리살레스 Felipe de Carrizales가 주인공이다. 돈을 벌어 스페인에 돌아온 카리살레스는 젊고 아름다운 아가씨와 결혼한다. 그러나 어리고 예쁜 아내에 대한 질투심에, 아내를 외부 세계와 완전히 차단한 채 살게 한다. 세비야의 건달 로아이사 Loaysa는 호기를 부리며 카리살레스 부인에게 접근하여 가까운 사이가 되고, 사실을 알게 된 카리살레스는 복수하려고 했지만 결국 부인을 용서하며 로아이사와의 결혼을 허락하고 죽는다. 오해를 살 만한 행동을 한 자신을 후회한 카리살레스 부인은 수녀원으로 들어간다.

- 「고귀한 하녀」의 토마스 데 아벤다뇨 Tomás de Avendaño와 디에고 데 카리아소 Diego de Carriazo는 모험을 떠났다. 여러 사건을 겪은 후 토마스는 톨레도의 주막에서 일을 하던 아가씨를 사랑하게 되어 주막의 일꾼으로 남는다. 그런데 아가씨가 귀족의 자손임이 밝혀지고 소설은 이들의 결혼으로 끝을 맺는다.
- 「코르넬리아 부인」은 볼로냐 지방에서 벌어지는 이야기다. 같은 여인숙에 묵던 안토니오 데 이수르사 Antonio de Izurza와 후안 데 감보아 Juan de Gamboa는 어느 날 밤 비슷한 사건을 겪는다. 누군가가 안토니오를 불러 나가보니, 그에게 갓난아이를 건네주는 것이었다. 또 후안에게는 얼굴을 가린 한 부인이 보호를 요청하였는데 그녀는 코르넬리아였고 갓난아이는 그녀와 결혼을 약속했던 페라라 Ferrara 백작 사이에서 태어난 아이였다. 모두들 합심하여 백작을 찾아 나섰고, 둘의 결혼으로 끝난다.

『페르실레스와 시히스문다의 고난 *Los Trabajos de Persiles y Sigismunda*』

세르반테스의 유고작 『페르실레스와 시히스문다의 고난』은 1617년에 출판되었다. 작품을 쓰면서도 그는 완성하지 못할까 봐 초조해 했고, 죽음을 앞두고 열정적으로 집필해 나갔던 작품이다. 4부로 구성된 이 작품은 처음 세 부가 23장, 22장, 그리고 21장으로 되어 있는 반면에 마지막 장은 14장만으로 되어 있다. 원하던 만큼 충분히 마지막 손질을 하지 못하고 서둘러 끝맺은 느낌이 강하다.

세르반테스가 레모스 Lemos 백작에게 바치는 헌시는 죽기 나흘 전인 1616년 4월 16일에 쓴 것인데 여기에서 그는 백작에게 작별을 고하며 죽음을 예고한다: '한 발을 벌써 등자에 올려놓고/ 죽음의 번민에 사로잡혀/ 백작님, 당신에게 글을 올립니다. Puesto ya el pie en el estribo,/ con las ansias de la muerte,/ gran señor, esta te escribo.'

다양한 글쓰기에 관심이 많았던 세르반테스가 가톨릭 신앙 중심의 비잔틴 소설을 시도한 작품으로, 아이슬란드 툴레 Tule 왕국의 후계자 페르실레스 Persiles와 핀란디아 Finlandia 왕국의 공주 시히스문다 Sigismunda의 고난사를 그려 나간다. 쫓기는 몸이었던 두 젊은 연인 페르실레스와 시히스문다가 때로는 조난을 당하기도 하고 또 붙잡혀 옥살이를 하기도 한다. 북유럽의 여러 나라를 거쳐 리스본에 도착한 다음 스페인을 지나면서 여러 고초를 겪은 이들이 로마에서 해후하고 결혼한다는 줄거리다. 온갖 종류의 모험과 위험, 항해와 조난, 해적을 만난 경험과 납치, 결투, 피신 등의 이야기로 점철된 작품이다. 작품은 가톨릭 신앙이 약한 북유럽에서 시작해 신앙의 본거지인 로마에 이르는 경로를 취하고 있어, 신앙적 모험 소설로도 해석될 수 있다.

이 소설은 『돈키호테』의 명성에 가려 빛을 보지는 못했지만 비잔틴 소설의 완벽함이 돋보이는 작품이다. 사실과 이상 사이에 겪는 경험을 다양하게 보여주고, 또 다채로운 분위기와 문체 등을 선보여 문학의 종합적 형태를 잘 보여준 예라 하겠다.

『돈키호테 *El Ingenioso Hidalgo don Quijote de la Mancha*』

『돈키호테』의 제목은 『라 만차의 괴짜 양반 돈키호테 *El Ingenioso Hidalgo don Quijote de la Mancha*』다. 스페인 최고의 작품이자 세계 문학사의 중요 작품으로 손꼽히며 대부분의 언어로 번역되었고 성경 다음으로 많이 출판된 작품이다. 인간의 본질을 가장 완전하게 보여주는 서구 최초의 근대 소설이라는 평을 받는 이 작품은 1부와 2부로 구성된다. 1부 la primera parte는 세르반테스가 57세 되던 1605년 1월에 마드리드에서 출판되었고, 2부 la segunda parte는 10년 뒤인 1615년에 출판되었다. 1부는 『라 갈라테아』 이후 20년간의 침묵을 깨고 발표한 작품이다. 물론 『모범 소설』 몇 편을 간헐적으로 쓰기도 하고 극작품을 발표하기도 했지만, 당시 스페인 문단에서 세르반테스의 존재감은 그리 크지 않았다. 『돈키호테』의 성공으로 세르반테스는 유명해졌고, 1605년에는 다섯 번에 걸쳐 출판이 되고 불어와 영어로도 번역되는 등 큰 명성을 날렸다. 2부도 번역이 되었을 뿐 아니라 여러 번 재판이 될 정도로 성공하였다.

『돈키호테』의 탄생 배경이 된 작품은 작자 미상의 『로만세 막간극 *Entremés de los romances*』이다. 무지한 농부 바르톨로 Bartolo가 로만세 작품을 너무 많이 읽은 탓에 이성을 잃어버리고 자신을 영웅과 같은 주인공으로 착각하면서 모험을 흉내 낸다는 줄거리다. 이 작품을 읽은 세르반테스가 모범 소설처럼 짧은 분량의 소설을 쓰고 싶어 했던 것으로 추측된다. 물론 이 작품 외에도 당시에는 기사 소설 때문에 정신을 잃은 노인에 대한 작품이 많았다. 예를 들어 14세기의 이탈리아의 작가 프랑코 사게티 Sacchetti의 작품에도 기사 소설을 읽고 이성을 잃은 피렌체의 70세 노인이 기사 시합에 참석하려고 해 젊은이들의 웃음거리가 된 이야기가 등장한다.

시골 양반 돈키호테가 기사 소설을 너무 많이 읽어 이성을 잃어버린다는 내용으로 짧게 쓰려던 세르반테스는 원래 『돈키호테』를 처음 5장과 6장의 내용으로 끝을 맺으려고 했다. 그러나 그는 이 작품이 굉장한 가능성을 가지고 있다는 사실을 곧 깨닫고 장편소설을 쓰게 된다. 그는 '이룰 수 없는 꿈을 꾸고, 이길 수 없는 적과 싸우며 잡을 수 없는 저 하늘의 별을 잡자. 이것이 나의 운명이다 Soñar el sueño imposible, luchar contra el enemigo imposible, correr donde valientes no se atrevieron, alcanzar la estrella inacanzable. Ese es mi destino'고 외치는 돈키호테로부터 인간의 본질적 특성인 이상을 추구하는 주인공의 모습을 본다. 여기에 정반대로 본능에 충실한 주인공 산초를 등장시키며, 또 다른 인간의 본질을 그대로 보여준다.

세르반테스는 『돈키호테』를 쓰는 의도를 서문에서 명확히 밝힌다. 기사 소설 이야기에 빠져 사람들이 해야 할 일은 잊고 이성을 잃어버리기까지 하는데 '기사 소설의 얼토당토않게 꾸민 이야기를 사람들이 싫어하도록 하는 것 No ha sido otro mi deseo que poner en aborrecimiento de los hombres las fingidas y disparatadas historias de los libros de caballerías'이 작품의 의도라는 것이다. 세르반테스뿐 아니라, 당시 대부분의 지식인들도 기사 소설에 대해서는 부정적인 생각을 하고 있었다. 그 이유를 세르반테스는 다음의 세 가지로 설명한다. 우선 도덕적인 면에서 반대하는데, 기사 소설들이 외설적인 것을 가르치기 때문이다. 논리적으로도 반대하는데, 그것은 전혀 논리적으로 맞지 않는 불합리한 이야기를 쓰기 때문이다. 또 문체에 관해서도 부정적인 것은 지나치게 잘 못 쓴 글들이 대부분이기 때문이라고 설명한다. 『돈키호테』 이후 기사 소설의 인기가 사그라졌다는 것은 세르반테스의 의도가 적중했다고 할 수 있다.

『돈키호테』는 엄청난 성공을 거둔 작품이다. 작품이 출판된 당시에는 단지 재미있는 내용으로 유명해졌고, 작품의 중요성도 당시에 널리 읽히던 기사 소설을 우스꽝스럽게 만든 패러디로 제한되었을 뿐이었다. 그러나 한 세기 뒤인 18세기에 기사 소설이 사라지면서, 독자들과 비평가들은 『돈키호테』를 대표적 고전으로 인정하기 시작했다. 고전은 시간의 흐름에도 불구하고 가치가 훼손되지 않는 작품, 즉 시대에 따른 기호와 감각이 다르더라도 언제나 좋은 작품으로 평가받는 작품을 의미한다. 이런 의미에서 『돈키호테』는 분명 고전 작품이다. 이후 신고전주의와 낭만주의와 사실주의를 거치면서도 가치를 인정받았고 현대의 독자들에게도 생생한 감동을 주기 때문이다. 아소린 Azorín은 '세르반테스 소설보다 생생하게 살아 숨 쉬는 고전은 없다'고 말했다.

18세기에 이미 고전으로 인정되기 시작한 『돈키호테』는 19세기의 낭만주의에 이르러 그 가치가 깊이 연구되기 시작했다. 이상의 추구에 삶의 목표를 두었던 낭만주의 시기에 죽음을 불사하고 이상을 위해 내달리며 투쟁하고 어떤 어려움에도 굴복하지 않는 돈키호테의 모습은 낭만주의가 원하던 인간의 전형이었기 때문이다. 중세의 마지막 기사처럼 때로는 관대하고 때로는 귀족적인 돈키호테의 모습은 다른 작품에서는 찾아볼 수 없었기 때문이고, 무엇보다도 낭만주의가 원하던 인간의 상징이었기 때문이다.

낭만주의 시대 이후 많은 철학자와 비평가들이 돈키호테를 연구하였다. 많은 연구자들의 관심을 끌었던 주제는 '돈키호테는 미친 인물인가'였다. 돈키호테는 이상적 충동에 몸을 던진 인물이다. 이와는 반대로 말구종 산초 판사 Sancho Panza는 인간 모두의 가슴 안에 있는 본능과 거친 상식에 의해 움직이는 사람이다. 두 주인공 돈키호테와 산초는 인간의 본질인 두 양면, 즉 이상과 현실이라는 모습을 대변해준다. 쉽게 흥분하고 환상의 세계에서 현실은 보지 못한 채 모험을 감행하는 돈키호테는 이해하기가 힘든 부분이 있기 때문에 그를 단지 미친 사람으로 해석하는 경우가 많다. 미쳤다는 것이 상식의 범주에서 많이 벗어난 사람을 지칭한다면, 돈키호테는 미친 사람이 분명하다. 그러나 그의 이런 미친 짓은 단지 상식에 벗어난 행동만으로 해석하기는 어렵다. 그것의 종착점이 바로 사랑과 정의와 자유이기 때문이다. 우리가 가슴에 품고 늘 소망하면서도 행동하지 못하는 사랑과 정의와 자유를 위해 돈키호테는 망설임 없이 온몸을 던지는 인물이기 때문에, 우리의 꿈을 비추는 거울과 같은 역할을 한다는 점에서 단순히 미친 인물로 파악할 수는 없다. 오히려 무한한 매력과 꿈의 상징으로 해석될 수 있다.

그러나 작품의 말미에 이상의 세계에 충실한 돈키호테의 모습은 변화를 보인다. 또 그와는 대조를 이루며, 촌스럽고 거칠고 식욕과 권력욕이라는 본능으로 움직이는 산초의 모습에도 변화가 온다. 자신의 행동을 후회하는 돈키호테를 보며 산초는 주인님이 옳았다고 그를 옹호하고 나선다. 돈키호테의 점진적 산초화 sanchificación와 산초의 점진적 돈키호테화 quijotización를 살펴볼 수 있다. 즉 우리 모두는 절대적으로 이상만을 추구할 수 있는 존재도 아니고, 또 절대적으로 현실만을 추구하며 만족할 수 있는 존재도 아니라는 점을 명백히 보여주며 인간의 본질에 다가선 작품임을 확인시킨다.

『돈키호테』는 방대한 소설이라 줄거리를 요약하기는 쉽지 않다. 1부의 52장과 2부의 74장으로 이루어져 있고 돈키호테의 모험 나들이를 풀어나가는 줄거리다. 세 번의 모험 나들이는 1부의 만차 Mancha 지방과 아라곤 Aragón 지방으로의 모험과 2부의 카탈루냐 Cataluña 지방으로의 모험으로 구성된다. 만차 지방으로의 모험은 돈키호테 혼자만의 외출이었고 아라곤 지방과 카탈루냐 지방으로의 모험은 산초가 동행하였다.

만차 지방의 '착한 사람 el Bueno'이라는 별명을 가진 돈 알론소 키하노 Don Alonso Quijano는 기사 소설을 너무 많이 읽어 정신이 돌아버린다. 그는 스페인 최초의 기사 소설 『아마디스 데 가울라 *Amadís de Gaula*』의 기사 아마디스나 『팔메린 데 올리바 *Palmerín de Oliva*』의 기사 팔메린처럼 편력 기사가 되기를 꿈꾼다. 숭고한 이상에 끌려 세상에 나가 사랑과 자유와 정의를 실현하고자 하는 꿈에 자신의 이름을 '돈키호테 델 라 만차 don Quijote de la Mancha'로 짓는다. 그는 알돈사 Aldonza라는 구질구질한 시골 처녀를 상상 속에서 자신의 영광을 받아줄 아름다운 여인 둘시네아 델 토보소 Dulcinea del Toboso로 변모시키고 늙어 초췌해 볼품없는 말 로시난테 Rocinante에 안장을 얹어 편력 기사로서의 준비를 마친다.

첫 나들이의 목적지는 만차 지방으로, 우선 기사 서품을 받아야 했다. 돈키호테는 객줏집을 아름다운 성으로 상상하며 그 주인에게 기사 서품을 부탁하자 주인과 딸들은 비웃으며 그의 청을 들어주어서 기사로서의 모든 준비를 마친다. 첫 모험은 양을 잃고 매를 맞던 소년을 도와주는 내용이고, 이어서 한 무리의 톨레도 상인들과 실랑이가 벌어진 이야기도 나온다. 상인들에 얻어맞은 돈키호테를 친구인 신부와 이발사가 마을로 데려온다. 회복이 된 그는 마을 농부 산초에게 재물과 권력을 주겠다며 설득해 모험 나들이에 동반한다. 그러나 일은 뜻대로 되지 않았다. 풍차를 큰 거인들로 착각해 싸우기도 하고 산양치기들로부터 매를 맞고 죄인들을 풀어 주었지만 오히려 돌팔매질을 당하는 등등의 일을 겪는다. 작품의 말미에 친구인 신부와 이발사는 돈키호테를 집으로 데려오기 위해 속임수를 쓴다. 돈키호테는 소가 끄는 짐수레 위의 닭장 속에 갇혀 오면서도 다른 기사들은 구름을 타던데 자신은 왜 이 속이 있을까 궁금해한다. 마법에 걸린 것으로 착각해 얌전히 끌려가는 돈키호테를 바라보고 이웃들은 비웃는다.

『돈키호테』 2부의 줄거리는 한 달 동안 휴식을 취한 후 다시 모험 나들이를 하는 것으로 시작된다. 둘시네아에게 격려의 말을 듣고 싶어 찾아가지만 자신이 생각한 아름다운 모습이 아닌 못생긴 시골 처녀가 있을 뿐이었는데 산초는 그녀가 마법에 걸렸다고 둘러댄다. 아라곤 지방을 지날 때 1부에 이미 등장했던 돈키호테와 산초가 왔다는 소식을 듣고 공작 부부는 그들을 속여 놀리기로 작정한다. 둘시네아의 마법을 풀기 위해서 산초가 삼천 삼백 대의 매를 맞아야 하는 상황극을 꾸미기도 하고 산초를 그들의 영지인 바라타리아 섬 Ínsula Barataria의 총독으로 임명해 그 섬을 통치하도록 하기도 한다. 탁월한 능력을 유감없이 발휘하지만 지루한 생활이 싫은 산초는 그곳을 떠나 돈키호테에게 돌아온다. 이렇듯 『돈키호테』 2부는 메타픽션 meta novela 성격이 강하다. 이후로도 많은 모험을 거친 후 두 사람은 바르셀로나로 떠난다. 그곳에서 하얀 달의 기사 Caballero de la Blanca Luna를 만나는데, 그 기사는 친구 산손 카라스코 Sansón Carrasco가 변장한 것인데 돈키호테에게 결투를 신청하며 패하면 고향에 돌아가 일 년간 쉴 것을 요구한다. 결투에서 진 돈키호테는 심신이 쇠약해져 고향으로 돌아온다. 죽음을 앞둔 돈키호테가 기사 소설 때문에 자신이 미쳤었다는 것을 인정하지만, 산초는 돈키호테가 옳았으니 자신이 그 길을 물려받겠다고 하며 슬퍼한다. 앞서 말한 돈키호테의 산초화와 산초의 돈키호테화로 설명할 수 있다.

작품의 1부와 2부에 걸쳐 짚어 볼 수 있는 문제점으로 우선 소설의 단일성 문제를 들 수 있다. 소설의 1부에는 돈키호테와 산초가 중심이 된 줄거리 외에 부수적인 이야기가 많이 들어 있다. 1부의 12장에서 14장까지는 마르셀라 Marcela와 그리소스토모 Grisóstomo 이야기의 목가 소설 novela pastoril이다. 마르셀라를 사랑해 죽은 그리소스토모의 장례식에 참석하고 그리소스토모가 자신의 사랑에 응하지 않는 마르셀라를 원망하는 글을 읽는다. 모두들 마르셀라를 탓하고 있을 때 그녀가 나타나 자신의 아름다움은 하느님이 주신 것으로 이것 때문에 발생하는 일에 대해 책임이 없다고 하자 모두들 고개를 끄덕인다. 또 페스트에 걸려 죽은 시체를 끌고 가는 사람들 중에 석사 출신이 들려주는 이야기와 죄수들이 들려주는 이야기도 있다. 51장에는 또 다른 목가 소설 레안드라 Leandra 이야기가 있고 카르데니오 Cardenio와 루신다 Lucinda와 도로테아 Dorotea가 엮어가는 감상 소설 novela sentimental도 등장한다. 따라서 세르반테스의 소설 안에는 다양한 성격의 등장인물이 나오고 분위기 또한 다채로우며 여러 장르의 작품이 다 들어 있는 '자루 saco'와도 같아 총체 소설 novela total의 성격이 짙다고 할 수 있다.

일찍이 아리스토텔레스는 독자를 즐겁게 할 수 있는 주요 장르로 서사시를 꼽았는데 르네상스 시대의 문학 비평가들도 소설을 일반 대중의 큰 관심을 끌 수 있는 장르로 보았다. 주인공과 장면과 장소에 있어 다양성을 보여 줄 수 있기 때문이다. 그러나 서로 다른 여러 이야기로 구성된 작품들이 예술적 단일성을 유지한다고 보기는 어려웠다. 그런 점에서 총체 소설 성격의 『돈키호테』는 예술적 단일성의 문제에 많은 지적을 받았다.

세르반테스는 작품 28장에서 이 단일성의 문제를 정당화한다. 부수적인 이야기들이 주된 이야기보다 재미가 없는 것도 아니고 예술적으로 뒤떨어지지도 않은 진실된 이야기라는 설명으로 정당화한다. 그러나 『돈키호테』 2부는 1부와는 달리 부수적인 이야기들이 상당히 제한된다. 2부의 44장에서 작가는 본 줄거리에서 파생된 이야기 몇 편만을 아주 제한하여 넣었다고 설명한다. 2부에서만큼은 소설의 단일성 문제가 제기되기를 원하지 않았던 작가의 모습을 볼 수 있다.

또한 세르반테스는 『돈키호테』를 통해 소설상의 여러 유희를 즐긴다. 예를 들어 작품 1부의 9장에서 『돈키호테』의 원작자는 세르반테스가 아닌 시데 하메테 베넨헬리 Cide Hamete Benengeli이며, 원래는 아랍어로 쓴 작품이라는 언급이 나온다. 세르반테스가 어느 날 톨레도의 거리를 걷다가 한 소년이 헌 종이 뭉치들을 팔고 있는 모습을 보았는데, 그 뭉치에 아랍어로 쓴 흥미로운 글이 있어 반 레알 medio real을 주고 샀다는 것이다. 아랍인 친구에게 건포도와 밀가루 두 자루씩을 주고 스페인어로 번역을 시킨 것이 『돈키호테』라는 설명이다.

물론 이것은 진실로 생각하는 독자는 없다. 세르반테스의 이런 유희를 작품의 신빙성을 더하기 위한 방법으로 보기도 한다. 이런 설명을 덧붙임으로 돈키호테가 진짜 인물이며 벌어지는 사건도 오래 전에 일어난 사실이라는 느낌을 준다는 것이다. 물론 아메리코 카스트로 Américo Castro처럼 세르반테스를 개종한 유태인으로 설명하기도 하고 또 그러한 소설적 유희가 당시의 검열을 피하기 위한 방법이었다고 말하는 사람도 있다.

또 다른 유희로 작품이 처음 시작하는 부분을 들 수 있다. 작품은 '이름을 기억하고 싶지 않은 어느 만차 지방에... En un lugar de la Mancha, de cuyo nombre no quiero acordarme...'로 시작한다. 세르반테스는 무심히 읽던 독자라면 발견하지 못했을 내용을 작품이 끝날 즈음해서 다시 언급한다. 독자들이 관심을 잃어버릴 즈음해서 그는 다음과 같이 말한다. '만차의 괴짜 양반 이야기는 끝났다. 시데 하메테는 소설 이야기가 만차 어느 지방인지 정확히 밝히고 싶어 하지 않았다. 그리스의 호메로스 작품의 배경이 자기네 도시라며 싸우는 일곱 도시처럼 이 소설의 배경도 만들고 싶어 하던 시데 하메테가 만차 지방의 동네마다 서로 자기 마을이 맞다고 싸우도록 하기 위해 그렇게 했다'. 이런 작가의 설명대로 지금의 만차 지방은 모두 돈키호테의 마을이라며 관광객들을 끌어 모으는데, 아이러니한 일이 아닐 수 없다.

『돈키호테』가 전 유럽에 미친 영향은 대단했고, 이 소설 덕분에 근대 사실주의 소설이 탄생할 수 있었다. 세르반테스의 영향을 받아 이전과는 다른 방법으로 쓴 소설이 탄생한 곳은 바로 영국이었다. 현실 속에 있을 법한 다양한 인간들의 생생한 특징과 성격묘사를 통해서 인간의 허식이나 위선을 비판한 사실주의 작품인 헨리 필딩 Henry Fielding의 모험 이야기 『조지프 앤드류스 *Joseph Andrews,* 1742』가 등장했다. 새뮤엘 리차드슨 Samuel Richardson의 『파멜라 *Pamela,* 1740』를 패러디해서 당시에 큰 반향을 일으킨 이 작품은 『돈키호테』의 세르반테스를 흉내 낸 작품이다. 영국의 로렌스 스턴 Lawrence Sterne의 『신사 트리스트럼 섄디의 생애와 의견 *La vida y opiniones del caballero Tristram Shandy*』도 세르반테스의 영향을 직접적으로 받은 작품이다. 이 두 작가로부터 시작해 영국에서는 디킨스 Dickens를 선두로 하는 19세기의 유명한 작가들이 탄생한다. 이러한 점에서 세르반테스가 근대 소설의 창시자라는 의견은 타당하다.

아베야네다 Avellaneda의 가짜 『돈키호테』

1614년 여름, 세르반테스가 『돈키호테』 2부의 74장 중 59장을 쓰며 집필을 끝내 가고 있을 때 가짜 『돈키호테』가 출판되었다. 작가 알론소 페르난데스 데 아베야네다 Alonso Fernández de Avellaneda의 위작 obra apócrifa 『라 만차의 괴짜 양반 돈키호테 2부 *Segundo tomo del ingenioso hidalgo don Quijote de la Mancha*』가 출판된 것이다. 가명의 작가는 자신을 바야돌리드의 토르데시야스 Tordesillas 출신이라고 밝힌다. 가짜 『돈키호테』의 출현으로 세르반테스는 충격을 받았고, 집필을 다 마쳐가던 작품에 많은 변화를 줄 수밖에 없었다.

가짜 『돈키호테』 줄거리는 다음과 같다. 기사 시합에 참가하기 위해 사라고사 Zaragoza를 향하던 몇 명의 기사가 돈키호테의 마을에 도착하고, 주인공 알바로 타르페 Álvaro Tarfe는 돈키호테의 집에 묵게 된다. 그들과 함께 시합에 참가하고 싶어 돈키호테와 산초도 길을 떠난다. 가짜 돈키호테는 스스로 둘시네아를 포기했다는 의미의 실연 기사 Caballero Desamorado라는 이름을 사용한다. 그러나 영광을 바칠 사랑하는 여인은 편력 기사에게 필수였고, 세르반테스도 둘시네아를 언급하며 '기사에게 사랑이 없다면 잎도 열매도 없는 나무와 같고 영혼 없는 육체와 같다 el caballero amante sin amores era árbol sin hojas y sin fruto, cuerpo sin alma'고 말한 바 있다. 즉 가짜 돈키호테가 썼던 실연 기사는 아베야네다가 기사의 이상향이었던 주인공 돈키호테를 제대로 파악하지 못한 반증이기도 하다. 이에 세르반테스는 자신의 『돈키호테』 2부에서 '돈키호테가 둘시네아를 잊어버렸다면 이는 사실과 무관하다. 그것은 절대로 있을 수 없는 일이기 때문이다'고 설명한다. 가짜 『돈키호테』에서 산초는 알칼라와 마드리드에서 기이한 모험을 경험한 후, 한 후작의 도움으로 마드리드에 남게 되고 알바로 타르페는 돈키호테를 톨레도의 정신병원에 입원시킨다는 내용이다.

가짜 『돈키호테』도 흥미 있는 작품이고, 또 작가의 글 쓰는 재능도 나무랄 데가 없다. 그러나 한 장 한 장 읽어 나감에 따라 가짜 소설 속의 돈키호테와 산초가 조잡한 모방일 뿐 원작과는 비교될 수 없는 작품이라는 것을 알 수 있다. 특히 주인공 돈키호테의 이상주의와 현실적이고 본능적인 산초의 성격을 전혀 파악하지 못했다는 점에서 작품의 가치는 낮다. 그럼에도 불구하고 이 작품은 세르반테스의 『돈키호테』에 큰 영향을 주었다는 점에서 언급할 필요는 있다.

가짜 『돈키호테』의 서문에서 작가 아베야네다는 마치 개인적인 원한이 있는 듯 세르반테스를 신랄하게 비난한다. 아직까지도 가짜 『돈키호테』의 작가에 대해서는 정확히 밝혀진 바가 없다. 단지 그가 아라곤 출신으로 독실한 가톨릭 신자이며 알칼라에서 살았거나 아니면 그곳에서 공부한 적이 있는 사람이라고 추정할 뿐이다. 또 세르반테스의 『돈키호테』 1부에서 그 이름을 밝히지는 않았지만 세르반테스가 자신을 모욕했다는 점과 자신은 로페 데 베가 Lope de Vega를 존경하는 사람이라는 점도 밝힌다. 이런 내용으로 보아 세르반테스의 모욕에 복수하기 위한 것을 이유로 들 수도 있지만, 그 때문에 집필했다고 보기에는 작품이 너무 방대하다. 따라서 원작 『돈키호테』의 인기와 명성에 편승해 명예와 돈을 벌어 보려는 목적으로 집필했다는 설명이 더 설득력이 있다.

세르반테스의 『돈키호테』 2부는 아베야네다의 가짜 작품에 많은 영향을 받았다. 원래는 돈키호테의 모험 나들이를 사라고사 Zaragoza로 향할 생각이었지만, 가짜 돈키호테가 그곳으로 가자 바르셀로나로 계획을 변경한다. 또한 알바로 타르페를 포함한 가짜 『돈키호테』의 인물들도 자신의 작품에 메타픽션 meta novela 형식으로 등장시킨다. 예를 들어 돈키호테는 바르셀로나에서 돌아오는 길에 한 주막에서 누군가가 알바로 타르페 이름을 부르는 소리를 듣자 그가 아베야네다의 작품에 등장하는 인물임을 확인한다. 그리고 그에게 공개적으로 진짜 돈키호테와 산초를 본적도 없다는 사실을 인정하라고 요구하며 아베야네다의 작품 안에 나오는 돈키호테와 산초가 거짓된 인물들임을 밝히기도 한다.

Ⅲ. 17세기 바로크 문학

1. 유럽과 스페인의 역사 상황

17세기를 흔히 위기의 시기로 부른다. 유럽 전역이 큰 시대적 변혁의 기로에 놓인 시기였기 때문이다. 이미 쇠락의 길에 들어선 스페인으로서는 17세기가 특히 유럽의 여러 다른 나라들보다 더 큰 위기의 시기였음은 분명하다. 그 위기는 시대의 변화를 요구하여, 구체제 즉 앙시앵레짐 Antiguo Régimen과 새로운 체제 사이의 갈등 양상으로 나타났다. 그 갈등은 다음과 같이 두 방향으로 나타난다.

하나는 종교적 갈등이었다. 16세기 독일을 중심으로 시작된 종교개혁은 유럽 사회의 큰 변화를 요구했다. 변화의 요구는 갈등으로 바뀌었고, 갈등의 골이 깊어지자 전쟁이 일어났다. 1618년에 시작해서 1648년 종지부를 찍었던 30년 전쟁 Guerra de los Treinta Años이다. 종교개혁 이전의 유럽 종교는 로마 가톨릭이었다. 그러나 종교개혁으로 루터와 칼뱅이 종교의 보편성을 거부하며 갈등은 심화됐다. 유럽인들이 겪게 된 최초의 세계대전이라고 해도 지나친 말이 아닐 만큼, 유럽 전역이 30년 전쟁에 동참했다. 1648년 베스트팔렌 조약으로 전쟁은 종식되었고 신교는 구교와 평등한 힘을 얻었지만, 구교의 핵심 세력이었던 스페인은 오히려 종교에서 변화의 바람이 일지 못하도록 빗장문을 더욱 견고히 채웠다. 이렇게 역사는 후퇴하고 있었다.

또 다른 하나는 정치와 사회의 갈등이었다. 15세기와 16세기에 큰 영향력과 추진력을 갖기 시작한 부르주아 계층의 발달로 유럽 사회는 더 이상 구체제인 앙시앵레짐을 유지할 수 없었다. 경제력을 바탕으로 한 새로운 사회계층 부르주아는 귀족 계층을 압박하며 갈등을 유발하였다. 부르주아 세력이 크게 발달한 영국과 네덜란드에서는 17세기에 들어서면서 부르주아 계층이 절대적 영향력을 행사하였다. 반면에 상공업의 발달이 미약하여 부르주아의 세력이 약했던 스페인과 프랑스에서는 귀족들이 구체제를 유지하기 위한 모든 노력을 경주하였다. 교회와 결탁한 귀족 계층은 국정을 통하여 구체제를 유지하기 위한 모든 수단을 강구하였고, 부르주아 성장에 제동을 걸며 귀족과 성직자의 전통적 특권을 유지하기를 원했다. 피지배 계층에서의 불만은 나날이 높아지자 이들을 억압하고 더불어 관심을 다른 곳으로 돌려보려는 노력을 기울였다. 결과적으로 사회와 경제에 대한 동력은 힘을 잃었고 부르주아 성장에 제동이 걸렸으며 변화의 요구는 무시되고 사회는 정체되었다.

이러한 사회 현상은 정치에도 그대로 반영되었다. 부르주아 계층이 발달하고 그들의 요구 사항이 반영된 영국과 네덜란드에서는 새로운 정부 형태가 요구되었다. 1649년 영국에서는 공화제 선언으로 근대적 공화국의 기초가 마련되며 왕권 위에 의회가 자리하는 변화가 이루어졌다. 이와는 반대로 스페인과 프랑스에서는 절대왕권의 절대군주제로 구체제의 안전벽을 유지하고 그 세력을 더욱 견고히 다졌다. 특권을 유지하던 귀족과 성직자를 중심으로 한 가톨릭 종교 세력은 왕과 일종의 암묵적 협약 관계였다. 즉 귀족과 종교 세력은 절대군주제를 지지하고, 또 절대군주는 그들의 특권을 유지할 수 있도록 도움을 주었다. 사회적 변화에 따른 근대적 공화제는 그들에게 막연한 희망사항일 뿐이었다. 프랑스는 1789년 프랑스 혁명으로 개혁에 동참하며, 1792년 루이 16세의 처형으로 공화정이 선포되었다. 그러나 스페인은 1873년에서야 근대 공화제의 모습을 미미하게나마 볼 수 있었고 사회와 정치는 변화를 요구하지만 현실적으로 이루어질 수 없는 상황에 사회적 긴장감은 갈수록 고조되었다.

시대는 변하고 있었지만 스페인에서는 종교적인 변화는 물론 사회, 정치적인 변화도 전혀 일어나지 않았다. 30년 전쟁에서 패하며 유럽의 주도권을 내줘야 했던 스페인의 국내 상황은 더욱 힘들었다. 당시 스페인을 통치했던 펠리페 Felipe 3세(1598-1621), 펠리페 Felipe 4세(1621-1655), 카를로스 Carlos 2세(1655-1700) 시기의 키워드는 부패와 무능이었다. 전쟁에서의 패배와 사회의 침체, 여기에 왕과 귀족과 성직자의 부패와 무능까지 더해져 사회적 불만과 불안이 고조되었다. 1619년 국무회의에서는 국민들이 고통에 신음하고 동요하고 있다는 내용이 왕에게 보고됐고, 그 구체적인 원인까지 분석해 내놓았다. 로페스 브라보 Mateo López Bravo와 나바레테 Pedro Fernández de Navarrete와 세요리고 Martín González de Cellorigo 등의 지식인들이 문제의 심각성을 인식해 왕에게 직언을 했지만, 막강한 힘을 과시하던 종교재판소를 등에 업은 왕과 주변의 정치 지도자와 관료들의 대부분은 경고소리에 귀를 기울이기는커녕 오히려 공격적인 태도를 취하며 지적된 문제를 무시했다. 또 사회 불만과 동요를 경제, 정치, 이념, 종교의 위협으로 간주하며 억압하였다. 유럽의 다른 나라들과는 다른 노선을 취한 스페인이 그 이후 오랫동안 힘든 역사적 현실 속에 처할 수밖에 없었던 이유다.

그 결과 17세기에 스페인 국민은 매우 어려운 상황에 처했다. 16세기 말에서 17세기 중반까지 인구의 1/4이 줄었다. 전쟁과 흑사병과 굶주림이 원인이었는데 그 중에서도 굶주림으로 인한 사망률이 높았다. 많은 사람들이 남미로 이민을 선택할 수밖에 없었다.

부르주아 계층이 미약한 상황에서 상업과 공업은 위축되었고, 경제도 악화되었다. 또 스페인 경제의 기초가 되었던 농업에도 큰 위기가 다가왔다. 1609년 펠리페 3세는 회교도인들을 추방하였다. 유능한 농부들이던 회교도인들 300,000명 정도가 추방됨에 따라 농업 또한 심한 타격을 입었다. 농토의 95%가 귀족과 성직자들과 같은 특권 계층의 소유였다는 암울한 실상과 회교도인들의 추방은 심각한 결과를 초래하기에 충분했다. 농토를 소유한 부자들은 수확 문제에는 별 신경을 쓰지 않았고, 농부와 소작인은 자꾸 무거워지는 소작료에 짓눌려 농촌을 떠나 도시에서 일자리를 찾고자 했다. 따라서 도시에는 생계가 막연한 사람들이 몰려 그 당시의 실직자와 거지와 부랑아의 증가는 가히 위협적이었다. 이 일련의 사건들은 부의 감소와 더불어 부당한 분배를 초래하였고 전체 인구뿐만이 아니라 노동 인구까지 줄어들게 하는 결과를 낳았다. 상업과 공업에 이어, 농업 역시 절망적인 상황이었음을 잘 알 수 있다.

전통적 구체제 사회를 부식시킬 수 있는 계층은 부르주아였다. 그러나 스페인의 부르주아 계층은 엄격히 통제되어 경제적 추진력을 발휘하지 못했고 귀족과 성직자는 절대군주의 도움을 받아 경제, 사회적인 세력을 강화하였다. 그러나 이러한 특권 계층은 당시의 문제를 해결할 능력이 없었을 뿐만 아니라 일을 추진할 정신 자세도 되어 있지 않았다. 지배 계층은 경제 활동을 천시하였고 투자를 하지 않았을 뿐만 아니라 화려하고 사치스러운 생활로 부패되어 있었다. 다시 말해 귀족과 성직자들은 자신들의 부를 과시하며 견고한 특권만 누렸는데 그 모습은 국가의 몰락과 국민의 비참한 생활과는 대조를 이루었다.

당시의 이러한 상황은 문학과 사상과 학문에 명백히 반영되었다. 유럽의 다른 나라들에서는 불만과 갈등으로 야기된 위기가 오히려 변화를 가져왔다. 결과적으로 사회와 정치가 안정되고 사상과 학문이 발전되면서 근대사회로 나아갔다. 물론 왕권과 교회는 이를 막아 보려고 부단한 노력을 기울이며 대학의 문을 닫아 버리기도 했다. '그래도 지구는 돈다 y sin embargo se mueve'는 갈릴레오의 지동설이 종교재판으로 탄압당했던 1633년의 사건들처럼 부동의 가톨릭 세력은 건재했다. 그러나 대학 밖의 학자들의 모임을 통하여 갈릴레오와 케플러와 뉴턴의 실험과학이 발전하였고 이것은 데카르트의 이성론이 탄생하게 된 배경이 되었다.

스페인에서는 이 모든 게 불가능했고, 근대화하려는 모든 움직임이 저지되었다. 유럽의 문화와 완전히 단절된 것이다. 신적인 것과 세속적인 것을 구분하고, 자연적인 것과 초자연적인 것의 구별이 시작되었던 르네상스 초기의 근대과학에 대한 관심과 싹은 더 이상 명목을 이어갈 수가 없었다. 반종교개혁운동 Contrarreforma의 기치는 믿음과 관계가 적다고 생각되는 모든 과학과 철학과 지적인 움직임을 불가능하게 만들었기 때문이다. 종교재판소 역시 초자연적인 것을 망각하게 하는 모든 지적인 활동을 탄압하는데 앞장섰다. 정치와 종교가 손을 잡은 스페인은 중세로 돌아갔다고도 볼 수 있었다. 근대과학과 철학의 발전은 시작조차도 할 수 없었다. 단지 이성 철학의 자리를 신학이 차지하였고 과학의 연구 대신에 뒤떨어진 미신에 집착하는 상황이 벌어진 것이다.

2. 바로크

17세기는 바로크 사조의 시기다. 바로크라는 단어의 어원에 대해서는 여러 의견이 있다. 우선 포르투갈어 barroco는 찌그러지고 순수하지 못한 진주라는 뜻이다. 스페인어로 그 어원을 찾아보면, berrueco는 고르지 못한 형태의 바위라는 뜻이 있으며, 또 스콜라철학에서도 올바르지 못한 논리를 의미하는 baroco라는 단어가 있다. 여러 어원을 두고 이견이 있지만, 그 의미는 '이상한', '찌그러진', '기괴한'으로 다 부정적이며 경멸적임을 알 수 있다. 이러던 것이 18세기에 이르러는 고전주의 규범에서 벗어난 예술적 형태를 총칭하는 의미로 쓰이기 시작하였다.

바로크라는 용어가 처음 쓰인 것은 조형예술에서였다. 조화와 균형을 추구하는 르네상스의 회화와 건축, 조각과는 달리, 바로크 조형예술은 몇 가지 다른 특징들을 보여준다. 르네상스 시대의 안정적인 구도와 섬세하고 디테일한 묘사와는 달리 바로크 회화는 윤곽선이 뚜렷하지 않고 불안정한 교차대각선의 구도를 많이 사용한다. 또 명암과 같은 극적인 요소를 화폭에 담아 극적인 긴장감과 효과를 나타냈다. 이러한 특징들은 이후에 조형예술에서뿐만 아니라 예술 전반에서도 나타난다.

16세기 르네상스는 우주 cosmos와 우주 안의 소우주 micro-cosmos 인간이 상관 관계에 있음을 인식한 시대다. 인간중심의 인본주의가 자리를 잡으며 인간에 대한 신념과 자연 앞에서의 열정과 삶에 환상을 갖고 있었던 'Juvat vivere', 즉 '산다는 것은 즐거운 것 Qué dicha vivir'의 시기였다. 그러나 한 세기가 지나 17세기에 들어서면서 이러한 열정과 신념은 환멸 desengaño로 변했고, 바로크 시기의 삶과 인간에게서 찾을 수 있었던 것은 혼돈 caos과 '헛되고 헛되다 vanitas vanitatum' 뿐이었다. 이렇게 인생의 짧고 덧없고 허망함은 그 시대의 화두였다. 더욱이 정치, 경제, 사회적으로 침몰의 시기였던 17세기를 감안한다면, 스페인의 바로크는 더욱 강한 환멸의 개념으로 다가왔음을 이해할 수 있다.

그러나 위기와 쇠퇴의 17세기가 예술과 문학에 있어서는 찬란히 꽃을 피운 시기이기도 하다. 특히 문학에서는 황금세기의 핵심 시기로,

훌륭한 작가와 작품이 많이 탄생하였다. 외견상 모순처럼 보이기도 하지만 다른 활동에 제약을 받던 스페인 국민들의 천재성은 예술과 같은 정적인 일에 두각을 나타내게 되었고 다른 경제 활동에 투자되지 못한 특권층의 부가 많은 예술 작품의 지속적인 생산과 구입을 촉진시켰다는 사실을 염두에 두면 이러한 상황이 충분히 납득할 수 있게 된다.

르네상스의 이상주의가 추구했던 미학의 이상주의는 17세기에 들어와 위기를 드러낸다. 르네상스의 문학과 예술은 고전 예술에서 그 규범 canon을 찾으며, 당연히 조화와 균형, 질서와 명료함을 추구했다. 이와는 반대로 바로크 예술의 키워드는 불안정과 혼돈이었다. 따라서 바로크 미학은 다음과 같은 특징들을 가진다. 첫째, 고전주의 규범에서 벗어난 미학이었고, 르네상스의 규범이 이제 그 효력을 상실함에 따라 강도 높은 효과를 찾기위해 조화와 균형은 깨어진다. 둘째, 불안정의 미학이었다. 정적이고 안정된 형태는 동적이고 불안한, 그리고 때로는 불쾌하고 찌그러진 형태로 대체된다. 셋째, 모순의 미학이었다. 명암의 대조, 모순적이고 이중적인 요소의 대조가 주를 이룬 예술이다. 넷째, 극적 미학을 들 수 있다. 외적 화려함을 강조하였고 동적이었으며 입체적인 표현으로 극적이고 과장된 미학을 추구하였다.

경멸적으로 쓰이던 용어 바로크는 20세기에 들어와 새로운 해석이 가능해진다. 미술사학자 하인리히 뵐플린 Heinrich Wölfflin은 1915년 출간된 『미술사의 기초 개념』에서 바로크를 '르네상스 체계에 형태적으로 반대되는 일련의 체계 un sistema coherente que se opone formalmente al sistema renacentista'로 규정한다. 스페인 비평가 에우헤니오 도르스 Eugenio D'Ors는 저서 『바로크 성격 *Lo barroco,* 1935』에서 바로크를 '계속 이어지는 고전주의에 반대되는 계속 이어지는 문화'로 설명한다. 바로크를 한 시대에만 나타난 문화의 현상이 아니고 역사상

되풀이되는 문화의 맥으로 이해한 것이다. 즉 역사의 고전주의는 고대 로마와 그리스 시대를 거쳐 르네상스와 신고전주의와 사실주의 사조로 이어지며, 이와는 반대로 바로크는 고딕 양식을 중심으로 한 중세와 17세기, 낭만주의, 20세기의 무의식과 꿈의 세계를 추구하던 예술로 그 맥을 이어 나간다는 것이다. 예술은 역사를 통하여 조화와 혼돈, 균형과 불균형, 규범과 즉흥의 성격으로 계속 이어진다는 설명이다.

앞서 말한 바와 같이 17세기 바로크는 당시 사회의 위기의 산물이었다. 시대의 위기는 불안, 혼돈, 무질서 등의 심리 상태를 초래하고, 이는 작가와 예술가들에게도 고스란히 반영된다. 작가들은 저마다 다른 방식으로 이 시대적 위기와 대면한다. 스페인의 고통을 가장 가까운 곳에서 지켜보고 정치 활동을 하였으며 두 번의 투옥까지 경험했던 프란시스코 데 케베도 Francisco de Quevedo가 보여주었던 태도는 심오한 내적 고뇌였다. 스페인의 상황과 바로크 시대의 성찰로 고뇌하는 케베도는 나아가 인간 존재 자체를 고뇌하기에 이른다. 케베도에게 있어 투쟁일 뿐인 삶은 모순 덩어리다. '인간은 자기 자신과의 전쟁 La vida del hombre es guerra consigo mismo'을 할 뿐 아니라 주변의 다른 인간들과도 끊임없이 투쟁하는 모순에 얽매인 존재다. 존재에 대한 고뇌는 바로크 시대의 죽음에 대한 강박관념으로 나아간다. '우리 자신은 죽음일 뿐이다 Somos nosotros mismos nuestra muerte'고 말하는 케베도에게 산다는 것은 죽어가는 것이었다. 죽음은 더 이상 삶과 이질적인 존재가 아니라, 삶 자체가 죽음일 뿐이다. 이러한 불가항력적인 삶의 의미 앞에 케베도의 성찰은 고뇌를 넘어서 조소와 풍자의 태도를 취한다. 겉으로 보면 상당히 모순적인 이러한 태도는 삶의 의미를 해석하는 동일한 출발점에서 비롯된다.

극작가 페드로 칼데론 델 라 바르카 Pedro Calderón de la Barca 또한

내적 고뇌를 안고 있었다. 인생은 짧고 허망하다는 뜻의 바로크 시대의 화두 '헛되고 헛되다 vanitas vanitatum'는 칼데론 작품에서도 짙게 묻어난다. 장미 한 송이가 한 순간에 시드는 것처럼 인생 역시 짧고 허망하며 견고하지 못하다. 바로크의 주된 테마인 견고하지 못한 인생의 문제는 외형 apariencia과 본질 realidad에 대한 고뇌로 이어진다. 외형은 현실인 본질이 될 수 없다는 명제 앞에 칼데론은 삶을 꿈으로 받아들인다. 칼데론의 태도는 내적 고뇌를 한발 넘어서 고행자적 체념의 태도에 초점이 맞추어진다. 외형과 본질의 결별 앞에는 삶의 본질에 대한 비관론만이 자리를 차지한다. 칼데론이 이 문제에 대해 해결책으로 내놓은 것은 삶을 꿈으로, 또 세상을 거대한 허구의 연극으로 받아들이는 것이었다. 인생이 짧고 허망한 것이라면 이 세상이 아닌 죽음 이후의 저 세상에 눈을 돌리겠다는 태도다. 성사극 『세상이라는 거대한 연극무대 *Gran teatro del mundo*』와 『삶은 꿈입니다 *La vida es sueño*』에서 볼 수 있는 칼데론의 태도는 분명하다. 이 세상의 삶이 연극이라면 우리에게 맡겨진 역할을 잘 해내도록 노력하고, 맡겨진 역할을 잘 해낼 때 이 세상 가운데에서도 희망과 기쁨이 있다는 메시지를 전달하려고 많은 노력을 기울인다. 언어학자 레오 슈피처 Leo Spitzer는 이 세상에 대한 갈망과 고행자적인 탈출 사이에 또 다른 갈등이 존재한다고 설명한 바 있다. 칼데론의 태도인 고행자적인 방법과 체념은 또 다른 갈등을 유발시킨다. 삶에 대한 갈망을 쉽게 포기할 수 없는 존재가 바로 인간이기 때문이다.

정치가로도 활동하며 스페인의 문제를 직시하여 해결해 보고자 했고 때로 좌절과 고뇌와 절망에 빠지기도 했으며 냉소적 태도를 보인 케베도와 다른 입장이었던 공고라는 순수예술로의 도피를 선택한다. 공고라의 예술 세계의 특성은 상징주의와 스페인의 27세대가 보였던 입장에서 분명히 드러난다. 1886년 르피가로紙에 '상징주의 선언문'을 기고한 장 모레아스는 상징주의를 '교육이나 현실 비난의 목적 따위는 없고, 거짓된 감성과 객관적 묘사를 증오하는 사조'로 설명한다. 순수 예술과 시인의 주관적 예술 세계를 추구했던 상징주의자들이 공고라를 존경했던 이유는 바로 상징주의의 예술과 같은 노선을 공고라에서 발견할 수 있었기 때문이다. 이러한 현실 도피의 태도는 17세기의 극에서도 찾아볼 수 있다. 스페인 국민들에게 '꿈꾸는 기계 máquina de soñar'의 오락 역할을 충실히 했던 17세기의 극은 무거운 현실로부터의 도피로 해석될 수 있다. 마라발 José María Maravall은 위기와 절망으로 부터 관심을 돌리고 마음의 안정을 가져다 준 17세기 국민극 teatro nacional을 당시의 사회 지배 체제를 선전하고 평가하고 정당화시키는 도구로 규정한다.

17세기의 작가들은 타협의 자세 또한 가지고 있었다. 많은 함정이 도사리고 있는 삶이 투쟁이라면 그에 대응해 계략을 세울 수 있고, 불확실한 것들이나 방해물 사이에서 나침반을 찾을 수 있다는 타협의 태도는 발타사르 그라시안 Baltazar Gracián의 작품에서 쉽게 찾아볼 수 있다. 더불어 철학이나 종교에서 답을 얻으려는 태도도 있었는데 스토아철학과 고행주의가 대표적인 예다.

3. 바로크 스타일 문학어

바로크 시대의 시대적 심리는 작가들에게도 그대로 적용된다. 작가의 심리 상태는 문체에 반영되는데, 불안정과 불균형이라는 바로크의 특징이 바로크 작가들의 문체에서 드러난다. 이 특징은 르네상스적 균형의 상실로 설명될 수 있다. 라페사 R. Lapesa는 '조화와 안정이라는 고전주의 성격의 부재는 바로크의 극단적 행동을 의미한다'고 설명한다. 바로크 문체의 특징은 르네상스의 자연스러움과 균형과 조화와는 상반되는 마니에리즘 Manierismo의 성격으로 나타난다.

마니에리즘 특성으로는 우선 언어의 과감성을 들 수 있다. 언어의 모든 가능성을 표현하기 위한 작가의 열정을 엿볼 수 있는데, 때로는 현실의 실체를 고스란히 보여주기도 하고, 현실을 캐리커처로 변형시켜 뜻하지 않는 효과를 얻기도 한다. 신조어의 사용, 음성학적 놀이를 통한 효과, 어순 도치, 과장, 반어와 역설, 부적절한 은유 metáfora impertinente 등의 방법을 과감하게 동원한다.

또한 정적이고 논리 정연한 고전 예술과는 달리 격동적인 움직임을 많이 표현하다. 긴장과 빠른 이미지의 변화도 나타난다. 명암, 아름다움과 추함, 종교적 성격과 감각적 성격, 고상함과 천박함, 비극과 희극, 이처럼 대조적 성격의 요소를 동시에 사용함으로 긴장감과 감동을 극대화시킨다.

뵐플린 Wölfflin은 바로크가 평면적 예술이 아니라 색상과 부피를 느끼게 하는 입체적 예술이라는 점을 부연하여 설명한다. 이 입체적 예술을 위해 쓰인 여러 기교들이 결과적으로는 심오하고 난해하고 인위적 성격을 덧붙인 양상이 된다.

17세기 바로크 문체로 쓰인 스페인의 문학어는 프란시스코 데 케베도 Francisco de Quevedo를 중심으로 한 기지주의 Conceptismo(奇知主義)와 루이스 데 공고라 Luis de Góngora를 중심으로 한 과식주의 Culteranismo(過識主義)로 구분할 수 있다.

기지주의는 다른 말로 위트, 혹은 유연함이라 할 수 있다. 내용 contenido에 주안점을 두며 한 단어에 많은 의미를 담고자 한다. 이중적 의미, 역설, 개념적 유희를 즐겨 사용하며 장식은 최소한으로 줄이고 평범한 어휘를 써서 뜻하지 않은 의미를 표현하고자 한다. 결과적으로 밀도 있는 표현을 원한다. 한편 과식주의를 대표하는 시인이 공고라이기 때문에, 과식주의는 공고리즘 Gongorismo으로도 불린다. 과식주의는 무엇보다도 형태의 아름다움을 추구한다. 이야기의 내용보다는 화려한 문체 estilo suntuoso를 우선시한다. 유성음 사용, 감각적 효과, 과감한 은유, 우회적 표현 등의 방법을 쓴다. 어려운 라틴어를 쓰고 문장의 도치 hipérbatos를 과감하게 사용하여 난해함을 더한다. 평범함을 부정하며, 시어가 언어 속의 언어라는 특별한 의미를 부여하고자 한다.

물론 두 경향이 쉽게 구별되지는 않는다. 라페사 Lapesa는 두 경향의 차이를 실제보다 이론으로 설명하고, 메넨데스 피달 Menéndez Pidal 역시 두 문체를 형제 사이로 비유하여 큰 차이를 인정하지 않는다. 대부분의 비평가들도 케베도에게 나타나는 과식주의 성격과 공고라에게 나타나는 기지주의 성격을 지적한다. 또 바로크의 다른 작가들에게도 정도의 차이는 있지만 두 경향은 공통적으로 나타나고 있음을 볼 수 있다. 알렉산더 파커 Alexander A. Parker는 과식주의를 고대 로마의 전통이 기지주의에 강하게 가미된 경향으로 설명한다. 즉 기지주의는 과식주의의 뿌리일 뿐만이 아니라 유럽 바로크 문체의 기초라는 것이다. 시는 원초적으로 개념의 연속인 것이다. 일상의 언어가 사물의 이름을 직접적으로 부르는 것이라면, 시어는 시인이 암시하는 작위적 언어다. 알렉산더 파커의 설명대로 기지주의를 바로크 스타일의 기본으로 인정하고 과식주의는 기지주의의 변형된 형태로 본다면, 과식주의는 공고라의 창조적 재능과 비범한 감각으로 탄생한 경향으로 이해할 수 있다. 기지주의와 과식주의는 당시와 후세의 작가들에게 큰 영향을 미쳤고, 특히 공고라가 끼친 영향은 중요한 의미를 지닌다.

물론 두 경향 사이의 차이점은 존재한다. 케베도를 중심으로 한 기지주의에서는 화려한 장식을 피하고 집약적 의미의 단어를 사용한다. 당연히 글의 의미는 난해하다. 공고라를 중심으로 한 과식주의는 개념에 요란한 장식을 원한다. 지나치게 작위적인 은유, 어려운 라틴어 어휘 사용, 신화적 해석과 암시, 유성음 사용, 문법적 왜곡 등으로 난해함을 더한다. 이러한 차이점에도 불구하고 바로크 스타일은 같은 뿌리에서 나왔다는 것은 인정해야 하고 작가 개개인은 개별적 특성을 지녔기 때문에 그 특성의 개별적인 가치 또한 인정해 주어야 한다.

4. 시

16세기 중엽의 서정시인 에레라 Fernando de Herrera풍의 시는 17세기 바로크를 맞이해 절정에 이르고, 그 대표 시인으로 공고라 Luis de Góngora를 들 수 있다. 17세기 바로크 최정상의 시인 공고라는 '한계 시인 poeta límite'이라고도 불린다.

18세기 신고전주의 사조는 공고라의 시 세계를 인정하지 않고 비난했지만, 바로크와 많은 면에서 성격을 같이한 19세기 낭만주의는 그를 새롭게 평가한다. 공고라와 그의 시 세계에 대한 평가는 우선 독일 낭만주의자들로부터 대대적으로 시작되었다. 이미 칼데론 델 라 바르카 Calderón de la Barca와 로페 데 베가 Lope de Vega에 대한 관심과 평가가 이뤄지면서 이들 극작가들은 독일 낭만주의의 찬양의 대상이 되었고, 뒤이어 관심은 공고라에 집중된다. 공고라를 향한 낭만주의자들의 관심과 존경은 절대적이었다.

이후 프랑스 상징주의 시인 폴 베를랜 Paul Verlain을 중심으로 이루어진 공고라에 대한 재평가는 그 열기가 뜨거웠다. 스페인어를 잘 못하던 베를렌은 피상적으로밖에 그를 이해하지 못했어도 큰 관심을 보였고, 상징주의 시인으로 큰 명성을 날렸던 말라르메 Stéphane Mallarmé와 공고라가 많은 유사점을 가지고 있어서 학문적인 재검토 작업의 발판이 되었다. 상징주의 시인들에 이어 모더니즘 시인 루벤 다리오 Rubén Darío 덕분에 스페인에도 공고라에 대한 관심의 분위기가 조성되기 시작하였다. 프랑스의 상징주의자들과 스페인의 모더니즘 시인들에게 있어 공고라는 신비하고 이해할 수 없는 시인이었다. 신비함과 난해함 때문에 그의 시 세계가 비평가들과 학자들에게 부정적인 평을 받았는데, 상징주의와 모더니즘은 바로 이런 특성이 예술적 매력이라고 지적하였다. 사실주의와 객관주의와는 확연히 다른 시세계를 추구하고 포우 E. A. Poe의 '시는 미美의 완전한 창조'라는 견해와도 잘 부합한다. 귀족적이고 완벽하고 아름다운 시의 창조를 추구하는 상징주의 시인들에게 공고라는 그야말로 존경의 대상이었다.

스페인 문학에서 공고라에 대한 관심은 27세대 Generación del 27로 이어진다. 공고라 사망 300주년이 되는 1927년에 공고라를 존경하는 젊은 시인들이 모임이 결성된다. 시인으로는 페드로 살리나스 Pedro Salinas, 호르헤 기옌 Jorge Guillén, 헤라르도 디에고 Gerardo Diego, 가르시아 로르카 F. García Lorca, 라파엘 알베르티 R. Alberti, 다마소 알론소 Dámaso Alonso와, 비평가로는 알폰소 레예스 Alfonso Reyes, 호세 마리아 데 코시오 José María de Cossío, 호세 베르가민 José Bergamín 등이 주축이 된 27세대는 공고라의 추도 모임에서 공고라와 같은 순수 문학의 길을 가겠다고 결의를 다진다. 이렇듯 공고라가 스페인 최고의 시인으로 인정을 받은 것은 20세기에 들어서였고, 루벤 다리오 Rubén Darío와 27세대의 시인들이 중요한 동력 역할을 하였음을 알 수 있다.

공고라를 중심으로 결성되었던 27세대의 성격은 둘로 구분해 설명할 수 있다. 하나는 비인간화된 예술과 반사실주의 성격을 띤 예술의 추구다. 비인간화는 대중의 이해를 구하는 예술이 아닌 순수시의 추구라고 이해할 수 있다. 또 다른 하나는 외적 형태의 완벽성과 미학적 요소와 테크닉을 최대한 사용하였다는 점이다. 이 두 성격은 모두 공고라의 대표 특성임은 두말할 여지도 없다. 공고라는 모방의 대상이 아니라 그들이 추구하는 예술 세계의 본보기이며 자극제인 존재였기 때문에 각 시인들마다 자신만의 다양하고 개성적인 시 세계를 보여준다.

루이스 데 공고라 이 아르고테 Luis de Góngora y Argote (1561-1627)

루이스 데 공고라 Luis de Góngora는 1561년 7월 11일 코르도바에서 태어났다. 아버지 姓인 Argote보다 어머니 姓 Góngora가 좋아, 이를 첫 번째 성으로 사용하였다. 살라망카에서 신학을 공부하였지만 신부로의 소명은 크지 않았고, 일찍이 글로 이름을 날렸다. 승려회 사절로 1589년에서 1603년까지 마드리드, 살라망카, 바야돌리드 등의 여러 스페인 도시를 여행하며 글을 썼고, 또 문학적 위치를 확고히 할 수 있었다. 1617년 왕실 사제로 임명되어 마드리드에 정착해 큰 명성을 누리지만, 1621년 후견인이던 펠리페 Felipe 3세가 죽은 후 왕실 사제직에서 물러나면서 경제적으로도 매우 힘든 시기를 보낸다. 병들고 늙고 가난한 공고라는 1626년 고향 코르도바로 돌아가 그곳에서 1627년 5월 23일에 65세의 나이로 생을 마감한다.

성격이 거칠고 오만했던 공고라는 문학과 정치에 적이 많았다. 특히 공고라와 다른 미학적 관점으로 기지주의를 대표하는 케베도 Francisco de Quevedo와의 적대 관계는 유명하다. 특히 공고라 못지않게 공격적 성향이던 케베도였기에 둘의 적대 관계는 많은 에피소드를 남겼고, 당시 시를 통해서도 이들의 관계를 짐작할 수 있었다. 공고라의 조상이 개종한 유태인이라는 소문을 들은 케베도는 '내 시에 돼지기름을 발라 놔야지/ 공고라 따위가 물어뜯지 못하게 Yo te untaré mis versos con tocino/ porque no me los muerdas, Góngorilla'라며 공고라를 궁지에 몰아넣었다. 공고라 역시 성적 비하의 의미를 담은 '말굽발 pies de cuerno'로 케베도의 외모를 조롱하며 응수한다. 두 시인의 관계가 얼마나 심각한 상태였는지를 보여주는 에피소드도 있다. 왕실 사제직을 그만두고 경제적으로 어렵고 병든 공고라는 마드리드의 집을 팔아야 했는데, 그 집을 산 사람은 바로 케베도였다. 64살의 병들고 가난한 몸으로 코르도바로 떠나는 공고라의 뒷모습에 케베도는 공고라 묘지에 사용할 비문 글을 쓴다. '번쩍이는 불빛에 둘려/ 시커먼 무덤에 벌 받아 누워 있는 자,/ 돈에 영혼도 육체도 팔아/ 죽어서도 여전히 노름꾼 Este que en negra tumba, rodeado/ de luces, yace muerto y condenado,/ vendió el alma y el cuerpo por dinero/ y aun muerto es garitero.'이 글을 보면 두 사람이 얼마나 극단적 적대 관계였는지 알 수 있다.

공고라와 로페 데 베가 Lope de Vega와의 관계도 흥미롭다. 당시 최고의 지성이자 문필가로 명성을 날린 공고라 앞에 늘 작은 존재이기만 했던 로페는 공고라를 두려워하고 존경하며 또 부러워했다. 그러나 로페가 스캔들로 문학적 재능을 제대로 발휘하지 못한다고 생각한 공고라는 그를 경멸하였다. 공고라는 로페에게 '제멋대로 날뛰는 매끈한 망아지 Potro es gallardo, pero va sin freno'라는 경멸적 표현을 쓰기도 하였다.

원만하지 못한 성격임에도 불구하고 당시 최고의 시인으로 칭송받던 공고라는 친구도 많았다. 레르마 Lerma 공작과 비야메디아나 백작 Conde de Villamediana, 인본주의자 페드로 데 발렌시아 Pedro de

Valencia와 오르테시오 데 파라비시노 Fray Hortensio de Paravicino 수사 등은 공고라를 존경하고 그의 문학 세계를 높이 칭송하던 인물들이다.

공고라가 죽은 지 얼마 안 된 1629년에는 코로넬 José García Salcedo de Coronel이, 1630년에는 페이세르 José Pellicer가, 또 1636년에는 마르도네스 Cristóbal Salazar Mardones가 그의 작품에 해설을 덧붙여 출판하였다. 공고라는 16세기의 가르실라소 Garcilaso de la Vega처럼 17세기의 고전 작가로 인정받기 시작하였다.

공고라 개인적인 문체로 볼 수 있는 과식주의 Culteranismo는 어렵고 긴 작업을 통해 완성된다. 공고라 문학 인생을 통해 점진적으로 형성된 과식주의는 공고라 문학의 마지막 17년의 시기를 지칭하는 문체다. 공고라 스스로도 그러한 사실을 인정했고 또 당시의 여러 학자들도 같은 의견이었다. 인본주의자 카스칼레스 Francisco de Cascales는 공고라의 삶을 두 시기로 나눈다. 1610년까지의 공고라를 빛의 왕자 Príncipe de la luz로 부르고, 그 이후는 어둠의 왕자 Príncipe de las tinieblas로 부른다. 빛의 왕자 시기에 쓴 시는 쉽고 단순하고 대중적이고, 어둠의 왕자 시기의 시는 어둡고 난해하고 화려하다.

18세기 이후의 비평가들도 1610년 이후의 공고라 작품은 이전의 작품들과는 비교할 수 없는 아름다움을 보여준다고 설명한다. 19세기의 메넨데스 펠라요 Menéndez Pelayo 역시 공고라의 두 시기를 언급한다. 그러나 유명한 공고라 연구가 다마소 알론소 Dámaso Alonso는 시기적으로 나누지 않고, 회의주의 단계 plano escéptico와 열정의 단계 plano entusiasta로 구분한다. 젊은 시절의 공고라에게도 작품에 따라 과식주의 요소가 충분히 보인다는 설명이지만, 1610년 이후의 작품은 난해하며 집약적으로 과식주의 요소를 보인다는 점에서 두 시기를 구분한 그의 기준은 설득력이 있다.

공고라의 시 작품으로는 94편의 로만세 romance와 121편의 레트리야 letrilla, 167편의 소네트 soneto와 33편의 아르테 마요르 arte mayor 작품들, 그리고 3편의 장시가 있다. 극작품으로는 『견고한 이사벨라 *Las firmezas de Isabela*』와 미완성작 『카를리노 박사 *Doctor Carlino*』가 있다. 또 공고라의 개인 소식과 사생활을 엿볼 수 있는 124통의 서신도 있다.

공고라가 젊은 시절에 쓴 것은 다양한 형태의 후렴과 운율의 시 작품이 많고, 내용 면에서는 해학적 성격의 코믹한 작품도 있다. 또한 로만세 romance 형식의 시도 공고라에게 매우 중요한 자리를 차지하는데 그리스의 신화 피라모스와 티스베의 슬픈 사랑을 그린 로만세 작품 『피라모스와 티스베 우화 *Fábula de Píramo y Tisbe*』가 대표적이다. 또한 공고라는 소네트도 재능이 있었으며 남다른 애정을 보였는데 호라티우스 Horacio풍의 '카르페 디엠 carpe diem' 테마의 아름다운 작품이 있다. 마지막 삼행시 두 연이 '아름다운 목과 머리카락과 입술과 이마를 탐하라/ 네 황금 시절의/ 금과 백합과 카네이션과 반짝이는 크리스탈이// 꺾여 버려진 바이올렛과 은빛으로 변하기 전에/ 그때는 너와 모든 게/ 흙과 연기와 먼지와 그림자와 아무것도 아닌 것으로 될 테니까 goza cuello, cabello, labio y frente,/ antes que lo que fue en tu edad dorada/ oro, lilio, clavel, cristal luciente,// no solo en plata o viola troncada/ se vuelva, más tú y ello juntamente/ en tierra, en humo, en polvo, en sombra, en nada.'로 끝나는 시다.

공고라 과식주의 꽃은 세 편의 장시라고 할 수 있다. 세 편의 장시는 『폴리페모스와 갈라테이아 우화 *Fábula de Polifemo y Galatea,* 1612』, 『고독 *Soledades,* 1613-14』, 레르마 공작의 삶을 그린 『레르마 공작에게 바치는 찬시 *Panegírico al duque de Lerma,* 1617』이다. 그 중에서도 『폴리페모스와 갈라테이아 우화』와 『고독』은 공고라 과식주의의 백미로 꼽히는 대표작이다.

신화에 등장하는 인물을 주인공으로 그린 『폴리페모스와 갈라테이아 우화』는 11음절 endecasílabos의 504시행이 63시칠리안 옥타브 octavas reales의 시연으로 구성된 작품이다. 난해한 라틴어 어휘와 복잡한 어순의 도치와 과장이 지나칠 정도로 많고 과감한 형태로 은유를 써서 이해가 어려운 작품이다. 작품의 줄거리는 갈라테이아를 향한 폴리페모스의 사랑 이야기 중심으로 전개된다. 폴리페모스는 이마 한가운데에 외눈이 박힌 그리스 신화에 등장하는 괴물 거인 키클롭스 Cíclope로 소녀 갈라테이아를 짝사랑한다. 우윳빛 여인이란 의미의 갈라테이아가 양치기 미소년 아키스 Acis를 사랑하자 폴리페모스는 질투에 사로잡혀 큰 바위를 던져서 아키스를 죽이려고 한다. 이에 갈라테이아가 아키스를 강으로 변하게 한다는 내용이다.

이 작품의 핵심은 바로크 의미의 테마, 곧 대조 contraste다. 외눈박이 괴물과 여린 사랑의 감정은 어울리지 않는다. 흉측한 거인 폴리페모스와 하얀 소녀 갈라테이아도 어울리지 않는 요소다. 섬세한 부드러움과 일그러진 흉측함의 대조적 요소들이 교묘히 어우러지며 감동을 자아낸다. 다마소 알론소의 표현과 같이 이 작품에는 '빛과 그림자, 규범과 격정, 은총과 저주 luz y sombra, norma e ímpetu, gracia y malaugurio'가 뒤섞여 아름다움으로 승화되었는데 이것이 바로 유럽 바로크를 대표하는 작품으로 평가받을 수 있었던 이유다.

『고독』은 공고라의 가장 시적인 작품으로, 과식주의 성격이 잘 드러난다. 『폴리페모스와 갈라테이아 우화』와 『레르마 공작에게 바치는 찬시』와는 달리 작가의 독창적 테마의 내용을 발전시킨, 복잡하고 난해한 실바 silva 형식의 작품이다. 공고라는 원래 네 편의 『고독』을 구상했지만, 『고독 1편 *Soledad primera*』과 『고독 2편 *Soledad segunda*』 두 편만을 출판했다. 『고독 1편』은 1.091행의 작품이고, 979행의 『고독 2편』은 미완성이다. 페이세르 José Pellicer는 공고라의 『고독』 4편이 네 단계의 인간사를 의미한다고 해석한다. 여기서 네 단계는 어린 시절의 사랑과 놀이와 결혼의 즐거움, 젊은 시절의 낚시와 수렵과 항해, 장년의 산행과 사냥과 신중함과 경제 문제, 마지막으로 노년과 더불어 정치문제로 설명한다. 또 디아스 데 리바스 Díaz de Rivas는 방랑객이 고독 속에서 보내는 나날이며 1편은 '전원의 고독 Soledad de los campos', 2편은 '강가의 고독 Soledad de las riveras', 3편은 '밀림의 고독 Soledad de las selvas', 4편은 '황야의 고독 Soledad del yermo'을 의미한다고 주장한다.

『고독 1편』의 내용은 다음과 같다. 사랑하는 여인으로부터 사랑을 얻지 못한 한 젊은이가 조난을 당하여 판자에 의지한 채 떠내려 오다 양치기들에 의하여 구출된다. 그들과 함께 밤을 지내고 다음 날 결혼식에 참석하기 위해 길을 가던 산사람들 무리를 만난다. 그 중에는 아들을 바다에서 잃은 노인이 있었는데, 그 노인은 조난당했다는 그 젊은이에게 호감을 보인다. 그는 야망이 모든 바다 재앙의 원인이라는 대화를 나누며 젊은이를 결혼식에 초대한다. 숲속 길을 가면서 모두들 화환을 만들고 노래한다. 다음 날 꽃으로 장식한 신랑과 신부가 교회에서 결혼식을 올리고, 이어 축하연이 벌어진다. 저녁이 되자 젊은이들의 달리기 시합이 벌어지고 어두워지자 모두들 신랑과 신부를 잠자리까지 배웅한다.

『고독 2편』은 다음 날 아침부터 시작한다. 결혼식이 끝나 돌아가는 젊은이가 강가에 서 있다. 작은 배를 타던 어부 두 명이 같이 낚시를 하자고 청했고, 그들과 같이 근처 섬으로 간다. 섬에 사는 어부들의 늙은 아버지와 누이들이 그를 기꺼이 맞아주며 풀밭 위에서 식사를 한다. 오후가 되자 누이들의 어부 애인 둘이 온다. 젊은이가 노인에게 그들을 사위로 맞아들일 것을 청하자 노인은 그의 청을 받아들인다. 다음 날 어부들은 그를 육지로 데려다주고 그는 강가에서 벌어지는 사냥 시합을 바라보는 것으로 작품은 끝난다.

시인 페드로 살리나스 Pedro Salinas는 이 작품이 '현실을 승화한 글 la exaltación de la realidad'이고 작품의 테마는 바로 이 세상, 즉 현실이라고 말한다. 또 현실을 어둡고 난해하게 표현한 작가의 의도에 대해 현실이 테마지만 현실은 결코 현실적이지 않다는 답을 찾는다. 작품 속에서 현실은 단순한 현실이 아니라 환상이 적용된 시적 현실이라는 것이다. 공고라의 작품은 한편으로는 아름답고 이상화된 평안한 세상을 표현하지만 다른 한편으로는 날카롭고 예리한 풍자적인 내용을 담는다.

프란시스코 데 케베도 Francisco de Quevedo (1580-1645)

프란시스코 데 케베도 비예가스 Francisco de Quevedo Villegas는 1580년 마드리드에서 태어났다. 부모님은 칸타브리아 Cantabria 출신 양반으로 왕가를 돕는 일을 맡아서 케베도는 유년 시절을 몰락해 가는 스페인의 심장이라고 할 수 있는 왕궁에서 보냈다. 알칼라와 바야돌리드에서 수학한 후 레르마 Lerma 공작 부인의 주선으로 왕궁에서 일하게 되었다. 이른 나이에 당시로서는 최고의 문필가인 공고라 Góngora에 대한 비난의 글을 쓰면서 이름을 널리 알리고, 필력과 박식함으로 또한 유명해졌다. 공고라에 대한 비난은 계속 이어졌고, 이에 대응한 공고라의 케베도를 비난하는 글 역시 많았다. 이 둘의 적대 관계는 죽을 때까지 계속된다. 세르반테스와 로페 데 베가를 비롯한 여러 작가들과의 관계도 매우 흥미롭다.

왕궁에서 유년 시절을 보내고 정치에도 많은 관심과 활동을 보인 케베도는 당시 몰락 위기의 스페인 상황을 비판하는 글을 많이 쓴다. 친구였던 벨기에 인본주의 학자 유스티스 립시우스 Justo Lipsio에게 쓴 글 가운데 유명한 문장 '스페인을 생각하면 신음 소리가 나올 뿐 무슨 다른 말을 할 수 있겠소? De mi España, ¿qué diré que no sea con gemidos?'가 있다.

6살의 나이에 아버지가 죽고 21살의 나이에 어머니마저 세상을 뜬다. 어머니는 아들 케베도에게 상속하기 위해 전 재산을 들여 영지 토레 데 후안 아바드 Torre de Juan Abad를 샀는데, 그 영지의 상속에 문제가 생겨 소송에 휘말리게 된다. 케베도가 사망한 이후에야 그의 소유권이 인정되고, 결국 케베도의 상속자였던 조카에게 재산이 넘어간다. 영지소유권 반환 소송으로 고통을 겪으며 영지에 머물던 1606년과 1613년 사이에 케베도의 대표작 『꿈 *Sueños*』의 상당 부분이 집필되었다.

몰락하는 스페인의 문제를 직시하고 정치에도 관심이 많던 케베도는 오수나 Osuna 공작과 함께 이탈리아에서의 스페인의 주도권을 위한 계획을 실행에 옮긴다. 위험한 모험이었지만, 케베도는 목숨을 걸고 공작을 도왔다. 그러나 계획은 실패로 끝나고 오수나 공작은 투옥돼 감옥에서 생을 마감하고, 케베도는 1620년 투옥됐다가 후에 토레 데 라 아바드로 추방령을 받게 된다.

그러나 1621년 케베도는 정치 활동을 재개할 수 있었고, 1632년에는 펠리페 Felipe 4세의 신임을 얻으며 비서로 임명받았다. 높은 지위에 오르자 여러 압력이 들어왔는데, 그 중의 하나는 결혼에 대한 압력이었다. 여성에 대한 부정적인 시각을 가지고 있던 케베도는 철저한 독신주의자였다. 비록 레데스마 Ledesma라는 여인과 동거도 하고 자식도 낳은 것으로 알려져 있지만, 결혼만큼은 용납하지 않던 케베도도 계속되는 압력에 결국 54세의 나이인 1634년 자식이 딸린 과부와 결혼식을 올렸다. 3개월도 되지 않아 사이가 나빠진 부부는 결국 1636년 별거에 이르며 파경을 맞는다.

펠리페 4세에 희망을 걸고, 또 당시의 올리바레스 Olivares 공작에게도 기대를 했지만 상황은 점점 더 어려워져서 스페인의 몰락은 명확한 현실이 되었다. 1639년 부패한 공작과 백작들이 나라를 어지럽힌다는 내용의 쪽지가 왕의 냅킨 밑에서 발견되는 사건이 벌어졌고, 그것이 케베도의 글이라는 결론이 내려졌다. 1639년 겨울, 속옷 바람으로 체포된 케베도는 5년 가까운 기간을 감옥에서 보내야 했다. 케베도의 투옥에 대해 여러 추측이 있었지만 미궁에 싸인 이 사건의 구체적인 이유는 밝혀지지 않았다.

1643년 6월에 풀려났지만 건강은 악화된 상태였고, 자신이 머물 수 있는 유일한 영지 토레 데 후안 아바드로 갔지만 반겨 주는 사람은 없었다. 육체적으로도 고통을 받았지만 30년 전쟁에서 스페인이 패하고 있다는 우울한 소식은 그의 괴로움을 가중시켰다. '끝나고 있는 중인지 아니면 이미 끝난 것인지 알 수가 없다. 그 누가 알겠느냐. 존재하고 또 존재해야 하는 것처럼 보이는 것들은 無일 뿐, 그리고 하나의 단어와 형상만 남을 뿐. Esto no sé se va acabando ni si se acabó. Dios lo sabe; que hay muchas cosas que, pareciendo que existen y tienen que ser, ya no son nada, sino un vocablo y una figura' 이라는 내용의 케베도의 편지는 당시의 상황에 대한 고통과 환멸을 잘 나타낸다. 케베도는 1645년에 생을 마감한다.

케베도의 성격에 대해 여러 의견이 있지만, 보통 다음의 두 단어로 요약된다. 고뇌하는 케베도와 냉소적인 케베도. 너무나 어울리지 않는 두 단어의 조합은 케베도라는 작가의 모순적인 성격과 작품을 잘 설명해 준다고 할 수 있다. 한쪽이 도덕적이고 철학적인 테마에 심오한 고뇌를 하며 삶과 죽음의 문제를 파헤치는 케베도의 모습이라면, 다른 한쪽은 풍자와 익살을 일삼는 오만하고 노골적인 케베도의 모습이다. 그러나 상반된 이 두 성격은 바로크의 환멸이라는 공통된 테마에서 시작한다. 좌절된 삶, 형이상학적인 고통, 개인 문제로 인한 고통과 조국 스페인의 고통 등 바로크의 기본 테마를 잘 표현한 작가다. 그러나 해결할 수 없는 고통과 문제 앞에 냉소적인 태도를 취하며 풍자와 익살로 관심을 받았던 케베도는 결코 분리될 수 없다는 것을 잘 알 수 있기 때문에, 그의 해학과 익살은 웃음을 자아내기보다는 고뇌하게 만드는 힘이 있다. 결국 고뇌하고 냉소적인 케베도는 하나인 것이다.

케베도가 당시 최고의 지성이었다는 점도 유념할 필요가 있다. 라틴어와 희랍어와 히브리어에 해박한 지식의 소유자였고, 상당한 독서로 철학과 신학과 정치학에 대한 심오한 지식도 있었다. 17세기 스페인 최고의 지성으로, 또 최고의 학식을 겸비한 작가의 모습에 우리는 당시의 문제를 정확히 파악할 수 있는 기회를 갖는다. 더불어 케베도의 신체적 콤플렉스에 대한 언급도 많았는데 심한 근시와 휜 다리와 신체상의 여러 결점들이 아마 케베도의 어두운 기질 형성에 영향을 미쳤다고 파악된다. 공고라는 케베도를 '말굽발 pies de cuerno'이라고 조롱하였고, 케베도와 적대 관계에 있던 루이스 데 알라르콘 Luis de Alarcón도 그를 '절름발이 pata coja'라고 놀렸다. 당시의 저속한 노래에서 따온 표현으로, 케베도의 거친 외모와 여성 관계를 조롱한 이러한 표현은 큰 관심을 불러일으키며 많은 일화를 남겼다. 신체적 콤플렉스는 케베도의 어두운 기질에도 영향을 미쳤지만, 예민하고 소심한 케베도에게 신체적 결점은 결국 공격의 무기처럼 변하여 상대방에게도 많은 상처를 주는 도구가 되기도 하였다.

필력으로 케베도를 능가할 사람은 많지 않다. 자유자재로 다루는 언어 능력으로 세심한 느낌 하나하나도 놓치지 않고 감지하여 표현했던 케베도는 탁월했고 깊이가 있었다. 케베도의 문체를 기지주의 Conceptismo로 설명할 만큼, 기지주의 최고의 작가였다. 어휘를 통한 말장난과 부적절한 은유와 비교, 반증과 대조, 역설 등의 예는 그의 작품 어디에서나 쉽게 찾아 볼 수 있다. 그러나 케베도의 탁월함은 아무 이유 없이 복잡한 문제로 쓰지 않았다는 점이다. 케베도는 기지주의 효과로 때로는 사상의 깊이를 표현하기도 하고 또 때로는 노골적인 공격과 풍자의 대상을 표현하기도 한다. 따라서 케베도의 글은 감정의 농도가 짙고 사상이 심오하게 집약되어 있다.

보르헤스 Jorge Luis Borges는 '인간 케베도도 이해하기 어렵지만, 그의 문학은 더욱 어렵고 복잡하다'고 표현한 바 있다. 이렇듯 케베도의 작품은 광범위하고 매우 다양하다. 케베도는 17세기를 대표하는 시인이지만 먼저 주요 산문 작품을 살펴보자.

우선 기지주의 대표 시인으로서, 과식주의와 공고라의 문체를 공격하는 내용의 문학 비평서 『라틴어 풍으로 잘난 척하기 *La culta latiniparla,* 1624』와 『단 하루에 '고독'을 쓸 수 있는 방법과 과식 쓰시기 *Aguja de navegar cultos con la receta para hacer Soledades en un día,* 1631』 등의 작품이 있다.

풍자와 해학과 조소가 가득한 작품으로는 『궁정 생활 *Vida de la Corte*』과 『테나사 기사의 편지 *Cartas del Caballero de la Tenaza*』를 들 수 있다. 물론 풍자 문학의 대표작 『꿈 *Sueños*』도 있다. 『꿈』은 1610년 출판 허가를 신청하였으나 검열에 걸려 출판할 수 없었다. 2년 후에 일부분을 삭제하고 수정하는 조건으로 허가는 나왔으나 결국 1627년에야 출판된 작품이다. 『꿈』은 다섯 파트의 글로 구성된다. 첫 번째 글은 '마지막 심판의 꿈 sueños del juicio final'으로, 앞으로 전개될 글의 동기를 밝히는 짧은 글로 최후의 심판을 기다리는 죽은 사람들을 묘사한다. 다음 글은 '귀신 들린 경찰 el alguacil endemoniado'인데 귀신이 한 경찰의 몸에 들어가 그의 입을 통해 지옥의 모습을 묘사한다. 케베도가 비판의 대상으로 삼았던 수많은 사회계층의 인물들이 지옥에 간 모습을 그린다. 세 번째 글은 '지옥을 꿈꾸다 El sueño del infierno'로, 작가가 직접 지옥을 방문하여 지옥의 구석구석을 생생하게 묘사한다. 네 번째의 글은 '세상의 참모습 El mundo por de dentro'으로 지옥을 벗어나 세상으로 나온 이야기다. 환멸 Desengaño로 불리는 한 노인에 이끌려 간 곳은 위선 Hipocresía이라 불리는 거리였다. 케베도 주변에 있던 여러 인물들이 그 거리를 서성거리는 모습을 그린다. 다섯 번째는 '죽음의 꿈 El sueño de la muerte'으로 죽음 Muerte에 이끌려 하는 여행을 묘사한다. 작품 전체는 비유문학적 기법이 지배적이고, 사회계급의 모순과 그에 따른 돈과 권력과 힘의 남용과 악습, 속임수, 위선에 대해 노골적 시각을 보여준다. 환멸과 절망과 부정적인 작가의 시각을 잘 보여주는 작품이다.

1603년 케베도가 젊은 시절에 쓴 『파블로스 씨라고 불리는 부스콘의 생애 *La vida del Buscón llamado don Pablos,* 1626』라는 소설이 있는데 줄거리는 잘 알려져 있다시피 피카레스크 문학 장르의 성격을 따르지만 케베도의 냉철한 시각, 특히 그의 문체에 대한 깊은 관심은 독창적이라 할 수 있다. 사회적 풍자를 담은 내용이지만 그것은 단지 그의 재능과 언어 구사력을 자랑하기 위한 하나의 구실로 추정된다. 다시 말해 그의 목표는 미학적 관점이었다는 것이다. 어쨌든 형태가 일그러진, '에스페르펜토 esperpento' 미학을 다룬다. 일그러진 형태는 현실에 대한 적대적 태도를 나타내고, 이것은 곧 전형적인 작가의 태도로 설명할 수 있다. 마치 케베도는 싸늘한 웃음을 지으며 현실의 모습을 추악하게 그리는 것에 만족해하는 듯이 보인다.

『모두의 시간과 정신 차린 포르투나 *La hora de todos y la Fortuna con seso,* 1635』는 도덕적 환상의 시각을 보여준 작품이다. 작품은 올림포스 신들의 회의로 시작된다. 운명의 여신 포르투나 Fortuna가 제멋대로 행동한다는 불만을 여러 신들이 털어놓자, 주피터는 포르투나를 불러 멋대로 굴지 말고 정의롭게 '새로운 정치 nueva política'를 하라고 명령한다. 명령을 따라 포르투나는 인간들이 각자 정의를 실현할 수 있도록 해주지만, 단 한 시간 만에 그러한 시도는 실패로 끝난다. 각각의 정의가 상충하여 충돌하기 때문이었다. 이러한 풍자 문학 작품이 강한 메시지를 전달할 수 있던 것은 케베도가 구사하는 언어의 힘에 기인한다.

정치사상을 담은 『하느님의 정치 *Política de Dios,* 1617』와 『마르쿠스 부르투스의 생애 *Vida de Marco Bruto,* 1644』는 일반적인 정치 이야기를 다루지만, 당시의 스페인 현안 문제를 바라보는 케베도의 시각을 잘 살펴볼 수 있는 작품이다. 특히 케베도의 노년 작품 『마르쿠스 부르투스의 생애』는 『플루타르코스 영웅전』을 스페인 상황에 맞게 주석을 붙인 훈계조의 작품이다.

그뿐만 아니라 그는 철학적 내용의 산문 작품을 많이 쓰기도 했다. 케베도는 삶에 대한 환멸을 보여주고, 특히 스토아철학과 세네카에서 많은 위안을 얻는다. 금욕과 마음의 안정으로 세상의 문제 앞에 절망하지 않고 죽음에 대한 두려움과 고뇌를 이겨 나가려는 스토아철학의 입장을 보인다. 케베도의 스토아철학적 태도는 여러 시 작품에서 드러난다. 스토아 철학을 기독교적인 시각으로 바라본 「요람과 무덤 *La cuna y la sepultura*』은 삶의 회의적인 시각을 잘 보여준 작품으로 요람에서 무덤까지를 시간적으로 아주 짧은 순간이라고 생각할 뿐 아니라 공간적으로도 아주 가까이 붙어 있는 것으로 이해한다. 스토아철학과 기독교 믿음으로 비참한 인간의 삶과 죽음에 대한 두려움을 극복해 보려는 내용의 작품이다.

철학적 내용을 도덕적이고 고행자적인 태도로 분석한 산문 작품도 있다. 세네카 작품을 번역하고 해설을 덧붙인 『여러 운명에 대응하는 방법 *De los remedios de cualquier fortuna*』과 『성자 욥의 끈기와 인내 *La constancia y paciencia del santo Job*』, 『하느님 섭리 *La Providencia de Dios*』 등이 그러한 작품이다.

더불어 케베도가 보낸 242통의 편지로 구성된 서간문도 지나칠 수 없는데 사적인 내용의 편지들을 통해 케베도의 인생관과 성격을 파악할 수 있는 매우 흥미로운 자료들이다. 특히 말년에 쓴 편지를 보면 작가 케베도의 산문의 경지를 한눈에 알 수 있다. 섬뜩할 정도로 심오한 환멸의 내용을 깊이 있게 다룬 편지도 많지만, 진지한 면모로 감동을 자아내는 내용도 많다.

산문이 케베도를 위대한 작가의 반열에 낄 수 있게 했다면, 시는 그를 문학의 가장 높은 경지로 끌어 올렸다고 할 수 있다. 케베도의 시 875편은 『스페인 유명 시인 시선집 1편 *Primera parte de las flores de poetas ilustres de España,* 1605』, 유고작 『스페인의 파르나소스 *Parnaso español,* 1648』, 『뮤즈의 세 여신 *Las tres Musas,* 1670』 속에 수록되어 있다.

시 소재도 산문에서와 마찬가지로 매우 다양하여, 케베도의 시를 테마에 따라 구분하여 보면 우선 고뇌의 시와 종교시로 나눌 수 있다. 그와 시를 이해하기 위해서는 핵심이 되는 개념 '환멸 desengaño'을 파악해야 한다. 비평가 블레쿠아 José Manuel Blecua는 케베도의 시가 삶의 비극적 의미와 인간 존재의 고뇌와 개념 등을 핵심으로 하기 때문에 형이상학적 시 poemas metafísicos라고 일컫는다.

그의 시에서는 시간에 대한 고뇌가 강하게 표현된다. 우리를 파멸시키는 시간을 '시간과 순간은 곡괭이라/ 고통과 근심의 하루 일과는/ 내 삶의 무덤을 파는 것 Azadas son la hora y el momento/ que, a jornal de mi pena y mi cuidado,/ cavan en mi vivir mi monumento'이라 노래한다. 따라서 그에게 인생은 짧은 것이어서 '산다는 것은 짧은 하루의 일정을 가는 것 Vivir es caminar breve jornada'이다. '나는 흩어지는 호흡일 뿐임을 안다 Bien sé que soy aliento fugitivo'에서 볼 수 있듯이 식상할 수도 있는 테마가 케베도의 시에서는 전율적인 의미로 다가온다. 그는 또 '어제는 가버리고 내일은 아직 오지 않고/ 오늘은 한 점 쉬지 않고 지나가고/ 나는 과거와 미래이며 피곤한 현재일 뿐 Ayer se fue; mañana no ha llegado;/ hoy se está yendo sin parar un punto./ Soy un fue y un será y un es cansado'이라고 노래하기도 한다.

시간의 고뇌는 죽음의 테마와 연결된다. 삶은 우리를 벗어나 도망치는 변화무쌍한 존재이며, 죽음은 도망친 삶의 공간을 채운다. 드디어 삶과 죽음은 구별되지 않고 혼동된다. 즉 산다는 것은 죽어가는 것이다. '산다는 것은 짧은 하루의 일정을 가는 것,/ 리코야, 생생한 죽음이 우리의 삶일 뿐이란다,/ 어제의 여린 육체에 날이 새면/ 매 순간은 무덤 속에 육체를 묻는 것 Vivir es caminar breve jornada,/ y muerte viva es, Lico, nuestra vida,/ ayer frágil cuerpo amanecida,/ cada instante en el cuerpo sepultada.'

삶은 비극적 의미로 다가온다. 삶을 향한 갈망이 좌절되는 환멸에 우리 삶은 비극이다. 채워지지 않는 갈증과 죽음에 대한 강박관념만

남을 뿐이다. '나는 죽음을 두려워한다. 두려움이 죽음을 추악하게 한다./ 나는 삶을 사랑한다. 그것이 죽음이라는 것을 알기 때문에. Temo la muerte, que mi miedo afea;/ amo la vida, con saber que es muerte.'에서 볼 수 있듯이 죽음과 삶은 분리되는 개념이 아니라 동등한 의미로 간주된다.

종교는 죽음을 극복할 수 있는 방법을 제시하고, 케베도는 기독교 믿음으로 세상의 삶에 더 이상 미련을 두지 않는다. 그리고 모든 고통에서 해방될 수 있는 죽음을 받아들인다. 재의 수요일 Miércoles de Ceniza을 생각하며, 케베도는 '내 눈에 묻은 재는 분명/ 나는 죽을 것이라고 말한다. 나의 유해는 헛되며/ 어둡고 마른 그림자, 그리고 눈먼 먼지. [la ceniza] puesta en mis ojos dice eficazmente/ que soy mortal, y vanos mis despojos,/ sombra oscura y delgada, polvo ciego.'로 노래한다.

죽음은 체념해야 할 뿐 아니라 오히려 희구해야 하는 대상이다. 따라서 한 소네트 작품에서는 죽음을 부르기까지 한다. 그러자 죽음은 안식과 고요한 평화를 가져다준다. '애원하자 죽음이 다가오며 행복을 꿈꾸게 한다./ 나는 놀라지 않았고 오히려 고마웠다./ 삶을 끝내고 인생을 거둬 주소서. Llegue rogada, pues mi bien previene;/ hálleme agradecido, no asustado;/ mi vida acabe, y mi vivir ordene.' 그럼에도 불구하고 체념은 단지 고뇌하던 짧은 한순간에만 나타날 뿐이고, 두려움은 여전히 남는다. 믿음을 의심할 여지는 없지만 믿음과 감각 사이의 극적인 대립은 여전히 치열하다. 위안을 주는 믿음과 살고 싶은 욕망의 감각에 죽음은 두려울 뿐이다.

고행자적 삶을 희구하는 시인의 의도는 삶에 대한 욕망과의 투쟁으로 나타난다. 종교시 「기독교인 헤라클레이토스 Heráclito cristiano」에서는 '주여, 영혼이 담긴/ 새로운 심장, 새로운 사람이 필요합니다. Un nuevo corazón, un hombre nuevo / ha menester, Señor, la ánima mía.'라고 기도한다. 그러나 때로는 '내가 원하는 대로 내 마음에 끌리는 대로 살았습니다/ 주여, 당신의 양떼에서 내가 얼마나 멀어져 있습니까! Cuan fuera voy, Señor, de tu rebaño / llevado del antojo y gusto mío!'라고 고백하기도 한다. 종교적 고뇌로 가득한 케베도의 시다.

개인적 고뇌와 종교적 성찰의 시 외에도 성인과 성자에 관한 시, 신약과 구약을 소재로 한 시 등이 있다. 케베도의 비극적 기질은 예수의 고난을 감동적으로 표현하는 데 일조하기도 하였다.

케베도는 여성에 대하여 잔혹할 정도로 조소를 퍼부은 반(反)페미니즘 시인이었다. 그러나 아이러니하게도 가장 아름다운 사랑의 시를 쓴 시인으로 200편이 넘는 사랑의 시가 있다. 그의 시를 보면 케베도는 삶의 긍정적 의미를 사랑에서 찾는다. 물론 초기의 치기 어린 궁정 사랑의 시와 페트라르카 Petrarca풍의 사랑의 시도 있지만, 이후의 시는 무거운 의미를 담는다. 다마소 알론소 Dámaso Alonso는 케베도를 '스페인 문학사에서 사랑을 가장 고귀하게 표현한 시인 el más alto poeta de amor de la literatura española'으로 간주한다. 그의 시 속에는 밀도 높은 감정의 표현과 형이상학적 테마가 잘 어우러져 나타나기 때문이다.

케베도의 사랑의 시는 이중적이고 모순적인 흐름으로 나타난다. 사랑은 고뇌를 극복하게도 하지만, 도달할 수 없는 이상으로 좌절과 고뇌를 가져다주기 때문이다. 그러나 '사랑은 세상의 영혼 Alma es del mundo amor'이기에, 삶을 정당화하며 세상에 의미를 부여한다. 죽음의 두려움 앞에 어쩌면 '사랑은 영원하다는 느낌 sensación de eternidad'을 줄 수도 있기 때문이다. '세월도 사랑의 끝을 보지 못해./ 내 소망의 순수함에, 영원이/ 손을 내밀테니까. No verán de mi amor el fin los días:/ la eternidad ofrece sus blasones/ a la pureza de las ansias mías.'

죽음보다 강한 사랑의 테마는 케베도 시에 자주 등장한다. '내 눈을 감길 수는 있겠지, 이 나의 눈을, 죽음의 마지막 그림자가/ 나로부터 마침내 이 하얀 날을 앗아갈 그림자가,/ 풀어 놓을 수는 있겠지, 이 나의 마음을, 지금은 한창 사랑의 열기에/ 안타까움에 어쩔 줄 몰라 떨고 있는 이 마음을./ 그러나 못할 거야, 차마 그 불타오르던 기억까지 그냥 이곳에/ 남겨 두고 떠나진 못할 거야, 차마 그냥 강 저쪽 언덕에./ 나의 불길은 아무리 차가운 물이라도 헤엄쳐 갈 줄 아나니,/ 아무리 무서운 계율이라도 깨뜨릴 줄 아나니, Cerrar podrá mis ojos la postrera/ Sombra que me llevare el blanco día,/ Y podrá desatar esta alma mía/ Hora a su afán ansioso lisonjera;/ Mas no, de esotra parte, en la ribera,/ Dejará la memoria, en donde ardía:/ Nadar sabe mi llama el agua fría,/ Y perder el respeto a ley severa.'에서 말하는 것처럼 모든 것이 죽음으로 무너져 내리겠지만 사랑의 의식만은 그렇지 않고 사랑하는 이의 뼈와 피에 기운을 북돋아 줄 뿐이다. '재가 되겠지. 하지만 아무것도 아닐 순 없을 거야./ 먼지가 되겠지. 사랑에 불타는 먼지가 Serán ceniza, mas tendrán sentido; Polvo serán, mas polvo enamorado'로 끝나는 시는 강렬한 사랑의 힘을 마음껏 펼쳐 보여준다.

그러나 때로는 '사랑에서 평온함을 찾는 것은 헛될 뿐 En vano busca la tranquilidad en el amor'처럼 사랑은 불가능으로 표현되거나 아니면 무언가 쓰디쓴 경험으로 표현된다. 사랑은 '영원한 전쟁 guerra civil de los nacidos'이며 '삶처럼 사라지는 것 A fugitivas sombras doy abrazos'이며 '삶처럼 파괴되는 것 Todo soy ruinas, todo soy destrozos'일 뿐이다. 사랑은 죽음에서 구원하는 능력이 아니고 오히려 죽음에 더 가까이 다가가게 하는 존재다. 사랑의 이중적 모습에 케베도는 '나의 사슬에는/

존재와 비존재가 붙어 있어/ 나의 고통이야./ 나는 기쁨에 죽어 있지만 고통에 살아 있지. Bien puede en mi cadena/ el ser con el no ser a un mismo punto/ estar por mi mal junto;/ pues, muerto al gusto, estoy vivo a la pena'라고 토로하고 있다.

케베도가 시간에 대한 고뇌와 고통을 신앙에서 찾으려는 모습을 그의 시를 통해 살펴보았다. 또 사랑의 감정이 그에게 독특한 의미로 다가왔다는 것도 알게 되었다. 그러나 풍자시 poesía satírica와 해학시 poesía burlesca가 케베도 시의 거의 반을 차지하고, 또 시인의 생전에 필사본으로 공공연하게 알려진 시도 대부분 이들 시였다. 풍자시와 해학 시를 구분하기는 쉽지 않지만 굳이 특성을 따져보자면 풍자시는 도덕적 배경과 비판이 깔려 있고, 해학시는 현실을 우스꽝스럽게 만들어 흥미와 친근감을 유도한다는 것이다.

철학자 키에르케고르는 풍자와 해학의 언어를 고통의 산물로 표현한다. 케베도는 깊은 불안과 고뇌의 칼날을 풍자와 해학으로 해결한다는 점에서 키에르케고르의 해석과 일맥상통한다 할 수 있다. 케베도의 풍자와 해학에 나타난 공허한 웃음 뒤에는 늘 고통이 남아 있어, 그 웃음은 환멸을 가져다준 현실에 대한 조롱으로 여겨진다.

케베도의 풍자의 대상에서 벗어나는 테마는 별로 없다. 케베도는 사랑과 삶을 비웃고, 죽음도 그에게는 풍자의 대상일 뿐이다. 또 위선과 야망과 돈의 위력은 케베도의 단골 풍자 대상이다. 『꿈 *Sueños*』에 등장하는 경관, 의사, 부자, 시인, 드센 여인들과 우스꽝스런 남편들 역시 자주 등장하는 인물들이다. 때로는 독특한 대상에 대한 해학으로 웃음을 자아내기도 한다. 소네트 「얼굴이 코에 붙은 남자 *É*rase un hombre a una nariz pegado」, 「뾰족한 페티코트의 여자 Una mujer puntiaguda con enaguas」, 「돈의 위력 Poderoso caballero es don Dinero」 등이 대표적인 예다. 기지주의 Conceptismo의 대가인 케베도는 의도적인 언어의 창조와 단어의 유희를 통해 풍자와 해학의 맛을 내는 대단한 시인이다. 그의 풍자와 해학은 능숙한 언어 능력을 통해 다마소 알론소가 말한 '광폭한 현실의 자극 brutal espoleador de la realidad'으로 변하게 한다.

그러나 이 풍자와 해학은 단순한 비평과 웃음을 넘어 철학적이고 도덕적 의미를 지닌다. 환멸에 빠진 바로크 시대의 모순적인 성격이 반영되고 전통적 이상에 충실한 양반들의 모습도 살펴볼 수 있다. 또한 스토아철학의 영향으로 존재의 무의미를 편안한 마음으로 받아들이기도 한다. 케베도의 시는 때로는 기괴한 모습을 하고 있지만 거기에서는 과거의 영광을 잃어버린 스페인의 산물을 발견한 수도 있고 고행자적 태도로 쏟아냈던 신랄한 비판과 냉소 이면에 무엇이 있었는지도 찾아볼 수 있다.

17세기 여러 시인들

르네상스에서 바로크로 나아가는 과정의 시인들을 살펴볼 필요가 있는데 그것은 이 시인들이 공고라와 같이 바로크 최고의 시인이 탄생할 수 있는 배경이 될 수도 있기 때문이다. 안테케라와 그라나다 학파 Escuela Antequerano-Granadina의 시인들과 루이스 카리요 데 소토마요르 Luis Carrillo de Sotomayor 시인을 중심으로 이야기해 볼 수 있다. 안테케라와 그라나다 학파는 16세기 중엽부터 17세기 초까지의 문화의 중심지였던 안테케라 도시를 중심으로 형성된 학파로 당시 서정시에 괄목할 만한 영향을 미쳤다. 에레라 Fernando de Herrera에서 시작돼 공고라로 이르는 바로크 시의 형성 과정에서 시인 페드로 에스피노사 Pedro Espinosa (1578-1650)를 빼놓을 수 없는데 자신의 사랑시 19편과 안테케라 도시와 주변 안달루시아 지방의 시인들 작품 228편을 총망라해 낸 선집 『유명 시인들의 주요선집 *Flores de poetas ilustres,* 1605』은 매우 중요한 의미를 지닌다.

특히 에스피노사의 시는 우아하고 화려하며 시적 감각이 뛰어난 작품으로, 당시 안달루시아 지역의 특징인 단순함과 피상성을 지양하고 라틴어 표현의 모방을 탈피한 작품으로 바로크의 공고라로 이르는 시 세계의 다리 역할을 하였다. 대표작 「헤닐강의 우화 Fábula del Genil」는 화려한 동양적 이미지를 선보이며 자연을 상상의 시각에서 아름답게 묘사한다.

공고라에 이르는 길목에서 만날 수 있는 또 다른 시인으로 루이스 카리요 이 소토마요르 Luis Carrillo y Sotomayor(1585-1610)를 들 수 있는데, 그는 20여 편의 로만세와 50편의 소네트, 『아키스와 갈라테이아 우화 *Fábula de Acis y Galatea*』, 오비디우스 Ovidio의 『사랑의 기술』에 주석을 붙인 작품을 썼으며 공고라가 주목을 받으면서 중요성을 인정받은 작가다. 그것은 카리요 작품들이 과식주의 성격이 분명하기 때문이다. 대중을 위해서가 아니라 선택된 소수를 위한 작품을 쓰고자 했던 시인의 예술 세계가 두드러진다. 그의 작품에서는 공고라처럼 과장된 형태는 아니지만 어순 변경, 신화 내용, 고대 학문의 언급, 라틴어 어휘의 사용 등 과식주의 성향이 나타나 있다.

공고라 이후에 과식주의 Culteranismo에 강하게 매료된 시인들과 기지주의 Conceptismo의 흔적을 짙게 남긴 시인으로 우선 비야메디아나 백작 Conde de Villamediana(1582-1622)을 들 수 있다. 작품 『파에톤의 우화 *Fábula de Faetón*』에서 보여준 사랑의 소네트는 매우 훌륭했다. 공고라를 이론적으로 공격하는 입장이던 후안 데 하우레기 Juan de Jáuregui(1583-1641)의 작품은 과식주의의 영향권 안의 작품으로 파악할 수 있다. 또 공고라와 깊은 친분 관계에 있던 사제 페드로 소토 데 로하스 Pedro Soto de Rojas(1584-1658)의 『파에톤의 광선 *Los rayos de Faetón*』은 공고라의 『고독』에 큰 영향을 받은 작품이다.

16세기의 프라이 루이스 데 레온 Fray Luis de León이 중심이 된 고전주의 노선의 시 작품도 살펴볼 필요가 있다. 바로크 시대의 특성을 배제하지 않는 주제와 안정된 균형 감각의 문체가 지배적인 고전주의 노선의 핵심은 세비야 그룹 Grupo sevillano이다. 세비야 그룹의 시인들에게 나타나는 공통된 주제는 삶의 무력감과 환멸의 감정과 강한 염세주의다. 이 그룹의 시인으로는 프란시스코 데 리오하 Francisco de Rioja(1583-1659), 로드리고 카로 Rodrigo Caro(1573-1647), 페르난데스 데 안드라다 Francisco Fernández de Andrada(1575-1648)가 있다. 30여 편의 사랑시와 소네트, 철학시로 유명한 리오하는 운명과 인생의 무상함을 노래한다. 카로의 『이탈리카 폐허에 바치는 노래 *Canción a las ruinas de Itálica*』도 리오하의 작품과 비슷한 테마를 선보인다. 스페인 서정시를 대표하는 시인 안드라다의 『파비오에게 보내는 도덕 서간시 *Epístola moral a Fabio*』는 덧없는 삶에 대한 시인의 고행자적 태도와 스토아 철학의 최고 경지를 보여준다. 아라곤 그룹 Grupo aragonés은 고전주의 노선의 또 다른 그룹이다. 루페르시오 Lupercio de Argensola와 바르톨로메 Bartolomé de Argensola 아르헨솔라 형제를 중심으로 호라티우스 Horacio풍의 교리적이고 도덕적인 서정시를 발전시킨다.

극작가로 잘 알려진 로페 데 베가 Lope de Vega도 스페인 최고의 시인이다. 『성시 *Rimas sacras*』와 『인간의 시와 하늘의 시 *Rimas humanas y divinas*』 등의 시집에 수록된 시, 그리고 극작품 안에 수록되어 있는 아름답고 다양한 시가 있다. 사랑과 가족들의 일상생활과 종교적 방황이 주된 테마다.

5. 산문

16세기에 많은 사랑을 받은 기사 소설 novela de caballerías은 17세기에 이르러 사라지고 목가 소설 novela pastoril과 무어인 소설 novela morisca은 쇠퇴기에 놓인다. 반면에 피카레스크 소설 novela picaresca 장르의 작품이 많이 발표되면서 사랑을 받았다. 피카레스크 소설과 함께 전혀 다른 성격의 궁정 소설 novela cortesana 또한 17세기에 큰 인기를 끌었다는 아이러니한 점도 살펴볼 수 있다.

16세기의 『라사리요 데 토르메스 *Lazarillo de Tormes,* 1554』 이후 마테오 알레만 Mateo Alemán의 『구스만 데 알파라체 *Guzmán de Alfarache,* 1599』가 출판되면서 피카레스크 소설은 생명력을 얻었고 이에 17세기에는 많은 작품이 등장했다. 피카레스크 소설은 사회와 도덕 문제를 고발하는 내용이다. 특히 『구스만 데 알파라체』는 인간 생활의 망루 역할을 하며 신랄한 사회비판과 함께 인생에 대한 환멸을 보여준 작품이다. 사회에 대한 왜곡된 견해가 강하게 표현된 작품으로 케베도의 『파블로스씨라고 불리는 부스콘의 생애』를 들 수 있다. 또 조소적이고 환멸적인 어조의 작품은 비센테 에스피넬 Vicente Espinel의 『하인 마르코스 데 오브레곤의 삶 *La vida del escudero Marcos de Obregón*』, 로페스 데 우베다 López de Úbeda의 『피카라 후스티나 *La pícara Justina*』, 카스티요 솔로르사노 Castillo Solórzano의 『테레사 데 만사나레스 *Teresa del Manzanares*』 등이 있다.

피카레스크 소설과는 전혀 다른 성격의 사회 기능을 보인 작품이 궁정 소설 novela cortesana이다. 궁정 안 도시의 생활과 애정 풍속도를 그린 궁정 소설은 일상의 어려움과는 전혀 상관없는 내용으로, 우아한 궁전 안 분위기에서 펼쳐지는 사랑에 얽힌 에피소드를 내용으로 한다. 마리아 데 사야스 María de Zayas의 『사랑 소설과 모범 소설 *Novelas ejemplares y amorosas,* 1637』은 심리 묘사와 당시의 풍속 묘사에 뛰어난 궁정 소설의 대표 작품이다.

피카레스크 소설과 궁정 소설과 더불어 17세기의 대표적 산문 글을 쓴 작가로는 사아베드라 파하르도 Saavedra Fajardo(1584-1648)와 발타사르 그라시안 Baltasar Gracián(1601-1658)이 있다. 사아베드라 파하르도의 작품으로는 섬세한 기지주의 문체로 정치 문제를 살펴보고 이론을 제시한 『정치 *Empresas políticas*』와 『백 가지 일로 살펴본 기독교 정치 군주의 사상 *Idea de un príncipe político-cristiano representada en cien empresas*』이 있다. 발타사르 그라시안의 『날카로움과 재치의 예술 *Agudeza y Arte de Ingenio*』에서는 기지주의 미학을 절묘하게 정의한다. 그러나 무엇보다도 그는 정치, 도덕, 사상가로서의 작가다. 그는 작품 『영웅, 정치가, 신중한 자 *El héroe, El político, El discreto*』에서 당시의 인간, 즉 바로크 인간이 될 수 있는 유형을 제시한다. 또한 산문 거작 『비평꾼 *El Criticón*』에서 그는 인간의 삶을 훌륭한 비유로 묘사한다. 그라시안의 태도는 타협적 도덕으로 표현할 수 있는데 이것은 비록 이 세상이 환멸에 바탕을 두고 있다 하더라도 우리는 그 안에서 존재하고 살아야 한다는 것이다. 그는 또 집약된 격언조의 문체를 쓴다.

발타사르 그라시안 Baltasar Gracián (1601-1658)

발타사르 그라시안 이 모랄레스 Baltasar Gracián y Morales는 1601년 사라고사 Zaragoza의 벨몬테 Belmonte에서 의사의 아들로 태어났다. 예수회 견습 신부를 거쳐 28살의 나이에 사제 서품을 받고, 예수회에서 운영하는 여러 학교의 교수로 재직하였다. 1636년 문화에 조예가 깊은 비센시오 후안 데 라스타노사 Vincencio Juan de Lastanosa 공과 지식인들, 예술가들과 함께 우정을 쌓으면서, 작가로의 소명을 깨닫게 되고 많은 작품을 발표하였다.

그라시안이 속해 있던 예수회는 기독교 신앙의 내용이 아닌 글에는 엄격한 검열을 시행했기 때문에 작품은 대부분 필명 로렌소 그라시안 Lorenzo Gracián으로 발표하였다. 그러나 그의 글로 밝혀지면서 예수회의 공격과 비난을 받았고, 또 제재를 당하기도 하였다. 그라시안은 글뿐 아니라, 명설교가로도 명성을 날렸다. 그라시안이 설교하던 마드리드의 성당에는 설교를 들으려는 사람들이 닿아 성당 밖까지 사람들이 몰려들었다. 그러나 다른 한편에서는 그의 글과 설교의 내용에 반대하는 사람들도 많았다. 1658년에는 감금되어 글쓰기가 금지되기도 했고, 프란시스코 교단 수도사를 신청했지만 1658년 사망하여 뜻을 이루지는 못했다.

17세기 대부분 작가들과 마찬가지로 그라시안도 염세주의 성격이 강하다. 평범함이 일상이고 탁월함은 이상하다고 생각했고, 이 세상을 제로로 설명한다. 그러나 그라시안의 염세주의는 정체된 염세주의가 아니고 종교적 희망에 힘을 얻은 인간의 조건을 개선하기 위한 조건일 뿐이었다. 따라서 그는 작품과 연설, 충고와 경고를 통해 본보기가 될 수 있는 모델을 제시하며 대담하게 투쟁할 것을 요구한다.

그라시안의 모든 작품은 산문으로, 교육과 도덕에 대한 내용이다. 『영웅론 *El Héroe,* 1637』은 정치가와 덕망 있는 남자에게 필요한 덕목을 그린 글이다. 『정치가 페르난도 왕 *El político don Fernando,* 1640』은 가톨릭 양왕 los Reyes Católicos 페르난도 왕을 진정한 정치가의 전형으로 묘사한 작품이다. 『신중한 처세를 위한 지침서 *Oráculo manual y arte de prudencia,* 1647』는 여러 언어로 번역된 작품으로, 완성된 인격을 얻고 세상을 사는 지혜를 얻기 위해 필요한 300준칙의 격언 모음집을 짧은 주석과 함께 담은 글이다. 『날카로움과 재치의 예술 *Agudeza y arte de ingenio,* 1648』은 문체의 기법을 예를 들어 설명한 글로, 기지주의 Conceptismo의 최고 권위자인 그라시안이 기지주의에 대한 이해를 돕기 위한 여러 문제들을 다룬다. 말과 글을 훌륭히 표현해 내기 위한 교육적 측면을 강조한 작품이다. 『비평꾼 *El Criticón*』은 1651년에서 1655년에 걸쳐 3부로 출판되었다. 그라시안의 작품 중에 가장 방대하고 최고의 걸작으로 꼽힌다. 두 주인공 크리틸로 Critilo와 안드레니오 Andrenio가 순례하며 여러 나라와 도시들의 부패상을 신랄하게 비판하고 덕과 지혜의 생활을 찬양하는 글이다. 『성체배령 *El Comulgatorio,* 1655』은 발타사르 그라시안이라는 본명으로 출판된 유일한 책으로, 종교 문제만을 다루었다.

발타사르 그라시인은 스페인 문학사에서 매우 독특한 위치를 차지하는 작가다. 교육적 의도의 문학 작품이 많은 프랑스와는 달리, 스페인 문학은 사상을 담은 허구의 작품은 많아도 그라시안의 작품처럼 교육적 의도만을 담은 책은 많지 않다.

그라시안의 작품은 전체적으로 인간의 도덕과 지혜를 얻기 위한 방법을 두 가지 측면에서 고찰한다. 우선 최고 경지의 인간 행위에 도달하기 위해 필요한 기본 골격의 예를 제시한다. 이런 의도로 쓰여진 작품에는 『영웅론』, 『정치가 페르난도 왕』, 『신중한 처세를 위한 지침서』가 있다. 다음으로는 이상적 완벽함에 도달하지 못하게 하는 인간의 나약함과 도덕의 빈곤에 대해 철저히 해부를 하는데 『비평꾼』은 이것에 주안점을 둔 책이다.

도덕과 지혜를 얻기 위한 노력과 인간의 본성을 파헤치는데 그라시안의 문체는 상당히 도움이 된다. 기지주의 문체로 짧게 압축된 그의 글은 날카롭고 예리한 느낌의 격언으로, 독자의 관심을 끌고 도덕적 양심을 느끼게 하기에 적절한 문체다. 스페인 산문에서 그라시안의 글이 집약적이고, 또 강한 표현의 대명사로 꼽히는 것은 바로 이 때문이다. 단어 하나하나가 작가와 독자 상호 간에 긴장감을 느끼게 하고 여러 의미가 동시에 작용하는 기지주의의 표현이 되도록 하기 위해 그라시안이 무한한 노력을 기울였음을 알 수 있다.

그라시안에 대한 평가와 영향은 스페인이 아닌 유럽의 다른 국가들에서 더욱 대단했다. 독일의 철학자 쇼펜하우어와 니체가 그를 극찬했고, 이것은 그가 작가로서 세계적 명성을 얻는데 결정적인 역할을 했다. 스페인에서는 20세기에 들어와서야 그에 대한 긍정적인 평가가 이루어졌다. 그라시안의 연구가 코레아 칼데론 Evaristo Correa Calderón은 그를 스페인 고전 작가들 중에 가장 세계적인 작가 중 하나로 평한다.

그라시안 생전에 이미 여러 작품이 불어와 영어로 번역되었고 18세기에는 이탈리아어와 스웨덴어를 포함한 유럽의 주요 언어로 번역되었다. 프랑스의 유명작가 라로슈푸코 La Rochefoucauld와 라 브뤼에르 La Bruyère, 코르네유 Corneille와 볼테르 Voltaire 등은 그라시안의 영향을 받은 대표적 작가들이다.

6. 연극

종교극과 비종교극으로 구분되었던 중세극은 16세기를 지나며 많은 변화를 보인다. 가장 큰 변화는 이탈리아의 코메디아 델라르테 comedia dell'arte가 스페인에서 활동하게 된 것이었다. 초기의 코메디아 델라르테는 단순한 형태의 극본만을 가지고 즉흥적인 대사와 줄거리에 노래와 춤과 곡예와 몸짓 등으로 관객들과 소통하는 형식을 취했다. 코메디아 델라르테는 전 유럽에 영향을 미쳤을 뿐 아니라 17세기 대중극이 자리 잡을 수 있는 원동력이 되었다.

17세기는 유럽의 극이 큰 발전을 이룬 시기였고, 영국과 프랑스, 스페인에서는 전 세계적으로 유명한 작가들이 활발한 활동을 한 시기다. 영국에는 엘리자베스 1세 여왕 시절에 셰익스피어를 중심으로 한 발전된 연극이 탄생된 시기였다. 대중극이 크게 발전했던 영국과 스페인과는 달린 프랑스는 실내극이 발전하였고, 17세기 중엽 이후로는 바로크 극에 대한 강한 거부감을 드러내며 고전주의의 원칙에 입각한 작품들이 탄생하기에 이른다. 코르네유 Corneille, 라신느 Racine, 몰리에르 Molière와 같은 작가들이 탄생했던 시기이기도 하다.

따라서 16세기에 스페인과 영국을 비롯한 유럽의 여러 국가의 연극은 이미 종교극 teatro religioso, 궁정극 teatro cortesano, 대중극 teatro popular으로 구분될 수 있다. 코메디아 델라르테의 영향으로 스페인은 16세기 말부터 여러 극단들이 활동하면서 괄목할 만한 발전과 변화를 이룬 극은 대중극이었다. 대중극은 종교극과 궁정극과는 달리 노천에서 공연하며 큰 인기를 얻었고, 17세기에는 국민극 teatro nacional으로 불릴 정도였다. 그러나 16세기 말부터 이미 노천극장으로 쓰는 고정 장소가 있었다. 코랄 corral로 불리는 노천극장은 여러 집들로 둘러싸인 광장인데 연극 공연뿐 아니라 종교 행사나 시의 행사에도 이런 공간을 많이 활용하였다. 코랄은 아주 단순한 구조였다. 집들로 둘러싸인 광장 한쪽에 타블라도 tablado라는 무대가 마련되었을 뿐, 커튼도 없고 무대 장식도 없었다. 무대 앞자리 의자석 방코 banco는 일반 평민들이 연극을 관람하는 곳이었고 여자 관객을 위한 장소는 따로 구분을 지어놓았다. 의자는 매우 한정된 숫자였기 때문에 일반 관객들은 대부분 서서 관람하였다. 또한 귀족들은 코랄 양편에 위치한 집들의 발코니나 창에 관람석 aposento을 마련해 놓고 편히 관람할 수 있었다. 당시의 일반 평민 관객들을 모스케테로 mosquetero라고 불렀는데, 이들 중에는 열정적인 관객들이 적지 않았고 이들을 언급한 많은 자료들를 찾아볼 수 있다. 자신들이 좋아하는 극단과 배우가 나오면 열렬한 환호를 보냈지만, 그렇지 않은 경우에는 과격한 행동도 서슴지 않았기 때문에 두려운 존재이기도 했다.

노천에서 공연하는 대중극은 겨울에는 두시에 그리고 여름에는 세시에 시작되었다. 공연은 수 시간 동안 계속되었고, 그 순서는 다음과 같다. 극은 찬시 loa로 시작되는데, 극과 극작가를 소개하는 형식을 취한다. 찬시에 이어 1막 primer acto이 시작되고, 막간극 entremés의 공연으로 이어진다. 다음은 2막 segundo acto과 더불어 춤 baile이나 노래 형식의 하카라 jácara를 연달아 무대에 올린다. 마지막으로 3막 tercer acto이 올라가고 또 다른 막간극 엔트레메스 entremés나 사이네테 sainete로 끝을 맺는다. 앞에서도 말했듯이 열정적인 관객들의 과격한 행동이나 다툼이 일어나지 않게 하기 위해서 빡빡한 연극 일정을 짜야 했다.

초기의 대중극은 전혀 무대 장식이 없었다. 관객의 상상에 맡기며 작품에 언급된 내용을 암시할 뿐이었다. 무대 장식이 없었기 때문에 스페인 17세기 극은 매우 다양한 내용의 작품을 무대 위에서 소화해낼 수 있었다. 시간이 흐르면서 궁정극을 모방한 무대 장식이 도입되었고, 점점 화려한 형식의 장식도 가능해졌다.

장기 공연된 작품은 없었다. 대부분의 경우는 일회 공연이었고, 대단한 성공을 거둔 작품들도 길어야 일주일 혹은 열흘 정도 공연될 뿐이었다. 관객의 관심과 사랑이 컸기 때문에 축제일 등을 중심으로 여러 도시에서 무대에 올릴 작품이 필요했고, 따라서 17세기에는 로페 데 베가 Lope de Vega를 비롯한 여러 극작가가 활발하게 활동할 수 있었다.

이러한 공연이 활발할 수 있었던 것은 극단들의 활동이 있었기 때문이었다. 단 한 명의 배우로 구성된 극단 불룰루 bululú에서부터 십여 명의 소속 배우를 가진 콤파니아 compañía까지 극단의 구성 방법도 다양하였다. 배우들 대부분은 떠돌이들이었고, 대중극 초기에는 여배우들이 없었다. 여배우들이 보여주는 매력적인 면모들이 죄라고 판단했기 때문에 여자의 역할 역시 남자 배우들이 맡곤 했다. 남자 배우가 여자 역할을 하는 문제는 오랫동안 논쟁의 중심이었지만, 관객들의 흥미를 자아내는 또 다른 요소이기도 했다. 이후 여배우들에 대한 금지 조항이 삭제되자 대중극은 또 다시 큰 인기를 얻었다. 떠돌이가 대부분인 극단 배우들의 생활은 비도덕적인 경우가 많았고, 그들에 대한 비난의 목소리 역시 컸다. 펠리페 Felipe 2세와 펠리페 Felipe 3세가 여러 차례에 걸쳐 모든 연극 공연을 금지시킨 이유도 바로 이 때문이다. 그러나 연극에 대한 국민의 열화와 같은 관심 때문에 공연 금지는 오래 갈 수 없었다.

궁정극 teatro cortesano은 왕이 거주하는 사르수엘라 Zarzuela 궁의 홀이나 부엔 레티로 Buen Retiro에서 공연하던 매우 화려한 극이었다. 무대 장식이 없던 노천극의 대중극과는 달리 궁정극은 1630년경부터 이탈리아의 코시모 로티 Cósimo Lotti나 바키오 델 비안코 Baccio del Bianco와 같은 예술가들에 의해 무대 장식 기술을 도입하였기 때문에 무대 장식이 화려했다. 오늘날 특수 효과라고 부르는 여러 기술들, 예를 들어 사람이 허공이나 바닥으로 사라지고 나타나는 등의 방법도 도입되고 기계를 이용한 여러 방법이 도입되어 환상극 comedias fantásticas, 신화극 comedias mitológicas, 마술극 comedias de magia 등을 공연할 수 있게 되었다. 또 화려한 무대를 보조해주는 음악을 첨가하면서 오페라 ópera가 시작되기도 하였다. 궁정극을 중심으로 활동했던 칼데론 델 라 바르카 Calderón de la Barca는 이러한 무대 기술을 광범위하게 사용한 대표 극작가다. 아무런 장식이 없이 시작되었던 대중극에도 시간이 흐르면서 이러한 변화가 왔다. 그러나 궁정극 역시 대중극의 영향을 받기도 하였는데 큰 인기를 얻었던 대중극을 보기 위해 펠리페 3세는 왕궁의 정원 하나를 노천극장으로 만들기도 했다.

17세기의 종교극 teatro religioso 역시 궁정극 못지않게 화려한 면모를 보여준다. 성사극 autos sacramentales 중심의 종교극은 성체축일 Corpus Christi 등의 종교 행사에 공연되었다. 서구 사회의 축제는 거의 대부분이 종교 행사와 연관이 있었고, 공연되었던 작품들은 종교극이었다. 교회 앞 야외 광장에서 공연되던 종교극은 종교 교리를 내용으로 하는 화려한 극이었다. 무대와 더불어 요란하게 장식된 마차까지 동원하여 화려한 면모를 더하며 발전되었다. 성사극은 종교 내용의 단막극으로, 남자, 죄, 우아함, 지혜, 사랑과 같은 우의적인 이름의 주인공들을 등장시킨다. 기독교 구원에 관계된 내용이 주를 이루며 신의 찬미로 끝을 맺는 형식이 일반적이었다. 중요한 종교극은 당시 명성을 날리던 로페 데 베가나 칼데론과 같은 작가에게 맡겨지는 게 일반적이었고, 특히 칼데론은 종교극 최고의 작가로 이름을 날렸다.

1) 대중극

17세기의 희곡 comedia은 스페인에서 국민극 teatro nacional이라고 불릴 만큼 뜨거운 관심과 사랑을 받았다. 희곡 comedia은 비극 tragedia과 상반되는 희극과 같은 용어로 사용하지만, 17세기의 희곡 comedia은 노천극장에서 공연되는 극을 포괄적으로 지칭하기 위한 용어였다. 따라서 희극뿐 아니라 드라마 형식의 희비극을 다 포함한다. 하지만 노천극에서는 순수한 의미의 비극은 없었다.

국민극이 탄생될 수 있었던 이유는 여러 가지가 있다. 우선 국민극은 로페 데 베가 Lope de Vega에 의해 결정적으로 형태가 고정되었다고 할 수 있는데, 로페가 이러한 극을 시도할 수 있었던 것은 그가 마드리드와 카스티야에서 추방당해 1589년에서 1590년 사이에 발렌시아에 체류했기 때문으로 추정된다. 당시 발렌시아에는 팔미레노 Palmireno, 티모네다 Timoneda, 타레가 Tárrega 등의 극작가들이 중심이 되어 관객들에게 즐거움을 줄 수 있는 대중극에 대한 다양한 시도가 활발히 이루어졌기 때문이다. 물론 무엇보다도 로페 데 베가가 예술에 있어서 천재적인 재능을 가졌고 독창적인 작품 활동을 했기 때문에 17세기 극의 신예술 arte nuevo이 탄생할 수 있었다고 할 수 있다.

로페 데 베가 중심의 스페인 국민극은 전통극의 개념에서 벗어난 신예술 arte nuevo을 추구한다. 1609년 로페 데 베가가 마드리드 아카데미 Academia de Madrid에서 발표한 「요즘 희곡의 신예술 *Arte nuevo de hacer comedias en este tiempo*」에 따르면, 신예술 극은 자연스러움 lo natural의 원칙을 따르는 극으로 관객에게 즐거움을 주는 극이었다. 결과적으로 그것은 아리스토텔레스의 삼일치의 법칙 tres unidades의 규범에서 벗어난 극이었다. 고전적 의미의 원칙을 지키는 것이 예술이라고 생각하는 사람들은 예술의 본질을 제대로 파악하지 못했다고 비난한다. 그러나 로페는 자신에게는 관객의 관심과 박수갈채가 중요하다고 설명한다. 이러한 로페의 입장은 비난의 대상이 되었고, 그 비난에 로페는 '돈을 지불하는 관객, 즉 대중들은 멍청하기 때문에 그들에게 즐거움을 줄 수 있는 극은 멍청한 극이어야한다 como las paga el vulgo, es justo/ hablarle en necio para darle gusto'고 설명한다. 냉소적인 표현이지만, 이는 로페 극을 비난하는 사람들에 대한 방어라고 할 수도 있고 관객을 만족시킬 수 있다는 자신감을 표현했다고도 할 수 있다.

신예술로 표현될 수 있는 17세기 국민극은 다음과 같은 특징을 지닌다. 우선 희극은 전통극의 5막에서 3막으로 줄어든다. 도입 planteamiento과 전개 nudo와 결말 desenlace의 3막 형식이 더 자연스럽기 때문이다. 그렇지만 대부분의 경우 도입 부분은 짧고 결말도 짧았다. 특히 로페는 마지막 장면에 가서야 결말이 드러나는 극을 선호했다. 따라서 전개가 작품의 대부분을 차지한다. 얽히고설킨 줄거리 intriga를 중시하여 긴장감 suspensión을 지속시킬 수 있기 때문이다. 작가의 최대 목표는 관객을 지루하지 않게 해 출구를 향해 얼굴을 돌리지 않게 하는 것이었다.

또한 고전주의의 삼일치의 법칙은 지켜지지 않는다. 줄거리를 이루는 행위 la acción의 일치는 없고 오히려 유동적이고 다양하다. 최소한 두 줄거리가 병행된다. 지체 높은 주인공이 주도하는 행위가 있고 하인이나 하층민이 주도하는 행위가 병행하여 나타난다. 두 행위는 밀접한 연관 관계로 엮어지기 때문에 포슬러 Karl Vossler는 스페인 극을 '이층 골격 un armazón de dos pisos'으로 설명하기도 한다. 이층 골격의 극 줄거리는 이미 16세기의 로페 데 루에다 Lope de Rueda의 작품에도 등장한다. 로페 데 루에다 역시 이탈리아풍으로 작품의 줄거리를 최대한 복잡하게 구성한다. 또한 극 줄거리 안에 파소 pasos를 삽입시켜 진지한 장면과 우스꽝스런 장면이 동시에 나타나는 줄거리의 이중성 dualidad을 체계화하기 시작했다. 로페 데 베가 역시 그의 영향을 받아 이층 구조의 줄거리를 구성한다. 줄거리의 다양함은 관객들에게 큰 즐거움을 더해주는 가장 중요한 요소다. 시간과 장소의 일치도 지켜지지 않는다. 하루 사이의 이야기를 기본으로 하는 시간의 일치와는 달리 수년 동안의 이야기가 전개되기도 하고, 또 여러 장소를 배경으로 하기 때문에 장소의 일치 역시 고려하지 않는다. 17세기 노천극에는 무대 장식이 없었기 때문에 다양한 시간과 장소에 따른 갑작스러운 변화에 아무런 어려움이 없었다. 오히려 간단한 언급만으로 시간과 장소를 자유스럽게 이동할 수 있기 때문에 관객의 상상력을 동원할 수 있었다.

또 다른 중요한 특징은 다양성이다. 우선 희극과 비극의 혼합극이 등장했는데 고전주의 원칙에서 엄격히 꺼리는 희극과 비극의 혼합을 로페는 자연 la naturaleza으로 정당화한다. 로페는 '자연이 우리에게는 최고의 예를 보여주지,/ 다양하기 때문에 아름답다는 것을 Buen ejemplo nos da naturaleza,/ que por tal variedad tiene belleza'이라고 말하는데 이것은 현실에도 희극적 요소와 비극적 요소가 섞여 삶을 형성하기 때문에, 이 두 요소를 떼어 놓는다는 것은 억지일 뿐이며 자연스럽지 못하다는 설명이다. 이것은 2세기 후의 낭만주의자들이 고전주의 원칙에 반대하며 내놓는 주장과 정확히 일치한다. 더불어 문체의 다양성도 언급할 수 있다. 왕은 왕처럼 말해야 하며 마부는 마부에 맞는 언어로 말해야 한다. 귀족과 농부의 언어가 같을 수 없으며 남자와 여자의 언어가 같을 수 없다. 주인공의 품격과 그들이 사용하는 언어의 시적 품격은 다르고, 따라서 사용하는 문체 역시 다양할 수밖에 없다. 각 등장인물의 특성에 맞는 언어를 사용하는 것이 자연스럽다. 또한 17세기 극작품에 삽입된 운문의 시 형식도 다양하다. 로페의 지적에 따르면 로만세 romance는 이야기 구술에 적합하며 소네트 soneto는 독백에, 데시마 décima는 한탄조에, 삼행시 terceto는 장중한 대화에, 레돈디야 redondilla는 사랑을 속삭일 때 적합한 시 형식이다.

마지막으로 줄거리 중간중간에 등장하는 서정적 노래의 중요성을 지적할 수 있다. 로페는 자신의 극에 전통적 형태의 짧은 노래를 많이 사용한다. 서정적 요소의 짧은 노래를 작품 안에 도입하는 것은 16세기 극작가 힐 비센테 Gil Vicente의 영향인데 서정적 노래를 사용한 극 작품은 아름다움이 배가된다. 또 노래는 춤을 수반하는 경우가 대부분이었고, 줄거리의 재미와는 또 다른 즐거움을 관객들에게 선사하며 흥미를 유발시킬 수 있었다.

앞에서 이층 골격을 이루는 줄거리에 대해 설명을 했는데, 작품의 등장인물도 이와 연관시켜 설명할 수 있다. 17세기 스페인 극의 특성으로 다양성을 언급했지만 등장인물들은 상당히 고정된 모습의 전형적 인물들이 등장한다. 로페 데 베가의 작품을 비롯한 17세기 극작가 작품에 등장하는 대부분의 인물들이 이 전형을 벗어나지 않는다. 사회적으로 높은 신분으로는 노인 viejo과 남자 주인공 신사 galán와 여자 주인공 귀부인 dama이 전형적으로 등장하고, 사회적으로 낮은 계층으로는 익살꾼 gracioso과 하녀 criada가 등장한다. 물론 작품마다 약간의 변화는 있다. 예를 들어 노인 대신 귀부인의 아버지나 후견인이 등장하기도 하고, 또 지체 높은 귀족이나 왕이 대신하기도 한다. 또 하녀 대신 귀부인의 친구로 대체되기도 하고, 때에 따라서는 등장인물들이 이중으로 등장하기도 한다. 즉 귀부인을 사랑하는 신사가 둘이 등장하기도 하고 두 명의 신사와 두 명의 귀부인이 등장하기도 하는 등의 변화는 있지만 기본적인 골격은 항상 같다.

신사 galán와 익살꾼 gracioso의 대조적인 모습은 이층 구조의 줄거리를 형성하는 데 매우 중요한 요소다. 신사의 전형적 모습은 체격이 좋고 용감한 귀족이나 기사다. 또 이상주의자인 경우가 대부분으로 감정도 풍부하고, 명예를 더럽히는 일에는 언제라도 칼을 뽑아들 준비를 하는 인물이다. 이들은 교양 있는 수사학적 문체의 언어를 사용한다. 정반대의 인물 익살꾼은 신사의 하인으로 등장하는 경우가 많다. 이상주의자이며 생각이 깊은 멋쟁이 신사와는 달리, 익살꾼은 현실주의자이고 겁쟁이여서 본능적 행동을 자주 보이고 때에 따라 냉소적이기도 하다. 이들은 천박한 언어를 쓰고 주로 농담과 익살스러운 표현을 하는 인물이다.

이와 병행하여 나타나는 관계는 귀부인과 하녀다. 하녀는 귀부인의 신뢰를 얻어 공범으로 등장하는 경우가 많은데, 하녀 역시 현실적이고 실제적인 시각을 가진 인물이다. 하녀와 익살꾼 사이에 사랑의 관계가 맺어지는 경우가 많고, 이 관계는 신사와 귀부인의 우아한 사랑이 주는 미묘하고 복잡한 감정과는 대조적으로 단순하고 본능적인 감정을 드러낸다. 이러한 등장인물의 설정은 앞에서 설명한 대로 이층 구조의 줄거리를 형성하는데 매우 중요한 요소다.

17세기는 스페인 국민들에게 정치적, 사회적, 종교적으로 위기가 도래한 시기였을 뿐 아니라 전쟁과 전염병 페스트로도 고통이 가중된 시기였다. 이러한 위기의 시기에, 17세기 극은 분명 국민극이라는 호칭에 걸맞게 국민들에게 많은 즐거움을 선사했다. 대중 예술 arte de masas로서 오락 예술 arte de diversión의 기능을 담당했다는 사실은 당시의 기록에 여실히 나타난다. 이러한 오락의 기능과 더불어 교육적 기능으로도 중요한 역할을 했다는 점에서 17세기 극작가들은 많은 긍지를 느끼기도 하였다. 17세기 극은 당시 사회를 반영하는 역할과 함께 앞으로 나아가야 할 방향까지 제시해 주었다.

17세기 극의 기능과 역할은 20세기에 와서 많은 논란을 가져왔는데 디에스 보르케 José María Díez Bosque와 마라발 José Antonio Maravall을 중심으로 하는 20세기의 비평가들이 바로 그 논란을 제시한 사람들이다. 이들은 이 스페인 극이 오락의 기능을 담당하였다는 점은 인정하지만 교육의 기능과 당시 사회를 반영하는 거울의 역할을 했다는 점에서는 매우 상반된 결과를 제시하며 단지 도피의 예술로서의 역할만 담당했다고 주장한다. 이 시기의 극은 당시 사회를 정확히 반영한 거울이 아니었고 오히려 당시의 고통과 환멸을 삭제하거나 미화하였다고 주장한다. 또 작품 속에는 현실에서는 찾아볼 수 없는 이상향만이 존재한다고 주장한다. 마음의 위안을 찾아 현실의 고통을 피하게 만드는 드림머신 máquina de soñar의 역할이었다는 설명이다.

대부분의 17세기 극은 사랑을 주제로 한다. 우아함과 화려함을 배경으로 하는 줄거리에 아름다운 사랑의 묘사와 더불어 이상적인 결혼 생활까지, 이 모두가 현실과는 동떨어진 내용이었다. 생존을 위해 투쟁하는 도시의 고된 생활이나 피폐한 농촌에서의 삶과는 동떨어지게 작품 안에서는 자연 배경의 유유자적한 전원생활이 꿈처럼 펼쳐진다. 아무튼 몰락해 가던 스페인에 영광스러운 과거를 무대에 올리는 것으로 그 꿈을 재현시켜 주고 있다. 대다수 작품에서 삶의 지배적 요소들은 이상화되어 있을 뿐이다.

또한 추락과 몰락의 시기를 지나고 있던 17세기의 스페인 국민들에게 영광스러웠던 과거로의 회귀를 꿈꿀 수 있는 기회를 제공했다고 설명한다. 영광스러웠던 과거로의 회귀가 가능했던 것은 17세기의 극에는 이상적인 절대군주제와 바람직한 귀족들의 모습이 등장하여 봉건 사회의 특권이 철저히 존중되었고, 또 극작품이 가톨릭 종교의 절대가치를 찬양하는 내용을 담고 있기 때문이다. 작품 안에 등장하는 왕의 모습은 마치 조국의 화신과 같은 존재로 불가침적인 특권을 가진다. 현실적으로 스페인의 군대는 매번 패망하고 왕과 귀족은 부패하고 무능했음에도 불구하고, 작품 속 위엄 있는 왕과 스페인 군대의 모습은 영광과 찬양을 받기에 부족함이 없었다. 귀족 역시 최상의 미덕을 가진 것으로 묘사되어, 사회적 위계질서가 지켜지기에 충분한 모습이었다.

로페 데 베가의 『푸엔테오베후나 *Fuenteovejuna*』는 귀족답지 못한 타락하고 무자비한 귀족들이 등장하는데 결국 처벌을 받게 되고 정의가 이긴다는 줄거리로, 관객이었던 민중들이 정의감의 성취를 맛볼 수 있는 내용이었다. 왕과 귀족에 의한 위계질서는 완벽한 모습으로 묘사된다. 또한 절대군주제와 귀족제와의 긴밀한 관계를 통해 전통적 가톨릭 종교관을 수호한다. 심지어 명예의 테마와 관련된 복수의 장면처럼 非가톨릭적인 요소마저도 당시 종교재판소 la Inquisición는 제재를 가하지 않고 묵인하는 모습도 살펴볼 수 있다. 절대군주제와 귀족제, 그리고 가톨릭 중심적 테마는 스페인으로 하여금 과거에 머무르고 과거의 영광을 꿈꾸게 하는 주요한 요소로 작용했다.

이와 더불어 일반 평민에 대한 시각 역시 매우 왜곡되었다는 점도 지적할 수 있다. 로페 데 베가를 중심으로 한 17세기 스페인 극에서 일반 평민들은 주요 등장인물이었다. 예전의 작품에 등장했던 평민들이 단순하고 우스꽝스럽고 무식한 모습이었다면, 17세기 국민극에서는 명예를 지키는 품위 있는 모습으로 등장한다. 귀족에게만 주어졌던 명예와 품위를 일반 평민들에게도 부여할 수 있었던 것은 '피의 순수성 limpieza de sangre'에 기인한다. 부르주아 계층을 종종 개종한 기독교인 cristiano nuevo으로 매도하며 비난한 것과는 대조적으로, 작품 안의 평민은 특권 의식을 부여받은 세습 기독교인 cristiano viejo이었다. 피 속에 흐르는 영혼이 본질적으로 귀족과 다름없다는 의식으로 농민을 추켜세워 계급적 특권을 부여함으로써 농업을 근간으로 했던 위태로운 경제 유지에 대한 근거를 마련한 셈이다. 그러나 명예와 사랑의 감정을 가진 품위 있는 평민은 극고수에 불과했다. 품위 있는 평민은 부유한 평민의 경우로 한정되어 있어 삽과 호미를 쥔 대부분의 가난한 평민은 작품의 등장인물이 될 수 없었음에도 불구하고, 격상된 지위에 대한 혼동은 일반적일 수밖에 없었다.

앞에서 우리는 궁정극, 종교극과 구별하여 대중극을 설명하였다. 17세기 대중극이 국민극이라는 용어를 사용하였다면, 17세기 스페인 국민극은 그 용어가 잘못 쓰였음을 알 수 있다. 국민을 위하고 그들의 이익을 옹호하는 것이 아니고 스페인 국민을 호도할 수 있는 극이었다는 점에서 부정적 의미를 찾아볼 수 있기 때문이다. 17세기 스페인 국민극은 과거 중세적 가치들인 절대왕권과 귀족 제도를 옹호하고 종교적 가치를 옹호함으로써 지배계층의 이상을 표현하고 그들의 이해와 특권에 도움을 준 반면, 국민들로 하여금 현실을 직시하지 못하고 도피하고 왜곡하게까지 하는 등 잘못된 가면으로 현실을 이상화할 뿐이기 때문이다. 17세기는 스페인 최고의 걸작 극작품들이 양산된 시기이다. 그러나 그 뒷면에는 이러한 부정적인 요소도 있다는 것을 인식해야 한다.

2) 17세기 극작가

17세기의 대표 극작가로는 로페 데 베가 Lope de Vega와 칼데론 델 라 바르카 Calderón de la Barca를 들 수 있다. 로페 데 베가 Lope de Vega는 17세기의 전기를, 칼데론 델 라 바르카 Calderón de la Barca는 후기를 대표하는 작가다. 물론 로페 데 베가는 대중극을 중심으로 활동했고, 칼데론 델 라 바르카는 궁정극과 종교극을 중심으로 활동했다는 차이점도 있다. 칼데론은 로페의 영향을 받았고, 또 로페의 극 형태가 후기에 와서 근본적으로 수정되지는 않았다. 칼데론은 로페의 극 형태에 깊은 고민을 더했고 개념적 내용을 더하여 바로크 문체의 특성을 극대화했다. 로페나 그의 추종자들이 이미 활짝 열어 놓았던 길의 방향은 그대로 유지되고 극예술의 기본 개념 또한 새롭게 도입되지 않은 상태로 칼데론의 극예술이 꽃피웠다고 할 수 있다. 이 두 작가 외에도 티르소 데 몰리나 Tirso de Molina가 있는데 그는 이들보다 작가로서의 위상은 높지 않지만, 그의 작품속 등장인물 돈 후안 Don Juan의 문학적 중요성이 크기 때문에 함께 살펴볼 필요가 있다.

로페 데 베가 카르피오 Lope Félix de Vega Carpio (1562-1635)

로페 펠릭스 데 베가 카르피오 Lope Félix de Vega Carpio는 1562년 11월 25일 마드리드의 가난한 집안에서 태어났다. 어릴 적 매우 총명하여 5세의 나이에 라틴어와 스페인어를 읽고 시도 쓴 것으로 알려져 있다. 성년이 된 이후의 로페는 그 화려한 삶과 여러 스캔들로 많은 에피소드를 가지고 있는데 네 시기로 그의 삶을 구분해 볼 수 있다.

26세 되던 1588년까지를 첫 시기로 보는데 예수회 학교에서 공부한 것과 알칼라 대학에서 4년간 수학했다는 기록이 있다. 그러나 공부를 다 마치지 못했고, 극작품을 쓰며 돈벌이를 하였다. 또 1583년에는 군대에 등록되기도 하였고 구설수에 오르기도 하였다. 희극 단장의 딸로 남편과 별거 중이던 엘레나 오소리오 Elena Osorio와의 스캔들로 사람들 입에 오르내렸기 때문이다. 엘레나는 로페의 극작품에 필리스 Filis라는 이름으로 등장하는 인물로, 그 관계는 5년 동안이나 계속되었다. 결국 엘레나와 가족이 그녀와 로페와의 관계를 청산하기를 요구하자, 이에 화가 난 로페는 인신 모독 성격의 시를 써서 전 마드리드에 유포시켰다. 그 사건으로 로페는 소송에 휘말렸고, 결국 마드리드에서 8년간 카스티야에서 2년간 추방형을 받았다.

다음 시기는 1595년까지로, 이 시기에 로페는 추방형을 받았음에도 불구하고 마드리드 행정관의 딸 이사벨 데 우르비나 Isabel de Urbina

를 납치한다. 이사벨의 가족은 추문이 두려워 1588년 로페와 딸을 서둘러 결혼시킨다. 이사벨은 벨리사 Belisa라는 이름으로 작품에 등장한다. 그러나 로페는 결혼하던 해에 무적함대에 자원했고, 전쟁에서 형을 잃은 후 돌아와 부인 이사벨과 함께 발렌시아에 정착하여 2년의 시간을 보낸다. 발렌시아에 체류하던 기간에 로페는 매우 소중한 경험의 기회를 갖는다. 발렌시아는 유명한 극작가들의 극 활동이 활발하게 이뤄지던 곳이기 때문이었다. 극작가로서의 활동도 활발해져서 그가 두 달마다 희극을 써 마드리드로 보내면 마드리드에서 공연되곤 하였다. 1590년 로페 부부는 알바 데 토르메스에서 거주하며 알바 Alba 공작을 위해 일을 하지만, 1594년 부인 이사벨이 죽자 로페는 1595년 마드리드로 돌아온다.

다음 시기는 1614년까지로 볼 수 있다. 미모의 연극배우 미카엘라 루한 Micaela Luján과의 염문설로 다시 한 번 마드리드를 시끄럽게 하였다. 로페와의 사이에 다섯 자녀를 낳은 미카엘라는 카밀라 루신다 Camila Lucinda라는 이름으로 로페의 작품에 많이 등장하고, 또 그에게 영감을 불어넣어준 인물이기도 하다. 그러나 1598년 후아나 데 과르도 Juana de Guardo라는 여인과 두 번째 결혼을 했는데 그가 지참금 때문에 결혼을 한 것이라는 추측도 있다. 그러나 돈 많은 로페의 장인은 지참금으로 한 푼도 주지 않은 것으로 알려졌다. 나이 어린 세사 Sessa 공작과 어울리며 많은 스캔들을 일으키고 자유분방한 삶을 살던 로페는 1608년에 미카엘라 루한을 비롯한 여러 여인들과의 관계를 청산하기로 마음먹고 안정된 생활을 시작한다. 더욱이 1612년 로페가 특히 아끼던 일곱 살짜리 아들 카를로스가 죽고 이듬해에 후아나 부인마저 죽자 환멸을 느껴 1614년 신부가 된다.

마지막 시기는 1635년까지인데, 신부가 된 로페는 새로운 삶을 살려고 노력하지만 세사 공작은 늘 그를 여성 편력에 끌어들였다. 세사 공작을 위해 연애편지를 써주는 등 공작의 여성 편력에 동반자였던 로페는 예전의 생활로 다시 돌아갔다. 1616년 유부녀인 마르타 데 네바레스 Marta de Nevares를 사귀었고, 그녀와의 사이에 자식들도 두었다. 작가로서의 명성은 여전히 대단했을 때였는데 결국 마르타의 남편 때문에 큰 소동을 치러야 했고, 소동이 일어난 직후 마르타의 남편은 원인불명의 사고로 사망한다. 마르타는 1623년 시력을 잃고 결국 정신이상 증세를 보였고, 로페는 그녀를 돌보며 속죄의 10년을 보냈다. 인기가 떨어진 로페에게 심한 경제적 어려움까지 닥쳤다. 외롭고 힘든 노년의 시기를 보내던 로페는 1635년 8월 6일 생을 마친다. 마드리드에서 치러진 로페의 장례식에는 대단한 인파가 몰렸고, 아버지 로페를 위해 기도하던 수녀 딸 마르셀라 Marcela의 수녀원 앞을 지날 때 장례 인파의 감동은 대단했다고 기록되어 있다.

흔히들 로페 데 베가의 인생을 빛과 어둠, 그리고 최고의 인기와 몰락으로 설명한다. 한때는 스페인 최고의 인기 작가로 많은 박수와 찬사를 받았지만, 그의 삶은 고통으로 점철되었다. 당시 로페의 인기는 집집마다 그의 초상화를 걸어 놓았을 정도였고, 사도신경을 따서 '하늘과 땅의 시인인 로페 데 베가를 내가 믿사오며 Creo en Lope de Vega, poeta del cielo y de la tierra' 등의 표현이 회자됐던 점만 보더라도 그의 인기가 어느 정도인지는 충분히 짐작할 수 있다. 또 이런 표현이 유행하자 종교재판소가 서둘러 금지시킨 것만 보아도 그 인기가 대단했다는 것을 알 수 있다.

국민극으로 17세기 최고의 인기를 누린 그에게도 여러 시 작품들이 있다. 이러한 시 작품은 극과 산문 작품 중간에 끼어 나타나기도 하지만, 독자적인 시집도 많다. 서정시로 『서정시 *Rimas*』, 『성스런 서정시

Rimas sacras』, 『토메 데 부르기요스의 인간적이고 경건한 서정시 *Rimas humanas y divinas del licenciado Tomé de Burguillos*』 등의 시집이 있다. 애정 행각을 주제로 한 시들은 주로 작가의 자전적 작품들로, 이 중 일부는 마드리드 시민들을 열광하게 만들기도 했다. 또 종교와 세속에 대한 깊은 성찰이 작품의 모티브로 작용하기도 한다. 특히 후기 작품은 신비주의 작가라고 평할 수 있을 정도로 깊은 영적 고찰과 관심과 정신적인 교감을 보여주기도 한다. 작가 자신의 초월적 감정과 존재에 대한 고뇌를 엿볼 수 있는 작품들도 있다. 극작품 때문에 상대적으로 관심을 받지 못했지만 로페의 시는 스페인 문학사 최고의 작품으로도 손색이 없다.

서정시와 더불어 여러 편의 서사시도 전해진다. 이탈리아의 르네상스를 빛내며 영광의 시기로 남는데 많은 공헌을 한 16세기 이탈리아 시인 아리오스토 Ludovico Ariosto나 타소 Torcuato Tasso처럼 훌륭한 서사시 작품을 쓰고자 했던 로페는 『앙헬리카의 아름다움 *La hermosura de Angélica*』과 『정복당한 예루살렘 *Jerusalén conquistada*』을 남겼다.

더불어 『라 드라곤테아 *La Dragontea,* 1598』처럼 스페인 테마에 모티브를 둔 서사시도 있다. 영국 드레이크 해적의 패배에 대하여 서술한 작품으로, 정치와 종교에 있어서 스페인과 경쟁관계에 있던 영국 해적의 죽음으로 끝을 맺는 애국적 성격이 짙은 작품이다. 마드리드 수호성인 산 이시드로의 삶과 기적을 쉽게 풀어 쓴 서사시 『엘 이시드로 *El Isidro,* 1599』도 있다. 『라 가토마키아 *La Gatomaquia,* 1634』는 로페 노년의 작품으로, 고양이들을 주인공으로 한 해학적 서사시로 3,000행에 이르는 방대한 작품이다. 열렬히 사랑하는 사이인 고양이 사파킬다 Zapaquilda와 미시푸프 Micifuf 사이에 마라마키스 Marramaquiz 고양이가 끼어들면서 이야기는 전개된다. 요술 고양이의 충고를 받은 마라마키스는 사파킬다의 관심을 끌기위해 다른 암고양이와 친한 척하지만 사파킬다와 미시푸프가 결혼하자 절망하여 결혼식장에서 신부를 납치하지만 친구들의 도움을 받은 미시푸프가 마라마키스를 죽이고 행복하게 산다는 줄거리다. 작가가 젊은 시절을 회상하며 쓴 것으로 인생의 회한을 느끼게 하는 작품이다.

로페의 산문 작품도 여러 편 찾아볼 수 있는데 목가 소설 『라 아르카디아 *La Arcadia,* 1598』와 비잔틴 소설 『조국의 순례자 *El peregrino en su patria,* 1604』가 있다. 또 세르반테스의 모범소설을 모방한 4편의 짧은 소설 「마르시아 레오나르다에게 바치는 소설 Novelas a Marcia Leonarda」이 있다. 대표 산문 작품으로는 엄격한 설교조의 『라 도로테아 *La Dorotea,* 1632』를 들 수 있다. 15세기의 『라 셀레스티나』처럼 5막의 대화 형식으로 구성된 작품이지만, 무대에 올리기에는 한계가 있어 소설로 간주된다. 70세의 나이에 마르타 데 네바레스를 간호하며 힘들었던 당시, 극한적 상황에 놓인 작가가 어린 시절을 회상하고 엘레나 오소리오를 사랑하던 시절을 그리워하며 쓴 작품이다. 문학적으로도 인간적으로도 완숙한 작가의 모습이 돋보인다. 남편이 남미로 떠나자 아름다운 도로테아 Dorotea는 젊은 시인 페르난도 Fernando를 사랑하게 된다. 가난한 시인과의 관계를 탐탁지 않게 여긴 도로테아의 엄마는 매파 헤라르다 Gerarda의 충고를 따라 돈 벨라 don Bela라는 부자와 딸이 사귀게 하였는데 이에 페르난도는 옛 애인 마르피사 Marfisa를 속여 얻은 보석을 가지고 세비야로 떠난다. 페르난도가 떠난 후 도로테아는 자살을 시도하지만 얼마 안 가 돈 벨라와 가까워진다. 도로테아를 잊지 못해 마드리드로 돌아온 페르난도는 돈 벨라와 몸싸움을 벌이다 그에게 상처를 입힌다. 도로테아와의 관계가 회복되지만 페르난도는 마르피사와 다시 가까워지고, 돈 벨라는 죽는다는 내용이다.

시와 산문 작품을 많이 쓰기도 했지만 로페는 엄청난 분량의 극작품을 쓴 극작가로 특히 정평이 나있다. 불사조 재주꾼 Fénix de los Ingenios으로도 불리고 또 자연의 괴물 Monstruo de la Naturaleza로도 불린 로페는 1,500편의 극작품을 쓴 것으로 알려졌다. 그 중에 314편의 극작품과 42편의 성사극이 지금까지 전해져 내려온다. 워낙 많은 분량이어서 세심한 애정을 담은 작품이라기보다는 즉흥적으로 써 내려간 작품이 대부분이라는 비난을 받기도 했다. 이에 로페는 자신의 작품은 '읽으라고 쓴 것이 아니고 박수를 보내는 관객들이 무대에서 들으라고 쓴 작품 no para la lectura de los que reprobaban, sino para la audición de los que aplaudían'이라고 응수했다. 공고라 Góngora는 로페의 작품을 '극장 안에서는 따끈하니 맛이 좋은데, 극장 밖을 나오면 식어 맛이 없고 다시 튀겨도 제 맛이 돌아오지 않는 튀김 과자 los versos de Lope en sacándolos del teatro son como los buñuelos, que en enfriándose no vuelven a tomar la sazón que antes, aunque los vuelvan a la sartén'로 표현하기도 했다.

17세기의 로페의 극작품은 주제별로 구분해 볼 수 있다. 우선 성사극을 비롯한 종교극이 많았다. 대표적인 종교극 『훌륭한 수호자 *La buena guarda*』는 성모 마리아를 주인공으로 하는 중세풍의 '마리아 문학 literatura mariana'이다. 한 남자에게 마음을 빼앗긴 수녀가 수도원을 떠나 그를 따라나선다. 그러나 곧 후회하고 수녀원으로 돌아오지만, 아무도 그 수녀가 떠났다는 사실을 알지 못한다. 성모 마리아를 경외했던 수녀의 모습으로 성모 마리아가 대신 자리를 지키고 있었기 때문이라는 내용이다. 『하늘의 시골뜨기 *El rústico del cielo*』는 순수하고 순진한 믿음의 주인공 프란시스코의 이야기를 다룬 내용이다.

로페의 극작품 중에는 역사를 테마로 한 것들이 특히 많았다. 고대나 외국 역사에 대한 작품도 많았지만, 스페인 역사와 전설에 영감을 받은 작품이 제일 많았다. 재정복 la Reconquista 시기부터 16세기에 이르기까지의 스페인 역사 전체가 무대에 올려졌다고 말할 수 있을 정도였다. 외국 역사극으로는 러시아 역사를 다룬 『위대한 모스코비아 공작과 핍박받는 황제 *El gran duque de Moscovia y Emperador perseguido*』가 있다. 러시아에 가 있던 예수회 신부들로부터 들은 이야기를 극작품화한 것이다. 스페인 역사를 다룬 작품으로는 정의의 편인 왕이 민중을 옹호하고 봉건귀족의 횡포를 막는다는 내용의 『최고의 시장은 왕입니다 *El mejor alcalde, el Rey*』와 『푸엔테오베후나 *Fuenteovejuna*』를 대표작으로 들 수 있다. 『최고의 시장은 왕입니다』는 13세기 알폰소 Alfonso 10세 당시를 배경으로 한 작품이다. 돈 테요 don Tello는 제멋대로인 못된 귀족으로 엘비라 Elvira와 산초 Sancho의 결혼식 날 신부를 납치한다. 엘비라는 죽을 각오로 대항하고 산초는 왕에게 가서 호소한다. 왕은 돈 테요에게 서한을 보내 둘의 결혼을 허락하라고 명령하지만 그는 따르지 않는다. 그러자 왕이 친히 마을에 와 돈 테요를 죽이라고 명하고 그의 재산 절반을 엘비라의 결혼 지참금으로 준다는 내용이다. 압제자에 대한 민중 봉기를 다룬 『푸엔테오베후나』는 가톨릭 양왕 los Reyes Católicos 시대를 배경으로 한다. 푸엔테오베후나 마을의 원님 페르난 고메스 데 구스만 Fernán Gómez de Guzmán이 마을 처녀 라우렌시아 Laurencia를 농락하려는 등 만행을 저지르자, 라우렌시아의 애인 프론도소 Frondoso와 마을 주민들이 그의 집을 약탈하고 그를 잔인하게 죽인다. 그러자 페르난도 왕과 이사벨 여왕은 폭동과 살인의 주동자를 밝혀내려고 하지만 푸엔테오베후나 마을 사람들은 한결같이 마을 전체의 공동 책임으로 돌린다. '누가 원님을 죽였나?/ 푸엔테오베후나가 죽였습니다, 나으리./ 푸엔테오베후나가 누구란 말인가?/ 우리 모두입니다. ¿Quién mató al Comendador?/ Fuenteovejuna, señor./ ¿Y quién es Fuenteovejuna?/ Todos a uno.' 마을 사람 모두 남녀노소할 것 없이 똑같은 대답만을 되풀이하자 페르난도 왕과 이사벨 여왕은 대중 복수를 정당한 것으로 받아들인다는 줄거리다.

또 사랑 풍속을 주제로 한 도시 희극 '망토와 검의 연극 comedia de capa y espada'이 있다. 사랑 주제의 극작품은 모든 음모와 어려움을 딛고 사랑이 승리한다는 줄거리다. 『페데리코의 매 *El halcón de Federico*』는 로페가 당시에 유행하던 르네상스 테마 중에 특히 이탈리아의 소설에 등장하는 테마를 극작품화 한 것이다. 스페인풍으로 변화를 시킨 것도 많이 있지만 지명 등에서는 소설 속의 지명을 그대로 인용하기도 하였다. 『페데리코의 매』는 보카치오의 『데카메론』에 나오는 이야기를 바탕으로 쓴 작품이다. 가난한 기사 페데리코는 짝사랑하던 여인이 다른 남자와 결혼하자 절망하여 매 한 마리를 친구 삼아 시골에서 외롭게 산다. 시간이 흘러 과부가 된 여인은 아픈 아들을 치료하기 위해 시골로 갔는데, 이웃에 사는 남자가 매를 기르고 있었다. 병든 아들이 매를 갖고 싶어 하자 여인은 그 남자에게 부탁하려고 연락을 한다. 이사 온 여인이 예전에 자신이 사랑하던 여인인 것을 안 페데리코는 대접할 것이 없자 매를 잡는다. 식사가 끝난 후에 여인이 매를 부탁하자 페데리코는 사실을 밝힌다. 그리고 아들이 죽자 페데리코는 그 여인과 결혼한다는 줄거리다.

로페의 극과 17세기의 극에서 매우 중요한 테마는 명예 honor와 정절 honra이었다. 명예는 17세기 극에 강박관념 같은 요소였다. 비겁함과 배신처럼 자신의 잘못된 행위로도 명예를 잃어버리지만, 아내의 부도덕으로 인한 명예의 실추는 17세기 극의 단골 테마였다. '더럽힌

명예는 피로만 씻는다 las manchas de honra se lavan con sangre'는 표현처럼 복수는 의무사항이었다. 로페의 『복수 없는 응징 *El castigo sin venganza*』은 그 대표적 예다. 페라라 Ferrara 공작은 젊은 카산드라 Casandra와 재혼한다. 아버지의 재혼 이전에 공작의 아들 페데리코 Federico는 우연히 알게 된 카산드라와 사랑에 빠지고, 이 사실을 안 공작은 잔인한 복수를 계획한다. 카산드라가 다른 남자를 좋아하는 듯한 장면을 연출하여 페데리코가 질투로 카산드라를 죽이게 하고, 그 장면을 하인들이 목격하게 해서 아들도 살인죄로 죽인다는 내용이다. 이 작품처럼 명예의 감정은 귀족에게만 해당되는 것이었는데, 시간이 흐르면서 로페 작품의 명예는 피의 순결 limpieza de sangre과 연관된다. 따라서 조상 대대로 세습 기독교인 cristinos viejos 농부들에게까지 피의 순결 개념이 확산되는 것을 살펴볼 수 있다. 기존의 극작품에는 높은 지위의 인물만이 주인공이 될 수 있었지만, 로페의 작품에는 부유한 평민들도 명예를 지키는 인물로 등장한다.

페드로 칼데론 델 라 바르카 Pedro Calderón de la Barca (1600-1681)

페드로 칼데론 델 라 바르카 Pedro Calderón de la Barca는 1600년 마드리드의 엄격한 전통 양반 집안에서 태어났다. 그는 예수회에서 운영하는 왕족 학교 Colegio Imperial와 알칼라와 살라망카에서 공부했는데 아들이 사제가 되기를 원했던 아버지의 소망과는 달리 그는 글 쓰는 일을 즐겨하였다. 23살의 이른 나이에 첫 극작품 『사랑, 명예, 권력 *Amor, honor y poder*』을 공연하는 등 성공을 거두었고, 1635년 펠리페 Felipe 4세는 그에게 왕실극을 쓰도록 하였다. 1640년과 1641년에는 카탈루냐 Cataluña 전투에도 참여했지만 곧 문학 활동으로 다시 돌아왔다. 전쟁의 경험과 형의 죽음, 그리고 1647년에 태어난 사생아가 죽는 등의 불행이 이어지면서 칼데론의 성격은 점점 어두워졌다. 염세주의에 빠져 외롭고 고독한 나날을 보내던 칼데론은 1651년에 사제가 되었고, 톨레도에 칩거해 살았다. 1663년에 펠리페 4세는 그를 명예 사제로 임명하였고, 1681년 마드리드에서 생을 마감한다.

칼데론의 특성은 염세주의와 전통가치의 고집이라는 두 요소로 설명할 수 있다. 칼데론의 염세주의는 절대적이었다. 그에게 모든 것은 헛되고 무상할 뿐이고, '지상의 일은 환상과/ 속임수와 헛소리이며/ 허영 중의 허영일 뿐이고/ 우리는 단지/ 재와 연기와 먼지와/ 그림자와 바람일 뿐 no son más que una ilusión/ un engaño, un devaneo,/ vanidad de vanidades/ que el momento de un momento/ nos lo convierte en cenizas,/ humo, polvo, sombra y viento'이었다. 케베도를 연상할 수 있는 글이지만, 칼데론에게는 케베도에서 볼 수 있는 고뇌의 몸부림이 없고, 대신 냉엄한 개념적 환멸만이 존재할 뿐이다. 칼데론은 환멸을 염두에 둔 도덕적 출구를 찾기 원하며, 삶이 꿈이라면 죽음 이후의 다음 세상을 위해 잘 행동하기를 원한다.

또한 귀족적 사고방식에 뿌리를 둔 전통 가치를 소중히 여긴다. 본질적으로 삶을 헛된 것으로 파악한 칼데론은 시대의 해악을 비난하는 대신, 삶은 연극과 같은 무대일 뿐이라고 생각하며 주어진 역할을 잘 해낼 것을 요구한다. 성사극 『세상이라는 큰 연극무대 *El gran teatro del mundo*』는 이러한 칼데론의 사상을 엿볼 수 있는 작품으로, 하느님이 모든 인간에게 각자의 역할을 맡긴다는 내용이다. 따라서 맡은 바대로의 역할을 잘 하는 것이 우리의 몫으로, 부자 역할을 맡았으면 부자 역을 잘 해내고 가난한 사람 역을 맡았으면 가난한 사람 역을 잘하면 된다는 메시지를 전달한다. 사회의 모든 제도를 인간이 만들었기 때문에 개선할 수도 있다는 르네상스와는 달리, 칼데론은 중세 신앙의 개념을 따른다. 따라서 기독교 신앙에 바탕을 둔 칼데론 사상의 깊이를 느낄 수 있다. 그의 사상은 스토아철학을 바탕으로 염세주의와 체념과 순응의 모델을 제시하기 때문이다. 칼데론의 신학 지식은 스토아 철학과 조화를 이루고 여기에 스콜라 철학의 엄격함이 더해져 작품으로 탄생된다. 칼데론의 극작품에는 이러한 작가의 사상이 잘 반영된다.

칼데론의 작품은 엄격히 구분되지는 않는다. 그러나 시간의 흐름에 따라 그의 개인적 특성이 강조되고 부각되기 때문에, 보통 1기와 2기로 나누어 설명한다. 1기는 로페 작품을 모델로 삼아서 사실적이며 스페인풍의 풍속 묘사 성격이 강하다. 1기의 대표작품은 로페의 작품과 동일한 제목 『살라메아 시장 *El alcalde de Zalamea*』이다. 포르투갈로 가는 길목인 살라메아에 스페인 군대가 머물렀는데, 장교 중 하나인 알바로 아타이데 Álvaro Ataide가 살라메아 시장 페드로 크레스포 Pedro Crespo의 딸을 강제로 추행하고 버린다. 페드로 크레스포가 그를 잡아 치욕을 보상하라고 요구하지만 거절하자 그를 재판에 회부한다. 재판에 회부하는 것은 군사법 위반이라며 군대 대장이 알바로를 옹호하는데 마침 포르투갈을 가던 길에 이곳을 지나던 펠리페 2세가 페드로 크레스포가 옳다고 인정한다는 내용이다. 2기는 칼데론 작가의 개인적 특성이 부여된 완숙기로, 깊은 사색의 초점을 살필 수 있는 철학극과 성사극 auto sacramental이 많다. 철학극 『삶은 꿈입니다 *La vida es sueño*』와 성사극처럼 개념과 사상에 있어 작가의 특성이 뚜렷하고 그 구성에도 많은 주의를 기울인 작품들이다. 때때로 로페풍의 이중적 성격이 나타나지만 행위의 일치에 주의를 기울이며 여러 요소들을 정리하는 경향이 강하다.

자연스러움을 강조한 로페와는 달리 칼데론의 작품은 즉흥적이지 않고 작가 성찰적 창작에 주력하며 엄격하기 때문에 뛰어난 예술성을 지닌다. 등장인물 역시 생생한 면모보다는 전형적인 캐릭터 성격이 강하고 때로는 상징적 의미를 지니기도 한다. 그리고 탁월한 무대 기법을 보인 작품이 많아, 작품을 읽기만 해서는 알 수 없던 요소들이 무대 위에서 진가를 발휘하는 경우가 많다. 극작품을 통해 철학과 신학의 주제를 다루는 칼데론의 능력도 높이 평가될 수 있다. 이탈리아에서 도입된 무대 장치와 도구 등은 이러한 효과에 매우 유익하고 효과적으로 사용되었다. 로페 작품이 무대의 단순함을 특징으로 한다면 칼데론의 작품은 바로크풍의 여러 무대 기법의 요소를 써서 화려한 장면을 연출하고 특수 효과의 가능성까지 볼 수 있다는 것이 특징이다. 또한 시 형식에 관심을 보이는 등 문체 또한 극단적 바로크풍으로 설명할 수 있다. 기지주의의 유연함과 과식주의적 장식을 사용한 화려한 문체로 관객을 매료시킨다.

칼데론은 120편의 극작품, 70편의 성사극, 다수의 막간극 엔트레메스 entremés와 찬시 로아 loa를 썼다. 그가 17세기 최고의 바로크 작가로 손꼽히는 이유는 성사극과 철학극에 있지만, 칼데론의 작품에는 사랑을 줄거리로 다룬 '망토와 검의 연극 comedia de capa y esapada'과 같이 도시 희극도 많다. 전형적인 귀족 출신의 주인공이 궁정 안 도시 분위기에서 보여주는 사랑을 줄거리로 하는 작품들이다. 사회적으로 높은 계층의 이상적 주인공들을 중심으로 전개되는데 칼데론 특유의 재미와 긴장감이 있는 작품 『요정 부인 *La dama duende*』과 『문이 둘인 집은 지키기가 힘들어 *Casa con dos puertas mala es de guardar*』 등이 있다. 또한 왕정과 권위, 믿음과 도덕, 명예와 같은 전통의 가치를 추구하는 내용의 작품이 많다.

칼데론의 작품에서 종교의 테마는 매우 중요하다. 1기의 『십자가를 향한 믿음 *La devoción de la Cruz*』처럼 줄거리가 자극적이고 무대 기법을 최대한 활용한 무대를 통해 신앙의 감정을 끌어내는 작품이 많다. 『십자가를 향한 믿음』의 에우세비오 Eusebio는 훌리아 Julia가 자신의 여동생이라는 사실을 모르고 그녀를 사랑한다. 어려운 상황에서 그의 아버지는 남매 중에 딸 훌리아만 구해냈고, 아들 에우세비오는 한 목동이 구해 길러 왔다. 훌리아의 다른 오빠 리사르도 Lisardo와 아버지가 둘의 결혼을 반대하자 에우세비오는 리사르도를 죽이고 아버지는 훌리아를 수녀원에 넣는다. 악당이 된 에우세비오가 법망을 피하기 위해 수녀원에 몰래 들어가 훌리아를 납치하려고 하지만, 그녀의 가슴에 자신과 똑같은 십자가가 있는 것을 보고 당황해 도망친다. 이후 에우세비오는 그를 쫓던 사람들에게 죽임을 당하지만 십자가를 향한 믿음으로 잠시 살아나 신부에게 고해성사를 하고 구원을 받는다는 내용이다. 2기의 작품은 감동을 주는 여러 요소를 이용하지만, 믿음이나 구원과 같은 신학적 주제를 전개시켜 나간다. 대표작 『기적의 마술사 *El mágico prodigioso*』는 괴테의 파우스트처럼 악마에게 영혼을 파는 주인공 이야기다. 플리니우스 Plinio의 『박물지』를 읽으며 범신론에 대해 사색하던 시프리아노 Cipriano에게 두 청년이 다가오는데 이들은 똑같이 후스티나 Justina라는 여인을 사랑하여 결투를 하려는 것이었다. 시프리아노는 이들이 결투를 하기 전에 자신이 후스티나를 만나보겠다고 제의한다. 그러나 후스티나를 보자마자 시프리아노 역시 반하게 되고 그녀의 사랑을 얻는 조건으로 악마에게 자신의 영혼을 판다. 그러나 악마의 유혹에도 믿음 깊은 그녀가 넘어가질 않자 악에 바친 악마는 시프리아노에게 후스티나가 해골로 변하는 환상을 보게 한다. 이에 시프리아노는 회개하고 기독교 신앙을 지켜 후스티나와 함께 순교한다는 내용이다.

칼데론의 또 다른 주요 테마는 명예인데 작품으로는 『명예를 지키는 의사 *El médico de su honra*』와 『명예를 잃은 화가 *El pintor de su deshonra*』가 있다. 『명예를 지키는 의사』의 멘시아 Mencía는 왕자 돈 엔리케 don Enrique를 사랑하지만 돈 구티에레 don Gutierre와 결혼한다. 왕자가 멘시아의 집에 왔다가 실수로 칼을 떨어뜨리고, 칼을 본 돈 구티에레는 부인을 의심한다. 그러나 돈 엔리케가 왕자의 신분이기 때문에 복수할 수 없게 되자 그는 의사를 불러 멘시아의 피 뽑기 sangría를 부탁한다. 그리고 처치를 하지 않는 채 방치하여 그녀는 침대에서 죽어간다. 또 자신은 예전에 알던 레오노르 Leonor와 재혼한다는 내용이다. 『명예를 잃은 화가』의 화가 후안 로카 Juan Roca는 세라피나 Serafina와 결혼한다. 알바로 Álvaro를 사랑하던 세라피나는 그가 조난을 당해 죽었다고 생각하고 후안 로카와 결혼한 것이다. 그러나 알바로가 나타나 세라피나를 납치해 나폴리로 데려가자 후안 로카는 그들을 쫓아가 권총으로 쏴 죽인다. 그 광경을 본 알바로의 아버지는 후안 로카에게 도망하라고 허락하며 '명예를 지키기 위한 복수에는 잘못이 없다 Quien venga su honor, no ofende'고 말한다. 칼데론의 작품에는 로페의 작품에 나오는 명예회복의 극단적 방법까지도 등장하는데 이를 통해 도덕적 무결점의 귀족 정신에 대한 그의 신념을 살펴볼 수 있다.

그러나 칼데론의 특징을 가장 잘 보여주는 작품은 철학극과 성사극이다. 대표 철학극으로는 『삶은 꿈입니다 *La vida es sueño, 1635*』가 있다. 폴로니오 Polonia의 왕 바실리오 Basilio에게 아들 세히스문도 Segismundo가 태어나지만 바실리오는 기쁘지 않았다. 아들을 낳다가 왕비가 죽고 또 점성술사들이 불길한 예언을 했기 때문이었다. '세히스문도는 무모한 인간일 것이며/ 잔혹함이 더해져/ 결국에는 포악한 왕이 되고/ 왕국은 분열되어 흩어지고/ 반역이 판을 치고/ 악이 지배할 것 Segismundo sería/ el hombre más atrevido,/ el príncipe más cruel/ y el monarca más impío,/ por quien su reino vendría/ a ser parcial y diviso,/ escuela de las traiciones/ y academia de los vicios'이라는 예언이었다. 앞으로 펼쳐질 저주에 바실리오는 갓 태어난 왕자를 탑에 가두고 하인 클로탈도 Clotaldo에게 감시하게 한다. 세히스문도는 자신의 신분도 모른 채 탑에 갇혀 유일한 친구 클로탈도와 더불어 세월을 보낸다. 어느 날 바실리오는 점성술사의 저주를 확인해 보려고 세히스문도를 잠들게 한 뒤 왕궁으로 데려온다. 잠에서 깨어난 세히스문도에게 그가 나라의 왕자라고 말하자 흥분한 세히스문도는 포악하게 행동하며 하인 한 명을 창밖으로 내던져 죽인다. 바실리오는 세히스문도를 다시 감금시켰고 아스톨포 Astolfo를 후계자로 세운다. 탑으로 돌아와 잠에서 깨어난 세히스문도에게 클로탈도는 모든 것은 꿈이었으며 포악한 행동 때문에 꿈에서 깨어났다고 설명한다. 세히스문도의 존재를 알게 된 민중은 폭동을 일으켜 그를 왕으로 추대한다. 아버지와 아스톨포와 싸워 이긴 세히스문도는 왕이 되고, 다시 깨어나지 않기 위해 행동을 조심하며 선한 왕이 된다는 내용이다

작품의 줄거리는 부처 Buda 이야기와도 상당히 흡사하다. 왕국의 왕자로 태어났고, 왕비가 곧 죽는 내용과 점성술사의 예언도 비슷하다. 점성술사가 예언한 불행을 막고 생로병사의 세상으로부터 멀어지려고 한 부처 이야기와 많은 공통점이 있다. 또 거지가 왕이 되고 왕이 거지가 된다는 『천일야화』의 「제 정신으로 잠자는 자 el durmiente despierto」 이야기와도 흡사하다. 부처 이야기와 『천일야화』는 스페인에 잘 알려진 내용이었다. 바로크의 단골 주제인 허망한 삶의 테마가 당시의 고행 문학 literatura ascética에 빈번히 등장했다는 점도 살펴볼 수 있다. 그러나 칼데론은 이미 잘 알려진 테마를 발전시키고 극적인

요소로 바꾸어 무대에 올렸다는 점에서 높이 평가될 수 있다.

이 작품은 몇 가지 중요한 문제를 제시한다. 하나는 자유의지 libre albedrío의 문제이고 다른 하나는 사실 realidad과 외형 apariencia의 문제다. 자유의지는 특히 신학자들과 철학자들 사이에서 많은 논란을 야기시켰다. 자유의지는 성경의 선악과 사건으로 설명할 수 있다. 다른 피조물과는 달리 유일하게 인간만은 자유의지를 소유한 존재인데 이 자유의지는 결정론과 대치된다. 운명론은 인간의 운명이 이미 정해져 있기 때문에 인간의 노력과 선택과는 상관없는 인생의 길이 있다는 생각이다. 이와는 반대로 성경은 인간을 자유의지를 가진 존재로 파악하며, 칼데론 역시 당시의 신학자들과 마찬가지로 정통 신학의 방법으로 문제를 해결한다. 즉 인간은 '善 el bien의 길'로 인생을 이끌어 나갈 수 있는 자유로운 존재로 자신의 운명은 자신의 선택과 노력에 달렸다는 결론이다. 점성술에 의지한 바실리오는 세히스문도가 저주의 운명을 안고 태어났다고 믿는 반면에, 세히스문도는 자신의 운명인 저주를 피하기 위해 최선을 다하여 선한 왕이 되었고 이것이 바로 자신의 삶을 '善의 길'로 이끌 수 있는 '은혜 la gracia'라는 것이다.

또 다른 문제는 '삶'을 '꿈'으로 해석한 작품에 나타난 사실 realidad과 외형 apariencia의 문제다. 삶을 꿈으로 해석한 개념은 이미 오래 전 동양의 힌두교 사상과 장자의 호접몽에도 나타나고, 또 서양의 플라톤 철학에도 명백히 나타난다. 플라톤은 우리의 삶을 동굴에 비유한다. 동굴이라는 현실의 사슬에 묶인 인간은 동굴 벽에 비친 그림자들을 실체라고 착각한다. 사슬을 끊고 동굴 밖 진리의 이데아 세계를 보고 깨달음을 얻은 철학자가 동굴로 돌아와 이데아의 모습을 전하지만 인간들은 거짓된 현실의 동굴에 안주하기를 원한다는 내용이다. 칼데론의 『삶은 꿈입니다』가 플라톤의 사상을 반영하였다는 것은 명백하다. 세히스문도가 살고 있던 탑은 왜곡된 현실의 동굴이며 거짓된 현실이다. 그곳을 벗어나서야 자신의 참 존재를 알게 되는 줄거리는 플라톤의 이론과 동일하다. 삶이 허망한 꿈이라는 문제의 해결을 위해 칼데론은 이성적으로 판단하며 도덕적 출구를 찾는다. 즉 '꿈이건 사실이건 중요한 것은 잘 행하는 것이다 sea verdad o sueño / obrar bien es lo que importa'는 결론을 도출하며, 꿈인지 사실인지는 모르지만 확실한 것은 깨어날 때를 위해 준비하고 있어야 한다는 점이다. 따라서 '아직 꿈을 꾸고 있다고 해도 잘 행해야 한다는 것을 잊지 마라 aun en sueños / no se pierde el hacer bien'고 충고한다. 17세기 철학자 데카르트는 '나는 생각한다, 고로 나는 존재한다'는 논증으로 인식하는 현실의 존재성을 확립하며 이성으로 보편적 회의를 극복한다. 반면에 칼데론은 믿음과 도덕으로 문제를 해결한다.

다음에 제시된 문제는 정치권력에 대한 작가의 고찰이다. 작품을 통해 권력의 합법성과 폭정의 존재 이유를 언급한다. 16세기의 마키아벨리는 『군주론』을 통해 도덕 위에 국가가 존재해야 하는 이유를 설명하며 군주의 도덕성에 면죄부를 주지만 당시 스페인의 마리아나 Juan de Mariana 신부는 폭군은 암살되어야 한다고 주장한다. 작품에 등장하는 바실리오 왕은 왕국의 이익이라는 명목으로 왕자 세히스문도의 인권을 무시하는데 이러한 왕의 폭정을 비난하고 도덕과 권리를 앞세워 대중 반란이 일어난다. 칼데론은 이 문제도 도덕에 초점을 맞춰 해결한다. 바실리오는 자신의 오류를 깨닫고 세히스문도는 폭정에 대항한 투쟁을 비난하며 반란의 우두머리를 처벌하는 신중함을 보인다. 마키아벨리나 마리아나 신부의 생각과는 달리 정치적 문제를 윤리적으로 해결하는 신중론의 원칙을 보여준다.

마지막으로 명예에 관한 문제가 있는데 명예의 테마는 부수적인 줄거리 로사우라 Rosaura 이야기를 중심으로 등장한다. 칼데론 극작품의 특징은 로페와는 달리 행위의 일치에 신경을 쓴다는 점이다. 그러나 『삶은 꿈입니다』에는 이중적 행위의 줄거리가 등장한다. 세히스문도를 중심으로 하는 탑에 감금된 생활과 테스트, 그리고 또 다른 감금과 자유, 회복이라는 주된 줄거리와는 별도로 명예를 회복하려는 로사우라와 아버지 클로탈도의 이야기가 등장한다. 많은 비평가들은 이 이야기는 철학적 내용의 줄거리를 재미있게 전달하기 위해 대중의 기호에 맞춰 삽입시켰다고 파악한다. 아스톨포 때문에 로사우라는 명예를 잃었고, 그와 결혼을 하거나 그를 죽이는 것만이 명예가 회복될 수 있다. 따라서 세히스문도는 사촌 에스트레야 Estrella와 결혼하고, 로사우라는 아스톨포와 결혼하는 것으로 명예의 문제는 해결된다.

철학극과 더불어 칼데론의 성사극 auto sacramental은 완성도 높은 상징극의 최고 걸작이다. 성사극은 우의적 성격을 지닌 일 막 acto의 극으로 성체축일 Corpus Christi 기간에 공연되었는데 신앙과 교리의 신학적 문제를 다룬 작품으로, 알레고리적 인물이나 죄, 또는 우아함을 주인공으로 등장시킨다. 칼데론의 『둘째 부인 *La segunda esposa*』에는 한 농부가 성체축일에 마드리드에 도착해 공연할 마차를 보고 무엇이냐고 묻는 장면이 나온다. 성사극에 대한 이 질문에 칼데론은 '시로 쓴 설교 sermones puestos en verso'로 답한다. 70편의 칼데론 성사극은 2,000행의 긴 분량의 작품으로 화려한 문체의 작품이 많다. 또한 신학적 엄격함을 특징으로 한다.

칼데론의 성사극 중에는 『발타사르의 저녁 식사 *La cena de Baltasar*』처럼 성경 내용에서 영감을 얻은 작품도 있다. 성모 마리아 테마의 『바예의 양반여인네 *La Hidalga del Valle*』와 종교적 전설을 내용으로 하는 『미사를 향한 믿음 *La devoción de la misa*』, 그리고 『성스런 오르페우스 *El divino Orfeo*』처럼 신화적 내용을 우의적으로 다룬 작품도 있다. 『세상이라는 큰 연극 무대 *El gran teatro del mundo*』처럼 총체적 시각으로 인간의 삶을 다룬 작품도 있다.

티르소 데 몰리나 Tirso de Molina (1579-1648)

티르소 데 몰리나는 필명으로, 본명은 가브리엘 테예스 Gabriel Téllez 신부다. 소리아 Soria 출신의 성심수도회 Orden de la Merced 신부로 톨레도에 머물며 신학과 예술을 공부하고 극작품을 썼다. 수도회의 반대로 십 년 동안 작품 활동을 중단하기도 한 티르소 데 몰리나는 1648년에 생을 마친다.

로페 데 베가와 칼데론 델 라 바르카와 더불어 스페인 극의 주요 작가인 티르소 데 몰리나는 로페 데 베가풍의 작품을 썼지만 서술적인 면이라든가 다이나믹한 무대 장면 도입에 있어서만큼은 다양하면서도 자신만의 독특한 성격을 배제하지 않았다. 특히 주인공의 설정에 있어 보편화된 극의 배경 -예를 들어 기사, 신화, 목가적인 분위기-에 얽매이지 않고 강한 성격을 보여주는 인물을 선택하였다. 또한 역사 테마 등에 연연하지 않고 당시 사회 현실을 잘 반영해 주는 작품을 선호하였다.

그의 극작품 60여 편이 전해 내려오는데 대표작은 『석상에게 초대받은 세비야의 농락자 *El Burlador de Sevilla y convidado de piedra,* 1630』다. 작가의 나이 50세가 넘어 발표한 이 작품은 무절제한 타락만을 쫓는 자가 당연한 귀결로 응징을 받는다는 내용이다. 작품의 주인공 돈 후안 Don Juan은 채울 수 없는 감각적 욕망에 사로잡힌 전형적인 바로크 인물로, 17세기에 돈 후안과 같은 주인공에게 줄 수 있는 결말은 응징뿐이었다. 그러나 낭만주의에 들어서면서부터 돈 후안은 도덕과 사회적 편견 안에서 몸부림치며 저항하는 인물의 상징으로 여겨지며 17세기의 응징과는 다른 반응이 나타나기 시작했다. 낭만주의 작가 소리야 José Zorrilla는 동일한 주인공의 『돈 후안 테노리오 *Don Juan Tenorio,* 1844』를 발표하는데, 거친 무법자와 같은 돈 후안 대신에 섬세한 인물로 그려지며 응징 대신 구원을 받는 인물로 나온다. 티르소 데 몰리나의 작품에 등장하는 돈 후안은 프랑스 극작가 몰리에르의 『동 쥐앙 *Dom Juan*』, 1787년 모차르트의 오페라 『돈 조반니』, 바이런의 장시 『돈 후안』 그리고 소리야의 작품에까지 등장하면서 끝없는 성적 욕망을 가진 서구사회 인간의 아이콘으로 변모한다.

티르소의 의도는 명확했다. 따라서 주인공 돈 후안의 죽음으로 도덕적 교훈을 주려는 티르소는 돈 후안의 개성에 구체적인 성격을 부여하지는 못했다. 작가에게 중요했던 것이 인과응보였고, 하느님의 자비만을 믿고 방종한 쾌락을 추구한 자의 종말이 어떤 것인지 보여주고자 했던 것이다. 그럼에도 불구하고 티르소 데 몰리나는 직관적 통찰이 강했던 작가였고 또 인간 유형의 기본 골격을 그려낼 수 있었기 때문에, 그 유형은 이후의 문학에서 다양한 모습으로 재해석되었다.

작품의 줄거리는 다음과 같다. 1막은 왕궁에서 시작한다. 옥타비오 Octavio 공작과 결혼을 약속한 이사벨라 Isabela에게 돈 후안 don Juan이 접근한다. 돈 후안은 옥타비오 공작인 척하며 이사벨라를 범한다. 이사벨라의 고함 소리에 나폴리 왕이 뛰어나오고, 왕은 스페인의 대사이자 돈 후안의 삼촌인 돈 페드로 don Pedro에게 사건 해결을 위임한다. 범인이 조카임을 안 돈 페드로는 돈 후안을 도망치게 하고, 왕에게는 범인이 도망치다 죽은 것으로 거짓말한다. 한편 돈 페드로는 옥타비오 공작을 찾아가 왕궁 안에서 이사벨라와 파렴치한 행동을 했다고 질책하며 도망칠 것을 권유한다. 자신이 범인으로 몰린 것을 안 공작은 스페인으로 도망친다. 한편 도망치던 돈 후안의 배는 침몰하고 돈 후안과 하인 카탈리논 Catalinón은 아름다운 어부 아가씨 티스베아 Tisbea의 도움으로 겨우 목숨을 건진다. 티스베아의 미모에 반한 돈 후안은 그녀와 결혼하겠다는 거짓 약속으로 그녀를 범한 다음 도망친다.

2막에서 돈 후안의 소식을 들은 카스티야 왕은 그를 레브리하로 추방시키는데 그가 이사벨라를 범한 사실을 알고 그와 이사벨라를 결혼시키려 한다. 왕은 원래 돈 후안을 곤살로 데 우요아 Gonzalo de Ulloa의 딸 아나 Ana와 결혼시키려고 했지만, 이제 아나를 옥타비오 공작과 결혼시키려 하자 아나를 사랑한 사촌 모타 후작 Marqués de la Mota은 이 소식에 절망한다. 아나 역시 절망하여 모타 후작에게 사랑의 표시로 하룻밤을 같이 지내자는 전갈을 보내지만, 이 전갈은 우연히 돈 후안에게 전달된다. 사랑의 언약을 지키기 위한 약속은 11시였지만 돈 후안은 아나를 농락해 보려는 생각에 모타 후작에게 12시라고 알려준다. 11시에 아나의 집에 나타난 돈 후안은 그녀를 겁탈하는데 아버지 곤살로에게 이를 들키자 그를 찔러 죽이고 도망친다. 뒤늦게 약속 장소에 나타난 모타 후작은 돈 후안의 아버지 돈 디에고 don Diego에게 붙잡히고 아나는 사그라도 sagrado(일종의 소도)로 들어간다. 레브리하로 가던 돈 후안은 막 결혼식을 올리려던 신부 아민타 Aminta와 신랑 바트리시오 Batricio를 만난다.

3막에서 돈 후안은 바트리시오에게 자신과 아민타는 사랑을 약속한 사이이며 그녀를 범했다고 거짓말한다. 바트리시오는 절망하여 떠나고, 돈 후안은 아민타의 아버지 가세노 Gaseno에게 딸과 결혼하겠다고 속인 다음 아민타를 범하고 도망친다. 한편 이사벨라는 자신을 범한 돈 후안과 결혼하기 위해 세비야로 오다 티스베아를 만나고 그녀도 돈 후안에게 농락당한 사실을 알고 그를 찾아 함께 길을 떠난다. 옥타비아 공작과 모타 후작은 이 모든 것이 돈 후안의 농락임을 알고 그를 찾고, 아민타 역시 그를 찾아 나선다. 도망치던 돈 후안은 곤살로 데 우요아 무덤에 이르고 그의 석상을 저녁 식사에 초대한다. 왕궁에는 돈 후안을 찾으러 온 사람들이 모여 들었다. 한편 돈 후안은 그의 초대를 받아들인 곤살로의 석상과 악수하다 죽음을 맞게 된다. 카탈리논으로부터 그의 죽음을 알게 된 왕은 옥타비오 공작과 이사벨라, 아나와 모타 후작, 티스베아와 그녀를 사랑하던 어부 안프리소 Anfriso, 아민타와 바트리시오를 결혼시키는 것으로 작품은 끝난다.

돈 후안이라는 인물에 대한 해석은 수없이 많다. 사랑에 쉽게 빠지는 인물로 해석되기도 하고 이와는 반대로 사랑이 불가능한 인간으로 돈 치부되기도 한다. 끝없는 욕망에 사로잡힌 인간이라는 해석도 있고, 쾌락을 즐길 줄 모르는 인간이라는 해석도 있다. 또한 남성의 상징이라는 해석도 있고, 이와는 정반대의 해석도 존재한다.

제 3 부
18세기 문학

1. 유럽의 사상과 계몽주의

유럽의 18세기는 빛의 세기, 또는 계몽의 세기 siglo de las luces, siglo de la Ilustración로 불린다. 기독교 신앙에 기초한 서구 사회에서 빛은 항상 진리인 창조주를 의미했다. 그러나 18세기를 명명하는 빛은 이성과 합리적 사고와 교육을 의미한다. 18세기 유럽 문화는 합리주의, 혹은 이성주의 Racionalismo와 비판철학 Criticismo에 근거한다. 또한 유럽 사회에 이신론 Deísmo이 널리 퍼진 시기인데, 자연신교인 이신론은 하느님의 존재를 이성과 경험을 통해 받아들이는 철학 이론이다. 유럽 사회의 모든 면을 지탱하던 기존의 종교관과는 달리 이성적 진리에 한정시킨 합리주의 신학의 종교관이 널리 퍼진 것이다.

한편으로는 시민 세력이 점점 커지고 인간의 이성과 경험이 중시되면서, 종교와 신학에 바탕을 둔 문화는 비판의 대상이 되어갔다. 또한 기독교 교리와 전통에 따른 지식과 관습에서 멀어지고 인간 이성에 절대적인 신뢰를 보이기 시작한 시기이기도 했다. 사회가 진보하고 기술이 발전함에 따라 인간의 행복도 얻어질 수 있다는 논리적 사고와 이성에 큰 힘을 실어준 시기다.

전통 기독교와 새로운 사상에 입각한 시대적 변화는 겉으로는 큰 충돌 없이 다가왔지만, 기독교의 성경은 더 이상 사람들의 사고와 행동의 규범 역할을 하지 못했다. '나는 생각한다, 고로 나는 존재한다 Pienso, luego existo'의 데카르트와 17세기의 프란시스 베이컨, 로크, 스피노자 등의 철학자들로부터 시작된 이성 중심의 사상적 토대는 1751년과 1782년 사이에 프랑스의 디드로 Diderot와 달랑베르 D'Alembert의 『백과사전 *Encyclopédie*』을 탄생시켰다. 『백과사전』의 출현은 새로운 시기가 도래했음을 보여준 단적인 예로, 기존의 기독교에서 성경의 자리를 백과사전이 차지하기 시작했다. 반종교적이고 반봉건적 사상에서 출발한 백과사전파는, 이성을 합리적 사회를 위해 꼭 필요한 힘으로 인식하며 무한한 신뢰를 보냈다. 또한 이성에 입각한 인간의 자유와 평등을 추구하였다. 프랑스에서 시작된 합리주의와 이성주의는 곧 유럽 전역과 미국으로 퍼져 나갔고, 18세기의 서구 세계는 혁명적 열기로 가득차면서 계몽주의 시대가 시작되었다. 이성 중심의 사상에 따라 모든 인간은 천부인권을 가진다는 생각은 1776년 미국의 독립선언문과 1789년 프랑스 인권선언서의 철학적 근거가 되었다.

계몽주의는 17세기 후반에서 18세기 후반까지 나타난 운동으로, 다양한 과학적 발견으로 인해 철학자들이 새로운 질서를 부여하면서 나타났다. 중세 우주의 질서를 표방한 천동설은 1632년 갈릴레오의 지동설로 숙명적인 도전을 받게 된다. 갈릴레오의 지동설은 중세적 세계관의 중추였던 프톨레마이오스 천문학 이론, 즉 지구를 중심으로 우주가 돈다는 천동설을 무너뜨렸기 때문이다. 창조론의 중심이던 지구의 위상이 하락하면서, 창조주가 우주를 지배한다는 이론도 힘을 잃었다. 창조주의 자리에 과학적 수학 법칙들이 자리 잡았고, 수학 법칙은 우주를 지배하는 이론으로 부각되었다. 계몽주의 세계관의 기본 패러다임인 수학 법칙은 뉴턴의 『자연철학의 수학적 원리』에 힘을 얻었다. 물질 세계가 단순한 이성의 법칙들에 따라 작동한다는 뉴턴 이론의 핵심은 그 시대의 지배적 메타포였다. 인간의 이성을 통해서 이러한 법칙을 파악할 수 있고 그 기본 법칙들에 따라 물질 세계의 질서가 잡힌다면 당연히 도덕과 정치와 미학과 예술의 세계까지도 그런 기본 법칙들에 따라 질서화되는 것은 틀림없다고 생각했다.

이성에 의한 질서화 이론은 이성 중심의 세계와 감성 중심의 세계 사이에 근본적인 분리를 가정했다. 예를 들어 이성 중심의 세계와는 다른 감성 중심의 세계, 또 그 안의 미학적 가치와 도덕 가치의 문제가 속해 있는 감성과 주관의 비이성적 영역은 그다지 염두에 없었고, 따라서 불충분한 패러다임이었다. 이 패러다임에 따르면 이성은 수학적 원리이고, 이러한 원리에 따라 작동하지 않는 것들은 모두 열외로 취급한다. 즉 감성과 감정과 같은 비이성적 영역은 이차적이고 중요하지 않을 뿐 아니라 진실되지도 않다고 추정해 버리고 이분법적으로 분리시켰다. 이러한 세계관은 이성에 의해서 지배되는 우주의 물질적 세계와는 다른 감성적 문제, 개인적 특이성, 신념과 도덕의 문제, 미학과 예술의 문제, 여성문제 등의 비이성적 문제들을 배제시켰다. 더불어 이성의 세계는 비이성의 세계보다 우월하며, 따라서 이성의 세계가 비이성의 세계를 컨트롤해야만 한다는 가정도 포함되었다. 이것은 무질서하고 주변적이고 이차적인 세계에 질서를 부여해야 하기 때문이라고 생각했다. 예를 들어 데카르트는 인간은 자기의 감정을 마스터하여 그것을 억제하는 법을 배워야 한다고 주장한다. 이성적인 존재가 곧 창조주며, 그 창조주는 이성이 결핍되어 있는 모든 존재들에게 이성에 따른 질서를 부여해줄 권리가 있다는 견해다.

부르주아의 발전은 계몽주의가 전파되는데 큰 영향을 미쳤다. 16세기부터 급격한 발전을 보인 부르주아는 농업이 아닌 초기 공업과 상업에 바탕을 둔 도시 경제의 중심 세력이었다. 그러나 농업과 목축업 중심의 귀족들은 수 세기 동안 부르주아를 무시하였고, 교회도 그들의 경제 행위를 고리대금업과 같이 취급하였다. 그러나 18세기의 새로운 세속 정신은 부르주아의 입장을 옹호하였고, 그들 또한 그러한 사상적 흐름에 동조하였다.

개혁적 사상에 힘을 보탠 것은 부르주아뿐 아니라 절대 왕권의 왕들도 마찬가지였다. 교회는 로마 교황청에 속해 있었고 로마 교황청은 교황의 권위를 하락시키는 왕들과 마찰을 빚으며 사소한 일에도 영향력을 행사하려고 했기 때문에 교회와 절대왕권 사이의 마찰은 필연적이었다. 당시 교회는 많은 토지를 소유하였고 경제 개혁의 큰 걸림돌이었뿐 아니라 교육 기관의 대부분도 교회에 속해 있었기 때문에, 교회는 왕들의 교육 개혁의 추진에도 제동을 걸었다.

기독교 국가인 스페인에서 계몽주의가 실행되기에는 많은 어려움이 있었다. 스페인은 반종교개혁 Contrarreforma으로 말미암아 17세기에도 여전히 기독교 중심 문화가 지배적이었고 세속적인 외부와의 접촉이 차단되어 굳건한 종교 영향력 하에 있었기 때문이었다. 따라서 스페인에서의 계몽주의는 매우 열악할 수밖에 없었다. 또한 스페인에 상업과 공업의 존재는 미약하여 부르주아가 발전할 수 없었다는 사실도 새로운 계몽주의 사상의 도입을 어렵게 한 또 다른 이유였다. 그럼에도 불구하고 역사는 흐르고, 새로운 사상의 도입으로 스페인도 조금씩 변해 나갔다.

2. 스페인의 개혁 사상과 문화 기관

스페인의 18세기를 통치하기 시작한 왕은 프랑스 루이 14세의 손자로 부르봉왕조의 펠리페 Felipe 5세였다. 이어 페르난도 Fernando 6세와 카를로스 Carlos 3세, 카를로스 Carlos 4세로 이어진다. 프랑스의 절대군주제를 따른 펠리페 5세는 왕권을 강화하면서 교회 권력과 충돌하였다. 왕의 특권을 보호하는 여러 방법들을 취하면서 예수회 jesuítas와 큰 마찰을 빚었고, 카를로스 3세는 1767년 예수회를 추방하기에 이르렀다. 대부분의 교육기관이 예수회에 속해 있었기 때문에, 이들이 추방되면서 교육의 개혁도 가능해졌다. 반종교개혁운동으로 금지되었던 서적도 어느 정도 유입되고 신학과 법률, 철학과 과학의 교육도 전파되면서, 유럽의 다른 나라들과 마찬가지의 길을 갈 수 있었다.

교회의 비난과 종교재판소의 심한 감시에도 불구하고, 스페인 계몽주의자들은 시대적 분위기에 어느 정도 편승할 수 있었다. 루소, 볼테르, 콩디야크 등의 서적을 몰래 들여와 탐독하기도 하였다. 그들은 과거에 정체돼 있던 당시의 스페인 사회와 정치와 종교에 대하여 비판적 입장을 취했고, 특히 지배 계층에는 비밀결사조직 masonería이 널리 퍼져있었다.

조금씩 앞으로 나아가던 계몽주의 사상은 1789년 프랑스 혁명으로 단절되었다. 당시 플로리다블랑카 Floridablanca 장관은 다음과 같은 성명을 발표했다: '계몽주의 세기가 사람들의 권리를 가르쳤다지만, 또 한편으로는 진정한 행복과 안정과 안전도 빼앗아 갔다고 할 수 있다. 따라서 우리는 계몽 luz도 필요 없고, 계몽의 결과로 나타나는 당국에 대항한 무례한 행동과 말과 글도 필요 없다.' 결과적으로 혁명 사상에 대한 안전벽이 세워졌고 신문 발행은 금지되었고 계몽주의 사상에 입각한 많은 교육 기관의 활동도 금지되었다. 프랑스 혁명은 많은 사람에게 공포를 주었고, 소수의 사람들만이 혁명에 동조하고 뜻을 같이 했다. 단절된 계몽주의 정신은 1792년경 아란다 Aranda 장관과 고도이 Godoy 장관의 주도로 다시 시도되지만 많은 한계에 직면해야 했다. 이러한 분위기에서 스페인 내부의 의견은 양분되기 시작하였다. 변화를 수용하고 추구해야 한다는 자유주의 Liberalismo와 개혁에 반대하는 전통주의 Tradicionalismo의 대립이 시작된 것이다. 타협하기 힘든 두 세력 사이의 다툼은 이후 스페인 역사를 극단으로 몰고 가는 상황에 빠지게 했다.

스페인에도 계몽주의 사상이 발전하였고, 그 반영으로 새로운 문화 기관이 탄생하였다. 또 문화 기관의 노력으로 유럽 문화로부터 고립되어 있던 거리를 좁힐 수 있었다. 주요 기관으로는 1712년 펠리페 5세가 왕실 도서관의 책으로 설립한 최초의 국립도서관 Biblioteca Nacional과 스페인 한림원 Real Academia Española을 들 수 있다. 스페인 한림원은 1713년 후안 마누엘 마르티네스 파체코 Juan Manuel Martínez Pacheco를 중심으로 한 지식인들이 스페인어의 순수함을 지키려는 목적으로 만들었고, 1714년 왕이 공식 기관으로 인정하였다. 따라서 스페인 한림원은 목표 '순수하라, 견고하라, 빛을 발하라 Limpia, fija y da esplendor'를 지향한다. 스페인 한림원은 1726년에서 1739년까지 각 단어마다 권위 있는 작가의 글로 의미를 입증한 『권위 사전 *Diccionario de Autoridades*』 여섯 권을 출판하고, 1741년의 『맞춤법 *Ortografía*』과 1771년의 『문법 *Gramática*』 책도 출판하였다. 또한 1735년에는 역사 한림원 Real Academia de la Historia도 설립하여, 과거 스페인 역사에 대한 자료와 발자취를 모으고 보존하여 그 가치가 훼손되지 않도록 노력하였다.

공식적이지는 않지만 '친구들의 모임 Sociedades de Amigos del País'도 있다. '친구들의 모임'은 스페인 국민이 가장 현실적으로 경제와 사회 부분의 문제를 가까이 체감할 수 있었던 기관이라는 점에서 매우 뜻깊은 곳이라 할 수 있다. 각 지역마다 세워진 '친구들의 모임'은 농업과 상공업, 예술과 학문을 장려하기 위해 세워진 기관으로, 그곳에서는 라틴어와 불어, 지리, 스페인 역사와 경험 물리학 등을 가르쳤다. '친구들의 모임' 덕분에 스페인에는 지역마다 공장과 학교가 세워졌고, 또 그것은 과학과 예술과 기술 등의 실용적 분야에 큰 공을 세웠다. 더불어 1792년 가스파르 멜초르 데 호베야노스 Gaspar Melchor de Jovellanos가 히혼 Gijón에 세운 '아스투리아 지방 왕립원 Real Instituto Asturiano'도 문화 기관으로 언급할 수 있는데, 이곳은 그 지역의 경제와 문화 발전을 장려하기 위한 기관으로 계몽적 목표가 확실했다. 이외에도 1769년 이후로 언론과 대학도 개혁에 동참했고, 유럽 사상과 접촉하면서 질적인 면이 많이 향상되었다.

3. 18세기 스페인 문학

18세기 스페인 문학은 세 가지 특징을 보인다. 우선 중요한 문학 작품이 탄생되지 않았다는 점이다. 또 외국의 모방이 심했던 시기였다는 점도 특징이다. 마지막으로 정통성 ortodoxia이 결여돼 있다는 점이다. 계몽의 세기, 혹은 빛의 시기에 어울리지 않게 스페인의 계몽주의는 전통과의 화합을 바탕으로 한 사상이었기 때문에 단지 흉내를 내었을 뿐 정통성은 결여돼 있는 것으로 해석할 수 있다.

중요한 문학 작품이 탄생할 수 없었던 것은 18세기는 연구와 분석에만 노력을 기울였을 뿐 창조와 창작에는 그다지 큰 관심을 기울이지 않아 문학이 특별히 주목받지 못했기 때문이다. 18세기의 계몽주의는 사상에 큰 발전을 이루었지만, 지식인들은 사상에만 관심을 쏟고 창작을 등한시했다. 또한 18세기는 이성이 지배했던 시기로, 이성의 영역이 아닌 예술과 창작을 위한 자극은 당연히 억제되었다. 마지막으로 프랑스의 고전주의적 이성주의에 바탕을 둔 미학이 전 유럽에 영향을 미치면서 규범과 원칙과 규칙이 중요시되었고, 이것들은 문학 창작에 많은 제한을 주었다. 이러한 시대적 분위기에서 18세기 문학은 바로크에 대한 투쟁의 개념으로 시작하여 신고전주의 Neoclasicismo로, 또 신고전주의에서 초기 낭만주의 Prerromanticismo로 변화하였다.

그러나 18세기도 여전히 바로크 스타일만을 고집한 작가도 있었다. 살라망카 출신의 디에고 데 토레스 비야로엘 Diego de Torres Villarroel이 대표적인 인물로 케베도를 모방한 작가다. 『케베도와 마드리드를 돌아본 토레스의 관점과 여행기 *Visiones y visitas de Torres con Quevedo por Madrid*』와 자전적 작품인 피카레스크 소설 『디에고 데 토레스 비야로엘 박사의 생애 *Vida del doctor Diego de Torres Villarroel*』가 있다.

18세기 문학은 대략 1750년까지는 바로크에 대한 투쟁의 시기로 볼 수 있다. 바로크 정신과 미학이 알맹이는 없고 형식만 남아 수식을 위한 수식으로 남게 되면서 프랑스와 이탈리아의 고전주의에 접근하였던 시기다. 관심을 끌 만한 작품은 거의 없었다. 수필과 풍자, 비평이 대부분을 차지했고 단순하고 명료한 문체가 주를 이루었다. 주요 작가로 이그나시오 루산 Ignacio Luzán을 들 수 있고, 그는 『시학 *Poética,* 1737』을 통해 프랑스처럼 규범과 원칙을 통해 문학을 재려고 노력하였다. 또 당시 최고의 지성으로 불린 베니토 헤로니모 페이호오 이 몬테네그로 Benito Jerónimo Feijoo y Montenegro를 들 수 있는데 그는 외국 서적을 탐독하면서 『세계 연극 비평 *Teatro crítico universal*』과 수필집 『학자의 편지 *Cartas eruditas*』를 출판했다. 수필집을 통해 철학, 물리학, 예술, 신학, 자연과학, 수학과 역사학의 문제를 명쾌하고 예리하게 비판하고, 종교와는 병존할 수 없는 국가의 과학 발전과 경험론과 순수 이성의 실천을 주장하였다. 또 미신이나 잘못된 대중 신앙의 타파를 위해서도 작품의 많은 부분을 할애하였다. 그의 글은 심한 공격을 받았고, 1750년에 페르난도 6세는 그에게 글쓰기를 금지시키기도 하였다. 그러나 페이호오 덕분에 많은 책이 번역되었고 세 곳에 별 관측소가 생기고 마드리드 식물원이 탄생하기도 하였다. 또 신문은 과학의 전파에 많은 지면을 할애하였다.

다음으로는 신고전주의 Neoclasicismo 시기로 설명할 수 있다. 신고전주의는 18세기 말까지 이어지며 이성에 기초한 프랑스 고전주의의 규범과 원칙을 받아들이고 이탈리아의 신고전주의자들을 모방했던 시기다. 신고전주의는 계몽주의와 합리주의에 부합하는 미학적 태도다. 계몽주의는 인간과 자연사이의 완벽한 조화가 있다고 생각하고, 조화를 유지하기 위해 인간의 이성이 중요한 역할을 한다고 생각했다. 따라서 이성적인 것만이 자연적이고 개발될 가치가 있다고 파악한다. 미학적 태도인 신고전주의에 따르면, 예술은 인간과 자연과 세상 사이의 조화와 교류를 표현할 임무를 가진다. 더불어 조화와 교류가 존재하지 않을 때에는 존재할 수 있도록 고발하여야 할 임무도 띠고 있다. 따라서 신고전주의에서 비평과 풍자는 중요한 장르다. 또한 이성에 의해 조화와 교류가 이루어지기 때문에, 이성은 예술을 지배할 의무가 있고, 고전주의 기준은 예술가가 지켜야 할 규칙들이 된다. 신고전주의라는 단어 자체도 이 같은 내용을 함축하고 있다.

따라서 자연과 고전주의 규칙의 모방은 신고전주의 예술의 핵심이다. 당연히 감정은 배제되고, 단순하고 자연적이고 이성적일 뿐이다. 회화, 건축, 조각, 문학 작품은 외형적인 아름다움을 추구한다. 차가운 느낌을 주며 큰 감동은 없는 작품이 대부분이다. 물론 예외적인 예술가들이 없는 것은 아니다. 음악에는 모차르트, 글룩크, 하이든과 바흐가 있었고, 회화에는 독일의 멩스와 스페인의 고야가 있다. 또 문학에는 독일의 괴테와 같은 훌륭한 작가가 있었다.

그러나 규칙으로 제한된 정신 세계는 인간의 내적 감정과 열정을 표현하기 어려웠고, 이 시기의 문학은 유럽의 모든 나라에서 높지 않은 수준에 머문다. 선호하는 장르는 비평과 풍자였고, 또 수필은 정치, 철학, 과학, 종교, 예술 등의 소재를 담는데 적당했기에 많이 쓰였다. 인간의 이성은 진보를 위한 일에 써야 한다는 생각에 문학 창작은 경시되었다. 특히 서정시에는 관심이 없었다. 계몽적 신고전주의 작가 호베야노스 Jovellanos는 시, 특히 서정시는 진지한 남자에게 어울리지 않는다고 말한다. 특히 시를 쓰는 목적이 사랑이라면 더욱 더 어울리지 않는다고 말한다. 그리고 혹시 장시를 쓰고 싶다면 실용적 테마, 즉 세비야의 농업, 상업, 예술에 대한 보고서 같은 내용의 장시를 권한다는 호베야노스의 말 속에 당시의 문학에 대한 태도가 잘 드러나 있다.

신고전주의 시대에 바로크 문학은 경시되었고, 연극에서는 삼일치의 법칙이 잘 지켜졌다. 환상과 상상과 신비의 극은 배제되었고 희극과 비극이 엄격히 구분되었으며 희극 중에서도 도시 희극 comedias urbanas이 많았다. 시에서는 서정시가 의미 없는 시로 전락했고, 사상가로부터 영감을 얻은 철학시와 목가적 테마의 시, 그리스의 서정시인 아나크레온 Anacreonte 풍의 경쾌하고 재치 있는 삶의 지혜가 담긴 시가 많은 반면, 인간의 내적 감정이 드러나는 시는 없었다. 또 산문이 자리를 잡은 시기이기도 하다.

스페인의 신고전주의 시인으로 호세 카달소 José Cadalso를 들 수 있는데 그는 시 외에 산문 작품 『모로코人의 편지 *Cartas marruecas*』도 유명하다. 목가적 테마의 시인 후안 멜렌데스 발데스 Juan Meléndez Valdés와 가스파르 멜초르 데 호베야노스 Gaspar Melchor de Jovellanos도 들 수 있다. 서정 시인이자 극작가 니콜라스 페르난데스 데 모라틴 Nicolás Fernández de Moratín과 그의 아들 레안드로 페르난데스 데 모라틴 Leandro Fernández de Moratín, 토마스 데 이리아르테 Tomás de

Iriarte와 펠릭스 마리아 사마니에고 Félix María Samaniego, 『라 라켈 *La Raquel*』의 비센테 가르시아 델 라 우에르타 Vicente García de la Huerta도 있었다. 또 마드리드의 일반 소시민의 생활에서 영감을 얻어 사이네테 sainete를 쓴 라몬 델 라 크루스 Ramón de la Cruz도 대표 작가로 꼽을 수 있다.

18세기의 마지막 몇십 년은 초기 낭만주의 Prerromanticismo가 나타난 시기다. 신고전주의 분위기와는 달리 초기 낭만주의는 감정이 풍부하여 눈물이 많았고, 신고전주의의 평온하고 안정된 자연관과는 달리 밤과 천둥과 묘지와 환상의 테마 등이 등장하며 19세기 낭만주의를 예고한다. 초기 낭만주의 감각은 영국 시인 맥퍼슨 Macpherson과 에드워드 영 Eduard Young, 토마스 그레이 Tomás Gray와 스위스 사상가 루소 Rousseau, 그리고 프랑스의 소설가 자크 생피에르 Saint-Pierre 등에 영향을 받아 시작되었다.

스페인 신고전주의는 오래가지 못했다. 카달소와 멜렌데스 발데스와 모라틴 등의 작가들이 말년에 신고전주의의 위기를 고하고 초기 낭만주의 경향으로 돌아섰기 때문이다. 또한 니카시오 알바레스 시엔푸에고 Nicasio Álvarez Cienfuegos와 마누엘 킨타나 Manuel José Quintana, 마누엘 마리아 데 아르호나 Manuel María de Arjona와 호세 마르체나 José Marchena, 스페인 전통사회를 신랄하게 비판하며 『스페인에서 보낸 편지 *Cartas desde España*』를 영어로 출판한 호세 마리아 블랑코 화이트 José María Blanco White와 알베르토 리스타 Alberto Lista 등을 초기 낭만주의 작가로 들 수 있다.

4. 비평과 연극

18세기에 가장 활발한 장르는 비평이었다. 당시 스페인 사회의 모든 분야는 비평의 대상이었다. 그러나 스페인이 낙후된 것은 유럽의 다른 나라들과는 다른 종교 때문이라고 생각했기 때문에, 특히 종교와 관계된 비평의 글이 많았던 시기다. 극이라는 장르도 18세기에 주목을 받았는데 17세기 스페인 극이 국민의 사랑을 많이 받으며 당시 사회 분위기를 주도했기 때문에, 18세기 계몽주의자들은 사회를 변화시킬 수 있는 장르는 극이라고 생각했다. 극을 통해 스페인이 변화되고 무지한 사람들을 계몽시킬 수 있다고 생각했기 때문에, 18세기 스페인 극은 대단한 논쟁의 중심이 되었다.

비평은 계몽주의 개혁의 가장 큰 무기였다. 사회와 문학 등 모든 분야에 걸쳐 비평이 활발했던 시기였고, 심지어 극단적인 풍자 성격을 보이기도 했다. 18세기 스페인의 계몽주의 지식인은 스페인의 관습과 편견, 종교와 시민 생활의 질서가 유럽의 다른 나라들, 특히 이웃 국가인 프랑스와 많은 차이를 보인다는 점을 인식했다. 이들은 비평 글로 그 차이를 줄이고 스페인을 변화시키려는 모든 노력을 기울였으며 때로는 국민의 양심에 호소하기도 하였다. 대표 인물 호세 카달소 José Cadalso는 뒤에서 자세히 살펴보기로 하자. 또 사회 비평에 뛰어났던 작가로 예수회의 호세 프란시스코 데 이슬라 José Francisco de Isla (1703-1781) 신부를 들 수 있는데 그는 허영과 허세뿐인 지방 귀족들과 의사들을 비난하고, 성경 지식이 없는 무식한 성직자들을 가차 없이 비평의 대상으로 삼았던 작가다. 『문학 우화 *Fábulas literarias*』와 『금자둥이 도련님 *El señorito mimando*』, 『버릇없이 자란 아가씨 *La señorita mal criada*』의 토마스 데 이리아르테 Tomás de Iriarte(1750-1791)도 부르주아 계층을 신랄하게 비판한다. 레안드로 페르난데스 데 모라틴 Leandro Fernández de Moratín은 『새로운 극 *La comedia nueva*』을 통해 글재주 없는 작가들을 비난하고, 『위선자 *La mojigata*』에서 거짓 신앙

생활자를 비판한다. 또 『노인과 소녀 *El viejo y la niña*』와 『아가씨들의 '네'라는 대답 *El sí de las niñas*』에서는 여성들에게 본인의 자유의사로 결혼을 결정하라고 주장하며 스페인의 결혼 악습을 지적한다. 가스파르 멜초르 데 호베야노스 Gaspar Melchor de Jovellanos 역시 사회비판에 작품의 많은 부분을 할애한다. 희극 『정직한 범인 *El delincuente honrado*』에서는 결투를 신청한 사람과 이에 응한 사람들을 똑같이 처벌하는 법령의 모순을 지적하고 비판한다. 『아르네스토에게 *A Arnesto*』라는 풍자글을 통해 간통과 도덕적 타락과 잘못된 교육을 질책한다. 계몽주의에 끌려 영국으로 이민간 후 성공회로 개종한 세비야의 사제 호세 마리아 블랑코 José María Blanco(1775-1841)도 『스페인에서 보낸 편지 *Cartas desde España*』를 통해 스페인 전통 사회를 신랄하게 비판한다.

문학 비평도 활발했다. 프랑스 작가 부알로 Nicolás Boileau의 『시학 *Arte poética,* 1674』은 프랑스 고전주의 원칙을 명료하게 요약한 비평서로 유럽 신고전주의의 교리로 인식된 책이다. 더불어 그리스의 아리스토텔레스와 로마의 호라티우스와 키케론에서 영감을 얻은 유사한 비평서들이 프랑스와 이탈리아에서 출판되면서 비평가들의 인용의 대상이 되었다. 비평서 이론에 따르면 원칙과 규칙을 따를수록 훌륭한 작품이라는 것이었다. 스페인의 문학 비평으로는 이그나시오 루산 Ignacio Luzán(1702-1754)의 『시학 *Poética,* 1737』을 들 수 있으나, 그 영향력은 크지 않았다. 파블로 포르네르 Pablo Forner(1756-1797)가 운문과 산문을 섞어 쓴 『스페인어 장례식 *Exequias de la lengua castellana*』에서는 스페인 문학의 발전과 쇠퇴를 연구하고 당시의 문학에 강한 비판을 가하기도 하였다.

이와 때를 같이 하여 문학사에 대한 관심도 커졌는데 작품으로는 마르틴 사르미엔토 신부 Fray Martín Sarmiento(1595-1771)의 『스페인 시와 시인의 역사에 관한 고찰 *Memorias para la historia de la poesía y poetas españoles*』이 있다. 하비에르 람피야스 Javier Lampillas (1731-1810)와 후안 안드레스 Juan Andrés(1740-1817)는 로마시대의 스페인 문학을 다루었고, 레안드로 페르난데스 데 모라틴 Leandro Fernández de Moratín은 인생의 말년에 프랑스로 망명하여 『스페인 극의 기원 *Orígenes del teatro español*』을 썼다.

비평과 더불어 18세기 문학의 관심의 주요 관심사는 극이었다. 스페인 문학에서 극은 이미 17세기부터 스페인 사회의 중요한 장르였는데, 18세기의 계몽주의자들 역시 자신들의 개혁 사상과 신고전주의 미학을 전파시킬 수단으로 극을 이용하려고 하였다. 이러한 의도는 관객들과의 많은 갈등을 일으켰다. 관객들은 17세기의 로페 데 베가 Lope de Vega의 '제멋대로 극 teatro desarreglado'과 계몽과는 상관없는 무식한 작가들의 불합리한 작품에 박수를 보내며 환호했기 때문이었다. 계몽주의자들은 이러한 극의 비합리성과 비논리성을 지적하며, 스페인 관객을 비판하고 나무랐지만 아무 소용이 없었다. 스페인 관객은 신고전주의적 원칙을 지키고 타당한 내용을 담은 신고전주의 스페인 극과 프랑스나 이탈리아의 번역극에는 관심이 없고 환상적 모험으로 가득한 극만을 여전히 선호하였다. 개혁주의자들의 비난은 계속 이어졌고, 레안드로 페르난데스 데 모라틴은 카를로스 4세의 집정 초기에 왕의 극 개혁 작업을 위한 담당자로 임명되기도 했지만 결국 실패를 인정하고 사임해야 했다. 신고전주의적 원칙을 지킨 작품 중에 극소수만이 관객의 사랑을 받았다.

성사극 auto sacramental도 신고전주의의 공격 대상이었다. 성사극은 16세기부터 성체축일 Corpus Christi때 스페인 전역에서 공연되던 종교극으로, 계몽주의 사상가 호세 데 클라비호 José de Clavijo

(1730-1806)와 니콜라스 페르난데스 데 모라틴 Nicolás Fernández de Moratín (1737-1780) 등의 비난을 받았다. 이들은 성사극이 기독교 신앙에서 크게 벗어난 내용이 많을뿐더러 우의적 주인공이 등장하고 성경의 인물과 인간의 대화가 나오는 등 논리적이지 않다는 점, 그리고 중세의 시대착오 아나크로니즘 anacronismo에 빠진 작품들이라는 점을 지적하며 비난하였다. 더욱이 성자 역할을 하는 배우의 비도덕적인 생활도 비난의 대상이었다. 1765년 카를로스 Carlos 3세가 성사극 공연을 금지시키면서, 논쟁은 계몽주의자들의 성공으로 일단락되었다. 보수 성향의 메넨데스 펠라요 Menéndez Pelayo 중심의 비평가들은 종교적 색채가 짙은 스페인의 국가 정신이 신앙심이 없는 프랑스에게 무릎을 꿇었다고 주장하기도 했지만, 도덕적 타락으로 말미암아 기독교 신앙의 특징이 사라져간 성사극에 대한 금지는 정당화될 수밖에 없었다.

5. 주요 작가들

레안드로 페르난데스 데 모라틴 Leandro Fernández de Moratín (1760-1828)

레안드로 페르난데스 데 모라틴 Leandro Fernández de Moratín은 1760년 3월 10일 마드리드에서 태어났다. 시인이자 극작가 니콜라스 페르난데스 데 모라틴 Nicolás Fernández de Moratín의 아들로, 대학 교육에 부정적이던 아버지 때문에 대학 교육은 받지 못했다. 그러나 젊은 시절에 쓴 두 편의 작품이 스페인 한림원의 수상작일 정도로 천재성을 발휘하였고, 문화를 이해하는 면에서는 당대 최고의 지성이었다. 호베야노스 Jovellanos의 추천으로 1787년 카바루스 Cabarrús 백작 비서로 파리에 머물기도 하고, 고도이 Godoy 장관의 도움을 받아 프랑스와 영국, 이탈리아 여행을 했으며 또 프랑스 혁명을 직접 목격하기도 했다. 파키타 무뇨스 Paquita Muñoz와 스캔들도 있었지만 모라틴은 독립된 생활을 고집하며 끝내 독신으로 보낸다. 1808년 프랑스가 침입하였을 때 나폴레옹 편의 직책을 맡았고, 친프랑스파라는 비난에 나폴레옹의 퇴각과 더불어 프랑스로 갔다가 1820년에 바르셀로나로 돌아온다. 그러나 당시 바르셀로나에 전염병이 유행하자 다시 프랑스로 가서 1828년 6월 20일에 그곳에서 생을 마감한다.

모라틴은 어릴 때에 천연두를 앓아 외모에 대한 열등감이 있었고 내성적 성격의 소유자였다. 지적 능력이 뛰어났던 것과 달리 시니컬하고 모난 성격 때문에 적이 많았지만 동시에 깊은 우정을 나눈 친구도 많았다. 프랑스적인 방법으로 문화와 정치가 변하기를 원했을 뿐 아니라, 가난하고 구질구질한 스페인을 구하는 유일한 방법이 프랑스화라고 생각했다. 프랑스의 신고전주의 원칙을 지키려는 극작품을 썼지만, 신고전주의 원칙을 지킨 작품 몇 편만이 관객의 사랑을 받았다.

신고전주의 작품으로는 모라틴의 극작품 5편과 비센테 가르시아 델라 우에르타 Vicente García de la Huerta(1734-1784)의 『라 라켈 *La Raquel*』을 들 수 있다. 『라 라켈』은 신고전주의 원칙을 충실히 지킨 작품으로, 이미 17세기의 로페 데 베가가 다룬 내용을 줄거리로 큰 성공을 거두었다. 알폰소 Alfonso 8세가 사랑했던 톨레도의 유대인 여인을 주인공으로 한 스페인 역사극으로, 귀족들이 그 여인을 대상으로 국가적 책임을 물어 사형을 선고한다는 내용이다.

모라틴의 시는 감정의 표출이 적고 이성이 지배적인 작품이다. 신고전주의의 차가움 안에서도 시인의 진실하고 깊이 있는 심장의 소리를 들을 수 있다. 모라틴의 시는 크게 풍자시 satírica와 서정시 lírica로 구분할 수 있다. 풍자시 「스페인 시의 악습에 대한 풍자 Sátira contra los vicios introducidos en la poesía española」와 문명과 멀어진 조국을 가슴 아파하며 조국의 무지함을 일깨우려는 노력과 더불어 실천하지 않는 현학적 지성을 따끔하게 질책하는 「클라우디오에게 A Claudio」를 대표작으로 손꼽을 수 있다. 인생의 말미에 쓴 서정시 「뮤즈에게 보내는 엘레지 Elegía a las musas」는 죽음을 앞두고 자신에게 부여해준 문학의 능력을 뮤즈들에게 되돌려주며 쓴 시로, 신고전주의 형태 안에 감동이 숨쉬는 작품이다.

극은 모라틴의 대표 작품으로, 신고전주의 원칙을 엄격히 지킨다. 삼일치의 법칙을 정확히 지킨 극작품을 통해 모라틴은 현실과 흡사한 모방된 줄거리를 통해 '즐거움 deleite'과 '교육 instrucción'의 목적을 달성한다. 유럽 신고전주의 시기에 유행한 장르가 비극이었지만, 모라틴은 '즐겁고 교훈적이고 사실적인 이야기를 구성하기 원한다'며 비극은 쓰지 않았다. 『노인과 소녀 *El viejo y la niña*, 1790』와 『아가씨들의 '네'라는 대답 *El sí de las niñas*, 1810』과 『남작 *El barón*, 1803』 등 세편의 희극 작품이 있다. 결혼에 관한 여성들의 자유의사를 주장한 작품들로, 결혼이 결혼 당사자의 판단이 아닌 이해관계에 의한 협정으로 받아들여졌던 당시 사회에서는 매우 중요한 문제를 다룬 것이었다.

다른 두 편의 작품 『위선자 *La mojigata*, 1791』와 『새로운 극 *La comedia nueva*, 1792』은 풍자적 성격을 띠고 있다. 『새로운 극』에서는 문학 원칙도 모르는 무식하고 능력 없는 극작가들을 비난하고, 『위선자』는 공격만 일삼는 위선적 신앙을 비웃는다. 진정한 신앙을 중요시했던 당시 계몽주의를 대변한 작품이기도 하다.

18세기 중엽의 스페인 극은 참담한 상황이었다. 마드리드의 '라 크루스 la Cruz', '엘 프린시페 el Príncipe', '로스 카노스 데 페랄 los

Caños del Peral' 극장에서 공연되는 작품들은 거의 대부분이 외국의 번역극과 과거에 집착하는 형편없는 17세기풍의 작품들이었고, 극장은 관객들의 무분별한 난동으로 소란스러웠다. 상황이 이러하자 계몽주의자들뿐 아니라 사람들도 문화가 있는 좋은 극작품의 공연을 바랐기 때문에 프랑스 신고전주의 극으로 눈을 돌리게 되었다. 신고전주의가 제시하는 근대적 미학 규범의 극을 쓰는 것이 모라틴의 사명이었고, 그런 의미에서 모라틴은 성공했다고 볼 수 있다. 모라틴을 '스페인의 몰리에르'로 부르며 찬사를 보내는 이유다. 그러나 계몽주의자들과 교육을 받은 부르주아들이 박수를 보낸 것과는 달리 일반 관객들은 부정적 시각을 보이기도 했다는 점에서 모라틴의 성공은 매우 제한적이었다고 볼 수 있다.

다섯 편 가운데 『아가씨들의 '네'라는 대답』은 가장 중요한 작품이다. 1801년에 쓰고 1806년에 무대에 올린 이 작품은 당시로서는 파격적 성공으로 볼 수 있는 26일 연속 공연의 작품이다. 파키타 뮤뇨스와의 사랑 이야기 등 자전적 동기로 쓴 작품으로 평하는 비평가들도 있지만, 많은 비평가들은 프랑스의 마리보 Pierre de Marivaux의 『어머니들의 학교 *L'école des mères*』에서 취한 작품이라고 평가한다. 작품에 등장하는 여주인공 파키타 Francisca는 어머니의 강요로 60대의 돈 디에고 don Diego와 결혼을 앞두고 있다. 파키타가 카를로스 Carlos라는 젊은이와 사랑하는 사이고, 카를로스가 바로 자신의 조카라는 사실을 알게 된 돈 디에고는 젊은이들이 결혼할 수 있도록 양보한다는 내용이다. 여성의 권리를 강력히 주장하는 이 작품은 계몽주의자들이 투쟁하던 부당한 현실과 편견과 관습을 고쳐 보려는 의도가 강하다.

가스파르 멜초르 데 호베야노스 Gaspar Melchor de Jovellanos (1744-1811)

가스파르 멜초르 데 호베야노스 Gaspar Melchor de Jovellanos는 정치가이자 애국적 개혁주의자였다. 1744년 1월 5일 히혼 Gijón의 부르주아 집안에서 태어나, 카를로스 Carlos 3세 당시에 시민운동을 하고 카를로스 Carlos 4세 때에는 심한 박해도 당한 스페인을 대표하는 지성인이었다. 또 계몽주의자로도 활발한 활동을 하여 아스투리아스 Asturias 지방의 발전을 위해 공헌하고 교육에도 힘썼다. 고도이 Godoy 장관에 의해 1797년 법무부 장관으로 임명되었지만, 전통주의자들의 개혁 반대에 사임하고 고향인 히혼으로 돌아왔다. 권력층 성직자들이 그를 이단으로 고발하였고, 1801년 체포되어 여러 지역에 투옥되면서 건강도 악화되었다. 1808년 나폴레옹의 침략 때 풀려나, 친나폴레옹 개혁주의자들로 구성된 내각의 장관에 임명되었지만 스페인의 독립을 주장하는 호베야노스는 '내 조국을 지키는 정당하고 성스러운 입장을 지지한다'며 거부하였다. 1811년 사망한 이후 카디스 Cádiz 의회는 그를 '영웅적으로 훌륭하게 조국에 공로한 자 Benemrito de la patria en grado eminente y heróico'로 선언하였다.

호베야노스 작품 중에서 엄격한 의미의 문학 작품은 적다. 비극 『엘 펠라요 *El Pelayo*, 1769』와 희극 『정직한 범인 *El delincuente honrado*, 1773』과 몇 편의 시가 전부다. 대부분 교훈적인 내용의 산문글인데 정치, 역사, 경제, 철학, 문학을 다룬다. 정신적으로나 물질적으로 조국의 발전과 개혁이 필요하다는 비평적 성격의 산문글이다. 대표적인 글은 스페인 역사 한림원의 회원으로 작성한 「공연 정책 개혁을 위한 비망록 Memoria para el arreglo de la policía de espectáculos, 1790」이 있다. 호베야노스는 '모두를 위한 善 bien general'을 위해 극의 오락 문화를 최고의 선으로 이끌려는 건전한 개혁 의지를 보인다. 「농업 개혁을 위한 보고서 Informe sobre el expediente de la Ley Agraria, 1794」는 농지 소유에 대한 과감한 개혁을 제시한 글이다. 호베야노스는 교회에 속한 토지에 대해 과격한 의견을 제시했는데 바로 이것 때문에 보고서는 1825년에 금지되기도 하였다. 「벨베르 城에 대한 비망록 Memoria del castillo de Bellver」은 훌륭한 산문 글로, 호베야노스가 투옥되었던 벨베르 城의 과거와 현재를 설명한 글이다.

호베야노스는 혁명주의자가 아닌 개혁주의자였다. 그의 글은 매우 앞선 근대적 성격의 진보 개혁주의자의 면모를 보인다. 당시의 모든 계몽주의자들이 그렇듯이, 호베야노스도 계층의 구별 없이 모두를 위한 善을 꿈꾸고 지도하고 이루기를 원하였다. 당시의 전통주의자들이 보기에는 파격적일 수도 있지만, 현대적 관점에서 볼 때 매우 합리적인 개혁을 원했다고 볼 수 있다. 비평가 아메리코 카스트로 Américo Castro가 쓰는 보통 명사 '호베야노스스러움 jovellanismo'은 도덕적으로 타협하지 않고 완벽성을 추구하며 무지한 조국을 일깨운다는 의미로 통용된다. 호베야노스는 지도자로서의 애국적 태도와 의무를 다하고 개인으로서도 양심을 만족시키는 냉철함을 결코 잃지 않은 지성이었다고 할 수 있다.

호세 카달소 José Cadalso (1741-1782)

호세 카달소 José Cadalso는 1741년에 카디스 Cádiz의 양반 집안에서 태어났다. 예수회에서 운영하는 학교를 다녔고, 젊은 시절 영국, 프랑스, 독일, 이탈리아 등지를 여행하며 여러 언어를 배웠다. 또 기병대 장교로 1762년 포르투갈과의 싸움에서 용감히 싸운 군인이기도 하다. 유명 여배우 마리아 이그나시아 이바녜스 María Ignacia Ibáñez와의 사랑 이야기도 널리 알려져 있다. 여배우의 이른 죽음으로 한동안 방황한 카달소는 1771년 살라망카에 거주하면서 여행 중에 접한 계몽사상을 전파하는데 앞장섰다. 이어 스페인 남부 지방과 마드리드에 거주하였고, 영국에 대항한 지브롤터 봉쇄 작전에 파병되어 1782년 전사한다. 41세 젊은 나이의 죽음에 모두들 애석한 마음으로 슬퍼하였다.

카달소는 18세기를 대표하는 독특한 인물이다. 일찍 유럽 문화를 접하며 계몽주의와 신고전주의 사상을 도입하였고, 시와 극작품에 이러한 사상을 반영하였다. 또한 영국과 프랑스와 독일의 초기 낭만주의 작가들의 글을 읽으며 초기 낭만주의 작품 『음산한 밤 *Noches lúgubres*』을 발표하였다. 사랑하는 여인의 죽음을 지극히 감상적으로 묘사한 작품이다. 그는 비평 글을 통해서도 당시 문학의 전형을 잘 보여준 작가다.

카달소의 대표작으로는 시집 『젊은 날의 휴식 *Ocios de mi juventud*, 1771』과 신고전주의 원칙을 따른 비극 『산초 가르시아 *Sancho García*, 1771』를 들 수 있다. 또 산문 『바이올렛 향기 풍기는 학자들 *Los eruditos a la violeta*, 1772』은 당시 교육을 풍자한 글이다. 또 『모로코人의 편지 *Cartas marruecas*, 1793』와 1789년에서 1790년까지 '마드리드 일보 El correo de Madrid'에 실린 글을 모아 출판한 『음산한 밤 *Noches lúgubres*, 1798』이 있다.

시집 『젊은 날의 휴식』을 작가는 '방황하던 젊은 시절의 낙 Alivio de mis penas'으로 부른다. 신고전주의풍의 시가 많이 수록된 시집으로, 아나크레온풍의 시와 목가적이고 신화적인 허구의 시들로 구성되어 있다. 평범한 18세기 서정시 분위기를 감안하면 상당한 즐거움을 주는 시들이다. 비극 『산초 가르시아』는 카달소의 연인 마리아 이그나시아가 여주인공 역을 맡은 작품으로, 스페인 전설 코르도바의 모로왕 알만소르 이야기를 신고전주의풍으로 담담하게 그린 작품으로, 큰 관심을 끌지는 못했다.

카달소에게 작가로서의 명성을 준 산문 작품은 풍자적 내용의 『바이올렛 향기 풍기는 학자들』로, 공부는 조금하면서 많이 알고 싶어 하는 사람들을 풍자한 글이다. 모든 학문을 7과목으로 나누어 일주일에 한 과목씩 공부하고 섭렵하여 피상적 지식만을 가졌지만 인정받고 싶어 하는 현학적 지식인들을 풍자한다. 바이올렛 향은 당시 젊은이들에게 유행했던 향수의 향으로, 이 책 때문에 카달소 자신도 그런 종류의 지식인이라는 비난을 받았다. 당시의 계몽주의가 추구했던 것처럼, 스페인에도 진정한 학문적 분위기가 살아나기를 바라는 카달소의 염원이 담긴 작품이다.

『음산한 밤』은 큰 관심과 사랑을 받은 작품이다. 산문 엘레지 elegía 형식의 이 작품은 초기 낭만주의를 잘 보여준다. 작품의 주인공은 한 유명 여배우와 사랑에 빠지고, 관에서 연인의 주검을 꺼내려는 등의 기괴한 묘사가 등장하는데, 카달소의 자전적 사랑 이야기라는 의견이 많다. 삼일 밤으로 구성된 이 작품은 영국의 초기 낭만주의 작가 에드워드 영의 『밤의 상념 *Pensamientos nocturnos*, 1742』의 영향을 받아 묘지 풍경 등이 배경으로 등장한다.

카달소 사후인 1793년에 발표되어 큰 반향을 일으킨 작품은 『모로코人의 편지』다. 대사관 직원인 모로코人 가셀 Gazel과 기독교인 친구 누뇨 누녜스 Nuño Núñez와 가셀의 스승인 벤 베레이 Ben-Beley 세 사람의 서신 90통으로 구성된 작품으로, 그 중 누뇨 누녜스는 작가를 대변해 스페인 문제에 대한 생각을 표현한다. 프랑스의 몽테스키외의 서간체 소설 『페르시아인의 편지 *Cartas persas*, 1721』의 영향을 받은 작품이다. 『페르시아인의 편지』는 『천일야화 *Las mil y una noche*』가 프랑스어로 번역되고 또 동양에 대한 관심과 동경으로 동양에 대한 기행서적이 많이 쓰이던 분위기에서 발표된 작품이다. 몽테스키외의 『페르시아인의 편지』에는 두 이란인 주인공이 유럽과 프랑스를 여행하며 받은 인상을 이란의 친구들에게 편지로 전하는 형식이다. 이상적 공화국을 상상하며 쓴 이 작품은 이방인의 눈에 비친 프랑스의 관습과 종교, 도덕과 정치의 모습을 전하며, 프랑스 사회를 신랄하게 비판하기도 하였다. 교황과 왕도 공격의 대상에서 제외되지 않고 이혼과 노예제도를 비난하는 등 사회적으로 앞선 이슈를 담고 있다.

몽테스키외의 작품과 비교해 볼 때 카달소의 『모로코人의 편지』는 풍자적 성격이 약하고, 스토아철학 사상과 도덕적 입장이 강하다. 루소의 사상과 마찬가지로, 계몽주의는 원죄로 말미암아 인간이 타락했다고 믿지 않고 인간의 본성은 착하다고 생각했다. 제대로 된 교육과 부당한 사회 조건이 사라지면 문제는 해결된다는 상당히 낙천적인 입장이다. 그러나 카달소는 기독교와 스토아철학에 기초한 비관론적 관점을 보이며 인간 본성에 대한 믿음에는 부정적이었다.

사회 전반에 뿌리박힌 악습이 사라지고 스페인이 문명화되고 유럽화되기를 원하던 스페인 계몽주의자들의 공통된 태도가 카달소의 작품에도 그대로 나타난다. 그러나 카달소의 계몽주의는 온건하고, 스페인적인 것을 방어하는 성격이 강하며 애국심을 보여주기도 한다. 또 스페인 역사를 사랑하고 중남미 대륙에서 보여준 스페인 영웅들의 행동을 찬양하며 절대군주제와 신앙에 대한 경외를 드러낸다. 카달소의 사상은 비판적 애국주의와 비생산적 타협주의와 국가를 좀먹는 비개혁적 태도를 탈피한다. 이러한 카달소의 사상은 이후 98세대 Generación del 98에 많은 영향을 미쳤다.

I love Spain
Sagrada Familia

제 4 부
19세기 문학

Ⅰ. 낭만주의 문학

1. 시대 배경

19세기의 유럽은 사회질서에 많은 변화가 있었고 역사의 동요 또한 심각했던 불안의 시기였다. 시대적 불안을 야기한 주요 사건으로는 우선 산업혁명 Revolución industrial을 들 수 있는데 이것은 사회계층을 변화시키는 하나의 계기가 되었다. 대략 1760년경부터 1840년까지 전 유럽에 확산된 산업혁명으로 기계가 발달함에 따라 산업이 발전하고 프롤레타리아 계층이 등장함으로써 부르주아는 새로운 사회 기득권층으로 부상한다. 계층 구조의 변화로 봉건 제도가 계급사회로 대체되면서 사회적 긴장감과 불안이 고조되었다. 부르주아의 부상은 인간의 사회적 위치가 더 이상 출생으로 결정되지 않고 경제 상황과 생산 과정에서의 위치와 재산에 따라 달라질 수 있음을 의미했기 때문이다. 사회의 새로운 지배 계층인 부르주아의 위상이 높아지자 정치 양상에도 변화가 있었다. 1789년의 프랑스 혁명은 부르주아 계층의 부상에 따른 의식의 변화로 절대왕정에서 공화제로의 전환을 보여주는 단적인 예다. 프랑스에서는 혁명의 결과로 나폴레옹이 등장했고, 그 후 구체제인 앙시앵레짐 Antiguo Régimen으로 돌아가고자 하는 반혁명운동이 일기도 했다. 그러나 역사의 흐름을 바꾸기에는 역부족이었고, 경제, 사회, 정치적으로 부르주아의 세력화의 바람은 거세게 불어 1830년 혁명과 1848년 혁명이 다시 일어난다. 결과적으로 부르주아의 사회적 위치가 공고해지면서 부르주아는 보수화되고, 피지배 계층의 자리는 프롤레타리아가 차지하게 되었다. 그러나 프롤레타리아 계층 역시 당시의 여러 사회 이론과 철학 이론에 입각해 자신들의 존재와 힘을 의식하게 된다. 19세기 중엽의 부르주아 중심의 삶의 인식은 낭만주의에서 사실주의로 변화하는 과정과 밀접한 연관성이 있다.

낭만주의 문학을 이해하기 위해서는 이러한 사회 변화의 이해는 물론이고, 당시의 철학 사상과 정치사상의 변화에 대한 지식도 필요하다. 칸트 Kant 이후의 철학은 크게 두 방향으로 나뉜다. 하나는 정신 세계를 강조한 이상주의 Idealismo이고, 다른 하나는 사회의식의 변화에 따른 물질과 감각 중심의 유물론 Materialismo과 실증주의 Positivismo다. 낭만주의는 18세기 이성론의 한계를 넘어선 이상주의에 기초한다. 피히테 Fichte와 쉘링 Schelling과 헤겔 Hegel의 이상주의에 근거한 철학적 이론은 정신과 영혼의 세계에 중점을 둔다. 즉 정신은 영원한 움직임이며 창조적 힘을 창출한다는 이상주의 이론은 자아의 고양과 더불어 자신의 한계를 부정하지만, 자신의 모습이 투영될 때 불행한 자각만이 남고 끝없는 갈망에 종속되어 자신을 해방시키기 위한 투쟁의 의미로 정의된다. 헤겔 중심의 이상주의의 특징은 역사에 대한 관심이 커졌다는 점이다. 즉 역사를 인간의 완전한 자유를 점진적으로 획득하기 위한 정신의 변증법적인 과정으로 이해한다.

19세기 후반 문학과 예술에 큰 영향을 준 철학 이론은 오귀스트 콩트 Augusto Comte를 중심으로 하는 실증주의다. 실증주의는 증명할 수 있는 현실만을 인정하고, 이상주의 철학의 순수한 사색은 철저히 부정한다. 또 정신 세계의 존재 자체를 부정하는 유물론의 중심에는 포이에르바하 Feuerbach가 있었다. 그의 사상은 마르크스 Marx 이론의 출발점이 된다.

또 부르주아 중심의 시대에 부응하는 정치사상은 자유주의 Liberalismo인데 이것은 많은 부분에서 계몽주의 사상의 연장으로 볼 수 있다. 정치적으로 개인의 자유와 일반 대중의 주권을 옹호하고 권력은 대중에게 있으며 대중은 그들이 선출한 대표를 통해 의회 제도의 범주 안에서 자신들의 권리를 행사할 수 있다는 사상이다. 따라서 자유주의의 핵심 단어는 진보와 민주로 볼 수 있다. 그러나 이론과는 달리 현실적으로는 경제의 자유와 대중 주권의 사상은 경제력이 있는 부르주아의 영역 안에서만 제한적으로 이루어질 뿐이었다.

이런 맥락 하에서 당시의 사회주의 Socialismo도 언급할 필요가 있다. 생시몽 Saint-Simon, 오웬 Owen, 푸리에 Fourier, 프루동 Proudhon 등의 사상가를 중심으로 한 사회주의는 자본주의를 비난한다. 또한 동일한 원칙 하에 공동의 사회를 건설하자는 이상적 모델을 제시한다. 그 내용의 본질인 유토피아적 사회주의 Socialismo utópico를 해결책으로 제시하는데 낭만주의의 전형에서 살펴볼 수 있는 태도와도 상당히 관련이 있음을 알 수 있다. 이 밖에도 이상주의와 자유주의에 상반된 태도를 보이고 또 유토피아적 사회주의와도 다른 입장인 과학적 사회주의 Socialismo científico가 등장했는데 마르크스주의 Marxismo 혹은 공산주의 Comunismo 사상이 그것이다.

2. 낭만주의와 스페인 시대 상황

낭만주의는 불어의 '소설적', 독일어의 '반고전주의적', 영어의 '감상적'이라는 의미에서 그 어원을 찾을 수 있다. 그러나 낭만주의는 단순히 문학적 조류가 아닌 유럽 생활과 문화를 포괄하는 광범위한 운동이었다. 사회와 정치의 기초를 흔드는 심각한 현실적 위기의 산물이었던 불안과 불만은 당시의 사상과 미학에서도 그대로 표현되었는데 이것이 바로 낭만주의다.

사회적·정치적 관점으로 볼 때 낭만주의는 부르주아적 현실에 대한 강한 저항과 불만의 표현으로 설명할 수 있다. 부르주아의 부상은 기존의 사회와 정치에 강한 변화를 야기시켰고, 이러한 변화는 불만과 불안의 이유가 되었다.

그러므로 불만과 불안에서 시작한 낭만주의의 위기는 무엇보다도 현실적 삶의 위기에서 출발한다. 정치적, 사회적, 형이상학적 변화의 한가운데에 놓인 당시 사람들은 현실 가운데 길을 잃고, 그 현실을 피하고 부정하고 싶어 한다. 이러한 심리는 당시의 사상과 예술에 반영되었고, 반영된 모든 것을 낭만주의로 지칭할 수 있다.

사상적으로 낭만주의는 이성 중심의 사고와 사상에 반대하며 그 사상의 위기를 제시한다. 18세기 말의 초기 낭만주의는 이성 중심 세계에 대한 도전이었다. 이성이 세상을 지배하고 설명할 뿐 아니라 정치와 도덕과 예술의 영역까지도 지배한다는 믿음은 더 이상 그 효력을 발휘할 수가 없었다. 이성에 대한 이전의 믿음이 흔들리면서 기존의 모든 것에 대한 불만이 표출되었다. 기존의 가치가 붕괴되면서, 영국과 독일의 철학자와 예술가들에 의하여 새로운 정신과 사상이 자리를 잡게 되었다. 이들은 비이성적인 정신 세계의 창조적 능력을 인정하고, 그 중심에 있는 상상과 감정과 열정의 당연한 권리를 요구하였다.

미학에서는 이성에 기초한 신고전주의를 거부한다. 낭만주의자들은 신고전주의 규범은 무익하다고 판단하고, 오히려 억압되지 않고 제한되지 않은 정신 세계와 창조적 능력이 그 규범을 뛰어넘는다고 생각한다. 신고전주의가 중요하게 여긴 형태적 조화와 균형, 질서와 완벽성은 더 이상 관심의 대상이 아니고, 단지 표현력과 표현의 적극성, 그리고 감정의 힘에 무게를 둔다. 예술가는 자아를 위한 자유를 요구하며, 비이성의 세계와 신비의 세계로 들어설 것을 요구한다.

부르주아 세계에 대한 저항과 불만에서 낭만주의는 탄생한다. 물론 사회적 변화를 야기한 일련의 사건들과 함께 성장한 민족주의도 낭만주의의 발전에 영향을 미친다. 나폴레옹의 침공으로 유럽은 고유의 역사와 문화와 언어를 사랑하게 되며, 민족 고유의 가치를 높이 평가하기에 이른다. 민족에 대한 인식과 찬양은 낭만주의 문학과 사상의 주요한 요소로 작용한다.

낭만주의는 확연히 다른 두 방향으로 나타난다. 하나는 전통 낭만주의 Romanticismo tradicional로, 이들은 혁명의 결과와 부르주아적 가치를 부정하고 과거로 돌아가려는 몽상적 성격을 띤 귀족적 전통주의 입장이다. 18세기의 이성론과 전통 종교의 가치를 회복하기 위해 싸우며, 절대왕권과 기독교, 기독교적 신비주의를 찬양하여 최상의 가치로 여긴다. 전통 낭만주의의 대표 작가로는 독일의 슐레겔 Schlegel 형제와 노발리스 Novalis, 프랑스의 샤토브리앙 Chateaubriand과 영국의 월터 스콧 Walter Scott을 들 수 있다.

또 다른 하나는 미래 지향적인 자유 낭만주의 Romanticismo liberal다. 혁명적이라고 말할 수 있는 자유 낭만주의는 자유와 평등과 형제애 등의 이상을 추구한다. 완벽한 이상의 실현을 요구하는 자유 낭만주의는 계몽주의 이상을 공격하기보다는 최고의 계몽주의 이상을 추구하는 과격한 태도로, 인간의 자유와 권리와 진보를 찬양한다. 이것은 혁명적 신비주의라고도 설명할 수 있다. 대표 작가로는 영국의 바이런

Byron 경과 프랑스의 빅토르 위고 Víctor Hugo, 라마르틴 Lamartine, 스탕달 Stendhal 등을 들 수 있다.

스페인 작가들 중에는 낭만주의의 두 입장을 뚜렷하게 드러내 보인 작가를 찾아보기는 힘들다. 프랑스 혁명 이후에 스페인은 고립된 위치에 놓여 외부와의 연락이 자유롭지 못했고, 따라서 낭만주의 사조가 스페인에 소개되는 데 많은 어려움이 있었다는 점을 감안할 필요가 있다. 모순적이지만 전통 낭만주의와 자유 낭만주의 중간에 위치한 어정쩡한 태도를 보인 작가도 있고, 처음과 나중의 입장이 확연히 다른 작가들도 있다. 대부분의 스페인 작가들은 전통과 혁신이라는 두 개의 상반된 입장에서 어느 한쪽도 확실하게 선택하지 못했다

18세기의 스페인은 정치·사회적으로 여러 혁신 제도와 기관이 도입되었다. 자유와 개혁을 지향하던 사람들은 전통을 주장하는 사람들과 심한 대립각을 세우며 '두 스페인 dos Españas'은 탄생한다. 자유주의자와 전통주의자의 첨예한 대립은 프랑스 침공 이후에 더욱 심각해지며, 19세기 내내 갈등의 골은 깊어진다.

이 갈등을 이해하기 위해서 당시 스페인 정치 상황을 잠시 설명할 필요가 있다. 스페인의 19세기는 카를로스 Carlos 4세의 사망과 나폴레옹 침공으로 시작된다. 계몽적 개혁주의 사상을 이어받은 자유주의는 1812년 카디스 Cádiz 의회에서 입헌제가 도입되고 새로운 방향으로 나라를 끌어가면서 우위를 선점하였다. 그러나 나폴레옹 퇴각 후인 1814년 페르난도 Fernando 7세가 왕좌에 다시 오르면서 절대왕권주의가 힘을 얻으며 우세하게 되었다. 다시 1820년 자유주의가 승리했지만 1823년 페르난도 7세의 박해에 많은 사람들이 망명을 떠났고, 이들은 10년 뒤 1833년 왕이 죽고 나서야 조국으로 돌아올 수 있었다. 페르난도 7세에 이어 세 살의 어린 나이에 왕위에 오른 이사벨 Isabel 2세의

집정 기간(1833-1868) 동안 왕위 계승 전쟁인 카를로스 전쟁 Guerra carlista이 세 차례에 걸쳐 벌어진다. 자유주의와 절대왕권주의의 다툼으로 변한 카를로스 전쟁이 끝난 이후에도 두 스페인 dos Españas 사이의 싸움은 계속되었다. 스페인 낭만주의는 이러한 정치적 대립 양상에서 탄생하고 발전하였다.

19세기 초 스페인에서는 신고전주의와 더불어 초기 낭만주의의 모습이 드러나기 시작하였다. 스페인 낭만주의가 철학적 기반과 사회적 기반이 없는 상황에서 도입되고 발전도 늦었지만, 일찍부터 낭만주의 나라로 인식되고 있었다. 독일의 슐레겔 형제는 1809년에 벌써 스페인의 17세기 작가 칼데론 Calderón을 낭만주의 작가로 거론하기 시작하였고 스위스의 역사가 시스몽디 Sismondi는 1829년에 스페인의 과거 문학을 완벽한 낭만주의 문학으로 간주하였다. 스페인 황금세기의 '제멋대로 극 teatro desarreglado'과 로만세 민요집 romancero 또한 낭만주의 성격이 강한 작품으로 평가되었으며 무엇보다도 돈키호테 Don Quijote는 낭만적 이상주의의 상징으로 찬양을 받았다.

그러나 낭만주의가 본격적으로 도입된 것은 안달루시아 Andalucía와 카탈루냐 Cataluña를 통해서였다. 안달루시아 지방 도시 카디스 Cádiz에 있던 독일 영사 후안 니콜라스 뵐 데 파베르 Juan Nicolás Böhl de Faber는 1818년과 1819년에 독일 낭만주의적 감각으로 스페인 황금세기의 극을 찬양하는 글을 썼다. 또 유럽의 영향을 받아 바르셀로나에서는 아리바우 Bonaventura Charles Aribau와 로페스 솔레르 Ramón López Soler가 유럽 El Europeo紙(1823-1824)를 발행하여 신고전주의를 비난하고 낭만주의의 즐거움을 소개하였다. 유럽 낭만주의의 처음 조류를 따라 보수 성향의 전통 낭만주의가 소개된 것이다. 또한 당시 자유사상에 대한 강한 억압을 감안할 때 전통 낭만주의를 지향한 것은 당연한 일이었다.

그러나 스페인에도 자유 낭만주의의 분위기는 싹트고 있었다. 절대 왕권주의의 철통 같은 감시에도 스페인의 여러 지역에서 비밀리에 빅토르 위고를 중심으로 한 진보된 자유 낭만주의 작가들의 작품이 읽혔다. 심지어 '파르나시요 Parnasillo' 같은 마드리드의 문학 모임 테르튤리아 tertulia에서는 빅토르 위고의 '자유를 꿈꾸는 것은 얼마나 아름다운가! 우리 머리와 심장을 뛰게 하는구나 ¡Qué bellos sueños de libertad! Agitaban nuestras cabezas y nuestros corazones!'의 구절을 함께 외치기도 하였다.

한편 마르티네스 델 라 로사 Martínez de la Rosa, 에스프론세다 Espronceda, 두케 데 리바스 Duque de Rivas 등의 망명한 자유주의자들은 유럽의 낭만주의에 영향을 받고 있었다. 두케 데 리바스는 망명지에서 시 「사생아 El moro expósito」를 썼고, 서문으로 스페인 낭만주의의 표상으로 잘 알려진 알칼라 갈리아노 Alcalá Galiano의 글을 싣기도 하였다. 망명 자유주의자들이 1833년에 사면을 받아 스페인으로 돌아오면서 스페인의 낭만주의는 본격적으로 시작된다.

스페인 낭만주의의 절정기는 『돈 알바로 *Don Álvaro*』가 공연된 1835년과 『돈 후안 테노리오 *Don Juan Tenorio*』가 공연된 1844년 사이로 본다. 이 시기에는 유럽과 마찬가지로 자유 낭만주의와 전통 낭만주의가 구별되기도 했다. 자유 낭만주의의 작가로 마리아노 호세 데 라라 Mariano José de Larra와 호세 데 에스프론세다 José de Espronceda를 들 수 있고, 전통 낭만주의자로는 호세 소리야 José Zorrilla와 두케 데 리바스 Duque de Rivas를 들 수 있다. 그러나 처음에는 진보적 입장을 취하다가 전통적 입장으로 바꾼 두케 데 리바스처럼 태도가 불분명한 작가도 많았다.

낭만주의에 대한 관심은 1840년대 이후 확연히 줄었다. 정치에서도 보수 부르주아를 대변하는 온건 자유주의 입장이 우세하면서 낭만주의에 대한 관심은 조금씩 새로운 문학 사조인 사실주의로 대체되었다.

3. 낭만주의 미학과 테마

낭만주의는 신고전주의와 대치되는 미학을 보여준다. 낭만주의 미학은 조형예술에서 그 뚜렷한 성격을 처음 드러내었고, 그 이후 문학에도 나타났다. 신고전주의에 지배적이던 조화와 균형과 규범적 완벽함은 사라지고 불안과 격정과 동적인 미학이 자리를 잡았다.

낭만주의의 자유를 향한 열정은 고스란히 예술 창작에 영향을 미쳤고, 고전의 규범과 원칙을 거부하였다. 또한 낭만주의자들은 경계를 부정하며, 한 작품 안에 산문과 운문을, 비극과 희극을, 고상한 것과 우스꽝스러운 것을 구별없이 섞어 놓았다. 또 예전에는 부끄러움으로 감추었던 감정들을 해방시켜, 예술적 영감이나 표현에 한계를 두지 않았다.

또한 낭만주의자들은 창조적 자유와 예술적 독립을 주장하고 고전 모델을 따르지 않았으며 경시 당했던 작가들에게 눈을 돌렸다. 프랑스 고전주의에 대한 열정은 사라지고, 호메로스 Homero와 아이스킬로스 Esquilo와 같은 고대 그리스와 로마 시대의 작가에 대해 관심이 높아졌다. 무훈시나 로만세와 같은 중세 문학 장르를 다시 시도하고 로페 데 베가와 칼데론 같은 17세기 바로크 시대의 작가들과 단테와 셰익스피어 등의 외국 작가에 대해서도 큰 관심을 보였다.

문학 테마에도 낭만주의의 특징이 잘 드러났는데 인간을 우선 완전하지 못한 감정의 소유자로 인식하는 등의 테마의 특징들은 전통 낭만주의와 자유 낭만주의에서 공통으로 나타났다. 낭만주의 인간의 핵심적 특징은 헤겔의 표현대로 불행한 의식을 가진 존재다. 따라서 바로크에서 나타나던 허무함과 덧없음 등의 테마와 소멸의 상징으로 폐허의 테마가 자주 등장하고 죽음에 집착한다. 물론 무신론의 절망에서부터 기독교의 신비주의에까지 작가의 종교적 성향에 따라 표현의 폭은 다양하게 나타났다.

또한 세상에 적응하기 힘든 테마가 많았다. 앞서 불만과 불안을 낭만주의 기초로 설명하였듯이 낭만주의자는 영원한 불만족의 존재다. 그리고 일상의 현실에서 찾아보기 힘든 자유와 행복과 무한에 대한 갈망은 낭만주의의 이상이었다. 그러나 현실적으로 부응하지 못하는 이상은 환멸로 바뀌어 버리는데 정치적 반역자가 낭만주의 작품의 전형적 인물로 등장하는 것은 바로 이런 이유에서다. 또 다른 주된 테마는 도피인데 이것은 시간적 도피뿐 아니라 공간적 도피로도 나타난다. 따라서 중세를 회상하는 등의 과거로의 회귀와 더불어 이국적인 먼 나라를 그리워하는 공간적 도피로도 나타난다. 도피의 극단적 형태는 자살이었다. 그것은 괴테 작품의 주인공 베르테르가 선택했던 것처럼 줄거리의 해결책으로 빈번하게 등장하였고 심지어 스페인 작가 라라 Larra처럼 작가가 자살하는 경우도 있었다. 그뿐만 아니라 세상으로부터 고행자적인 자세로 멀어지는 종교적 도피도 나타난다.

낭만주의에서 자아의 고양은 개인과 사회가 충돌하는 양상으로 나타난다. 낭만주의는 예술가를 보편적 존재가 아닌 우월한 존재로 파악하며 세상으로부터 당당히 멀어진다. 당연히 고독의 감정이 수반되는데, 낭만주의자들은 오히려 이를 즐기기도 한다. 자아의 고양은 필연적으로 개인주의 Individualismo와 주관주의 Subjetivismo를 수반한다. 작가의 내면 세계가 중요하게 여겨지고 이성보다는 감정과 열정에 집중하게 된다.

낭만주의는 개인주의의 연장으로 자유를 찬양한다. 행동의 규범을 무시하고 예술가 자신의 감정에 자유를 부여하며 규칙을 부정한다. 빅토르 위고는 낭만주의를 문학의 자유주의로 설명하기도 한다. 전통 낭만주의 역시 이러한 입장은 동일하다. 그러나 자유에 대한 갈망과는 반대로 운명에 집착하면서 좌절된 감정을 반영하기도 한다.

자연에 큰 관심을 보이는 것도 낭만주의의 큰 특징이다. 예전에는 느끼지 못했던 새로운 감각에 눈을 돌리고 이 과정에서 자연은 매우 중요한 역할을 한다. 자연은 작가와 주인공의 마음 상태를 반영하여 때로는 우울하거나 무섭게, 때로는 어수선하게 그들의 감정을 드러내보여준다. 고뇌와 죽음에 대한 강박관념은 밤과 묘지 풍경으로 표현되고, 고독은 황량한 황무지, 외딴 풍경, 적막한 정원 등으로 표현된다. 또한 허허벌판과 나무가 울창한 숲은 자유를 의미하였다.

마지막으로 낭만주의는 역사와 민중에 큰 관심을 보였다. 이러한 관심과 민족주의의 발전은 낭만주의의 특성이다. 과거로의 도피 테마가 많이 나옴에 따라 역사 소설과 과거의 전설 테마, 그리고 로만세 romance와 같은 과거의 장르가 다시 등장한다. 전통 낭만주의는 역사에서 잃어버린 안타까운 가치를 발견하고 자유 낭만주의는 미래의 건설을 위해 필요한 민족적 특성을 발견하기 때문이다. 따라서 민중에 대한 관심은 당연히 클 수 밖에 없다. 이는 전통과 관습, 대중 노래와 언어 등의 문화적 특성이 민족의 기초 개념이 된다는 생각에 기인한다.

지금까지 설명한 낭만주의 개념의 여러 특징과 테마는 서로 밀접한 관계를 맺고 있다. 서로 모순적인 경우도 있지만 낭만주의는 새로운 감각과 관점으로 세상을 보면서 한 시대를 설명하고 표현했다는 점에서 높이 평가될 수 있다.

4. 시

낭만주의 서정시에는 자아와 내적 세계에 대한 찬양과 열정이 넘친다. 또 생의 격정과 좌절에 관한 테마가 많고 희망, 사랑, 절망, 고통, 외로움, 그리고 삶에 대한 불만을 노래한다. 특히 풍경을 통해 시인은 감정을 표현하며, 밤과 을씨년스런 장소와 묘지와 격정의 바다와 폭풍우 등은 그가 선호하는 자연이었다.

서정시뿐 아니라 산문시도 많이 쓰였는데 특히 역사나 이국적 테마, 특히 동양의 전설에서 얻은 영감이 주로 다루어졌다. 서술과 서정 사이의 경계가 사라지는 것도 낭만주의의 또 다른 특징이다.

정형화되고 숙고하여 다듬어진 형태의 창작물을 경시하는 한편 즉흥성을 띤 창작물을 신격화할 정도로 큰 관심을 보인다. 즉흥성은 낭만주의의 매우 중요한 요소로, 거짓되지 않고 가공되지 않은 어조를 표현하기 때문에 장점도 많지만, 다듬어지지 않고 절제되어 있지 않다는 단점도 있다. 낭만주의 사조가 유행하던 당시에는 즉흥적 표현이 감정을 진실되게 전달한다고 생각했지만, 오늘날의 독자가 보기에는 우스꽝스러울 정도로 지나친 수사 기법과 진부한 표현을 써서 감동을 주지 못하는 경우가 많다.

낭만주의 시대에는 다양한 형태의 시가 등장했다. 또한 자유를 이상으로 여긴 낭만주의는 한발 더 나아가 로만세 romance와 같은 과거의 시 형태에도 많은 애정을 보였다. 기존의 시에서 새로운 리듬을 발견하고 시행을 여러 방법으로 조화시켰으며 시에 다양한 리듬을 시도하기도 하였다. 다채로운 음악적 요소들을 시에 적용하여 많은 효과를 냈고, 낭만주의의 음악적 효과를 덧입은 시 형태는 이후의 모더니즘에 큰 영향을 미친다.

스페인 낭만주의의 대표 시인으로는 호세 데 에스프론세다 José de Espronceda를 필두로 하여 후안 아롤라스 Juan Arolas, 니코메데스 파스토르 디아스 Nicomedes Pastor Díaz, 가브리엘 가르시아 타사라 Gabriel García Tassara, 헤르투르디스 고메스 데 아베야네다 Gertrudis Gómez de Avellaneda 등을 손꼽을 수 있다. 또한 19세기 후반의 후기 낭만주의 시인으로 간주되는 구스타보 아돌포 베케르 Gustavo Adolfo Bécquer와 로살리아 데 카스트로 Rosalía de Castro 역시 스페인 문학사에 매우 독특한 위상을 보인 시인들이다. 이들은 전형적인 낭만주의의 모습에서 탈피하여 순화된 모습을 보이며 현대 서정시의 출발을 알린 시인들이다.

호세 데 에스프론세다 José de Espronceda (1808-1842)와 기타 시인들

호세 데 에스프론세다 José de Espronceda는 1808년 3월 25일 스페인 남서부의 알멘드라레호 Almendralejo에서 태어났다. 15세 되던 1823년에 절대왕권에 대항하고 자유주의를 위해 투쟁하던 정치가 라파엘 데 리에고 Rafael de Riego가 마드리드 광장에서 교수형에 처해지는 광경을 목격하고, 또래의 소년들과 함께 절대왕권을 타도하기 위한 비밀결사모임 '로스 누만티노스 Los Numantinos'를 결성하고 활동하였다. 비밀 활동이 발각되어 수도원에도 잠시 감금당했고, 1827년에 추방당해 포르투갈로 망명하였다. 리스본에서 만난 테레사 만차 Teresa Mancha와 사랑에 빠져, 그녀를 쫓아 영국으로 갔고 이후 벨기에를 거쳐 프랑스로 갔다. 에스프론세다와의 관계를 싫어한 테레사의 부모가 테레사를 다른 사람과 결혼시켰지만, 그는 유부녀 테레사를 납치하여 마드리드로 돌아왔다. 테레사가 두 살짜리 딸을 남기고 1838년 세상을 떠나자 절망한 에스프론세다는 방탕과 무절제의 삶에 빠졌다가 절망의 늪을 벗어나 다시 외교관직을 맡으며 정치가의 삶을 시작했지만, 1842년 5월 23일에 마드리드에서 사망한다.

에스프론세다는 여러 문학 장르에 관심을 보였다. 전설 이야기에 역사를 접목시킨 미완성 서사시 『엘 펠라요 *El Pelayo*』와 역사 소설 『산초 살다냐, 또는 쿠에야르의 카스티야人 *Sancho Saldaña o el castellano de Cuéllar*』과 극작품 『블랑카 데 보르본 *Blanca de Borbón*』이 있다. 그러나 그의 주요 작품은 서정시로, 여러 시 작품을 모아 출판한 『시 *Poesías*, 1840』가 있다. 젊은 시절에 쓴 신고전주의풍의 시와 낭만주의 성향의 시가 섞여 있는 시집이다.

에스프론세다의 대표작은 『살라망카의 학생 *El estudiante de Salamanca*, 1839』과 『망할 놈의 세상 *El diablo mundo*, 1841』이다. 19세기 최고의 작품으로 일컫는 『살라망카의 학생』은 2000행에 이르는 방대한 시 작품으로 4개의 노래 cuatro cantos로 구성된다. 19세기 최고의 서술시인 에스프론세다가 쓴 이 책의 줄거리는 살라망카에 사는 돈 펠릭스 데 몬테마르 don Félix de Montemar의 무자비한 죄악에 대한 이야기로 몬테마르와 그에게 버림받은 여인 엘비라의 불행한 죽음을 다루었다. 노름에서 돈을 다 잃은 몬테마르는 엘비라의 초상화까지도 날린 다음 늦은 밤 술에 취해 살라망카 거리를 비틀거리다 얼굴을 가린 낯선 여인을 만난다. 그 여인을 쫓아가다 자신의 장례식 환상을 본다. 자신의 죽음 앞에서도 비웃음의 태도를 취하던 오만한 몬테마르는 결국 회개하지도 못한 채 죽고, 그의 해골은 엘비라와 나란히 묻힌다는 내용이다.

『망할 놈의 세상』은 미완성 작품으로 획일적이지 않은 산만한 내용이다. 8000행이 넘는 방대한 분량의 다양한 시행 작품으로 1840년에 연재로 출판된 작품이다. 서문과 7개의 노래 siete cantos로 구성된 이 작품은 인간 생활의 서사시라고도 할 수 있고, 사회시와 철학시로도 볼 수 있다. 아담이라는 상징적 이름을 가진 주인공은 현실을 극복하는 데 따른 고통을 겪고 악에 굴종하며 사는 인물로 죽음은 부당하다고 생각한다. 이와는 별도의 줄거리로 구성된 「테레사에게 바치는 노래 Canto a Teresa」는 시인 에스프론세다 자신의 사랑의 순간들을 회상하는 내용으로, 사랑하는 여인의 납치와 죽음을 노래한다. 퇴폐적 악마주의와 죽음을 애도하는 엘레지로 유미주의의 아름다움과 감동을 주는 작품으로 평가받는다.

에스프론세다의 작품은 영국의 서정시인 바이런 Byron의 영향을 받아 그를 모방하고 번역하여 독창성은 없지만 그만의 문학적 특성과 재능을 보여준 작품으로 그 예술성이 돋보인다. 그는 스페인의 자유 낭만주의의 면모를 가장 잘 보여주는 시인이다. 존경했던 바이런과 마찬가지로 방탕한 생활을 한 에스프론세다의 작품은 회의적인 분위기가 지배적이다. 또한 열정과 절망, 인간의 연약함과 파괴성이 한데 섞여 있지만 아름다운 서정성도 느낄 수 있는 작품이다. 에스프론세다의 작품은 이후 모더니즘 시인 루벤 다리오 Rubén Darío와 마누엘 마차도 Manuel Machado 등의 시인들에게 많은 영향을 준다.

이 밖에도 이름이 잘 알려지지는 않았지만, 중요한 낭만주의 시인 몇 명이 있다. 후안 아롤라스 Juan Arolas(1805-1849)는 젊은 나이에 정신병으로 생을 마감한 시인으로 대표 시집 『기사시와 동양시 *Poesías caballerescas y orientales*, 1840』와 『목가시와 사랑의 시 *Poesías pastorales y amatorias*, 1843』 등이 있다. 갈리시아 출신의 정치인 시인 니코메데스 파스토르 디아스 Nicomedes Pastor Díaz(1811-1863)는 대부분 자전적 내용의 시를 썼다. 죽음과 고독과 거친 갈리시아 지방의 풍광이 시인의 내적 갈등과 고통에 어우러져 나타난 작품집 『인스피레이션 *Mi inspiración*, 1828』과 사랑의 고통과 절망을 노래한 『검은 나비 *Mariposa negra*, 1835』가 있다. 외교관이자 보수 성향의 정치가였던 가브리엘 가르시아 타사라 Gabriel García Tassara(1817-1875)는 가톨릭 테마의 시 「하느님 Dios」과 「밤 La noche」, 정치 테마의 시 「스페인 군대에게 *Al ejército español*」를 썼고, 후안 발레라 Juan Valera가 서문을 쓴 시집 『시 *Poesías*, 1872』도 있다. 여류 시인 헤르트루디스 고메스 데 아베야네다 Gertrudis Gómez de Avellaneda(1814-1873)는 쿠바 출신이지만 생의 대부분을 스페인에서 보낸 중남미 여류 시인으로, 열정과 노스탤지어 가득한 사랑의 시를 썼을 뿐 아니라 중남미 소설의 선구자로도 알려진 작가다.

구스타보 아돌포 베케르 Gustavo Adolfo Bécquer (1836-1870)

19세기 스페인 최고의 서정시인 베케르의 짧은 생애는 가난과 고통으로 요약할 수 있다. 원래 性은 도밍게스 바스티다 Gustavo Adolfo Domínguez Bastida로, 친할머니의 性 베케르 Bécquer를 택한 구스타보 아돌포 베케르는 세비야에서 태어나 어린 나이에 고아가 되었다. 항해학 공부를 시작했지만 학교가 문을 닫는 바람에 중도에 포기하고 형 발레리아노 Valeriano처럼 화가가 되려고도 했지만 그것도 여의치 않았다. 베케르의 소명은 문학에 있었다. 그러나 문학의 길은 그에게 가난과 고통의 연속이었다. 생계를 위해 문학 잡지사에서 일을 하는 등 여러 직업을 전전했지만 그림과 문학에 마음을 빼앗긴 베케르는 직장의 상사 마음에 들 수가 없었다. 엘리사 기욘 Elisa Guillén을 열정적으로 사랑했지만 결국 실연을 당했고, 이에 절망한 베케르는 서둘러 카스타 에스테반 Casta Esteban과 결혼하여 두 딸을 얻었지만 행복한 결혼 생활을 하지는 못했다. 교회와 왕과 귀족의 편에 선 당을 지지한다고 표명한 베케르는 정치적으로는 보수적 입장이었다. 1868년 혁명이 일어나자 모든 직을 사임하고 1870년 평생의 동반자였던 형 발레리아노에 이어 곧 세상을 뜬다. 당시에 유명하지 않았던 시인 베케르의 사망 소식은 신문의 짧은 소식으로만 전해졌을 뿐이지만, 이후 그의 작품은 많은 사랑을 받았다.

베케르가 시를 쓸 당시는 이미 사실주의 사조가 사랑을 받을 때였는데 이 시기에 활동했던 작가들은 캄포아모르 Campoamor와 타마요 이 바우스 Tamayo y Baus와 에체가라이 Echegaray 등이었다. 당시 문단의 특징처럼 베케르도 화려하고 산문적이고 가식적 느낌이 강한 작품을 쓰기도 하였다. 그러나 대부분의 그의 서정시는 이와는 다른 조류를 보였는데 로살리아 데 카스트로와 더불어 베케르를 후기 낭만주의의 풍토를 비옥하게 한 시인으로 손꼽는 것은 바로 이런 작품 경향 때문이었다. 그의 시는 특히 독일 낭만주의의 영향, 특히 하이네 Heine의 영향을 강하게 받아서 낭만주의 전성기에 볼 수 있었던 공허함은 있지만 형식이 단순하고 수사학적 기교가 적었으며 감정을 절제하여 깊이 있게 표현한 내적 서정성이 두드러진 작품들이다.

베케르의 시에 앞서 산문 작품을 살펴보자. 훌륭한 산문 작가이기도 한 그의 대표작으로는 전형적 낭만주의 테마로 쓰인 28편의 『전설 *Leyendas*』이 있다. 서정적 느낌이 강한 산문 글로, 신비하고 초자연적인 내용의 「오르간 연주자 마에세 페레스 Maese Pérez el organista」, 중세 수도원을 배경으로 한 「미세레레 El Miserere」, 고독한 영혼의 환상을 그린 「달빛 El rayo de luna」, 동양과 아랍의 이국적 분위기를 느낄 수 있는 「붉은 손의 족장 El caudillo de las manos rojas」, 「열정의 장미 La rosa de pasión」, 풍속을 그린 「고양이 판매 La venta de los gatos」 등이 있다. 이 밖에도 산문 『수도원 편지 *Cartas desde mi celda*』가 있는데 이것은 몬카요 Moncayo 산자락에 위치한 베루엘라 Veruela 수도원에서 휴식을 취하며 쓴 일기체의 아름다운 글이다.

그러나 작가 베케르에게 명성을 가져다준 것은 『리마 *Rimas*』다. 누녜스 데 아르세 Núñez de Arce가 '독일풍 한숨 suspirillos germánicos'으로 비하한 리마는 주로 2연이나 3연의 짧은 시다. 1859년과 1871년 사이에 여러 잡지에 발표되었지만 집필한 시기를 정확히 알 수 없어 리마의 발전 과정의 연구는 불가능하다. 1868년에 베케르 본인이 정리한 필사본은 후견인 곤살로 브라보 González Bravo 장관이 소장하고 있었지만, 그 해에 혁명이 일어나 장관의 집이 약탈을 당하면서 분실되었다. 그 후 베케르는 다른 작품을 발표하면서 작품의 말미에 「참새의 노래 Libro de los gorriones」라는 제목을 달아 새로 모아 놓은 84편의 리마를 함께 발표하였다. 현재 국립도서관에 소장된 이 책은 리마를 연구하기에 좋은 자료다. 베케르가 세상을 뜬 이듬해에 친구들이 출판한 책은 이보다 3편이 적게 수록되어 있다. 1958년의 호세 페드로 디아스 José Pedro Díaz는 이 84편의 리마를 4개의 테마로 분류해 연구하였다.

짧은 시 리마 Rimas로 스페인 서정시에 매우 중요한 위치를 차지하고 있는 베케르는 동시대인들의 관심과 존경을 받지는 못했다. 누녜스 더 아르세는 그를 경멸했을 뿐 아니라 캄포아모르 역시 베케르를 무시했고 보수 비평가 메넨데스 펠라요 Menéndez Pelayo도 호감을 보이지 않았다. 그러나 베케르가 세상을 뜨고 난 이후 얼마 되지 않아 후안 라몬 히메네스 Juan Ramón Jimenez와 안토니오 마차도 Antonio Machado 등의 시인들에게 영향을 미치면서, 베케르는 20세기 최고의 서정 시인으로 인식되었다. 반면에 베케르를 비하하고 경멸하던 당시의 주요 시인들은 문학사에 중요한 위치를 차지하지 못했다.

많은 비평가들은 베케르와 로살리아 데 카스트로 Rosalía de Castro 로부터 현대시는 출발한다고 말한다. 이러한 중요성을 지적하면서 다마소 알론소 Dámaso Alonso는 '베케르는 새로운 시 리마를 통해 스페인 시에 큰 선물을 주었다. 시인의 영감의 날개가 살짝 스치기만 해도 마음 깊은 곳에 화음과 감동과 반향을 남기기 때문이다'고 설명한다.

로살리아 데 카스트로 Rosalía de Castro (1837-1885)

로살리아 데 카스트로 Rosalía는 1837년 갈리시아 지방의 산티아고 데 콤포스텔라 Santiago de Compostela에서 태어났다. 사제의 딸로 합법적 부부가 아닌 부모에서 태어난 그녀의 삶과 고뇌는 작품에 고스란히 묻어난다. 1858년에 역사학자 마누엘 무르히아 Manuel Murgía와 결혼해 카스티야 Castilla에서 살기도 했지만, 그녀의 마음에는 늘 갈리시아가 자리 잡고 있었다. 갈리시아 사람들의 큰 사랑을 받았던 로살리아 데 카스트로가 1885년 암으로 세상을 뜨자 산티아고 주민들이 성금을 모아 그곳 교회에 유해를 안치시켰다.

카스티야 지방에 살던 로살리아 데 카스트로가 고향 갈리시아를 그리워하며 가예고 gallego어로 쓴 『갈리시아의 노래 *Cantares gallegos*, 1863』는 시인의 이름을 널리 알린 작품이다. 가예고語로 쓴 대표 시집 『새 페이지 *Follas novas (Hojas nuevas)*, 1880』는 삶에 대한 시인의 환멸과 고통의 감정을 담고 있다. 스페인 서정시의 대표작 『바닷가에서 *En las orillas del Sar*, 1884』는 시인의 마음 깊은 곳의 고백이 고스란히 담긴 작품이다. 순수하고 간결한 베케르와는 달리, 로살리아 데 카스트로는 자연을 비롯한 다양한 테마에 관심을 가졌고 시인 자신뿐 아니라 주변 사람들의 고통에도 아파하였다.

5. 낭만주의 이후의 시

낭만주의에서 사실주의로 넘어가는 기간의 시인들로는 흔히 '왕정 복고 시기 시인들 poetas de la Restauración'이라고 불린 라몬 데 캄포아모르 Ramón de Campoamor와 가스파르 누녜스 데 아르세 Gaspar Núñez de Arce, 그리고 사실주의에 어느 정도 근접한 시인 호세 마리아 가브리엘 이 갈란 José María Gabriel y Galán이 있다. 이들 시인들에 대해 간략히 살펴보자.

라몬 데 캄포아모르 Ramón de Campoamor (1817-1901)

라몬 데 캄포아모르 Ramón de Campoamor는 아스투리아 지방 나비아 Navia의 부유한 집안에서 태어났다. 문학에 관심과 소질을 보인 그는 낭만주의 경향을 표방한 여러 잡지사에서 일하며 낭만주의 작품으로 작가 활동을 시작하였고, 또 정치가로서도 많은 활동을 보였다.

『마음 넓은 여인 *Una mujer generosa*, 1838』을 시작으로 『전쟁에 전쟁을 *Guerra a la guerra*, 1870』에 이르기까지 여러 편의 극작품을 발표하였다. 극작가뿐만 아니라 일찍이 시인으로도 활동하였는데 두 번째 시집 『영혼의 한탄 *Ayes del alma*, 1842』에서부터는 낭만주의와는 거리를 둔 시를 발표하였다. 확연히 사실주의에 다가선 느낌의 작품집 『돌로라스 *Doloras*, 1846』와 『유머시 *Humoradas*, 1886-1888』 등을 발표하였다. 또한 철학자로서도 활동하며 『인격주의, 철학을 위한 노트 *El personalismo, apuntes para una filosofía*, 1855』를 집필하였고, 특히 실증주의 철학에 큰 관심을 보였다.

캄포아모르의 시는 스페인 사실주의의 고전으로 알려져 있다. 이상화된 아름다움을 의식적으로 탈피하며 쓴 산문시는 그가 일상적 어휘와 수사적 기교가 없는 언어를 선호하였음을 알 수 있게 해준다. 그러나 미학적 기교가 배제된 그의 시는 모더니즘 시인들로부터 비판을 받았고 또 부르주아풍의 작품 분위기 때문에 98세대 시인들로부터도 환영을 받지 못했다.

가스파르 누녜스 데 아르세 Gaspar Núñez de Arce (1834-1903)

가스파르 누녜스 데 아르세는 바야돌리드 우체국 직원의 아들로 태어났다. 진보주의를 표방한 사가스타 Sagasta 당의 정치가로도 활동하며 투옥되기도 하였고, 훗날 국회의원과 장관 등을 역임하였으며 또 스페인 한림원의 회원으로 활동하기도 하였다.

『전쟁의 함성소리 *Gritos del combate*, 1875』에는 누녜스 데 아르세의 대표 시로 손꼽히는 「다윈에게 A Darwin」, 「볼테르에게 A Voltaire」, 「의심 La duda」 등의 작품이 수록되어 있다. 이후 『바이런 경의 마지막 한탄 *La última lamentación de Lord Byron*, 1879』, 『현기증 *El vertigo*, 1879』, 『마루하 *Maruja*, 1886』 등의 시집을 발표하였다.

낭만주의에서 사실주의로의 전환을 보여준 누녜스 데 아르세는 캄포아모르와 마찬가지로 수사적 기교를 탈피하고 표현의 단순성을 추구하였다. 그러나 '시인은 설명되기 위해 시를 쓰지 않고, 느껴지기 위해 시를 쓴다 los poetas no deben escribir para ser explicados, sino para ser sentidos'는 그의 표현처럼, 이성보다는 감성을 중요시하였다.

호세 마리아 가브리엘 갈란 José María Gabriel Galán (1870-1905)

호세 마리아 가브리엘 갈란 José María Gabriel Galán은 1870년 살라망카의 지주 아들로 태어나 그곳에서 공부하였다. 가브리엘 갈란이 시인으로 본격적인 활동을 한 것은 1901년 살라망카의 시 경연 대회

Juegos Florales에서 수상하고, 당시 살라망카 대학의 총장이던 미겔 데 우나무노 Miguel de Unamuno와 함께 친분을 나누고 우정을 쌓기 시작하면서다.

『카스티야 시 *Catellanas*, 1902』, 『엑스트레마두라 시 *Extremeñas*, 1902』, 『전원시 *Campesinas*, 1904』, 『종교시 *Religiosas*, 1906』 등의 시집이 있다. 보수적 형식과 테마를 고수하여 모더니즘 시와는 거리가 있는 그의 작품은 전통과 가족, 가문, 가톨릭 교리, 그리고 전원의 여유로운 삶을 최고의 가치로 표현한다. 가브리엘 갈란은 잊혀진 과거의 시어를 씀으로써 한층 풍요로운 시 세계를 보여준다.

6. 산문

낭만주의 산문의 특징은 역사적 회상과 풍속 묘사에 있다. 이런 특징 때문에 역사 소설이 상당한 인기를 얻고 성공한다. 낭만주의가 현재에 만족하지 못하고 과거의 회상에 시선을 돈다는 점에서, 과거의 역사는 낭만주의의 중요한 정신적 자산이었다. 더욱이 1825년에서 1850년 사이에 영국의 월터 스콧 Walter Scott의 역사 소설이 80여 종이나 번역본으로 나올 정도로 스페인에서 선풍적 인기를 끌면서 이러한 분위기는 고조되었다. 스페인 역사 소설의 대부분은 과거 귀족 중심 사회에서 보여준 가치관을 부각시키고 전통적 예술 영감을 따른다.

역사 소설의 대표작은 이루어지지 못한 사랑을 그린 엔리케 힐 이 카라스코 Enrique Gil y Carrasco의 『벰비브레의 신사 *El señor de Bembibre*, 1844』다. 텔레스포로 데 트루에바 이 코시오 Telesforo de Trueba y Cossío와 프란시스코 나바로 비요스라다 Francisco Navarro Villoslada 등도 중요한 작가다. 또한 마리아노 호세 데 라라 Mariano José de Larra와 호세 데 에스프론세다 José de Espronceda도 역사 소설을 남겼다.

풍속 묘사도 이와 비슷한 동기에서 시작된다. 외국의 영향이 아닌 스페인 전통에 따른 고유의 풍속과 풍습에 관심을 두고 높이 평가한다. 낭만주의의 풍속 묘사는 지역의 고유하고 특이한 대중의 관습과 생활양상 등에 큰 가치를 둔다. 풍속 묘사는 사실주의로 나아가는 데 중요한 요소가 되며, 풍속주의 Costumbrismo로 발전된다.

라몬 데 메소네로 로마노스 Ramón de Mesonero Romanos의 『마드리드 풍경 *Escenas matritenses*』과 세라핀 에스테바네스 칼데론 Serafín Estébanez Calderón의 『안달루시아 풍경 *Escenas andaluzas*』 등의 작품이 있다.

마리아노 호세 데 라라 Mariano José de Larra (1809-1837)

마리아노 호세 데 라라 Mariano José de Larra는 프랑스가 스페인을 침공한 해인 1809년에 마드리드에서 태어났다. 의사인 아버지가 나폴레옹 군대를 도왔기 때문에 1813년 나폴레옹 군대가 퇴각할 때 그의 가족은 프랑스로 이주할 수밖에 없었고, 9살 때 마드리드로 돌아오기 전까지 그곳에서 살았기 때문에 라라는 프랑스어를 완벽하게 구사하였다. 페르난도 Fernando 7세의 억압 정치로 스페인 신문은 까다로운 검열을 거쳐야 했다. 19살의 젊은 라라는 '오늘의 풍자 고블린 El duende satírico del día'이라는 제목의 팸플릿을 만들어 돌리기도 했지만 검열과 경제적 어려움에 실패로 돌아갔다. 그는 경제적 이유로 프랑스 극을 번역하기도 했다. 20살의 나이에 결혼을 했지만 실패했고 유부녀 돌로레스 아르미호 Dolores Armijo와의 스캔들은 그를 절망으로 내몰았다. 스페인의 정치 상황에 자유의 바람이 불기 시작한 1832년에는 '불쌍한 말쟁이 El pobrecito hablador'라는 제목의 풍자 팸플릿을 다시 만들었고, 피가로 Fígaro라는 필명으로 쓴 칼럼은 전 스페인을 떠들썩하게 만들기도 하였다. 여러 나라를 여행한 후 아빌라의 자유당 의원으로 선출되기도 했지만 1836년에 일어난 반란에 의회는 열리지도 못했다. 게다가 돌로레스와의 관계는 그를 더욱 절망시켜 28살이던 1837년 2월 13일 거울 앞에서 총으로 자살했다.

라라에 대해 흔히 호감을 주지 못하는 성격의 작가로 언급한다. 메소네로 로마노스 Mesonero Romanos도 라라를 남에 대해 신랄한 비판을 서슴지 않았던 친구로 언급했고, 페레르 델 리오 Ferrer del Río는 '못된 기질, 지나치게 회의적인 성격, 불길한 본능, 까다로운 조건을 내세우던 인물'로 그를 기억했다.

라라의 주요 작품으로는 우선 역사 소설을 들 수 있다. 15세기 카스티야 왕국을 배경으로 비극적 사랑을 줄거리로 한 역사 소설 『엔리케 왕실의 음유시인 *El doncel de don Enrique el Doliente*, 1834』과 같은 음유시인을 주인공으로 한 역사 드라마 『마시아스 *Macías*』가 있다. 또한 당시 상황을 풍자한 시도 여러 편 있다. 그러나 라라가 스페인 문학사에서 중요한 위치를 차지할 수 있었던 것은 200편이 넘는 신문 칼럼 때문이었다.

라라의 칼럼 중에는 풍속에 대한 회화적 묘사가 많다. 라라는 풍속의 회화적 묘사를 통해 사회의 모순된 면모를 꼬집으면서 스페인이 유럽의 세련됨과 교양에 접근하기를 바라는 자신의 마음을 표현한다. 대표적 풍속 칼럼은 「스페인 전통 양반 El castellano viejo」이다. 라라를 존경했던 작가 아소린 Azorín은 이 칼럼을 언급하며 '라라는 자신의 주변 문제를 과거의 역사에서 찾는다. 때로는 과장된 태도로 극단으로 몰고 가기도 하지만, 스페인 사회가 갖고 있는 문제를 그 뿌리에서 찾기를 원한다'고 설명한다. 그래서 칼럼에 등장하는 인물도 '어떤 스페인 사람 un castllano'이 아닌 '스페인 사람 el castellano'으로 표현하여, 한 개인의 문제가 아닌 스페인 전체적인 문제로 해석하기를 원했다.

절대왕권주의와 개혁주의가 대립하던 당시의 스페인 정치 상황에 비판적이고 풍자를 아끼지 않던 작가였다. 더불어 촌스럽고 무식하고 세련되지 못한 스페인 사회와 보수적 스페인의 전통에 대해서도 비웃음과 비판을 서슴지 않았던 라라의 작품은 낭만주의 작가로의 개성을 뚜렷이 보여준다. 또한 자살과 같은 극단적인 선택의 삶에 있어서도 스페인 낭만주의를 가장 잘 대변하는 인물이었다. 또한 스페인 문학에도 강한 불만족을 표시했다. 스페인 문학은 시나 산문이 너무 초라해서 외국에 의존할 수밖에 없는 한심한 상태라고 비판했다.

많은 프랑스 극을 스페인어로 번역한 라라는 신고전주의 프랑스 극에 대해서도 날카롭게 비판했다. 18세기 스페인 극작가 모라틴 Moratín을 존경했던 라라는 프랑스 낭만주의 극작품 역시 신랄하게 비판했다. 스페인 17세기 극을 원칙 없는 '제멋대로 극 teatro desarreglado'이라며 비난하던 프랑스가 낭만주의가 도래하자 원칙 없는 낭만주의 극을 마치 최상의 예술 표현이라도 되는 것처럼 평가한 점을 꼬집어 지적하기도 하였다.

진보적 입장을 보인 라라는 자유스럽게 창조되는 재능만을 믿었던 작가다. 라라의 자유스럽고 독자적인 태도에 많은 비평가들은 그를 최초의 현대 작가로 인정한다. 또한 스페인 현대 문학은 라라의 산문과 베케르와 로살리아 데 카스트로의 시로 시작된다고 평가한다. 라라의 글이 현재까지도 큰 영향을 미치고 있는 것을 보면 시간을 초월한 그 영향력에 놀라움을 금할 수 없다.

7. 연극

낭만주의 이전의 신고전주의 극에 대한 스페인 사람들의 태도는 냉랭했다. 원칙과는 상관없는 자유분방한 성격으로 로페 데 베가풍의 17세기 '제멋대로 극 teatro desarreglado'에 빠져 있던 스페인 사람들에게 신고전주의 극은 너무 무미건조했기 때문이다. 레안드로 페르난데스 데 모라틴 Leandro Fernández de Moratín의 비난에도 불구하고, 17세기 국민극에 대한 사랑은 19세기 초까지도 계속되었다. 그 이후 꺼져가던 스페인 국민극에 대한 사랑은 낭만주의와 더불어 다시 활기를 얻기 시작했다.

두케 데 리바스 Duque de Rivas의 『돈 알바로 *Don Álvaro*』가 공연된 1835년과 호세 소리야 José Zorrilla의 『돈 후안 테노리오 *Don Juan Tenorio*』가 공연된 1844년 사이를 스페인 낭만주의 극의 전성기로 본다.

낭만주의 극의 특징은 우선 형식면에서 희극과 비극의 구별이 사라진 드라마 drama라는 점이다. 이들의 구분이 뚜렷했던 고전주의와는 달리 희극과 비극의 요소가 한 작품에 어우러진다. 물론 비극적 요소가 지배적이지만 희극적인 요소도 배제되지 않는다. 작품의 구성도 획일화된 이론을 따르지 않고 작품에 따라 3막과 5막과 7막 등으로 다양하게 구성된다. 아리스토텔레스의 삼일치의 법칙 tres unidades도 무시되어 시간과 장소가 빈번하게 변화하고 여러 가지 사건으로 줄거리가 복잡하다. 등장인물들의 성격과 신분에 맞게 때로는 우아한 언어로, 또 때로는 천박한 일상적 언어로 대화를 표현한다. 『돈 알바로』에서는 운문과 산문이 혼합된 표현도 등장한다. 언어와 시 형식의 다양성을 모두 볼 수 있게 되었다.

낭만주의 극은 낭만주의 시대의 갈망과 고뇌, 열정과 투쟁의 이야기를 담고 있다. 낭만주의 시대의 특징적 테마인 불완전함, 불가능, 좌절된 행복, 고뇌, 열정, 불만 등이 그대로 무대에 옮겨진다. 줄거리도 불가능한 사랑, 부당한 열정, 정치적 반란 혹은 도덕적 반란, 복수, 결투, 자살, 극단적일 정도의 감동적 상황에 관한 이야기다. 그리고 줄거리를 이어가는 연결 고리는 운명의 힘, 특히 비극적 운명의 힘이다. 주인공들도 독특한 특징을 지녀서 신비한 인물, 반란 주동자나 음모로 인해 소외된 인물 등 때로는 관대하고 늠름한 영웅이기도 하지만 때로는 비도덕적이고 냉소적인 인물이기도 하다. 분위기 역시 특이하여, 성과 사원을 중심으로 한 을씨년스러운 풍경이 많고 밤과 폭풍우와 묘지는 빠지지 않고 등장한다.

또 신고전주의 극이 교육적 의도가 강한 반면, 낭만주의 극은 관객의 감동이 유일한 의도라는 점도 언급할 필요가 있다. 낭만주의 극에서는 감동적 줄거리를 전달하기 위하여 무대 기술이 매우 중요하다. 연극성 teatralidad으로 설명할 수 있는 무대 기술은 낭만주의 극의 핵심 요소라고 할 수 있다.

낭만주의 극을 형식과 내용 면에서 살펴보았는데, 스페인 황금세기 극에서 다룬 내용들이 그대로 재현되는 부분이 많다는 점을 알 수 있다. 스페인 낭만주의 드라마는 고전주의 전통의 신고전주의 프랑스 극과의 혁명적 결별이고, 17세기 스페인 특유의 '제멋대로 극 teatro desarreglado'이라는 전통으로의 회귀였다. 낭만주의 극은 지나치게 감상적이고 또 수사학적이기 때문에 현대 관객들의 관심을 끌기는 쉽지 않겠지만 한 시대를 풍미한 극으로 당시의 미학적 감각을 잘 표현한 작품들이라는 점에서 큰 의미를 찾을 수 있다.

스페인 낭만주의 경향의 극은 프란시스코 마르티네스 델 라 로사 Francisco Martínez de la Rosa에서 시작된다. 프랑스 망명 이후 스페인에 돌아와 발표한 『베니스의 음모 *La conjuración de Venecia*, 1834』는 큰 성공을 거두며 관객들의 관심을 끌었다. 그러나 스페인 낭만주의 극의 본격적 신호탄은 1885년 3월 22일 밤에 초연된 두케 데 리바스 Duque de Rivas의 『돈 알바로 *Don Álvaro*』였다. 산문과 운문이 혼합되고 풍속적인 장면과 더불어 결투와 폭풍우의 장면이 어우러진 『돈 알바로』 공연을 본 관객들의 반응은 극단적이었다. 당시의 신문 기사에 따르면 박수를 보낸 관객도 있었지만 야유를 보낸 관객이 더 많았다. 많은 논란을 불러일으키며 관심을 끌었던 이 작품으로 낭만주의 극의 문은 활짝 열린 셈이다.

또 성공적이었던 드라마 『음유시인 *El trovador*, 1836』의 안토니오 가르시아 구티에레스 Antonio García Gutiérrez도 스페인 낭만주의 대표 극작가로 소개할 수 있다. 『음유시인』의 공연에 감동한 관객들의 성화에 작가가 무대에 나가 박수를 받았고, 이것을 계기로 작가의 무대 인사가 관습으로 내려오게 되었다. 후안 에우헤니오 하르첸부치 Juan Eugenio Hartzenbusch는 목수로 시작하여 스페인 한림원 회원과 국립도서관장을 역임한 작가다. 전설 이야기를 내용으로 삼은 대표작 『테루엘의 연인들 *Los amantes de Teruel*』이 있다. 국민 시인 poeta nacional으로 불렸던 호세 소리야 José Zorrilla는 『구두장이와 왕 *El zapatero y el rey*』과 『돈 후안 테노리오 *Don Juan Tenorio*』 등의 작품을 썼는데 그는 문학에 대한 열정이 넘쳤고 남다른 서정적 감각의 언어를 구사하였다.

낭만주의 시대에는 비극적인 드라마와 감상적인 분위기의 작품이 많았지만 코믹하고 풍자적인 내용의 작품은 적었다. 코믹하고 풍자적인 내용은 리오하 Rioja 출신 작가 마누엘 브레톤 델 로스 에레로스 Manuel Bretón de los Herreros(1796-1873)의 작품에서 찾아볼 수 있다. 페르난데스 데 모라틴 Moratín풍의 신고전주의적 극작품으로 교육적 의도가 강한 중산층 위주의 작품이며 삼일치의 법칙을 고수했다는 특징을 지닌다. 대표작으로는 『인생은 60부터 *A la vejez, viruelas*』와 『마르셀라 *Marcela o ¿a cuál de los tres?*』, 『죽어 보면 알거다 *Muérete y verás*』와 마드리드 귀족들의 위선적 삶을 풍자한 『숲속의 머리카락 *El pelo de la dehesa*』 등이 있다. 벤투라 델 라 베가 Ventura de la Vega (1807-1865)의 작품에서도 비슷한 성격을 찾아볼 수 있다. 대표작 『세상 남자 *El hombre de mundo*』는 질투의 감정에서 헤어나지 못하는 한 방탕아의 이야기를 그린 작품이다.

프란시스코 마르티네스 델 라 로사 Francisco Martínez de la Rosa (1787-1862)

그라나다 출신의 프란시스코 마르티네스 델 라 로사 Francisco Martínez de la Rosa는 자유주의 정치가로도 활동한 극작가로, 1823년부터 8년 동안 프랑스에서 망명 생활을 하며 낭만주의를 접할 수 있었다. 중립적이고 온건한 성격의 마르티네스 델 라 로사는 신고전주의에서 낭만주의로 넘어가는 다리 역할을 한 작가로 여러 시집을 남기기도 하였다.

극작품 『아이는 집에 있고 엄마는 가면 쓰고 *La niña en la casa y la madre en la máscara*, 1815』를 비롯한 신고전주의풍의 작품도 여러 편 발표하였지만, 대표 산문극 『베니스의 음모 *La conjuración de Venecia*, 1830』와 『아벤 우메야 *Aben Humeya*, 1836』는 스페인 낭만주의 극의 시작을 알린 작품들이다. 『베니스의 음모』는 시간과 장소의 일치 법칙이 지켜지지 않고 묘지 풍경이 등장하는 등 낭만주의의 분위기를 보인 작품이며, 불어로 쓴 『아벤 우메야』는 1830년 프랑스에서 초연된 이후 번역되어 스페인에서도 공연된 작품으로 1310년을 배경으로 한 무슬림 반란을 내용으로 한다. 시간과 행위의 일치 법칙은 지켜졌지만 낭만주의 극 색채가 강한 작품이다.

두케 데 리바스 Duque de Rivas (1791-1865)

앙헬 데 사아베드라 Ángel de Saavedra라는 본명을 가진 두케 데 리바스 Duque de Rivas는 코르도바의 귀족 집안의 둘째 아들로 태어나 1834년 아버지 리바스로부터 공작 작위를 이어받았다. 군인 신분으로 왕 호위군도 하고 독립전쟁에 참전하여 부상을 입기도 하였다. 젊은 시절의 두케 데 리바스는 진보주의 사상을 소유한 자유당원으로 활발한 활동을 하다가 1823년에 절대왕권이 회복되자 사형선고를 받았다. 그러나 런던으로 도망하여 몰타 섬과 프랑스에서 망명 생활을 한 뒤 페르난도 7세의 사망으로 사면을 받아 1833년 스페인으로 돌아왔다. 몰타 섬에 머물 당시 그곳에서 스페인 문학에 조예가 깊은 영국 비평가 존 후크햄프레르 John Hoockam Frere와 교분을 나누며 스페인 문학의 가치를 깨닫게 된다. 특히 스페인 중세와 황금세기 문학의 중요성은 두케 데 리바스의 문학에 대한 열정을 타오르게 하였고 유럽 낭만주의에 대한 관심에 눈뜨게 하였다. 빅토르 위고 Víctor Hugo의 『에르나니 *Hernani*』가 초연되어 신고전주의와 낭만주의 사이의 논쟁이 한창이던 1830년에는 프랑스에 거주하며 낭만주의 분위기를 생생하게 경험하기도 하였다.

1834년 사면을 받아 마드리드로 돌아간 두케 데 리바스는 1835년 『돈 알바로 *Don Álvaro*』를 발표하였다. 그는 공작의 작위를 물려받은 후 진보가 아닌 보수적 입장을 견지하였고, 전통 낭만주의 사상을 지지하였다. 나폴리 대사와 파리 대사를 거쳐 장관에 이르기까지 주요 요직을 맡은 정치가로도 활동하였다. 또 스페인 한림원의 위원과 원장도 역임하였다.

당시의 문학의 경향을 좇아 두케 데 리바스도 신고전주의적 입장으로 작품 활동을 시작한다. 망명을 떠나기 이전 시기의 신고전주의 입장은 초기 시 작품과 여러 편의 비극 작품에서 뚜렷이 엿볼 수 있다. 1814년에 발표한 시집 『시 *Poesía*』는 18세기 메넨데스 발데스 Meléndez Valdés풍의 작품으로 상투적 느낌이 강하다. 또 비극 『알리아타르 *Aliatar*, 1816』와 『라누사 *Lanuza*, 1822』는 스페인 과거 역사를 회상하는 내용으로 신고전주의 원칙을 철저하게 따른 작품이다. 몰타 섬에서 쓴 『네가 가진 대로 가치를 발하리라 *Tanto vales cuanto tienes*, 1828』에도 신고전주의 색채가 강하게 나타난다.

낭만주의로 넘어가는 과정은 1833년에 발표된 장시 「사생아 *El moro expósito*」에서 잘 나타난다. 스페인 서사적 전설에 영감을 받아 쓴 작품으로, 메넨데스 피달은 이 시를 '스페인 문학에 낭만주의 경향을 도입한 첫 작품'으로 소개한다. 그러나 본격적인 낭만주의를 선보인 작품은 1835년의 『돈 알바로 *Don Álvaro*』다. 이 작품 이후에도 스페인 바로크풍의 낭만주의 극작품 『알라후아르의 무슬림 아가씨 *La morisca de Alajuar*, 1841』, 『꿈 같은 이야기 *El desengaño de un sueño*, 1842』, 『충정으로 빚은 도자기 컵 *El crisol de la lealtad*, 1842』 등을 발표하였지만 크게 관심을 끌지는 못했다.

두케 데 리바스의 대표작 『돈 알바로』의 원제목은 『돈 알바로, 혹은 운명의 힘 *Don Álvaro o La Fuerza del Sino*』으로, 초연된 1835년 '예술적 영감의 날개에 쓸데없이 제동이나 거는 고전주의 엄격함으로부터 벗어난 작품'이라고 평을 받은 작품이다. 그러나 호평과 더불어 야유를 보내는 관객도 많았고, 적지 않은 혹평도 받은 작품이다. 스페인의 전설과 옛 이야기를 그린 5막으로 구성된 작품의 줄거리는 알바로와 레오노르 Leonor의 이루어질 수 없는 사랑을 중심으로 한 5년 동안의 이야기다. 스페인 부왕과 잉카 공주 사이에 태어난 알바로는 스페인 왕을 배신하려 했다는 아버지에 대한 음모를 해결하기 위해 신분을 숨기고 스페인에 온다. 칼라트라바 후작의 딸 레오노르를 만나 사랑에 빠지지만 근본을 알 수 없는 알바로에게 딸 레오노르를 줄 수 없다는 아버지와 갈등을 맞게 되는데 우연히 총이 빗나가면서 레오노르 아버지를 죽이게 된다. 알바로는 스페인 군대가 주둔한 이탈리아로 도망하고, 레오노르는 수도원 가까운 곳에 은둔하며 신앙의 길을 간다. 그러나 알바로가 이탈리아에서 레오노르의 큰 오빠 카를로스를 우연히 만나 우정을 나누다가 신분이 발각되어 결투를 하게 되고, 알바로는 큰오빠 카를로스를 죽인다. 스페인으로 도망친 알바로는 한 신부의 도움을 받아 수도원의 신부로 있게 되는데, 그 수도원은 공교롭게도 레오노르가 은둔한 장소에서 가까운 곳에 있었다. 작은오빠 알폰소가 그의 과거를 알게 되고, 복수하기 위해 수도원으로 찾아온다. 결투에서 치명상을 입은 알폰소가 물을 얻어 마시려고 찾아간 은둔처에서 동생 레오노르를 만나자, 알바로와 레오노르가 그동안 가까이 있으면서 사랑을 나누고 있었다고 오해한 알폰소는 동생 레오노르를 죽이고 자신도 죽는다. 이 사실을 알게 된 알바로도 산곡대기에 올라가 떨어져 죽는다.

무대의 장면으로 여러 장소가 등장하여 장소의 일치 원칙도 지켜지지 않았던 이 작품은 낭만주의 작품의 특성을 다양하게 나타낸다. 우선 주제는 열정적이고 불가능한 사랑으로, 신분과 명예와 결투와 같이 낡은 사회적 인습과 도덕적 악습이 줄거리를 이어가는 핵심적 요소로 등장한다. 또 운명이 중요한 요소로 작용된다. 운명은 신들의 계획으로 개성에 따라 모습이 정해지는 고전적 의미의 운명 fatum과는 다르게 처음부터 끝까지 우스꽝스러운 숙명 destino으로 나타나, 낭만주의의 핵심인 삶의 불가능과 불합리를 묘사하기 위한 도구로 사용된다.

등장인물에서도 낭만주의 요소는 뚜렷하다. 용감하고 열정적이며 사랑의 이상에 몸을 불사르는 알바로는 비밀에 싸인 소외된 인물로 낭만주의의 전형적 인물이며, 레오노르 역시 낡은 인습에 얽매여 방황하고 후회하며 운명 앞에 체념하는 낭만주의 인물의 전형이다. 상대역으로 등장하는 레오노르의 아버지와 오빠들은 사회적 편견과 명예에 대한 경직된 사고의 소유자로, 주인공들의 사랑을 불가능하게 하고 파국으로 치닫게 하는 운명의 구체적인 동기를 제공한다. 조연으로 등장하는 많은 인물들도 극적 효과를 위해 그때 그때의 상황에 필요한 인물이 풍속을 묘사하는 낭만주의의 주요 요소에 알맞은 역할을 한다.

극작품 외에도 두케 데 리바스가 호세 소리야를 모방하여 쓴 산문 「기적의 백합 La azucena milagrosa」, 「말도나도 Maldonado」, 「기념일 El aniversario」, 「전설 leyendas」도 흥미로운 작품들이다. 또한 역사에 대한 여러 편의 학술적인 글과 스페인 한림원에서의 연설문 등이 있고 당시 풍속을 묘사한 글도 여러 편 찾아볼 수 있다.

안토니오 가르시아 구티에레스 Antonio García Gutiérrez (1813-1884)

안토니오 가르시아 구티에레스 Antonio García Gutiérrez는 외젠 스크리브 Eugène Scribe의 프랑스 극작품과 알렉상드르 뒤마 Alexandre Dumas의 소설을 번역하면서 작가의 길에 들어섰다. 사랑과 배신을 주제로 한 낭만주의 극작품 『음유시인 *El trovador*, 1836』이 큰 성공을 거두며 베르디의 오페라 '일 트로바트레'로 각색되기도 했다.

중남미 쿠바와 멕시코에 거주하던 가르시아 구티에레스는 1850년 스페인으로 돌아와 한림원 회원과 국립 고고학 박물관 관장을 역임하며 사르수엘라 zarzuela 『엘 그루메테 *El Grumete*, 1853』와 역사 드라마 『카탈루냐의 복수 *La Venganza catalana*, 1864』와 여러 편의 시도 발표하였다.

후안 에우헤니오 하르첸부치 Juan Eugenio Hartzenbusch(1806-1880)

후안 에우헤니오 하르첸부치 Juan Eugenio Hartzenbusch는 독일인 아버지와 스페인인 어머니 사이에 태어난 철학자이자 시인이자 극작가였다. 슬픈 사랑 이야기를 그린 5막 드라마 『테루엘의 연인들 *Los amantes de Teruel*, 1837』은 큰 성공을 거두었고, 작가는 이 작품을 4막으로 줄이고 자극적이던 낭만주의 특성을 부드럽게 고쳐 1849년 다시 발표하였다. 이 작품의 성공으로 낭만주의 대표 극작가로 자리매김하면서 연극에 관련된 여러 직책을 맡기도 하였다. 이외에도 종교재판소를 주제로 한 드라마 『멘시아 부인 *Doña Mencía*, 1839』, 『순혈의 알폰소 *Alfonso el Casto*, 1841』, 『성녀 가데아의 맹세 *La jura de Santa Gadea*, 1845』 등의 작품이 있다.

호세 소리야 José Zorrilla (1817-1893)

호세 소리야 José Zorrilla는 1817년 바야돌리드의 보수적인 가정에서 태어났다. 법학을 공부하기를 원했던 부모님의 뜻과는 달리, 소리야는 문학과 그림에 소질을 보이며 많은 우여곡절을 겪고 문학 인생을 살게 된 대표적 인물이다. 서정시와 서사시와 극시 등 다양한 장르의 작품이 있다.

소리야의 작품을 이해하기 위해서 꼭 살펴보아야 할 중요한 요소 세 가지가 있다. 하나는 아버지와의 관계다. 엄격한 아버지는 소리야의 젊은 시절의 방황을 용서하지 않았고, 소리야는 죄의식에 시달려야 했다. 결과적으로 그의 작품은 본인의 진보적 성향과는 달리, 아버지가 만족할 만한 보수적 입장을 옹호하는 작품을 썼다. 두 번째로는 그의 여성 편력이다. 어린 시절 사촌 누나를 사랑한 것을 비롯하여 두 명의 부인과 파리와 멕시코에 연인을 두었던 인물로, 사랑은 소리야의 문학 작품에 핵심 축으로 작용했다고 할 수 있다. 마지막으로는 건강 문제를 들 수 있다. 자신을 '미치광이 loco'로 표현하기도 하였고, 훗날 자서전에는 자신이 환상에 빠져 있고 몽유병 기질이 있다고 고백하였다. 후에 뇌종양으로 밝혀졌고 뇌종양이 어떤 영향을 미쳤는지는 모르지만, 그의 작품 속 판타지 성격과 무관하지 않다.

극작품으로는 『구두장이와 왕 *El zapatero y el Rey*, 1839』, 『돈 후안 테노리오 *Don Juan Tenorio*, 1844』, 『배신자, 회개하지 않는 자, 순교자 *Traidor, inconfeso y mártir*, 1849』 등이 있다. 〈종교, 판타지 드라마 2부작 drama religioso-fantástico en dos partes〉이라는 부제의 『돈 후안 테노리오』는 1630년의 티르소 데 몰리나 Tirso de Molina의 『석상에게 초대받은 세비야의 농락자 *El burlador de Sevilla y convidado de piedra*』와 더불어 인물 '돈 후안 don Juan'을 만들어 낸 작품이다. 돈 후안은 루이스 메히야와 1년 전에 내기를 했는데, 전쟁터에서 32명의 사람을 죽이고 72명의 여인을 농락한 결과로 내기에서 승리하면서 줄거리는 시작된다. 농락한 여인 중에 견습 수녀는 빠졌다는 루이스의 비아냥에 돈 후안은 견습 수녀와 루이스의 애인인 아나도 농락녀에 포함시키겠다고 호언장담한다. 돈 후안의 모습을 몰래 지켜본 곤살로 데 우요아 Gonzalo de Ulloa가 딸 이네스 Inés를 줄 수 없다고 하자, 돈 후안은 아나를 겁탈하는 한편 이네스를 납치하여 자기 집으로 데리고 간다. 이네스와의 결혼을 허락해 달라는 돈 후안의 부탁을 거절한 곤살로를 죽이고 복수를 위해 찾아온 루이스 역시 죽인다. 작품의 2부는 5년 뒤에 돈 후안이 고향 세비야를 찾으면서 시작된다. 자신의 집이 판테온으로 변하고 이네스도 죽은 사실을 알게 된 돈 후안에게 곤살로의 영혼은 그를 식사에 초대하며 죽음으로 이끈다. 그러나 이네스의 영혼 덕분에 돈 후안의 영혼은 구원을 받은 다음 세상을 뜬다. 『돈 후안 테노리오』는 귀족 가문의 외로운 인물 설정과 불가능한 사랑의 주제와 비극적 결말 등의 낭만주의 요소를 갖춘 대표 작품이다.

8. 낭만주의 이후의 연극

두케 데 리바스 이후의 극은 낭만주의와는 상반된 성격의 극이 부상한다. 프랑스 제2제정 시대의 에밀 오지에 Augier와 『춘희 *La dama de las camelias*』의 알렉산드르 뒤마 Dumas가 활동하던 시기인 19세기 후반기의 스페인에는 절제와 단순함을 특징으로 하는 고급극 alta comedia이 모습을 드러낸다. 열정이 넘치는 낭만주의 극과는 달리, 고급극 alta comedia은 당시의 시대 분위기를 전달하며 생성한 현실을 테마로 그린 작품으로 교육적 목적을 염두에 둔 작품이다. 가족과 종교와 정직 등의 테마가 주를 이루며, 인간 심리의 진면목을 분석하였고 도덕적 교육을 목적으로 할 만큼 비판적인 경향이 강한 작품들이다. 후반기의 일부 고급극 작품에서는 산문극도 등장하지만 대부분은 시극으로, 강한 감동을 주는 내용이 많았으며 부르주아풍의 감상적 요소가 뚜렷해서 사실주의 요소보다는 낭만주의 요소가 훨씬 강한 작품들이다.

아델라르도 로페스 데 아얄라 Adelardo López de Ayala (1829-1879)

아델라르도 로페스 데 아얄라 Adelardo López de Ayala는 온건 자유주의 정치가로 활동한 작가다. 초기에는 칼데론의 영향을 크게 받아 역사극을 많이 썼고, 후기에는 고급극을 썼다. 도시 분위기에 도덕적 교훈의도가 담긴 『유리지붕 *El tejado de vidrio*, 1856』과 기존의 돈 후안을 우스꽝스럽게 그린 『또 다른 돈 후안 *El nuevo don Juan*, 1863』이 있다. 대표작 『콘수엘로 *Consuelo*, 1878』는 사랑하는 남자 로렌소 Lorenzo를 버리고 부자 리카르도 Ricardo와 결혼한 여주인공 콘수엘로가 두 사람 모두에게 버림을 받는다는 내용이다. 이해타산이 앞선 사랑은 결코 행복을 가져올 수 없다는 내용으로, 당시의 실증적 정신 세계를 강하게 비판하고 가정과 사랑을 세상의 유토피아로 그린 작품이다.

당시의 시대정신을 비판하고 있었음에도 불구하고 부르주아풍의 작품이라는 평가와 극적 긴장감이 결여되어 있다는 평을 받았을 뿐이었는데, 19세기 후반기의 극작품의 특성을 잘 보여주는 대표적 작가라는 점에서는 높이 평가할 만하다.

마누엘 타마요 이 바우스 Manuel Tamayo y Baus (1829-1989)

마누엘 타마요 이 바우스 Manuel Tamayo y Baus는 마드리드에서 태어났다. 부모님이 연극배우였기 때문에 이른 나이에 극에 입문하였고, 초기의 낭만주의 작품을 건너뛰고 사실주의 극과 경향극을 남긴 작가다.

후기 낭만주의 작품 『사랑은 미친 짓 *Locura de amor*, 1855』은 카를로스 1세의 어머니 후아나 라 로카 Juana la Loca를 주인공으로 한 산문극이다. 이후에는 사실주의와 경향극의 성격을 띤 작품들을 발표했는데, 타마요 이 바우스의 극적 상상력과 재능이 잘 드러난 대표작은 산문극 『새 드라마 *Un drama nuevo*, 1867』다. 셰익스피어 극단의 작품에서 바람난 부인을 둔 남편 역의 배우 요릭 Yorick은 작품이 아닌 실제의 삶에서 부인 알리시아 Alicia가 입양 아들 에드문도 Edmundo와 바람이 났다는 것을 알게 된다. 극적 허구는 현실로 변하고 요릭은 에드문도를 살인한다는 내용이다. 셰익스피어의 영향을 강하게 받은 이 작품은 현실과 허구 사이의 이야기를 간결한 구성으로 엮어간 작품이다.

낭만주의 감동의 요소가 남아 있지만, 타마요 이 바우스의 작품은 사실적 정확성이 돋보인다. 또 극적 요소의 기법과 사용에 해박한 지식이 있던 작가의 지나친 교육적 의도 때문에 작품의 질이 떨어진다는 평을 받는다. 현대적 시각으로 판단할 때 흥미를 끌기는 어려운 작품들이지만, 그의 작품들 덕분에 무대가 다양해졌다는점 그리고 그가 스페인 극의 위상을 회복하려고 노력했다는 점에서는 인정받을 만한 작가다.

호세 에체가라이 José Echegaray (1832-1916)

호세 에체가라이 José Echegaray는 극작가이자 수학자이며 정치가였고 스페인 한림원 'E'석의 회원이었다. 또 1904년 스페인 최초로 노벨문학상을 수상한 작가였다. 왕이 수여한 노벨상 수상식에서 에체가라이의 노벨상 수상을 반대하던 98세대들로 큰 소란이 벌어지기도 하였다. 그는 스페인 극 역사에 있어 상당히 특이한 성향을 보인 작가로, 사실주의로 나아가던 로페스 데 아얄라와 타마요 이 바우스와는 달리 뒤늦은 시기에 낭만주의 극에 관심을 보이며 방향을 달리하였다. 1874년 왕정복고 la Restauración 시기의 스페인에서는 소설이 사실주의 성격이 뚜렷해진 것과는 반대로 극은 낭만주의 쪽으로 선회하는데, 이러한 분위기의 중심에 섰던 작가가 바로 에체가라이이다.

에체가라이의 작품은 보통 3기로 구분해 볼 수 있다. 1기는 낭만주의와 같은 테마의 역사극을 쓴 시기로, 『검의 손잡이에 *En el puño de la espada*, 1875』와 『죽음에 안겨 *En el seno de la muerte*, 1879』 등의 작품이 있다. 2기는 낭만주의 요소와 더불어 당시의 시대적 문제를 주제로 한 시기로, 『미친 짓, 아니면 성스러움 *O locura o santidad*, 1877』과 『위대한 게일오트 *El gran Galeoto*, 1881』 등의 작품이 있다. 3기는 입센 Ibsen의 사회극 teatro de ideas풍의 작품이 나온 시기로, 『돈 후안의 아들 *El hijo de don Juan*, 1891』과 『미친 하느님 *El loco Dios*, 1900』 등의 작품이 있다.

소장르 El género chico

1874년경의 스페인 극은 고급극과 더불어 소극 teatro menor 형태의 작품 활동이 활발했던 시기다. 브레톤 T. Bretón, 바르비에리 A. Barbieri, 추에카 F. Chueca, 차피 R. Chapí 등의 작가를 중심으로 한 사이네테 sainetes와 엔트레메스 entremeses와 사르수엘라 zarzuela 등이 중심이 된 소극은 그 시대를 반영하는 테마와 음악이 어우러져 있다는 특징이 있다. 또한 희극적 성격과 풍속주의 성격을 띤 작품이라는 점도 언급할 수 있다.

Ⅱ. 사실주의 문학

1. 유럽의 시대 배경과 스페인 상황

낭만주의 사조가 강한 영향을 남겼던 19세기 전반기를 지나면서 1848년은 중요한 해로 자리매김한다. 프랑스에서는 2월 혁명으로 제2 공화정이 자리를 잡았고, 이러한 변화는 주변 유럽 국가에도 영향을 미치면서 결과적으로 유럽의 전 지역에 자유와 평등에 기초한 근대 시민 사상이 정착될 수 있었다. 또한 산업혁명으로 자본주의 경제와 산업이 크게 발전하였고 이와 더불어 노동자 계층이 출현하면서 도시를 중심으로 한 인구 증가에 큰 변화를 가져왔다.

이러한 변화가 가져온 19세기 중엽 이후의 유럽 사회를 설명하기 위해서는 실증주의 Positivismo라는 중요한 사상을 빼놓을 수 없다. 실증주의는 이상주의 Idealismo와 상반되는 철학의 움직임으로, 그 핵심 이론은 오귀스트 콩트 Auguste Comte의 『실증철학 강의』에서 찾아볼 수 있다. 콩트는 이 저서를 통하여 형이상학적 고찰을 거부하고 잴 수 있고 관찰할 수 있는 사실만을 연구할 것을 제안한다. 철학자의 역할은 학문을 체계화하고 더 나아가 학문을 통하여 인류의 진보에 맞는 종교를 제시해야 한다고 주장한다. 따라서 사회학은 중요한 학문적 위치를 차지할 수 있었고, 인간의 경험 역시 학문의 시발점으로 중요한 역할을 담당한다. 즉 사회 문제에 대한 높은 관심은 경험적 학문이 큰 발전을 이룰 수 있는 시대의 배경이 되었다.

또한 이상주의와 자유주의에 대한 반발로 탄생한 사회주의 사상은 대표적으로 마르크스 Karl Marx 철학을 통해 살펴볼 수 있다. 1848년 프랑스 2월 혁명 직전 마르크스와 엥겔스는 '공산당 선언'으로 공산주의를 표명하고, 1867년에는 마르크스의 중요 저서 『자본론』 1권을 출간한다. 『자본론』에서 마르크스는 철학은 더 이상 세상을 해석하는 데에 그칠 수 없다고 주장하며, 세상을 변화시키는 데 중요한 역할을 해야 한다고 강조한다. 철학이 이론으로만 남아 있지 말고 더불어 실천이 있어야 한다는 점을 제시한다. 여기에서 말하는 실천은 바로 부르주아 사회를 타파하고 사회주의를 뿌리내리기 위한 모든 투쟁에 앞장서야한다는 것이다.

이러한 현상이 나타난 것은 산업혁명의 결과로 부르주아 계층이 급성장하여 세력이 강화되었기 때문이었다. 그러나 노동자 계층이 권리를 주장하며 부르주아에 저항하는 압력이 가중되자 부르주아 역시 자신들의 특권을 방어하기 위한 필요성을 느꼈고 보수적 입장으로 돌아서면서, 두 계층 사이의 충돌은 불가피해졌다. 결과적으로 노동자 계층은 결속하여 1864년에는 마르크스가 주도한 '국제노동자협회' (제1인터내셔널)가 열렸다. 이를 계기로 사회 민주주의 활동, 사회주의, 무정부주의 등의 여러 혁명적 움직임이 활발해지면서 사회적 긴장감은 고조되었다.

이러한 사회 분위기의 여파로 보수적 경향의 강권적 정부도 출현하였다. 프랑스의 나폴레옹 3세와 비스마르크의 강력한 프러시아 정부, 영국의 빅토리아 여왕의 오랜 집정 기간 (1837-1901)에 나타난 보수적 경향 등이 그 예다. 강한 권력의 힘을 소유한 이들 국가에서는 부르주아 중심의 자본주의에서 필요로 하는 자원 확보를 위하여 식민지를 소유하기 위한 제국주의식 움직임도 강하게 나타난다.

19세기 중반은 실증주의 정신에 따라 경험론과 진화론, 유전 이론 등의 학문이 크게 발전하였다. 생리학의 아버지로 불리는 프랑스의 클라우드 버나드 Bernard는 의학에 적용된 경험적 방법론을 제시하였고,

영국의 찰스 다윈 Darwin은 1859년 『종의 기원』에서 환경에의 적응과 생명을 위한 생물체의 투쟁과 자연선택을 기초로 한 진화론을 제시하였다. 또한 멘델 Mendel은 1865년에 식물의 연구에 바탕을 둔 유전법칙을 내놓으며 실증적 사고를 증명할 수 있는 이론을 제시하였다.

실증철학에 기초한 이론들과 부르주아 중심적 삶은 문학에도 그대로 반영되었다. 다른 장르보다도 특히 소설은 이러한 시각을 반영하기에 적합한 장르였고, 소설가의 활동이 두드러지면서 소설과 더불어 사실주의도 발전한 시기였다. 극작품은 부르주아풍의 희극이나 풍속 묘사 극이 관심을 끌었고, 드라마는 힘을 잃게 되었다. 서정시도 새로운 시대정신에 맞지 않아, 몇몇 시인들의 고독과 불만족한 감정을 은신하는 장르로 사용될 뿐 별 호응을 이끌어 내지는 못하였다. 반면에 소설은 '일상생활의 서사시 epopeya de la vida diaria'라는 개념으로 새 시대를 보여주기에 적합한 장르로 크게 발전하였다. 스탕달은 '소설은 길을 따라가며 나타나는 풍경을 비추는 거울이다 La novela es un espejo que se pasea a lo largo de un camino'과는 표현으로 19세기 소설을 정의하였다.

사회와 사고의 변화는 낭만주의에서 벗어난 사실주의로의 전환을 의미한다. 낭만주의의 이상주의와 주관론이 쇠퇴하면서, 현실을 객관적인 시각으로 면밀하게 분석하는 것에 관심을 갖기 시작했다. 더 이상 낭만주의의 이상과 삶의 고뇌에 머물지 않고 세상을 비판하고 분석하는 시각과 태도를 취하게 되었다. 따라서 사실주의는 낭만주의를 기초로 발전된 사조로 볼 수 있으며, 낭만주의 성격을 찾아볼 수도 있다. 예를 들어 사실주의는 자연에 대한 관심이 크고 지역적이고 토속적인 색채가 짙고 풍속 묘사가 강하게 나타난다. 물론 풍속 묘사는 순수하게 회화적인 요소를 찾기보다는 정확성을 추구한다는 점에서 차이가 있지만, 사실주의의 전신인 풍속주의 Costumbrismo에서 이미 관심을 가졌으며 그 주요 내용은 낭만주의에서부터 유래했다는 것을 알 수 있다. 그러나 이것은 지나친 상상에 제동을 걸고 환상을 부정하며 감정의 폭발을 억제하고 전설적 과거를 회상하지 않는 방식으로 낭만주의 요소를 부정하기도 한다.

사실주의 소설가는 경험과학의 과학자와 비슷한 태도로 현실을 아주 세밀히 관찰한다. 이 과정에서 사회학과 심리학의 많은 도움을 받는다. 특히 혁명적 사상에 영향을 받아 일부 작가들은 사회 투쟁에도 적극 참여한다. 클라우드 버나드의 경험적 방법과 진화와 유전에 대한 이론은 사실주의와 특히 이후의 자연주의 문학에 큰 영향을 미친다.

사실주의 문학에서 주목할 만한 또 하나의 특징은 작가와 출판사와의 연관 관계다. 작가는 출판사와 연관되어 있고, 출판사의 존폐는 출판된 작품이 독자들에게 어떻게 받아들여지는가에 따라 달라진다. 물론 예외가 있지만 대부분의 작가들의 명분이 독자들의 관심과 반응에 따라 달라지기 시작했던 시기라고 할 수 있다.

스페인은 서유럽의 다른 나라들과는 여러 가지 면에서 차이점을 보였다. 종교개혁의 바람이 세차게 불던 16세기에도 나라의 문을 굳건히 닫고 반종교개혁운동 Contrarreforma의 태도를 취한 스페인은, 근대화의 변화에도 비슷한 반응을 보였다. 프랑스 혁명으로 절대군주제가 사라지고 공화제가 등장하며 유럽 전역이 근대화 될 때에도 스페인은 여전히 고립되어 있었다. 프랑스 혁명 이후에 국가의 문빗장을 굳게 닫은 스페인은 나폴레옹 군대의 퇴각 이후에도 비슷한 양상을 보였다. 나폴레옹 군대가 퇴각한 1813년 페르난도 Fernando 7세는 더욱 더 강하게 자유주의자를 억압하였다. 또한 1833년 이사벨 Isabel 2세가 여왕의 자리에 오른 이후에도 스페인은 근대화로의 변화보다는 국내 문제에 정신이 없었다. 1833년에서 1876년에 걸쳐 페르난도 7세의 동생 카를로스 Carlos가 세력의 중심이 되어 세 차례의 내란 카를로스 전쟁 Guerras carlistas이 일어났는데, 이 때문에 스페인의 정치와 경제와 사회가 피폐되었기 때문이었다.

스페인의 상공업 역시 발전속도가 더뎠고 그것도 카탈루냐와 바스크 지역에 집중될 뿐이었다. 상공업의 느린 발전에 부르주아 계층이 성장할 수 없었고, 전통적 구체제 앙시앵레짐 Antiguo Régimen과 기독교 가치 중심의 정치를 표방한 카를리스모 Carlismo의 움직임에 부르주아 계층의 성장과 개혁과 혁신의 투쟁은 힘을 발휘할 수가 없었다. 스페인의 19세기는 인구의 팽창과 경제의 불균형과 사회의 불안정으로 설명할 수 있는데 스페인 주민의 상당수가 가난에 허덕일 수밖에 없었던 시대 상황이라 할 수 있다.

자유주의와 전통주의로 나뉜 스페인은 철저히 분열되었다. 또 다른 한편에서는 노동자 세력이 결속하기 시작하였다. 노동자 세력은 처음에는 이상적 사회주의의 영향을 받다가 1868년 혁명 '라 글로리오사 La Gloriosa' 이후에는 마르크스와 무정부주의의 영향을 받았다. 이러한 움직임 속에서 파블로 이글레시아스 Pablo Iglesias는 1879년 사회노동당 PSOE을 창당하였다.

1868년 혁명 '라 글로리오사 La Gloriosa'로 이사벨 2세는 왕좌에서 물러나고 진보적 부르주아의 승리를 예상할 수 있었다. 1869년의 헌법은 표현과 교육과 결사의 자유 등 광범위한 자유를 허용하였다. 그러나 안정된 정부의 부재와 3차에 걸친 카를로스 전쟁 Guerras carlistas으로 전통주의자들의 강한 반발에 부딪쳐 더 이상 나아갈 수 없었고, 1874년 왕정복고 la Restauración와 더불어 알폰소 Alfonso 12세가 다시 왕좌에 올랐다. 그러나 19세기 말에도 스페인은 경제와 사회의 근본적인 문제들이 해결되지 않은 채 그대로 남아 있었다. 국가 내부의 갈등은 더 심화되고, 근대적이고 효과적인 방향을 찾지 못한 채 표류하였다.

문화에서도 갈등과 분쟁은 그대로 반영되었고, 사상적으로도 전통주의와 진보주의의 대립은 확연했다. 전통주의의 핵심에는 철학자이자 정치가인 도노소 코르테스 Donoso Cortés와 사상가 발메스 Balmes와 고전 문학과 철학을 연구한 메넨데스 펠라요 Menéndez Pelayo가 있었다. 전통주의 사상과 갈등을 빚은 진보주의 사상은 독일 철학가 클라우제 Klause의 영향을 받은 히네르 델 리오 Giner del Río가 1876년에 자유교육학당 Institución Libre de Enseñanza을 세워 세력을 키워 나갔고 사회 개혁 사상 보급에 주력하였다. 이처럼 대립하며 갈등을 빚은 두 사상은 정치와 사회는 물론이고, 문학에서도 그대로 반영되었다.

2. 사실주의와 자연주의

유럽 문학에 쓰인 사실주의 Realismo라는 용어는 1825년경 프랑스에서 이미 회화에 쓰이기 시작하였다. 일부 낭만주의 화가들에게 나타났던 세세한 묘사가 자연의 모방에서 비롯된다고 생각했고, 자연과 현실의 모방이라는 의미에서 사실주의 용어를 쓰기 시작했다. 이후에 쿠르베 Courbet 등의 유명화가들에게 적용되면서 의미가 명확해지기 시작했다. 회화에서의 사실주의는 어마어마한 테마와 현란한 배경 대신에 일상생활에서 볼 수 있는 단순한 내용들을 화폭에 담아낸다는 의미였다. 그러나 회화가 아닌 문학에서도 쓰이면서 시대 사회의 생생한 증거가 될 수 있는 내용을 담은 작품을 지칭하는 용어가 되었다.

1850년경 프랑스에서는 일련의 작가와 비평가들이 새로운 미학으로 사실주의를 소개하였는데 이것은 낭만주의와는 거리가 멀거나 반대되는 내용으로 간주되었다. 이 용어는 1856년의 사실주의를 정확히 정의해 놓은 '사실주의 Réalisme'라는 잡지의 제목에서 찾아볼 수 있다. 잡지는 '사실주의는 우리가 살고 있는 시대와 사회적 분위기를 정확하고 완벽하고 진지하게 복사하기를 추구한다 El realismo pretende la reproducción exacta, completa, sincera, del ambiente social y de la época en que vivimos'로 정의했다. 사실주의에 나타나는 모티브와 테마, 방향, 미학적 기호에 대한 특징을 구체적으로 설명해 놓았음을 알 수 있다. 이 정의에 따르면, 우선 현실의 정확한 복사가 사실주의의 우선적 목적이라고 할 수 있다. 정확한 복사를 위한 방법으로 문학은 경험과학에서 사용하는 관찰을 선택했다. 비평가 브룬티에르 Brunetière는 '철학에서 실증주의가 나타났듯이 예술에는 사실주의가 나타났다 El realismo venía a ser en el arte lo que el positivismo era en la filosofía'고 설명한다. 또 사실주의의 대표 작가 발자크 Balzac는 과학자가 자연을 연구하듯이 작가는 사회를 연구해야 한다고 하였고, 보들레르 Baudelaire도 '병원에서 일하는 의사처럼 모든 궤양을 연구하라 Estudiad todas las úlceras como el médico que está de servicio en un hospital'고 권한다. 플로베르 Flaubert 역시 『마담 보바리』의 독살을 묘사하기 위하여 의학지식을 참고했다고 밝힌다. 이렇듯 사실주의 소설가들은 분위기와 사람과 의상 등을 세세히 관찰하고 소설에 묘사되는 모든 내용의 자료를 모은다. 세세한 분위기 묘사와 정확한 심리 묘사를 얻기 위해서도 필요한 자료를 책에서 찾았다.

이것은 정확한 묘사가 문학에 해가 된다는 전통적 생각에 전면적으로 반대되는 생각이었다. 사실주의의 정확한 묘사는 분위기 묘사와 심리 묘사의 두 방향으로 나뉜다. 분위기와 심리의 정확한 묘사는 당시의 철학자와 과학자가 사회학과 심리학에서 느끼는 것과 같은 관심에 따른 것이라 할 수 있다.

분위기 묘사와 더불어 살펴볼 수 있는 풍속의 묘사는 작가가 당시 사회를 생생하게 나타내기를 원하는 의도에서 비롯된다. 발자크와 디킨스와 스페인 사실주의 작가 갈도스 Benito Pérez Galdós 등의 작가들에서 이러한 성격은 두드러진다. 다양한 분위기를 묘사하기 위한 배경으로 도시와 지방의 풍경이 나타나지만, 사실주의 작가의 관심은 특히 도시의 풍경 묘사에 편중되었다. 또한 전통적인 소설에서 나타나지 않던 사회적 요소도 빠짐없이 등장했다. 사회적 요소의 주요 관심사는 부르주아의 사회상이지만, 사회의 저변인 노동자 계층의 묘사도 빈번했다.

이와 더불어 성격 묘사에도 큰 관심을 기울였으니 훌륭한 심리 소설의 탄생은 당연한 일이었다. 심리 소설 속 주인공들의 성격과 기질과 행동의 동기가 작품 안에 면밀하게 분석된다. 분위기 묘사와 마찬가지로 성격 묘사도 세세한 부분에 관심을 기울이며, 각 주인공의 유형에 따른 특징적인 면이 잘 포착되도록 애쓴다. 등장인물의 장점과 단점, 그리고 기벽과 허물까지도 밝혀 묘사하기를 원하기 때문이었다. 스탕달, 플로베르, 도스토예프스키의 작품에 나오는 등장인물들은 그 심리의 깊이가 남다르고 복잡한 특징을 지니며 강한 감동을 주기 때문에 독자로서는 잊어버릴 수 없는 주인공들로 남게 된다.

또한 대부분의 작품에는 사회적 의도가 강하게 표출된다. 작가는 비판적 태도를 유지하며 사회의 부정적인 면을 부각시킨다. 물론 작가의 비판 태도에 따라 작품의 방향은 그 성격을 달리한다. 예를 들어 발자크는 전통적 시각으로 부르주아 사회에 대한 강한 비판을 하는가 하면, 스탕달은 자유주의 시각에서 비판한다. 작가에 따라 비판의 내용과 방향이 달라지지만, 결과적으로 문학을 유용한 예술 arte útil의 개념으로 받아들인다는 점은 공통된 생각이었다. 즉 소설은 어떤 의미로

든 사회의 개혁과 변화에 기여해야 하는 목적을 지닌 예술로 받아들인다. 물론 예외의 작가도 많았다. 예를 들어 플로베르는 '나에게 있어 현실이란 단지 도약판일 뿐이다 La realidad, para mí, no es más que un trampolín'라고 설명하고, 또 아무리 현실을 정확히 묘사한다 해도 작품의 목적은 예술적 완벽성일 뿐이라는 말은 소설의 유용성에 대해 생각을 달리한 작가의 태도를 보여준다.

또한 사실주의의 문체는 간결한 산문을 선호하는 특징을 보인다. 낭만주의 작가들에게서 볼 수 있는 장황한 수사학은 자취를 감추고 객관적이고 서술적인 입장을 고수한다. 특히 사실을 그대로 반영하려는 객관성의 이상을 잃지 않으려고 노력한다. 객관적 입장의 고수를 위해 작가 자신조차도 작품에 드러나기를 원하지 않았다. 작가가 원하는 이상이 만족스럽게 성취되기는 어려웠고, 객관성 유지를 위해 작가의 모습을 드러내지 않으려는 노력도 쉽지는 않았다. 따라서 작가는 때로는 자유 간접 화법 estilo indirecto libre으로 작가 개인의 판단과 관찰을 드러내기도 했다. 객관성 유지를 위해, 작가의 언어가 아닌 주인공의 특징에 부합되는 언어를 선택했다. 일상 언어가 작품에 그대로 반영되기 때문에 생동감이 더했고, 따라서 언어학의 발달사를 살펴보는 데 중요한 자료가 되기도 한다.

자연주의 Naturalismo라는 용어는 사실주의의 동의어로 사용되기 시작하였다. 사실주의 학파 escuela realista, 자연주의 학파 escuela natural, 자연주의자 naturalista 등의 용어가 유럽의 여러 나라에서 같은 성향의 의미로 무분별하게 사용되었다. 그러나 이후에 자연주의의 의미는 프랑스 소설가 에밀 졸라 Émile Zola(1840-1902)를 중심으로 한 문학사조를 뜻하는 것으로 축소되었다. 『목로주점 *L'Assommoir*』 같은 자연주의 작품의 출간과 이론서 『실험소설론 *La roman expérimental*, 1880』을 통해 자연주의 문학 이론이 소개되었다.

에밀 졸라는 자연주의를 일정한 테마와 기술과 문체를 선호하는 문학의 경향일 뿐 아니라 인간의 행동을 연구하여 묘사하기 위한 개념으로 강조한다. 이러한 개념의 정립을 위해 에밀 졸라는 당시의 철학과 과학의 여러 이론에서 자연주의 이론의 정당성과 당위성을 찾으려고 하였다. 물론 이론의 정립과 설명이 상당히 피상적이라는 점은 부정할 수 없지만, 당시의 사회상에 대한 관심을 반영하는 문학 이론임은 분명하다.

에밀 졸라의 이론에 따른 자연주의의 핵심 본질은 유물론 Materialismo이다. 즉 인간은 하나의 유기체일 뿐이고, 심리학은 유기체의 생물학적 연구일 뿐이라는 설명이다. 이 유기체를 지배하는 법칙이 심리이고, 당연히 심리 반응은 작품 안에 잘 관찰되고 연구되어야 하는 대상이다. 결정론 Determinismo도 자연주의의 본질을 설명하는 필수 이론이다. 결정론에 따르면 인간은 자유의지를 가진 존재가 아니라 생물학적 유전과 사회 분위기에 영향을 받고 억압을 받아 맹목적 충동으로 행동하는 존재이다. 멘델의 유전법칙은 당시 과학의 주요 관심사였고, 졸라의 자연주의 이론도 과학 이론에 영향을 받아 인간의 운명은 유전으로 결정된다고 설명한다. 자유롭게 행동했다고 믿었던 것들이 사실은 유전과 같은 조건들 때문에 나온 행동이라고 주장한다. 유전 조건과 더불어 사회적 상황에 따른 영향력은 인간이 다른 삶에 도전할 수 없도록 그들 앞에 견고한 벽을 세워 놓기 때문에 사회적 조건은 생물학적 조건과 더불어 인간이 자신의 삶의 방향을 결정하지 못하게 하는 주요 요소라고 할 수 있다.

자연주의에 영향을 미친 또 다른 이론은 경험과학이다. 에밀 졸라는 클라우드 버나드의 이론에 근거하여, 의사가 환자의 상태를 점검하고 생물학자가 흰쥐의 반응을 연구하듯이 소설가는 일정한 상황에 놓인 주인공을 실험해야 한다고 주장한다. 또 그의 행동이 어떻게 유전과 환경의 영향을 받는가를 증명해야 한다고 주장한다. 물론 소설가와 과학자 사이에는 명백한 차이점이 있지만 그들이 추구하는 방법은 같다는 설명이다.

에밀 졸라는 과학 이론과 사상에 기초한 문학 이론을 제시하며, 반기독교적 종교 입장을 표명했다. 또 정치적으로는 사회주의 사상을 지지할 뿐 아니라, 부르주아 중심의 사회에 반대의 입장을 명백히 했다. 인간이 유전적으로나 사회적으로 자유스런 존재가 아니라도 계급의 차별을 초월하여 인간에게 동등한 삶의 조건을 제시하는 사회 구조를 희구해야 한다는 게 에밀 졸라의 생각이었다. 이러한 신념을 가진 에밀 졸라는 말년에 프랑스 정치 일선에서 활동하기도 했다.

자연주의 작품에서는 자연주의 이론을 잘 보여줄 수 있는 주인공을 등장시켜야만 했다. 따라서 불구자, 알코올 중독자, 정신병자, 유전적 충동에 몸을 내던지는 인물들은 자연주의 소설에서 빠지지 않고 등장한다. 또한 등장인물은 귀족과 부르주아와 사회적 하층민 등으로, 그들이 속한 사회 신분이 등장인물에 심각한 영향을 준다는 내용이 자연주의 소설의 주요 모티브였다.

자연주의의 글쓰기 기법과 문체도 사실주의 소설의 원칙들을 극단적인 방법으로 취한다. 특히 관찰과 기록의 방법이 엄격히 지켜진다. 에밀 졸라가 자신의 소설 『목로주점』에 등장하는 공장 노동자 무리들의 묘사를 위해 공장 앞에서 오랜 시간 기다리며 관찰했던 일화는 그 단적인 예다. 또한 일상의 언어를 가감 없이 있는 그대로 사용한다. 자연주의 작가는 이전의 작품에서는 찾아볼 수 없는 일반 대중의 언어, 은어, 사투리, 토속어를 그대로 가져다 쓰기 때문에 언어학의 연구에 중요한 자료가 되기도 한다.

물론 에밀 졸라는 창조적 가능성이 무한했던 작가이고, 여러 유형의 등장인물을 묘사하는 데 천재적 능력을 보인 작가로 많은 감동과 지지를 얻었음은 분명하다. 그러나 오늘날의 관점에서 보면 자연주의는 여러 한계를 드러낼 수밖에 없었다. 경험과학과 같은 과학적 접근은 한계가 있어 많은 것들을 관찰해야만 하는 경우에는 피상적이고 상투적인 방법을 사용할 수밖에 없었기 때문에 때로는 우스꽝스러운 결과를 초래하기도 했다. 그러나 시대적 상황이 반영된 사조를 탄생시키고 작품을 통해 독자들에게 접근하고 감동을 줬다는 사실만으로도 충분히 그 의미를 찾을 수 있다.

에밀 졸라를 추종한 작가로 프랑스의 모파상 Maupassant, 알퐁스 도데 Alphonse Daudet를 들 수 있지만, 이들은 얼마가지 않아 에밀 졸라의 이론에서 벗어났다. 그리고 프랑스 이외의 다른 나라에서도 자연주의의 뒤를 잇는 작가는 거의 없었지만 자연주의의 테마와 기법은 이후의 유럽 소설에 큰 영향을 미쳤다.

3. 스페인 풍속주의와 사실주의와 자연주의

스페인 사실주의는 같은 기간 동안 사회가 변화한 것과 동일한 방식으로 발전하게 되었는데 1868년을 그 출발점으로 볼 수 있다. 1848년 프랑스의 2월 혁명의 여파로 스페인에서는 1868년에 '라 글로리오사 La Gloriosa' 혁명이 일어났고, 이 혁명은 스페인의 근대화가 이루어지고 부르주아 세력이 우세해지는 출발점이 되었다.

1868년 이전의 스페인은 낭만주의에서 사실주의로 넘어가는 과도기였다. 비평가 페레라스 Ferreras는 이 시기를 초기 사실주의 Prerrealismo로 부르지만, 이 이전에도 이미 스페인에는 풍속주의 Costumbrismo가 등장하면서 사실주의의 등장을 예고했다. 풍속주의는 페르난 카바예로 Fernán Caballero(1796-1877)를 중심으로 살펴볼 수 있다. 그녀는 여자가 글을 쓰기에 적절치 않다는 생각에 본명 세실리아 뵐 데 파베르 Cecicia Böhl de Faber를 두고 남성을 연상시키는 필명 페르난 카바예로를 사용한 작가로, 1849년의 풍속주의의 대표작 『갈매기 *La Gaviota*』를 썼다. 낭만적 감각으로 지나치게 이상화시킨 표현의 한계는 있었지만, 안달루시아 지방의 토속적인 분위기를 잘 묘사한 작품이다. 또 다른 풍속주의 작가 페드로 안토니오 데 알라르콘 Pedro Antonio de Alarcón(1833-1891)도 언급할 수 있다. 알라르콘은 풍속주의와 사실주의 성격이 두드러진 작품을 썼고 진보적 성향의 사회 소설을 쓰기도 하였다. 비슷한 시기의 사회 소설 작가로 아이구알스 데 이스코 Ayguals de Izco(1801-1973)를 들 수 있는데 그의 작품 『막노동꾼의 딸, 마리아 *María, la hija de un jornalero*』는 상당히 깊이 있는 사회 소설로 의미가 크다. 낭만적 성격과는 달리 냉혹한 사회 현실의 관찰이 뛰어난 작품으로, 상당히 많은 독자들로부터 호평을 받으며 인기를 끈 작품이다.

스페인 사실주의가 공고해지기 시작한 것은 1868년이다. 역사와 픽션이 조화된 갈도스의 첫 소설 『황금 분수 *La Fontana de Oro*, 1870』와 당시로는 새로운 성향의 작품이었던 사실주의 소설이 계속 등장했다. 1880년대와 1890년대는 사실주의가 최고의 전성기를 누린 시기였는데 이렇게 스페인 사실주의가 발전할 수 있었던 요인으로는 우선 1886년의 '라 글로리오사' 혁명을 들 수 있다. 이 혁명으로 스페인 사회가 근본적으로 변화했고 이에 따라 유럽 사실주의의 영향을 받으면서 미학적 기호에도 변화가 왔고, 이것이 바로 사실주의의 발전으로 이어졌다는 점이다. 또 초기 사실주의를 거치면서 풍속주의의 전통이 발전되어갔다는 점도 언급할 수 있다. 물론 스페인 문학의 사실적 전통은 사실주의가 발전할 수 있는 밑거름이 되기에 충분했다는 점도 들 수 있다.

스페인 문학은 전통적으로 사실주의 성격이 강했다. 스페인 문학의 첫 작품 『시드의 노래 *Cantar de Mío Cid*』는 물론, 사회적 하층민의 삶을 그린 15, 16세기의 피카레스크 소설도 사실주의 성격을 특징으로 한다. 스페인 황금세기도 마찬가지여서 세르반테스의 작품은 스페인의 갈도스뿐 아니라 영국의 디킨스나 러시아의 도스토예프스키 등 사실주의 작가들에게 큰 영향을 미쳤다. 따라서 스페인 문학은 그 태동에서부터 사실적 전통을 벗어나지 못한 문학이었다.

사실주의 전통이 강해서이기도 하였지만 스페인에 외국 사실주의 작품들에 대한 관심이 커지고 그들의 영향까지 받게 되면서 사실주의는 더욱 발전하였다. 외국 사실주의 작품은 스페인 작가의 모델이 되었고, 그 작품들을 통해 시대의 현실을 관찰하여 묘사하는 방법과 작품의 새로운 모티브, 신선한 기법들을 배울 수 있었다. 발자크는 갈도스가 존경하는 작가였고, 스탕달과 플로베르 등의 프랑스 작가와 영국의 디킨스는 스페인 사실주의에 큰 영향을 미쳤다. 도스토예프스키와 톨스토이 등 러시아 작가들의 영향도 빼놓을 수 없다.

프랑스와 영국과 러시아 사실주의 작가들의 영향을 받았지만, 스페인 사실주의 작품은 기법의 원칙을 벗어나는 경우가 많았다. 물론 자료모음 documentación의 원칙은 철저히 지켜졌다. 예를 들어 발자크와 플로베르의 소설 기법은 소설을 쓸 때보다는 쓰기 이전의 자료모음 작업에서 비롯된다. 스페인 사실주의 작품도 이와 비슷한 자료모음의 과정을 거친다. 그러나 스페인 사실주의는 특히 당시의 분위기에 세심한 관찰과 배려를 나타내기 때문에 갈도스의 작품은 작가 스스로가 보았거나 경험한 내용이라는 인상을 강하게 주는 특성을 보인다.

물론 작가의 성향이 진보적이냐, 아니면 전통적이냐에 따라 많은 차이가 있는 것도 사실이다. 진보적 성향이 강한 작가들은 사실주의 시각에 밀접히 접근해 있는 반면 전통적이고 보수적 성향을 가진 작가들은 사실주의에 명백한 한계를 그어 놓는다. 심지어 일부 테마와 분위기는 다루기를 회피하였고, 심지어 메넨데스 펠라요는 '구역질 나고 보기 흉하다 lo hedihondo y lo feo'라는 거친 표현을 사용하기도 하였다. 반면에 현실을 이상화시킨 시각으로 묘사하는 표현도 찾아볼 수 있다.

갈도스는 진보적 성향의 작가로, 일상생활을 되도록 다각적이고 충실하게 묘사하려고 하였다. 갈도스와 더불어 진보적 성향의 사실주의 작가로 레오폴도 알라스 Leopoldo Alas를 들 수 있다. 클라린 Clarín이라는 필명으로 알려진 레오폴도 알라스의 걸작 『라 레헨타 *La Regenta*』는 구습을 탈피하지 못하고 현실에 안주하는 도시 베투스타 Vetusta의 풍경과 사람들에 대한 묘사를 마치 외과의사와 같은 정밀한 시각으로 파헤친다.

전통적이고 보수적 성향을 보인 사실주의 작가들로는 호세 마리아 데 페레다 José María de Pereda(1833-1906)와 아르만도 팔라시오 발데스 Armando Palacio Valdés(1853-1937)를 들 수 있다. 페레다는 도시를 중심으로 한 현대 생활을 부패되고 관심과 사랑이라고는 전혀 찾아볼 수 없는 곳으로 본 것과는 대조적으로 시골 생활을 이상향으로 미화하여 전통적인 미덕의 표상으로 삼는다. 팔라시오 발데스의 작품에서도 비슷한 성향을 찾아볼 수 있다. 작품 『황폐해진 마을 *La aldea perdida*』의 배경은 아스투리아 지방의 광산 마을이다. 광산이 개발되자 외지 사람들이 몰려들었고 전통적 분위기가 사라지는 것을 안타까운 시각으로 묘사한 이 작품을 통해 작가는 도시적 진보로 인한 폐해에 강한 거부감을 드러내며, 사라지는 시골의 목가적인 분위기에 대한 강한 그리움을 표현한다.

진보와 보수와 상관없이 매우 독특한 사실주의 성향을 보인 작가로 후안 발레라 Juan Valera(1824-1905)를 들 수 있는데, 그는 자유사상의 진보 성향의 작가이지만 작품에서는 심미와 이상을 추구한다. 순수 사실주의가 제시하는 이론을 단호히 거절하고 삶의 가난하고 슬픈 면모는 배제시킨 작가로 '위안을 찾기 위해서 거짓은 필요하다 debe mentir para consuelo'고 설명한다.

결과적으로 스페인 역사에서 살펴볼 수 있는 한계성을 사실주의에서도 찾아볼 수 있다. 유럽의 여타 나라들과는 다른 스페인 특유의 정치와 사회와 사상과 국민성을 그 한계로 설명할 수 있지만, 무엇보다도 부르주아 계층의 독자층이 견고하지 못하고 종교와 사회와 사상에 있어서의 전통이 강하게 작용했기 때문이라고 볼 수 있다. 이러한 한계성은 사실주의에서만이 아니라 자연주의에서도 살펴볼 수 있다.

스페인 자연주의라는 주제를 논하기에 앞서 우선 스페인에 과연 자연주의가 존재했느냐의 문제가 논란이 되었다. 자연주의를 대표하는 에밀 졸라의 작품들이 소개되자, 스페인에서는 매우 상반된 평가를 내놓았다. 자연주의에 대한 인식의 부족으로 사실주의를 대표하는 갈도스와 클라린을 자연주의자로 몰아세운 비평가들도 있었지만, 스페인 자연주의의 대명사이자 선구자는 여류 작가 에밀리아 파르도 바산 Emilia Pardo Bazán(1851-1937)이었다. 또 블라스코 이바녜스 Blasco Ibáñez가 '스페인의 졸라 el Zola español'로 불리기도 했지만 자연주의에 대한 이해는 여전히 부족했다.

스페인 자연주의 논쟁의 시발점은 에밀리아 파르도 바산의 기사에서 비롯된다. 파르도 바산이 1882년과 1883년에 걸쳐 쓴 '현안 문제 La cuestión palpitante'라는 제목의 기사에서 에밀 졸라와 자연주의를 소개하면서 그 논쟁은 시작되었다. 그녀는 기사를 통하여 비평의 초점이 된 이론상의 원칙을 설명하고, 자연주의를 대표하는 여러 작가들의 작품을 분석하였다. 자연주의의 이론으로 결정론 Determinismo과 예술의 유용론 Utilitarismo을 설명하면서, 프랑스 작가들은 인간의 본성 중에 가장 중요한 자유의지에 주의를 기울이지 못했다는 비판을 가하며 기독교적인 관점에서 거부할 수밖에 없는 이론이라는 점을 명확히 했다. 그러나 에밀 졸라의 창조적 능력을 칭찬하고 그가 비도덕적인 사람이라는 비난은 적절치 못하다며 그를 옹호하기도 하였다. 에밀 졸라는 악을 주장하는 것이 아니라, 단지 인간과 사회의 해악을 묘사하는 예술가로서의 권리를 행사했다는 설명이었다. 에밀 졸라를 옹호하는 이 기사로 에밀리아 파르도 바산은 스페인의 자연주의 작가로 불리기 시작하였다.

에밀리아 파르도 바산이 자연주의 소설가이고 기독교 신자라는 소식을 듣고, 에밀 졸라는 그녀가 양립할 수 없는 이 두 가지를 함께 가진 것에 매우 의아해했다고 한다. 그러면서 '에밀리아 파르도 바산의 자연주의는 단지 형식적이고 예술적이고 문학적일 뿐이다 el naturalismo de esa señora es puramente formal, artístico y literario'라고 못 박았다.

파르도 바산의 기사 내용과 에밀 졸라의 반응에서 스페인 자연주의의 한계는 명백히 드러난다. 자연주의가 유물론, 결정론, 유전 등과 동일선상의 시스템에서 움직이는 이론이라면 스페인 자연주의는 그 존재 자체를 인정받을 수 없다. 에밀리아 파르도 바산이 밝힌 자유의지와 기독교가 바로 그 한계에서 벗어나지 못했음을 보여주기 때문이다. 단지 갈도스의 『무산 여인 *La desheredada*』을 비롯한 작품 몇 편과 클라린의 작품에 등장하는 몇 장면에서 자연주의의 예를 찾아 볼 수 있을 정도다. 그러나 블라스코 이바녜스 Blasco Ibáñez(1867-1928)의 작품에는 혁명적 사상과 유전적 결함이 자주 등장하고 추하고 잔인한 분위기가 즐겨 묘사된다는 점에서 에밀 졸라의 자연주의 이론에 근접한 작가로 볼 수 있다.

이렇듯 프랑스 자연주의가 스페인에 미친 영향은 단지 서술과 묘사 기법일 뿐이었다. 그러나 그 영향으로 물질적 가난, 도덕적 빈곤, 피폐함에 관심을 기울이는 분위기가 조성되었고, 사회 조건에 대한 의식에 예민하게 반응하며 이를 작품 속에 적용시켰다는 점은 부정할 수 없다. 이러한 변화는 스페인 사실주의 작가들 대부분에서 살펴볼 수 있다. 특히 에밀리아 파르도 바산의 소설 『선봉 여장부 *La tribuna*, 1883』에 등장하는 고된 공장 생활에 대한 묘사는 피폐한 현실 묘사를 잘 보여주는 예라 할 수 있다. 또 『우요아家의 대저택 *Los pazos de Ulloa*, 1886』과 『대자연 *La madre Naturaleza*, 1887』에서도 격정을 감당하지 못해 악을 행하고 타락의 길로 가는 주인공을 통해 거친 갈리시아 지방 사람들과 풍경을 묘사한다.

페르난 카바예로 Fernán Caballero (1796-1877)

스위스에서 태어난 페르난 카바예로는 생의 거의 대부분을 스페인 안달루시아 지방에서 보낸 작가로, 본명은 세실리아 뵐 데 파베르 Cecilia Böhl de Faber다. 안달루시아 지방에 대한 페르난 카바예로의 애정은 남달라 그 지역에 대한 풍속을 작품 안에 생생히 남겼다.

페르난 카바예로에게 소설은 안달루시아 지방의 사회와 언어와 주민들의 관습과 신앙과 전통을 그려 넣은 액자에 불과하다는 설명은 그가 풍속주의의 대표 작가라는 말에 다름 아닐 것이다. 따라서 막연한 상상의 세계를 그리는 소설 기법과는 반대로 현실을 정확하게 관찰함으로써 서술을 시도한다. 그러나 작가가 안달루시아 지방에 대해서 보여주고자 하는 모습은 상당히 순수하고 이상화된 모습이며 등장인물의 멜로드라마틱한 성격과 심리에 치우치는 등 낭만주의 요소가 잔존하여 사실주의와는 거리가 있다는 것을 알 수 있다. 기독교 바탕의 교육 의도는 그녀의 작품에 공통으로 나타나는 또 다른 요소다. 백과사전적 이데올로기와 달리 전통적 기독교에 기초한 가치를 강조하며, 기독교적 사랑과 겸손과 자비를 담고 있는 그녀의 작품들은 여성 특유의 섬세한 감각을 그대로 전해준다.

페르난 카바예로의 첫 소설이자 대표작 『갈매기 *La Gaviota*, 1849』는 불어로 쓰여졌고 모라 J.J. de Mora가 스페인어로 번역하여 발표한 풍속주의 작품이다. 안달루시아 작은 마을의 독일인 의사 스타인 Stein은 어부의 딸 '갈매기 La Gaviota'와 사랑에 빠져 결혼한다. 아름다운 목소리를 가진 '갈매기 La Gaviota'가 가수로 성공하여 유명해지자 그녀는 투우사와 사랑에 빠진다. 이에 스타인은 떠나고 투우사는 투우장에서 사망하고 만다. 그리고 아름다운 목소리와 명성 두 가지를 모두 잃은 '갈매기 La Gaviota'는 고향으로 돌아와 이발사와 결혼한다는 줄거리다. 작가의 주된 관심은 소설의 줄거리가 아닌 안달루시아 지방의 분위기 묘사다. 안달루시아 지방의 풍경, 풍속, 전형적 인물들을 애정어린 시선으로 그린 작품이다.

페드로 안토니오 데 알라르콘 Pedro Antonio de Alarcón (1833-1891)

페드로 안토니오 데 알라르콘은 그라나다의 과딕스 Guadix에서 태어났다. 젊은 시절 혁명적 자유주의를 주장하던 알라르콘은 나이가 들어 보수적 기독교 입장으로 돌아선 작가다. 1859년의 아프리카 전쟁

Guerra de África에 파병되었고, 스페인으로 돌아와 정치가와 스페인 한림원 회원으로 활동하였다. 풍속주의 Costumbrismo 작가인 알라르콘은 낭만주의 성격을 보이는 풍속주의 작가 페르난 카바예로와 객관적 시각의 사실주의 작가 페레다와 갈도스의 사이에 위치한 작가로 설명할 수 있다.

알라르콘의 작품은 1기와 2기로 구분된다. 1기의 대표작은 기행 소설 『아프리카 전쟁 목격자의 일기 *Diario de un testigo de la guerra de África*, 1860』, 『마드리드에서 나폴리로 *De Madrid a Nápoles*, 1861』, 『알푸하라 *La Alpujarra*, 1873』, 『삼각모자 *El sombrero de tres picos*, 1874』를 들 수 있다. 2기의 작품으로 『스캔들 *El escándalo*, 1875』과 『아기 예수 *El niño de la bola*, 1880』가 있다. 대표작 『삼각모자』의 줄거리는 늙은 관리가 젊고 예쁜 여인에게 추근대지만 뜻을 이루지 못하고 조롱거리가 된다는 내용이다. 아이러니한 상황의 묘사나 생생한 언어 표현 그리고 인물과 분위기 묘사가 뛰어난 작품이다.

후안 발레라 Juan Valera (1824-1905)

후안 발레라 Juan Valera는 코르도바 카브라 Cabra의 귀족 집안의 아들로 태어났다. 법학을 공부하였고, 그리스와 로마 시대에 대한 해박한 지식을 가진 작가였다. 또한 외교관으로 활동하며 유럽과 남미의 여러 나라에서 거주했던 세련된 쾌락주의자였는데 정치적으로는 온건 자유주의자였으나 종교적으로는 회의적 시각을 보인 작가로 그의 탈종교적 성향의 사상은 작품속에 잘 드러난다.

발레라는 50세의 늦은 나이에 소설을 쓰기 시작했지만, 그 이전에 이미 여러 편의 수필과 문학 비평과 기사로 이름이 알려진 작가였다. 특히 문학을 테마로 다룬 여러 편의 기사를 통해 발레라가 당시의 문학에 내린 진단과 평가는 물론 섬세하고 예리한 작가의 시각도 짐작할 수 있다. 동시대의 작가에 대한 논평은 물론 고전 작가에 대한 글을 보더라도 그의 지식과 문화 자산이 얼마나 풍요로웠는지를 알 수 있다. 또한 철학과 정치와 종교 등 다방면에 걸쳐 수필을 써서 사고의 폭을 넓힌 작가로 당시 스페인과 유럽의 사상과 문화적 흐름을 파악한 지성인이었음을 알 수 있다. 당시의 스페인을 이해할 수 있는 여러 귀중한 자료를 남기기도 하였다.

온건 자유주의자을 추구하고 세련됨을 이상으로 삼았던 작가의 기질로 파악할 때 발레라는 청년 시기에 유행하던 낭만주의와도 거리를 두었음을 미루어 짐작할 수 있다. 또한 장년의 시기에 유행하던 사실주의에 대해서도 상당 부분 침묵으로 일관했던 것을 보면 발레라의 성향을 파악할 수 있다. 낭만주의와 사실주의 두 문학 사조 중 어느 한편의 입장도 두둔하고 옹호하지 않았지만, 발레라의 태도는 상당히 일관성을 유지한다. 즉 발레라의 신념의 핵심은 미학이었다. 발레라에게 있어 소설가의 사명은 분명했다. 소설가는 인간의 감정을 뒤흔드는 존재도 아니고 인간의 비참함을 증거하는 존재도 아니며, 논제를 제시하는 존재는 더더욱 아니라는 것이다. 소설가는 단지 아름답고 지적이고 매력적인 작품을 창조해 내는 존재라는 것이다. 즉 소설가가 관심을 가지는 핵심 주제를 아름다움으로 파악했다. 현실이 아름다움을 찾을 수 없을 만큼 슬프고 괴로운 것이라면 작가는 독자들에게 위안을 주기 위해 심지어 거짓말이라도 해야 한다는 극단적인 생각까지도 발레라의 글을 통해 알 수 있다.

물론 극단적인 미학주의의 태도를 분명히 보였지만, 발레라 역시 시대적 흐름과 조류로부터 완전히 자유롭지는 못했다. 발레라의 소설에는 당시의 시대적인 분위기를 정확하게 묘사하기보다는 현실의 고통과 아픔을 제거하고 묘사하려는 노력을 더 많이 볼 수 있지만 작품에 등장하는 주인공의 모습은 당시의 현실을 살아가는 인물들이었다. 따라서 현실을 미화하려는 작가의 개인적인 노력은 분명하지만, 발레라 역시 시대적 흐름인 사실주의에서 크게 벗어나지 못하고 있음을 보여주는 것이라 하겠다.

이렇듯 사실주의 작가 발레라는 분위기 묘사보다는 심리 묘사에 큰 비중을 두었기 때문에 그의 소설은 심리 묘사에 뛰어났고, 섬세하고 날카로운 인간애적인 분석을 가능하게 한다. 특히 여자 주인공에 대한 심리 묘사는 뛰어나다.

논제의 제시에 대해서도 부정적이고 비판적 입장을 표명했지만, 발레라의 소설에는 항상 삶과 사상에 대한 작가의 입장이 분명하다. 발레라는 비평가이자 사상가였기 때문에, 소설을 집필할 때에도 작가의 사상을 배제시키기는 어려웠을 것이다. 특히 인간의 충동과 상투적으로 가볍게 다루는 종교적 마찰은 발레라가 즐겨 다루는 테마다. 발레라는 삶의 원동력과 사랑과 행복의 의지를 높게 평가하고, 스페인 사회에 만연한 종교적 왜곡과 광신적이고 거짓된 신비주의에 일침을 가하는 내용이 많다. 발레라는 인간이 자신의 의지로 영혼에 대한 절대적인 갈증을 풀 수 있다고 주장한다. 그러나 사상과 종교 사이의 충돌은 원하지 않았다. 특히 종교적인 갈등을 유발할 수 있는 문제에 대해서는 극단적인 태도를 피하고 대화를 통해 풀어 나가려고 조심스럽게 접근하며 작가의 사상이 드러나지 않도록 하려는 노력은 엿보이지만, 냉소적인 작가의 모습을 독자들은 쉽게 간파할 수 있다. 스페인 사회의 분위기에서 발레라와 같은 지성인이 취할 수 있는 유일한 무기는 냉소적인 태도였고, 그는 자신의 글쓰기를 통해 충돌을 피하며 의견을 피력해 나간다.

종교에 대한 발레라의 냉소적 태도는 첫 소설 『페피타 히메네스 *Pepita Jiménez*, 1874』에도 명백히 나타나 있다. 발레라의 최고 걸작으로 손꼽히는 이 작품에는 신학생 루이스 데 바르가스 Luis de Vargas가 등장한다. 사제를 꿈꾸는 루이스의 종교적 소명은 그다지 강하지 않아 페피타 Pepita라는 여인의 매력 앞에 무참히 무너져 버린다. 소설의 1부는 서간문 형식으로, 루이스에게 정신적 지주 역할을 하던 성당의 사제장인 삼촌에게 쓴 편지들이다. 독자들은 루이스의 편지를 통해 한 젊은이의 종교적 의지와 또 의지와는 상관없이 조금씩 변화하는 주인공의 감정을 간파할 수 있다. 작품의 2부에서는 루이스가 자신의 감정을 따르기로 결정했다는 내용의 편지를 삼촌에게 전해준다. 마지막 에필로그는 루이스와 페피타의 행복한 결혼 생활의 모습을 전하며 끝난다.

이 밖에도 『파우스티노 박사의 꿈 *Las ilusiones del Doctor Faustino*, 1875』, 『영악하게 굴기 *Pasarse de listo*, 1877』, 『멘도사 장군 *El Comendador Mendoza*, 1877』, 『루스 부인 *Doña Luz*, 1879』 등의 소설이 있다. 이 작품들에 빠지지 않고 등장하는 테마는 삶의 의지와 사랑의 힘이다. 『루스 부인』에서는 『페피타 히메네스』에서 나타났던 종교적 소명과 사랑의 대립이 테마로 다시 등장한다.

70세 가까운 나이인 1895년, 발레라는 『키가 큰 후아니타 *Juanita la Larga*』를 발표하며 화제의 중심이 된다. 50대 나이의 마을 시청 서기 파코 Paco가 젊은 여인 후아니타를 사랑한다는 내용이다. 후아니타는 출생과 행실 문제로 마을에서는 그다지 평판이 좋지 못하다. 특히 보수적인 스페인 안달루시아 지방의 마을 분위기 때문에 이 둘의 사랑은 이루어지기 힘들었지만, 극복하기 어려운 사회적 편견과 위선의 어려움을 이기고 둘의 사랑이 승리를 거둔다는 내용이다. 발레라의 고향 도

시를 연상시키는 목가적 분위기의 배경이 특히 아름답다. 후아니타도 영악하고 집요한 성격의 여인으로 묘사되어, 발레라의 다른 소설 여주인공과 많은 공통점을 보여준다. 신비주의 테마로 안달루시아 지방의 토속 생활을 생생하게 그린 사실적 묘사 장면을 볼 수 있는 작품이다. 그 후에 발표한 『기질과 형상 *Genio y figura*』과 『모르스아모르 *Morsamor*, 1899』는 영웅적 사랑 이야기를 다루었는데 당시의 문단에 충격을 던진 작품이다. 특히 『모르스아모르』에 대해 작가 스스로가 현대적 방법으로 쓴 기사 소설이라고 설명하고 독자들에게 즐거움을 주는 것이 최고의 목적이라고 밝힌 바 있어, 발레라의 예술 세계를 이해하기에 좋은 작품이다. 작가의 예술론을 정립하는 데 큰 역할을 한 작품이지만, 애국적 테마의 내용도 담고 있어 98세대에게 선구자적 역할을 한 작품으로 높이 평가된다.

발레라는 단편 소설로 유명하였는데 「초록 새 El pájaro verde」와 「명성 La buena fama」 등은 완성도가 높은 작품들이다. 또한 극작품과 시도 써 보려는 작가의 노력이 있었지만, 문학적으로 호평을 받은 작품들은 드물다.

발레라에게 간결성과 정선된 언어의 구사는 중요한 요소다. 그는 상투적 느낌의 문장과 프랑스어에서 유래한 신조어, 투우사와 가수들의 신조어에 대해서는 매우 비판적인 태도를 취했다. 따라서 발레라의 사실주의 문체는 당시 작가들 사이에서도 정교하게 다듬어진 우아한 문체라는 평을 받았다. 물론 당시의 비평가들은 그의 문학어가 지나치게 다듬어져 있어 일상적인 언어와는 거리가 있다며 비난하기도 했다. 그러나 발레라의 산문은 유연함의 매력을 뚜렷하게 보여주고, 우아하고 지적이며 세련되고 예리하기까지 한 작가의 필력을 유감없이 발산한다.

98세대 작가들 중에도 발레라에 대한 의견은 다양하다. 우나무노 Miguel de Unamuno와 바로하 Pío Baroja와 오르테가 이 가세트 Ortega y Gasset는 그에 대한 언급에 매우 신중한 태도를 취하는 반면, 찬사를 아끼지 않은 작가들도 많았다. 예를 들어 아소린은 발레라를 존경하는 작가로 언급하였고, 에우헤니오 도르스 Eugenio D'Ors는 그를 당시의 최고 예술가로 평하기도 하였다. 발레라의 대표작 『페피타 히메네스』와 『키가 큰 후아니타』는 지금도 많은 독자들에게 사랑을 받는 작품이며, 특히 『페피타 히메네스』는 1975년 영화로도 제작되어 큰 성공을 거두었다. 오늘날에 와서는 완벽한 문체뿐만 아니라 여성의 심리 묘사에 탁월했던 발레라의 능력도 높이 평가되고 있다.

호세 마리아 데 페레다 José María de Pereda (1833-1906)

호세 마리아 데 페레다 José María de Pereda는 폴란코 Polanco 지방의 양반 출신 작가다. 페레다를 발레라와 비교하는 경우가 많은데, 여러 지역의 여행을 통해 얻게 된 세련되고 섬세한 성향의 발레라와는 달리 페레다는 고향 마을을 벗어난 적이 별로 없는 소박한 인물이다. 또 발레라가 자유주의 사상을 가진 작가라면 페레다는 정치와 종교에 있어 전통적 사고를 소유한 작가로 스페인적 순수함을 가진 반면 기독교적 성향이 강하다.

페레다의 초기 작품은 풍속주의 성격이 강했지만 후기 작품은 풍속주의와 더불어 경향 소설 novela de tesis의 성격도 찾아볼 수 있다. 기술과 산업의 발달로 전통은 사라지고 도덕적 혼란과 더불어 부패가 만연할 뿐이라는 어조의 내용이다. 현대 생활의 추함과는 달리 농부들의 가난과 무지를 신성함의 원천으로 인식하는 작품으로 『페드로 산체스 *Pedro Sánchez*, 1883』와 『미끼줄 *Sotileza*, 1884』이 있다. 대표작 『절벽

바위 *Peña arriba*, 1895』는 산탄데르를 배경으로 한 작품으로 줄거리는 다음과 같다. 양반 돈 셀소 don Celso 할아버지는 마드리드의 조카를 불러 같이 사는데, 젊은 조카는 시골의 생활에 따분해한다. 그러나 시간이 지남에 따라 산악 지방의 웅장한 풍광과 단순하고 소박한 시골의 삶에 익숙해지면서 도덕적인 생활을 하게 되고, 삼촌이 죽은 이후에도 그곳에 남기를 바란다는 내용이다. 산탄데르의 산악지 방과 지역에 대한 묘사가 뛰어나다.

베니토 페레스 갈도스 Benito Pérez Galdós (1843-1920)

스페인이 유로화를 사용하기 이전에 100페세타 지폐의 인물이었던 베니토 페레스 갈도스 Benito Pérez Galdós는 1843년에 카나리아 섬 라스 팔마스에서 태어났다. 고향에 머물며 유년 시절을 보낸 갈도스는 1862년 대학에 진학하면서 마드리드로 이주하였고, 그곳에서 법학을 공부했다. 이후 마드리드는 작가의 삶에 매우 중요한 요소로 자리 잡았고 갈도스는 마드리드를 가장 깊이 있게 관찰하고 사실적으로 묘사한 대표 작가였다. 대학에 다니면서도 당시의 사회, 정치, 사상 문제에 특별한 관심을 보였고, 졸업한 이후에도 여러 신문사에서 일을 하며 관심의 폭을 넓혔다. 갈도스 자신은 스스로를 진보주의자와 가톨릭에 반대하는 인물로 정의한다.

갈도스는 1867년과 1868년 두 번에 걸친 파리 여행을 통해 프랑스 소설가들과 접하는 기회를 얻는다. 그 중에 특히 발자크는 갈도스에게 큰 영향을 미친 인물이었다. 스페인의 사실주의를 알리는 첫 소설 『황금 분수 *La Fontana de Oro*』는 1870년에 발표된다. 스페인의 첫 공화제가 수립되었던 1820년대의 마드리드를 배경으로 한 이 소설은 자유주의자들과 예술가들이 즐겨 찾던 카페 이름 'La Fontana de Oro'을 제목으로 사용하며, 당시 스페인의 사회상을 사실적으로 묘사한다. 1860년대의 스페인 소설은 초라한 상황이었고, 비평가 메넨데스 펠라요는 '갈도스의 첫 소설이 등장한 1870년대의 스페인 소설은 유치함과 해괴망측함의 잠에 빠져 있었다'며 당시의 스페인 문학을 폄하하였다. 사실주의의 신호탄과도 같았던 이 작품의 등장과 더불어 스페인 사실주의는 빛을 발하기 시작한다.

이 작품에 이어 갈도스는 46권에 달하는 거작 『국민일화집 *Episodios nacionales*』의 집필에 들어갔다. 그는 문학에 대한 집념이 대단했고, 또 쉬지 않고 글을 쓴 다작 작가로 방대한 양의 작품을 남긴다. 또한 정치에도 큰 관심을 기울이며 1886년에서 1890년 사이에는 자유주의를 추구한 사가스타 Sagasta 당 의원으로 활동하기도 하였다. 작가가 직접 경험한 당시 스페인의 생생한 정치 상황은 갈도스의 주요 대표작 『미아우 *Miau*, 1888』에 그대로 반영된다. 갈도스의 정치 성향은 1898년 이후로 매우 과격해졌고, 여러 번에 걸쳐 공화당 의원을 지냈으며 사회주의자들과의 접촉도 빈번했었다.

정치적으로 과격했던 것과는 달리 개인 갈도스는 온유한 성격이었고, 대인 관계의 폭도 넓었다. 보수정치가 카노바스 Cánovas를 존경하고 알폰소 Alfonso 13세와 호의적 감정을 나누기도 했던 작가였다. 전통주의를 고수한 작가 페레다와 비평가 메넨데스 펠라요와의 우정도 깊었다는 사실은 갈도스가 편협한 사고의 작가가 아님을 단적으로 보여주는 예라고 할 수 있다. 독신을 주장했던 갈도스는 스페인 자연주의의 대표 여류 작가 에밀리아 파르도 바산과의 20여 년의 동거 생활로도 이목을 끌었다.

1890년 이후 갈도스는 정치와 사회에 가졌던 관심을 정신적인 면에 돌리면서 정치와 결별하였다. 갈도스의 이상주의적 면모를 볼 수 있던 시기이기도 하다. 소설가로서 큰 명성을 누렸음에도 불구하고 노년의 갈도스는 시력을 상실하고 경제적인 어려움을 크게 겪으며 생계유지를 위해 극작품을 시도하기도 했다. 1912년 유력한 노벨상 수상 후보였지만 반대파 정치 세력들의 극심한 방해 공작으로 노벨상 수상은 수포로 돌아갔고 1920년에 마드리드에서 사망한다.

갈도스는 종합적 사실주의 작가이다. 페레다가 분위기 묘사에 뛰어난 작가이고, 발레라가 심리 분석에 뛰어나다면 갈도스는 이 두 작가를 종합해 놓은 소설가다. 우선 분위기 묘사에 뛰어난 재능을 보였는데 특히 사실주의의 기본인 자료모음 documentación 과정에서 원칙을 고수한 작가로, 장면과 관습과 등장인물의 묘사에 필요한 모든 자료를 세심하게 모았다. 또한 관찰력에 특히 뛰어난 재능을 보여, 당시의 시대 분위기를 보여주는 소품 하나하나의 특징까지 파악해 묘사하였다. 마드리드의 거리와 광장, 부르주아 집안의 풍경이나 중산층 생활의 묘사, 가난에 찌든 집의 풍경, 그리고 시장과 사무실 등의 사실적 묘사는 당시의 마드리드를 그대로 보는 듯한 느낌을 줄 정도여서 마드리드는 갈도스의 작품을 통하여 독자들의 기억에서 사라지지 않고 부각되는 효과를 누린다.

또한 갈도스는 영혼의 사실주의자로 불릴 만큼 등장인물들의 생각과 성격의 묘사에 뛰어나다. 신체와 의상을 사실적으로 그리는 초상화 기법처럼 성격과 행동을 묘사할 때도 특징적인 면을 중심으로 하되 자유로운 터치를 더함으로써 독자들에게 사실적 전달을 가능하게 한다. 갈도스는 언어의 특징을 전달하는 데 통달한 작가였는데 등장인물들의 언어의 특징적인 면을 잘 부각시켜서 그들의 심리 상태 전달에도 큰 효과를 얻는다.

그럼에도 불구하고 갈도스의 문체는 연구 대상이 되지 않았고 심지어 문체에 신경을 쓰지 않는 작가라고 갈도스를 비난하기도 했다. 또 글을 쓰는 재주가 대단하지 않은 작가라는 혹평을 받기도 했지만, 갈도스는 등장인물마다 그 지위나 성격, 상황에 맞게 언어를 선택하였다. 지능이 낮은 사람에게는 어눌한 언어를, 잘난 체하기를 좋아하는 사람은 거기에 걸맞은 번드르르한 언어를 쓰게 하는 등 일상적인 삶에서 마주칠 수 있는 언어를 잘 선택해 작품에 옮겨 놓는다. 그 시대를 소소한 그대로 보여주는 작가이기 때문에 바예 인클란은 갈도스를 '콩장수 베니토 Don Benito el garbancero'로 부른다.

갈도스의 소설 기법과 문체는 상당히 현대적이다. 특히 현대 소설의 특징적인 면모인 내적 독백 monólogo interior의 방식으로 자유 간접 화법 estilo indirecto libre을 적절히 구사하는 데 매우 뛰어난 작가다. 내적 독백이란 겉으로는 작가의 개입이 드러나지 않지만 주인공을 통하여 자연스럽게 작가의 소리를 내는 것을 말한다. 작가의 심리와 생각에 따라 심지어는 정리되지 않은 어수선한 형태까지 전달되기도 한다.

갈도스의 작품으로는 먼저 1870년의 『황금 분수』를 들 수 있다. 이미 1872년에서 1912년까지 집필하여 46편의 중편을 담은 야심작 『국민일화집』도 있다. 이 46편의 소설은 각각 10편 씩과 마지막 6편으로 구분돼 다섯 시리즈로 구성된다. 처음 두 시리즈는 1873년과 1879년 사이에 쓰였고, 독립전쟁과 페르난도 Fernando 7세 때의 역사가 담겨 있다. 「트라팔가 전쟁 Trafalgar」, 「바일렌 Bailén」, 「사라고사 Zaragoza」 등의 제목으로 구성된 첫 시리즈는 14살 어린 소년 가브리엘 아라셀리 Gabriel Araceli를 주인공으로 한 트라팔가 전쟁을 다룬다. 「요셉 왕의 가방 El equipaje del rey José」, 「어떤 귀족의 1815년 기억 Memorias de un cortesano 1815」이라는 제목으로 이어지는 두 번째 시리즈에는 주인공 살바도르 몬살루드 Salvador Monsalud 중심의 이야기가 펼쳐진다.

각 시리즈마다 이야기의 단일성을 유지한다.

나머지 시리즈는 그 후 1898년과 1912년 사이에 쓴 작품들로 카를로스 전쟁 Guerras carlistas에서부터 왕정복고 la Restauración까지의 이야기를 다룬다. 특히 당시의 비타협적이고 강경한 입장의 스페인에 대하여 갈도스 특유의 비판적 생각이 잘 나타난 작품들이다. 『국민일화집』은 역사 소설 형식이다. 역사 소설은 낭만주의 시대에도 큰 관심을 받았던 장르지만, 그 시기의 소설과는 달리 엄격한 자료 수집과 객관성 유지를 큰 특징으로 한다. 이렇게 모은 자료는 상당한 분량의 신문 기사와 편지, 그리고 野史 성격의 개개인의 일화인데 이것들이 모여 전체적인 역사의 흐름을 만들어 가는 서사적 힘이 갈도스 작품의 특징이다. 역사적 측면과 소설적 픽션의 균형이 돋보인다는 점도 작가 갈도스의 업적이라고 할 수 있다. 『국민일화집』과 비슷한 성격의 역사 소설로 『황금분수』와 1871년에 발표한 『용사 *El Audaz*』를 들 수 있다.

당시 마드리드 중심의 생활상을 사실적으로 그린 작품으로는 『페르펙타 부인 *Doña Perfecta*, 1876』과 『글로리아 *Gloria*, 1877』와 『레온 로치 가족 *La familia de León Roch*, 1878』 등이 있다. 스페인 사람들의 사상적 대립을 주제로 다룬 이 작품들은 갈도스 개인의 자유사상 중심의 입장과 생각을 담고 있다. 갈도스는 대립과 갈등을 표현하기 위하여 현대적이고 개방된 정신을 소유하는 자유주의 성향의 주인공과 절대왕권 지지자들인 보수적이고 전통주의적 성향의 주인공들을 동시에 등장시키는 경우가 많다. 작품을 통하여 갈도스는 비타협적이고 광신적 성향의 스페인 사회를 공격하여, 많은 비평가들은 이 작품들을 경향 소설 novela de tesis로 규정한다.

전기에 발표한 작품들과는 달리 갈도스 후기 작품들은 경향 소설보다는 순수 소설에 가깝다. 비록 같은 시대에 쓰였지만 성격은 매우 다른 작품으로 1878년의 『마리아넬라 *Marianela*』가 있다. 돈 많은 봉사와 그의 길잡이 역할을 하는 가난하고 못생긴 소녀가 목가적이고 비극적인 사랑을 하는 내용이다.

갈도스는 1881년 이후에 출판된 24편의 소설을 스페인 현대 소설 novelas españolas contemporáneas이라고 불렀다. 수천 페이지에 이르는 방대한 양의 작품 안에는 당시의 마드리드 전체가 들어 있다고 할 정도로 등장인물에 대한 과감한 시도가 있었다. 졸부들, 몰락 귀족들, 막강한 영향력을 행사하는 공직자와 파면돼 직업을 잃은 실직자들, 가난하고 비참한 사람들이 대거 등장한다. 고상함과 천박함, 자비와 탐욕, 휘황찬란함과 더럽고 때에 찌든 군상들, 순진함과 사악함이 작품 속에 동시에 나타나며 당시의 현실을 그대로 반영한다.

수많은 등장인물들이 만드는 거대하고 복잡한 세상이 일치와 조화를 이루는 것 역시 놀랍다. 작품 안에 소개되는 한 시대가 당시의 분위기와 사회를 정확히 반영하고 있음은 더욱 더 놀랍다고 할 수 있다. 허구의 주인공이 등장해 한 역사적인 시점에서 벌어지는 정치적인 사건들을 정확히 언급하며 당시를 재현시킨다.

갈도스는 작품 안에 전개되는 파노라마를 냉철히 비판하는 진보주의 자세를 취한다. 그러나 그러한 논제에 앞서 작가는 객관적이고 정확한 분석을 한다. 갈도스는 객관적 시각으로 단지 상황을 제시할 뿐이어서 독자들은 나름대로 자신의 판단을 할 수 있는 여백을 더 많이 가질 수 있다. 갈도스 특유의 아이러니는 평범한 사람들의 진면목을 알리는 중요한 요소로 작용하며 독자들 앞에 자신의 참모습을 여과 없이 선보인다.

주요 작품으로는 우선 1881년의 『무산 여인 *La desheredada*』이 있다. 유전과 사회 조건들을 다루고 있어 자연주의적 요소도 찾아 볼 수 있는 작품이다. 1883년의 『센테노 박사 *El doctor Centeno*』와 함께 삼부작을 이루는 『고통 *Tormento*, 1884』과 『브링가스家의 여인 *La de Bringas*, 1884』은 동일한 주인공이 등장하는 소설들이다. 욕망과 시기심과 위선을 고발하고 1868년 혁명 전인 이사벨 2세의 집정 후기에 패망한 몰락 귀족과 공직자들의 권력을 향한 헛된 욕망과 위선을 강하게 비난한다. 1886년과 1887년 사이에 쓴 걸작 『포르투나타와 하신타 *Fortunata y Jacinta*』는 스페인을 대표하는 사실주의 소설이다. 천 페이지가 넘는 방대한 양으로 작품의 제목이기도 한 신분이 다른 두 여인 포르투나타와 하신타에 대한 묘사가 뛰어나고 당시 사회상이 광범위하게 드러난 작품이다. 1889년과 1895년 사이에는 자린고비 사채업자 프란시스코 토르케마다 Francisco Torquemada를 주인공으로 등장시킨 네 편의 연작 소설 『화형장의 토르케마다 *Torquemada en la hoguera*』, 『십자가의 토르케마다 *Torquemada en la Cruz*』, 『연옥의 토르케마다 *Torquemada en el Purgatorio*』, 『토르케마다와 성 베드로 *Torquemada y San Pedro*』를 발표한다. 인간이 보여줄 수 있는 탐욕의 끝과 영혼마저도 거래하는 세상의 모습을 담은 작품이다.

1890년 이후에 출판된 토르케마다 연작의 마지막 세 작품에서부터 갈도스의 변화를 감지할 수 있다. 정치와 사회의 문제에서 정신적인 문제와 종교에 관심을 기울이기 시작하며 이전과는 다른 성격의 작품들이 발표된다. 작가의 변화를 잘 반영한 작품 『앙헬 게라 *Ángel Guerra*, 1890』에서는 주인공의 관심이 정치가 아닌 종교로 변하는 모습을 그리며 진정한 믿음의 문제를 다룬다. 『나자린 *Nazarín*, 1895』은 종교적 순수함을 지닌 사제가 그를 이해하지 못하는 거짓된 세계에서 실패한다는 줄거리다. 『자비 *Misericordia*, 1897』는 갈도스의 대표 걸작으로, 겉으로는 부유한 체하는 몰락한 귀족에게 자비를 베푸는 옛 하녀 베니나 Benina의 이야기로 가난한 마드리드의 군상을 그린다.

1888년 발표한 『미아우 *Miau*』는 마에쭈 Maeztu가 '스페인의 자살'이라고 표현한 재난의 1898년의 전야제로 해석될 수 있는 작품이다. 주인공 Villamil은 'mil'이라는 단어와 'villa'라는 단어의 합성어로 해석되며, 수많은 스페인 마을 혹은 스페인 사람으로 표현된다. 소설 끝에 나오는 주인공의 자살은 몰락하는 스페인의 실상을 보여준 것이라 할 수 있다. 소설의 제목 『미아우』에 대한 해석도 다양하다. 우선 고양이 울음 소리 '야옹 miau'의 의성어로 볼 수도 있고 등장하는 세 여인의 별명인 '세 고양이들'로 해석할 수도 있다.

낭만주의와는 달리 평범한 일상에서 만날 수 있는 실직 공무원 주인공이 겪는 고통스러운 비극을 그렸다. 그러나 일상 뒤에 얽혀 있는 복잡한 정치 상황과 인간 관계는 관심을 끌기에 충분하다. 왕정복고 la Restauración를 비롯한 비일비재한 집권 당파의 교체로, 행정 요직이 집권 당파에 따라 완전히 뒤바뀌는 일이 벌어지던 당시의 정치 현실을 적나라하게 보여준다. 빈대떡 뒤집기 cambio de la tortilla라는 당시의 표현대로, 파면을 당한 자들은 또 다시 정권이 요동치기를 바랄 뿐이다. 『미아우』는 왕정복고 직후인 1878년을 배경으로 한다. 보수 카노바스 Cánovas 당의 정권 하에 진보성향의 공무원 비야밀은 퇴직을 앞둔 몇 달 전에 파면당한다. 복직을 위해 벌어지는 주인공과 그 주변의 이야기가 소설의 핵심 줄거리다.

문학 비평가 리카르도 구욘 Ricardo Gullón은 이 작품을 통해 갈도스가 보여주고자 하는 것은 인간 관계라고 설명한다. 복잡하게 얽혀 있는 인간 관계는 서로에게 힘이 된다는 것을 알기 때문에 그 관계 안에서만 자신의 모습을 볼 수 있게 하는 작품이라고 설명한다. 통속적이지만 인간적인 주인공 비야밀을 중심으로 원을 그리듯 가족과 사무실의 동료 등 많은 인물들이 등장한다. 많은 등장인물들은 군상을 이루어 현실 세계를 사실적으로 그리며 감동을 준다. 이 군상들 속 유일한 예외적 인물로 순수하고 감동적인 어린이 루이시토 Luisito가 등장하여 현실세계에 물들지 않은 인간의 본연의 모습을 그려보려고 노력한다.

등장인물들과 더불어 갈도스의 관찰력과 분위기의 회화적 묘사는 이 작품의 중요도를 높이는 또 다른 요소다. 화려한 과거 뒤에 남은 어두운 현실을 반영하듯 주인공의 집은 늘 어두컴컴하다. 또 그가 일하던 장소의 복도, 계단, 사무실, 사람들, 소음, 탁한 공기 등은 미로나 지옥을 연상하기에 충분하다. 또 거리, 학교, 교회, 국회, 극장, 선술집과 고리대금업자의 집도 생생하게 묘사하여 당시를 재현하는 느낌을 주며 감동을 자아낸다.

『미아우』는 경향 소설 novela de tesis은 아니다. 그러나 당시의 정치와 행정은 신랄한 비판의 대상이어서 현실 속의 부패와 정치인과 관료들의 모습을 광대놀이 구경하듯 작품 속에 그대로 담아낸다. 갈도스는 구경꾼 태도로 이러한 현실을 담담히 그려 나가며, 독자들 또한 그 구경에 동참하기를 청한다. 루이시토의 경우처럼 순수한 종교의 감정에 대해서는 우호적 태도를 취하지만, 대부분의 경우에는 종교적 감정도 객관적 태도를 유지하며 묘사한다. 정치와 종교 등의 문제에 대해 작가는 모든 판단을 독자들에게 맡기는 인상이 강하다.

등장인물과 분위기 묘사가 갈도스 문학 예술의 핵심이라면, 갈도스의 서술 능력도 중요하다는 점을 언급할 필요가 있다. 그는 이야기 전개 속도를 빨라지게 또는 느려지게도 하면서 여러 등장인물과 사건의 줄거리를 자연스럽게 풀어나가는 천재적인 능력을 소유한 작가다. 또 많은 대화속에 구사되는 생생한 언어 덕분에 당시를 사는 듯한 느낌을 받는다. 일상의 대화나 등장인물의 위치와 직업에 맞게 언어를 다양하게 구사하는 갈도스의 능력을 다시 볼 수 있다. 또 사실주의 작가들이 자주 사용하는 내적 독백 monólogo interior의 예도 찾아볼 수 있다.

덧붙여 갈도스의 극작품을 잠시 살펴보면 경제적 어려움 때문에 그가 뒤늦은 나이에 시도한 장르가 극이었다. 당시 부르주아 중심의 에체가라이 Echegaray 풍의 고급극 alta comedia이 지배적인 상황에서, 갈도스는 정의와 자유와 사랑을 수호하는 도덕적 의도가 강한 새로운 극작품을 발표했다. 상징적 방법도 자주 사용하여 입센 Ibsen을 연상시키는 작품들이다. 갈도스의 대표 극작품은 소설을 극화하여 발표한 『현실 *Realidad*, 1892』과 『페르펙타 부인 *Doña Perfecta*』과 『할아버지 *El abuelo*, 1897』다. 정부의 정치투쟁의 불씨가 된 『엘렉트라 *Electra*, 1901』는 스페인 정치에 가해진 로마 바티칸의 영향력 행사에 일침을 놓은 작품이다. 내적 갈등을 표현한 여러 작품도 있었지만 무대 기법에 익숙하지 않은 갈도스는 큰 성공을 거두지는 못했다.

스페인의 정치 현실과 불가분의 관계에 있던 갈도스는 후대의 평가에 있어서도 많은 우여곡절을 겪었다. 가르시아 로르카 García Lorca 등 젊은 작가들의 존경을 받았음에도 불구하고 갈도스와 그의 작품을 폄하하는 분위기가 일반적이었다. 그러나 스페인 내란 이후에 사회 비판적 사실주의로 흐름이 바뀌면서 갈도스의 명성도 진가를 발휘하기 시작하였다. 최근 들어 갈도스 소설 여러 편이 영화나 드라마로 제작되었고, 그에 대한 새로운 평가가 시작되면서 스페인 문학에서는 물론 세계 문학사에서도 최고의 작가로 자리매김한다.

레오폴도 알라스, 클라린 Leopoldo Alas, Clarín (1851-1901)

레오폴도 알라스 Leopoldo Alas는 필명 클라린 Clarín으로 불린다.

1852년 사모라 Zamora에서 태어났지만 어린 시절 오비에도 Oviedo로 이사해 그곳에서 평생을 살았다. 아스투리아 Asturia 지방과 수도 오비에도에 대한 남다른 애정으로 '나는 사모라에서 났을 뿐이다'라고 말하곤 했다. 평생 오비에도를 떠나지 않았고 1901년 그곳에서 생을 마감한다. 클라린은 박사과정을 마치기 위해 잠시 마드리드에 머물렀던 시간을 제외하고는 늘 오비에도에서 살았다. 또 오비에도 대학에서 법학을 공부하고 교수로 재직하기도 하였다. 젊은 시절 종교적 방황을 하며 무신론적 입장을 고수했지만, 신앙의 문제에 늘 진지한 태도를 취했다. 1892년 클라린은 무신론적 입장을 버리고 종교에 귀의하는 체험을 하면서 종교성 짙은 작품을 발표한다. 단편 「빛의 변화 Cambio de Luz」는 작가의 입장 변화를 잘 보여준다. 클라린이 '소심한 신비주의자 místico vergonzante'로 설명한 주인공 호르헤 아리알 Jorge Arial을 통해 자서전적 모습을 투영한다. 정치적으로는 자유주의자로 공화파 입장이었지만, 열정적으로 앞장서기보다는 독자적인 지식인의 태도를 유지했다. 갈도스처럼 방대한 양의 소설 작품을 남긴 작가는 아니었지만, 심오한 사고와 문학에 대한 열정으로 깊이 있는 소설을 남겼다. 소설 외에도 교육과 비평에 큰 관심을 보이고 활동했다.

평생 필명으로 썼던 클라린에 대한 설명도 그의 비평 글에서 찾아볼 수 있다. 1881년 클라린의 비평 기사를 모아 출간한 『트럼펫처럼 외롭게 *Solos de Clarín*』라는 제목에서 볼 수 있듯이, 그가 클라린이라는 필명을 쓴 것은 독자적이고 외롭고 도전적인 지식인의 모습을 추구하기 위함이었음을 알 수 있다. 당시 대단한 분량의 비평 글을 남겼지만, 작품에 대한 깊은 지식과 견고한 문화 자산을 소유한 클라린의 마음을 끌기에 역부족인 작품에 대한 비평이 대부분이었다. 그러나 이러한 비평 글을 통해 작가가 추구하던 가치를 유추해 볼 수는 있다. 클라린의 문예 비평 글을 통해 소설에 대한 그의 생각을 어느 정도 파악할 수 있고, 또 발자크나 플로베르와 같은 프랑스 사실주의 작가를 좋아했다는 사실도 알 수 있다. 특히 플로베르에 대해서는 깊은 존경을 표했으며, 에밀 졸라를 비롯한 자연주의에 대해서도 상당히 옹호하는 입장이었다. 스페인 작가들 중에 갈도스는 클라린이 존경했던 작가였고, 그 외의 작가에 대한 언급은 많지 않았다.

그럼에도 불구하고 소설에 대한 그의 확고한 개념을 찾아보기는 어렵다. 때로는 도덕과 정치에 무관한 예술지상주의 arte por el arte의 입장을 보이기도 했고, 또 때로는 진보적 비평 노선에 있던 현실 참여 문학에 접근하여 경향 소설을 추구하는 모습을 보이기도 한다. 이런 양면적인 태도는 창작자로서의 클라린에게도, 비평가로서의 클라린에게도 모두 찾아볼 수 있다.

클라린은 1901년에 사망할 때까지 많은 소설 작품을 남겼다. 그러나 장편은 단 2편뿐이었고 나머지는 60여 편의 단편이었다. 최고의 걸작으로 손꼽을 수 있는 소설은 『라 레헨타 *La Regenta*』다. 1884년에서 1885년 사이에 쓴 작품으로 출판물에 따라 때로는 천 페이지에도 이르는 방대한 양의 장편 소설이다. 클라린을 스페인 대표 사실주의 작가의 위치에 올려놓은 작품으로, 작품은 베투스타 Vetusta 도시에 사는 여러 유형의 사람들의 심리와 그 사회의 광범위한 모습을 사실적으로 묘사한다.

줄거리는 그다지 복잡하지 않다. 베투스타 Vetusta 도시의 젊고 아름다운 여인 아나 오소레스 Ana Ozores는 은퇴한 판사 빅토르 킨타나르 Víctor Quintanar의 부인이다. 사냥을 좋아하고 스페인 황금세기 연극을 좋아하는 남편 빅토르는 호인이지만 평범한 인물로, 그보다 훨씬 젊은 아나를 아버지와 같은 마음으로 사랑한다. 판사부인 라 레헨타 la

Regenta로 불리는 아나는 몽상가적 기질을 가진 여인으로 감상적 종교와 낭만적 감수성 사이에서 방황한다. 주관이 뚜렷하지 않고 감상적 종교관을 가진 아나는 고해 신부 페르민 데 파스 Fermín de Pas에 흔들리고, 또 그 도시의 유명한 호색한 알바로 메시아 Álvaro Mesía의 유혹에 갈등한다. 그러나 아나가 알바로의 유혹에 빠지자 페르민은 절망하고, 남편 빅토르는 알바로와의 결투에서 사망한다. 온 도시의 수군거림에 홀로 남은 아나는 마지막으로 종교에 의지하기 위해 페르민 신부를 찾아가지만, 그의 차가운 시선에 절망한다는 내용으로 끝을 맺는다.

물론 줄거리는 이렇게 단순하다. 그러나 작가가 평생을 몸 담았던 오비에도를 형상화한 도시 베투스타의 타락한 귀족과 성직자의 묘사는 뛰어나며, 등장인물들 하나하나에 대한 심리 분석으로 19세기 최고의 스페인 소설이라는 명성을 얻기에 충분하다. 또한 분위기와 풍속의 묘사도 훌륭하다. 특히 법학을 공부하고 가르쳤던 클라린은 주인공들의 도덕적 해부에도 절대적 능력을 보여준다. 여주인공 아나와 종교적 소명보다는 엄마의 뜻에 따라 신부가 된 페르민의 심리적 분석도 뛰어나다. 정신과 육체가 병약한 아나가 감상적 종교관과 낭만적 감수성을 가진 인물임을 설명하기 위해, 작가는 아나의 어린 시절의 환경에 대한 세세한 설명을 덧붙인다. 억압적 환경의 어린 시절, 왜곡된 도덕관, 어쩔 수 없었던 결혼 선택, 아나의 불안정한 결혼 생활 등 작가의 심리 분석은 뛰어나다. 주위를 둘러싸는 평범한 것들에 질식할 것 같은 아나의 상태에서는 자연주의 영향도 강하게 느껴진다. 플로베르의 보바리 부인이나 톨스토이의 안나 카레리나와 견줄 수 있는 여주인공이다. 페르민 신부 역시 야망과 권력에 대한 갈증이 심한 주인공으로 등장하며, 이러한 성격 형성은 엄마의 영향과 광산 마을에서의 비참한 어린 시절의 영향에 기인한다는 점을 작품은 강하게 암시한다. 종교적 소명의식 없이 사제의 길을 택하고, 아름다운 아나를 만나면서 강한 소유욕구를 채우려는 인물로 변하는 과정을 세세히 그려나간다. 에밀 졸라의 소설 『플라상스의 정복 *La conquête de Plassans*』과 유사한 내용이다. 호색한 알바로는 지방 도시의 대표적인 돈 후안과 같은 인물이다. 이외에도 여러 인물들로 구성된 인간군의 등장으로 한 도시의 분위기를 파악할 수 있다.

소설의 배경 도시 베투스타 Vetusta는 사실상 오비에도 Oviedo 그대로를 옮겨 놓은 듯하다. 그러나 오비에도만이 아니라 스페인의 모든 지방도시, 혹은 당시 스페인 사회를 표현한다고도 설명할 수 있다. 도시의 군상들을 통해 클라린은 절망적 풍경을 제시한다. 부패한 귀족사회와 물질적으로 오염된 성직자는 물론이고, 중상모략과 루머와 무료함과 유흥을 즐기는 천박한 중산 계층에 '케케묵은'과 '구습을 좇는'의 의미를 가진 배경 도시 베투스타의 의미가 그대로 드러난다. 카지노, 귀족 저택의 살롱, 성당 내부, 저택, 복도, 거리, 뒷골목, 야외 등의 사실적 묘사가 뛰어나고, 이러한 장소들은 등장인물들의 행위를 보여주기 위한 배경으로서뿐 아니라 그 자체가 중요한 작품의 요소로 등장하며 사람들이 행동과 반응과 심리를 생생하게 전달하는 주체적인 역할을 담당한다. 시대의 변화에 따라 쇄신하는 것이 아니라 구습에 빠져 도덕적 해이함의 극치를 보이는 스페인 사회의 전형적 모습을 작가는 베투스타를 통해 소개한다.

클라린의 시선은 날카로운 메스에 비교된다. 작가는 신랄하고 날카로운 비판적 시선과 비타협적 태도를 취하며 스페인 사회와 그 구성원들을 분석한다. 그러나 때로는 이해심을 갖고 동정의 시각으로 묘사하는 경우도 많다. 이러한 날카로운 분석의 시각 때문에 이 소설은 자연주의 소설로 분류되곤 했다. 물론 이것은 무리가 따르지만 많은 부분에 있어서 자연주의 성격을 보이는 것은 사실이다. 생물학적 유전으로 설명하지는 않지만 부모의 유전적인 경향으로 이어지는 등장인물들의 성격, 아나가 받은 교육 방법, 페르민의 불운했던 과거, 베투스타 도시의 분위기 등은 줄거리를 중요한 사회 상황으로 부각시키고 있는데 이를 자연주의 성격으로 볼 수 있는 것이다. 부패한 사회적 분위기와 빈번히 등장하는 끔찍한 장면 같은 것도 자연주의의 명백한 영향이다. 그러나 등장인물들을 통하여 작가가 여러 인간의 경험과 관찰과 더불어 사실의 전달에 주력하고 있다는 것은 사실주의 특징을 명백히 보여주는 것이라 하겠다.

『라 레헨타』가 최고의 소설로 평가받는 또 다른 이유로 완벽한 작품의 구조와 뛰어난 문체를 들 수 있다. 작가의 첫 장편 소설이라고는 믿을 수 없을 만큼 작품은 완벽하다. 처음 15장에서는 3일간의 이야기가 전개되고, 나머지 15장에서는 3년간의 이야기를 서술한다. 처음 15장은 3일 간의 느린 시간 전개를 통해 독자들이 베투스타 도시를 관찰하고 등장인물들을 파악할 수 있는 기회를 준다. 3년간의 시간의 흐름을 적은 나머지 15장에서는 앞에서 독자들이 관찰한 내용들이 어떤 결과로 이어지는가를 명백히 볼 수 있는 기회가 허락되며 객관적 시선으로 그 사회와 인물들을 파악할 수 있게 한다. 작가의 훌륭한 산문 기법도 살펴볼 수 있다. 작가는 작품의 흐름을 깨뜨리지 않고 이야기의 구성을 자연스럽게 이어간다. 또한 풍경의 묘사 역시 줄거리 안에 적절하게 구성된다. 사실주의 작품으로 작가 자신의 주관적 고찰보다는 객관성에 의지한 내용이 주를 이루고 있음도 파악할 수 있는데, 이는 사실주의 사조에 대한 작가의 정확한 인식이 있었음을 알 수 있다. 또한 작가는 작품 속에서 일상의 언어를 생생하게 기록하였을 뿐 아니라 정확한 언어를 통하여 당시 사회의 풍자를 가능하게 하였다.

『라 레헨타』 이전에 발표된 클라린의 여러 단편 작품들은 큰 찬사를 받았지만, 그의 첫 장편 『라 레헨타』는 그다지 좋은 평을 받지 못했다. 특히 오비에도 시민들의 비난이 잇달았고, 오비에도의 주교는 이 작품을 신랄하게 비난했다. 그러나 블랑코 가르시아 신부 Padre Blanco García는 '소똥구리의 소똥 bola de escarabajo'처럼 소중한 작품이라고 높이 평가했고 갈도스도 '작품에 대한 기억이 뇌리에서 떠나지 않는다 su recuerdo no me deja vivir'고 말하면서 강한 감동을 받은 작품이라 평하였다. 그러나 대부분의 동시대인들은 혹평 일색이었다. 이렇게 혹평을 받은 것은 문학적인 측면에서가 아니라 주로 문학 외적인 이유 때문이었다. 예를 들어 작가의 사상, 그 사상에 대한 비평, 종교에 대한 비판적 시각, 그리고 구체적인 배경이 되었던 도시에 대한 비판 등이 이유일 수 있다. 작품이 비도덕적이라는 비판에 클라린은 동의하지 않는다. 자신은 작품을 통해 현실을 풍자했을 뿐이기 때문에 자신의 소설이 비도덕적이라는 비판에는 동의할 수 없다는 것이 작가의 의견이다. 그러나 시간이 흐르면서 작품에 대한 평은 긍정적으로 바뀌었고, 현대적인 시각으로 봤을 때 『라 레헨타』는 갈도스의 『포르투나타와 하신타 *Fortunata y Jacinta*』와도 견줄 수 있는 스페인 사실주의의 대표작이다.

클라린의 또 다른 장편은 1890년에 발표한 『외동아들 *Su único hijo*』로, 자연주의 영향의 소설 기법과 심리 묘사가 뛰어난 작품이다. 아내에게 성실하지 못했던 주인공 보니스 Bonis가 아내의 불륜으로 태어난 아들을 받아들인다는 내용으로, 주인공의 심리적인 갈등 묘사에 특히 주목할 필요가 있다.

「피파 Pipá, 1886」와 「베르타 부인 Doña Berta, 1891」은 클라린의 대표 단편이다. 테마는 다르지만, 사회적으로 소외된 주인공을 통해 사회의 모순과 갈등을 조명한다. 작가의 날카롭고 비판적인 초기의 시각이 나이가 들면서 부드럽게 바뀌는 과정을 관찰할 수 있다. 물론 스페인 사회에 대한 비판을 풍자적으로 묘사하는 것에는 변함없지만 작가의 거칠고 날카로운 시각은 가난한 사람들에 대한 동정과 친밀한 접근으로 달라진다. 또한 1892년 이후의 후기 소설 작품들은 초기의 회의적 성격으로 쓰여지지 않고 정신적인 시각과 접근으로 바뀌어 가고 있음도 알 수 있다.

에밀리아 파르도 바산 Emilia Pardo Bazán (1851-1921)

에밀리아 파르도 바산 Emilia Pardo Bazán은 스페인에 자연주의를 소개한 자연주의 대표 작가다. 갈리시아 지방의 유복한 귀족 집안에서 태어나 아버지를 이어 백작 칭호를 받았던 파르도 바산은, 당시 여성들이 누릴 수 없었던 최고의 교육을 받았다. 여류 작가가 드물었던 당시의 상황에서 작가로서의 자질을 개발시킬 수 있었던 이유이기도 하다. 에밀 졸라의 자연주의를 소개하는 과정에서 스페인을 대표하는 자연주의 작가로 인식되었다. 160여 편의 단편소설을 발표하고 『선봉 여장부 *La tribuna*, 1883』와 『우요아家의 대저택 *Los Pazos de Ulloa*, 1886』을 비롯한 여러 편의 장편 소설을 썼다.

파르도 바산의 대표작 『우요아家의 대저택』은 '가톨릭 자연주의 naturalismo católico' 분위기에서 당시 스페인 사회의 모순을 잘 반영한 작품이다. 인간의 삶은 운명과 개인의 자유의지에서 비롯되지만, 자연은 단지 주어진 운명에 따를 수밖에 없다는 작가의 생각을 뒷받침하는 작품이다. 줄거리는 다음과 같다. 젊은 신부 훌리안 Julián은 세브레 Cebre의 페드로 모스코소 Pedro Moscoso 후작의 우요아 대저택에서 신부로 일하게 된다. 대저택의 주인 페드로가 하녀인 사벨 Sabel과 불륜 관계를 맺고, 그 사이에 페루초 Perucho라는 아들까지 둔 사실을 알게 되면서, 훌리안은 후작에게 법적인 부인을 정식으로 맞아들일 것을 충고한다. 사벨의 아버지 프리미티보 Primitivo는 집사직의 낮은 신분에 불과했지만, 페드로 집안의 재산 전부를 관리하며 모든 것을 자신의 손아귀에 넣는다. 페드로는 비록 자신 소유의 재산이기는 하지만 사벨을 내쫓지도 못하고 프리미티보의 허수아비 노릇을 한다. 훌리안의 충고를 좇아 결혼하기로 마음을 먹은 페드로는 산티아고에 있는 외삼촌의 집을 방문하였고, 삼촌의 네 딸 중에 리타가 마음에 들었지만, 훌리안의 충고를 따라 정숙하지 못한 리타 대신에 착하고 온순한 누차와 결혼한다. 누차는 착하지만 몸이 약하고 언니 리타만큼 아름답지는 못했다. 페드로와 누차 부부가 우요아 대저택에 돌아왔지만, 누차는 프리미티보와 사벨과 함께 지내면서부터 갈등을 겪기 시작한다. 누차가 임신을 하고 페드로는 법적인 후계자 아들이 태어날 것을 기대했지만, 생각과는 달리 딸이 태어나자 페드로의 마음은 다시 냉랭해지고 사벨과의 관계는 다시 계속된다. 산고로 몸이 허약해진 누차는 정신적 고통에 시달리다 병약해진다. 그 즈음 세브레에도 선거 바람이 불고 페드로도 출마하지만 프리미티보는 반대당에 후원을 아끼지 않고, 페드로는 선거에 참패한다. 선거 결과에 더 이상의 희망을 잃은 페드로는 더욱 포악해지고 프리미티보는 누군가에 의해 살해된다. 페드로가 훌리안과 누차의 관계를 의심하여 훌리안은 대저택에서 쫓겨나고, 산골 교회의 신부로 떠난다. 반년이 지난 어느 날, 다시 우요아 대저택을 방문한 훌리안은 저택 근처에서 놀고 있는 두 아이를 발견한다. 좋은 옷을 입은 잘생긴 사벨의 아들과 허름한 옷에 다 떨어진 신발을 신고 있는 누차의 딸이 바로 그들이었다.

아르만도 팔라시오 발데스 Armando Palacio Valdés (1853-1938)

아르만도 팔라시오 발데스 Armando Palacio Valdés는 아스투리아 지방 출신으로 상당히 많은 작품을 썼는데, 초기의 작품에서는 자연주의 소설 기법이 강하게 느껴지지만 이후에는 생경함과 격정의 성격이 완화되고 어둡고 폭력적인 성향이 덜한 소설 쪽으로 기울어진다. 프랑스의 자연주의가 유물론적 회의주의였다면, 팔라시오 발데스의 작품은 미소 짓게 하는 너그러운 여유가 느껴지고 낙천적 시각이 뚜렷하다.

『옥타비오 도련님 *El señorito Octavio*, 1881』이라는 작품으로 이름을 알린 팔라시오 발데스는 아스투리아 지방의 어부들의 삶을 그린 『호세 *José*, 1885』와 안달루시아 지방을 배경으로 수녀원을 나온 수녀와 의사의 사랑을 그린 『산 술피시오 자매 *La hermana de San Sulpicio*, 1889』로 더 큰 명성을 얻는다. 광산의 개발과 산업의 발달로 말미암은 도덕적 타락을 그린 『황폐해진 마을 *La aldea perdida*, 1903』, 인간에 대한 부정적 사고로 실패하는 인물을 그린 『트리스탄 *Tristán*, 1906』과 유고작 『한 노인의 앨범 *Álbum de un viejo*, 1940』에 이르기까지 다수의 작품이 있다.

풍속주의 묘사에 뛰어나고 여자 주인공을 비롯한 부수적인 등장인물들의 설정과 묘사에 뛰어나 독자들의 사랑을 받는 작가다. 많은 작품이 영어로 번역되었고, 스페인 국내에서보다는 외국에서 좋은 평을 받는 작가다.

비센테 블라스코 이바녜스 Vicente Blasco Ibáñez (1867-1928)

비센테 블라스코 이바녜스 Vicente Blasco Ibáñez는 정통한 자연주의에 가장 근접한 스페인 작가로, '스페인의 졸라 el Zola español'로 불렸다. 1867년 발렌시아에서 태어난 그는 공화제를 지지하는 자유주의자의 선봉으로 정치 활동을 하였다. 생경한 분위기와 주제, 본능에 충실한 주인공의 설정, 유전적 원인에 따른 성격 등 그의 작품은 졸라의 작품과 많은 공통점을 가지고 있다.

초기의 대표작 『초가집 *La barraca*, 1894』과 『갈대와 진흙 *Cañas y barro*, 1902』은 발렌시아 지방을 배경으로 한 풍속주의의 특색을 나타낸다. 문체도 자연주의 면모가 강하게 풍기지만, 분위기와 등장인물들의 격정적 성격은 특히 자연주의의 결정론에서 큰 영향을 받았다. 이후에 발표된 작품으로는 투우를 현미경으로 본 것처럼 묘사하고 민중에 대한 경외의 시각이 뛰어난 심리 소설 『피와 모래 *Sangre y arena*, 1908』와 제1차 세계대전을 배경으로 한 『요한 계시록의 네 기사 *Los cuatro jinetes de Apocalipsis*, 1916』 등이 있다.

블라스코 이바녜스의 작품은 외국에서의 호평과 달리 스페인 국내에서는 좋은 평을 받지 못했다. 98세대가 주도하였던 정신적인 세계와 예술적인 동향과는 거리가 있었기 때문이라는 것이 일반적인 해석이다.

제 5 부
20세기 문학

1. 20세기 유럽과 스페인

20세기의 세계사가 급변하면서 정치, 경제, 사회는 물론 문화적 측면에서도 다양한 변화가 있었다. 제국주의 국가들의 패권 경쟁으로 일어난 제1차 세계대전(1914-1918)과 극단적 전체주의를 배격하고 민주주의 옹호의 성격을 띤 제2차 세계대전(1939-1945)의 비극을 겪으며, 세계 역사와 지도에는 큰 변화가 있었다. 한편에서는 19세기에 시작된 제국주의적 팽창이 계속 진행되며 절정에 이르렀지만, 또 다른 한편에서는 힘의 균형을 완전히 뒤바꾸어 놓을 분쟁이 발생했기 때문이다. 여러 사상적 움직임과 정치적인 소요도 끊이지 않았고, 과학이 눈부시게 발전하기도 하였다. 예술과 문학도 예외가 아니어서 어지러울 정도의 많은 변화가 있었다.

사회적 측면을 살펴보면, 경제와 부를 향한 부르주아의 이상은 견고해졌고 이것은 진일보하는 산업의 발전, 그리고 경제 발전과 맞물려 전성기를 맞이하였다. 이에 맞선 노동자 계급은 결속하여 힘을 모아 강력한 세력으로 부상하며 투쟁을 통한 생활 조건의 향상과 사회 구조의 혁명적 변화를 꾀하였다.

정치적 긴장은 더욱 고조된 상황이었다. 경제 활동이 활발해지면서 국제무역에 있어 상반된 이해관계가 충돌하였고, 제3세계에서 주도권을 잡으려는 유럽 강대국들의 강한 열망으로 유럽은 제1차 세계대전이라는 제국주의적 분쟁에 휘말린다. 전쟁이 끝나자 세력의 판도에 변화가 생기며 유럽은 힘을 잃었고, 미국과 일본이라고 하는 새로운 세력에 주도권을 내놓을 수밖에 없었다. 제1차 세계대전 기간 중인 1917년에 러시아에서는 공산혁명 Revolución comunista이 승리하면서, 전 세계로 공산주의의 영향력을 넓혀 가게 되었다. 세계 역사의 주도적 역할을 담당하는 힘과 세력의 균형은 20세기 이전과는 완전히 다른 양상을 띠게 된다. 국가 간의 분쟁과 국제적인 분쟁도 끊이질 않았다. 더불어 제3세계 개발도상국들의 문제가 -무엇보다도 가난의 문제- 제국주의의 심각한 후유증으로 부상하였다.

경제적으로는 제2차 산업 혁명으로 비유될 수 있는 큰 변화가 일어났다. 새로운 에너지원인 석유와 전기를 사용하게 되면서 교통과 통신이 발전하게 되었고 이것은 경제 변화의 바탕이 되었다. 자본주의는 크게 발전하였다. 유럽 강대국들은 식민지화를 통해 제국의 힘과 세력을 굳건히 하며 세계적인 상업망을 넓혀나갔다. 경제 팽창의 근간을 이룬 것은 무엇보다도 기술과 과학의 발전이었다. 전화의 발명과 1899년 무선 전신의 발명으로 전신 기술이 발전되었고 1885년에는 자동차가 등장하며 새로운 세상의 도래를 예고하였다. 1903년에는 비행 기술의 발전으로 비행기가 등장하였고 1895년에는 뤼미에르 형제가 촬영 기술을 끌어올려 영화를 찍을 수 있게 되었고 1908년에는 할리우드가 세워지기에 이르렀다. 1895년에는 뢴트겐이 X-ray를 발견하고 퀴리 부부가 라듐을 발견하며 획기적인 과학의 발전이 가능해졌다.

새로운 과학적 사실이 증명되고 밝혀지면서 과학 이론이 근본적으로 정립되고 많은 연구 활동이 가능해졌다. 실증주의적 사상에 기초한

19세기의 과학자들은 사물의 현상을 나름대로의 정확한 시각과 방법으로 세웠다고 확신했었다. 그러나 수학과 논리학의 새로운 발견과 뉴턴의 새로운 우주 개념을 포함한 물리학의 발전으로 그러한 믿음에 큰 변화가 초래되었다. 원자 구조와 에너지 이론은 그러한 변화를 일으킨 결정적 요인이었고, 특히 아인슈타인의 상대성 이론은 혁명을 불러일으키기에 충분했다. 실증주의적 안정은 하이젠버그 Heinsenberg의 불확정성 법칙으로 대체되었다. 이에 수학자 푸앵카레 Poincaré는 더 이상 어떤 이론이 진실이거나 거짓이라고 단정지을 수 없으며 단지 그 유용성만이 언급될 수 있다고 하였다.

과학이 겪은 변화 못지않게 큰 위기를 감당해야 했던 것은 바로 철학이었다. 실증주의와 이성론의 한계를 깨달았다는 점에 있어서 철학과 과학은 같았다. 철학은 현실을 분석하기 위한 새로운 방법들을 찾는데 고심할 수밖에 없었고 이러한 노력의 일환으로 논리학과 수학이 연계된 새로운 인식론과 허셀 Husserl의 현상학이 나타났다. 더불어 비이성적이며 생기론 Vitalismo과 같은 사상적 조류도 활발해질 조짐을 보였다. 이미 키에르케고르와 니체 등이 제기한 사상에 힘이 실릴 수밖에 없었다. 생의 철학자 베르그송의 직관론과 같은 노선이라 할 수 있는 이 새로운 철학의 방향은 20세기의 핵심적 사상인 실존주의 Existencialismo의 탄생에 영향을 미쳤다. 스페인의 미겔 데 우나무노 Miguel de Unamuno와 호세 오르테가 이 가세트 José Ortega y Gasset와 같은 사상가에게도 생기론의 영향은 컸다.

새로운 사상 조류는 인간의 의식 문제에 많은 갈등과 질문을 던질 수밖에 없었다. 이것에 대한 답으로 등장한 것은 프로이드의 사상과 실존주의와 마르크스 이론이었다. 프로이드 Freud는 인간의 비이성과 무의식의 충동을 분석하여 정신분석학 이론을 제시하면서 인간의 자아에 대한 새로운 개념을 부각시켰다. 프로이드의 정신분석학 이론은 20세기 예술과 문학에 큰 반향을 불러일으키기에 충분했고, 이와 함께 사실주의에 맞서는 아방가르드 성격의 여러 예술 운동이 등장했다. 비이성적 성격의 예술운동은 반부르주아적 성격이 강했고, 심지어 반문화적 성격으로도 설명된다. 예술적 가치를 예술 외부에서 찾지 않는 예술지상주의와 순수예술 성격이 강한 이러한 예술 운동은 소수의 만족만을 추구하는 예술로 난해함을 특징으로 하기 때문이다. 당연히 대중과는 거리를 두려는 경향이 강할 수밖에 없었다. 하지만 이들에 대한 사회적 예술과 문학의 견제도 만만치 않았다.

20세기 이전의 사상과 의식과 시각의 변화가 가장 두드러지게 나타난 것은 회화였다. 전위적 화풍의 야수파, 표현파, 큐비즘, 미래파, 추상파 등이 빠른 속도로 나타났다. 구상예술인 사실주의와 인상주의 전통은 무너지고 현실을 왜곡하고 삭제하고 과장한 추상예술이 등장했다. 1907년 피카소 Picasso의 '아비뇽의 처녀들 Les demoiselles d'Avignon'은 추상예술의 이정표 역할을 한 중요한 작품이다. 라벨 Ravel과 스트라빈스키 Stravinski를 중심으로 한 음악을 비롯하여 건축에서도 새로운 경향의 예술은 지배적이었다.

문학에도 많은 변화가 나타났다. 우선 새로운 개념의 글쓰기 기법이 나타났다. 소설에서는 19세기의 사실주의와 자연주의의 사조가 사라지고 인간 심리를 깊이 통찰한 소설과 혁신적인 수법의 소설이 등장했다. 1913년에 발표한 프루스트 Proust의 『잃어버린 시간을 찾아서 *En busca del tiempo perdido*』는 시간에 의해 해체되어 사라지는 삶의 편린들을 건져내려는 작가의 노력을 엿볼 수 있는 소설이다. 특히 제2권 「꽃핀 소녀들의 그늘에서 A la sombra de las muchachas en flor」는 프루스트의 서정적이고 아름다운 문체로 주인공의 심리 분석에 다가서며 새로운 소설을 제시한다, 또 1914년에는 소설에 결정적인 혁신을 가져다 준 작품 카프카 Kafka의 단편「판결 El proceso」이 탄생했다. 또 1916년 조이스 Joyce의 『젊은 예술가의 초상 *Retrato del artista adolescente*』은 유럽 소설에 커다란 변혁을 불러 일으켰다. 시에서는 상징주의가 등장하였다. 프랑스의 아폴리네르 Apollinaire와 러시아의 미래주의 시인들의 과감한 시 쓰기 방법이 도입되었다. 극에서는 1896년 프랑스 자리 Jarry가 극작품 『위비왕 *Ubú rey*』을 발표하면서 전위적인 형식을 과감하게 도입하였고 클로델 Claudel과 노벨문학상 수상 작가인 피란델로 Pirandello 등의 작가들은 대담하고 독창적인 극과 무대예술을 선보였다. 20세기 초, 소설과 시와 극에서 새로운 예술을 향한 거센 개혁의 바람이 불기 시작했음을 알 수 있다.

20세기 초의 스페인의 상황을 파악하기 위해서는 우선 19세기 말부터 이어진 정치 상황을 살펴볼 필요가 있다. 1833년 페르난도 Fernando 7세가 사망하고 공주인 이사벨 Isabel 2세가 세살의 나이로 왕위에 오른다. 그러나 이후 1868년 공화제의 기치를 내세운 군사 혁명 '라 글로리오사 La Gloriosa'가 일어나자 이사벨 2세는 프랑스로 망명가고, 아들 알폰소 Alfonso 12세가 왕위를 물려받는다. 이 기간 동안 페르난도 7세의 동생 카를로스 Carlos는 왕좌를 빼앗기 위해 1833년에서 1840년, 그리고 1846년에서 1849년, 또 1872년에서 1876년에 세 차례에 걸쳐 카를로스 전쟁 Guerra carlista을 일으킨다. 알폰소 12세가 1885년 27세의 나이로 요절하자, 1886년 유복자 알폰소 13세는 태어나면서부터 왕위를 물려받았고 1931년 왕좌에서 물러난다. 세 살 때 왕위에 오른 이사벨 2세도 성인이 될 때까지 어머니 섭정을 한 것과 마찬가지로, 태어나면서 왕이 된 알폰소 13세 역시 성인이 될 때까지 어머니의 섭정을 받았다. 몹시 불안정한 정치 상황이었고, 스페인 사회 전반이 위태로울 수밖에 없었다.

20세기 초 이러한 정치적 상황 속에 놓인 스페인은 두 모습으로 존재했다. 먼저 몰락해 가는 국가로서의 스페인이었다. 식민지 제국 건설에 혈안이 돼 있는 유럽의 다른 나라들과는 대조적으로 스페인은 국내 문제조차 해결하지 못했고, 1989년 미서전쟁에서의 패배로 쿠바와 필리핀을 상실하며 98재앙 Desastre del 98의 치욕적인 역사를 맞았다. 스페인은 또 이미 오래 전부터 '두 스페인 las dos Españas'으로 나뉘었고, 오래 전부터 안고 있던 전통주의와 진보주의 두 세력 간 팽팽해진 내적 문제들은 더 이상 타협될 수 없는 상황이었다.

혁신주의자 호아킨 코스타 Joaquín Costa를 포함한 스페인의 지식인들 상당수는 혁신을 요구하였다. 호아킨 코스타는 '학교와 곳간을 세우고, 시드 장군의 무덤에 7개의 자물쇠를 채우자 Escuela, despensa y siete llaves para el sepulcro del Cid'는 명언으로 지나간 과거의 영광에 머물지 말기를 촉구했다. 경제와 교육을 회복시켜 국가 재건의 기회로 삼아야 한다는 의미로 구체적인 국가 회복을 위한 당시 지식인들의 고뇌를 엿볼 수 있다. 호아킨 코스타와 앙헬 가니베트 Ángel Ganivet 등의 사상가들이 바로 98세대 Generación del 98의 전신이라는 사실은 명백하다.

호아킨 코스타와 앙헬 가니베트는 스페인의 경제와 정치와 사회의 악습은 혁신을 통하지 않고는 바뀌지 않는다고 주장했다. 또 악습의 중심에는 절대군주제의 왕이 있다고 지적하였다. 농업에 기반을 둔 스페인의 호족들과 농민들, 상공업에 기반을 둔 카탈루냐 지방과 바스크 지방의 부르주아, 그리고 프롤레타리아의 간극은 커져 시간이 흐를수록 갈등이 심화되었다. 특권 계층의 사치와 욕심은 피지배 계층의 고통을 가중시켜 심각한 국가적 해악으로 남게 되었다.

이러한 해악은 하루빨리 청산되고 해결이 되어야 했음에도 불구하고 당시의 정부는 이러한 갈등을 해결할 능력이 전혀 없었다. 알폰소 13세는 19세기 말의 정치 상황을 되풀이할 뿐이었고, 보수주의자와 진보주의자의 심화된 갈등에 아무런 해결책도 제시하지 못했다. 보수주의적 왕당파와 진보주의적 공화파의 갈등은 정치적 자리바꿈을 되풀이하면서 사회계층 간 갈등과 지역감정을 부추겼고 소모적 정치 논쟁만 격해졌다. 심각했던 농촌의 개혁 문제는 꿈도 꿀 수 없는 상황이었다. 심화된 갈등으로 일어난 혁명적 투쟁으로 1909년 바르셀로나의 '비극의 일주일 Semana trágica' 사건이 발생했고, 1911년에는 무정부주의 입장을 표명한 노조 CNT(Confederación Nacional de Trabajadores)가 결성되었다.

정치가 부패하고 사회적 문제가 심각해짐에 따라, 지배 계층과 부르주아에 저항하며 사회에 순응하지 않는 사상적 조류가 젊은이들을 중심으로 밀려왔다. 이러한 사상에 기초한 저항은 새로운 방향을 모색하게 만들었고 문학에서도 새로운 경향이 등장하였다. 그러나 당시 젊은 작가들의 태도와 관점은 서로 달라 많은 입장 차이를 보이며 문학의 방향을 달리하였다. 예술 자체에만 관심을 표명한 작가도 있었다. 이들은 물질주의를 탈피하고 희망이 보이지 않는 잿빛 세상에 대한 관심을 버리고 예술 세계에 몰입하기를 원했다. 예술적 아름다움과 이국적 성격과 평범하고 일상적이지 않은 특별함의 추구가 그들의 관심사였다. 당연히 사회적으로는 비순응적 태도를 보이며 보헤미안의 삶을 영위했고, 현실에 대하여 도전적인 행동을 취하기도 하였다. 이와는 반대로 스페인의 몰락에 대한 이유를 분석하고 사회개혁에 대한 강한 의지를 표명하며 대립의 태도를 보인 작가들도 있었다. 당연히 이들의 문학에는 스페인 문제에 대한 깊은 고뇌와 우려가 지배적으로 나타났다. 서로 다른 태도의 이 두 그룹을 처음에는 똑같이 모더니즘이라는 용어로 지칭하였다. 그러나 시간이 지나면서 이 용어는 첫 번째 그룹의 젊은 작가들, 즉 미학적 관심을 중심으로 변화를 모색했던 작가들을 지칭하게 되었다. 그리고 스페인의 현실을 아파하며 비판하고 변화를 꾀했던 두 번째 그룹의 젊은 작가들을 98세대 Generación del 98라고 불렀다. 이렇듯 모더니즘과 98세대 간에 차이점이 있는 것은 분명하나 때로는 그 경계가 모호한 경우도 많았다. 바예 인클란 Valle-Inclán과 안토니오 마차도 Antonio Machado 같은 작가의 경우에는 이 두 경향을 다 보여주기도 하였다.

98세대 이후의 스페인 문학에 큰 영향을 주었던 당시 정치 상황을 간략히 살펴보면 알폰소 13세는 알폰소 12세의 유복자로 태어나 1886년 왕위에 오른 뒤, 어머니 마리아 크리스티나 María Cristina의 섭정을 거쳐 1902년 통치권을 잡았다. 앞에서 설명한 바와 같이 그 기간의 스페인은 이미 19세기 동안에 수없이 되풀이했던 낡은 정치를 버리지 못하고 악습을 되풀이한 시기였다. 보수주의와 자유주의로 대표되는 두 정치세력 간의 다툼은 제1차 세계대전 이후에 독일 지지파와 연합국 지지파로 나뉘어 이견이 더해지면서 갈등이 심화되었다.

알폰소 13세의 정치 무능은 결국 프리모 데 리베라 Primo de Rivera의 독재(1923-1930)를 낳았다. 프리모 데 리베라는 1919년의 모로코전쟁 Guerra de Marruecos을 수습하고 국가의 당면 문제들을 해결하여 국가를 재건하겠다는 명목으로 세력을 결집하였지만 아무런 문제도 해결하지 못했고, 1930년 알폰소 13세가 권력의 고삐를 다시 쥐었지만 그것도 아주 잠시뿐이었다. 정치 세력의 이합집산이 되풀이되었고, 1931년의 선거에서 공화당이 대승을 거두자 더 이상의 분란을 원하지 않던 왕은 같은 해 권좌에서 내려왔다.

선거의 승리로 제2공화정은 시작되었다. 하지만 '독재는 아무 변화를 가져오지 못했고, 공화정은 변화를 모색하겠지만 어려운 숙제가 될 것이다'라는 역사학자 빌라르 Vilar의 말처럼 상황은 쉽지 않았다. 이데올로기의 갈등과 세력들 간의 다툼이 심화되면서 모든 노력과 희망은 사라졌다. 상황이 악화되면서 1933년 팔랑헤 Farange당의 국민파 nacionalista 세력과 1936년 인민전선 Frente Popular당의 결성으로 나온 공화파 republicano 세력이었다.

이 두 세력 간의 갈등은 전쟁으로까지 치닫게 되어 1936년 7월 18일에 발발한 스페인 내란 Guerra civil은 1939년까지 이어졌다. 앞서 설명한 일련의 상황들로 볼 때 스페인 내란은 불가피했을 것으로 보인다. '두 스페인 las dos Españas'의 대립이 극에 달했기 때문이다. 내란의 승리는 보수적 성격의 국민파의 것이었고, 팔랑헤당을 이끌던 프랑코 Francisco Franco 독재 시대(1939-1975)의 문이 열렸다.

스페인 내란의 결과는 참혹했다. 파괴의 흔적에 절망하고 배고픔의 고통을 겪어야 했으며 국제 사회로부터 고립되고 말았던 스페인 국민들의 가슴 속에는 증오와 미움과 같은 상처가 남게 되었다. 그러나 이 상처보다도 더 가혹했던 것은 독재 정치가 시작된 것이었다. 많은 지식인과 문인들이 죽고 망명의 길을 떠났으며 정치적 억압과 냉혹한 검열이 이어졌다. 그러나 1950년대가 되면서 약간의 자유가 허용되었고, 1955년 스페인이 UN에 가입하는 등 국제 사회의 문이 열리기 시작하였다. 독재로 말미암아 숨죽이고 있던 대학생들이 중심이 되어 정치적으로 반발하였고 노동자의 움직임도 처음으로 시작될 수 있었다.

1959년 경제 개발 계획 Plan de estabilización이 시작되고 60년대에 들어서 기술 중심 정책이 펼쳐지며 경제가 발전하기 시작하였다. 관광객의 증가로 경제가 좋아지고 스페인 국민의 사고방식과 생활 습관에도 큰 변화가 생겼다. 그러나 다른 한편에서는 자유를 열망하며 프랑코 독재에 대항하는 반체제 세력이 더욱 강력해졌다. 프랑코 독재의 지지 기반으로 보수적 입장을 고수하던 일부 가톨릭 세력조차도 제2차 바티칸 공의회 Concilio vaticano II의 영향으로 반체제세력으로 돌아서기도 하였다.

프랑코 독재 말기에 접어들면서 세계 10대 산업 강대국 중의 하나로 부상한 스페인은 신자본주의와 소비문명의 궤도에 진입하였다. 경제는 발전하였지만 정치는 여전히 독재라는 굴레에서 벗어나지 못한 채 정체되었고, 시간이 흐르면서 그 간격은 심화되었다. 독재 체제에 대한 반대 세력의 힘이 커지며 자유에 대한 열망은 걷잡을 수 없을 정도로 뜨거워졌다. 프랑코가 사망한 1975년 11월 20일 당시의 상황이었다.

드디어 민주주의의 정착과 도약으로 명명할 수 있는 시기가 도래하였는데 후안 카를로스 Juan Carlos 1세의 선언에 이어 스페인 민주화를 향한 행보는 가속화되었다. 1976년 12월에 정치개혁을 위한 국민투표와 정당의 합법화를 선언하였고 망명자들의 귀환과 사면을 독려하기도 했다. 프랑코 독재 기간 동안 맹위를 떨친 검열은 점진적으로 폐지되었다. 1977년 6월 15일의 국회의원 선거와 새로운 헌법의 작성으로 거침없는 민주화의 행보를 이어나갔다. 독재가 민주화로 탈바꿈하는 평화적 행진의 전례 없는 과정에 세계는 놀라움을 금치 못했다.

정치가 20세기 스페인 사회 전반에 강한 영향력을 행사했기 때문에 문학 역시 그 영향권을 벗어날 수가 없었다. 이러한 정치 상황 속에서 문학이 이정표 구실을 했던 시기를 중심으로 20세기 스페인 문학을 개괄해보는 것도 의미가 있을 것이다. 첫 번째 시기에는 모더니즘 Modernismo과 98세대 Generación del 98, 이 두 문학 운동이 활발히 일어났다. 또한 주변 상황에 불만을 가진 1900세대 Novecentismo의 젊은 작가들이 중심이 되어 19세기의 문화와 문학에 반기를 들었던 시기이기도 하다. 1900세대의 작가들로는 가브리엘 미로 Gabriel Miró, 호세 오르테가 이 가세트 José Ortega y Gasset, 라몬 페레스 데 아얄라 Ramón Pérez de Ayala, 라몬 고메스 델 라 세르나 Ramón Gómez de la Serna 등을 들 수 있는데, 이들은 19세기 작가들을 넘어서 새로운 시대에 대한 불안과 고뇌를 표명한 지성인을 자처하며 다음 세대를 위한 길을 터놓았다.

두 번째 시기는 27세대 Generación del 27를 중심으로 살펴볼 수 있다. 정치나 사회에 대한 불안 못지않게 문화적 불안감이 팽배하던 시기로 문학 활동은 시를 중심으로 이루어졌다. 시인 페데리코 가르시아 로르카 Federico García Lorca, 라파엘 알베르티 Rafael Alberti, 호르헤 기옌 Jorge Guillén, 페드로 살리나스 Pedro Salinas를 중심으로 한 27세대는 순수시를 이상으로 삼고 새로운 문학을 추구하였다. 유럽의 전위문학의 영향을 받아 무엇보다도 미학적인 관심을 우선시하였는데, 정치적 위기 상황이 점점 심각해지자 현실 문제를 되돌아보는 참여문학 literatura comprometida 경향을 띄기 시작했다.

세 번째는 스페인 내란 이후의 시기다. 내란으로 많은 지식인이 죽고 또 망명의 길을 떠난 이 시기의 초반에는 문학적 활동이 미비했다. 그러나 시간이 지나면서 문학의 새로운 길과 방향을 모색하게 되고, 순응 문학 literatura arraigada과 비순응 문학 literatura desarraigada이라는 대립된 구도를 갖추게 되었다. 루이스 로살레스 Luis Rosales와 레오폴도 파네로 Leopoldo Panero로 대표되는 순응 문학은 정치와 사회의 혼란 시기가 지나면서 정착되었다. 시대에 대한 번민과 불만을 가득 담은 비순응 문학은 카밀로 호세 셀라 Camilo José Cela와 카르멘 라포렛 Carmen Laforet의 초기 소설, 27세대 시인 다마소 알론소 Dámaso Alonso의 『분노의 자식들 *Hijos de la ira*, 1944』 등이 있다.

네 번째 시기는 1950년대 중반을 중심으로 나타났으며, 그 핵심에는 사회적 사실주의 Realismo social가 있었다. 사회적 혼란 속에서 작가로서의 의무에 대해 고뇌하던 많은 작가들은 사르트르의 앙가주망 문학론에 빚지고 있었다. 앙가주망 문학론은 시대적 위기에 처한 작가의 임무는 주변 세상을 변화시키는 것이라고 말한다. 「미래라는 탄환으로 장전된 무기 La poesía es un arma cargada de futuro」를 노래한 가브리엘 셀라야 Gabriel Celaya와 블라스 데 오테로 Blas de Otero를 중심으로 한 시인들, 후안 고이티솔로 Juan Goytisolo와 라파엘 산체스 페를로시오 Rafael Sánchez Ferlosio 등의 소설가, 안토니오 부에로 바예호 Antonio Buero Vallejo와 알폰소 사스트레 Alfonso Sastre와 같은 극작가가 주요 인물들이다. 이 사회적 사실주의의 키워드는 스페인 문제였다.

마지막 시기는 프랑코 독재가 막을 내린 1970년대가 중심이었다. 문학이 세상을 변화시킬 수 있다는 기대감에 부풀어 시대적 사명을 다하려고 했던 많은 작가들이 회의를 느끼며 사회적 사실주의에서 벗어난 시기다. 실험문학이 지배적이었고 중남미 소설의 붐이 일기 시작하였다. 특히 실험적인 요소가 잘 나타난 것은 극 장르에서였다. 극은 새로운 형태의 실험적 요소와 더불어 괄목할 만한 다른 내용도 보여주었는데, 관객과의 소통이 우선인 극작가들은 사회적 사실주의와는 다른 방향으로 대중과 소통하며 시대의 고뇌를 전달하고자 하였다.

2. 모더니즘 Modernismo

모더니즘이란 19세기 말과 20세기 초의 유럽에 나타난 새로운 예술 사조를 지칭한다. 지역에 따라 명칭을 달리했는데, 프랑스를 중심으로 한 지역에서는 아르누보 Art nouveau로 불렸다. 이전 시기의 예술과는 달리 젊고 자유로운 새로운 예술을 하겠다는 의도를 명칭 자체에서부터 밝히고 있다. 예술 전반에 걸쳐 나타난 모더니즘 경향은 때로는 그 개념이 매우 모호하기도 하다.

문학에서의 모더니즘은 유럽과 중남미를 중심으로 한 개혁적 성향의 문학 운동으로 등장했고, 특히 서정시를 중심으로 더 큰 영향력을 발휘하였다. 부르주아적 분위기에서 탄생한 조류이지만 부르주아에 기초한 기존 사회의 자아정체성에 대해서는 근본적인 회의가 깔려 있다.

정치, 문화적으로 몰락의 길을 걷던 스페인은 혁신에 대한 욕구가 다른 나라들보다 강했다. 주변의 삶과 세상을 바라보는 많은 젊은이들의 시선은 증오에 다름 아니었다. 그리고 그 책임은 바로 그들 이전의 세대에 있다고 생각했다. 그들은 19세기의 문학 사조로 영향력을 행사하던 사실주의, 그리고 화려하고 웅변적이지만 공허한 라몬 데 캄포아모르 Ramón de Campoamor와 가스파르 뉴녜스 데 아르세 Gaspar Núñez de Arce의 산문시에 반기를 들었다. 니카라과의 모더니스트 루벤 다리오는 『불경스런 산문시 *Prosas profanas*, 1896』의 서문에서 '내 시에서는 공주들과 왕과 황실의 이야기들과 갈 수 없는 먼 나라의 모습을 보리라. 내가 삶과 세상을 증오한다는데, 뭘 어쩌라는거냐! Veréis en mis versos princesas, reyes, cosas imperiales, visiones de países lejanos e imposibles; qué queréis!, yo detesto la vida y el tiempo en que me tocó nacer'라고 외친다. 1892년 스페인을 방문한 루벤 다리오는 새로운 것을 갈망하던 작가들에게는 치명적인 매력을 가진 존재일 수밖에 없었다. 루벤 다리오의 추종자들로 마누엘 마차도 Manuel Machado와 후안 라몬 히메네스 Juan Ramón Jiménez를 손꼽을 수 있는데, 이들은 스페인 모더니즘에 괄목할 만한 흔적을 남긴 시인들이었다.

개혁과 저항과 반발은 새로운 문학의 시도에 공통적으로 나타나는 요소들이다. 19세기 말기에는 이 공통된 요소가 스페인에서뿐만 아니라 중남미에서도 나타났다. 그러나 모더니즘과 모더니스트라는 용어 자체가 쓰인 것은 연대상으로 중남미에서 먼저였다. 1890년경 이미 루벤 다리오 Rubén Darío를 중심으로 한 작가들이 자신들의 도전적인 태도를 강조하며 다분히 경멸적인 의도로 자신들을 모더니스트라고 지칭했다.

중남미에서는 과거 식민지 지배국이었던 스페인으로부터 문학에 대한 영향을 받지 않으려고 거리를 두고자 하였다. 이런 의미에서 스페인이 아닌 유럽의 다른 나라의 문학에 눈을 돌리게 되었다. 당시 시대적 사조를 앞장서며 스페인 문학에도 큰 영향을 미쳤던 프랑스 문학은 그들을 매료시키기에 충분했고, 중남미 작가들의 프랑스 문학에 대한 관심과 열정은 컸다.

그러므로 중남미 지역에 먼저 일었던 모더니즘 경향을 알기 위해서는 19세기 후반 프랑스 시의 분위기를 파악해야만 한다. 19세기 중엽의 프랑스의 낭만주의 시인들은 정치와 사회와 도덕 문제에 얽매일 것 없이 미를 창조하면 족한 것이라고 주장하며 고답파로 접근해 갔다. 고답파 Parnacianismo와 상징주의 Simbolismo는 모더니즘이라는 결과물을 낳았던 사조들이었다.

고답파 Parnasianismo라는 용어는 작품선집 『현대 고답파 시인 *Le Parnasse contemporain*, 1866』에서 유래했다. 선집에 등장한 시인들의 중심에는 테오필 고티에 Téophile Gautier(1811-1872)가 있었다. 고답파는 『예술지상주의 *El Arte por el Arte*』라는 이론을 주장했던 고티에의 '쪼고 다듬고 새겨라. 허공에 떠있는 너의 꿈이 돌에 강하게 새겨지도록 Esculpe, pule, cincela. Que tu sueño flotante se plasma en un resistente bloque'이라는 표현처럼 조각과 같은 형태적 완벽성을 예술의 목표로 삼았고, 예술이 주는 감동에는 관심을 보이지 않아 결과적으로 무감동과 객관성을 중시한다. 고티에와 르콩트 드 릴 Leconte de Lisle과 같은 시인에게 보였던 그리스 신화 테마와 동양적 분위기와 이국적 테마가 루벤 다리오를 중심으로 한 모더니즘 시인에게도 나타난 점은 주목할 만하다.

고답파에 대한 관심은 상징주의 Simbolismo로 옮아가게 되었다. 1886년의 '상징주의 선언 manifeste symboliste'으로 시작된 상징주의의 시초는 『악의 꽃 *Flores del mal*, 1857』의 보들레르 Baudelaire였다. 또한 베를렌 Verlaine(1844-1896)과 랭보 Rimbaud(1854-1891)와 말라르메 Mallarmé(1842-1898)도 상징주의 대표 시인들이다.

고답파와 달리 상징주의자들은 외적 미를 추구하는 것에 만족하지 않았다. 학구적이고 객관적 성격의 고답파와는 달리 분명한 미학적인 목표를 두고 외형 이상의 것을 추구하였다. 숨겨진 현실의 반영과 상징으로 감각적 세계를 파악하였고, 시인의 임무는 이러한 숨겨진 세계를 파헤쳐 내는 것이었다. 당연히 상징주의 시에는 신비와 꿈과 상징으로 가득 차 있다. 깊은 영혼과 사물의 심연에 숨겨진 모든 것이 시를 통해 나타내기를 원했다. '그 무엇보다도 음악을! ¡La música por encima de todo!'이라고 외친 베를렌처럼 음악성 풍부한 언어는 상징주의의 표현을 위한 최고의 도구였다.

앞에서도 설명한 바와 같이 중남미의 모더니즘은 고답파와 상징주의의 종합적 산물이었다. 조각된 형태의 완벽한 시와 이국적 테마와 감각적 가치를 추구한 고답파와 숨겨진 세계를 파헤치는 예술과 다양한 음악적 효과를 추구한 상징주의는 모더니즘에 각각 그 유산을 남겼다.

미국의 애드가 앨런 포우 Edgar Allan Poe와 월트 휘트만 Walt

Whitman, 이탈리아의 다눈치오 D'Annunzio와 오스카 와일드 Oscar Wilde, 그리고 심미주의의 영향으로 원시적인 자연 세계를 부각시킨 전기 라파엘파에 이르기까지 모두 모더니즘에 크고 작은 영향을 미쳤다. 프랑스를 비롯한 외국 작가들뿐 아니라 곤살로 데 베르세오 Gonzalo de Berceo, 아르시프레스테 데 이타 Arcipreste de Hita, 호르헤 만리케 Jorge Manrique와 같은 작가들과 15세기의 노래모음 Cancioneros에도 큰 관심과 매력을 느끼고 있었다는 사실 역시 간과할 수 없다.

19세기의 부르주아풍의 평범한 시로 인하여 빛을 보지 못했던 아름다움을 모더니즘 덕에 다시 만난 것이라는 후안 라몬 히메네스 Juan Ramón Jiménez의 말처럼, 모더니즘의 최고 관심은 아름다움이었다. 현실적이고 거친 부르주아 시와는 대조적으로 모더니즘에는 귀족적이고 우아하고 달콤하며 섬세한 면모가 지배적이라는 사실은 의심할 여지가 없다.

모더니즘은 테마와 형태의 특징을 중심으로 살펴볼 수 있다. 외적 감각의 세계와 도피의 테마가 특히 사랑을 받았다. 당연히 고전적인 것에 심취하였고 신화가 빈번히 등장하였으며 기독교가 아닌 이교도적인 분위기를 선호하였다. 또한 역사와 전설 이야기가 대거 등장하였고, 이국적이고 동양적이며 북유럽적인 분위기에 매료되었다. 그리고 도회적이고 세련된 국제적인 도시로는 파리가 최우선순위였다는 사실을 모더니즘 시인 루벤 다리오 Rubén Darío와 마누엘 마차도 Manuel Machado의 작품을 통해 쉽게 알아차릴 수 있다.

고답파와 상징주의의 영향을 받은 모더니즘 시는 시어에 강한 변화의 바람을 불어넣었다. 강력한 변화는 강한 효과로 이어졌고 시는 지나칠 정도로 화려해졌다. 이방 신들과 요정과 괴물이 등장하고 기사와 자작과 후작 등의 귀족이 등장한다. 어릿광대와 할리퀸은 물론 터키

술탄의 후궁과 중국인, 그리고 영국 신사와 파리의 점원 아가씨도 등장한다. 고색창연한 고성과 동양의 석탑, 베르사유 궁전의 살롱과 연꽃과 붓꽃 내음이 진동하는 정원을 배경으로 백조와 잠자리, 코끼리와 낙타가 모습을 보인다. 상아와 진주와 형형색색의 보석과 칠보로 반짝이는 모습을 즐겨 사용한다. 화려함을 표현하기 위하여 다양한 색을 섰고 음악으로 웅장함이나 장난스러움이나 슬픔을 표현하기도 하였다.

그러나 외형적이고 도피적인 성격만이 전부는 아니었다. 모더니즘 시인의 작품 중 상당수에는 시인의 내적 세계가 드러나 있고, 이 미묘하고 섬세한 내적 세계를 표현하기 위해 다양한 방법이 시도되었다. 또 넘치는 생의 활력과 더불어 종종 감각적인 면이 묻어나기도 하였다. 지배적이었던 감정은 우울과 슬픔과 향수다. 세상에 대한 좌절과 불안과 불만에서 출발한 19세기의 낭만주의 사조에서 흔히 볼 수 있던 이러한 감정들과 함께 가을과 황혼, 그리고 퇴폐주의 분위기도 찾아볼 수 있다.

언어를 다루는 솜씨가 뛰어나 생각을 원하는 대로 표현해 낼 수 있었고 음성학적인 효과와 두운법 aliteraciones, 그리고 풍부한 어휘력을 활용하여 고어와 라틴어 풍의 언어를 자유롭게 구사하였다. 공감각 sinestesias과 이미지와 상징들을 적재적소에 쓸 줄 알았고 운율 métrica과 리듬 ritmo도 주의 깊게 살펴볼 필요가 있고, 음악적 가치에 많은 비중을 두는 모더니즘의 특징에 걸맞게 악센트와 다양한 각운 처리를 통해 특별한 효과를 냈다. 또한 그 당시까지는 쓰지 않던 9음절 eneasílabo과 12음절 dodecasílabo 시행을 비롯하여 새로운 형태의 시행도 즐겨 사용하였다.

모더니즘의 개혁적인 징후들은 중남미 시인들에서 먼저 나타났다.

선구자적 역할을 한 쿠바 출신의 호세 마르티 José Martí(1853-1895)는 정치인으로도 유명했는데 작품집 『자유시 *Versos libres*』나 『단순 시 *Versos sencillos*』를 통해 뛰어난 산문작가이자 시인으로서의 모습을 보여주었다. 또 멕시코 출신의 디아스 미론 Díaz Mirón도 작품 『시 *Poesías*, 1886』에서 새로운 조류를 선보였다. 이 밖에도 멕시코 시인 구티에레스 나헤라 Gutiérrez Nájera와 쿠바 시인 훌리안 델 카살 Julián del Casal, 젊은 나이에 자살로 생을 마감한 콜롬비아 시인 호세 아순시온 실바 José Asunción Silva(1865-1896)도 주목할 필요가 있다. 아순시온 실바의 시는 정선된 시어와 음악적 요소로 어둡고 우울하고 신비스러운 느낌을 전달하며 감동의 전율을 전해준다.

루벤 다리오 Rubén Darío에 이어 여러 시인이 등장했는데, 멕시코 출신 다작 시인 아마도 네르보 Amado Nervo(1870-1919)도 모더니즘 시인의 진면목을 보였다. 그러나 유고작 『요동하지 않는 여인 *La amada inmóvil*』에서는 종교성이 강하고 내적 고뇌를 담은 단순한 형식의 시를 보여주기도 하였다.

콜롬비아 시인 기예르모 발렌시아 Guillermo Valencia (1872-1945)는 단 한 권의 작품 『리마스 *Rimas*, 1898』만을 남겼지만 개성만큼은 뚜렷했다. 작품에는 함축적 시어가 쓰였고 모더니즘적인 성격이 지배적으로 나타났지만 정의롭지 못한 사회에 대한 저항정신도 강하게 드러난 작품이다. 새로운 서정시의 스승격인 아르헨티나의 레오폴도 루고네스 Leopoldo Lugones (1874-1938) 또한 모더니즘 성격이 강한 작품을 남겼다. 특히 『정원의 황혼녘 *Crepúsculos del jardín*, 1905』에서는 감각적이고 강한 생명력이 발산된다. 하지만 이후의 작품은 섬세한 서정시와 민중을 위한 노래로 변화되었음을 느낄 수 있다.

페루 시인 호세 산토스 초카노 José Santos Chocano (1875-1934)는

마을의 전설이나 역사에 관심을 가졌다는 점에서는 모더니즘과 다르지 않았지만, 그를 비롯하여 루벤 다리오 이후의 시인들은 각기 독특한 방법으로 초기 모더니즘의 테마와 형태를 다듬어 나갔다고도 볼 수 있다.

모더니즘의 선구적 역할을 했던 시인들을 스페인에서도 찾아볼 수 있다. 당시의 산문주의 유행으로부터 탈피하려고 애를 쓴 리카르도 힐 Ricardo Gil과 마누엘 레이나 Manuel Reina가 있고, 프랑스 고답파 시인들에 대한 큰 관심에 번역되지 않은 프랑스어 작품을 직접 읽은 마누엘 레이나와 18세가 되도록 학교 교육은 받지 못했지만 신비하리만큼 시적 직관에 뛰어났고, 음악성이 깃든 화려한 시를 쓴 살바도르 루에다 Salvador Rueda도 있다. 루벤 다리오는 같은 성향의 시를 쓰도록 독려하며 우정을 나눴던 살바도르 루에다의 1893년의 시집 『왁자지껄하게 *En tropel*』의 서문을 쓰기도 했다.

1892년 루벤 다리오의 스페인 방문은 새로운 경향의 모더니즘 시가 스페인에서 큰 관심을 불러일으키며 발전할 수 있었던 결정적인 이정표가 되었다. 그의 시는 현실에 대한 불만과 고뇌를 가진 많은 젊은 시인들의 마음을 사로잡기에 충분했다. 1899년 그는 다시 스페인을 찾았고 이후에도 빈번한 왕래를 통해 스승과 같은 존재로 자리매김하였다.

시의 테마와 리듬과 시어에 관한 루벤 다리오의 영향은 절대적이었지만 스페인 모더니즘에는 중남미와는 다른 독특한 특성이 나타났다. 요정이나 공주, 백조와 같은 시어에서 느낄 수 있는 도피적 성격이 희박한 반면에 시인의 내적 세계에 대한 감정 전달이 강력하다. 당시 스페인 젊은 세대들이 겪은 시대적인 아픔과 절망이 반영됐다고 볼 수 있다.

루벤 다리오를 추종한 스페인 작가로는 프란시스코 비야에스페사 Francisco Villaespesa와 에두아르도 마르키나 Eduardo Marquina를 들 수 있다. 이들은 시뿐 아니라 극작품에서도 뛰어난 재주를 보인 작가들이다. 보헤미안 삶을 산 비야에스페사는 특히 음악성과 장식적인 측면에서 모더니즘을 피상적으로 모방하는 데 그쳤다는 평을 받았고, 대표작으로는 시집 『은밀함 *Intimidades*』과 극작품 『진주성 *El alcázar de las perlas*』이 있다. 마르키나는 간결한 모더니즘 스타일의 시를 썼는데 주로 스페인 사람들의 전통과 문제들을 다루었다.

마지막으로 스페인 모더니즘을 논할 때 빼놓을 수 없는 라몬 바예 인클란 Ramón Valle-Inclán과 안토니오 마차도 Antonio Machado를 들 수 있다. 바예 인클란의 『소나타 *Sonatas*』를 비롯한 여러 작품과 안토니오 마차도의 『고독 *Soledades*』은 모더니즘의 특성이 강하게 묻어난 작품들이다.

루벤 다리오 Rubén Darío (1867-1916)

1867년에 니카라과에서 태어난 루벤 다리오의 본명은 펠릭스 루벤 가르시아 사르미엔토 Félix Rubén García Sarmiento다. 그러나 증조부의 이름 Darío 때문에 그 집안을 다리오 집안이라고 불렀고, 자신은 루벤 다리오라는 이름을 갖게 되었다. 젊은 루벤 다리오는 중남미의 여러 문제에 대하여 과격한 진보적 성향을 보였고, 그 이후 칠레와 아르헨티나를 여행하면서 새로운 경향의 시를 접하고 프랑스 문학에 관심을 갖기 시작했다. 시집 『파랑 *Azul*』으로 대단한 성공을 거두었을 때가 겨우 21살이었다. 신대륙 발견 400주년 기념행사로 1892년 스페인을 방문하면서 스페인의 주요 작가들과 친분을 쌓았다. 1899년 스페인을 다시 방문한 루벤 다리오는 이미 젊은 스페인 시인들의 우상이었다. 1900년 이후로는 외교관으로 파리에 거주하였고 스페인과 유럽과 아메리카를 여행하였다. 하지만 무리한 일정들로 건강을 해친 루벤 다리오는 1916년 49세의 나이로 죽음을 맞는다.

루벤 다리오의 대표 업적으로 꼽을 수 있는 것은 당시 우후죽순처럼 등장한 여러 사조들을 능숙한 솜씨로 종합하였다는 점이다. 또 잘 어울리기 어려운 여러 요소들, 예를 들어 통속적이고 감각적이고 명상적이고 애국적인 어조의 요소들을 자유자재로 구사한다는 점이다. 또한 그의 작품에서는 비종교적이고 이국적이고 범세계적인 요소들과 내적 세계에 대한 묘사와 같이 모더니즘의 특징적인 요소들을 쉽게 찾아볼 수 있다. 테마뿐 아니라 문체 면에서도 화려한 장식과 색채를 쓰고 리듬과 같은 음악적인 요소를 적용하는 등 모더니즘 성격은 뚜렷했다. 또한 다양한 어조로 다양한 시 형태를 완벽하게 만들어 낸 대표 시인이다.

그는 백조, 반인반수, 괴물, 루비와 다이아몬드와 같이 상상력을 자극할 수 있는 모든 모더니즘적 요소들을 사용하였다. 시 「눈뜸 6 *Abrojo VI*」은 이렇게 시작한다: '시인은 시에/ 바다의 진주를 통째로,/ 광산의 황금을 통째로,/ 동양 상아를 통째로,/ 골콘다의 다이아몬드를 통째로,/ 바그다드의 보물을 통째로,/ 인도 부자 나바드의 보물상자/ 보석과 패물을 옮겨 놓았다/ Puso el poeta en sus versos/ todas las perlas del mar,/ todo el oro de las minas,/ todo el marfil oriental;/ los diamantes de Golconda,/ los tesoros de Bagdad,/ los joyeles y preseas/ de los cofres de un Nabad.' 이처럼 모더니즘적 상상력이 발휘된 수많은 어휘들을 루벤 다리오가 처음으로 시도하였음을 알 수 있다.

초기의 몇몇 작품들도 모더니즘의 중요한 단서를 제공하지만, 『파랑 *Azul*, 1888』은 가장 주목을 많이 받은 작품집이다. 다양한 형태의 산문과 시로 된 이 작품집은 루벤 다리오의 문학적 재능을 잘 보여준다. 특히 고답파 시인과 미국의 휘트만과 모더니즘 선구자 시인들에게 바친 소네트, 스페인 정복자들에 맞서 싸웠던 영웅 카우폴리칸 Caupolicán에게 바친 시는 많은 사랑을 받는 작품들이다.

1896년의 『불경스런 산문 *Prosas profanas*』에서는 루벤 다리오의 미학 이론을 살펴볼 수 있는데, 이 시집에서는 자신감 넘치고 혈기왕성하여 패기 어린 시인의 모습을 볼 수 있다. 그는 때로는 치기어린 모습으로 또 때로는 우아한 모습으로 돋보이는 감각미를 선보이고 화려한 면모를 과시하기도 한다. 자신의 필력에 대한 자신감이 넘치는 모습이라고 할 수 있다. 또한 그의 작품속에는 스페인의 역사적이고 문학적인 인물 시드 장군에 대한 관심이 잘 드러나 있고 곤살로 데 베르세오 Gonzalo de Berceo를 위시한 스페인 문학과 문학형식에 대한 지식도 잘 나타나 있다.

「별 말이 없던 어제의 그 사람이 나입니다 *Yo soy aquel que ayer no más decía*」라는 시의 고백처럼 『인생과 희망의 노래 *Cantos de vida y esperanza*, 1905』에는 루벤 다리오의 변화된 모습을 발견할 수 있는데, 그가 모더니즘 시에서 화려함을 추구했다면 여기에서는 영혼 깊은 곳을 바라보는 시각이 간절해졌다는 것이다. 진지함과 엄숙함, 그리고 고뇌하고 번민하는 시인의 모습을 담고 있다. 라틴 토픽의 테마도 등장하고 외설스러움도 찾아볼 수 있지만, 대부분의 경우 우울한 어조로 작품을 끝맺는다. 두 편의 「야상곡 Nocturnos」, 「멜랑콜리 Melancolía」, 「가을에 대하여 De otoño」, 「봄에 부르는 가을 노래 Canción de otoño en primavera」와 같은 대표 작품도 있지만 많은 독자에게 전율과 감동을 전한 작품은 꼽자면 그것은 「치명적 Lo fatal」이다.

스페인에 관한 테마도 다양하게 살펴볼 수 있다. 스페인 문학을 장식한 작가 세르반테스와 공고라를 노래하고 화가 벨라스케스와 고야에게 바치는 시도 있다. 또한 1898년 스페인의 몰락을 보고 정치적인 우려와 함께 고통을 노래하고, 그 고통을 넘어서서 희망과 믿음을 노래한 시도 있다. 「백조들 Los cisnes」에서는 중남미와 스페인을 위협하는 미국에 항변하며, '잔인한 야만인에게 우리의 몸을 내줄 것인가?/ 수백만의 사람들이 영어를 말할 것인가?/ 귀족과 용맹스러웠던 기사는 다 어디로 갔단 말인가?/ 지금 입을 다물고 훗날 회한의 눈물을 흘릴 것인가? ¿Seremos entregados a los bárbaros fieros?/ ¿Tantos millones de hombres hablaremos inglés?/ ¿Ya no hay nobles hidalgos ni bravos caballeros?/ ¿Callaremos ahora para llorar después?'라고 노래했다.

『허공을 떠도는 노래 *El canto errante*, 1907』와 『가을 시와 또 다른 시들 *Poemas de otoño y otros poemas*, 1910』과 『아르헨티나에 바치는 노래 *Canto a la Argentina*』도 대표 시집들이지만, 이전의 명성에는 못 미치는 작품들이다.

지금까지 살펴본 대로 시인으로서의 루벤 다리오는 대단한 명성을 가졌지만 그의 산문 작품들은 시에 밀려 제대로 빛을 발하지 못한 감이 있다. 여러 신문사와 잡지사에서 일하며 쓴 기사들도 있고, 데카당스한 분위기의 단편들을 수록한 『기이한 것들 *Los raros*, 1905』과 인간사에 얽힌 사건과 작가의 소견을 적은 『현대 스페인 *La España contemporánea*, 1901』도 있다.

마누엘 마차도 Manuel Machado (1874-1947)

마누엘 마차도 Manuel Machado는 1874년 세비야에서 태어났다. 9살 때에 가족과 함께 마드리드로 이주하였고, 진보 성향의 부모 영향으로 동생 안토니오 마차도 Antonio Machado 시인과 함께 자유교육학당 Institución Libre de Enseñanza에서 수학하였다. 동생과 여러 차례에 걸쳐 파리를 여행하며 많은 경험을 쌓았고 모더니즘풍의 작품 활동도 같이 하였다. 하지만 마누엘 마차도는 스페인 내란을 겪으며 보수적 입장으로 돌아섰고, 안토니오 마차도는 내란이 끝나자 대다수 공화주의자들처럼 프랑스로 망명의 길을 떠났다. 이데올로기로 인한 형제 간의 결별이었다. 마누엘 마차도는 1938년 스페인 한림원 위원으로 선출되는 등 20세기 초 스페인 문단에서 중요한 위치를 차지하는 시인이자 비평가였다. 그는 1947년 마드리드에서 생을 마감한다.

마누엘 마차도의 시는 우선 안달루시아풍의 분위기가 강하다는 점을 언급할 수 있다. 그러나 이와 동시에 코스모폴리탄적인 성격 또한 뚜렷해서, 마차도는 자신을 '절반은 집시, 나머지 절반은 파리지앵 medio gitano y medio parisién'으로 소개하기도 했다. 더불어 퇴폐적 데카당스와 무기력함도 시의 특징으로 나타나는데, 이것은 1909년 시집 『나쁜 시 *El mal poema*』에 수록된 「나는 데카당스한 시인... Yo, poeta decadente...」의 '나는 데카당스한,/ 이십 세기 시인,/ 투우를 사랑하고,/ 매춘부와 술을/ 노래한다. Yo, poeta decadente,/ español del siglo veinte,/ que los toros he elogiado,/ y cantado/ las golfas y el aguardiente.'와 같은 구절에서 볼 수 있다.

이 밖에도 『영혼 *Alma*, 1900』, 『변덕 *Caprichos*, 1905』, 『국경일 *La fiesta nacional*, 1906』, 『나쁜 시 *El mal poema*, 1909』, 『아폴로 *Apolo*, 1911』, 『칸테혼도 *Cante hondo*, 1911』, 『죽음의 예술 *Ars moriendi*, 1921』, 『페닉스 *Phoenix*, 1936』, 『시간들 *Horas*, 1938』 등의 시집을 남겼다. 또 동생 안토니오 마차도와 함께 작업한 극작품 『유선화 *Las adelfas*』와 『롤라가 항구로 가다 *La Lola se va a los puertos*』도 있으나 시만큼 높이 평가받지는 못했다.

마누엘 마차도는 루벤 다리오와 친분이 깊었고 또 그를 존경했다. 또한 프랑스 고답파와 상징주의 시인들의 작품을 읽고 베를렌에게 진한 감동을 느꼈던 그가 모더니즘 영향권 안에 들어있었다는 것은 당연하다. 하지만 마차도의 모더니즘은 루벤 다리오 풍의 화려하고 웅장한 것이라기 보다는 안달루시아의 지역적 특성이 더해져 가볍고 재치 넘치고 때로는 공허한 분위기를 자아내기도 하는 것이다.

마누엘 마차도 작품의 이러한 이중성을 다마소 알론소 Dámaso Alonso는 '가벼움과 무거움 ligereza y gravedad'이라는 두 단어로 표현한다. 안달루시아 지방의 토속적인 영향을 강하게 받아 모순적이고 대립적을 성격을 띠게 된 마누엘 마차도의 시를 잘 설명한 말이다. '가벼움 ligereza'이라는 단어에서 볼 수 있듯이 그의 시는 가볍고 재치가 넘치며 때로는 삶에 대한 호기심과 흥미, 즐거움이 느껴지기도 한다. 보헤미안의 삶, 꾸밈이 없는 순수한 삶에 대한 갈증, 값싼 애정의 추구, 투우 등의 테마가 초기의 시들에 나타난다. '무거움 gravedad'이 느껴지는 시는 특히 스페인 역사에 대한 관심으로 쓰인 것들이다. 엘시드 el Cid와 곤살로 데 베르세오 Gonzalo de Berceo, 고야와 벨라스케스 등과 같은 유명한 스페인 화가들을 즐겨 시의 테마로 삼고, 우울함과 공허함을 바탕으로 깔고 있는 작품들이다. 말년에는 종교적 고뇌가 짙게 배어나는 작품을 썼다.

후안 라몬 히메네스 Juan Ramón Jiménez (1881-1958)

1956년 스웨덴 한림원이 '숭고한 정신과 예술적인 순수함의 본보기를 구상하는 시인'으로 노벨 문학상 수여 사유를 밝힌 후안 라몬 히메네스 Juan Ramón Jiménez는 1881년 안달루시아 지방의 우엘바 Huelva 근교 모게르 Moguer 도시에서 태어났다. 그는 대학 진학을 거부하고 시를 쓰기 위해 마드리드로 상경했다. 마드리드는 당시 루벤 다리오와 그의 영향을 받은 비야에스페사 Villaespesa, 마르키나 Marquina 같은 시인들의 활동 무대였고, 모더니즘에 매력을 느낀 후안 라몬 히메네스가 열망하던 곳이었다. 아버지의 죽음과 재산을 몰수당한 소송으로 우울증에 걸려 위기의 시간을 보내기도 하였는데, 고향마을 모게르에서 요양하며 정신과 치료를 받은 후 1911년 마드리드로 돌아왔다. 이 시기는 이미 시인으로 이름이 잘 알려진 때였다.

문학의 동반자이자 인생의 동반자였던 세노비아 캄푸루비 아이마르 Zenobia Camprubí Aymar와 1916년 결혼하였다. 라빈드라나드 타고르 Rabindranath Tagore에 관심이 많았던 세노비아와 함께 타고르의 작품을 번역하기도 하였다. 스페인 내란이 발발하자 공화주의자였던 후안 라몬 히메네스는 망명하여 오랜 기간 미국에 머물다 1951년에 푸에르토리코 대학의 배려로 그곳에 정착하게 되었다. 1956년에는 노벨문학상을 수상하였지만 같은 시기에 평생을 함께했던 동반자 세노비아를 잃게 되었다. 부인이자 동반자이며 물질적인 후원을 아끼지 않았던 세노비아의 죽음은 견디기 어려운 슬픔이었고, 2년 후인 1958년 그도 푸에르토리코에서 생을 마감하였다.

후안 라몬 히메네스는 시에 온 몸을 불사른 시인이었다. 경제적인 어려움과 정신적인 고통을 겪었고, 조국 스페인의 몰락마저 지켜보아야 했던 그는 일상생활에서 점점 소외되어 갔다. 그에게는 시만이 유일한 통로였고 아름답고 정교한 언어로 시를 쓰는 것만이 삶의 수단이었다. 그는 시라는 상아탑에 갇혀 평생을 꿈꾸며 살았던 시인이라고 할 수 있다.

후안 라몬 히메네스의 시에는 아름다움과 즐거움으로 가득 차 있다. 그는 '아름다운 여인을 숨겨 놓듯 나는 시를 내 집에 꼭꼭 숨겨 놓았다.

시도 그걸 좋아했다. 마치 뜨거운 사랑을 나누는 관계처럼 Yo tengo escondida en mi casa, por su gusto y el mío, a la Poesía, como una mujer hermosa; y nuestra relación es la de los apasionados'이라고 노래한다. 그리고 뜨거운 사랑의 열정은 늘 갈증을 동반하는데, 아름다움에 대한 갈증과 상대를 알고자 하는 갈증과 영원에 대한 갈증이라고 말한다.

따라서 후안 라몬 히메네스의 시에는 아름다움에 대한 갈증이 크다. 아름다움은 그에게 최고의 즐거움을 주었고 시를 알고자 하는 갈망은 곧 시인의 날카로운 예지로 시의 진실과 시의 근원을 관통하고자 하는 욕구였다. 그러나 시에 대한 욕구와 갈망이 채워지니 세상 것에 대한 덧없음이 고개를 들게 되어 결국 후안 라몬 히메네스는 절대미에 다름 아닌 자연을 추구하게 되었고 그의 마음속 깊은 곳에는 하느님에 대한 소망이 자리 잡는다.

그는 자신의 표현처럼 '고독의 세계 mundo en soledad'에 묻혀 산 시인이었다. 남들과는 다른 과민한 감수성 때문에 고립될 수밖에 없었다. 이 때문에 시인은 항상 '소외된 소수 a la minoría'를 위한 시를 쓰고자 했고, 그들에게 시를 바치고 싶어 했다. 그의 시는 소수를 위한 시의 대명사였고, 따라서 난해하고 신비로울 수밖에 없었다.

후안 라몬 히메네스의 시 중심에는 고뇌가 자리 잡고 있다. 고뇌는 시인으로 하여금 항상 무언가를 추구하도록 요구한다. 후안 라몬 히메네스가 모더니즘의 대표 시인이면서, 그것을 넘어선 더 새롭고 개성 넘치는 시를 쓸 수 있었던 것은 바로 이 때문이다. 그는 시간을 앞서간 시인이었다. 그의 시에 나타난 특성들이 다음 세대의 시에서야 찾아 볼 수 있는 것이라는 사실이 이를 잘 증명한다.

후안 라몬 히메네스의 시는 세 단계로 구분할 수 있다. 시인 스스로가 세 단계로 잘 구분해 놓은 시가 있다. 「시 *Poesía*」에서 시인은 다음과 같이 노래하였다. '처음에는 꾸밈없이/ 옷 입고 순수했지./ 어린아이처럼 나는 널 사랑했지.// 그 후로 무슨 옷인지/ 모를 옷으로 갈아입었지./ 나도 모르게 난 널 증오했었지.// 결국 휘황찬란한 보석을/ 휘감은 여왕이 되었지...// 까닭 없이 쓰디쓴 분노를 쏟아 붓더군!// 그러던 어느 날 옷을 벗어 던졌어./ 너에게 미소를 보냈지.// 예전의 소박한/ 겉옷만 걸쳤더군./ 너에게 다시 믿음이 갔어.// 결국 남은 겉옷 하나도 다 벗어 버리고/ 실오라기 하나 걸치지 않은 몸으로 나타났지.../ 그래 내 사랑/ 아무것도 걸치지 않은 시/ 너는 나의 영원한 사랑이야! Vino primero, pura,/ vestida de inocencia.// Y la amé como un niño.// Luego se fue vistiendo/ de no sé qué ropajes.// Y la fui odiando, sin saberlo.// Llegó a ser una reina,/ fastuosa de tesoros...// Qué iracundia de hiel y sin sentido!/ ...Mas se fue desnudando./ Y yo le sonreía.// Se quedó con la túnica,/ de su inocencia antigua./ Creí de nuevo en ella.// Y se quitó la túnica/ y apareció desnuda toda...// Oh pasión de mi vida, poesía/ desnuda, mía para siempre!'

1898년부터 1916년까지의 첫 단계 '감수성의 시기 etapa sensitiva'는 순수시로 시작한다. 전통시 형식에 음악적인 요소를 가볍게 올린 사춘기 어조의 작품으로 베케르 Bécquer와 상징주의와 모더니즘의 영향이 쉽게 감지되는 시다. 『슬픈 아리아 *Arias tristes*, 1903』와 『머나먼 정원 *Jardines lejanos*, 1904』이 대표적인 예다. 그 후 모더니즘을 덧입은 시가 나타났는데 루벤 다리오의 영향을 받아 보석처럼 화려한 모더니즘의 옷을 입기 시작한 시라고 설명할 수 있다. 색채를 비롯한 감각적인 요소와 화려한 수식어가 등장하는 전형적인 므더니즘 시다. 물론 후안 라몬 히메네스의 모더니즘은 외적 화려함보다는 내적 고뇌와 관조의 성격이 강하고 감상적인 고백의 형식이 많다. 1808년과 1917년 사이의 『엘레지 *Elejías*』, 『울려 퍼지는 고독 *La soledad sonora*, 1911』, 『비밀스런 고통의 시 *Poemas májicos y dolientes*, 1911』, 『영혼의 소네트 *Sonetos espirituales*, 1917』 등의 작품이 있다.

1916년부터 1936년까지를 두 번째 단계로 볼 수 있다. 시인 스스로가 '지적 단계 etapa intelectual'로 부른 이 시기는 세노비아와 결혼을 하고 미국을 여행하며 예이츠 Yeats를 비롯한 여러 시인들과 스페인의 1900세대 Novecentismo와의 만남과 교류로 영향을 받은 시기였다. 언어의 군더더기를 벗어 버리고 바다 이미지를 즐겨 사용한 시기로, 바다는 그에게 생명과 고독과 즐거움과 영원을 향한 현재를 의미한다. 모더니즘 성향의 시에 즐겨 쓰던 음악적 요소와 화려함과 장식은 사라지고 아름답고 순수하고 본질적이고 감동적인 것을 추구하였다. 『신혼 일기 *Diario de un poeta recién casado*, 1916』, 『첫 시선집 *Primera antología poética*, 1917』, 『영원 *Eternidades*, 1918』, 『돌과 하늘 *Piedra y cielo*, 1919』, 『시 *Poesía*, 1923』, 『아름다움 *Belleza*, 1923』 등의 작품이 있다.

1937년부터 생을 마감한 1958년까지는 '진실 단계 etapa verdadera'로 부를 수 있다. 스페인 내란이 발발하자 미국으로 망명의 길을 떠난 후안 라몬 히메네스의 영원을 향한 추구가 강하게 드러나며 신비주의적 성격을 띠기도 하였다. 시는 시인이라는 존재의 본질 그 자체였고, 그래서 시는 '발가벗은 시 poesía desnuda'일 수밖에 없었다. 『근본은 동물 *Animal de fondo*, 1949』, 『세 번째 시선 *Tercera antología poética*, 1957』, 『다른 시각으로 *En el otro costado*, 1936-42』와 『소망하고 소망되신 하느님 *Dios deseado y deseante*, 1948-49』을 대표작으로 들 수 있다. 『근본은 동물』에서 시인은 끊임없이 하느님을 찾지만 결국 실패하고 만다. 그러나 시인은 자신과 자신의 작품 모두 결국에는 창조주 하느님으로부터 말미암았다는 사실과, 하느님은 모든 아름다움의 처음이자 끝이라는 사실을 깨닫게 되었다. 하느님에 대한 갈망은 시집 『소망하고 소망되신 하느님』에서 절정에 이르렀다. 순수한 영혼과 영원에 대한 갈증은 시인이 소망하고 또 소망되신 하느님과의 대화를 통해 끊임없이 나아가게 한다.

후안 라몬 히메네스는 아름다움과 절대성을 추구한 20세기의 대표 시인이었다. 당시 스페인의 현실 문제에 고뇌하던 98세대 시인들과의 괴리가 느껴지는 것은 당연하다. 그러나 예술 지상적 관점에서 시를 쓰고자 했던 27세대 Generación del 27에게는 멘토 역할을 하며 큰 영향력을 행사한 시인이었다. 그의 미학적 고뇌와 아름다움과 절대성을 향한 부단한 노력과 추구는 스페인 문학사에서 그가 독보적 위치의 시인이라는 평가를 받기에 전혀 부족함이 없다.

3. 98세대 Generación del 98

1) 사회 정치 상황과 98세대의 탄생

19세기 말과 20세기 초 스페인의 정치 상황은 여전히 '두 스페인 Las dos Españas'으로 대변되었다. 보수주의자와 자유주의자로 양분된 핵심권력의 대립은 스페인의 정치상황을 악화시키기에 충분했다. 왕권주의를 지지한 보수주의와 공화주의를 지지한 자유주의 외에도 사회주의자들과 무정부주의자까지 난립하여 혼란이 가중되었다. 1897년에 암살당한 카노바스 델 카스티요 Cánovas del Castillo와 프란시스코 실벨라 Francisco Silvela로 대표되는 보수주의와 프락세데스 마테오 사가스타 Prácxedes Mateo Sagasta로 대표되는 자유주의가 대립하고, 권력의 핵심은 여러 차례에 걸쳐 변동되면서 스페인의 정치상황은 악화일로에 놓여 있었다. 여기에 지역감정, 농지 개혁 문제, 산업화 문제까지 논란을 일으키자 스페인의 힘은 흩어질 수밖에 없었고 국력은 쇠약해질 수밖에 없었다.

스페인의 하부층으로 사회의 근간을 담당하던 농민들은 봉건적 지배 제도인 호족주의 caciquismo로 지배되고 착취당했으며 카탈루냐 Cataluña 지방과 엘 파이스 바스코 el País Vasco를 중심으로 미약하게 발달된 상공업 노동자들의 상황도 열악하기는 마찬가지였다. 반면에 귀족층과 도시 부르주아 계층의 부의 축적과 사치와 야망은 갈수록 심화되면서, 농민과 노동자들의 가난과 무지와는 심각한 대조를 보일 수밖에 없었다. 정치와 경제, 사회 문제는 걷잡을 수 없을 정도로 심각했지만 무지한 대다수의 국민들은 이를 인식조차 하지 못하고 힘든 삶을 살고 있었다.

그러나 1895년부터 중남미 여러 나라를 중심으로 식민지 전쟁 Guerra colonial이 발발하였고 쿠바 Cuba와 푸에르토리코 Puerto Rico와 필리핀 Filipinas까지도 독립을 위한 투쟁에 나섰다. 독립을 원하는 이 지역들 뒤에는 미국이 있었고, 미국의 개입으로 당시의 판도는 결정적으로 바뀌었다. 기울어진 국력으로 이미 쇠약해진 스페인 군대는 쿠바에서 참패를 당했고 스페인은 1898년 12월에 파리조약 Tratado de París에 서명할 수밖에 없었다. 스페인은 식민지를 떠나야 한다는 조약의 내용에 따라 그 지역들을 잃었고, 이뿐만 아니라 전쟁으로 인한 인명과 경제 피해는 치명적이었다. 이것이 바로 '98년도의 재앙 Desastre del 98'이라고 불리는 사건이다.

힘없이 비틀거리던 조국이 98년도의 치명적 재앙에 쓰러지는 모습을 보고 사태를 직시한 스페인의 많은 지식인들은 안타까워하며 문제의 원인을 분석하게 되었다. 또 문제의 발단은 98년도가 아닌 이미 오래 전부터 시작되었다는 결론에 이르자 마시아스 피카베아 Macías

Picavea와 호아킨 코스타 Joaquín Costa를 중심으로 한 지식인들은 국가의 개조가 필요하다며 목소리를 높였다. 새로운 정치를 요구하며 피폐된 농업을 개혁하고 수력발전소 등을 건설함으로써 공업을 활성화하고 의무교육과 전문교육을 통하여 무지한 국민들을 교육시킬 것을 요구하였다.

호아킨 코스타는 1898년의 『스페인 농업 집산주의 *Colectivismo agrario en España*』에서 스페인 농업을 분석하고 새로운 농업 구조의 대안을 제시하였다. '곳간과 학교 despensa y escuela'를 세우고 '시드 장군의 무덤을 7개의 자물쇠로 채우다 Echar siete llaves al sepulcro del Cid'라는 의미 있는 말로 새로운 경제 정책과 교육 정책을 요구하였다. 또 영광과 긍지의 스페인 과거 역사가 더 이상 핑계가 될 수 없으며 국가 발전을 저해한다면 과감히 청산해야 한다는 내용이다. 또한 『스페인의 소수정치와 봉건적 호족정치 *Oligarquía y caciquismo como forma actual de gobierno en España*』를 통해 당시 스페인 정치에는 의회도 없고 정당도 없으며, 단지 정치를 주무르는 소수만 있을 뿐이라고 비판하였다. 한발 더 나아가 스페인의 절대 왕정 정치를 호족정치로, 또 왕을 호족으로 빗대어 설명하기도 하였다.

스페인의 유럽化를 주장하고 사회 구조의 변화를 부르짖는 이들 지식인들을 재건주의자 Regeneracionista라고 불렀는데, 이들은 젊은 작가들로부터 열렬한 지지를 받았다. 이 젊은 세대의 작가들은 후에 98세대 Generación del 98로 불린다.

2) 98세대 작가들

스페인이 국가적인 재앙을 맞게 된 1898년 그 격정의 사건 앞에 젊은 지식인들은 더 이상 침묵할 수 없었다. 아소린 Azorín은 '행동했어야 했다 Había que actuar'는 말로 당시 상황을 표현했다. 98세대를 말하기에 앞서 '후벤투드 Juventud'紙를 중심으로 활동했던 3인 그룹 grupo de los Tres을 언급할 필요가 있다. '후벤투드'紙에서 활동한 아소린(아소린은 필명으로 본명은 호세 마르티네스 루이스 José Martínez Ruiz)과 피오 바로하 Pío Baroja와 라미로 데 마에쭈 Ramiro de Maeztu가 자신들을 지칭한 이름으로, 초기 혁명론과 철학자 니체를 멘토로 했다는 공통점을 갖는다. 국가의 대재앙을 겪으며 스페인을 유럽의 여타 국가처럼 강한 나라로 변화시키기를 원했던 그들은 1901년 '3인 그룹 성명서 Manifiesto de los Tres'를 발표하면서 세간의 이목을 집중적으로 받았다. 정치상황으로는 도저히 해결될 수 없는 문제를 분석하고 그 해결책을 제시하기를 원했다. 사회 문제 해결을 위해 학문적 지식을 총동원해야 한다고 생각했고, 발표한 성명서에는 피폐한 농촌과 가난, 알코올 중독과 매춘에 대한 방안, 의무 교육, 협동조합신설과 이혼의 합법화 등의 구체적 내용을 제시하였다. 즉 사회 문제와 도덕의 부재와 교리의 붕괴로 삶의 방향을 잃고 방황하는 젊은 세대의 불안감을 표출하며 당시 휘몰아쳤던 사회의 분위기를 전달하였다.

물론 3인 그룹에 앞서 98세대의 선구적 역할을 한 작가 앙헬 가니베트 Ángel Ganivet(1865-1898)를 언급할 필요가 있다. 1897년도에 출판된 『스페인 사상 *Idearium español*』에는 98세대의 사상과 고뇌가 그대로 드러나 있다. 스페인의 지난 영광의 역사를 분석하고 스페인 정신세계의 근간은 스토아학파의 세네카 사상과 개인주의라고 설명하며, 20세기에 들어서는 스페인은 정신적 쇄신이 절실하다는 내용이었다. 비록 1898년에 자살로 생을 일찍 마감했지만 98세대와는 가치관과 사상을 공유했고 그들과 똑같은 시대적 고뇌와 절망을 느꼈다는 점에서 앙헬 가니베트는 분명 98세대의 선구자적 역할을 담당한 작가였다.

3인 그룹은 오래 지속되지 못했다. 자신들이 느끼는 세대의 무력감이 많은 사람들의 공감을 불러일으킬 것이라는 예측은 빗나갔다. 사람들의 무관심에 그들이 제시한 해결책은 빛을 잃었고, 세 작가를 정신적으로 묶은 연결 고리는 사라졌다. 그들은 각기 다른 길로 갔지만, 이러한 그룹이 탄생했다는 것만으로도 당시의 사상적 고뇌가 어느 정도였는지 충분히 짐작하고도 남는다.

3인 그룹은 사라졌지만 아소린은 1913년 한 기사에서 '98세대 Generación del 98'를 명명하면서 이를 3인 그룹의 맥을 이은 개념으로 간주하였다. 아소린은 그 기사에서 98세대의 특징은 시대에 대한 저항 정신과 예술에 대한 심오한 사랑에 있다고 설명했고, 미겔 데 우나무노 Miguel de Unamuno(1864-1936), 피오 바로하 Pío Baroja(1872-1956), 라미로 데 마에쭈 Ramiro de Maeztu(1874-1936), 안토니오 마차도 Antonio Machado(1875-1939), 라몬 데 바예 인클란 Ramón de Valle Inclán (1866-1936)과 같은 작가들을 언급했다. 98세대라는 이름 하나로 묶여지기에 작가들 개개인의 성향은 너무나 다양했고, 심지어 피오 바로하는 98세대의 존재를 부정하기까지 했다. 그럼에도 불구하고 98세대는 98년도의 대재앙을 경험한 젊은 세대의 저항 정신과 미학적 관심을 가진 문학 그룹이라는 개념으로 받아들여졌다.

98세대의 중심에는 미겔 데 우나무노가 있었다. 3인 그룹의 세 작가에 다른 작가들이 더해지면서 98세대는 탄생했지만, 미겔 데 우나무노와 안토니오 마차도와 라몬 데 바예 인클란은 98세대의 핵심적인 인물이었다. 당시 우나무노는 정치적 투쟁가로 명성을 날리고 스페인 국민에게 새로운 의식의 바람을 불러일으키며 대단한 명성과 존경을 받던 인물이었다. 3인그룹 역시 우나무노에 대한 기대가 컸고, 그와 함께 자신들의 의사를 관철시키고자 했다. 국가적 재앙으로 말미암은 자괴감과 무기력한 정치에 대한 반발과 절망에 빠진 스페인 국민을 향한 안타까움에 우나무노를 중심으로 한 지식인들이 조국을 위해 무엇인가를 해야 한다는 사명감으로 나온 결과였다. 안토니오 마차도와 바예 인클란이 합류하면서 큰 힘의 기폭제가 되었다.

우나무노와 더불어 98세대에 합류한 안토니오 마차도와 라몬 데 바예 인클란도 언급할 필요가 있다. 안토니오 마차도는 98세대에서 제일 어렸지만 그 역시 시대적 상황에 대한 동일한 시각을 가지고 있었다. 『카스티야 벌판 *Campos de Castilla*』은 스페인의 고통을 비판적 시각으로 바라보고 스페인 중부지방 카스티야의 황량한 풍경에 대한 뜨거운 사랑을 보여준 작품이다. 당시 시대적 상황이었던 조국 스페인의 고통에 가슴 아파하던 98세대와 태도를 같이 한 작품이었다. 1912년에 출간된 이 작품은 1917년에 증보판으로 재출간된다. 안토니오 마차도의 1903년 작품 『고독 *Soledades*』에는 아직 98세대로 볼 수 있는 테마가 없고, 오히려 시인의 내적 세계가 강조된 모더니즘적 요소가 많았다. 페드로 살리나스 Pedro Salinas가 '98세대의 탕자 hijo pródigo del 98'로 부른 바예 인클란도 안토니오 마차도와 비슷한 경우였다. 바예 인클란의 초기 작품도 모더니즘 예술의 특징들이 보인다. 그러나 1920년도에 큰 변화를 준 데 이어 진보적 사상을 나타냈다. 바예 인클란의 에스페르펜토 esperpento와 소설 작품은 냉철한 비판의 시각을 보여주었는데 심지어 98세대의 다른 누구보다도 강경한 어조였다.

라몬 메넨데스 피달 Menéndez Pidal(1869-1968)은 작가가 아닌 학자로서 98세대의 일원이었는데, 그는 역사 연구 센터 Centro de Estudios Históricos를 설립했고 스페인 한림원 Real Academia Española의 원장을 오랜 기간 동안 역임한 스페인 최고의 지성이었다. 98세대가 풀기를 원했던 여러 문제들을 역사와 언어학적인 관점에서 확신을 주고 지지하였다는 점에서 98세대에 속한다고 말할 수 있다. 저서 『역사에 나타난 스페인人 *Los españoles en la Historia*』에서 스페인 역사의 존재를 고찰하고, 『스페인어 기원 *Orígenes del español*』과 『스페인어의 역사적 문법서 *Manual de Gramática española*』를 통하여 98세대의 관심과 사상의 버팀목이 되어주었으며 당연히 98세대의 존경을 받았다.

블라스코 이바녜스 Blasco Ibáñez와 하신토 베나벤테 Jacinto Benavente도 잠시 언급할 필요가 있다. 비평가 블랑코 아기나가 Blanco Aguinaga는 블라스코 이바녜스도 98세대 작가에 포함시켜야 한다고 강조했다. 그의 사상이 98세대와 동일하다는 주장으로 설득하려 했지만, 이에 대한 논란은 여전하다. 아소린은 베나벤테를 98세대의 작가군 안에 포함시켰다. 후기 낭만주의에 젖어 있던 스페인 극 무대에 개혁의 바람을 강하게 불러일으킨 작가라는 이유에서였는데 베나벤테의 초기 작품들 『남의 둥지 *El nido ajeno*, 1894』, 『맹수의 먹이 *La comida de las fieras*, 1898』에는 98세대의 작가들과 비슷한 비판적 입장을 보인 것은 사실이다. 그러나 이후, 비판적 입장을 고수하면서 받았던 비평의 무게를 감당하기보다는 관객들이 원하는 한계를 받아들임으로서 98세대들과는 다른 노선을 걷게 된 작가로 보는 게 일반적인 해석이다. 물론 광범위한 개념으로 볼 때 이들은 모두 98세대의 작가로 보는 게 타당하다. 그러나 그들 사이에 너무나 많은 차이점들이 있어 이들을 98세대 하나로 묶기에는 무리가 따르는 것도 사실이다.

이미 98세대의 작가로 널리 인식된 아소린, 바로하, 마에쭈, 우나무노, 마차도, 바예 인클란으로 한정한다 하더라도 그들 사이의 차이점은 존재한다. 1890년에서 1905년 사이의 통일된 사상과 행동이라는 측면으로 기준을 정한다면 안토니오 마차도와 라몬 데 바예 인클란은 배제될 수밖에 없다. 또 1905년 이후의 시기에서도 작가들마다 관점의 차이가 확연히 드러난다. 우나무노는 어떤 경우에서도 '모순과 투쟁의 인물'로 부각되고, 피오 바로하는 견고한 독자 노선을 견지하였다. 아소린과 마에쑤는 전통적 사상을 발전시켰고, 안토니오 마차도와 바예 인클란은 시간이 흐르면 흐를수록 비평적이고 진보적 입장을 굳혔다.

이러한 입장 차이에도 불구하고 그들을 98세대로 묶을 수 있었던 것은 그들 사이에 공통점이 분명히 존재했기 때문이었다. 우선 정치적인 측면에서 보면 물론 라몬 데 바예 인클란의 경우처럼 예외적인 작가도 있었지만, 대부분의 98세대 작가들은 청년 시절부터 매우 진보적 사상을 가지고 있었다. 우나무노는 사회주의 정당에 소속되었고, 아소린과 마에쑤와 바로하는 무정부주의에 가까운 노선을 취했다. 하지만 이들의 입장이 나중에는 변화되었음을 이미 앞에서 언급한 바 있다.

무엇보다도 스페인의 문제가 그들에게 최고의 관심사였다는 것을 지적할 필요가 있다. 그들은 정치에 비판적이었고, 옳지 못한 사회적 구습을 고발하기도 했다. 심지어 마에쑤는 '점진적 마비'와 '병들어 허약함'과 '자살'이라는 극단적 용어를 쓰면서까지 당시의 스페인 문제를 지적하였다. 그들의 염원은 스페인 역사에 뿌리를 굳건히 내리고 국민의 삶을 돌아보는 '확고한 정체성의 영원한 스페인'이 재건되는 것이었다. 당연히 역사는 그들에게 고뇌의 핵심적 역할을 담당하였다. 우나무노는 내재역사 intrahistoria를 내세우며, 역사의 표면에 드러나 있지 않은 수많은 사람들의 일상 하나하나가 뿌리 깊은 역사의 현실을 구성한다고 주장하였다. 내재역사의 관점에서 볼 때, 카스티야와 스페인 전체가 살아있는 영속적 가치를 가진다는 사실도 직시했다.

98세대의 젊은 작가들은 스페인의 유럽化에 강한 의지를 보였다. 유럽化와 조국 스페인에 대한 사랑은 결코 모순적이지 않았다. 오히려 유럽을 향한 문을 활짝 여는 것과 스페인적인 것을 활성화시키는 것을 동일한 것으로 간주했다. '우리는 유럽化를 지향하고 스페인 민족 역사 한가운데로 달려간다 Tenemos que europeizarnos y chapuzarnos de pueblo'는 우나무노의 표현이 이를 잘 설명한다. 스페인 국토 구석구석을 여행하며 이 젊은이들이 느낀 감정은 슬픔과 사랑이었다. 낙후되고 가난한 국가의 현실을 바라보면서 슬픔에 빠졌던 것과 달리 스페인의 경치와 장구한 역사를 통해 이어온 삶의 모습에 감탄을 아끼지 않았으며, 새로운 관점에서 바라본 스페인 특히 카스티야의 자연경관은 바로 스페인의 본질이라는 사실을 깨닫게 되었다.

종교적 고뇌 역시 98세대 모두가 천착하던 주제였다. 젊은 시절의 그들은 정통 기독교와 거리를 두었다. 바로하는 기독교적인 문제에 강한 회의를 드러낸 반면 우나무노는 이성과 하느님에 대한 갈망 사이에 끊임없는 갈등을 보이기는 하였지만 개신교적 노선을 지향하였다. 안토니오 마차도 역시 한때 종교성을 지향하는 입장이었고, 아소린과 마에쭈는 나이가 들면서 전통 가톨릭의 입장으로 돌아섰다.

98세대의 작가들에게 사랑을 받고 영향을 미쳤던 일련의 작가들은 입센, 톨스토이, 에드가 알렌 포우, 니체, 쇼펜하우어, 키에르케고르와 같은 외국 작가와 철학자들이었다. 또한 그들은 작품 『시드의 노래』와 곤살로 데 베르세오 Gonzalo de Berceo, 아르시프레스테 데 이타 Arcipreste de Hita와 호르헤 만리케 Jorge Manrique로 이어지는 스페인 중세 문학의 작가들에 감동했고 큰 애정을 가지고 있었다. 특히 프라이 루이스 데 레온 Fray Luis de León과 프란시스코 데 케베도 Francisco de Quevedo, 미겔 데 세르반테스 Miguel de Cervantes는 그들의 사랑을 독차지한 작가들이었다. 이들은 초기에 모더니즘의 입장을 취했다는 공통점이 있는데 물론 이 부분은 시간이 지나면서 다른 노선으로 입장이 갈리기는 하였다. 또 이전의 낭만주의처럼 대단하고 엄청난 것을 찬양하기보다는 사소하고 작은 것을 노래하고 경탄했다. 물론 작가마다 입장의 차이를 드러내기도 했다. 아소린의 경우에는 낭만주의 산문작가 마리아노 호세 데 라라 Mariano José de Larra를 98세대의 선구자로 인정하기도 하였다. 또 베니토 페레스 갈도스 Benito Pérez Galdós와 98세대와의 공통점을 찾기도 했고, 근대적 비평 차원의 후기 낭만주의 시인 구스타보 아돌포 베케르 Gustavo Adolfo Bécquer와 로살리아 데 카스트로 Rosalía de Castro의 문학적 가치를 높게 평가하기도 하였다.

98세대 작가들은 이전의 세대와는 다른 가치관으로 새로운 언어적 특성을 보여주었는데 각자의 개성적인 스타일이 있었기 때문에 모두를 일반화시켜 설명하는 것은 불가능했다. 그러나 문체의 간결함은 이들에게 공통으로 찾아볼 수 있는 요소였다. 죠앙 마라갈 Joan Maragall은 이 간결함을 이전 19세기 문학과는 대조적인, 반수사학에 대한 강한 의지의 표명으로 설명한다. 간결한 문체와 더불어 형식에 대한 까다로운 관심도 공통점이라고 말할 수 있지만 그것 역시 작가들마다 약간의 차이점을 보인 것도 사실이다.

과거의 문학 작품에 나타난 스페인어와 지역어에 대한 관심과 사랑 또한 98세대의 주요 공통점으로 손꼽을 수 있다. 각 지역의 토속 언어와 과거의 문학 작품 속에 나타났다 사라진 단어들을 수집하여 쓰려고 노력했다. 내재역사 intrahistoria의 주인공인 일반 민중에 대한 사랑은 그들이 사랑했던 고유의 단어들, 그리고 뿌리 깊은 역사가 담겨 있는 스페인 단어들에 대한 관심으로 표현되었다. 반면 작가들마다 개인적으로 만들어 낸 신조어도 찾아볼 수 있다.

마지막으로 98세대는 미학적으로 주관주의 Subjetivismo 입장이라는 공통점이 있었다. 특히 그들의 서정성을 살펴보면 그 성격이 뚜렷하다는 것을 알 수 있는데 객관적인 관심과 관점이 98세대를 묶는 중요한 요소였기 때문에, 미학에 나타나는 주관주의로 98세대의 범주에 넣는다는 것은 다소 애매해 보일 수도 있다. 그러나 98세대 작가들에게는 객관적 요소와 주관적 관점들이 어우러져 나타난다. 예를 들어 객관적 풍경은 주관적 영혼의 문제에 녹아들고, 감각적이고 이데올로기적인 문제들이 객관적 현실과 섞여 나타나기도 한다.

미겔 데 우나무노 Miguel de Unamuno (1864-1939)

98세대의 작가이자 철학자인 미겔 데 우나무노는 1864년 빌바오 Bilbao에서 태어났다. 마드리드에서 철학과 문학을 공부하였고 살라망카 대학의 희랍어 교수를 지냈으며 1901년 살라망카 대학 총장으로 임명되었다. 1924년 프리모 데 리베라 Primo de Rivera의 독재에 항거했다는 이유로 카나리아의 후에르테벤투라 Fuerteventra 섬에 유배되고 또 프랑스로 망명을 떠났던 1930년까지의 기간을 제외하고는 평생 살라망카를 떠나지 않았던 작가였다. 1931년에서 1933년까지 공화정 기간 동안 의원직을 얻어 정치 활동을 하기도 했던 그는 1939년 12월 31일 살라망카에서 생을 마감한다.

큰 재앙을 겪은 스페인의 대표 지성 우나무노의 삶은 조국의 문제 해결을 위한 왕성한 활동과 끊임없는 투쟁으로 요약할 수 있다. 국가 지도자가 부재한 상황에서 이러한 투쟁을 벌인다는 것은 무엇보다도 자신과의 투쟁을 의미했고, 우나무노는 이러한 역할을 잘 수행했다고 볼 수 있다. 현실의 모순에 대해서는 언제라도 논쟁을 벌이며 문제 해결에 나섰기 때문에 그의 삶에 평화로움은 찾아볼 수 없었다. 우나무노 자신이 평화는 거짓이라는 말을 자주 할 정도로 그의 삶은 투쟁의 연속이었다. 그리고 이 투쟁의 핵심은 거짓 평화로 위장한 시대의 가벼움에 대한 것이었다. 우나무노는 스페인 국민들에게 시대의 가벼움을 자각시키고 일상의 반복이라는 타성에 젖어 있는 그들의 잠든 의식을 깨우려고 전력을 다하였다.

투쟁하는 지성인이었기에 우나무노의 글은 역동적이고 열정적이었다. 당연히 그의 문체도 투쟁에 걸맞은 간결함을 특징으로 한다. 19세기 스페인 문학의 화려한 수사학적 분위기와 우아함이 사라진 대신 우나무노의 글에는 정확성을 추구하려는 성향이 강하였다. 그는 자신의 사상을 정확히 전달하기 위하여 언어 구사에도 끊임없는 노력을 기울였다고 할 수 있다. 이러한 열정과 노력의 결과로 얻어진 문체는 간결함과 정확함이었다.

98세대의 문체적 특징들이 우나무노의 글에서도 잘 드러나 있다. 우선 작가 자신도 해결할 수 없었던 모순적 개념들을 전달하기 위해 많은 경우 역설 paradojas이나 대조 antitesis의 수사 기법을 사용한다. 또 상투적인 표현은 피하고 일부 단어에는 우나무노만의 새로운 의미를 부여하기도 하였다. 토속적인 지역어를 찾아내 즐겨 쓰기도 하였는데 이것도 98세대의 전형적인 특징들이라고 할 수 있다.

우나무노의 철학 사상은 그의 인생에서 많은 변화가 있었지만 변하지 않았던 주요 관심사는 두 가지로 요약할 수 있다. 하나는 스페인의 문제에 대한 끊임없는 고뇌와 관심이었고 다른 하나는 삶의 의미를 찾는 것이었다. 젊은 시절 신앙의 위기를 겪으며 기독교를 떠난 뒤 스페인 문제라는 테마에 집중했다. 이를 정치적으로 접근하며 해결해 보려는 노력도 기울였다. 우나무노 스스로가 밝힌 바와 같이 사회당 당원으로 활동하기도 했지만 회의를 느끼며 1897년 이후로 정치 활동을 접는다. 스페인 문제는 여전히 우나무노를 괴롭히며 그의 뇌리에서 떠나지 않았지만, 그는 정신적이고 종교적인 문제에 우선 눈을 돌린다. 그 전환점이 되었던 1897년의 발언 '사회 문제라는 게 도대체 해결될 수 있는 건가? 풀릴 수 없는 문제를 일단 내려놓고 보니, 종교적인 문제가 나를 괴롭힌다. 그것은 바로 삶이 살 만한 가치가 있는 것이냐는 문제다'라며 우나무노 본인의 변화를 고백하였다.

그의 주요 관심사와 철학 사상을 잘 관철시킬 수 있었던 장르는 수필이었다. 그러나 수필에서만 아니라 소설과 극작품과 시에서도 작가의 고뇌와 사상은 잘 나타난다. 스페인에 대한 근심과 고뇌는 우나무노로 하여금 스페인 땅의 구석구석을 밟게 하였고, 스페인의 과거와 현재를 되새겨 보며 현재의 스페인을 분석하게 만들었다. 조국 스페인에 대한 그의 사랑은 컸고, 사랑의 외침 또한 널리 퍼졌다. '스페인 때문에 나는 아프다 Me duele España'와 소설 『안개 *Niebla*』에 나오는 '내가 스페인 사람이라는 것은 탄생, 교육, 육체, 정신, 언어, 심지어 직업과 내가 하는 일 모두에서 다 스페인 사람이라는 것이다. 어쨌든, 무슨 일이 있어도 난 스페인 사람이다'는 널리 회자되었다.

『민족 정통성에 대하여 *En torno al casticismo*』를 비롯하여 『포르투갈과 스페인 땅을 밟으며 *Por tierras de Portugal y España*, 1911』와 『스페인의 과거와 미래 *Andanzas y visiones españolas*, 1922』는 이러한 사고의 궤도 안에서 쓰인 수필 작품들이다. 또한 『돈키호테와 산초의 생애 *Vida de Don Quijote y Sancho*, 1905』는 많은 관심을 받으며 큰 명성을 누렸던 작품이다. 세르반테스 작품에 등장하는 돈키호테와 산초 두 주인공을 통해 스페인의 정신적 본질과 핵심을 파악하려고 시도했고 이베리아 땅에 사는 사람들의 문제를 본질적으로 파헤친 작품이다. 우나무노는 더 이상 스페인의 유럽化라는 기존의 갈망에 연연하지 않고 오히려 스페인의 본질적 가치를 인정하며 유럽의 스페인化를 주장한다.

삶의 의미에 대한 테마에서도 다른 98세대의 작가들과는 다른 우나무노만의 특징을 살펴볼 수 있다. 그만의 독특한 특성은 그를 스페인 최고의 철학자로 자리매김하게 하였다. 우나무노는 체계적이고 논리적인 철학자는 아니다. 그러나 자아의 실존적 인식과 허무에서 비롯되는 고뇌와 불안이라는 양면적 갈등을 생의 처절한 투쟁을 통해 보여준다. 우나무노에게 철학의 가장 큰 논제는 '살과 뼈의 인간 el hombre de carne y hueso' 그 자체로, 그의 철학은 다시 말해 인간의 고뇌에 대한 철학인 셈이다. 인간 존재의 부정도 불가능하고 인간 존재의 완전한 망각도 불가능하기에 인간의 가장 원초적인 불안과 고뇌는 허무에의 공포다. 인간은 영원과 불멸의 실존을 갈망하고 절대자 하느님과 불멸의 문제가 삶의 의미가 있느냐 없느냐를 결정지을 수 있다고 생각한다. 이 문제는 우나무노 사상의 근간이 되었다. 이성적으로 판단하면 희망은 사라지지만, 심장으로는 절망 가운데에서도 절대자 하느님을 찾는다.

이러한 사상을 잘 보여주는 작품은 『삶의 비극적 의미 *Del sentimiento trágico de la vida*, 1913』와 『기독교의 고뇌 *La agonía del cristianismo*, 1925』다. 『기독교의 고뇌』에서 나타난 '고뇌'라는 단어는 '투쟁'과 같은 의미로 쓰였다. '기독교에 대한 나의 고뇌, 나의 투쟁, 내 안의 기독교의 고뇌, 내 삶의 가장 내밀한 곳은 매 순간마다 죽음과 부활이 반복된다'는 우나무노의 표현은 작가의 기독교적 고뇌를 반영한다.

이러한 테마는 우나무노의 다른 문학 장르에서도 동일하게 찾아볼 수 있다. 그의 첫 소설 작품 『전쟁 중의 평화 *Paz en la guerra*, 1897』의 배경은 제3차 카를로스 전쟁 Guerra carlista으로, 내재역사의 intrahistoria 관점에서 쓰인 작품이다. 『안개 *Niebla*, 1914』와 『사랑과 교육 *Amor y pedagogía*, 1902』, 『아벨 산체스 *Abel Sánchez*, 1917』와 『툴라 이모 *Tía Tula*, 1921』도 그의 대표 소설 작품이다. 특히 『안개』는 인간의 존재와 삶과 죽음에 대한 깊은 통찰을 보이며 우나무노의 고뇌를 잘 표현한 작품이다. 또한 소설의 서술 기법을 변화시키려는 강한 의지를 담고 있어 소설을 지칭하는 용어를 novela가 아닌 '니볼라 nivola'로 사용한다. 우나무노의 사상이 잘 드러난 『착한 성인 마누엘 *San Manuel Bueno, mártir*, 1930』도 대표작으로 손꼽을 수 있다.

시는 우나무노가 끊임없이 관심을 가졌던 장르로 많은 작품을 쓰기도 하였는데, 시는 작가의 정신 세계와 갈망과 고뇌가 고스란히 드러나기 때문에 작가의 삶을 이해하는 데 많은 도움을 준다. 대표 시집으로 『시집 *Poesías*, 1907』, 『벨라스케스의 예수 *El Cristo de Velázquez*, 1920』, 『노래집 *Cancionero*』을 들 수 있다. 『벨라스케스의 예수』는 예수에 대한 작가의 열정과 사랑을 그린다. 우나무노의 서정시는 당시의 시와는 달리 매우 거칠고 투박한 어조로 쓰여 오랜 기간 동안 제대로 된 평가를 받지 못했다. 또한 극작품도 썼지만, 큰 성공을 거두지는 못했다. 대표작으로 『페드라, 꿈의 그림자 *Fedra, Sombras del sueño*』와 『후안의 형제 *El hermano de Juan*, 1929』와 『또 다른 존재 *El otro*, 1927』가 있다.

우나무노는 손에서 책을 놓지 않는 열정적 인물이었다. 누군가에게는 고집불통으로 보이기도 하고 또 애매한 면모를 많이 가지고 있어서 한 마디로 규정짓기가 어려운 인물이었다. 그러나 인간성의 교본과 같은 작가였다는 것은 분명하다. 그리고 현대 스페인어를 부요하게 한 대표적인 인물이라고 말할 수 있다.

아소린 Azorín (1873-1967)

아소린의 본명은 호세 마르티네스 루이스 José Martínez Ruiz로, 필명 아소린 Azorín을 1904년부터 사용하였다. 아소린이라는 이름은 첫 소설 작품들에 등장하는 주인공의 이름이기도 하다. 그는 1873년 알리칸테의 모노바르 Monóvar에서 태어나 1967년 마드리드에서 생을 마감하였다. 젊은 시절의 방황은 있었지만 비교적 평온한 삶을 살았다. 아소린 작품의 배경 도시로 자주 등장하는 예클라 Yecla는 작가가 어린 시절을 보낸 곳이기도 하다. 발렌시아와 그라나다와 마드리드 대학에서 오랜 기간 동안 법학을 공부했지만, 평생 기자로서 활동하며 글을 쓴 작가다.

초기 작품 『사회문제에 대한 메모 *Notas sociales*, 1895』와 『선동자 페쿠체트 *Pecuchet, demagogo*, 1898』에서 작가는 과격한 무정부주의 경향을 강하게 드러낸다. 3인 그룹 grupo de los Tres의 멤버이기도 했지만 나이가 들면서 보수 성향으로 돌아섰고 보수 정당의 의원으로 활동하기도 했다. 젊은 시절의 혁명적 입장은 나이가 들면서 변했고, 스페인적인 것을 소중히 여기며 이에 심취하기도 하였다. 종교적인 측면을 보면 젊은 시절에는 반종교적이고 반성직자적인 성향을 강하게 보였지만 점점 종교적 회의론자로 바뀌었고, 더 나아가서는 자신의 종교적 성향을 '평안하고 순수한 흔들림 없는 가톨릭신자 catolicismo firme, limpio, tranquilo'로 표명하기도 하였다.

아소린의 주요 철학 명제는 '시간'이었다. 시간의 문제와 더불어 인생의 허망함과 죽음을 향해 치닫는 삶의 문제에 집착하였다. 우나무노와 같은 열정적 고뇌보다는, 내적 고뇌와 슬픔이 강하게 나타난 작가로 설명할 수 있다. 지나간 과거에 대한 추억과 스쳐 지나가는 것 아래에 숨어 있는 갈망에 대한 고즈넉한 사색이 작품 속에 강하게 드러난다. 그의 작품 세계는 과거를 회상하는 노스탤지어 정신으로 요약할 수 있다.

아소린의 작품에는 어린 시절의 추억과 과거 스페인 사람들에 대한 테마가 지배적이다. 예클라에서 보낸 어린 시절과 발렌시아와 마드리드에서 친분을 쌓았던 사람들에 대한 추억의 테마, 그리고 과거 스페인의 땅과 그곳에 살았던 사람들에 대한 회상에 대한 테마 등이다. 그는 스페인의 땅에 살았던 몰락 귀족 이달고 hidalgo들과 신비주의 작가들을 회상한다. 그리고 대성당들과 성(城)들, 도시들과 마을들, 그리고 한때 그곳을 지나다녔던 작가 호르헤 만리케 Jorge Manrique와 프라이 루이스 데 레온 fray Luis de León, 등장인물 셀레스티나와 라사리요의 존재는 그가 관심을 가진 대상들이었다. 이미 지나간 과거를 되돌려보려는 그의 노력은 집요했다. 그리고 스페인 역사, 다른 말로 표현하면 스페인 내재역사 intrahistoria 안에서 스페인의 본질을 찾아보려는 노력도 집요했다. 과거에 존재했던, 그러나 일상적이고 하찮은 것들이라 역사에 기록되지는 않았지만 심오한 의미를 지닌 여러 요소들에 관심을 보였다는 점에서 우나무노와 동일하다.

아소린의 스페인 풍경에 대한 관심과 회상은 작품의 중요 요소로 등장한다. 그의 작품에 등장하는 조국 스페인의 풍경은 작가가 지긋이 바라본 풍경으로 설명할 수 있다. 객관적 모습에 감각적 노스탤지어의 시선이 더해진 풍경으로, 풍경과 영혼이 하나가 된다. 스페인의 이곳저곳을 여행하면서 작가는 글뿐만 아니라 여행지의 풍경을 그림으로도 남겼다. 그 그림 속 풍경을 보면 카스티야를 바라보는 작가의 시선이 남다르다는 것을 알 수 있다. 카스티야의 황량한 평원과 언덕, 실개천과 푸르른 주변들과 함께 역사 안에 담겨진 스페인의 영혼에 대한 묘사는 특히 인상적이다. '풍경은 곧 우리 자신들입니다. 풍경은 우리 정신이며, 우리의 멜랑콜리며 기쁨이며 갈망입니다'라는 작가의 말에서 그의 작품 속 스페인의 영혼은 바로 아소린의 영혼임을 알 수 있다.

'작가의 문체란 작가의 정신과 불가분의 관계다. 작가의 정신은 곧 작가의 문체다'라고 아소린은 문체를 정의하였다. 따라서 그의 문체는 그가 보고 느끼는 것과 동일하여, 서정성이 담긴 느린 흐름의 간결하고 명쾌한 문체다. 또 문장의 길이는 비교적 짧고 명확한 의미의 단어를 선택하였다. 정확한 의미 전달과 유려함이 돋보이는 문체라고 할 수 있다.

섬세한 묘사 역시 두드러진 특징이다. '하찮은 것들 primores de lo vulgar'로부터 깊이 있는 의미심장한 것까지 다양한 의미를 이끌어낸다. 아소린은 98세대의 다른 동료들과 마찬가지로 과거에 소멸되고 잊혀진 단어를 즐겨 찾아내 사용하는데, 이것은 아소린의 글에 자주 등장하는 먼 과거에 대한 회상에 생생한 느낌과 맛을 더해준다.

아소린은 다양한 장르를 넘나들어서 비평과 저널리즘 성격의 작품도 많다. 1904년 안달루시아 지방을 여행하며 에스파냐 España紙의 기사를 모아 쓴 『민중 *Los pueblos*, 1905』, 『돈키호테의 여정 *La ruta de Don Quijote*, 1905』, 16세기, 18세기, 20세기 역사의 순간을 조명한 『카스티야 *Castilla*, 1912』, 『스페인 사람의 시선으로 바라본 스페인 풍경 *El paisaje de España visto por los españoles*, 1917』이 대표작이다.

문학 비평과 수필 역시 아소린의 중요한 작품들이다. 비평이라는 용어보다는 아소린식의 '다시 살기 revivir'라는 표현이 적절하겠다. 스페인 고전 작품에 내재된 영혼을 밝히기 위해 작가와 작품의 등장인물들을 가슴으로 접근하며 새로운 감각으로 스페인 문학사의 주요 작품들을 재해석한다. 『고전의 여백에 부쳐서 *Al margen de los clásicos*, 1915』의 책 제목이 시사하는 바와 같이, 중세와 고전 작가는 물론이고 베케르 Bécquer와 로살리아 Rosalía와 같은 근대 작가에도 비슷한 방법으로 접근을 시도한다. 『스페인 작품읽기 *Lecturas españolas*, 1912』, 『고전 작가와 근대 작가 *Clásicos y modernos*, 1913』, 『문학작품의 가치 *Los valores literarios*, 1914』 등 다수의 작품이 있다.

아소린의 소설은 특이하다. 소설이라는 제목을 붙인 15편의 작품은 소설이라기보다는 수필적 성격이 강하다. 줄거리가 거의 없어 형상이나 분위기를 그려나가기 위한 구실에 불과하다는 느낌을 준다. 초기의 세 작품 『의지 *La voluntad*, 1902』와 『안토니오 아소린 *Antonio Azorín*, 1903』과 『꼬마 철학자의 고백 *Las confesiones de un pequeño filósofo*, 1904』은 자서전적 성격이 짙다. 아소린이라는 주인공이 공통으로 등장하며, 작가는 이후 이 이름을 필명으로 사용한다. 사실주의 기법을 의식적으로 넘어서려는 작가의 의도를 강하게 엿볼 수 있다는 점에서 매우 흥미로운 작품들이다. 아소린의 소설에 등장하는 인물들은 대부분 감각적이고 멜랑콜리한 성격의 소유자들이다. 『도냐 이네스 *Doña Inés*』와 『마리아 폰탄 *María Fontán*』과 『살바도라 데 올베나 *Salvadora de Olbena*』 등의 주인공들이 대표적인 예다.

극작품에서도 새로운 개혁을 시도해 보았지만 큰 관심을 끌지는 못했다. 3부작 『인비저블 *Lo invisible*, 1928』은 죽음을 테마로 한 단막극으로 유의해 볼 만한 작품이다.

피오 바로하 Pío Baroja (1872-1956)

피오 바로하는 1872년 산 세바스티안 San Sebastián에서 태어나 1956년 마드리드에서 생을 마감했다. 마드리드에서 의학 공부를 마치고 '통증 El dolor'이라는 주제로 박사학위까지 받았으나 의사로서의 활동은 잠시뿐이었고, 가족이 운영하던 마드리드의 빵집에서 일을 하며 당시 문학 모임에 활발히 참여하다가 그 이후 문학 활동에만 전념하며 소설가로서의 한길만을 간 작가였다.

바로하는 극단적 비순응주의 작가로 설명할 수 있다. 젊은 시절부터 무정부주의에 신념을 보인 바로하는 사회에 적대적이었고 인습 타파에 대한 태도는 확고했다. 신의 존재를 믿지도 않았고 삶에 대한 믿음도 없었다. '삶을 설명할 수 있는 단어들은 바로 잔인함, 배은망덕, 개념상실, 약육강식 등이다'라며 삶에 대한 부정적인 의견을 피력하였다. 또한 인간에 대한 회의론자로, 인간을 '잔인하고 시기하고 배신하며 악한 마음만 가득한 해롭기 짝이 없는 동물'로 설명한다.

그럼에도 불구하고 바로하는 소외되고 장애를 가진 존재 앞에서는 한없이 약한 모습을 보인다. 이런 사람들을 위해 어린아이 하나라도 울음을 터뜨릴 수 있다면 세상은 행복하지 않겠느냐고 고백하기도 하였다. 누구를 속이지도 않고 누구에게 속지도 않는 절대적 진실함 absoluta sinceridad이 그가 추구하던 도덕 세계였다.

더 나은 세상을 향한 소망은 점점 사라졌지만, 그 소망을 이루기 위한 행동에 대한 갈망은 늘 잃지 않았다. 사회가 회색빛 부르주아일지라도 최소한의 감흥과 에너지가 있기를 원하며, '이상적 삶을 추구하는 것은 사업가의 사무실과는 다르다. 체계적이고 조직화된 사무실의 모습과는 다르기 때문이다'고 설명한다. 98세대의 다른 작가들과 마찬가지로 바로하의 작품에도 스페인에 대한 사랑이 강하게 나타난다. 그러나 스페인을 향한 바로하의 사랑에는 환상이 배재되어 있다. 바로하의 회의적 시각은 '수사학적이고 공허한 애국주의가 아닌 스페인이 직면한 문제에 대한 실질적인 우려와 근심 그 자체'로 표현된다.

바로하에게 소설이란 모든 것을 담을 수 있는 '자루 saco'였다. 그는 '나는 작품을 쓸 때 아무런 계획도 세우지 않는다'고 말했듯이, 줄거리를 완벽하게 계획하고 결정된 상태에서 글을 쓰기 시작하는 작가들과는 대조적인 모습이다. 이런 의미에서 바로하의 소설은 '열린 소설 novela abierta'이다. 여러 에피소드들을 뒤섞어 놓기도 하고 주인공은 등장했다 사라지기도 한다. 동시대의 비평가 안드레니오 Andrenio는 바로하의 소설에 대하여 '장면을 목격한 증인이 증언하듯이 본 것과 살아온 것을 망설임 없이 확실하고 분명하게 묘사하는 느낌을 주는 작품'으로 설명한다. 더불어 즉흥적인 감흥으로 삶을 묘사하는 점도 바로하의 독특함이라고 할 수 있다.

그의 소설은 대부분 행위에 주안점을 둔다. 소설 속 사건의 전개가 빠르게 진행되며, 바로하의 표현으로 설명하자면 '소설 속 사건들은 힘차게 질주하다 los acontecimientos marchan al galope'. 빠른 흐름 가운데서도 분위기와 주인공의 묘사는 세밀하다. 작품의 사건들을 통해 바로하는 삶의 개념 하나하나를 제시한다.

바로하 작품에서 전형적으로 볼 수 있는 주인공의 모습은 사회에 반발하는 인물이나 사회의 저변 인물이다. 『탐색 *La busca*』의 주인공 마누엘처럼 장난감에 불과한 좌절하는 인물이나, 『모험가 살라카인 *Zalacaín el aventurero*』처럼 행동하는 인물이다.

98세대의 反수사학적 경향은 바로하의 문체에서 극단적으로 나타난다. 다듬어지지 않은 문체로 지적을 받았고 심지어 올바르지 않은 문장으로 인식되기도 하였다. 덕분에 즉흥적인 감흥이 생생한 글이라는 느낌을 강하게 주기도 하였다. 간결하고 명쾌한 문체의 소유자였던 아소린은 바로하를 '대단한 문체 un gran estilo'의 작가로 인정하며, '바로하는 무언가를 말하기 위해 글을 쓴다. 또한 가능한 정확하고 빠른 방법을 사용해 말한다'고 설명했다. 전달하고자 하는 이야기의 정확함이나 묘사의 도드라짐이나 살아 움직이는 대화의 생생함에 있어서 바로하는 타의 추종을 불허한다. 인위적으로 다듬은 문체를 부수적인 장식으로 생각하며 부정했지만, 바로하의 산문에는 서정적 요소가 더해진 아름다운 글도 많이 찾아볼 수 있다.

바로하는 60편이 넘는 소설과 수필집과 수상집을 남겼다. 시를 써보려는 시도도 했지만 그다지 만족스런 수준은 아니었다. 그는 자신의 소설을 8편의 3부작과 2편의 4부작으로 묶어 놓았다. 그러나 같은 범주에 들어 있는 작품들 사이에도 공통점이 결여된 경우가 많다. 3부작 『삶을 위한 투쟁 *La lucha por la vida*』은 『탐색 *La busca*, 1904』과 『잡초 *Mala hierba*, 1904』와 『붉은 주점 아우로라 *Aurora roja*, 1905』의 세편의 작품을 포함한다.

『탐색』은 바로하의 대표작으로, 줄거리는 다음과 같다. 소리아의 작은 마을에서 어린 시절을 보낸 주인공 마누엘은 여인숙에서 어렵게 생활하는 어머니를 찾아 마드리드에 도착한다. 양화점에서 일을 하며 생존경쟁의 삶은 시작된다. 그곳에서 알게 된 친구들은 그를 마드리드의 깡패 집단으로 유도하지만 실패한다. 여러 직업을 전전하다가 빵집에서 일을 하게 되는데, 그곳에서 인간 이하의 취급을 당하고 어머니까지 세상을 떠나자 그는 또다시 범죄의 유혹을 받게 되는데 이번에도 과감히 뿌리친다. 그러던 중 고물장사 쿠스토디오 씨를 알게 되고, 그의 집에 머물며 사랑과 평안함을 느낀다. 쿠스토디오 씨의 딸에게 사랑을 느끼지만 불가능한 사랑이라는 것을 알고 그곳을 떠난다. 작품은 주인공 마누엘이 집도 가족도 갈 곳도 없이 혼자 버려진 모습으로 끝난다. 그토록 피하기를 원했던 범죄 소굴로 향할 가능성을 작품은 강하게 암시한다. 20세기 초의 암울했던 마드리드의 현실을 적나라하게 표현한 작품으로, 왜곡된 사회속에서 왜곡되어지는 한 소년의 모습을 그린 작품이다.

또 다른 3부작 『바스크 땅 *Tierra vasca*』에는 『아이쯔고리의 집 *La casa de Aitzgorri*, 1900』과 『라브라스의 장자 El *mayorazgo de Labraz*, 1903』와 『모험가 살라카인 *Zalacaín el aventurero*, 1909』의 세 작품이 포함된다. 『모험가 살라카인』은 바로하의 작품 중에 가장 깔끔하고 아

름답다. 주인공 살라카인은 바스크지방 작은 마을의 가난한 집안에서 태어난다. 1부에서는 어린 시절을 다루고, 2부에서는 밀수업자와 카를로스 전쟁 Guerra carlista에 참전한 내용을 중심으로 행동하는 주인공의 모습을 질주하듯 그려나간다. 3부에서는 사랑하는 여인 카탈리나와 결혼하여 영웅으로 변신한 모습을 담지만 어린 시절 부잣집 아들로 자신을 괴롭히던 카를로스의 살인 청부업자에게 살해당한다. 행동하는 모험가의 전형적인 모습을 주인공 살라카인에게서 찾아볼 수 있다.

3부작 『인종 *La raza*』에는 『떠도는 귀부인 *La dama errante*, 1909』과 『안개도시 *La ciudad de la niebla*, 1909』와 『선악과 *El árbol de la ciencia*, 1911』의 세 작품이 있다. 이외에도 『실베스트레 파라독스의 모험과 발명과 뒤범벅 *Aventuras, inventos y mixtificaciones de Sivestre Paradox*, 1900-1011』, 『샨티 안디아의 고뇌 *Las inquietudes de Shanti Andía*』, 『세상은 이래 *El mundo es así*』, 『완성의 길 *Camino de perfección*』 등의 작품들이 있다.

또 다른 시리즈 『행동하는 인간 수상집 *Memorias de un hombre de acción*』은 1913년부터 1935년까지 쓴 22편의 소설 작품으로 구성되어 있다. 이 작품의 주인공은 이전 작품의 주인공 에우헤니오 데 아비라네타 Eugenio de Aviraneta인데 그 역시 19세기의 행동하는 인물의 전형이다.

바로하는 자신의 글을 통해 작가가 살았던 당시의 사회를 역동적으로 증언했고 그 증언의 힘은 강했다. 이러한 힘과 간결한 문체의 역동성 때문에 바로하는 스페인 내란 이후의 현대 작가들의 스승으로 자리매김한다. 대표적인 현대 작가 카밀로 호세 셀라 역시 바로하에 대한 존경과 경탄을 표시한 바 있다.

라몬 마리아 델 바예 인클란 Ramón María del Valle-Inclán (1866-1936)

바예 인클란은 1866년 폰테베드라의 비야 누에바 데 아로스에서 태어나 1936년 산티아고에서 암으로 생을 마감한 작가다. 법학 공부를 하던 중에, 멕시코로 모험을 떠나고 돌아온 이후에는 마드리드에 살면서 보헤미안의 삶을 살았는데 심지어 싸움을 하다 왼팔을 잃는 사고도 당한다. 1907년 극단의 여배우와 결혼하여 함께 중남미 국가로 순회공연을 가기도 했다. 작가로서의 명성을 날린 것 못지않게 평범하지 않은 삶으로 유명했고, 많은 에피소드들을 남겼다. 미학 교수로 임명되었지만 교수로서의 따분함을 이기지 못하고 그만두었고, 경제적으로는 어려웠지만 문학에 대한 열정은 대단했다. 공화정 시절 당시 로마의 스페인학당 Academia Española de Roma 학장을 역임하기도 하였다.

라몬 고메스 델 라 세르나 Ramón Gómez de la Serna는 바예 인클란을 '알칼라 거리를 가로질러 걸어가는 최고의 인물'로 묘사한다. 한쪽 팔이 없고, 긴 머리에 염소수염, 슬라우치 해트에 목도리를 두른 모습은 결코 그 누구와도 혼동될 수 없었다. 프리모 데 리베라 Primo de Rivera도 그를 '대단한 작가 분이며 평범하지 않은 시민'으로 부른 바 있다. 겉모습은 보헤미안이었지만, 숨겨진 그의 진짜 모습은 새로운 형태를 찾아 끊임없이 추구하고 자신에게 엄격한 작가라는 것이었다.

정치적으로는 보수적 입장으로 시작했다. 그것은 그가 부르주아 가치관을 증오하고 전통적 가치를 존중한다는 의미나 마찬가지였다. 그러나 1915년 그는 보수적 입장에서 급선회하여 개혁주의 사상을 가지게 되었다. 기계적이고 흉물스러운 부르주아를 반대하는 입장은 마찬가지였지만, 이상적 전통주의 차원에서 반대하던 예전의 태도와는 사뭇 다른 모습이었다. 그것은 오히려 무정부주의 입장에 가까웠고, 유토피아를 갈망하는 인류애 차원의 것이었다. 바예 인클란은 정치적 입장과 미학적 태도가 명확히 구분되지 않는다.

그는 소설과 극과 시 등 다양한 장르의 작품을 썼다. 작가의 삶에 나타난 사상적 변화는 작품에도 고스란히 반영된다. 가장 중요한 변화는 노스탤지어 풍의 모더니즘 성격에서 98세대와 흡사한 비판적 입장으로 전향한 것이었다. 바예 인클란을 '98세대의 탕자 hijo pródigo'로 부르는 것은 이 때문이다. 하지만 모더니즘 경향일 때와 마찬가지로 98세대의 입장을 지향할 때도 바예 인클란은 자신만의 독특한 작품 세계를 뚜렷이 보여준다. 따라서 일반적인 기준으로 그를 규정하고 평가하기 보다는 바예 인클란만의 작품 세계에 주의를 기울여 보는 것이 좋을 것이다.

1902년에서 1905년 사이에 쓴 초기 작품 『노래들 *Sonatas*』은 모더니즘 성격이 강하다. 『봄노래 *Sonata de Primavera*』, 『여름노래 *Sonata de Estío*』, 『가을노래 *Sonata de Otoño*』, 『겨울노래 *Sonata de Invierno*』 등 네 개의 단편으로 구성된 이 작품은 주인공 브라도민 후작 Marqués de Bradomín의 모험과 사랑을 그린다. 브라도민 후작은 돈 후안처럼 규범이 아닌 욕망을 따르는 인물이자 감상적 기독교인으로 등장한다. 비도덕적 유혹과 아름다운 이야기들이 전설적이고 신비한 분위기에 맞춰 이어진다. 퇴폐적인 세상 이야기라고도 할 수 있다. 때로는 노스탤지어의 시선으로 또 때로는 무관심의 시선으로 그려 나가는데 이러한 표현 기법은 루벤 다리오 시의 문체가 바예 인클란의 산문 작품에 옮겨졌다고 볼 수 있다. 감각적이고 음악성이 뛰어난 아름다운 작품이다.

3부작 극작품 『주술극 *Comedias bárbaras*』에는 『紋章의 독수리 *Águila de blasón*, 1907』, 『늑대들의 로만세 *Romance de lobos*, 1908』, 『카라 데 플라타 *Cara de Plata*, 1922』 등 세 편의 작품이 포함된다. 봉건적이고

토속적인 19세기 갈리시아 지방을 배경으로 한 작품으로, 폐쇄적인 마을에서 막강한 세력을 행사하던 몬테네그로 집안의 퇴폐적인 분위기를 묘사했다. 폭력적 인물과 정신 장애자들이 등장하고, 신비한 주술 능력을 행사하는 인물들도 나온다. 음악적인 요소가 덧붙여져 한층 더 아름다운 작품으로 완성되었다. 그러나 무대에 올리기에는 무리가 있어 많은 평론가들은 이 작품을 극이 아니라 대화체의 소설로 보기 때문에 장르에 대한 논쟁이 큰 작품이다.

바예 인클란의 문체는 1908년에서 1909년 사이에 쓴 3부작 소설 『카를로스 전쟁 *La guerra carlista*』에서 변화하기 시작하였다. 『명분을 좇아 *Los cruzados de la causa*』와 『화형장의 숭고함 *El resplandor de la hoguera*』, 『옛날 옛적의 흰바다매 *Gerifaltes de antaño*』의 세 작품으로 구성된다.

카를로스 전쟁은 바예 인클란의 작품에서만 아니라 우나무노와 바로하의 작품에서도 등장한다. 그러나 바예 인클란의 작품속에서는 대조적인 두 요소 -전쟁의 참혹함과 카를로스 파의 낭만적 영웅주의-의 조화가 특징이다. 문체에서도 대조적인 요소들을 동시에 썼는데 아름답고 섬세한 모더니즘 문체와 거칠고 투박한 문체가 그것이다. 1910년과 1912년 사이에 발표한 『용머리 *La cabeza de dragón*』, 『영웅의 목소리 *Voces de gesta*』, 『로살린다 후작부인 *La marquesa Rosalinda*』과 같은 소극 (笑劇)과 드라마에서도 이와 비슷한 대조적인 어조의 사용을 찾아볼 수 있다.

바예 인클란만의 새로운 예술은 1920년에 발표한 『보헤미아의 빛 *Las luces de Bohemia*』이라는 작품에 '에스페르펜토 esperpento'라는 부제를 달면서부터 견고해지기 시작했다. 에스페르펜토의 통상적 의미는 '두서없고 비정상적인 사람이나 사물'이다. 그는 이 단어를 자신의 극작품에 사용하면서, 극작품이 '고통과 웃음을 넘어선 그 무엇'이기를 원했다. 등장인물 막스 에스트레야 Max Estrella의 삶의 마지막 순간을 그린 작품으로, 해가 질 무렵부터 다음 날 아침까지로 이어지는 죽음의 문턱 이야기다. 막스는 대화중 '중세 영웅들 모습이 오목 거울에 비친 것이 바로 에스페르펜토야. 스페인 사람들의 삶의 비극적 의미는 용의주도하게 찌그려 놓은 미학에서만 찾을 수 있지'라고 말한다. 에스페르펜토는 바예 인클란의 문학 기법이라고 설명할 수 있다. 에스페르펜토 작품에는 소외된 인물들, 그로테스크한 허풍쟁이, 그리고 가면무도회나 꼭두각시놀음에서 튀어나온 듯한 감등적 인물들이 등장한다. 일상적인 대화체 언어를 쓰고 비속어의 사용도 빈번하다.

에스페르펜토를 통해 현실은 찌그러지고 냉소적인 모습으로 나타난다. 작가는 현실을 찌그러뜨리고 신나 너털웃음을 짓지만, 웃음 너머에는 작가의 오열이 숨어 있다는 것을 독자들은 감지한다. 98세대 작가들 중에서도 인습 타파를 가장 중요하게 여긴 바예 인클란의 면모를 잘 보여준다.

『보헤미아의 빛』과 같은 해에 '한 마을의 희비극'이란 부제가 달린 극작품 『성스런 말씀 *Divinas palabras*, 1919』이 발표되었는데 각박하고 척박한 현실을 묘사한 작품이다. 이사벨 2세 궁정의 캐리커처 극작품 『소극과 순수혈통 여왕의 윤허 *Farsa y licencia de la reina castiza*』도 이와 비슷한 성격의 작품이다.

1921년에서 1927년 사이에 발표된 『화요일의 카니발 *Martes de carnaval*』의 세 작품 『바람맞은 후리올레라씨 *Los cuernos de don Friolera*』와 『망자의 우아함 *Las galas del difunto*』과 『장군의 딸 *La hija del capitán*』에는 에스페르펜토의 성격이 더욱 짙게 나타난다.

바예 인클란의 극작품에 나타난 특징은 후기 소설에서도 동일하게 나타난다. 『폭군 반데라스 *Tirano Banderas*, 1926』가 대표적인 예로, 남미 독재자의 에스페르펜토한 일대기를 그린 작품이다. 20세기 스페인 대표 소설 작품으로 중남미 소설 문학에 큰 영향을 미쳤다. 당시 이사벨 2세의 극단적 캐리커처는 『기적의 궁정 *La corte de los milagros*, 1927』과 『우리 주인님 만세! *¡Viva mi dueño!*, 1928』와 『불길한 징조 *Baza de espadas*』 세 편으로 구성된 소설 『이베리아 투우장 *El ruedo ibérico*』에서 볼 수 있다. 세르반테스가 소설을 '삶을 비추는 거울 *espejo de la vida humana*'로 표현했다면 바예 인클란의 에스페르펜토 소설은 찌그러진 거울이라고 할 수 있다.

불합리하고 찌그러진 삶이라는 에스페르펜토의 내용을 강조하기 위하여 바예 인클란은 모든 언어 수단을 동원한다. 극단적 의미의 용어도 서슴지 않지만 정교하게 다듬어진 문장을 구사하는 작가의 능력은 가히 천재적이라 할 수 있다.

그의 시 작품은 상대적으로 주목을 덜 받은 장르다. 그러나 시에서도 마찬가지로 그의 세계관의 변화를 느낄 수 있다. 1907년도에 발표한 시집 『전설의 향기 *Aromas de leyenda*』는 모더니즘 경향이 강한 작품이다. 그러나 1919년의 시집 『마리화나 파이프 *La pipa de kif*』는 에스페르펜토풍의 느낌이 강하다. 이듬해인 1920년에 발표된 시집 『여행객 *El pasajero*』에서는 두 경향을 다 찾아볼 수 있다.

바예 인클란은 연극과의 인연이 깊다. 연극배우를 하고 싶었지만 한 팔을 잃어 그 꿈을 이루기 어려웠던 그는 연극배우와 결혼을 했다. 그러나 『주술극』에서부터 에스페르펜토풍의 작품에 이르기까지 그의 극작품은 대부분 무대에 올리기에 불가능하다는 평가가 일반적이었다. 하지만 연극 공연 개념과 기술이 변화와 발전을 거듭해서 많은 그의 작품은 무대에서 공연할 수 있게 되면서 평가도 달라지게 되었다.

당시의 극 무대는 베나벤테 Benavente풍의 극이 지배적이었고, 그런 극의 무대 관례에 따라 바예 인클란의 극은 무대에 올리기에 적합하지 않다고 판단된 것이 분명하다. 따라서 그의 극작품은 무대의 관객뿐 아니라 독자들까지도 염두에 두고 쓰였으며, 극의 대사뿐만 아니라 지문 역시 문학적 성격이 강하다. 무대에 올릴 수 없다는 것을 알면서도, 그러한 관례를 과감히 무시하고 자신만의 길을 당당히 가며 극작품을 쓴 바예 인클란의 용기는 대단했다. 그러나 시간이 흐르면서 그의 극작품들은 무대에 오르게 되었고, 심지어 유럽의 새로운 극문학 경향보다도 이미 상당히 앞선 극이라는 평가를 받게 되었다. 황금세기 이후의 스페인 최고의 극작가라는 극찬이 당연해 보인다.

바예 인클란은 극뿐 아니라 다른 장르에서도 영향력 있는 작가였다. 에스페르펜토 성격의 극작품과 소설은 '단절의 예술 un arte de ruptura' 역할을 했고, 문학의 새로운 지평선을 연 작품이라는 평가를 받았다. 또한 언어를 다루는 작가의 능력 또한 최고였음은 말할 필요도 없다.

안토니오 마차도 Antonio Machado (1875-1939)

안토니오 마차도는 1875년 세비야에서 태어나 이곳에서 어린 시절을 보냈다. 시 '나의 어린 시절은 세비야 앞마당의 추억들... Mi infancia son recuerdos de un patio...'은 유명하다. 8세 때에 마드리드로 이사한 그는 진보적 성향의 부모 영향으로 형 마누엘 마차도와 함께 자유교육학당 Institución Libre de Enseñanza에서 공부하였다. 안토니오 마차도의 젊은 시절은 파리 여행과 보헤미아 삶으로 요약할 수 있는데 이것은 스페인 모더니즘 대표 시인인 형 마누엘 마차도와 공유했던 삶이었다. 1907년 프랑스어 교수로 임명되면서 소리아로 이사하고,

그곳에서 나이 어린 레오노르 Leonor와 결혼하였다. 34세의 시인과 15세 소녀와의 결혼은 세간의 관심을 받았다. 결혼 후 파리에서 일 년을 보냈지만, 허약했던 레오노르는 병세가 깊어지고 1912년 사망한다. 그녀의 죽음에 절망한 마차도는 소리아를 떠나 바에사와 세고비아와 마드리드 등 여러 도시를 전전한다. 공화정을 지지하였으나 1939년 스페인 내전이 프랑코의 승리로 끝나자 프랑스로 망명했다. 그리고 같은 해 프랑스의 콜리우르에서 생을 마감한다. '거의 벌거벗은 몸과 가벼운 가방 하나, 바다의 아들들처럼 ligero de equipaje, casi desnudo, como los hijos de la mar'의 시처럼 살다 간 시인이었다.

내면의 성찰과 형이상학적인 사색을 즐겨하고 단순하면서도 심오한 감수성을 가진 소박한 인물이 마차도였다. 바로 그런 성격에서 순수하고 지고한 카스티야 정신이 발산되었다고 할 수 있다. 믿었던 신념을 인생 끝까지 꿋꿋이 지켰던 대표적인 인물이었다. 자신의 표현대로 '주변 상황에 맞추며 a la altura de las circunstancias' 신념을 지켜낸 시인이었고 '좋은 의미로 좋은 사람 en el buen sentido de la palabra, bueno'이었다.

마차도는 시를 '시간 안의 본질적 단어 palabra esencial en el tiempo'로 정의하였다. 시간의 흐름을 놓치지 않고 사물의 본질, 즉 에센스를 골라 꺼내는 것이 시를 쓰는 목표다. 그리고 '시인이 노래하는 불안, 고뇌, 두려움, 체념, 희망, 초조함은 바로 그 시대의 상징'이다. 또한 마차도는 시가 인간의 의식 안에 숨은 것을 밖으로 드러내는 노출이라고 덧붙인다. '시는 자신이 살고 있는 시간과 인간의 대화다 La poesía es diálogo del hombre con su tiempo'라는 시인의 정의처럼, 마차도의 시에는 따뜻하고 정감어린 인간미가 넘쳐나고 시간의 흐름에 따라 정화되는 시어를 볼 수 있다. 이는 그가 점차 간결하고 심오한 시어로 시를 쓰게 되는 과정으로 모더니즘 시인들과의 차이라고도 할 수 있다.

1903년 출판된 시집 『고독 *Soledades*』은 1907년 증보판 『고독, 회랑, 그리고 시들 *Soledades, galerías y otros poemas*』로 출판된다. 모더니즘 시대였지만, 마차도는 전혀 다른 길을 가기를 원했다. 시란 음악적 효과, 색채감, 율격, 복잡 미묘한 감각적 실체가 아닌 '영혼의 깊은 울림과 떨림 una honda palpitación del espíritu'으로 판단했기 때문이다. 심오한 의미를 단순하게 표현하려는 시인의 경향에도 불구하고 마차도의 초기 시집에 나타나는 모더니즘 성향은 부인할 수 없다. 감상적 낭만주의에 가까운 내밀화된 모더니즘이란 표현이 더 적절할 것이다. 마차도의 표현처럼 '마음속 깊은 곳을 바라보며 mirando hacia dentro' 쓴 '은밀한 독백 íntimo diálogo'이라고 할 수 있다. 이는 '보편개념으로의 감정 los universales del sentimiento' 그대로를 표출하기 위함이다.

'보편개념으로의 감정' 표현에 보이는 주제는 세 가지로 정리할 수 있다. 즉, 시간과 죽음과 하느님 테마다. 이 세 주제는 곧 인간 운명의 문제이자 인간 조건의 문제다. 또한 사랑의 문제, 고독의 문제다. 영혼 깊은 곳을 바라본 시인의 시선 끝에는 고독과 멜랑콜리와 고뇌가 있다.

시인과 카스티야와의 만남은 특별했다. 페드로 살리나스 Pedro Salinas는 마차도에게 카스티야 평원은 자신의 영혼을 찾아 헤매는 장소라고 말한다. 카스티야에 위치한 소리아 땅에 선 시인은 '내 영혼을 건드리는 소리아여, 아니 내 영혼 깊은 곳에 너희가 있었던 것은 아닐까? Me habéis llegado al alma, -¿O acaso estabais en el fondo de ella?'라고 노래한다.

『카스티야의 평원 *Campos de Castilla*』은 사랑하던 레오노르가 죽기 전인 1912년에 발표되었다. 인간의 영원성과 인간과 세상 사이의 수수

께끼 같은 명제에 대한 명상도 있지만, 그 핵심은 풍경과 사람, 그리고 스페인 사람이 직면한 현실에 대한 것이었다.

「두에로 강가 Orillas del Duero」와 「소리아 평원 Campos de Soria」 연작시에서의 풍경은 절대적 객관성의 시선으로 그려진다. 그러나 조금 더 찬찬히 들여다보면 마차도 시인의 감정이 풍경에 투사되어 나타난 것을 살펴볼 수 있다. 거친 풍경들을 골라 묘사함으로써 시인의 마음을 끊임없이 짓누르는 고독과 헛됨과 죽음에 대한 고뇌를 보여준다.

시인의 애국적 관심을 보여준 작품도 있다. 스페인의 과거와 현재와 미래에 대한 시들로서 마차도의 비판적 시각을 볼 수 있는 시들이다. 이는 다른 98세대 작가들과의 연결 고리를 만들어 주는 특성이다. 「스페인 땅으로 Por tierras de España」, 「이베리아 하느님 El Dios ibero」, 「허망한 과거에 대하여 Del pasado efímero」, 「허망한 미래 El mañana efímero」, 「젊은 스페인 Una España joven」 등을 애국심을 보여준 시로 손꼽을 수 있다.

상당히 긴 로만세 「알바르곤살레스의 땅 La tierra de Alvargonzález」도 중요한 작품이다. 암울한 분위기의 이 작품을 통해 작가는 스페인 15세기에 나타난 로만세를 다시 새 로만세 민요집 romancero nuevo으로 재현하려는 시도를 하였다.

1924년에 세 번째 시집 『새로운 노래 *Nuevas canciones*』를 발표하였는데 작가의 관심이 더 이상 소리아 땅에만 머물지 않고 새로운 방향을 향해 나아갔음을 보여준다. 물론 풍경에 대한 강한 터치는 여전하였다. 또한 친구를 노래한 소네트처럼 작가 주변의 일상적인 테마와 그 외의 여러 테마들도 살펴볼 수 있다. 그러나 이 시집의 가장 중요한 특징은 짧은 「경구와 노래들 Proverbios y cantares」에 있다. 짧은 대중 서정시 형식 안에 여러 개념과 모순을 담은 '철학자의 노래 cantares de pensador'로 볼 수 있으며, 마차도 시인의 철학적 고뇌가 특히 두드러진 작품들이다.

스페인 내란 당시 쓴 시들도 있다. 스페인 극에 영감을 받아 쓴 로만세와 소네트 등의 작품들로, 가르시아 로르카 García Lorca의 죽음에 바치는 「범죄는 그라나다에서 일어났다 El crimen fue en Granada」는 진한 슬픔의 감동을 전한다.

산문 작품으로 안토니오 마차도의 가상 철학자이자 시인 아벨 마르틴에 대한 연구 『아벨 마르틴 *Abel Martín*』이 있고, 여러 산문 글을 모아 출판한 『상호 보완하는 사람들 *Los complementarios*』도 있다. 그러나 대표 산문 작품은 스페인 내란 당시에 쓴 『후안 데 마이레나 *Juan de Mairena*』이며 철학자이자 시인 후안 데 마이네라 역시 아벨 마르틴처럼 마차도가 만들어 낸 가상의 인물이다. 가상의 인물 마이네라를 선생님으로 모시고 수업을 듣는 형식을 취한 이 작품에서 마차도의 정치, 사회, 철학과 시 테마를 고찰할 수 있고 그의 사상을 가늠할 수 있어 필독서로 꼽힌다.

마차도는 인간이라는 심오한 주제에 초점을 맞춘 시인이었고, 자신이 몸 담은 대지와 하나가 된 시인이었다. 또 자신과 자신의 사상을 순수하게 지켜낸 대표 시인이었기 때문에 독자들에게 더욱 사랑을 받았다. 유행과 여러 사조가 난무하는 가운데서도 안토니오 마차도가 현대 스페인의 대표 시인으로 우뚝 설 수 있었던 것도 시인의 순수한 면모가 크게 작용해서였을 것이다.

4. 전위주의 Vanguardismo와 27세대 Generación del 27

1) 98세대에서 27세대로

모더니즘 시인들과 98세대 작가들은 1910년 즈음에 주요 작가로 자리 잡았고 이후에 새로운 세대의 작가들이 모습을 드러냈는데, 1900년 세대 Novecentismo 작가들이 대표적인 예다. 그러나 곧 유럽의 전위주의 Vanguardismo의 영향을 받은 세대가 등장하면서 스페인에도 이전과는 다른 경향의 문학이 나타난다. 또한 1927년에 새로운 시인들 그룹이 등장하는데, 이는 스페인 문학의 제2의 황금세기라고 불리는 27세대 Generación del 27다.

1900년 세대는 98세대에서 27세대로 가는 과정에서 등장한 일련의 작가들을 지칭한다. 1900년 세대를 그룹으로 묶을 수 있는 이유는 작가들의 나이와 주요 작품의 발표 시기 등에 있어 공통점을 찾아볼 수 있기 때문이다. 1900년 세대 작가로 호세 오르테가 이 가세트 José Ortega y Gasset와 에우헤니오 도르소 Eugenio D'Ors와 그레고리오 마라뇬 Gregorio Marañón을 들 수 있다.

1900년 세대에게 그룹이라는 용어를 쓰는 것은 부적절하게 보일 수도 있다. 하지만 다음과 같은 공통점들이 그런 우려를 다소 불식시킬 수 있을 것이다. 다수가 아닌 소수를 향한 교육을 지향했다는 점과 스페인의 문제에 대한 고뇌와 고찰이 98세대보다 많이 온건해졌다는 점, 그리고 깊은 성찰과 관심으로 제대로 된 작품을 발표하려고 노력했다는 점이 그것이다.

오르테가 이 가세트(1883-1956)는 현대 스페인을 대표하는 철학자이자 삶과 예술과 문화에 대한 통찰력이 뛰어난 관찰자이며 작가였다. 도르스 역시 문화와 예술에 조예 깊은 사색가였고 고전적 기질이 다분했지만 열린 마음으로 새로운 조류를 받아들인 작가다. 유명한 의사이자 휴머니스트였던 마라뇬(1887-1960)과 함께 스페인의 대표적인 에세이 작가였다.

1900년 세대와 뜻을 같이했던 주요 인물들을 살펴보면 비평가이자 역사학자였던 아메리코 카스트로 Américo Castro와 에세이 작가로 활동했던 정치가 살바도르 데 마다리아가 Salvador de Madariaga, 철학자 마누엘 가르시아 모렌테 Manuel García Morente와 유머 넘치는 기사로 유명했던 기자 훌리오 캄바 Julio Camba 등이 있다. 당시 소설가들 가운데 스페인 황금세기의 수사법을 비롯하여 전통적 경향을 보인 작가로는 리카르도 레온 Ricardo León과 콘차 에스피나 Concha Espina가 있다. 또 풍자해학의 경향을 보여준 페르난데스 플로레스 W. Fernández Flóres, 사물의 외부적 형태에 관심을 보이고 그것을 미학적인 대상으로 변형하여 승화시킨 가브리엘 미로 Gabriel Miró, 라몬 페레스 데 아얄라 Ramón Pérez de Ayala도 1900년 세대의 대표 작가로 언급할 필요가 있다.

가브리엘 미로(1879-1930)는 주목해볼 만한 매우 독특한 작가였다. 다양하고 풍부한 어휘, 빛과 색과 향기와 소리와 맛과 같은 감각 세계를 파악하여 묘사하는 그의 능력은 가히 천재적이라 할 수 있다. 『십자가 고난의 예수님 *Figuras de la Pasión*, 1916』은 작가의 성격을 잘 살펴볼 수 있는 걸작으로 손꼽힌다. 가브리엘 미로의 문학세계를 잘 파악할 수 있는 또 다른 작품으로는 『묘지 옆 앵두나무 *Las cerezas del cementerio*, 1910』, 『우리의 성 다니엘 신부 *Nuestro Padre San Daniel*, 1921』, 『나병걸린 주교님 *El obispo leproso*, 1926』을 들 수 있다.

시대에 저항하는 풍자와 정밀한 심리 분석과 도덕적 태도가 돋보이는 라몬 페레스 데 아얄라(1881-1962)도 관심을 가질 만한 작가다. 19세기 초의 마드리드 풍경을 보헤미아 풍으로 그린 『이곳저곳 기웃거리며 *Troteras y danzaderas*』와 『벨라르미노와 아폴로니오 *Belarmino y Apolonio*』와 『호랑이 후안 *Tigre Juan*』이라는 작품 등이 흥미롭다.

극작품은 이 시기에 큰 주목을 받지 못했다. 모더니즘 극작가 에두아르도 마르키나 Eduardo Marquina와 비야에스페사 Villaespesa의 시극은 당시의 시대적 문제와는 동떨어진 도피적 성격을 띤다. 이와는 다른 성격의 극으로 하신토 베나벤테 Jacinto Benavente의 상업극teatro comercial이 관심을 끌었는데, 상업극은 많은 관객을 동원해 경제적인 수단으로 이용됐다고 하여 붙여진 이름이었고 중산층과 부유한 부르주아와 귀족들이 즐겨 보았기 때문에 부르주아 극 teatro burgués으로도 불렸다. 당시 부유한 계층의 삶과 사고방식들을 잘 반영했던 극작품으로, 그를 모방한 작가들도 많았다. 또 실생활 묘사극과 사이네테 sainete를 쓴 카를로스 아르니체스 Carlos Arniches와 킨테로 형제 hermanos Quintero도 관심을 받았고, 페드로 무뇨스 세카 Pedro Muñoz Seca의 '아스트라칸 astracán' 장르 역시 큰 호응을 받았다. 그러나 이들과는 달리 새로운 극을 시도하였던 바예 인클란 Vallle-Inclán과 하신토 그라우 Jacinto Grau와 같은 극작가들은 성공을 얻지 못했다.

카를로스 아르니체스의 『이시드라 성인 *El santo de la Isidra*』과 『친구 멜키아데스 *El amigo Melquiades*』는 마드리드의 정통 사이네테 sainete 작품이다. 이 사이네테 외에도 사회적 문제를 담은 『호족들 *Los caciques*』, 그로테스크한 성격의 비극, 희극과 감동적 요소를 혼합시킨 『트레벨레스 아가씨 *La señorita de Trevélez*』도 있다. 안달루시아 지방의 사이네테 sainete로 유명했던 킨테로 형제는 즐겁고 유쾌하나 피상적인 『안뜰 *El patio*』과 『즐거운 마음 *El genio alegre*』 등의 작품이 있다. 페드로 무뇨스 세카 스스로가 명명한 '아스트라칸' 극은 무엇보다도 농담과 웃음을 추구한다. 낭만주의 극을 패러디한 『멘도 씨의 복수 *La venganza de Don Mendo*』를 비롯하여 300편이 넘는 많은 작품이 있었지만 관중의 큰 호응과는 달리 비평가와 지식인들의 관심은 얻지 못한 작품들이다.

2) 유럽의 전위주의와 스페인에서의 반향

전위주의 Vanguardismo란 불어 아방가르드 *avant-garde*에서 파생한 단어로, 과거와 철저히 단절된 새로운 개념을 기초로 새로운 문학과 예술의 길을 가겠다는 의지를 강력히 표명한 예술 운동이다. 빠른 속도로 광풍을 일으킨 유럽의 전위주의에는 일시적 유행처럼 잠시 나타났다 사라지는 사조들도 있었지만 뚜렷한 족적을 남긴 사조들도 있었다. 20세기 초부터 1939년까지 스페인 문학사에 영향력을 행사한 사조들을 짚고 넘어갈 필요가 있다.

1) 미래주의 El Futurismo: 1909년 2월 20일 프랑스의 일간지 '르 피가로'紙에 이탈리아 시인 필리포 마리네티 Marinetti가 쓴 '미래주의의 기초와 미래주의 선언 Manifiesto futurista'이 실렸다. 과거의 유산을 과감히 버리고 새로운 문명의 산물을 적극적으로 받아들이자는 전위적인 선언을 담은 글이었다. '우리는 이렇게 과격하고 소란스럽고 선동적인 선언을 세계로 내던진다. 우리는 고고학자들과 골동품 수집가들로부터 이 땅을 자유롭게 만들어 주기를 원한다. 그래서 오늘 미래주의를 선언한다'는 내용의 글이었다. 마리네티는 이탈리아가 오랫동안 헌 옷 입은 장사꾼 노릇을 해왔다고 지적하며, '무덤처럼 뒤덮고 있는 박물관들로부터 우리는

이 나라를 해방시키려 한다'고 선언하였다. 마리네티가 언급한 박물관은 '전통'이라는 우상으로 파악된다. 즉, 과거와 현재에 존재하는 모든 형태를 다 부인하는 반면, 미래를 향한 과학 기술의 정복을 찬양하고 기계 문명을 고무적인 상황으로 받아들인다. '경주용 자동차는 사모트라케의 니케 Victoria de Samocracia (루브르 박물관 소장의 B.C. 4세기경의 대리석 조각 작품)보다 아름답다'고 한 마리네티의 표현은 유명하다. 미래주의의 영향에 따라 새로운 주제의 문학에 관심을 기울였고, 기계와 스포츠 테마는 또 다른 신화로 등장했다. 미래주의가 표방하는 언어는 단어에 해방을 주고 문장을 파괴하는 것이었다.

미래주의는 시인 마야코프스키 Maiakovski(1893-1930)의 영향으로 러시아에서 큰 반향이 일었다. 혁명적 성격의 반전통주의자인 마야코프스키는 소비에트 공산당의 지지를 받기도 했지만 유럽과 미국 등을 방문하면서 러시아 혁명성을 의심받았고, 자살로 생을 마감한 시인이다.

2) 다다이즘 El Dadaísmo: 제1차 세계대전이 한창이던 1916년 루마니아의 시인 트리스탄 차라 Tristán Tzara를 중심으로 하여 취리히에서 탄생된 사조다. 다다이즘이란 용어는 그들의 눈에 우연히 들어온 단어 '다다'에서 유래되었다. '다다'는 옹알이와 같은 아이들의 무의미한 언어를 의미한다. 다다이즘은 모든 것을 거부한다. 논리와 미학적 관습과 사회적 인습을 거부하고 또 상식을 거부한다. 전쟁이라는 불합리한 상황을 야기시킨 이성에 대한 철저한 거부와 단절이 핵심이다. 반면에 개개인의 상상을 해방시키고 무의미한 언어를 창조하고 파괴를 추구한다. 1918년 다다이즘은

'자유, 다다, 다다, 다다, 경련을 일으키는 색상의 울부짖음, 상반되는 것들의 엮음, 모순되고 그로테스크하고 무의미한 모든 것을 엮음. 이건 삶'이라고 삶을 정의하는 것으로 자신들의 사조를 설명한다.

차라와 더불어 다다이즘의 대표적 시인으로 프랑스의 앙드레 브르통 Bréton과 폴 엘뤼아르 Eluard와 루이 아라공 Aragon을 들 수 있다. 이 시인들은 시간이 흐르면서 초현실주의 Surrelismo적 성향을 띠게 되었는데 결국 다다이즘은 초현실주의적 혁명으로 나아가기 위한 통로의 역할을 한 셈이다.

3) 초현실주의 El Surrealismo: 초현실주의는 불어로 Surréalisme라고 한다. 불어의 영향으로 스페인어로도 Surrealismo로 비슷하게 쓰지만 정확한 표기는 Superrrealismo다. 왜냐하면 불어의 접두어 'sur'는 스페인어의 '아래 sub'가 아닌 '위 sobre'를 의미하기 때문이다. 하지만 관용적 의미로 받아들여 그냥 Surrealismo를 사용한다. 초현실주의의 핵심 키워드는 '혁명'이다. 예술의 역할에 대한 개념과 예술의 세계를 송두리째, 다시 말해 혁명적으로 바꿔 놓았기 때문이다. 초현실주의를 추구하던 예술가들의 구심점 역할을 했던 잡지의 제목이 '초현실주의 혁명 La révolution surréaliste' 이었다는 점은 이를 잘 증명한다. 그 중심에 섰던 앙드레 브르통 André Bréton은 1924년 '초현실주의 제1선언 Primer manifiesto'을 발표하며, 당시의 파격적 사조인 다다이즘에 프로이드 Freud와 마르크스 Marx의 개념을 덧붙인다.

그러나 초현실주의는 예술과 문학에서만의 혁명은 아니었다. 오히려 사회 전반에 걸친 혁명이라는 표현이 더 정확하다. 초현실주의의 목표가 랭보 Rimbaud의 표현 그대로 '삶을 변화시키자 Transformar la vida'였고, 더불어 인간의 해방과 창조적 행위의 해방을 추구했기 때문이다. 사회적 인습과 윤리적 인습이 이성이라는 이름으로 인간의 무의식을 눌러 밖으로 드러나지 않게 했다는 프로이드의 이론을 적용하며, 초현실주의는 잠재된 무의식을 해방시키기를 원한다. 또한 부르주아 사회는 인간을 노예로 전락시켜 억압하고, 또 궁핍과 억압, 굴종과 타락과 착취의 조건으로 밀어낸다는 마르크스의 이론에 힘입었다. 당연히 초현실주의는 굴종으로부터 인간을 해방시키고자 한다. 초현실주의자들에게 삶이란 단지 잿빛 얼굴의 현실일 뿐이기 때문에 이런 현실을 넘어서야 하고, 의식의 가장 내밀한 곳에 눌린 채로 억압당하고 있는 초현실의 세계로 나아가야 한다고 설명한다.

또한 인간의 창조적 능력에 자유를 줘야 한다는 의도도 강하게 표명한다. 글이나 예술행위를 '이성이 조종하는 모든 압제에서 벗어나 자유로운 사고가 허락하는 대로' 할 것을 요구한다. 이러한 표현을 위해 초현실주의는 여러 가지 테크닉을 사용한다. 자동필기법 escritura automática은 이성의 감시가 모두 제거된 상황에서 행해지는 사고의 기록으로, 이를 위하여 때로는 마약의 도움을 받기도 한다. 콜라쥬 collage는 어떤 의도나 목적이 전혀 없이 신문이나 광고지의 일부를 잘라 모아 만든 문구다. 꿈 이미지 transcripción de sueños도 있는데, 꿈은 의식 구조가 무의식 구조의 상징으로 바뀌어 나타난다는 데서 비롯한다. 프로이드 이론에 의하면 꿈은 무의식 세계 안에 존재하지만 비이성적 이미지의 형태로 변형되기 때문이다.

초현실주의는 논리적 표현의 한계를 뛰어넘는 언어의 해방이다. 언어의 해방을 위해 시는 이성이 구별해 놓은 사물과 관념과 감정들을 아무런 구별 없이 뒤섞는다. 또한 전혀 연관성 없는 단어들을 자유롭게 조합하여 쓰고, 그 조합으로 은유와 꿈 이미지를 만들어 내기도 한다. 더 이상 이성에 관심을 갖지 않고 오히려 이성 안에 잠재되어 있는 인간의 감정과 무의식의 반응에 관심을 둔다. 초현실주의 시를 읽는 독자는 이해를 목적으로 삼지 않는다. 마음 깊은 곳의 감정을 깨우며 강한 감동을 불러일으키기를 원할 뿐이다.

1930년 즈음에 일련의 작가들은 초현실주의 입장을 철회하기도 하였지만 초현실주의는 사라지지 않았고 오히려 전 세계로 영향력이 확대되었고, 그들의 시어는 무한한 가능성을 제시하며 풍요로워졌다. 이것은 단지 시에서만이 아니라 현대 예술 창작물의 전 영역에 걸쳐 일어난 변화의 바람이었다.

3) 스페인 전위주의

전위주의는 공통적으로 98세대가 가진 민족주의 성격과는 상반되게 유럽化를 지향하고 있다. 유럽化의 혁신적 분위기는 스페인에도 즉각 효과가 나타났다. 현대 미술 운동 가운데 가장 과격한 혁명으로 꼽히는 입체주의 Cubismo의 서막을 알리는 파블로 피카소 Pablo Picasso의 그림 '아비뇽의 처녀들 Les Demioselles d'Avignon'이 1907년에 소개되면서 예술의 혁신적 방향이 제시되었고, 문학에서도 새로운 예술을 지향하는 움직임이 시작되었다.

1910년에는 라몬 고메스 델 라 세르나 Ramón Gómez de la Serna가 주관하는 미래주의 표방 잡지 프로메테오 Prometeo지가 출간되었다. 문학 토론 모임 테르툴리아 tertulia에서는 미래주의를 비롯한 당시의 새로운 사조들에 대한 토론이 뜨거웠다. 테르툴리아는 1915년 이후 주로 마드리드의 카페 데 폼보 Café de Pombo를 중심으로 활발히 이루어졌다. 1923년 오르테가 이 가세트 Ortega y Gasset가 출간한 '서구비평지 Revista de Occidente', 그리고 1927년 에르네스토 히메네스 카바예로 Ernesto Giménez Caballero와 기예르모 데 토레 Guillermo de Torre가 출간하고 주관한 '문예지 La Gaceta Literaria'는 당시 스페인과 외국의 전위적 분위기를 보여주는 대표 잡지였다.

1925년에는 오르테가 이 가세트의 『예술의 비인간화 *La deshumanización del arte*』가 출판되었다. 오르테가가 말한 '비인간화'란 기계화되고 물량화된 현대 사회의 인간성 위기와 인간 소외 현상을 말하는 것으로 소수를 위한 예술의 지향으로 이해해야 한다. 책을 출간하면서 오르테가는 유럽에 등장한 아르누보에 대한 진단을 시도했을 뿐이라고 했지만, 스페인 전위주의 발전에 있어 분명한 이정표가 됐던 책이다. 오르테가는 대중은 시가 말하고자 하는 바를 이해하지 않고, 그림이 표현하고자 하는 바를 보지 않는다고 전제한다. 따라서 대중적인 것을 추구하기 위한 표현을 지양하고, 엄격한 외적 목표를 제시한다. 그것은 대부분 창작자의 유희에 의한 경우가 많았다. '오늘날 시란 은유의 최고 대수(代數) La poesía es hoy el álgebra superior de las metáforas'라는 표현과 '은유는 아마도 사람이 지닌 가장 유용한 잠재력일 것이고. 그 효험은 마술의 경지에 가깝다'라는 표현은 오르테가 이 가세트가 여러 도구를 이용한 다양한 시 창작의 가능성을 염두에 두고 말한 것이다.

스페인의 전위주의는 두 시기로 구분된다. 대략 1930년까지로 볼 수 있는 전반기는 유희와 생의 낙관적 관점이 명백히 드러나는 시기로, 속도와 스포츠 등과 같이 현대적인 모든 것에 찬사를 보낸다. 물론 낙관적 시야와 현대적인 것을 향한 찬사의 기조에는 고뇌와 불안이 잠재적으로 내포되어 있다는 것이 사실이다. 이것들은 1930년대 후반기에 들어서면서 그 모습을 서서히 드러낸다. 현대 문명의 비인간화에 대한 결과로 환멸과 번민이 비관적 시각이 명백해지기 시작했기 때문이다.

4) 스페인 미래주의 Futurismo, 울트라이즘 Ultraísmo, 창조주의 Creacionismo

1910년경 고메스 델 라 세르나는 스페인 미래학파를 세우려는 노력을 기울였지만, 스페인 미래주의는 학파를 이루지 못했다. 그렇지만 미래주의가 지향하는 주제와 표현 기법 등을 찾기는 어렵지 않다. 1928년 살바도르 달리 Salvador Dali는 「십계명 decálogo」이라는 흥미로운 글을 발표하는데, 이것은 예술가를 문명화에 방해가 되는 존재로 간주하는 내용의 글로, '이십 년 이상 된 건물은 모두 무시하라 Considerar con desprecio todo edificio que tenga más de 20 años', '기계 세대를 살고 있다는 사상을 널리 알리라 Propagar la idea de que realmente vivimos una época post-maquinista', '무장된 시멘트가 존재한다는 사상을 널리 알리라 Propagar la idea de que el cemento armado existe realmente', '진짜로 존재하는 것은 전기 de que efectivamente existe la electricidad' 등 살바도르의 미래주의적 표현으로 가득 차 있다.

미래주의 테마는 27세대의 시인에게서 간헐적으로 찾아볼 수 있다. 페드로 살리나스 Pedro Salinas도 전구나 타자기 등의 테마로 시를 썼고, 알베르티 Alberti 역시 유명 축구 골키퍼 플랏코 Platko를 노래했다.

미래주의와 다다이즘에 힘입어 1919년에 스페인에서 형성된 사조가 울트라이즘 Ultraísmo이다. 전통적 모더니즘에 반대해 나타난 울트라이즘은 '나른한 방안에 스며든 한 줄기 시원한 바람 una ráfaga de aire puro que entra en una habitación soñolienta'이 되기를 원했다. 기계와 스포츠 역시 울트라이즘 시인들이 선호했던 테마였다. 또 앞서 프랑스의 기욤 아폴리네르 Guillaume Apollinaire의 『칼리그람 *Caligramas*』에는 표기 방법의 혁신, 예를 들어 문장 부호를 사용하지 않는다거나 시각적 효과를 추구하는 등의 시의 형태도 나타나게 되었다.

울트라이즘의 선구자적 역할을 한 시인은 기예르모 델 라 토레 Guillermo de la Torre(1900-1971)다. 대표작으로 흔히 시집 『프로펠러 *Hélices*』를 손꼽지만, 당시에 가장 큰 주목 받았던 작품은 1925년에 발표한 『유럽 전위주의 문학 *Literaturas europeas de vanguardia*』이다. 델 라 토레 스스로가 1923년 그 종말을 알리면서, 울트라이즘은 일시적인 모험처럼 잠시 스쳐간 사조로 남게 되었다. 그러나 당시의 혁신적이고 개혁적인 조바심이 얼마나 컸는지를 생생하게 증언했다는 점에서 주목할 필요가 있다.

이와 비슷한 시기에 스페인 문예사조는 프랑스 창조주의 Creacionismo의 영향을 받는다. 파리에 머물던 칠레 시인 비센테 우이도브로 Vicente Huidobro와 프랑스 시인 피에르 르베르디 Pierre Reverdy가 주도한 창조주의는 시가 현실에서 멀어지기를 제안한다. 입체주의 화가처럼 시인도 현실에서 멀어져 새로운 현실을 '창조 crear'해야 한다는 것이다. 우이도브로의 표현을 빌자면 '자연에서 나무가 자라나듯 시를 자라나게 하자 Hacer un poema como la naturaleza hace un árbol'는 것이다. 우이도브로와 절친한 관계였던 헤라르도 디에고 Gerardo Diego 덕분에 창조주의는 스페인 땅에 정착할 수 있었다.

5) 스페인 초현실주의

우후죽순처럼 여러 사조가 등장했다 사라졌지만 유럽 문화에 가장 큰 영향을 남긴 사조는 초현실주의였다. 특히 스페인은 유럽의 다른 나라들보다도 초현실주의에 대해 큰 관심을 보인 나라였다.

스페인 초현실주의 시인으로는 우선 후안 라레아 Juan Larrea를 언급할 수 있다. 1895년 빌바오에서 태어난 라레아는 1926년 이후로 파리와 멕시코에서 살았다. 스페인어와 프랑스어로 쓴 시집 『어둠의 지배 *Oscuro dominio*』와 『하늘의 뜻 *Versión celeste*』은 시인의 창조적 능력이 얼마나 대단했는지 여실히 보여준다. 그는 예술 작품이란 '마음을 부추기고 감동을 만들어 내는 기계 un artefacto animado, una máquina de fabricar emoción'라고 설명한다. 라레아는 당시에는 큰 관심을 받지 못했지만, 최근에 와서 많은 관심과 사랑을 받게 된 주목할만한 시인이다.

27세대 작가들에게 큰 영향을 주었다는 점에서 초현실주의의 의미를 되새길 필요가 있는데 그 영향을 받은 27세대의 작품으로는 라파엘 알베르티 Rafael Alberti의 『천사에 관하여 *Sobre los ángeles*』와 가르시아 로르카 Garcia Lorca의 『뉴욕의 시인 *Poeta en Nueva York*』을 손꼽을 수 있다. 또한 비센테 알레익산드레 Vicente Aleixandre의 시는 유럽 초현실주의의 대표작으로 자리매김한다.

그러나 스페인 초현실주의는 정통 초현실주의로 인정받지 못하는 경향이 있다. 스페인 시인들이 초현실주의가 추구하는 무의식 세계의 창작을 엄격히 따르지도 않았고, 또 자동필기법 escritura automática을 비롯한 여러 창작 과정을 시도하지도 않았기 때문이다. 따라서 스페인 초현실주의 시는 '창작을 향한 의도적 구상 una intencionada idea creadora'에 기초한다는 설명이 더 정확하다. 그러나 논리에 근거한 이미지를 자유롭게 해방시켰고, 그에 따라 시어가 놀라울 정도로 다양해지고 풍요로워졌다는 것은 분명 스페인 초현실주의 시 속에 초현실주의 요소가 곳곳에 나타나고 있음을 의미한다고 하겠다.

6) 라몬 고메스 델 라 세르나 Ramón Gómez de la Serna (1888-1963)

스페인 전위주의의 선구적 역할을 한 인물로 라몬 고메스 델 라 세르나를 손꼽을 수 있다. 흔히들 '라몬'이라고 불렀던 라몬 고메스 델 라 세르나는 1888년 마드리드에서 태어났고, 스페인 내란 이후에 아르헨티나로 이주해 1963년 그곳 부에노스아이레스에서 생을 마감한다. 세상을 그로테스크한 서커스의 모습으로 본 '라몬'은 부르주아 문화에 동의할 수 없어 영원한 보헤미안의 삶을 산 작가다. 폼보 카페의 테르툴리아 tertulia와 '서구비평지 Revista de Occidente'와 '문예지 La Gaceta Literaria' 등을 통해 전위예술을 변호하였고, 작품 『사조들 *Ismos*, 1931』을 전위예술에 헌정하기도 한 작가다.

1909년에 발표한 『신문학 개념 *El concepto de la nueva literatura*』을 비롯한 여러 글에서 과거의 문학 형식에 대한 피로감을 지적하였다. 기존의 문학 개념들을 전혀 개의치 않았고 '산문의 해체 disociación de las prosas'를 제시하는 등 파괴적 본능을 추구했다. 초현실주의에 앞서 이미 직관의 비논리적 연합과 몽상적 은유 등을 사용하기도 하였다.

'라몬'은 '그레게리아 greguería'라고 불리는 단문 장르에 방대한 양의 작품을 남겼다. 작가 스스로가 유머 humor와 은유 metáfora의 혼합이라고 설명한 그레게리아는 1910년경부터 시작됐고, 스페인어로 '알가라비아 algarabía'를 의미한다. '알가라비아'란 여러 사람의 고함으로 말미암은 소란스러움과 무슨 뜻인지 알 수 없는 의미의 뜻이 결합된 단어다. 대부분의 경우 극단적인 비약의 개념을 쓰고 독창적인 은유를 담고 있는 짧은 구문의 가벼운 글이다. '무지개는 머리를 감은 후에 자연에 놓인 헤어밴드다 El arco iris es la cinta que se pone la Naturaleza después de haberse lavado la cabeza.'처럼 유머가 넘치는 글이나 '노년의 샘 깊은 곳을 들여다보고 있었더니 어린 애들이 뒤에서 다가와 우리를 밀어 떨어트린다 Estamos mirando el abismo de la vejez y los niños vienen por detrás y nos empujan.'처럼 철학적 의미를 담은 글도 있다. '새끼 도마뱀은 담벼락의 브로치 La lagartija es el broche de las tapias'처럼 다분히 시적인 내용도 있다.

'그레게리아'를 통해 작가의 위트를 엿보는 것도 매우 흥미로운 일이다. '나사 박는 고양이 눈빛 la mirada felina de los tornillos'은 고양이의 강한 눈빛을 돌려 박는 나사에 비유한 표현이다. '새벽은 플랫폼 냄새를 풍기고 플랫폼 소리를 낸다 Las madrugadas huelen a andén, suenan a andén'는 여명을 밝히는 역의 가로등과 재깍거리며 여행객의 발길을 재촉하는 역 시계의 이미지를 잘 보여준다. '비누칠한 우리 얼굴은 모두 어릿광대 모습 Todos hemos tenido cara de payasos al enjabonarnos la cara', '죽음의 타자기는 키보드 치는 기관총 Las máquinas de escribir de la muerte son las tecleantes ametralladoras', '갈매기는 항구에서 작별하며 흔드는 손수건에서 날아오른다 Las gaviotas nacieron de los pañuelos que dicen adiós en los puertos', '축구 골키퍼는 개집 문 앞에서 조바심의 뼈를 갉아먹는 개 El portero de fútbol parece un perro que roe el hueso de la impaciencia a la puerta de su perrera', '권총은 죽음의 수도꼭지 La pistola es el grifo de la muerte' 등 독창적인 표현들이 무궁무진하다.

'그레게리아' 외에도 여러 단편과 소설 『투우사 카라초 *El torero Caracho*』도 있다. 극작품 『반쪽 인간들 *Los medios seres*』과 『고야 *Goya*』, 『바예 인클란 *Valle-Inclán*』, 『케베도 *Quevedo*』 등의 전기도 기술했다. 또 수필집 『벼룩시장 *El Rastro*』과 『서커스 *El circo*』와 『죽어가는 자서전 *Automoribundia*』 등 회고록도 집필하였다. 모든 작품은 '그레게리아'풍의 짧은 문구로 쓰였다.

'라몬'이 1915년에서 1930년을 대표하는 산문 작가라는 사실은 논란의 여지가 없을 뿐만 아니라, 현대 스페인 산문의 독창적 형태를 창조해 낸 인물로도 평가된다.

7) 27세대 작가들

1927년 스페인 세비야의 아테네오 홀에서 스페인 황금세기 시인 루이스 데 공고라 Luis de Góngora의 사망 300주년을 추모하는 모임이 있었다. 일련의 젊은 작가들이 추모식에 참석했다. 라파엘 알베르티 Rafael Alberti, 페데리코 가르시아 로르카 Federico García Lorca, 호르헤 기옌 Jorge Guillén, 다마소 알론소 Dámaso Alonso, 헤라르도 디에고 Gerardo Diego와 같은 소수의 시인들이었다. 여기에 페드로 살리나스 Pedro Salinas와 비센테 알레익산드레 Vicente Aleixandre 등의 시인들을 더하여 이들을 27세대 Generación del 27로 불렀다. 스페인 문학의 새로운 황금세기를 열어갈 시인들이었다.

물론 소수의 시인들이었고 '세대'라고 지칭되기에 부족한 여건들이 있었지만 이들은 '문학 세대'를 결성하기에 충분했다. 우선 문학 세대로 불릴 수 있었던 요소는 다음과 같다.

1. 나이가 비슷했다. 가장 나이가 많았던 페드로 살리나스와 가장 어렸던 루이스 세르누다의 나이 차가 아홉 살밖에 나지 않았다.
2. 교육 형성 과정에 공통점이 있었다. 그들 모두가 대학생이거나 문학 과목 선생님들이었다는 점을 언급할 수 있다.
3. 친밀한 유대감이 있었다. 비록 스페인 내란으로 말미암아 사방으로 흩어지기는 했지만 끈끈한 우정을 유지했다. 시 낭송회며 세

미나며 공공의 모임 장소에 함께 참여했고, 공고라의 추모식 역시 동참했던 모임이었다.

4. 그들 사이에 친분이 있었다는 사실과 공고라의 추모식처럼 한 세대가 공유하고 하나로 뭉칠 수 있는 사건이 있었다는 점이다.
5. 모두가 후안 라몬 히메네스 Juan Ramón Jiménez를 멘토로 모시기를 원했고 또 존경하는 시인들이 같았다는 점이다. 스페인 시인들뿐만 아니라 외국 시인들에 있어서도 마찬가지였다.
6. 모두가 새로운 시어의 발견에 대한 필요성을 절감했다. 시어를 사용하는 방식은 개개인에 따라 달랐지만, 새로운 시어의 추구라는 면에 있어서는 동일했다.

그러나 이들 27세대에서는 여타의 전위 문학과는 달리 전 세대와의 단절과 고발은 없었다. 새로운 개혁에 대한 갈망도 있었지만 스페인 문학사에 등장하는 작품과 작가에 대한 경탄과 존경도 표시했다는 점은 특이했다.

27세대 시인들이 받았던 영향과 선호했던 요소들을 살펴보면, 우선 우나무노에 대한 존경과 안토니오 마차도에 대한 찬사가 대단했다. 모더니즘의 영향은 미비했지만, 모더니즘 시인 루벤 다리오와 후안 라몬 히메네스에 대한 관심과 애정은 상당해서 이들에 대한 정당한 평가를 요구하기도 했다. 또 후기 낭만주의 시인 구스타보 아돌포 베케르는 물론이고, 가르시아 로르카와 살리나스와 세르누다와 알베르티 등의 시인들의 초창기에도 큰 영향을 주었다.

27세대의 대부분이 비평가나 교수였기 때문에 스페인 문학사의 작가들에 대한 새로운 관심과 연구가 가능했다. 또한 새로운 시어를 쓰고자 했고 엄밀한 의미를 담은 시어만을 추구하였다. 이런 점에서 그들에게 모범이 되었던 시인은 단연 공고라였다. 그들은 자신들보다 300년 앞서 살았던 공고라의 『폴리페모스와 갈라테이아 우화 *Fábula de Polifemo y Galatea*』에서 예술지상주의적인 시어가 쓰였음을 발견하였다. 공고라의 시어는 의사소통을 위한 일상의 언어와는 철저히 다른 언어로, 명백한 '언어 속의 언어' 혹은 '하위 코드 언어'였다.

순수 예술 지향 미학을 추구했음에도 불구하고 대중 문학의 형태에도 깊은 관심과 사랑을 표현했다는 점은 27세대가 보여주는 특징이다. 스페인 고전 문학에 등장하는 작가들 중에 호르헤 만리케 Jorge Manrique, 가르실라소 델 라 베가 Garcilaso de la Vega, 산 후안 델 라 크루스 San Juan de la Cruz, 프라이 루이스 데 레온 Fray Luis de León, 프란시스코 데 케베도 Francisco de Quevedo 등이 특히 그들의 사랑을 받은 시인들이었다. 또한 로페 데 베가 Lope de Vega에 대한 관심과 사랑은 실로 대단해서 그의 짧은 대중시를 찬탄해 마지 않았다. 그리고 스페인 전통 노래모음집이나 로만세 민요집 romancero에 대한 사랑과 힐 비센테 Gil Vicente, 후안 델 엔시나 Juan del Encina와 같은 작가에 대한 존경은 가르시아 로르카와 알베르티, 다마소 알론소와 헤라르도 디에고 등 대부분의 27세대 시인에게 공통으로 나타나는 특징이었다.

27세대는 과거 스페인의 유명 작가들뿐만 아니라 당시 유럽에서 유행하던 사조의 영향도 크게 받았는데, 프랑스의 폴 발레리 Paul Valéry와 영국의 엘리엇 T.S.Eliot의 영향으로 전위주의와 초현실주의 성향이 뚜렷해졌다. 또한 27세대의 초기 작품은 오르테가 이 가세트의 『예술의 비인간화』 미학을 충실히 따르기도 하였다.

27세대는 과거 문학의 전통적인 형식을 취해 유사한 문학을 시도하면서도 개혁적 성향의 사조를 받아들였다. 그러나 그것들이 상충되지 않고 조화를 이룬다는 것은 매우 놀라운 일이다. 과거와의 단절이 아닌 조화를 통한 개혁의 문학이었고, 이 같은 사실은 27세대가 세계적으로 최고의 문학에 위치할 수 있게된 요인이 되었다.

27세대의 작가들마다 차이는 있지만 대략 다음의 세 단계로 시기를 구분할 수 있다. 우선 베케르의 영향을 받고 후안 라몬 히메네스를 정신적 지주로 생각하였으며, 순수시 poesía pura로의 방향을 설정한 기간이다. 폴 발레리의 표현을 빌어 호르헤 기옌은 순수시를 '시가 아닌 모든 것을 제하고 난 뒤에 남은 시 Poesía pura es todo lo que permanece en el poema después de haber eliminado todo lo que no es poesía'로 정의한다. 레온 펠리페 León Felipe 시에서도 비슷한 표현을 찾아 볼 수 있다. '시를 해체하라./ 라임과 운율과/ 리듬과 모티브라는/ 장식마저도 깡그리 떨쳐내라./ 단어에 모험을 걸라./ 그런 다음에도 무엇인가 남는다면,/ 그건/ 시다. Deshaced este verso./ Quitadle los caireles de la rima,/ el metro, la cadencia/ y hasta la idea misma./ Aventad las palabras,/ y si después queda algo todavía,/ eso/ será la poesía.' 호르헤 기옌과 레온 펠리페는 인간의 발자취로부터 시를 정화하려는 갈망과 외적 완벽성을 추구하려는 갈망을 강하게 표출한다. 이러한 갈망 속에서도 가르시아 로르카와 알베르티를 포함한 27세대 시인들의 초기 작품에는 인간적인 면모가 살아 숨 쉰다. '순수시, 그러나 너무 지나치지 않게 una poesía pura, *ma non troppo*'라는 호르헤 기옌의 말은 27세대의 이중적 성격이 초기부터 그 모습을 드러내고 있음을 잘 설명한다.

다음에는 '인간적 성격 humanización'이 강화되어 나타나는 시기다. 초현실주의의 영향을 강하게 받고 있던 시기임을 염두에 두면 이해가 쉽다. 이 사조의 영향으로 인간의 원초적 감정들, 다시 말해 사랑과 영원한 삶에 대한 갈망, 그리고 존재의 문제 앞에서 느끼는 불안 등과 함께 인간적 특성이 가장 주된 시의 모티브로 자리잡는 시기다.

마지막으로는 시인 주변을 둘러싼 환경에 영향을 받은 시기다. 스페인 내란을 앞두고 있던 시기로, 사회 참여 문학 literatura social의 요구가 절박했다. 가르시아 로르카의 후기 작품들과 알베르티의 작품들은 사회 참여적 성격을 띤다. 알베르티와 세르누다의 작품에서는 구체적인 정치적 성향까지도 나타났다. 이러한 분위기는 1935년 마드리드에 거주하던 파블로 네루다 Pablo Neruda가 '비순수시를 향한 성명 manifiesto por una poesía impura'을 발표하면서 방점을 찍는다. 즉 시인은 시인이 처한 사회 환경에 결코 무관할 수 없다는 내용인데, 이 성명으로 시인들의 사회참여 성격은 확연해졌다.

1936년 스페인 내란이 발발했고, 가르시아 로르카는 죽임을 당했다. 이에 스페인 시는 순수시로 남아 있을 수 없었고, 그 방향을 바꿨다. 다마소 알론소는 '시는 고통 가운데 놓인 인간의 문제로 방향을 틀었다 La poesía deriva hacia un humanismo angustiado'고 표현했다. 알베르티도 '새로운 연대를 모색하는 abierto hacia una nueva solidaridad' 시기로 이 시기를 규정하였다. 내란 이후의 상황도 크게 다르지 않았다. 망명을 떠난 시인들의 테마는 떠나온 조국에 대한 그리움으로 변했을 뿐이었고, 이는 세르누다와 알베르티의 시에서 잘 살펴볼 수 있다.

27세대는 시적 표현에 다양한 혁신을 불러일으켰다. 이전과는 다른 시어를 구사했으며 새로운 은유가 등장했다. 모더니즘과 비교하면 운율에서 시의 형식이 단순해졌음을 알 수 있다. 또한 모더니즘이 화려하고 음악적 효과를 극대화하려고 한 반면, 27세대는 상당히 절제된 느낌이 강하다. 전통적 고전 형식을 고수하면서도 자유시 verso libre와 같은 형식을 다양하게 발전시켜나갔다. 이 점은 바로 후안 라몬 히메네스의 후기 시와 전위주의 시인들의 영향으로 생각할 수 있다.

전통적 시작법은 음절수를 세고 강세를 주는 위치를 조정하고 라임을 형성하며 리듬감을 주면서 음성학적인 요소들을 반복하는 것이었다. 이에 반해 자유시는 시의 리듬에 관해 다른 개념을 적용한다. 음절수와 시행의 길이도 자유자재로 사용한다. 최소한의 한계를 주어 일반 산문 글과의 혼동을 피하지만 강세 위치의 규칙성은 사라진다. 단어와 동일한 문장 구조를 반복적으로 쓰고 패럴렐리즘, 즉 병치구조도 사용한다. 알베르티의 「천사의 죽음 Los ángeles muertos」에서 'Buscad, buscadlos:' 구문의 반복과, 가르시아 로르카의 「여명 *La aurora*」 1행의 'La aurora de Nova York tiene', 5행의 'La aurora de Nova York gime', 9행에서 반복되는 'La aurora llega...' 등이 좋은 예다. 27세대 시인들을 출생 연도순으로 정리해 보았다.

페드로 살리나스 Pedro Salinas (1892-1951)

시인이자 비평가였던 페드로 살리나스는 대학교수로, 소르본느와 세비야, 무르시아와 캐임브리지 등 여러 대학의 교수를 맡기도 하였다. 비평가로 명성을 날리기도 했지만, 무엇보다 시대 고통의 족적을 작품에 깊이 남긴 시인이었다. 정치적 활동을 전혀 하지 않았음에도 그에게 스페인 내란의 상처는 컸고 미국으로 망명의 길을 떠나 그곳 보스톤에서 생을 마감했다.

살리나스는 '시는 절대성을 향한 모험이다. 떠로는 조금 멀게, 또 때로는 조금 가깝게. 그렇게 먼 길을 가기도 하고 또 때로는 가까운 길을 가기도 하는데, 그게 전부다 La poesía es una aventura hacia lo absoluto. Se llega más o menos cerca, se recorre más o menos camino: eso es todo' 라고 말하곤 했다. 시란 현실에 대한 깊은 인식이며 현실의 본질에 다다르는 형식이라는 의미로 설명할 수 있다. 또 '시에 경의를 표한다.

시의 진실성에, 그리고 나아가 시의 아름다움에, 더 나아가 시의 기지(機智)에 경의를 표한다 Estimo en la poesía, sobre todo, la autenticidad. Luego, la belleza. Después, el ingenio'는 말도 유명하다. 이 '진실성'과 '아름다움'과 '기지'는 살리나스 시의 기본 세 요소다.

이 가운데 '기지 ingenio'에 대해 살펴보면, 살리나스에 감정과 지성(기지)은 매우 특이한 방법으로 연합된다는 것을 알 수 있게 된다. 지성 (기지)은 감정과 경험 안에서 성숙되고, 구체적인 사건들 넘어 존재하는 무언가를 발견한다. 다시 말해, 절대성으로 다가가게 하는 중요한 요소다.

바로 이 점이 살리나스 예술의 특징이다. 살리나스의 예술은 '내적 기지주의 Conceptismo interior', 다시 말해 그의 예술은 위트 넘치는 예리한 예술이다. 내적 기지는 역설 즉 파라독스와 특유의 관찰력, 그리고 유희적 관념과 위트 넘치는 개념 등을 통해 독자들에게 전달된다. 이렇게 전달된 시인의 기지는 심오한 세계로 나아가는 도구로 볼 수 있다.

절대성을 향한다는 무거운 시의 주제와는 달리 살리나스 시의 형식은 단순하다. 실바 silva 형식과 짧은 시를 선호했고, 많은 경우 라임은 무시되었다. 그러나 정확한 어휘를 썼고 섬세하게 다듬어진 시라는 느낌을 준다. 단순하지만 섬세하고 정제된 살리나스의 시를 일컬어, 가르시아 로르카는 '시산문 prosías'으로 부르기도 했다.

1923년과 1931년 사이에 『조짐 *Presagios*』, 『그냥 우연일 뿐 *Seguro azar*』, 『우화와 기호 *Fábula y signo*』가 발표된다. 후안 라몬 히메네스의 영향을 쉽게 찾아볼 수 있는 순수시들이지만, 전기와 기계와 난방 라지에타 등과 같이 미래주의에서 선호하는 테마가 나타나기도 한다. 또한 사물들 사이에 감춰진 심오한 의미가 모습을 드러내며 표현되기 시작한다.

이어서 살리나스의 걸작으로 꼽히는 『너로 인한 목소리 *La voz a ti debida*, 1931』와 『사랑의 이유 *Razón de amor*, 1936』가 발표된다. 살리나스를 최고의 사랑 시인으로 인정받게 한 작품들이다. 살리나스만의 섬세한 밀어로 그려낸 사랑의 감정은 다른 누구도 흉내낼 수 없는 그만의 시세계였다. 내밀한 사랑의 기쁜 순간들을 섬세하고 세련된 필체로 그려 나간다. 낭만주의 시가 보여주는 고통의 느낌과는 다른 느낌으로, 경이로운 사랑의 힘은 전달되고 세상을 살아갈 의미와 기쁨을 넘치게 한다. 자신의 존재와 사랑하는 사람의 존재 모두를 가득 차게 하는 힘이 느껴지는 작품들이다. 그러나 『사랑의 이유』에서부터 사랑의 어조는 어두워지기 시작하여 불가항력적인 사랑의 한계와 사랑의 최후가 모습을 드러내기도 하였다.

스페인 내란 이후에 살리나스는 『지긋이 바라본 *Contemplado*, 1946』과 『더욱 더 선명한 *Todo más claro*, 1949』을 미국에서 발표한다. 마지막 작품 『신뢰 *Confianza*』는 살리나스 사후 3년 뒤인 1954년에 출판되었다. 주변의 암담한 현실은 삶에 대한 믿음을 조금씩 허물었고, 원자폭탄의 파괴력에 영감을 받은 시 「제로 Cero」는 가장 감명 깊은 시로 소개된다. 고뇌의 목소리를 한껏 높인 20세기의 시인들과 합류할 수 있는 작품들이다.

소설과 극작품도 살펴보면, 단편 모음집 『기쁨 전야 *Víspera del gozo*, 1926』와 소설 『인크레더블 폭탄 *La bomba increíble*, 1950』에서는 20세기의 고통으로 고뇌하는 작가의 모습을 생생하게 보여주었다. 『메두사의 머리 *La cabeza de Medusa*』와 『성층권 *Estraiosfera*』과 『그녀와 그녀의 샘 *Ella y sus fuentes*』 등의 극작품도 있다.

살리나스는 비평에서도 시나 소설에 버금가는 큰 업적을 남겼다.

섬세한 감수성의 소유자로 작품 활동을 하면서 평생 교직에 몸담고 연구했던 살리나스는 시인 호르헤 만리케와 루벤 다리오에 대한 훌륭한 연구를 남겼다. 작업한 연구 비평을 모아 『스페인 문학 에세이 *Ensayos de literatura hispánica*』도 출간하였다. 동시대 작가들에 대한 연구서 『스페인 문학: 20세기』는 흥미로운 비평서다. 비평가로서의 살리나스는 명쾌한 통찰력과 예리한 분석력을 가졌다. 『시드의 노래』와 피카레스크 소설에 대한 연구, 모더니즘과 98세대와 바예 인클란에 대한 분석도 훌륭했고 절친한 친구 호르헤 기옌에 대한 비평 역시 오늘날 매우 중요한 연구 자료로 널리 쓰이고 있다.

살리나스는 스페인 시의 위상을 한층 높여 놓았다. 넘치는 재치와 아름다움의 표상인 그의 시는 무엇보다도 진실성을 더했다는 점에서 의미가 있다. 진실성은 작가에게나 독자들에게나 매우 중요한 요소다. 또 살리나스는 무엇보다 '사랑의 시인'으로 불리는데 그것은 절제되고 다듬어진 그의 시에 섬세한 사랑의 감수성이 숨 쉬고 있기 때문이다.

호르헤 기옌 Jorge Guillén (1893-1984)

1893년 바야돌리드에서 태어난 호르헨 기옌은 대학교수였던 절친한 친구 살리나스처럼 파리와 옥스퍼드, 무르시아와 세비야의 대학에 재직하며 연구와 강의에 힘썼다. 그 역시 스페인 내란 이후 미국으로 망명하였고, 미국의 대학교에서 은퇴한 이후에는 스페인 말라가에 거주지를 정해놓고 자주 방문하였다. 그는 1984년 사망하였다.

무엇보다도 기옌은 스페인 순수시를 대표하는 시인이다. 순수시가 말 그대로 순수한 시를 의미하고 비인간적이고 단순한 시를 의미한다면, '그냥 순수시보다는 복잡한 시, 시와 인간적 요소가 합쳐진 시로 마음이 기운다 Me decido por la poesía compuesta, compleja, por el poema con poesía y otras cosas humanas'는 기옌의 말처럼 기존의 순수시와는 조금 다른 면모를 보여준다.

현실을 자신만의 독특한 방법으로 순화해 나가는 방식도 호르헨 기옌과 살리나스의 공통점이다. 구체적인 상황으로 다가선 현실에서 출발하고, 현실 자체에서 순화되고 정제된 생각과 감정을 도출해 낸다는 특징을 갖는다.

이 과정에서 기옌만의 문체가 빛을 발한다. 물론 아름다운 기옌의 문체는 엄격한 순화 과정과 정선 과정을 통해서만 얻어지기 때문에 시인의 언어 능력과 노력은 높게 평가받아야 한다. 당연히 평이한 음악성과 가식은 배제되고, 감수성을 쉽게 자극하는 언어는 선택되지 않는다. 농축되고 농밀한 언어 때문에 기옌의 시는 결코 쉽지 않다. 단어하나, 그리고 문구 하나를 통하여서도 시인은 보여주고자 하는 의미의 본질을 샅샅이 파헤친다. 이 과정에서 바로 기옌만의 독특한 문체가 빛을 발한다. 때로는 정관사조차 없는 명사만을 나열하기도 하고, 명사구를 나열하기도 한다. 동사가 존재를 표현하는 반면 명사는 사물 본질의 요약이기 때문일 것이다. 또 감탄문이 빈번하게 등장하기도 한다.

기옌은 처음부터 '구조적으로 하나의 단위를 구성하는 작품 una obra como unidad orgánica'을 쓰려 했다고 말한다. 그는 자신의 모든 시 작품이 하나의 단위를 구성하도록 하기 위해 동일한 제목을 붙인다. 『우리가 숨 쉬는 공기 *Aire nuestro*』라는 제목에 다섯 개의 시집 『찬미 *Cántico*』, 『아우성 *Clamor*』, 『경의 *Homenaje*』, 『그리고 다른 시들 *Y otros poemas*』, 『끝 *Final*』을 포함시킨다.

시인 기옌이 30년 동안 발표한 시집도 『찬미』라는 동일한 제목을 가진다. 물론 시간이 흐르면서 시의 분량은 계속 늘어만 가서, 1928년 처음 출판한 시집에는 75편의 시가 수록되었지만 마지막 출판 시집에는 300편의 시가 수록되어 있다. 노래 canto나 canción과는 달리 시집 제목 『찬미 *Cántico*』는 감사와 찬양의 노래를 의미한다. 초기 시집에 등장하는 시의 모티브는 세상과 삶을 향한 뜨거운 열정이어서 감탄문을 빈번하게 쓰기도 한다. 기옌에게 삶은 삶이기 때문에 아름답다. 다른 이유가 없다. '존재. 그것이 전부. 그것으로 충분해. 더 이상 무슨 말이 필요해 Ser. Nada más. Y basta. Es la absoluta dicha'라고 노래한다. 그리고 창조된 모든 것의 아름다움을 바라보며 '세상은 멋지다 El mundo está bien hecho'고 놀라워한다. 찬미란 '더 más' 살려는 뜨거운 열망을 가진 인간의 삶 앞에서 긍정의 대답 '그렇다 sí'로 설명할 수 있다. '더 más'와 '그렇다 sí', 이 단어들은 기옌의 시에 자주 등장한다. 시집의 부제 <삶을 향한 믿음 Fe de vida>를 보면 시인이 삶에 대해 얼마나 큰 열망을 품고 있는가를 알 수 있다.

낭만주의 시가 존재의 고통을 노래하고 고뇌의 전달 도구로 쓰인 것과는 대조적으로 쓰인 작품이 기옌의 대표작 『찬미』다. 기옌의 시에는 노스탤지어와 슬픔의 황혼 테마를 찾아볼 수 없다. 차라리 새벽이나 밝은 빛이 충만한 정오의 테마를 선호한다. 또한 사랑도 고통이 아닌 삶의 정점으로 노래한다. '사랑! 너도 나도 아닌/ 우리들, 그리고 사랑에/ 모든 경이로움/ 존재가 존재한다는 것 ¡Amor! Ni tú ni yo,/ Nosotros, y por él/ Todas las maravillas/ En que el ser llega al ser'. 죽음마저도 두려움이 아닌 차분한 마음으로 받아들인다. 죽음이 '삶의 법 ley de vida'이기 때문이라고 시인은 노래한다.

『찬미』와는 다른 느낌을 주는 시집이 『아우성 *Clamor*』이다. 항의의 뜻으로 고함을 지르는 단어 '아우성'이지만, 여전히 시인은 낙관적인 세상의 '불협화음 discordancias'으로 이를 받아들인다. '이 세상은 제대로 만들어진 세상이 아니다 Este mundo del hombre está mal hecho'를 노래하는 이 시집은 악과 무질서와 혼동과 불의, 가난과 고문과 박해, 식민지화와 원자 폭탄에 대한 두려움을 노래한다. 고통이라는 한 단어로 요약할 수 있는 이 모든 것을 노래하고 죽음을 노래한다. '고통과 하늘 아래의 아우성 Dolor y su clamor bajo los cielos'을 외친다.

그러나 기옌의 시는 번민과 고뇌와 절망의 시로 끝나지 않는다. 오히려 항의마저도 긍정적으로 적용하여 '악과는 절대 타협할 수 없다 Es inevitable no transigir con el mal'고 노래한다. 인간과 삶에 대한 믿음은 사라지지 않고, 낙담과 절망에 좌절하지도 않는다. 낭만주의와는 다른 태도다. 불의와 고통을 향한 '아니야 no'라는 대답의 내면에는 여전히 세상을 향해 '그렇다 sí'고 응수하고 있음을 독자들은 느낀다. '부정에 대한 부정 negar la negación'의 느낌은 한층 더 부각된다. '그래, 토하고, 거절했지,/ 세상, 넌 우리에게 벅차./ 그래도 너를 향한 믿음을 지킬 거야 Sí, vomité, rechacé,/ Mundo, lo que nos sobraba,/ Pero te guardé mi fe'처럼 시인은 긍정의 목소리를 한층 더 높이고 있다.

<역사의 시간>이라는 부제가 달린 『아우성』은 『야단법석 *Maremanum*, 1957』과 『바다에 가면 무엇을 볼까 *Que van a dar en la mar*, 1960』와 『이 지경에 와서 *A la altura de las circunstancias*, 1963』의 세 작품을 담고 있다. 문체는 동일하지만, 더 이상 순수시라고 볼 수는 없다. '내가 순수해? 절대 아니야. 제발! -순수는 천사들에게 남겨두자고... ¿Yo puro? Nunca. !Por favor! -La pureza para los ángeles...'의 내용처럼 순수시에 동의하지 않는다.

현실을 바라보는 시인의 시선이 『찬미』와 『아우성』에서는 동전의 양면과 같다면 『경의 *Homenaje*』에서는 매우 다른 면모를 보여준다. <인생 모음>이라는 부제가 달린 이 작품에서는 호메로스에서부터 현

대에 이르기까지 역사와 예술과 문학에 등장하는 인물에 바치는 시를 모아 놓았다. 『그리고 다른 시들 *Y otros poemas*』과 『끝 *Final*』도 주목해 봐야 할 훌륭한 시들이다.

기옌의 시는 정신적인 건강함이 느껴지는 균형 잡힌 작품이다. 기옌의 표현대로 '아우성이지만 찬미 cántico a pesar de clamor'를 전해준다고 요약할 수 있다. 그의 낙관적 세계관은 다음세대로부터 호평을 받지는 못했다. 이해하기에 쉬운 문체가 아니었고 감성의 표피를 자극하는 시도 아니었다. 그러나 27세대에서의 기옌의 명성은 대단했다. 현대의 비평가들은 그의 『찬미』를 현대 유럽 최고의 서정시 작품으로 인정한다.

시와 더불어 기옌의 산문 작품도 관심의 대상이다. 작품 『언어와 시 *Lenguaje y poesía*, 1961』에서 기옌은 13세기의 곤살로 데 베르세오에서부터 동시대의 가브리엘 미로 Gabriel Miró를 포함한 여러 스페인 작가들의 작품을 연구하였는데, 작품의 문학어 기법에 대한 연구는 특히 흥미롭다.

헤라르도 디에고 Gerardo Diego (1896-1987)

헤라르도 디에고 역시 시인이자 교수였다. 1896년 산탄데르에서 출생한 그는 바스크 지방의 데우스토와 살라망카와 마드리드에서 수학하였고, 문학 교수로 여러 나라를 다니며 강의와 세미나를 하였다. 1925년 국민 문학상 Premio Nacional de Literatura을 비롯하여 많은 상을 수상하기도 한 그는 1987년에 생을 마감하였다.

1927년에 『공고라를 기리는 시 선집 *Antología en honor de Góngora*』을 발표하였고, 1932년에는 대표작 『스페인 시 *Poesía española*』를 발표했다. 이것은 27세대의 입장을 대변하는 성명서로 잘 알려진 작품이다.

헤라르도 디에고의 시에는 두 가지의 경향이 나타나는데 하나는 전위시 경향이고, 다른 하나는 전통 고전시의 경향이다. 이것들은 그의 시 전체에 걸쳐 함께 등장하지만, 시간이 흐르면서 전통 고전시의 경향이 강해진다.

앞에서 스페인 창조주의는 헤라르도 디에고에 의해 정착되었다고 설명한 바와 같이, 그는 스페인 전위시를 대표하는 시인이었다. 창조주의는 모든 논리를 배제하고 주변 현실에 대한 언급도 배제한 채 상상의 나래를 마음껏 펼치고자 했던 사조로, 독자적인 시 세계를 창조하고자 했다. '보지 못한 것을 믿는 게 믿음이라고 했지. 우리가 결코 볼 수 없는 것을 창조하는 것, 이것이 시야 Creer lo que no vimos, dicen que es la Fe: crear lo que nunca veremos, esto es la Poesía'라고 헤라르도 디에고의 시는 창조주의를 명쾌하게 정의한다. 창조주의의 영향을 받은 『이미지 *Imagen,* 1922』와 『거품 지침서 *Manual de espumas,* 1924』는 대담한 시도와 독창성이 뛰어난 작품이다. 기존의 시에서는 볼 수 없던 이미지를 사용하고 철자법을 지키지 않고 형식에서 탈피하고자 하는 의도가 강하다. 입체파 회화와 견줄 수 있는 작품이다.

전통 고전시의 경향 안에서도 헤라르도 디에고는 다양한 모티브와 형식을 사용한다. 주제는 사랑, 풍경, 투우, 음악, 종교 등으로 다양하다. 스페인 전통 로만세와 소네트도 뛰어나지만 대중적 짧은 시도 주목할 필요가 있다. 전통 고전시의 경향 안에서 찾아볼 수 있는 작품은 많다. 1918년에 발표한 『신부 민요집 *El romancero de la novia*』은 베케르풍의 낭만주의 느낌이 강하다. 비슷한 경향의 작품으로는 『사람의 시 *Versos humanos,* 1925』, 『소리아 *Soria,* 1923』, 『하늘의 시 *Versos divinos,* 1938-1941』, 『진실의 종달새 *Alondra de verdad,* 1941』와 소네트

시 모음집 등이 있다.

1941년에는 미출간 시들을 모아 『첫 시선집 *Primera antología de sus versos*』을 출간한다. 1941년 이후의 작품으로는 『의도시 *Poemas adrede*』와 『인물이 있는 풍경 *Paisaje con figuras*』이 있고, 『운명 아니면 죽음 *La Suerte o la Muerte*』은 투우의 세계를 노래한 시로 투우사의 매력적인 빠른 움직임을 장엄한 톤으로 훌륭하게 묘사하였다.

헤라르도 디에고 시에 나타나는 두 경향에 당시의 문학계는 황당하고 이해할 수 없다는 반응을 보였다. 하지만 헤라르도 디에고는 당당했다. 자신의 시에 나타나는 두 경향을 부정하지 않고 '시골과 도시는 둘 다 매력이 있고, 전통과 미래도 똑같이 매력이 있다'며 오히려 자신의 의견을 떳떳이 밝히며 인정한다.

그는 시어에 대한 통찰력이 뛰어나고 시작법에 능통하였다. 이들은 전위시와 전통 고전시처럼 서로 어울릴 수 없는 요소들이 조화를 이루게 한다. 그는 가볍고 일상적인 것을 모티브로 삼기도 했고 무겁고 장엄한 모티브를 쓰기도 하였다. 또한 감성과 지성이라는 양면도 같은 비중으로 다양하게 나타나지만, 헤라르도 디에고의 시에서는 여전히 잘 어우러져 있다.

페데리코 가르시아 로르카 Federico García Lorca (1898-1936)

페데리코 가르시아 로르카는 1898년 그라나다의 푸엔테바케로스 Fuentevaqueros에서 태어났다. 그라나다에서 법학과 철학, 문학과 음악을 공부했고, 학창 시절 우정을 나눈 친구로는 유명한 음악가 마누엘 데 파야 Manuel de Falla가 있다. 1919년 마드리드의 대학생 기숙사로 거처를 옮기면서 후안 라몬 히메네스를 알게 되었고, 살바도르 달리 Salvador Dalí와 루이스 부뉴엘 Luis Buñuel 등 동시대의 유명한 시인,

예술가와 친분을 쌓으며 27세대를 대표하는 시인으로 성장했다. 1929년부터 1930년까지 장학생으로 뉴욕에 가서 공부하던 기간은 로르카의 시 세계 형성에 매우 중요한 기간이었다. 그는 뉴욕에서 돌아와 1932년 대학 극단 '움집 La Barraca'을 창단한다. 마을마다 돌아다니며 스페인의 과거 극작품은 물론 당시의 극작품들까지 무대에 올리려는 목적으로 만든 극단이었다. '움집'은 시와 극이 어우러진 작품들을 무대에 올렸고, 경탄과 찬사를 받기도 했지만 질투와 증오의 대상이 되기도 했다. 1936년 8월에 살해당한 로르카는 스페인 내란의 가장 고통스럽고 아픈 역사로 남았다.

로르카의 재능을 두 가지 측면으로 살펴볼 필요가 있다. 외적으로는 호감과 정이 가득하고 개성과 활기가 넘쳐 삶을 분출하고자 하는 시인의 측면을 보인다. 이와 함께 비극적 죽음을 예고하는 듯한 깊은 내적 침잠과 고뇌와 좌절의 감정을 가진 시인의 측면이다.

로르카의 시에는 내적 침잠과 고뇌와 좌절이 살아 숨 쉰다. 그러나 동시에 매력적인 장난기와 주체할 수 없는 창작의 끼도 생생하게 담겨 있다. 비극적 운명 el destino trágico의 테마는 로르카의 작품 전체에 면면히 흐르는 중심 주제다. 여기서 비극적 운명이란 도저히 현실적으로 불가능하고 알 수 없는 어떤 것으로 이해된다.

시 창작에 대한 로르카의 태도는 까다롭기로 유명하다. '내가 시인이 된 것은 하느님의 은혜 -아니면 사탄의 은혜-에 테크닉과 노력이 덧붙여진 결과'라는 말을 공공연히 했는데, 이는 자신의 시 창작은 영감뿐 아니라 노력의 결과라는 설명이다. '영감은 어떤 이미지를 제공하지만, 그 이미지에 옷을 입히지는 못한다. 이미지에 옷을 입히기 위해서는 단어 하나하나의 특성과 음성적 측면을 잘 관찰해야 한다'고 부연 설명한다. 로르카의 시는 이런 일련의 과정을 겪으며 열정과 인간적인 면과 미학적 순수함을 더한 완벽한 형태의 시로 탄생하였고, 이 완벽한 시는 그를 20세기 최고 시인의 위치에 올려놓았다. 최고의 시인으로 자리매김할 수 있었던 또 다른 요소로 뿌리 깊은 대중적 성격을 들 수 있다. 이 대중성과 순수시 지향의 성격이 로르카의 시에서 절묘한 조화를 이룬다. 대중의 삶과 노래가 까다로운 시인의 창작 과정에 잘 녹아내리며 로르카만의 독특한 시 세계가 형성된다.

로르카의 첫 시집은 1921년의 『시집 *Libro de poemas*』이었다. 19살에서 22살 사이에 쓴 이 시집은 당시의 젊은 시인들에게 공통적으로 나타나는 베케르, 모더니즘, 마차도, 후안 라몬 히메네스의 영향을 고스란히 보여준다. 로르카 자신만의 문체는 아직 확연히 드러나지 않는다. 시의 내용은 다양했지만, 이미 뿌리 깊은 고뇌의 테마가 지배적이다. 시인의 유년 시절을 잃어버린 낙원 이미지에 비유하며 회상하는 시가 많고, 뱀의 유혹에 순수함을 잃고 괴로워하는 '이전과는 다른 심장'의 테마가 등장한다. 젊은 시절의 방황이 고스란히 담겨 있는 작품들로, '이전의 순수함'과는 다른 모순된 삶에 깊은 고뇌가 번져 나간다.

『노래집 *Canciones*』과 『칸테 혼도 시집 *Poemas del Cante Jondo*』은 1921년에서 1924년 사이에 출판되었다. 『노래집』에는 순수시와 전위적 성격의 시와 대중적인 가벼운 시 등, 이질적인 성격의 다양한 시들이 포함된다. 이질적인 시의 이면에는 어린 시절과 순수함에 대한 향수가 공통적 주제로 등장한다. 이것은 시 「도마뱀이 울고있어 El lagarto está llorando」 같은 동요시에서 잘 나타난다. 또한 비극적 테마를 향한 로르카 특유의 감수성이 이미 느껴진다. 시 「기수의 노래 Canciones del jinete」에서는 죽음의 운명을 향해 치닫는 '불길한 인간 hombre maldito'의 이미지가 등장하기도 한다. 비극적 테마는 1928년의 『집시 민요집 *Romancero gitano*』에서 절정에 이른다. 『칸테 혼도 시집』에서는 '오열의 안달루시아 la Andalucía del llanto' 테마가 지배적이다. 안달루시아의 전통 테마는 한숨과 고통과 죽음으로, 로르카는 안달루시아 지방의 칸테 혼도, 즉 '마음 깊은 곳의 슬픈 노래 los cantes hondos'를 읊조림으로써 삶의 고통을 표현한다. 대중적 요소와 정제된 시의 요소가 하나로 녹아내린 로르카 특유의 문체가 이미 선명하게 드러난 시들이다.

『집시 민요집 *Romancero gitano*』은 1928년 출판이 되자마자 반응이 뜨거웠다. 로르카는 '작품에 나타나는 집시 이미지는 단지 문학적 테마이고, 이건 책일 뿐이다'라고 설명하지만, 시 모티브를 위한 테마의 선정은 심오한 의미를 내포한다는 점에서 그의 생각이 쉽게 수긍될 수는 없다. 더욱이 그는 집시뿐만이 아니라 흑인과 유태인처럼 박해당하는 사람들을 향한 공감의 성향이 있다고 스스로 고백한 바 있다. 박해받고 소외된 사람들에 대한 형제애적인 노래는 단지 시적 유희라고만 볼 수 없고 로르카 시 세계의 핵심이라고 할 수 있다. 소외된 집시의 세계는 그의 시를 통해 현대적 신화의 수준으로 끌어올려지고, 고전 신화와 같은 막강한 힘을 발휘하였다.

'비극적 운명 el destino trágico' 테마는 바로 이 신화를 말한다. 『집시 민요집』에는 관습화된 사회가 적대시하고 소외시킨 인물들이 등장한다. 질시와 소외 때문에 좌절과 죽음으로 치달을 수밖에 없는 인물들이다. 작품에 등장하는 안토니토 엘 캄보리오 Antonito el Camborio, 엘 엠플라사도 el Emplazado, 후안 안토니오 엘 데 몬티야 Juan Antonio el de Montilla, 솔레다드 몬토야 Soledad Montoya가 바로 그런 주인공들이다. 로르카는 단지 한 인물이 등장할 뿐이라고 설명하지만, 그건 바로 '고통 pena'이라는 인물이다. 그러기에 '불길한 고통 pena negra'의 민요시로 불리는 것이다.

시집 전체를 통해 시인은 삶에 대한 갈망을 무한 분출시킨다. 그리고 이 갈망은 영원한 삶을 더 이상 영위할 수 없게 만드는 상황들과 직면한다. 로르카는 등장인물들을 통해 시인의 마음을 억누르는 강박관념들, 즉 '삶의 비극적 감정 sentimiento trágico de la vida'을 쏟아낸다. 이것은 삶이 유한하다는 것을 인정할 수 없다는 우나무노식의 '삶의 비극적 감정'과는 다른 태도다. 로르카는 심지어 죽음이라는 것에 매력을 느끼기까지 하며 죽음에 끊임없이 접근한다. 죽음과의 친밀함을 유지하나 그 과정 하나하나가 모두 시인에게 큰 고통으로 다가온다. 로르카는 이 시집에서 다른 시인들에게는 찾아볼 수 없는 시인만의 독특한 언어를 만들어 냈다. 대중적인 것과 귀족적 고상함이 기묘하게 조합되어 있다. 로르카의 천재적인 창작 능력과 열정은 이 시집 속에 기발하고 과감한 은유로 쏟아진다. 시인의 감정과 열정이 차감되고 숨겨지는 은유가 아니라 오히려 더 직접적이고 인간적인 방법으로 독자의 마음에 가 닿는 은유다.

로르카가 뉴욕에 체류했던 기간은 시인의 삶에 매우 중요한 영향을 미쳤다. 문명화된 최첨단 사회 뉴욕은 시인의 마음을 격렬하게 흔들어 놓았다. '기하학 geometría'과 '번민 angustia'이라는 두 단어로 시인은 그 느낌을 전한다. 박해당한 흑인의 과거 역사와 할렘가의 처참한 가난과 섹스, 그리고 돈의 위력, 기계에 종속된 인간의 모습, 사회의 불의, 비인간성이 시집 『뉴욕의 시인 *Poeta en Nueva York*』의 테마가 되었다. 이 시집의 일부는 흑인들에게 바치는 헌정시다. 소외된 사람에 대한 시인의 관심은 이 작품에서 흑인들을 통해 나타나고, 번화한 뉴욕과는 대조적으로 초라하고 처절한 영혼의 흑인들에게 시인의 시선은 머문다.

'사회적인 문제가 내 작품에 각인된다 un acento social se incorpora

a mi obra'.는 로르카의 표현대로, 그는 작품 속에 비통한 고통의 울부짖음과 처절한 항의를 담아냈으며 고독과 좌절과 고뇌는 더 이상 시인만의 것이 아니고 고통에 '상처 입은 마음 corazón malherido'은 상처 입은 또 다른 수백만의 마음과 한 목소리를 낸다.

그는 영혼의 감동과 처절한 부르짖음을 담아낼 방편으로 초현실주의의 기법을 사용한다. 긴 시행과 비논리적 이미지와 같은 초현실주의 기법은 부조리한 사회와 종말적 비통함을 표현하기에 적절했다. 『뉴욕의 시인』에는 죽음을 의미하는 여러 단어들, 음산함과 처절함을 표현한 새로운 시어들이 완성되었다.

로르카는 『뉴욕의 시인』 이후 주로 극작품을 썼지만 틈틈이 내적 고뇌와 고통을 담은 시를 쓰며 『타마리트의 카우치 *Diván de Tamarit*』를 출판했다. 1931년에서 1934년 사이에 쓴 이 시는 아랍의 영향을 받은 안달루시아풍이라는 점에서 1935년의 『이그나시오 산체스 메히야스의 죽음에 오열한다 *Llanto por Ignacio Sánchez Mejias*』와 맥을 같이한다. 이그나시오 산체스 메히야스는 로르카 세대의 시인들과 각별한 우정을 나눈 투우사로 1934년 투우장에서 생을 마감했다. 4부로 구성된 이 시집은 토속적이고 대중적인 성격이 부각되고 초현실주의적 이미지가 사용된다. 완성도 높은 형식과 진한 감동이 어우러진 매우 아름다운 작품들로 스페인 문학 최고의 서정시로 평가된다. 이후에 발표된 『암울한 사랑의 소네트 *Sonetos del amor oscuro*, 1935-1936』는 사랑의 기쁨과 고통을 진한 감정으로 승화시켜, 역시 최고의 시로 찬사를 받는 작품이다.

20세기 스페인 최고의 극작가를 손꼽으라면 당연히 바예 인클란과 로르카를 언급할 수 있다. 로르카는 22살의 나이에 습작처럼 쓴 첫 극작품 『나비의 저주 *El maleficio de la mariposa*』와 이어 발표한 『마리아나 피네다 *Mariana Pineda*, 1925』를 통해 극작가로서의 재능을 일찌감치 보여 주었다. 『마리아나 피네다』는 자유파의 선봉에 섰다는 이유로 억울하게 처형당했던 여주인공 마리아나의 죽음을 다룬 작품이다. 희극 『엉뚱발랄 구두쟁이 마누라 *La zapatera prodigiosa*, 1930』를 발표하고 나서 로르카는 인형극에도 관심을 갖는다. 인형극 『막대 인형극 *Títeres de cachiporra*』과 『크리스토발氏의 슬픈 역사 *Retablo de don Cristóbal*』는 단순하고 간결한 이야기의 구성을 통해 사회의 인습과 권위를 희화화시킨다. 로르카 특유의 천재성이 엿보인 작품이다.

그 이후에 발표된 『독신녀 로시타 *Doña Rosita la soltera*, 1935』와 로르카의 3대 비극으로 불리는 『피의 결혼식 *Bodas de sangre*, 1933』과 『예르마 *Yerma*, 1934』, 그리고 걸작 『베르나르다 알바家 *La casa de Bernarda Alba*, 1936』가 있다. 이 작품들의 특징은 여인의 삶을 통해 불가능한 사랑의 처절한 좌절과 슬픔을 그린다는 점이다. 특히 『베르나르다 알바家』는 <스페인 시골 여인들을 그린 작품 drama de mujeres en los pueblos de España>이라는 부제를 달고 있다. 뜨거운 사랑의 열정과 사회 편견의 충돌로 말미암은 비극이 전율을 느끼게 하는 작품이다.

『피의 결혼식』에서는 결혼식 날 신부를 납치해 달아나는 내용으로, 두 애인의 대화는 피를 부르고, 작품에 등장한 달은 죽음의 은유로 쓰이며 비극을 부추긴다. 로르카의 비극에 공통적으로 등장하는 사랑과 증오와 죽음이 테마라고 할 수 있다. 『예르마』에서는 임신할 수 없는 여인의 강박 관념을 그린다. 소원했던 아이의 잉태는 불가능한 꿈이었고, 여인의 피해의식은 남편을 살해함으로써 끝을 맺는다. 『베르나르다 알바家』에서는 알바家의 유일한 남자였던 남편이 세상을 떠나고 남은 미망인과 다섯 딸이 등장한다. 침묵과 죽음이 전편의 배경이 되고 정절과 명예를 지키는 스페인의 엄격한 도덕률이 작품을 지배한다.

로르카의 초기 극작품에는 모더니즘적인 詩劇과 유사한 내용이 많았다. 그러나 시간이 흐르면서 극작품에 어울리는 표현들이 자리를 잡았고 시와 산문을 어우른 작품이 탄생하면서, 시는 긴장이 고조되는 클라이맥스 부분에서만 쓰이게 되었다. 『베르나르다 알바家』는 서민적 어조의 산문이라 작품의 감동이 배가된다.

이 작품에서 시골 마을의 분위기는 인습과 도덕에 맞서는 뜨거운 열정이 더해져 현실적으로 더욱 생생하게 그려졌다. 현실을 그려내는 로르카의 재능은 사회 전체의 문제를 작품에 전면 등장시킴으로써 강하게 부각된다. '우리 시대에 시인은 남을 위해 목숨을 걸어야 한다 en nuestra época, el poeta ha de abrirse las venas para los demás'와 '예술가는 민중과 더불어 울고 웃어야 한다 el artista debe reír y llorar con su pueblo'는 로르카가 즐겨 쓰던 말이었다. 로르카의 현실 참여 의식이 '대중과의 한층 밀접한 접촉 un contacto más directo con las masas'이 가능한 극작품에 집중되었던 것도 바로 이런 이유에서였다. 이는 그의 작품의 변화를 살펴볼 수 있는 부분이기도 하다.

27세대 시인들 가운데서도 로르카는 순수시의 한계를 극복한 대표 시인이다. 인류애는 로르카에게 단지 미학적 요구 사항이 아니었기에, 그의 재능은 더욱 빛을 발했다. 스페인 대중의 삶과 그 삶 안에 깊게 뿌리내렸던 비극이 독자들을 감동시킬 수 있었던 요소라고 말할 수 있다. 로르카의 시 세계는 '나 yo'로 시작하여 '우리들 nosotros'로 나아갔다. 그래서 그의 작품은 지금도 생생하게 우리 가까이에 느껴진다. 로르카는 정치적인 이유를 굳이 덧붙이지 않아도 작품만으로 세계적인 명성에 걸맞은 작가라는 것은 이론의 여지가 없다.

다마소 알론소 Dámaso Alonso (1898-1990)

1898년 마드리드에서 태어나 법학과 철학과 문학을 공부했던 다마소 알론소는 언어학자 메넨데스 피달 Menéndez Pidal의 제자이자 조력자이기도 했다. 발렌시아 대학교의 스페인 문학 교수로, 또 마드리드 센트랄 대학의 로망스 언어학과 교수로 재직했다. 1945년 이후에는 스페인 한림원 Real Academia Española의 종신회원과 한림원장을 역임하였고 1990년 생을 마감하였다.

다마소 알론소는 교수이자 비평가이자 시인이었다. 교수로서 그는 여러 후학의 귀감이 되었고 제자를 양성하였으며, 전 세계의 대학을 순회하며 세미나와 대담을 진행하는 등 그 명성이 높았다. 비평가로서의 다마소 알론소는 스페인 어문학의 대가였다. 그러나 그는 자신을 '한줄기 돌풍 시인 poeta a rachas'으로 소개한다. 교수나 비평가로 활발히 활동했기 때문에 창작에 몰두하지 못해 시인으로서의 활동이 여러 번 중단되었기 때문이다.

이와 같은 이유로 27세대 시인들과 깊은 형제애를 나누었던 멤버였지만 다마소 알론소의 시는 초기 작품만이 27세대 시로 인정받을 수밖에 없었다. 그의 주요 시는 27세대의 시인들과는 방향을 달리하였는데, 이에 따라 그의 시에 나타난 고뇌 역시 그 형태와 궤적을 달리한다. 1950년경 다마소 알론소는 자신의 시 궤적을 설명했다. '내가 27세대의 동반자였다면 그것은 비평가로서의 동반이었지 시인으로서는 아니었다. 27세대의 미학 이론에 많은 사람들이 경탄했지만 나는 그것이 단지 창작 추진력의 한 전령일 뿐이라고 생각한다. 그러나 이후 스페인 내란이 몰고 온 전율은 내가 마음껏 창작을 할 수 있는 동기가 되어주었다. 50년 이상 현대 예술 논란의 핵심이었던 미학 불모지의 문제는 역겨울 따름이다. 인간의 심장만이 관심의 대상이 되는 주제라고 생각하기 때문이다. 인간의 심장 한가운데서 분출되는 갈망과 고뇌야말로 모든 고통과 희망을 다 짊어지고 표현해야 할 주제다. 때로는 아름다운 길도 가겠지만, 또 때로는 가시밭길도 간다'.

다마소 알론소의 말대로 그의 시는 27세대와 궤적을 달리했다고 할 수 있지만 그가 27세대 초기 시에 등장하는 순수시의 선구자적 역할을 한 것은 분명하다. 1918년과 1921년 사이에 나온 다마소 알론소의 첫 시집 『순수시: 도시의 짧은 시 *Poemas puros: poemillas de la ciudad*』의 제목은 큰 의미를 지닌다. 이후에 출판한 시집 『바람과 시 *El viento y el verso*, 1923-24』에서도 비슷한 성격의 작품을 찾아볼 수 있다. 그가 특히 안토니오 마차도와 후안 라몬 히메네스의 영향을 받은 것은 명백하다.

그 후 20년 동안 시를 발표하지 않던 다마소 알론소는 1944년 『분노의 자식들 *Hijos de la ira*』로 침묵을 깬다. 전후의 전율적 분위기를 그대로 전달한 시 작품으로, 다마소 알론소는 이를 '비순응시 poesía desarraigada'로 명명한다. 세상은 질서와 조화와 안정을 의미하고, 그 세상에 정착하여 뿌리를 내린다는 관점을 가진 시인들의 시가 '순응시 poesía arraigada'다. 반면에 1940년 즈음하여 시인들에게 세상은 혼돈과 고뇌일 뿐이었고, 따라서 질서와 정착을 위해서는 처절한 투쟁이 필요하다는 관점을 가진 시인들의 시가 있었다. 이것이 바로 '비순응시 poesía desarraigada'였고, 『분노의 자식들』은 그 중심에 위치했다.

『분노의 자식들』은 증오와 잔악함과 불의에 대한 항의와 통곡이었고, 시인의 주변에 널려있는 썩어 문드러진 부패를 향한 외침의 연속이었다. 또한 삶의 의미와 처참한 인간의 조건에 대해 하느님에게 던지는 고뇌와 절망의 질문이기도 했다. 이러한 질문의 내면에는 삶을 향한 거센 갈망이 숨 쉬고 있었고, 시인의 분노에는 한 줄기 돌풍처럼 사랑과 따스함이 묻어나기도 하였다. 이것은 하느님에게 던지는 원망과 간구를 담은 성경 시편의 시구처럼 간절함과 원통함을 전달하고 있어, 다마소 알론소의 초기 순수시와는 상당한 간극이 있다. 초현실주의 이미지를 담았다고 해석할 수도 있지만, 그것과도 거리를 둔 작품이다. 「불의 La injusticia」, 「쓴 뿌리 Raíces del odio」, 「괴물 Monstruos」과 시편 130편을 주제로 쓰여진 시 「영혼 깊은 곳 De profundis」이 대표작이다. 「항아리를 든 여인 Mujer con alcuza」은 삶의 고뇌와 고단함을 의미심장한 비유로 그려낸다.

『분노의 자식들』과 같은 해에 출판된 『어두운 소식 *Oscura noticia*』과 『인간과 하느님 *Hombre y Dios*, 1955』도 다마소 알론소의 걸작이다. 창조주 하느님과 얼굴을 맞대고 고통, 자유, 불의, 죽음과 같은 질문을 던지고 답을 하는 대화 형식의 시집이다. 시 「죽은 그 사람 *Ese muerto*」의 지배적인 모티브는 종교적 고뇌이고, 「그 강은 카를로스라고 불렸지 *A un río le llamaban Carlos*」 시도 극적이고 유머스런 어조로 유명하다. 동일한 시기에 발표된 『즐거운 광경 *Gozos de la vista*』과 1958년에 발표한 『스페인어에 바치는 소네트 세 편 *Tres sonetos a la lengua castellana*』도 있다. 다마소 알론소는 스페인 내란과 세계 대전 이후의 시대적 고뇌와 갈등을 가장 심도 있게 전해준 최고의 시인이었다.

최고의 비평가이기도 하였던 다마소 알론소는 여러 권의 비평서를 쓰기도 하였다. 27세대가 결성된 1927년의 『공고라 시어 *La lengua poética de Góngora*』는 공고라 연구 비평서로 공고라 작품이 재인식되는 계기를 만든 책이다. 공고라 연구는 이후에도 계속되었고, 이와 함께 스페인 중세시, 그리고 산 후안 델 라 크루스 San Juan de la Cruz 등의 고전 작가와 현대 작가에 대한 연구도 진행되었다. 1950년 출판된 『스페인 시 *Poesía española*』는 스페인 황금세기 작가들에 대한 연구와 문체 연구에 선구적 역할을 한 연구서다.

비평 분야에서 다마소 알론소의 업적은 뛰어난 연구가의 기질과 섬세한 감성의 시인의 재능으로 가능했다. 시인의 감성으로 느끼고 소통할 수 있었던 생생한 느낌을 독자들에게 그대로 전달함으로써 스페인 문학에 대한 이해와 관심을 갖도록 하였다. 그는 어휘론, 방언, 문법 역사서 등의 언어학 연구에서도 대단한 업적을 보여주었고 또 문체론 분석으로 스페인 문학 연구에 중요한 발판을 마련하였다. 스페인 문학에 보여준 그의 열정과 사랑은 값진 결과로 이어졌다고 할 수 있다.

비센테 알레익산드레 Vicente Aleixandre (1898-1984)

비센테 알레익산드레 Vicente Aleixandre는 1898년 세비야에서 태어났고, 유년 시절을 그가 '낙원의 도시 ciudad de Paraíso'라고 불렀던 말라가에서 보냈다. 마드리드에서 대학을 다니며 법과 경제를 전공했지만 시 집필에 전념한다. 대부분의 27세대 시인들이 내란 이후에 망명을 떠났던 것이 당시의 분위기였지만, 그는 국내에 남았던 소수의 시인들 중 하나였다. 헤라르도 디에고와 다마소 알론소도 같은 선택을 한 시인들이었다. 27세대의 표상이며 새로운 시의 대가로 1949년 이후로는 스페인 한림원의 멤버였으며, 1977년 노벨문학상을 수상하였고 1984년 생을 마감하였다.

알레익산드레는 루벤 다리오, 안토니오 마차도, 후안 라몬 히메네스의 작품을 읽으며 시인으로서의 소명을 깨달았다. 특히 안토니오 마차도와 후안 라몬 히메네스의 영향은 알레익산드레 초기 시에 여실히 드러난다. 이후에 초현실주의와 접하면서 작품의 상당 부분이 초현실주의의 성격을 보인다. 알레익산드레가 즐겨 사용한 은둔적 감성과 환상적 이미지 등은 초현실주의 특징적인 표현들이다. 그러나 노년기의 작품 일부는 초현실주의에서 벗어나 단순한 시어로 쓰였다는 특징이 있다.

알레익산드레 문체의 특징은 장황한 은유와 방대한 분량의 자유시라는 데 있다. 때로는 드라마틱하게 또 때로는 차분한 분위기를 나타내는 작품들이지만, 전체적으로 볼 때 알레익산드레의 작품에는 엄숙한 분위기가 지배적이다. 그에게 시는 아름다움보다 먼저 '소통 comunicación'을 의미했다. 알레익산드레는 '시에 예쁘거나 미운 단어는 없다. 죽은 단어와 산 단어만 있을 뿐이다 no hay palabras feas o bonitas en la poesía; no hay más que palabras vivas y palabras muertas'라고 말한다. 소통을 위한 시인의 관심은 가장 필요한 장소에 가장 적절한 단어를 골라 넣는 것이다.

알레익산드레의 시는 두 시기로 구분된다. 이것은 인간을 바라보는 시각이 회의적인지 긍정적인지에 따라 구분된다. 처음 시기의 알레익산드레는 인간에 대해 매우 회의적인 접근을 보인다. 인간은 전 우주에서 가장 고통스러운 존재며 불완전하고 고뇌로 가득찬 존재다. 인간의 내면 깊은 곳을 바라보면 모두 연약하고 상처받은 존재들일 뿐이다. 시 「치명적 Lo fatal」에서는 돌은 '더 이상 느끼지 못하기 때문에 porque ésa ya no siente' 차라리 돌이 부럽다고 노래한다. 루벤 다리오 시와 일치하는 부분이다. 따라서 인간의 가장 완벽한 상태는 흙으로 돌아간 상태일 때라고 노래하기 때문에 시집 『흙을 갈망함 *Pasión de la tierra*』이라는 제목에서부터 작가의 생각이 그대로 전달된다. 자연과 하나가 되어 영광의 합일을 이루는 순간이 시인에게는 가장 완전한 순간이다. 흙으로 돌아감으로써 우주와 하나가 된다는 비관론적 범신론의 개념은 알레익산드레의 작품 곳곳에서 찾아볼 수 있다.

『입술같은 칼 *Espadas como labios*, 1930』과 『파괴냐 사랑이냐 *La destruc-*

ción o el amor, 1932-1933』와 『낙원의 그림자 *Sombra del Paraíso*, 1939-43』가 이 시기의 대표 작품이다. 『파괴냐 사랑이냐』의 주제는 사랑의 열정이다. 그러나 사랑의 열정은 구속하는 모든 것으로부터의 자유를 의미하는 죽음의 열정과 구분되지 않는다. 이 시집에서 사랑은 자연과 동일시되며, 광대한 우주적 개념을 지닌다. 이와 같은 개념의 그의 사랑 시는 스페인 최고의 사랑의 시로, 그리고 20세기 최고의 사랑 시로 평가받는다. 『낙원의 그림자』에서는 '인간이 창조되기 이전 영광의 우주에 대한 시각과 인간 존재로 시작된 고통과 한계 visión del cosmos en su gloria, antes de la aparición del hombre y, con él, del dolor y la limitación'를 전한다. 이 작품에서 알레익산드레는 죄와 고통과 죽음이 없던 완전무결의 에덴동산을 향한 인간의 염원을 보여주었다. 그러나 죄를 지을 수밖에 없는 인간에게 에덴동산은 이룰 수 없는 염원일 뿐이다. 알레익산드레의 시어가 가장 빛을 발한 이 작품이야말로 단연 최고봉이었다.

1945년과 1953년 사이가 두 번째 시기로, 새로운 시각과 관점을 선보였는데 대표작으로 『마음의 역사 *Historia del Corazón*』가 있다. 이 시기에 나타난 중요한 변화는 인간을 바라보는 시각이 긍정적으로 변했다는 점이다. 인간이 고통의 존재로 그려진 것은 동일하지만, 고통을 넘어서야 할 의무를 가진 용감한 존재로 그려진다. 시인은 자신만의 세계에서 벗어난다. 인간 모두의 고통 안에서 자신을 바라보며, 시인은 '단 하나의 심장 único corazón'의 일부일 뿐임을 깨닫는다. 시는 모두의 노래이며 '모두의 귀 todos los oídos'를 향한다. 이 시기의 핵심 단어는 '결속 solidaridad'이다. 그는 '결속'을 '발을 딛고 끝까지 가겠다는 의식 una conciencia puesta en pie, hasta el final'이라고 설명한다. 시 「광장에서 En la plaza」나 「시인은 모두를 위해 노래해 El poeta canta por todos」에서 시인은 다른 사람들이 동료로 등장한다. '아니, 인간은 혼자가 아니야. 사랑도 동반자로의 의식일 뿐 No, el hombre no está solo. Hasta el amor es una conciencia de compañia'이라고 노래한다. 「건넨 손 Mano entregada」처럼 사랑을 테마로 한 최고의 시들이 포함된다.

심오한 인간성에 천착한 시, 그리고 초현실주의 시는 이후에 발표된 『광활한 영토에서 *En un vasto dominio*』와 『완숙 시 *Poemas de la consumación*』에서 찾아볼 수 있다. 『만남 *Los encuentros*, 1958』도 같은 노선의 시집이다. 시인이 사랑하고 좋아했던 사람들을 회상한 내용의 이 시집은 아름답고 따뜻한 언어가 특징이다. 특별히 피오 데 바로하와 미겔 에르난데스를 회상하며 쓴 시는 큰 감동을 준다.

알레익산드레의 시는 전체적으로 인간적인 면모가 강하게 나타난다. 이것은 스페인 내전 이후에 등장하는 후배 시인들에게 나타나는 성격이다. 따라서 그가 이전 세대와 다음 세대의 시인을 연결해주는 가교 역할을 했다고 말할 수 있는데, 시인 스스로도 '나는 내 시대의 시의 조류에서 그다지 동떨어진 모습은 아니다. 어제와 연결이 되기도 하고, 또 내일과 전혀 상관없는 존재도 아니었다'며 이러한 역할을 인식하고 있었음을 알 수 있다. 세대를 잇는 가교 역할까지 자처한 현대 스페인 최고 시인의 모습은 문학사에 큰 의미로 남을 일이다.

라파엘 알베르티 Rafael Alberti (1902-1999)

라파엘 알베르티 Rafael Alberti는 1902년 카디스 Cádiz의 푸에르토 데 산타 마리아 Puerto de Santa María에서 태어났다. 예수회에서 운영하는 학교를 다녔고, 15세 때 마드리드로 이주하였는데 학업을 중단하고 그림을 그리며 전시회도 열었지만 결국 시인으로서의 소명을 깨닫기에 이른다. 그림은 훗날까지 시인의 좋은 취미였지만 '나는 그냥 시인일 뿐 sólo soy poeta'이라며 자신의 소명은 시인임을 밝힌다. 1927년 정신적 방황기를 겪으며 신앙에서 멀어졌고 공산당에 희망을 걸며 당원으로 활동하기도 하였다. 스페인 내란이 끝나고 아르헨티나로 망명한 뒤 이탈리아로 이주하였다. 1977년 스페인으로 돌아와 1999년 생을 마감한다.

20세기 서정시를 대표하는 알베르티의 시는 테마와 어조와 문체에서 놀라울 정도의 다양성을 보여주는 것이 특징이다. 알베르티 시의 테마는 순수와 유머와 아이러니, 고뇌와 열정, 그리고 심지어 정치적 열정까지도 더해졌다. 이에 헤라르도 디에고는 그를 '거짓과 진실의 시인 poeta de veras y de burlas'으로 불렀다. 시인 스스로도 1931년 '내 마음이 닿는 대로 여러 미학적 경향들을 다 맛보았고 여러 길을 모색해 보았다. 힐 비센테, 스페인 전통 노래집과 로만세 민요집에 나오는 이름 없는 시인들, 가르실라소, 공고라, 로페, 베케르, 보들레르, 후안 라몬 히메네스, 안토니오 마차도... 이들 모두는 길을 모색하는 과정에서 나에게 도움을 주었다. 이들에게 나는 마음 깊이 감사와 존경을 표한다'고 고백한 바 있다. 그는 음악적 요소들과 대중적인 주제를 가벼운 터치로 세련되고 우아하게 표현한 작가였다.

1925년에 출판된 첫 시집 『지상의 마도로스 *Marinero en la tierra*』는 큰 반향을 일으키며 국민 문학상 Premio Nacional de Literatura 수상의 영광을 안겨주었다. 작품의 시적 감흥은 고향에 대한 노스탤지어를 기본으로 한다. 현실 세계인 마드리드에서 바라본 갈망의 도피처는 바다였고, 어릴 적 살았던 항구도시 고향의 바다와 염전은 시인의 시선을 사로잡는다. 알베르티의 노스탤지어는 후안 라몬 히메네스의 표현처럼 '날렵하고 매력적이며 번득이는, 최고의 안달루시아풍 ágil, graciosa, parpadeante: andalucícima'의 시에 담겨진다. 빛, 밝음, 선명한 색상이

주를 이루는 시적 느낌에 대중적인 전통 구성 형식을 취하면서 알베르티만의 섬세한 시 세계로 귀결된다.

이후에 발표된 『사랑하는 여인 *La amante*, 1926』에서는 더욱 대중적인 느낌의 시어로 채워진다. 최고의 순수시라는 찬사를 받는 작품이지만, 알베르티의 간결하고 짧은 순수시는 독자들로 하여금 여러 화두를 떠올리게 한다. 그는 사랑의 시는 시인의 경험에서 나오는 것이 아니라 단순한 예술 창작일 뿐이라고 말한다. 그것은 최고 예술의 결정체라 할 수 있다. 경쾌하고 대중적인 시의 리듬은 이후의 작품 『비단향꽃무의 여명 *El alba del alhelí*, 1925-26』에서도 이어진다.

『석회와 노래 *Cal y canto*, 1926-27』에서는 시 방향의 선회를 느낄 수 있는데 그것은 순수 예술 지향 성격과 전위주의가 나타나기 때문이다. 소네트와 삼행시, 공고라를 추모하는 시까지도 모두 新공고리즘의 영향을 받은 작품들로, 시 「X 양에게 *A Miss X*」와 바르셀로나의 유명한 헝가리 골키퍼에게 바치는 「플라트코 *Platco*」처럼 과감한 형식의 자유시도 찾아볼 수 있다. 전통 대중시에서와 마찬가지로 알베르티만의 풍부한 시의 영감과 특성은 이 작품에서도 여지없이 발휘된다.

하지만 1927년 정신적 방황기를 겪으며 시인의 사상과 신앙과 감성은 크게 요동친다. 당시에 발표된 시집 『천사들에 대하여 *Sobre los ángeles*, 1927-28』는 전통시어와 과감하게 결별하고 초현실주의 기법을 사용하기도 한다. 무질서한 혼란 속에서 천사로 불리는 선, 악, 분노, 망각, 죽음을 의인화한 인물의 집단이 등장한다. 베케르의 표현 '안개속의 손님 huésped de las nieblas'이 이 시집의 핵심 단어다. 빈 영혼과 '영혼없는 육체 cuerpo deshabitado'의 시인은 에덴동산에서 쫓겨나 무질서와 무의미의 세상을 방황한다. 시인의 주변에는 낯선 존재들, 곧 어둠의 천사들이 존재한다. 천사들은 잔인, 슬픔, 절망, 죽음 등을 상징한다.

「분노의 천사 El ángel de la ira」, 「전쟁의 천사들 Los ángeles bélicos」, 「잔인한 천사들 Los ángeles crueles」, 「죽은 천사들 Los ángeles muertos」과 같은 시 제목을 보면 이 상징들을 쉽게 알아차릴 수 있다.

1931년 이후의 작품들은 정치와 잃어버린 조국에 대한 향수의 테마로 구분된다. 1931년 공산당에 입당한 알베르티는 공산당 입당 전의 자신의 시 작품을 '부르주아 시 poesía burguesa'로 규정짓는다. 이제라도 혁명적 목적을 위한 투쟁의 시를 쓰기를 원한다. 이후에 발표된 『거리의 시인 *El poeta en la calle*』이라는 시의 제목은 많은 것을 시사한다. 제2공화정과 스페인 내란 사이에 발표한 시집 『언제라도 *De un mometo a otro*, 1937』와 『카네이션과 칼 사이 *Entre el clavel y la espada*, 1939-1940』는 미학적 관심이 최소화되고 정치 선동적 성격까지도 띠고 있어서 선동시 poesía de urgencia로 불린다. 하지만 「노예 Siervos」와 「바다의 투우 Toro en el mar」처럼 예술적 가치로 높이 평가되는 작품도 있다.

오랜 망명 기간 동안 쓴 작품에서는 투쟁의 시 이전의 시적 감흥과 영감을 다시 찾아볼 수 있다. 고전적 형태의 전통시로 돌아왔고, 새로운 형태의 시에 대한 도전도 찾아볼 수 있다. 『그림에 부쳐 *A la pintura*, 1948』는 알베르티의 그림에 대한 취미가 새롭게 드러난다. 작품에 등장하는 화가에 따라 다른 시작법을 시도했다는 것도 매우 흥미롭다. 시 「생생한 옛날의 추억 Retorno de lo vivo lejano」과 신화의 도시 카디스 Cádiz를 추억하며 쓴 「바다의 기도 Ora marítima」에서처럼 조국 스페인을 향한 그리움과 어린 시절에 대한 향수가 짙게 배어 있는 작품도 있다. 그 이후의 작품 『피카소의 여덟 이름 *Los ocho nombres de Picasso*, 1970』과 『알토 바예 데 아니에네 노래 *Canciones del Alto Valle de Aniene*, 1972』에서도 알베르티의 필력은 여전히 살아 있음을 확인할 수 있다.

알베르티는 극작품을 쓰기도 하였다. 시집 『천사들에 대하여』가 센세이셔널한 관심을 불러일으킨 것처럼, 성사극 『방황하는 인간 *El hombre deshabitado*, 1930』도 초미의 관심을 불러일으켰다. 에스페르펜토 esperpento 작품으로 분류된 『별별 인간 *El adefesio*, 1944』도 큰 관심을 받은 작품이다. 정치적 성향의 작품과 함께 『만발한 클로버 *El trébol florido*』와 『라 가야르다 *La Gallarda*』도 대표작으로 손꼽힌다.

산문 『첫인상 *Imagen primera de...*, 1945』과 『잃어버린 숲길 *La arboleda perdida*, 1953』도 중요한 작품이다. 『첫인상』에서는 당대의 예술가와 작가들의 모습을 묘사했고, 자서전 성격의 『잃어버린 숲길』은 추억을 회상하며 어린 시절의 기억을 생생한 기록으로 남긴 알베르티의 대표 산문 작품이다.

루이스 세르누다 Luis Cernuda (1902-1963)

현대 스페인 최고의 시인이자 사랑의 시인으로 알려진 루이스 세르누다 Luis Cernuda는 1902년 세비야에서 태어나 그곳에서 공부하였다. 이후 마드리드에 거주하였고, 1928년에는 툴루즈 Toulouse 대학의 교수로 재직하였다. 스페인 내란이 발발하자 망명의 길을 떠나, 영국과 미국을 거쳐 멕시코에서 교수로 재직하다 1963년에 세상을 떠났다.

소극적이고 혼자 있기를 좋아하는 성격이었으며, 마음의 상처를 쉽게 받는 감수성을 가졌고 공감 능력이 뛰어난 시인이었다. 이 세상과 쉽게 타협하지 못하고 세상의 불의에 대항하는 외롭고 소외된 존재의 전형적인 모습이 바로 세르누다이다. 27세대 시인들의 보편적 모습처럼 세르누다 역시 좌익 편향의 정치 입장을 보였다.

세르누다는 스스로를 시대에 부응하기 힘든 성격이라고 말한 바 있다. 시 역시 당시의 유행에서 벗어나, 매우 독특한 위치에 있다고 할 수 있다. 초기에는 세르누다도 27세대의 다른 멤버들처럼 순수시와 전통적 형태의 시를 모방하고 또 초현실주의 시를 추구했다. 그러나 그는 1930년을 전후하여 시 유행을 따르지 않고 자신만의 독특한 시 세계를 그려나간다.

세르누다의 새로운 시 스타일은 리듬과 운율과 화려한 이미지의 시어를 탈피하는 것이다. 우선 뚜렷한 리듬을 벗어나 리듬 파괴형의 긴 시를 선호하고 운율 역시 무시한다. 화려한 어휘와 이미지를 탈피하고, 일상적인 대화 어조의 언어를 추구한다는 점도 언급할 수 있다. 이 일상적인 대화 어조가 세르누다의 가장 특징적인 성격인데 이것은 보편적인 것이 아니라 세르누다만의 섬세하고 감성 넘치는 시어가 내재된 것이다. 성경의 시가서에 영향을 받았고, 영국 시인 엘리엇, 프랑스 시인 보들레르와 말라르메, 독일 시인 괴테와 횔더린의 영향도 찾아볼 수 있다. 특히 스페인 시인 가르실라소와 베케르는 세르누다에게 큰 영향을 미친다.

세르누다 시의 테마는 자아실현에 대한 갈망과 주변 세상와의 괴리에서 오는 고통이 가장 핵심적이다. 세상과는 타협할 수 없다는 세르누다의 개성이 두드러지고, 그러한 개성에서 기인한 괴리의 고통은 낭만주의 시인들의 모습과도 견줄 수 있다. 고독, 살아 숨 쉴 만한 세상에 대한 그리움, 절대미에 대한 갈망, 그리고 사랑이 주된 테마다. 세르누다의 후기 시에도 여전히 이러한 테마가 이어지지만 고향을 그리는 노스탤지어와 종교 테마가 더 강하게 나타난다.

세르누다의 첫 시집 『바람의 옆모습 *Perfil del aire*, 1924-1927』은 사춘기풍의 순수시다. 『목가시, 엘레지, 그리고 송가 *Égloga, elegía y oda*』는 스페인 고전적 시작법, 특히 가르실라소풍의 영향을 받은 작품이다. 자유시가 지배적이었던 이후의 『강, 사랑 *Un río, un amor*』과 『금지된 쾌락 *Los placeres prohibidos*』에는 초현실주의의 영향이 강하게 드러난다. 또한 세르누다식의 내적 고뇌는 초현실주의에 매료되면서 '불편함'과 '과감함'의 성격이 더해진다.

『망각이 머무는 곳 *Donde habite el olvido*, 1932-33』은 세르누다 특유의 시 감성을 잘 살펴볼 수 있는 시집이다. 외롭고 처절한 시인의 감성이 가감 없이 그대로 드러난 작품으로, 훗날 시인은 이 작품을 창피하고 부끄러워했다. 세상의 영광과 시인의 의무를 장시로 노래한 신낭만주의풍의 『기원 *Invocaciones*, 1934-35』도 있다. 이어 발표된 『현실과 욕망 *La realidad y el deseo*, 1936』은 이후 1958년 같은 제목의 증보판으로 나왔다. '현실'과 '욕망'이라는 두 단어는 세르누다 시인의 삶과 시 세계에 나타난 갈등을 가장 잘 설명할 수 있는 핵심적인 단어들이다.

망명 생활에서의 작품은 『구름 *Las nubes*, 1940』, 『새벽을 기다리는 사람처럼 *Como quien espera el alba*, 1947』, 『사는 게 사는 게 아냐 *Vivir sin estar viviendo*, 1944-1945』, 『시한부 인생 *Con las horas contadas*』, 『괴물의 비통 *Desolación de la quimera*, 1962』 등이 있다. 시의 제목들은 시인의 깊은 고뇌를 고스란히 드러낸다. 아름다운 산문시 『오크노스 *Ocnos*, 1942』에서도 새끼를 꼬면 꼬는 대로 옆에 있는 당나귀가 먹어치운다는 신화 인물 오크노스를 통하여 갈 수 없는 먼 고향 안달루시아를 회상하여 노스탤지어를 노래한다.

세르누다를 27세대의 포함시키기로 하였지만 사실 그는 어떤 그룹에도 속할 수 없는 자유로운 영혼을 가진 독특한 시인이다. 또한 남다른 시적 감성과 자신만의 시 세계에 세르누다 특유의 정제된 언어가 더해져 여러 비평가와 시인들의 마음을 사로잡았으며 그 역시 20세기 스페인 최고의 시인으로 손꼽힌다.

미겔 에르난데스 Miguel Hernández (1910-1942)

미겔 에르난데스는 27세대의 막내로 살리나스와는 18살, 알베르티와 세르누다와는 8살 차이가 난다. 다마소 알론소는 그를 27세대의 '천재 동생 genial epígono'으로 불렀다. 나이는 어렸지만, 로르카와 알레익산드레와 알베르티와의 관계나 시인의 궤적으로 보았을 때 27세대의 멤버임이 명백하다. 1910년 오리우엘라 Orihuela의 가난한 집안에서 태어난 미겔 에르난데스는 정규 교육을 받지 못한 양치기 소년이었다. 그러나 배움에 목말라하며 많은 독서를 통해 독학한 시인이었다. 이른 나이에 자신의 소명은 시인임을 깨달았고, 친구 라몬 시헤 Ramón Sijé가 이끌던 오리우엘라의 문학 모임에 참여하였다. 1934년 마드리드로 이주하며 시인으로의 전성기를 맞는다. 칠레 시인 파블로 네루다와의 우정을 계기로 사상과 이념에 변화가 왔고, 스페인 내란이 발발하자 공화당을 지지하며 전쟁에 자원했다. 내란이 끝나고 투옥되었고, 32살의 나이인 1942년에 알리칸테 감옥에서 결핵으로 세상을 떠났다.

천재 시인이었던 미겔 에르난데스는 로르카처럼 대중적 요소와 심미적 요소를 두루 갖춘 시인이었다. 에르난데스만의 독특한 시어는 마음 깊은 곳에서 우러나오는 진실의 느낌을 그대로 전달하며 깊은 감동을 자아낸다. 또한 물밀듯 분출되는 시적 영감을 소네트와 같은 딱딱한 형식 안에 담아내 소화시킴으로써 자칫 가벼워 보일 수 있는 내용들을 강렬한 표현력으로 승화시킨다. 주체할 수 없는 시적 영감은 정제된 형식 안에 스며들며 예술적 조화를 이룬다. 에르난데스 특유의 은유 역시 최고의 예술성을 보여준다.

그는 사춘기 시절 나름대로 여러 형태의 시를 시도해 보고 시 이론의 필요성을 느낀다. 당시에 유행했던 신공고리즘식의 작품을 써 출판한 것이 『달 속에 비친 너, 시인이여 *Perito en lunas*, 1933』였는데, 여기에는 11음절의 8행시 시칠리안 옥타브 octava real라는 형식의 42편의 시가 포함된다. 그는 바로크풍의 은유를 써서 일상적이고 평범한 사물들을 신비스럽게 만들기도 했다. 습작이라고 할 수 있는 첫 작품이었지만 문학적으로 큰 성과를 거둔 작품이다.

마드리드를 처음 여행하며 쓴 「고향 마을이 좋아 휘파람 부네 Silbo de afirmación en la aldea」는 시골과 대도시의 생활을 대조적으로 그린 작품이다. 1936년의 소네트 시집 『쏟아지는 빛 *El rayo que no cesa*』은 에르난데스의 걸작으로 삶과 사랑과 죽음 중심의 테마를 발전시킨다. 그 가운데 가장 핵심은 사랑의 테마로, 에르난데스는 사랑을 비극적 감정으로 묘사한다. 시인의 강렬한 열망은 여러 난관에 부딪히며 슬픈 감정으로 표현된다. '고뇌로 내 모습은 흙빛... Umbrío por la pena...'으로 시작하는 소네트처럼, 이룰 수 없는 갈망은 감당할 수 없는 고뇌로 다가와 강렬한 빛으로 시인의 심장을 찌르며 어두운 죽음의 이미지로 변하고 만다.

그의 시에 등장한 사랑은 늘 고정된 이미지다. 전통적 삶을 살아가는 시골의 풍경을 배경으로, 시골 연인의 모습을 보여주는 식의 도식화된 사랑이다. 물론 시간이 지나면서 미겔 에르난데스는 이 이미지에만 머물러 있지 않고 불가능한 삶과 불가능한 사랑이라는 보편적 차원으로 끌어올리며 강렬한 비극적 삶의 충동으로 이어간다.

미겔 에르난데스 시는 대부분 소네트 형식을 취한다. 제한된 형식의 소네트에 솟구쳐 나오는 시인의 감정이 더해지고, 집약된 의미의 시어들이 어우러지며 합(合)을 이루자 묘한 시의 균형이 이뤄진다. 정제되고 집약된 시인의 고독한 작업이 독자들에게 어렵게 느껴지지 않고 자연스럽고 친근하게 다가온다. 이 과정에서 각 단어마다 힘과 온기를 느낄 수 있게 하는 것이 바로 에르난데스 시인의 천재성이다. 형식뿐만이 아니라 내용에서도 에르난데스 특유의 감동은 전달된다. 또 스페인 고전 시인 가르실라소나 케베도를 모방하는 과정에서도 에르난데스의 어휘는 고유의 특성과 완숙함의 느낌을 준다. 사랑을 테마로 한 소네트도 잘 알려졌지만, 시 「라몬 시헤에 붙이는 哀歌 *Elegía a Ramón Sijé*」는 특히 많은 사랑을 받는 작품이다. 이것은 에르난데스의 고향인 오리우엘라에서 진보 성향의 가톨릭 문학 잡지를 간행하며 문학의 분위기를 조성하기도 했던 친구 라몬 시헤가 죽은 후에 이를 애도하며 쓴 시였다. 삼행시 형식의 애가로 최고의 悲歌이자 스페인 문학사 최고의 슬픈 우정시로 인정받는 작품이다.

스페인 내란 당시에 발표된 『민중의 바람 *Viento del pueblo*, 1937』에는 에르난데스가 자신의 시 역량을 총동원하여 주변의 현실을 알리고 고발하려는 의도가 강하게 드러난다. '시인은 민중의 바람이다. 민중의 모공 하나하나까지 그 속을 드나들며 그들의 시선과 마음을 더 아름다운 이상을 향해 인도해야 하는 바람이다'라는 표현처럼 이 작품은 서사시와 선동시와 전투시 성격이 강하다. 사회 정의에 대한 시인의 관심과 우려를 엿볼 수 있는 작품이다.

『누군가 너를 노려 *El hombre acecha*, 1939』도 같은 노선의 작품이지만 전쟁의 비극은 훨씬 강조되어 표현된다. 시인이 아내에게 쓴 「편지 Carta」는 진한 감동의 압권이다. 『민중의 바람』과 『누군가 너를 노려』는 명쾌한 시어와 직설적 표현을 특징으로 한다. 대신 미학적 요소에 큰 관심을 보이지 않아 시인의 의도는 더욱 명백히 드러난다.

『不在의 노래집과 로만세 민요집 *Cancionero y Romancero de ausencias*, 1938-41』의 상당 부분은 감옥에서 쓰였다. 대중 서정시의 간결한 형식에 표현력도 역시 한결 단순해진다. 초연한 태도의 시인의 모습은 감동적이다. 사랑의 테마가 다시 등장하지만, 사랑의 대상은 만날 수 없는 부인과 아들이다. 감옥에 갇힌 자신의 모습과 전쟁 이후 도래할 참담할 결과도 테마로 등장한다. 전후의 물질적 빈곤함을 보여주는 대표 시 「양파 자장가 Nanas de cebolla」가 있는데 투옥된 시인에게 온 아내의 편지가 그 내용으로, 먹을 것이라고는 양파밖에 없다는 소식을 듣고 어린 아들과 아내에게 아무것도 해줄 수 없어 가슴 아파하는 시인에게 진한 감동이 느껴진다. 죽음의 두려움과 아픔에도 당당한 모습으로 미소를 잃지 않는 시인의 모습이 전율로 다가온다. 이 작품은 1958년 유고집에 포함되어 발표된다.

미겔 에르난데스는 여러 편의 극작품을 쓰기도 하였다. 시인의 사회적 사명에 대한 이데올로기에 관심을 갖기 이전 작품 『당신을 보았고, 또 보고 있는 사람은 누군가 *Quien te ha visto y quien te ve*, 1933』는 기독교적 관점의 성사극이다. 교리나 신앙적 기반은 부족하지만, 칼데론의 영향이 강하게 느껴진다. 에르난데스 작품은 성사극에 현대극의 개념이 더해지기도 한다. 『최고 멋쟁이 농부 *El labrador de más aire*, 1937』는 로페 데 베가의 『푸엔테오베후나 *Fuenteovejuna*』처럼 농촌을 배경으로 한 사회성 짙은 극으로 역시 이중 구조를 띤 작품이다. 스페인 내란 당시에 쓴 여러 편의 작품도 『내란극 *Teatro en la guerra*』으로 모아 출판되었다. 극은 미겔 에르난데스의 아름다운 시어가 가장 돋보이는 장르라고 할 수 있다.

미겔 에르난데스는 시의 방향을 완전히 선회시킨 시인이라는 점에서 특히 관심을 끈다. 심미적 관점의 순수예술을 지향하다가 사회적 소명의 시인으로 역할을 하기까지 태도의 변화가 뚜렷하다는 점이다. 스페인 내란의 혼란한 분위기에 사회적 책무를 느낀 시인의 방향 선회로 볼 수 있다. 이것이 바로 현대의 많은 젊은이들까지도 가장 존경하는 시인으로 미겔 에르난데스를 손꼽는 이유이기도 하다.

제 6 부
현대문학

1. 20세기 후반 이후의 문학

제1차 세계대전(1914-1918)이 끝나자 민주주의의 물결이 전 유럽을 뒤흔들었다. 미국의 윌슨 대통령이 주장한 민족자결의 원칙은 국가 경계 설정의 토대가 되었고, 따라서 국민 주권에 기초한 자유 민주주의는 힘을 얻었다. 그러나 전후 처리의 후유증과 사회 계급의 분열과 1929년의 대공황으로 대표되는 경제 위기의 충격은 민주주의 정치 체제를 급속히 약화시켰다. 제1차 세계대전 이후 막대한 전쟁 배상금을 감당하지 못해 파산의 길을 걷던 독일은 극우파 나치가 정권을 잡을 수 있는 배경을 만들어 주며 제2차 세계대전의 서곡을 울렸다.

전쟁은 독일, 일본, 이탈리아의 군국주의 국가들과 영국, 미국, 프랑스 등의 연합국 간의 복잡한 양상으로 전개되었다. 연합국의 승리로 전쟁은 끝났지만, 제2차 세계대전은 나치의 포로 수용소와 히로시마 원폭 투하 등의 끔직한 사건들로 전 인류에게 씻을 수 없는 상처를 남겼다. 더불어 제2차 대전 이후 얄타 회담의 패전국 처리에 대한 결정은 국가 간 알력과 긴장을 부채질하여 냉전 체제의 이유가 되었다. 전쟁의 결과 세계는 사회주의 국가와 자본주의 국가로 양분된다. '무관심과 근심 가운데 전쟁은 끝이 났다. 평화는 시작되지 않았다'라는 사르트르의 말은 1945년 당시의 상황을 잘 설명해준다.

전쟁의 결과 동유럽을 비롯한 유럽 여러 국가의 사회주의에 대한 열망, 소련처럼 강한 관료에 의해 주도되는 사회주의에 대한 열망이 퍼져나갔다. 반면에 서유럽은 미국의 자본주의 모델을 따랐지만, 반파시즘 운동에서 결정적인 역할을 한 사회주의와 공산주의도 계속 그 세력을 키워 나갔다. 따라서 계획 경제 등과 같은 부분적인 경제의 통제가 이루어지는 강한 사회의 등장을 예고했다.

실존주의와 마르크스주의는 전후를 대표하는 사상으로 등장했다. 인간이 겪는 고통의 문제를 실존주의는 인간의 존재에서 답을 찾으려고 했던 반면에, 마르크스주의는 사회의 구조적인 문제에서 답을 찾으려고 노력했다. 그러나 두 사상 모두 철학에만 머물지 않았다. 사르트르는 지식인과 예술가와 작가의 사회 참여를 주장하며 앙가주망 Engagement 이론을 내세운다. 원래 계약, 구속의 의미를 지닌 앙가주망은 정치나 사회 문제에 자진해서 적극적으로 참여하는 일을 가리킨다. 마르크스주의 역시 철학의 틀을 뛰어넘어 정치와 경제, 그리고 사회 사상을 총망라하는 거대한 이데올로기로 영향을 미친다.

이러한 세계사적인 상황들과 사건들은 스페인의 정치와 사회와 문학에 밀접하게 관계되어 있다. 1931년 市 선거에서 스페인의 공화당이 압도적 지지를 받고 제2공화정이 선포되자, 그날 밤 알폰소 13세는 스페인을 떠났다. 미겔 데 우나무노 Miguel de Unamuno, 오르테가 이 가세트 Ortega y Gasset, 프란시스코 아얄라 Francisco de Ayala와 같은 지식인들은 제2공화정의 탄생에 지대한 공을 세웠다. 그럼에도 불구하고 원하던 공화정의 실상은 기대한 바에 부응하지 못하고 사회불안이 커지면서 공화정에 대한 불만도 더해갔다. 1936년에는 사회당과 공산당 연합 세력 인민전선 Frente Popular이 주도하는 공화정 정치 세력에 대항한 쿠데타가 일어나고, 프란시스코 프랑코의 팔랑헤 Farange 당을 독일과 이탈리아가 지원하면서 스페인은 내란의 전운이 감돌았다. 이때 발발한 스페인 내란 Guerra civil은 1939년까지 이어졌다. 내란이 종식된 이후에도 알폰소 13세가 바라던 왕정의 복귀는 이루어지지 않았고 프랑코의 독재 체제가 견고히 자리를 잡았다. 독재 체제는 프랑코가 사망하던 1975년까지 계속되었다.

프랑코 총통의 사망 이후의 스페인 역사는 새로운 국면으로 접어들었다. 민주 국가로의 정상화가 이루어졌고 국제 사회와 유럽 사회의 일원으로 빠르게 복귀할 수 있게 되었다. 아돌포 수아레스 Adolfo Suárez를 중심으로 한 정치개혁의 국민투표가 가결되면서 민주화의 진행과 더불어 정당이 합법화되었고, 1978년 헌법에 의거한 의회가 소집되었다. 스페인은 1985년 유럽 연합 Unión Europea(UE)의 전신인 유럽경제공동체 Comunidad Económica Europea(CEE)에 가입하면서 국제 사회에서의 위상이 높아지고 정치와 경제를 비롯하여 사회와 문화에서도 유럽 국가들과 보조를 같이하게 되었다.

1975년은 문화에도 많은 변화가 찾아와 스페인 문학사의 새로운 출발점이 되었다. 물론 정치적 사건처럼 변화의 징후가 갑자기 나타난 것은 아니지만, 외국과의 관계가 밀접해지고 검열이 사라지는 등의 새로운 문화적 변화가 밀려오면서 스페인 문학도 활기를 띠기 시작한다. 더불어 이베리아 반도에서 쓰던 카탈란어 catalán와 가예고어 gallego와 바스크어 vasco도 이전의 위상을 회복하였다는 점도 언급할 필요가 있다. 여러 문학상이 제정되었고, 북 축제가 성황리에 열리면서 출판 문화가 꽃을 피웠다.

스페인 현대 문학은 1936년에서 1939년까지의 스페인 내란 이후에서 출발한다고 볼 수 있다. 정치적 충돌의 확대로 스페인 내란이 발발하자 공화정 기간 동안 새로운 활력과 독창성의 바람이 불기 시작한 예술계도 무참히 짓밟히며 문화에 큰 상처를 남겼다. 지식인의 공화정이라고 불릴 정도로 많은 지식인들의 지지를 받았던 공화정이 무너지고 프랑코 총통의 독재가 시작되는 과정에서 가르시아 로르카 García Lorca를 비롯한 많은 작가와 지식인들이 사망했고 투옥됐으며 또 스스로 망명의 길을 선택하기도 하였다. 내란 이후 독재 체제의 검열로 예술계는 회복할 수 없을 정도의 큰 상처를 남겼다.

내란 이후의 스페인 현대 문학을 다음의 네 시기로 구분해 볼 수 있다. 첫 시기는 내란 이후의 문학의 방향을 관망하고 모색하던 시기다. 전쟁의 상처로 얼룩진 시기로 마르티네스 카체로 Martínez Cachero의 표현대로 '회복의 시기 años de convalescencia'로 부를 수 있다. 내란 이후 문학의 변화는 전후의 실존적 시각이 뚜렷한 중요 작품이 발표되었다는 것이다. 1942년의 카밀로 호세 셀라의 『파스쿠알 두아르테의 가족 *La familia de Pascual Duarte*』과 1945년의 카르멘 라포렛 Carmen Laforet의 『無 *Nada*』와 부에로 바예호의 『계단 이야기 *Historia de una escalera*, 1949』등의 특징은 고뇌와 고통이었다. 존재의 고뇌와 실존적 시각이 지배적인 작품들이지만 아직은 길을 잃고 방황하는 방향 부재의 시기라고도 말할 수 있다. 하지만 여러 각도로 시도된 문학적 노력은 시대적 상황과 고통에 타협하는 방식으로도 나타났다. 인간의 문제, 실존의 문제, 종교 문제 등에 관심이 집중되었다.

내란 이전과의 단절로 방향을 잃은 표류의 시기가 지나고, 두 번째 시기는 일련의 작가들이 사회적 사실주의 Realismo social를 표방하던 1950년경으로 가야할 길을 제대로 찾은 시기다. 내란 이후 1953년 미국과의 협정이 체결되고 1955년 UN에 가입하면서 프랑코 독재 체제는 국제 사회에서 인정을 받기 위해 최소한이나마 문호를 개방할 필요를 느끼며 약간의 자유를 허용한다. 길을 잃고 방황하던 작가들도 조금씩 나아갈 길을 찾고 방향을 설정할 수 있었다.

물론 스페인에는 이미 이러한 조짐이 있었다. 가르시아 로르카와 라파엘 알베르티 Rafael Alberti 등의 27세대 작가들의 시에서 볼 수 있듯이, 스페인은 1930년경부터 전위 문학이 쇠퇴하고 순수 문학에 대한 이상은 힘을 잃었다. 특히 1930년 호세 디아스 페르난데스 José Díaz Fernández는 수필집 『신낭만주의 *El nuevo romanticismo*』에서 미학주의를 철저히 거부한다. '삶을 위한 예술 arte para la vida'를 변론하며 '개인의 삶의 투쟁과 사회의 삶의 투쟁에 작가는 결코 무관심할 수 없다'고 주장한다. 이러한 배경 하에 당시의 시대적 변화에 부응한 작가들은 사회적 사실주의 Realismo social를 표방하였고, 스페인의 구체적인 사회 현실을 묘사하고 고발하는 내용의 작품들을 발표하였다. 작가는 도덕적 책무를 느끼고 자신의 작품을 통해 사회 현실을 변화시키고 정의롭지 못한 사회에 대항하고 투쟁해야 한다고 생각했다. 미학적 관심은 사라지고, 단순한 언어를 통해 작가는 다수의 사람들에게 다가가 자신들의 생각을 관철시키기를 원했다. 주목할 만한 사회적 사실주의 시에 블라스 데 오테로 Blas de Otero의 『평화의 약속을 원해 *Pido la paz y la palabra*』, 가브리엘 셀라야 Gabriel Celaya의 『이베로 노래 *Cantos iberos*』 등이 있다. 또 소설에는 산체스 페를로시오 Sánchez Ferlosio의 『엘 하라마 *El Jarama*』, 후안 고이티솔로 Juan Goytisolo의 『낙원에서의 결투 *Duelo en el Paraíso*』, 페르난데스 산토스 Fernández Santos의 『용감한 사람들 *Los bravos*』 등이 있고, 극작품은 부에로 바예호 Buero Vallejo의 『오늘은 축제 *Hoy es fiesta*』와 알폰소 사스트레 Alfonso Sastre의 『재갈 *La mordaza*』 등이 이 시기의 대표작이다.

이러한 작품들의 공통점은 사회 정의에 대한 갈망이 사회 현실과의 대립과 고발을 야기시켰다는 것이다. 또한 사르트르의 참여 문학론 literatura comprometida에 맞추어 사회에서의 작가의 역할을 강조하며 새로운 예술을 표명한다. 1958년 알폰소 사스트레의 '건설의 예술 Arte como construcción' 선언은 <사회적 사실주의: 위기의 예술 El social-realismo: un arte de urgencia>이라는 부제를 달고 당시의 위기 상황에서 작가들이 찾은 길을 잘 설명해주고 있다. 사스트레에게 창작이란 무엇보다도 '도덕적이고 책임이 수반된 행위 un acto moral y responsable'였고, '유용한 행위 una acción útil'였다. 무엇보다 '대다수의 사람들을 향한 a la inmensa mayoría' 창작이었고, 민중의 의식을 깨우치고 사회 혁신의 역할을 감당해야 했다. 물론 이 시기의 모든 작가가 이러한 흐름에 동조하지는 않았다. 예를 들어 토렌테 바예스테르 Gonzalo Torrente Ballester는 창작에 독립적 태도를 고수하였다. 따라서 당시에는 관심을 끌지 못했지만, 끊임없는 창작과 혁신적 내용의 작품으로 비평가들의 관심을 끌면서 빛을 보기 시작했다. 또 끝없는 상상의 소설을 쓴 알바로 쿤케이로 Álvaro Cunqueiro와 유머가 넘치고 독창적인 탐정 소설 작가 프란시스코 가르시아 파본 Frnacisco García Pavón도 언급할 수 있다.

사회적 사실주의로 여러 중요한 작품이 탄생되었지만, 동시에 평범한 작품 또한 무수히 나왔는데 이는 예술적 요구 사항이 결여되었기 때문이었다. 예술이 사라지고 시적인 요소와 상상이 배제되고 사실적인 현실만이 관심 대상인 새로운 예술에서 미학적 관심은 부수적일 수밖에 없었고, 심지어 이를 부끄러운 사치로 여기기도 했다. 사회 변화를 위한 작가의 역할과 의무는 강조되었지만, 단지 소수만이 책을 읽는 현실에서 책과 문학을 통하여 사회를 변화시킨다는 것이 가능한지에 대한 회의는 계속 이어지며 새로운 길을 고색하게 되었다.

다음 시기는 1960년대 즈음으로, 사회적 사실주의가 극단으로 흐르면서 심지어 미학의 문제는 '죄 pecado'로 간주되었다. 사실주의 소설에 대한 환상과 '녹음기를 틀어 놓은 문학 literatura magnetofónica'에 지쳤다는 디아스 플라하 Díaz-Plaja의 비판은 눈여겨볼 필요가 있다. 또 경직된 문학의 위험성을 지적한 비평가도 있었고 곤살로 소베하노 Gonzalo Sobejano는 '언어에 대한 작가의 무관심이 커진다'고 지탄하였다. 이러한 문학의 풍토에서 프루스트 Proust, 카프카 Kafka, 제임스 조이스 James Joyce, 포크너 Faulkner 등의 작가들에게 영향을 받은 새로운 소설 기법은 충격이었다. 이와 함께 프랑스를 중심으로 한 누보로망 Nouveau roman과 마술적 사실주의 Realismo mágico로 대표되는 중남미 소설 '붐 boom'도 큰 영향을 미쳤다.

루이스 마르틴 산토스 Luis Martín Santos의 『침묵의 시간 *Tiempo de silencio*, 1962』은 새로운 시기에 접어들었음을 알리는 작품이었다. 1950년대의 소설이 사회와 정치와 이데올로기를 중심으로 한 내용에 중점을 두었다면 1960년대에는 형식에 주안점을 두게 되었으며, 전지적 관점의 소설은 줄어들고 작가는 작품 안에서 매우 한정된 방법으로 모습을 드러내기도 하고 아예 사라지기도 한다. 사회 고발 성격은 사라지고, 글쓰기에서는 여러 가지 새로운 기법이 시도되었다. 누보로망처럼 유럽과 미국의 영향 때문이기도 하지만, 결정적 역할을 한 것은 중남미에서 불어온 '붐 boom' 소설이었다. 이것은 창작의 모티브가 되었고 언어의 새로운 모델로도 등장했다.

마지막 시기는 1970년대경으로, 1960년대의 여러 실험적 기법이 다양하게 모색된 시기라고 할 수 있다. 루이스 마르틴 산토스를 비롯하여 후안 베넷 Juan Benet과 같은 작가들을 중심으로 문학은 새로운 방향과 형태를 추구한다. 사실주의와는 다른 실험적 성격이 강한 문학이었기 때문에 때로는 상상, 몽환, 불합리 등의 요소로 기상천외의 느낌을 전달하기도 한다.

이러한 실험적 기법에 대한 관심은 1980년대에 완연히 사라지고, 다리오 비야누에바 Darío Villanueva의 표현처럼 '실험 성격의 완화 moderación de los experimentos' 현상이 일어난다. 때로는 예전의 전통적 형식으로의 회귀도 눈에 띠었다. 인간 중심의 실존적 테마에 대한 관심이 커지는 반면 문학에 대한 기존의 원칙들은 무시되었으며 젊은 작가들을 중심으로 한 다양한 시도가 모색되었다. 앞으로의 문학의 향방을 가늠하기가 어려울 정도로 어지러운 모습이었다.

이와는 별도로 망명을 떠난 작가들의 문학 활동도 반드시 짚고 넘어가야 한다. 98세대나 27세대에 속한 많은 작가들이 스페인 내란 이후에 망명의 길을 떠났고, 망명지에서 스페인 문학의 맥을 이어갔다. 그들은 잃어버린 조국에 대한 노스탤지어의 공감대를 형성하며 제각각 자신만의 문학 노선을 취했다고 볼 수 있다. 대표 소설가로 라몬 센데르 Ramón J. Sender, 프란시스코 아얄라 Francisco Ayala, 아르투로 바레아 Arturo Barea, 마누엘 안두하르 Manuel Andújar를 들 수 있다. 극작가로는 알레한드로 카소나 Alejandro Casona와 막스 아웁 Max Aub을 들 수 있다. 망명 작가들은 초기에는 큰 영향력을 행사하지 못했지만, 시간이 지나면서 이들 작가에 대한 중요성이 강조되면서 문학사에도 큰 의미를 부여하게 되었다.

2. 시

스페인 내란이 끝나고 시인들은 흩어졌다. 가르시아 로르카는 1936년 죽임을 당했고, 알레익산드레, 다마소 알론소, 헤라르도 디에고를 제외한 시인들은 망명의 길을 떠났다. 이들의 시는 서로 방향을 달리

했지만, 인간적인 측면을 강조한 시를 썼다는 공통점을 보여 준다.

스페인 내란 전후의 스페인 현대시는 미겔 에르난데스의 동년배 시인들로 시작된다. 1910년 즈음에 태어난 이들의 시는 순응시 poesía arraigada와 비순응시 poesía desarraigada로 양분되는데 그 구별이 명확하지 않아 사실상 엄격한 구분은 불가능하다. 그러나 일반적으로는 다마소 알론소의 설명을 구분의 기준으로 삼는다. 즉, 순응시 poesía arraigada 시인들은 자신의 존재와 세상에 대해 너그럽고 타협적인 태도를 보인다. '창의적 젊음 juventud creadora'으로 스스로를 지칭했던 순응시 시인들은 전통적 형식의 틀 안에 완전, 질서, 명확함, 기독교 등의 단어와 어울리는 낙관적 세계관을 담는다. 또 종교적 신념과 사랑, 풍경 등 아름다움을 테마로 삼는다. 가르실라소와 16세기 시인들에 큰 관심과 애정을 가졌던 이들은 1943년에 창간된 '가르실라소 紙'를 중심으로 활동했다. '가르실라소파 garcilasistas'로 불린 이들 시인들은 루이스 로살레스 Luis Rosales, 레오폴도 파네로 Leopoldo Panero, 루이스 펠리페 비반코 Luis Felipe Vivanco, 디오니시오 리드루에호 Dionisio Ridruejo 등이다. 훗날 디오니시오 리드루에호와 루이스 로살레스는 이념과 노선에서 방향을 달리했고 새로운 시 형식을 추구하였다.

『분노의 아들들 *Hijos de la ira*』의 다마소 알론소를 선두로 하는 비순응시 poesía desarraigada에는 세상과 타협하지 못하고 순응하지 못하는 사람들의 불쾌감과 고뇌와 번뇌의 감정이 표현된다. 그들에게 세상은 질서와 조화가 아닌 고통과 무질서와 혼란만을 의미했다. 특히 실존적 경향을 나타내는 시인들은 기독교 안에서 세상과의 타협점을 찾지 못하고 극단적 인본주의에 빠지기도 하였다. 이들 중 많은 시인들은 훗날 사회시 poesía social의 대표 시인들로 언급된다. '가르실라소파'와는 달리 비순응시 시인들의 문체는 직설적이고 공격적이며 다듬어지지 않은 글이었다. 대표 시인은 빅토리아노 크레메르 Victoriano Crémer와 에우헤니오 데 노라 Eugenio de Nora, 라몬 데 가르시아솔 Ramón de Garciasol과 카를로스 보우소뇨 Carlos Bousoño를 들 수 있다. 그리고 블라스 데 오테로 Blas de Otero와 가브리엘 셀라야 Gabriel Celaya의 초기 시 역시 비순응시로 볼 수 있다. 소설에서처럼 전율주의 tremendismo로도 불린 비순응시는 고통과 고뇌와 혼란이 주요 테마였고, 절망과 의혹의 어조로 쓰여진 종교시 역시 실존적 태도가 명백했다.

순응시와 비순응시 중 그 어느 편에도 속하지 않아 구별이 모호한 시인들도 많았는데, 호세 마리아 발베르데 José María Valverde와 호세 이에로 José Hierro가 그 대표 시인들이다. 또 순수시를 지향했던 '칸티코 Cántico' 그룹의 파블로 가르시아 바에나 Pablo García Baena와 포스티즘 Postismo으로 불리는 포스트 초현실주의 Postrrealismo 운동에 합류하였던 카를로스 에드문도 데 오리 C. E. de Ory도 언급할 수 있다. 스페인의 초현실주의를 표방하며 전위시와 맥을 같이한 포스티즘은 실존적 고뇌를 거부하고 표현의 자유와 상상과 즐거움을 회복하기를 원했다.

이러한 분위기에서 1955년은 스페인 현대시의 이정표와도 같은 중요한 해였다. 즉 사회시 poesía social의 대표작인 블라스 데 오테로의 『평화의 약속을 요구한다 *Pido la paz y la palabra*』와 가브리에 셀라야의 『이베로의 노래 *Cantos iberos*』가 발표된 해였던 것이다. 블라스 데 오테로와 가브리엘 셀라야는 더 이상 실존적 고뇌에 몸부림치지 않는다. 실존적 고뇌를 벗어나 다른 사람들의 고통과 아픔에 공감의 길을 모색하기에 이른다. 27세대의 비센테 알레익산드레 역시 1954년 『심장의 역사 *Historia del corazón*』를 발표하며 이러한 분위기에 힘을 실어

줬다.

세상에서 시가 해야 할 기능이 있음을 알리는 시집이 발표된 것은 비순응시가 사회시로 전환되고 있음을 알려주는 것이라 하겠다. '시인은 인간이고, 어떤 인간도 중립일 수는 없다 un poeta es, por de pronto, un hombre y ningún hombre puede ser neutral'는 셀라야의 표현처럼 시인이 속한 세상의 문제를 시 역시 고민하고 선택해야 한다는 생각이었다. 시인은 다른 사람들과 '결속 solidaridad'의 태도를 보여야 하기에 미학적인 문제는 부수적일 수밖에 없었다. 동지애로의 결속은 셀라야의 작품 『이베로의 노래』의 핵심 단어로, 시는 새로운 기능을 가진 개념으로 자리 잡는다. 셀라야의 시 「시는 미래로 장전된 무기 *La poesía es un arma cargada de futuro*」에서 볼 수 있듯이, '시는 세상을 바꿀 수 있는 도구 La poesía es un instrumento para transformar el mundo'라는 개념도 갖는다.

사회시 시인들의 작품에는 스페인 문제의 테마가 빈번히 등장한다. 98세대의 주요 관심사였던 스페인 문제가 사회시 시인들에는 강박적으로 등장하며 정치적 색채를 강하고 띠게 된다. 당연히 작품의 제목도 이와 같은 분위기를 반영하는데 블라스 데 오테로의 『스페인의 모든 것 *Que trata de España*』, 가르시아솔의 『스페인 땅 *Tierras de España*』, 에우헤니오 데 노라의 『스페인, 삶의 열정 *España, pasión de vida*』, 호세 이에로의 『스페인을 노래해 *Canto a España*』, 보우소뇨의 『스페인을 보호하시는 하느님 *Dios sobre España*』이 대표적 예다.

셀라야와 블라스 데 오테로를 중심으로 하는 사회 시인들은 대중들을 위한, 그들을 향한 시를 쓰고자 했기 때문에 직접적이고 명쾌한 언어를 사용한다. 미학적 관심은 크지 않다. 일상언어가 시어로서의 가치가 클 수도 있다는 가능성을 제시하며 이를 많이 사용하였고, 산문

시를 많이 쓰기도 하였다. '숨 쉬듯 시를 쓰기 Escribir como quien respira'라고 말한 셀라야와 '침을 뱉듯 시를 쓴다 Escribo como escupo'는 블라스 데 오테로의 설명은 시사하는 바가 크다. 이 두 사람 외에도비 순응시인 다수가 사회참여 시인에 속한다. 젊은 세대의 시인으로는 앙헬 곤살레스 Ángel González가 있다.

1960년은 스페인 현대시에 또 다른 획을 긋는 중요한 해였다. 사회시의 대표 시인 셀라야는 1960년 '우리는 여전히 소수일 뿐이다'라며 참여시에 대한 대중의 무관심을 인정한다. 그들이 원한 세상으로 변화시킨다는 것은 단지 환상일 뿐이라는 회의론이 지배하며, 이전의 참여시와는 다른 비판적 리얼리즘 Realismo crítico의 면모를 보여주기도 한다.

또 다른 한편으로는 인간의 내면 세계에 대한 성찰과 더불어 세상을 향한 비타협적 태도를 보인 호세 이에로 José Hierro와 호세 마리아 발베르데 José María Valverde를 살펴볼 필요가 있다. 사회 시인의 면모를 보이기도 했던 호세 이에로는 인간의 내적 문제와 보편적 테마를 다룬 시인이었고, 발베르데 역시 인간의 종교적 내면을 깊이 보여준 시인이다. 불만족한 현실 생활에 대한 시니컬한 저항과 울분, 시간의 흐름, 어린 시절의 향수, 일상생활에서 느끼는 정감 등 시인의 내면 세계를 묘사한 시가 많다. 이와 같은 경험시에서는 수사 기교와 격한 감동의 표현을 최소화하여 정제되고 집약된 이미지를 추구한다. 여기에 속한 시인으로는 1929년과 1934년 사이에 출생한 하이메 힐 데 비에드마 Jaime Gil de Biedma, 호세 앙헬 발렌테 José Ángel Valente, 클라우디오 로드리게스 Claudio Rodríguez를 들 수 있다. 이들은 이후의 스페인 현대시의 방향을 제시하며 큰 영향력을 행사한 시인들이다.

1970년대의 스페인 시는 호세 마리아 카스테에트 José María

Castellet가 발표한 선집 『최신파 스페인 아홉 시인 *Nueve novísimos poetas españoles*』으로 살펴볼 수 있다. 1939년부터 1948년 사이에 출생한 시인들의 작품을 모은 선집으로, 페드로 힘페레르 Pedro Gimferrer, 기예르모 카르네로 Guillermo Carnero를 선두로 하여, 펠릭스 그란데 Félix Grande, 안토니오 콜리나스 Antonio Colinas, 안토니오 카르바할 Antonio Carvajal, 호세 미겔 우얀 José Miguel Ullán, 헤나로 탈렌스 Jenaro Talens, 루이스 알베르토 데 쿠엔카 Luis Alberto de Cuenca 등을 포함한다.

이들은 스페인 내란을 겪지 않은 세대이며 소비 사회에 접어든 시기의 새로운 감각으로 글을 쓰기 시작한 시인들이었다. 시인은 자신이 살고 있는 소비 사회를 냉혹하게 비판하고 기성세대의 고정 관념에 반발한다. 그들은 또한 스페인 국내외의 고전 작가와 동시대의 작가에 대한 광범위한 독서뿐 아니라, 생활이 다양화되고 문화의 영역이 확장되면서 만화와 영화와 여러 장르의 음악으로부터도 큰 영향을 받은 새로운 감수성의 세대라고 할 수 있다. 기존의 사회에 대해 냉소적이고 비판적인 태도를 보이면서 사회 참여 시에 대해서도 부정적 입장을 분명히 표명한다. 시가 세상을 바꿀 수 있다는 사회 시인들의 믿음을 그들은 전혀 가질 수 없었기 때문이다. 테마에서는 매우 이중적인 면모를 보인다. 내적 고뇌로 말미암은 여러 묵직한 테마와 더불어 사소하고 자극적인 테마가 동시에 나타난다. 이 시인들에게 테마는 그다지 중요한 비중을 차지하지 않고 오히려 문체에 큰 관심을 보인다. 기예르모 카르네로는 '詩作은 곧 문체의 문제다'라고 말한 바 있다. 새로운 형태의 전위 문학으로도 설명할 수 있고, 새로운 시어를 모색하고 과감한 도전도 서슴지 않는 실험적 태도로도 볼 수 있다. 초현실주의에 관심을 새삼 환기시킨 시인들도 있었다.

이 시기에는 또한 최신파 Novísimos와 함께 다른 노선의 시인들도 있었는데, 그들 가운데 베네시아노파 Veneciano는 미학적 섬세함을 추구하고 이와 흡사한 또 다른 노선 신 모더니스트 Neo modernista의 시인들은 퇴폐적 데카당스 성격을 강하게 띠고 있다. 문화주의 Culturalismo는 문화 현실과 예술보다도 시를 우선으로 생각하였고 심미적 성격이 강하다는 특징이 있다. 이 세 경향에 덧붙여 그리스와 로마의 고전과 스페인 17세기 바로크 문학에서 뿌리를 찾고자 했던 노선의 시인들도 언급할 수 있다. 또한 이러한 성격들은 최신파 시인들과 조금씩 다른 방향과 강도로 나타나기도 했다.

1980년와 1990년대 스페인 시의 경향은 1970년대 최신파 시인들의 특징이 맥을 형성하며 이어져 나갔다. 그러나 시간이 흐르면서 최신파의 첨예한 특징들은 온건해지고 실험적 성격도 누그러지며, 학파나 유행과는 거리를 두게 되었다. 또한 휴머니즘 성격과 전통시의 형식에 관심을 기울였고, 새 시대의 감각과 경험을 작은 목소리로 텍스트화 시키는 유연성을 보여준다.

신초현실주의 Neosurrealismo로 불리는 루이스 미겔 라바날 Luis Miguel Rabanal과 페르난도 벨트란 Fernando Beltrán을 중심으로 한 시인들은 또 한 번 잃어버린 꿈과 순수와 에로티즘과 몽환적인 방황을 노래한다. 자동필기법에 가까운 문체로 불연속적 이미지의 나열을 시도하며 현실의 부조리한 느낌을 나열한다. 또 훌리오 야마사레스 Julio Llamazares, 훌리오 마르티네스 Julio Martínez, 혼 후아레스티 Jon Juaresti를 중심으로 옛날의 대서사시를 재시도한 서사시풍의 시, 그리고 신화적이고 마술적인 시각과 현실이 뒤섞여 이전의 참여시와는 다른 사실주의풍의 시가 등장하기도 한다.

20세기 후반의 스페인 시는 질적으로나 양적으로 모두 비옥한 다양성을 보이기 때문에, 일정 틀 안에 넣어 설명해 보려는 시도는 무의미하다. 고전적 전통시로 회귀하려는 움직임을 보인 루이스 안토니오 데 비에나 Luis Antonio de Villena는 고대 그리스와 로마 문학의 형식과 내용이 서구 문학을 통해 면면히 이어지고 있다고 주장한다. 문학의 전통을 긍정적으로 수용하고 새로운 감각에 맞추며 때로는 패러디로 표현한 루이스 가르시아 몬테로 Luis García Montero도 이 시기의 시인이었고, 줄거리와 일상 언어를 중심으로 산문에 접근한 시를 쓰며 줄거리 중심과 일상 언어 중심의 시를 쓴 이슬라 코레예로 Isla Correyero와 초현실주의적 접근으로 순화된 언어에 관심을 쏟은 시인들과 도시 생활과 영화와 록 뮤직에 관심을 보인 시인들도 있었다.

1) 망명 시인들

스페인 내란 이후 레온 펠리페 León Felipe를 비롯한 27세대의 상당수 시인들은 세계 각지로 흩어진다. 내란이 끝난 직후 시인들의 작품 모티브는 패배로 인한 절망과 승리자들을 향한 분노와 미움이 지배적이었다. 절망과 분노의 테마를 잘 보여주는 시인은 레온 펠리페로, 알베르티, 세르누나, 살리나스, 기옌의 시에서 볼 수 있었던 절망과 비통함의 오열을 그의 시에서도 찾아볼 수 있다.

그러나 시간이 흐르면서 분노와 절망은 잃어버린 조국에 대한 노스탤지어의 테마로 바뀌었다. 전쟁과 망명의 고통, 조국에 대한 추억은 1939년 이후의 시인 아르투로 세라노 플라하 Arturo Serrano-Plaja, 호세 마리아 키로가 플라 José María Quiroga Pla, 후안 레하노 Juan Rejano, 후안 힐 알베르트 Juan Gil Alvert 등의 시에 많이 나타난다.

레온 펠리페 León Felipe (1888-1968)

레온 펠리페 León Felipe의 본명은 펠리페 카미노 갈리시아 델 라 로사 Felipe Camino Galicia de la Rosa로, 1888년 사모라의 타바라 Tábara에서 태어나 1968년 멕시코에서 사망하였다.

대학에서 약학을 전공하여 약사로 일을 하다가 극단의 희극 단원으로 전국 순회도 하였는데 횡령 혐의로 삼 년 동안 수감되기도 하는 등 순탄치 않은 젊은 시절을 보냈다. 1922년 멕시코를 여행하던 중 그곳에 정착하였고, 이후 미국의 코넬 대학에서 문학과 교수로 재직하였다. 스페인 내란이 발발하자 공화당을 지지하였고, 1938년 멕시코로 다시 망명의 길을 떠나 1968년에 생을 마감한다.

레온 펠리페는 넘치는 열정과 자유에 대한 갈망을 시로 썼는데, 그가 직접 시를 번역하기도 했던 시인 휘트먼과의 유사점도 보인다. 『나그네의 시와 글 *Versos y oraciones de caminante*, 1920과 1929』을 시작으로 『뺨맞은 광대과 낚시꾼: 슬픈 스페인 시 *El payaso de las bofetadas y el Pescador de caña: poema trágico español*, 1938』와 『탈출과 오열의 스페인人 *Español del éxodo y del llanto*, 1939』 등의 절망과 비통함을 오열처럼 쏟아낸 작품들과 『아, 낡고 부셔진 바이올린! *¡Oh, este viejo y roto violín!*, 1968』 등의 시집이 있다. 시대의 흐름과 망명자로서의 상황을 극복한 레온 펠리페의 삶이 녹아든 작품들이다.

호세 마리아 키로가 플라 José María Quiroga Pla (1902-1955)

호세 마리아 키로가 플라 José María Quiroga Pla는 1902년 마드리드에서 태어나 1955년 스위스 제네바에서 사망하였다. 미겔 데 우나무노의 사위인 키로가 플라는 울트라이즘 Ultraísmo 경향의 시를 여러 잡지에 발표하였고, 1939년 프랑스로 망명하여 프랑스 레지스탕스로도 활동하였다.

1946년의 시집 『날마다 죽기 Morir al día』에는 힘든 망명 생활의 어려움이 잘 나타나 있다. 이후에 발표된 『현실 다시 생각하기 *La realidad reflejada*, 1955』와 『추억의 왈츠 *Valses de la memoria*』에는 스페인에 대한 추억과 함께 깊은 인간애와 사랑이 녹아든 작품을 볼 수 있고, 한층 차분하고 성숙한 작가의 생각을 엿볼 수 있다. 특히 그의 소네트는 많은 사랑을 받는 작품이다.

후안 레하노 Juan Rejano (1903-1976)

후안 레하노 Juan Rejano는 1903년 안달루시아의 코르도바에서 태어났다. 프랑스와 멕시코에서 망명 생활을 하다가 스페인으로 귀국 준비를 하던 중인 1976년 멕시코에서 사망하였다.

후안 레하노는 『안달루시아 탬버린 *Pandereta andaluza*, 1921』을 시작으로 대중적 형식과 테마의 『꿈의 충정 *Fidelidad del Sueño*, 1943』과 『헤닐 강과 올리브나무 *El Genil y los Olivos*, 1944』를 발표하였다. 자신의 시 일부를 추려 발표한 『오마주 시집 *Libro de los homenajes*, 1961』에는 스페인, 사랑과 죽음, 공동 연대의 인간 등과 같은 거창한 테마와 더불어 고통과 슬픔과 희망의 테마를 한층 성숙한 모습의 시어로 담아낸 시 등이 있다.

아르투로 세라노 플라하 Arturo Serrano Plaja (1909-1979)

아르투로 세라노 플라하 Arturo Serrano Plaja는 1909년에 태어나 프랑스와 중남미의 여러 국가에서 일생을 보내고 1979년 미국에서 사망한다. 망명 시인들 모두가 그렇듯 세라노 플라하의 삶과 작품에는 스페인 내란과 국민당의 승리가 큰 상처로 남아 있다.

스페인 내란 중에 발표한 『사람과 일 *El hombre y su trabajo*, 1938』은 혁명적 시각의 앙가주망 의미를 담고 있으며, 이와 비슷한 성향의 시집 『전쟁과 평화의 시 *Versos de guerra y paz*, 1945』도 있다. 조국 스페인을 바라보는 고통과 고뇌에 찬 시각은 여전하지만, 『행운의 질주 *Galope de la suerte*, 1958』에는 실존적 성향이 뚜렷하게 나타난다. 스페인에서 출판한 『하느님의 손길이 개 같은 나를 향한다 *La mano de Dios pasa por este perro*, 1965』는 심오한 종교적 신앙심이 묻어난 작품이다. 시외에도 수필과 소설 작품도 있다.

후안 힐 알베르트 Juan Gil Albert (1906-1994)

후안 힐 알베르트 Juan Gil Albert는 1906년 알리칸테의 알코이 Alcoy에서 태어나 1994년 발렌시아에서 사망한 스페인의 시인이자 수필가다. 막스 아웁을 통해 여러 새로운 시 경향을 알게 되고 많은 시인들과 교류하며 시를 쓰기 시작하였다.

사랑 테마의 소네트 시집 『현상의 신비 *Misteriosa presencia*, 1936』와 『공포작렬 *Candente horror*』을 연달아 발표하였다. 반 파시즘 작가 국제 대회에 적극 참여했던 힐 알베르트의 발렌시아의 집은 공화파 지식인들의 모임 장소였다. 1939년 망명을 떠나 멕시코와 아르헨티나에서 망명 생활을 하며 『환상과 회복의 시들 *Las ilusiones con los poemas de El convaleciente*, 1944』을 발표하였다. 망명을 끝내고 1947년 발렌시아로 돌아왔지만, 다른 시인들과의 교류는 없었다. 흔히들 '국내 망명 exilio interior'으로 부른 칩거 생활을 하며 작품도 발표하지 않았다. 그러나 1972년 시 선집 『불변의 원천 *Fuentes de la constancia*』을 발표하면서 힐 알베르트에 대한 관심은 커졌고, 시대를 대표하는 최고 시인

중 하나로 평가받기에 이른다. 틀에 얽매이지 않는 개성 강한 그의 시에 대한 찬사는 『형이상학 *La Meta-física*, 1974』 등의 작품을 통해 더욱 공고해졌다.

2) 현대시인들

루이스 로살레스 Luis Rosales (1910-1992)

루이스 로살레스 Luis Rosales는 1910년 그라나다에서 태어나 1992년 사망한 스페인 시인으로 스페인 한림원 종신 멤버였고, 1982년에는 세르반테스 문학상 Premio de Cervantes을 수상하기도 하였다. 일찍이 '수탉 Gallo'이라는 문학 동인지를 통해 가르시아 로르카 등과 친분을 쌓았다. 가르시아 로르카는 내란이 발발한 1936년 신변의 위협을 느끼고 팔랑헤당을 지지하던 루이스 로살레스의 집에 숨어 있기도 하였지만 그를 살려보려는 루이스 로살레스 가족의 노력에도 불구하고 결국 발각되어 죽음을 면하지 못하였다. 루이스 로살레스는 스페인 황금세기의 문학에도 해박한 지식을 가진 시인으로, 수필집 『세르반테스와 자유 *Cervantes y la libertad*, 1960』를 집필하기도 하였다.

루이스 로살레스의 시는 미학적 문제에 큰 관심을 보이며 고전적 형태를 추구하던 시기와, 전위적 실험시의 시기로 구분된다. 1935년 발표한 『4월 *Abril*』은 고전주의를 주창한 '창의적 젊음 juventud creadora' 세대의 교과서 역할을 한 시집이다. 스페인 내란 이후에 팔랑헤 Falange당을 지지하던 지식인들과 함께 라인 엔트랄고 Laín Entralgo의 에스코리알 Escorial紙에서 일하기도 했다. 인간의 내면과 종교적 테마가 잘 드러난 루이스 로살레스의 시는 순응시 poesía arraigada의 대표시로 자리매김한다. 완벽하게 아름다운 시 형식의 추구와 미학적 관심을 보인 그는 최고의 현대 시인으로 인정받는다.

1949년의 『불타는 집 *La casa encendida*』은 루이스 로살레스의 두 시기의 시 세계가 잘 녹아 있는 작품이다. 『리마 *Rimas*, 1951』, 『마음에 담긴 것들 *El contenido del corazón*, 1969』, 『새로운 리마 *Nuevas Rimas*, 1970』 등의 시집이 있다.

레오폴도 파네로 Leopoldo Panero (1909-1962)

레오폴도 파네로 Leopoldo Panero는 1909년 레온 지방의 아스토르가 Astorga에서 태어나 1962년에 사망한 시인이다. 스페인 순응시를 대표하는 시인으로, 고향과 가족과 하느님 테마의 시는 단순함과 부드러움과 서정적 떨림을 느끼게 한다. 완벽한 형식과 운율을 살펴볼 수 있는 작품으로는 『공허한 존재 *La estancia vacía*, 1945』와 『매 순간 시를 쓴다 *Escrito a cada instante*, 1949』와 『시 *Poesías*, 1932-1962』가 있다.

디오니시오 리드루에호 Dionisio Ridruejo (1912-1975)

디오니시오 리드루에호 Dionisio Ridruejo는 1912년 소리아의 부르고 데 오스마 Burgo de Osma에서 태어나 1975년에 사망한 스페인의 시인이자 정치가였다. 젊은 시절 팔랑헤당원이었고, 라인 엔트랄고와 함께 에스코리알 Escorial紙를 창간하였다. 그러나 1942년 모든 직책을 내려놓고 프랑코 독재 체제에 반대하여 5년 동안의 망명과 몇 달간의 투옥 생활을 하였고, 스페인의 자유와 민주화를 위해 투쟁하였다.

블라스 데 오테로 Blas de Otero (1916-1979)

블라스 데 오테로 Blas de Otero는 1916년 빌바오에서 태어나 마드리드에서 고등학교를 마치고 바야돌리드 대학에서 법학을 전공하였다. 몇 년 동안 교직에 몸담은 기간을 제외하고는 시인으로서의 삶을 살았다. 1979년 마드리드의 자택에서 생을 마감할 때까지 중국과 쿠바를 시작으로 전 세계를 다니며 컨퍼런스와 시 낭독회를 가졌던 시인이었고, 세계적으로 잘 알려진 스페인 시인이었다.

블라스 데 오테로 시인은 내란 이후 스페인 현대시의 아이콘이었다. 알라르코스 죠락 Alarcos Llorach은 그의 삶을 '나에게서 우리로 del yo al nosotros'라고 표현한다. 젊은 시절의 시인에게는 자신의 개인적인 문제가 시의 주요 테마였다. 그러나 시간이 흐르면서 개인적인 문제는 공동체적인 문제로 대체되면서 스페인 대표 사회참여 시인의 면모를 분명히 보여준다. 이것은 블라스 데 오테로가 인간적인 고뇌와 정치적인 고뇌를 포함한 실존주의적 성향의 시인으로 변화되었음을 말해주는 것이라 하겠다.

블라스 데 오테로의 시 세계는 세 시기로 구분해 살펴볼 수 있다. 그 첫 시기는 비순응시 poesía desarraigada의 시기로 『잔인할 정도로 인간적인 천사 *Ángel fieramente humano*, 1950』와 『의식의 뒤안길 *Redoble de conciencia*, 1951』 등의 대표작이 있다. 이 두 작품집과 새로운 작품들을 모아 1958년 한 권의 시집으로 출판한 것이 『안시아 *Ancia*』다. 작품의 제목 안시아는 1950년의 시집 제목 ángel의 첫 음절과 1951년의 시집 끝 단어 conciencia의 마지막 음절을 합성해 만든 신조어다.

다마소 알론소 역시 이 두 시집을 비순응시 poesía desarraigada 작품으로 설명하는데, 두 시집에는 시인 자신과 시인의 고뇌와 같은 개인적인 문제가 주된 테마로 등장한다. 시인의 존재와 시인 주변의 세상, 그리고 인간과 운명에 대한 여러 고뇌의 문제가 형이상학적으로 표현된다. 또한 종교시라는 표현도 가능할 정도로 종교적 관심을 드러낸 시들이 많은데, 이러한 시에 등장한 하느님은 구약 성경에 등장하는 무서운

공의의 하느님의 모습을 띤다. 우리의 소망을 담아 갈망하는 하느님이지만 하찮은 창조물인 인간으로서는 이해가 불가능한 하느님으로 인간의 갈망 앞에 침묵으로 일관하는 하느님의 모습을 담는다. 대표작 『잔인할 정도로 인간적인 천사』에 수록된 소네트 「인간 Hombre」의 첫 사행시는 다음과 같다: '죽음의 심연 끝까지 밀린 나는/ 맨몸으로 죽음을 버티며/ 하느님을 외친다./ 그러나 그의 침묵에 허공에 지른 마지막 외침은/ 공허하게 사라질 뿐. Luchando, cuerpo a cuerpo, con la muerte,/ al borde del abismo, estoy clamando/ a Dios. Y su silencio, retumbando,/ ahoga mi voz en el vacio inerte.' 또한 사랑 테마의 시 「여인의 육체 *Cuerpo de la mujer*」와 「어둠이 알려주길,,, *Sombras le avisaron...*」에서도 절대자에 대한 갈망은 강열하다.

이 시집의 일부 작품을 기점으로 '우리'와 우리 인간의 문제에 접근하는 테마가 등장하기 시작한다. 「이 땅의 자녀들 Hijos de la Tierra」, 「앙케이트 Encuesta」, 「평화로 밭갈자 Aren en paz」, 「첫 노래 Canto primero」 등이 대표작으로, 「첫 노래」의 첫 구절은 '나는 어쨌든 인간을 위해 노래하리라 Definitivamente, cantaré para el hombre'로 시작한다. 이 시 구절처럼, 시인은 인간의 고뇌와 비참함을 실존적 의미로 짚어가며 노래를 이어간다.

블라스 데 오테로는 소네트에 대한 사랑이 각별했다. 그의 시는 소네트를 비롯한 전통 형식의 시들이 많았지만, 자유시도 찾아볼 수 있다. 오테로의 소네트는 대부분 엄격한 형식을 고수하나, 예상치 못한 부분에 강한 행간걸침 encabalgamiento abrupto을 씀으로써 표현력을 강화하는 등 집약된 미학을 선보이고 있다. 전통적 형식의 시와 더불어 성경의 시편 Salmos의 영향을 받기도 하였으며 시인들 중에서는 황금세기 시인 케베도 Quevedo와 20세기의 우나무노 Unamuno의 영향을 빼놓을 수 없다.

블라스 데 오테로의 두 번째 시기는 참여 시민의 기간이다. 그는 1955년의 『평화의 약속을 요구한다 *Pido la paz y la palabra*』에 이어, 1959년 『스페인어로 *En castellano*』와 1964년 『스페인의 모든 것 *Que trata de España*』을 발표한다. 스페인 내란을 비롯한 여러 전쟁을 경험하고 그 상처의 고통을 겪으며 시인은 이제 개인적 고뇌와 형이상학적인 문제의 고민을 내려놓는다. 종교에서 찾을 수 없었던 답들을 새로운 '종교' 안에서 찾으려고 노력한다. 시인에게 있어 새로운 종교는 고통받는 모든 이들과의 연대와 결속이었다. 이것을 위해 해야 할 첫 번째 작업은 현재 겪고 있는 생생한 비극의 삶을 공유하며 형제애를 다지는 것이고, 두 번째 작업은 가능한 한 빠른 시간 안에 그 비극을 극복하는 것이라고 시인은 설명한다. 시인은 이러한 문제들에 진정성 있게 다가가며 예전부터 이어져온 시의 힘을 발휘한다면 참여시는 이런 역할을 잘 감당하리라고 믿는다는 설명을 덧붙인다. '나'가 아닌 '우리'에 접근하면서 시어의 반복 사용으로 고통스럽고 강박적인 상황을 전달한다.

당연히 시인의 관심은 스페인에 집중된다. 98세대에 이어 전후의 세대들에게도 강박관념처럼 다가왔던 스페인의 문제에 블라스 데 오테로의 시선이 향한 것은 당연하였다. 그의 시는 스페인 땅, 조국에 살고 있는 스페인 사람들, 그리고 그들의 가난과 갈망으로 가득 차 있다. 무엇보다도 평화, 약속과 자유, 그리고 더 나은 미래에 대한 갈망으로 채워져 있다. 스페인에 대한 신랄한 비판이 이어지지만, 비판의 끝은 항상 희망과 기쁨을 향한 강한 염원을 내비친다. 첫 시기의 개인적인 고뇌에서 자유로워진 블라스 데 오테로의 시는 본격적으로 긍정을 향한 길로 들어선다.

또한 시인은 자신의 시가 되도록 많은 사람을 향하기를 바란다. 항상 소수를 위한 시를 쓰기 원했던 후안 라몬 히메네스와는 정반대의 입장이라고 할 수 있다. 그래서 다수를 향한 블라스 데 오테로의 시어는 당연히 단순하다. 시어의 단순함은 시의 수준이 낮아지는 문제로 해석할 수도 있지만, 그에게 시어의 단순함은 단지 외관상의 문제일 뿐이다. 시로 세상을 변화시키겠다는 시인의 강한 갈망은 설령 시의 수준을 낮추는 일이 있을지언정 사회 참여의 길로 나가겠다는 의지를 분명하게 전달한다.

이러한 변화는 단지 블라스 데 오테로에게만 나타난 것이 아니다. 안토니오 마차도, 가르시아 로르카, 라파엘 알베르티, 미겔 에르난데스와 같은 20세기의 위대한 시인들 역시 그와 비슷한 변화의 과정을 겪었다는 것은 이미 살펴본 바 있다. 이들 선배 시인들 가운데 특히 안토니오 마차도는 짧은 대중 서정시에 애정을 갖고 시적 영감을 느꼈다는 점에서 블라스 데 오테로에게 큰 영향을 미쳤다고 말할 수 있다.

블라스 데 오테로의 세 번째 시기는 사회 참여시의 결과에 대한 실망과 회의가 표출된 시기다. 1965년 이후의 작품은 시 선집에 포함되었거나 산문 작품에 발표된 것으로, 1970년의 산문시 『가짜 역사, 진짜 역사 *Historias fingidas y verdaderas*』와 『마드리드의 페이지 *Hojas de Madrid*』와 『그 사이 *Mientras*』 등의 작품들을 통해 살펴볼 수 있는 분명한 점은 시인의 시 방향이 바뀌었다는 것이다. 이는 참여시의 한계에 대한 강한 회의로 해석할 수 있다. 그는 되도록 많은 사람들을 위한 시를 쓰기를 원했지만, 그들은 시를 읽지 않는다는 사실을 간파하며, 시의 역할에 대한 한계를 여실히 깨닫는다.

당연히 시인의 목표는 수정되어 더 이상 사회적인 문제와 고뇌에 자신을 투사시키기를 원하지 않았고, 시인으로서의 관심은 오직 시적 표현에만 제한된다. 새로운 시어와 새로운 시 형식을 추구한다는 점에서 종종 최신파 Novísimos와 같은 노선을 걸었다고도 볼 수 있다. 이후의 시 작품은 시 선집 『표현과 모임 *Expresión y reunión*, 1969』과 『시와 산문 *Verso y prosa*, 1974』을 통해 볼 수 있다.

블라스 데 오테로의 문체 역시 세 시기에 따라 특징을 달리한다. 사회 참여 시인 시기에 볼 수 있는 시인의 문체는 단순함을 특징으로 하지만, 전체적으로 보았을 때는 절제 contención, 삭제 eliminación, 모색 busqueda이라는 세 단어로 표현할 수 있다. 따라서 집약된 시어로 쓴 짧은 시가 주류를 이룬다. 또한 블라스 데 오테로의 시 세계는 스페인 내란 이후 스페인 시의 특징적인 변화의 양상을 그대로 보여준다. 즉 삶의 고뇌 중심의 비순응시, 정의와 평화를 향한 모두의 갈망을 표출한 사회참여시, 이 참여시를 넘어선 또 따른 길의 모색, 이러한 세 단계는 바로 스페인 시의 양상이기도 하다. 블라스 데 오테로는 스페인의 역사가 걸어갔던 길 하나하나의 저변에 물러서 있지 않고 매번 새로운 길을 찾아 노력했으며 그 새로운 길에서 스페인어 시어의 힘을 아낌없이 발휘하였다.

가브리엘 셀라야 Gabriel Celaya (1911-1991)

가브리엘 셀라야 Gabriel Celaya는 1911년 기푸스코아 Guipúzcoa의 에르나니 Hernani에서 태어나 1991년 사망한 시인이다. 본명은 라파엘 가브리엘 후안 무히카 셀라야 레세타 Rafael Gabriel Juan Múgica Celaya Leceta로 가브리엘 셀라야는 필명이었다. 마드리드에서 공과대학을 다니던 1927년부터 1935년 동안 기숙사에서 살며 가르시아 로르카를 비롯한 전후의 예술가들과 친분을 쌓으며 문학에 관심을 갖게 되었고, 그 후 시인으로 활동하며 스페인 현실 참여 사회시를 쓴 대표 시인이다.

1935년 첫 시집 『침묵의 潮水 *Marea del silencio*』 발표 이후 침묵하던 가브리엘 셀라야는 1947년 베케르 백주년 문학상 Premio del Centenario Bécquer을 수상한 『폐쇄된 고독 *La soledad cerrada*』과 『초보적 움직임 *Movimientos elementales*』을 시작으로 많은 작품을 발표하였다. 1946년 산 세바스티안에서 인생의 동반자 암파로 가스톤 Amparo Gatón과 함께 출판사 '노르테 Norte'를 설립하고 많은 시 작품을 출판하였다. 27세대와 망명 시인들, 그리고 외국 시인들의 가교 역할을 원했던 '노르테' 출판사를 통해 릴케, 랭보, 폴 엘뤼아르, 윌리암 블레이크 등의 시가 번역되어 출판되었다.

『폐쇄된 고독』과 『초보적 움직임』에서 나타난 초현실주의 움직임은 『편안하게 말해서 *Tranquilamente hablando*, 1947』라는 작품에서 실존주의 테마와 산문에 대한 선호로 바뀐다. 그러나 1950년대 이후 블라스 데 오테로와 함께 엘리트주의 시에서 벗어나 다수의 사람들을 향한 시, '세상을 변화시키려는 para transformar el mundo' 사회시로 명백히 전환한다. 『열어본 편지 *Las cartas boca arriba*, 1951』와 사회시의 바이블로 불리는 『이베로의 노래 *Cantos iberos*, 1955』, 『스페인에서 벌어진 사건들 *Episodios Nacionales*, 1962』이 있다. 이후의 『의미론 평원 *Campos semánticos*, 1971』에서는 실험시 쪽으로의 선회도 찾아볼 수 있어 매우 다양하고 풍요로운 시 세계를 보여준 시인이다.

호세 이에로 José Hierro (1922-2002)

호세 이에로 José Hierro는 1922년 마드리드에서 태어났지만 2살 때 산탄데르 Santander로 이사하여 그곳에서 학교를 다녔다. 스페인 내란이 끝나자 정치범들을 도왔다는 이유로 5년 동안 투옥되었다가 1944

년 출간한다. 이후 발렌시아에 머물며 여러 직업을 전전하며 '검은 고양이 카페 Café El Gato Negro'라는 문학 토론 모임 tertulia에 참여한다. 이후 방송과 잡지와 신문사에서 다양한 일을 하며 '뱃머리 뱃사공 Proel'紙를 출간하고 시 모임에서 활동하였다.

그는 1947년 『우리가 없는 땅 *Tierra sin nosotros*』과 『기쁨 *Alegría*』을 발표하였는데 이 작품에서는 젊은 시절의 고뇌와 끝없이 추구하던 행복을 얻지 못한 절망을 훌륭하게 표현해냈다. 젊은 시절의 암울한 고뇌는 이후의 『돌과 함께, 바람과 함께 *Con las piedras, con el viento*, 1950』와 시집 『42년의 별장 *Quinta del 42*, 1952』을 통해 상당히 성숙한 실존적 고통의 모습으로 변한다. 1952년 이후로 타인의 고통에 마음의 문을 열며 사회시 경향의 시들을 썼다. 하지만 테마 면에서나 미학적 추구의 면에 있어서나, 호세 이에로를 사회 시인으로 구분하기에는 모호한 측면이 있다.

호세 이에로의 순수하고 집약된 시어는 『내가 나를 얼마나 알까 *Cuanto sé de mí*, 1959』, 『환각의 서적 *Libro de las alucinaciones*, 1964』, 『아젠다 *Agenda*, 1991』, 『선사 문학 *Prehistoria literaria*, 1991』, 『뉴욕 노트 *Cuaderno de Nueva York*, 1998』, 『어둠에 감춰둔 *Guardados en la sombra*, 2002』 등의 작품을 통해 이어진다. 그는 1998년 세르반테스 문학상 Premio de Cervantes을 수상하였고, 2002년 80세의 나이로 마드리드에서 사망한다.

호세 마리아 발베르데 José María Valverde (1926-1996)

호세 마리아 발베르데 José María Valverde는 1926년 알칸타라 Alcántara에서 태어나 1996년 사망한 스페인의 시인이자 비평가였고, 또 바르셀로나 대학의 미학 교수이자 수필가였다. 이른 나이인 1945년 그는 『하느님의 사람 *Hombre de Dios*』을 발표한 이후 다양한 시 주제를 선보였지만 결국 스페인 최고의 기독교 시인으로 자리매김한다. 시인으로서뿐만 아니라 삶에서도 그는 윤리적으로 모범적인 모습을 보여준 시인이다. 기독교인으로 프랑코 독재정권에 반대하는 입장을 취한 발베르데는 쿠바와 니카라과의 독재자에 대항한 투쟁에 협조했다는 정치적 이유로 1964년 망명의 길을 떠나야했다. 미국과 캐나다와 이탈리아 등지에서 스페인 문학 교수로 재직하다 스페인으로 돌아왔고 1996년 사망한다.

발베르데의 시는 심오한 의미와 뛰어난 시어 사용으로 유명하다. 『기다림 *La espera*, 1949』, 『주일의 시 *Versos del domingo*, 1954』, 『이 세상을 정복하다 *La conquista de este mundo*, 1960』, 『단어라는 것 *Ser de palabra*, 1976』 등의 시집이 있고, 많은 비평서와 번역서로도 이름을 날렸다.

페드로 힘페레르 Pedro Gimperrer (1945-)

1945년 바르셀로나에서 태어난 페드로 힘페레르 Pedro Gimperrer는 시인이자 비평가이자 번역가였다. 스페인어로 작품을 쓰기도 했지만 카탈란어로도 많은 작품을 쓴 힘페레르는 1985년 스페인 한림원 종신 멤버로 선정되었고, 1988년 스페인 국민 작가상 Premio Nacional de las Letras Españolas을 수상하였다.

이른 나이에 발표한 첫 시집 『테트라르카의 메시지 *Mensaje del Tetrarca*, 1963』에 이어 『불타는 바다 *Arde el mar*, 1966』, 『비버리 힐스의 죽음 *La muerte en Beverly Hills*, 1968』, 『이상한 열매와 다른 시들 *Extraña fruta y otros poemas*, 1969』 등의 작품이 있다. 최신파 Novísimos의 핵심 멤버로 활동하였고, 이후의 작품에서는 낭만주의와 모더니즘

과 초현실주의 요소까지 찾아볼 수 있다. 1970년 이후에는 『거울 *Els mirralls*, 1970』을 비롯하여 카탈란어로 쓴 여러 편의 시집을 발표하였다.

펠릭스 그란데 Félix Grande (1937-2014)

펠릭스 그란데 Félix Grande는 1937년 메리다 Mérida에서 태어나 2014년 사망한 스페인의 시인이자 비평가였다. 그는 새로운 시어와 형식을 추구했던 최신파 Novísimos 시인들 중에 최고 연장자로 그룹을 대표하는 시인이었다.

첫 시집 『돌 *Las piedras*, 1964』은 고독을 주제로 한 실존적 의미가 큰 작품이다. 단편 소설 「거리 Las calles, 1965」로 에우헤니오 도르스 Premio Eugenio 상을 수상하였고, 1966년 『두려움에 떠는 음악 *Música amenazada*』을 시작으로 『영혼의 백색 *Blanco spirituals*, 1967』, 『햇수들 *Años*, 1975』, 『오라시오 마르틴의 슬픈 음악 *Las Rubaiyatas de Horacio Martín*, 1978』 등의 시집을 발표한 다음 30여 년간 침묵의 시간을 보낸다. 2010년 『아우슈비츠 수용소의 쇼아의 머리카락 *La cabellera de la Shoá*』에 이어 『가족 문집 *Libro de familia*, 2011』을 발표하였다.

펠릭스 그란데는 초기에 안토니오 마차도풍의 시를 썼고 사회시를 거쳐 후에는 에로티즘 성격의 시를 발표하였다.

안토니오 콜리나스 Antonio Colinas (1946-)

안토니오 콜리나스 Antonio Colinas는 1946년 레온의 바녜사 Bañeza에서 태어났다. 내적 고백을 담은 신낭만주의 경향의 시집 『캄캄한 밤의 서곡 *Preludio a una noche total*, 1969』을 시작으로 문화주의 Culturalismo 느낌이 강한 『성전을 위한 천둥과 플룻소리 *Truenos y flautas para un templo*, 1972』를 발표하였다. 그러나 그의 시 세계의 방점은 『타르키니아 무덤 *Sepulcro en Tarquinia*, 1975』이라고 할 수 있다. 여러 해 동안 이탈리아에 거주하며 방문했던 지역을 예술과 역사와 아름다움의 관점에서 노래한 작품이다. 음악성이 뛰어나고 시어는 섬세했으며 상징적이고 신비스런 느낌의 반향이 강한 시 작품이다.

루이스 안토니오 데 비예나 Luis Antonio de Villena (1951-)

루이스 안토니오 데 비예나 Luis Antonio de Villena는 1951년 마드리드에서 태어난 스페인의 시인이자 문학 비평가이자 번역가다. 1970년대에는 최신파 Novísimos 시인이었고, 1980년대에는 관능적이고 퇴폐적인 아름다움을 추구하는 데카당스 문학 Decadentismo과 문화주의 Culturalismo에 영향을 미친 시인으로 흔히 후기 최신파 Posnovísimos 시인으로 불린다. 잃어버린 청춘과 육체와 동성애, 모험과 쾌락의 지중해 등은 루이스 안토니오 비예나의 작품에 자주 등장하는 주제다.

『거룩한 혼자됨 *Sublime Solarium*, 1971』을 시작으로 아름다움과 욕망을 노래한 『오직 죽음만 *La muerte únicamente*, 1984』과 고통과 분노와 열정을 노래한 『소외된 자들 *Marginados*, 1993』 등의 작품이 있다.

루이스 몬테로 Luis Montero (1958-)

루이스 몬테로 Luis Montero는 1958년 그라나다 Granada에서 태어난 스페인의 시인이자 비평가로, 1981년부터 그라나다 대학교의 스페인 문학 교수로 재직하였다. 이 대학에서 철학과 문학을 공부한 루이스 몬테로는 라파엘 알베르티의 시를 주제로 박사 학위를 받았다.

그는 1982년 『외국의 정원 *El jardín extranjero*』으로 아도나이스 문

학상 Premio Adonáis을 수상하였다. 새로운 시 경향을 추구하는 '또 다른 감성 otra sentimentalidad'이라는 문학 그룹에 속해 있었는데, '또 다른 감성'은 1983년 루이스 몬테로의 첫 에세이 작품의 제목에서 따온 것으로 이 그룹에 속한 시인으로는 하비에르 에헤아 Javier Egea와 알바로 살바도르 Álvaro Salvador 등을 들 수 있다. 이후로는 경험시 poesía de la experiencia 시인으로도 불렸다. 경험시란 최신파가 추구하던 개인적인 미학과 모티브와는 거리를 두고 세대와 집단의 경험을 앞세우며 나의 존재를 강조하지 않는 흐름을 따르는 시다. 이와 함께 27세대의 시와 초현실주의도 수용한다. 『각각의 방들 *Habitaciones separadas*, 1994』과 『뱀의 마음 깊은 곳 *La intimidad de la serpiente*, 2003』 등의 시집이 있다.

3. 소설

스페인 내란 이전의 문학 활동은 시에 국한되어 활발하게 이루어졌고, 소설 활동은 미진한 가운데 내란이 발발하게 되었다. 내란 이후의 스페인 소설이 문화적 향방을 잃고 표류하게 되었던 것은 이 때문이다. 1940년대는 소위 모색의 기간으로 설명되며, 스페인 내란으로 끊긴 맥을 찾고자 하는 시도를 특징으로 볼 수 있다. 그러나 그것은 쉽지 않은 일이었다. 미학적 성격이 강한 벤하민 하르네스 Benjamín Jarnés의 소설이나 리카르도 구욘 Ricardo Gullón이 서정 소설 novela lírica로 규정한 가브리엘 미로 Gabriel Miró의 소설을 따를 수는 없었다. 당시의 상황이 미학적 성격이나 서정 소설에 관심을 기울일 수 없는 극적인 상황이었기 때문이었다. 전후의 젊은 작가들과 관심이 같았던 유일한 소설가는 98세대의 바로하 Pío Baroja였다고 말할 수 있을 정도였다.

끊어진 소설의 맥을 잇는 중요한 두 편의 작품이 등장한 것은 1942년과 1944년이다. 1942년에는 카밀로 호세 셀라 Camilo José Cela의 『파스쿠알 두아르테의 가족 *La familia de Pascual Duarte*』이 발표되었고, 1944년은 카르멘 라포렛 Carmen Laforet의 『無 *Nada*』가 발표된 해였다. 『파스쿠알 두아르테의 가족』은 비참하고 생경한 현실을 여과 없이 전달했으며 전율주의 Tremendismo로 불리는 새로운 소설 경향이 시작되었다. 『無』는 꿈이 좌절된 절박한 현실을 보여주는 작품이다. 대학생 여주인공의 사소한 슬픔의 일상을 그린 『無』는 전후 처음으로 동시대의 암울한 현실을 빈틈없이 묘사함으로써 절망적 감동을 일으키기에 충분한 작품이었다. 이 두 작품을 통해 스페인 내란 이후의 처절한 일상의 현실이 직설적으로 소설 작품에 반영되었다고 할 수 있다. 이와 더불어 미겔 델리베스의 『삼나무 그림자가 드리워지다 *La sombra del ciprés es alargada*, 1947』도 중요한 의미를 지닌다.

암울한 현실은 전후 소설에서 많이 등장한다. 실존주의 시각에서 비롯한 고독, 부적응, 좌절, 죽음 등의 테마와 함께 소외되고 방향을 잃고 방황하며 번뇌하는 주인공의 등장은 당시 소설의 특징이었다. 검열 때문에 당시 사회의 불안을 묘사한 소설이 사회 고발의 의도를 드러내기는 한계가 있었지만, 소설가들이 제시한 사회의 모습은 암울했다. 아직은 사회 소설 novela social이라고는 말할 수 없지만 힐 카사도 Gil Casado의 표현대로 사회 지향 소설 novela parasocial로 설명해도 무난하다. 다리오 페르난데스 플로레스 Darío Fernández Flóres의 『롤라, 어둠의 거울 *Lola, espejo oscuro*』과 후안 안토니오 순수네기 J. A. Zunzunegui의 작품은 좋은 예다. 40년대를 대표하는 또 다른 작가로는 호세 마리아 히로네야 José María Gironella, 곤살로 토렌테 바예스테르 Gonzalo Torrente Ballester, 알바로 쿤케이로 A. Cunqueiro, 호세 루이스 카스티요 푸체 J. L. Castillo Puche, 엘레나 키로가 Elena Quiloga 등이 있다.

내란 이후의 스페인 국민의 처절한 삶은 1950년대로 가면서 사회적 사실주의 Realismo social의 사회 소설 novela social로 나타난다. 셀라의 『벌집 *La colmena*, 1951』, 미겔 델리베스의 『길 *El camino*』, 루이스 로메로 Luis Romero의 『돌고 도는 물방아 *La noria*』 등이 대표 작품이다. 『벌집』은 전후 마드리드 사회의 구석구석을 여지없이 조명한 작품으로, 사회적 사실주의 소설 경향의 선구적 역할을 하였다. 『길』은 카스티야 지방의 작은 마을을 중심으로 스페인 전후 사회를 사실적으로 그렸고, 『돌고 도는 물방아』 역시 바르셀로나를 배경으로 군중들의 삶을 그렸다. 사회적 사실주의는 시간이 흐를수록 그 성격이 강화되고, 작가는 사회의 불의와 서민들의 궁핍한 삶을 증언하고 고발해야 할 의무를 지닌다고 생각하며 사회 참여 성격이 짙어진다. 작가는 이러한 흐름에서 변화의 선봉에 서야한다는 생각을 한다. 후안 고이티솔로 Juan Goytisolo, 이그나시오 알데코아 Ignacio Aldecoa, 아나 마리아 마투테 Ana M.a Matute, 헤수스 페르난데스 산토스 Jesús Fernández Santos, 라파엘 산체스 페를로시오 R. Sánchez Ferlosio 호세 마누엘 카바예로 보날드 José Manuel Caballero Bonald, 아르만도 로페스 살리나스 Armando López Salinas, 알폰소 그로소 Alfonso Grosso, 후안 가르시아 오르텔라노 Juan García Hortelano 등의 작가들을 들 수 있다. 페르난데스 산토스의 『용감한 사람들 *Los bravos*』과 알데코아의 『광채와 피 *El fulgor y la sangre*』와 『열풍으로 *Con el viento solano*』, 보날드의 『9월의 어느 이틀 *Dos días de septiembre*』은 생존조차 힘든 농촌 생활을 고발한다. 로페스 살리나스의 『광산 *La mina*』과 알폰소 그로소의 『도랑 *La zanja*』은 고된 노동자의 삶을 증언한다. 고이티솔로의 『섬 *La isla*』과 가르시아 오르텔라노의 『새로운 우정 *Nuevas amistades*』은 인간적 결속감이 결여된 부르주아의 삶을 묘사한다. 고이티솔로의 『낙원에서의 결투 *Duelo en el Paraíso*』와 아나 마리아 마투테의 『어린시절의 추억 *Primera memoria*』은 어린 시절과 사춘기에 경험한 전쟁의 잔상을 그린다.

이러한 작가들이 취할 수 있는 입장은 객관성 유지 또는 사회비판 태도였다. 객관성을 유지하려는 작가는 작품에 전혀 개입하지 않는다. 단지 등장인물의 행동과 대화를 기록하며 무미건조한 증언의 역할만 할 뿐이다. 극단적 형태는 행동주의 Conductismo로 나타나며, 등장인물의 외적인 행동만을 단순히 적어 놓거나 대화만을 모아 놓는다. 물론 이것은 사회비판 태도와의 경계가 모호한 부분이 적지않다. 객관성 유지 입장의 작가로는 페르난데스 산토스나 산체스 페를로시오를 언급할 수 있다. 이들과는 달리 사회비판 태도의 작가는 잘못된 사회를 변화시킬 의무를 강조하며 강한 어조로 사회 참여를 주장하였다. 후안 고이티솔로는 1959년의 수필집 『소설의 문제 *Problemas de la novela*』에서 '작가는 변화의 선봉에 서야 한다. 소설가는 자신이 속한 사회의 힘든 여러 문제들을 해결하는 데 참여해야 한다'고 주장하며 그것이 예술가의 의무 misión del artista라고 설명한다.

1950년대의 소설은 당연히 개인적인 테마에서 벗어나 집단과 사회의 테마로 변화한다. 더 이상 사회는 작품의 테마를 구성하기 위한 단순한 테두리가 아니며, 인간은 알폰소 사스트레가 표현한 바와 같이 '사회의 질서와 혼돈을 구성하는 한 부분 como formando parte del orden o del caos social'인 것이다. 사회를 대표하는 모습의 주인공을 설정하고 개인의 심리에는 관심이 없다. 주인공의 영혼을 면밀히 분석하는 심리 소설과는 거리가 먼 작품들이 대부분이다. 따라서 도시 생활, 노동의 세계, 힘든 농촌 생활은 당시 소설의 주된 테마였다.

사회 소설에서는 내용이 우선이었고 테크닉은 부수적인 문제였다. 형태의 아름다움보다는 효율적인 면이 우선시되었다고 할 수 있다. 또한 문체의 간결함과 직접성을 선호하였고, 형식적 치장을 배제한 역사적 사건 서술식의 스타일을 고수한다. 대화체 문장들에서도 다양한 등장인물들의 실생활 언어를 생생하게 반영하려는 노력을 기울인다. 물론 셀라와 델리베스의 작품에서 볼 수 있는 문체의 풍요로움과 아나 마리아 마투테의 글에서 볼 수 있는 서정성도 찾아볼 수 있지만, 대부분의 작가들은 객관적이고 직접적이며 간결한 문장을 선호하였다. 이런 현상은 문학어의 빈곤이라는 문제를 야기하기도 하였다.

사회적 사실주의의 대표 작품으로 산체스 페를로시오의 『엘 하라마 *El Jarama*, 1956』를 들 수 있다. 이 작품은 하라마 강변에서 어느 일요일을 보내는 젊은 노동자들을 객관적인 시각에서 그린 작품이다. 등장인물들은 떠들고 먹고 즐기고 따분해할 뿐이고 아무 일도 벌어지지 않는 매우 단조로운 일상의 모습을 작품의 행위로 삼는다. 그러나 무료한 일상의 한가운데서 매우 끔직한 일이 벌어지고 있다는 것을 독자들에게 전달한다. 아무런 꿈과 희망이 없는 일상으로부터 도피하려는 등장인물의 삶의 공허함이 바로 끔찍한 사건임을 부각시킨다. 작품의 많은 부분을 차지하는 대화는 일상의 대화 그 자체로 구성된다.

그러나 1960년 이후로 사회적 사실주의의 서술에 거부하는 움직임이 목소리를 내기 시작한다. 사회적 사실주의 작품의 언어에 대한 무관심을 지적하며 예술의 다양함과 풍요로움에 대한 요구가 점차 강해지자 사실주의 태도를 취했던 많은 작가들은 자신들의 입장을 부정하기도 하였다. 20세기 초반의 서술 방법에는 많은 변화가 있었다. 프랑스에서는 프루스트 Proust와 앙드레 지드 Andre Gide로부터, 알랭 로

브그리예 Alain Robbe-Grillet와 미셸 뷔토르 Michel Butor로 대표되는 누보 로망 Nouveau roman에 이르기까지 혁신의 과정이 있었다. 영국과 아일랜드에는 조이스 Joyce, 헉슬리 Huxley, 버지니아 울프 Virginia Wolf 등의 작가가 있었다. 독일의 카프카 Kafka와 토마스 만 Thomas Mann, 미국의 헨리 제임스 Henry James와 포크너 Faulkner 등의 작가들은 이러한 혁신적 소설 기법의 중심에 있었다.

20세기의 위대한 소설가들은 모두 '이건 소설이 아니야! ¡Esto no es una novela!'라고 외치기 시작했다는 알레호 카르펜티에르 Alejo Carpentier의 표현처럼 소설은 그 줄거리, 주인공, 구조, 언어 등에 새로운 변화를 가져왔다. 독창적 문체와 현미경을 들이댄 듯 정밀한 개인의 의식 해부와 기억이라는 주제를 전달한 대표 작가는 『잃어버린 시간을 찾아서 *En busca del tiempo perdido*』의 프루스트다. 인간 내면과 무의식의 흐름을 좇은 『젊은 예술가의 초상 *Retrato del artista adolescente*』과 『율리시즈 *Ulises*』의 제임스 조이스, 다양한 관점의 작품 『음향과 분노 *El ruido y la furia*』와 『내가 죽어 누워 있을 때 *Mientras agonizo*』의 윌리암 포크너와 누보로망 Neuveau roman, 마술적 사실주의 Realismo mágico의 작가 가르시아 마르케스 García Márquez를 중심으로 한 1960년대의 중남미 소설 '붐 boom' 현상도 언급할 수 있다. 이러한 소설 기법의 혁신에 대해 마르티네스 카체로 Martínez Cachero는 '건강한 공격으로 스페인 소설 생명을 되살렸다 una saludable irrupción, riego vivificante para nuestra novelista'고 말했다.

1962년에 발표된 루이스 마르틴 산토스 Luis Martín Santos의 『침묵의 시간 *Tiempo de silencio*』은 문학에 새로운 방향을 제시했다. 사회 고발적 성격은 여전하지만 이전의 작품들과는 달리 서술 기법과 문체를 간과하지 않으려는 변화의 조짐이 뚜렷하다. 루이스 마르틴 산토스와

같은 젊은 작가들과 더불어 기성 작가들 역시 새로운 서술 방법에 관심을 기울이며 많은 작품을 발표하였다. 카밀로 호세 셀라는 1969년 『성자 카밀로 1936 *San Camilo 1936*』과 1973년의 『어둠의 작업 *Oficio de tinieblas*』을 발표함으로써 과감한 실험 정신을 보여주었고, 미겔 델리베스 또한 1966년에 발표한 『마리오와의 다섯 시간 *Cinco horas con Mario*』에서 현대 소설의 특징적 기법인 내적 독백 monólogo interior을 사용하여 주인공 카르멘이 남편의 시신 앞에서 두서없이 자신의 삶과 괴로움을 털어놓게 하였다. 또 1969년, 상징적이고 환상적인 이야기 『조난자 비유 *Parábola del náufrago*』로 다시 한 번 카프카를 연상하게 한다. 사회 참여 소설이 아닌 상상의 세계를 그리고자 했던 알바로 쿤케이로 Álvaro Cunqueiro와 곤살로 토렌테 바예스테로 Gonzalo Torrente Ballestero도 힘을 얻게 된다. 특히 토렌테 바예스테로는 사회적 사실주의 입장을 취하지 않고 독립적인 창작의 태도를 보여 50년대의 주요 작가로 인정받지는 못했지만, 시간이 흐르면서 그의 혁신적 작품은 비평가들의 관심을 끌었다. 1972년에 발표된 『J.B.의 설화/도주 *La saga/ fuga de J.B.*』는 소설의 실험주의를 대표하고 또 동시에 실험주의를 패러디한다. 상상이 난무하고 비이성이 공존한 작품에서 사실은 전설과 신화와 마술이다. 1998년 노벨문학상 수상자인 조제 사라마고 José Saramago는 '스페인 문학사에서 세르반테스의 오른편 자리를 차지할 작가가 나타나지 않더니 드디어 나타났다. 바로 『J.B.의 설화/도주』의 작가 토렌테 바예스테로가 그 주인공이다'라며, 이 소설을 스페인 문학의 새 장을 연 작품으로 평가한다. 주인공 카스트로포르테 Castroforte는 상상의 마을 역사를 천 년 이상 엮어 나가며 1,2,3인칭의 서술 방법을 이용해 사건과 여담, 시, 가공의 이야기와 그림을 조화시킨다. 유머러스하고 독창적인 탐정 소설과 단편 소설을 쓴 프란시스코 가르시아 파본 Francisco García Pavón도 언급할 수 있겠다.

실험적 서술 방법에서는 우선 전지적 관점이 사라진다. 작가의 역할은 단지 이야기를 해주는 것으로만 제한되며 작가의 개입은 최소화한다. 따라서 작품의 관점이 하나의 관점일 수도 있고 다양한 관점일 수도 있다. 그러나 시간이 흐르면서 작가의 개입 배제가 빈번해지자 또 다른 상투적 기법으로 인식되기도 한다. 따라서 이에 대한 반발로 작가가 작품 안에 개입하고 의견을 제시하고 또 자신의 목소리를 남길 권리를 주장하는 일이 생기고 또 전지적 관점을 다시 쓰기도 하였다.

현대 소설에서는 인칭 사용이 매우 자유롭다. 3인칭 소설에서 독백 형식을 이용한 1인칭이 등장하기도 하고, 멕시코 작가 카를로스 푸엔테스 Carlos Fuentes의 『아르테미오 크루스의 죽음 *La muerte de Artemio Cruz*』처럼 1, 2, 3인칭이 번갈아 가며 등장하기도 한다. 또 2인칭 소설이 많았다는 점도 특징이라 할 만하다. 셀라의 『콜드웰 부인이 아들과 대화하다 *Mrs. Caldwell habla con su hijo*』와 미겔 델리베스의 『마리오와의 다섯 시간 *Cinco horas con Mario*』이 대표적 예다.

또한 대화의 역할이 줄어들었다는 점도 현대 소설의 중요한 특징 중의 하나다. 사회적 사실주의 소설에서 매우 중요한 역할을 했던 대화는 내적 독백 monólogo interior이나 간접 자유 문체 estilo indirecto libre로 대체되었다. 내적 독백은 등장인물이 말하지 않은 의식의 부분을 처리하는 방법이다. 통제되지 않는 생각이나 느낌, 기억이나 무의식적 충동을 엮어 표현하는 방법으로, 의식의 흐름 corriente de la conciencia이라고도 설명할 수 있다. 간접 자유 문체는 등장인물의 말이나 떠오르는 생각을 즉시 전달하는 수단으로, 3인칭 독백 soliloquio (아무도 없을 때 하는 혼잣말로 관객만 들을 수 있는 독백으로, 두 등장인물 A가 B에게 말을 하지만 B는 대답을 안 하고 듣고만 있는 독백 monólogo과 구별된다)로 설명할 수 있다. 이러한 방법은 제임스 조이스와 포크너의 작품들, 셀라와 미겔 델리베스와 고이티솔로의 작품에서 그 예를 찾아볼 수 있다.

행위에도 많은 변화가 있었다. 줄거리가 부수적인 요소로 밀려나거나 심지어 줄거리가 없는 소설이 등장하기도 한다. 수사적인 효과를 주는 리얼리티로의 줄거리만 남기도 한다. 줄거리가 있어도 사실주의 소설과는 달리 비이성적인 상상과 꿈과 신화의 세계를 다루고, 상징적 의미를 부여하기도 한다. 또한 소외된 인물과 노년의 주인공을 다루기도 한다. 기존의 소설과는 달리 분위기 묘사 역시 최소화함으로써 줄거리와 등장인물에 대한 가치와 역할을 부정한다. 한편 이것과는 별개로 탐정 소설과 연재 소설 등이 인기를 얻기도 하였다.

소설의 플롯 역시 많은 변화가 있었다. 챕터로 나뉘던 외적 구조가 사라지고 장면을 중심으로 한 새로운 구조를 선호한다. 여러 줄거리가 교차되고 조화를 이루는 카운터포인트 contrapunto와 셀라의 『벌집 *La colmena*』에서처럼 여러 이야기와 등장인물들을 부각시키는 만화경 기법 técnica caleidoscópica을 사용한다. 또한 더 이상 시간적 서술을 고집하지 않게 되었다. 바케로 Baquero 교수는 시간적 무질서를 '현대 소설의 구조적 특징'으로 설명한다. 프루스트 이후에 기억과 회상이 소설의 중요 요소로 등장함에 따라 시간적 서술은 이미 그 의미가 사라졌다고도 볼 수 있다. 또 영화 기법인 플래시백 saltos atrás을 사용하기도 하고, 극단적인 경우에는 시간의 미로 혹은 퍼즐 맞추기 laberinto o rompecabezas temporales로 설명되는 경우도 있다.

등장인물 또한 현실의 '복사'가 아니라 새로운 형태의 생산을 의미하게 된다. 그것은 누보 로망에서처럼 실제 인간과는 거리가 있는 존재로 작가의 관념 속에 담긴 하나의 기호일 뿐이다. 극단적인 경우에는 등장인물의 파괴로도 나아간다. 그러나 스페인의 경우에는 사회적 사실주의에서 무시되었던 개인의 요소가 부각되면서 등장인물에 대한 관심이 다시 커지기도 했다. 하지만 자신의 주변과 마찰을 일으키거나 자신의 정체성을 찾고자 하는 인물이 대부분이었다.

살펴본 바와 같이 기존 소설의 모든 부분이 변화하였기 때문에 소설의 위기로 언급하기도 했지만, 오히려 장르의 풍요로움으로 설명하는 것이 더 정확할 것이다. 소설의 변화는 당연히 독자의 변화와 읽는 방법의 변화를 요구한다. 독자는 더 이상 수동적인 독자의 태도를 고집할 수 없고, '적극적이고 의식적이고 창의적인 독자의 콜라보레이션이 필요 la necesidad de su colaboración activa, consciente, creadora'하다는 프랑스의 소설가 로브그리예 Robbe-Grillet의 말은 시사하는 바가 크다.

이러한 다양성은 후안 고이티솔로와 셀라의 70년대 이후의 작품에서 빈번하게 나타난다. 사회적 사실주의에서 중요하게 여겼던 대화의 역할은 사라지고, 내적 독백 monólogo interior과 자유 간접 문체 estilo indirecto libre는 주요한 서술 형식의 하나가 되었다. 특히 내적 독백은 현대 소설의 가장 핵심적 기법으로 일인칭 소설의 등장인물의 의식과 생각을 대화 아닌 방법으로 전달한다. 셀라와 미겔 델리베스와 고이티솔로를 포함한 여러 작가들에서 그 예를 찾아볼 수 있다. 형식에 구애받지 않고 통제되지 않는 생각을 전달하는 의식의 흐름 corriente de la conciencia을 사용하는 것이다. 문체 역시 다양해지고 대담해졌다. 이렇듯 실험적 소설 기법은 1970년대에 들어서면서 다양하게 모색되었다.

후안 고이티솔로는 과감한 방향의 전환으로 소설의 변화를 이끈 대표 작가인데 그의 작품 『정체성의 표시 *Señas de identidad*, 1966』에서 관점의 변화, 여러 인칭의 사용, 내적 독백, 짜깁기한 신문 기사와 경찰의 사건 보고서, 여행 가이드북, 마침표가 생략된 페이지 등의 여러 기법을 다양하게 사용하였다. 이러한 기법은 개연성 없이 우연하게 등장하는게 아니라 뿌리부터 송두리째 잘려나간 한 개인의 정체성과 스페인의 지나간 과거를 더듬어 가는 데 꼭 필요한 것들로 잘 조화를 이룬다. 그리고 『테레사와 함께 한 마지막 오후 *Últimas tardes con Teresa*, 1966』의 후안 마르세 Juan Marsé, 『레히온으로 돌아가라 *Volverás a la Región*, 1967』의 후안 베넷 Juan Benet도 새로운 소설의 핵심 작가로 언급할 수 있다. 실험적 성격이 강한 소설을 쓴 동시대의 작가로는 카르멘 마르틴 가이테 Carmen Martín Gaite, 호세 마누엘 카바예로 보날드 José Manuel Caballero Bonald, 다니엘 수에이로 Daniel Sueiro 등이 있다. 이들보다 나이는 많지만 같은 특징들을 보인 작가로는 곤살로 토렌테 바예스테로 Gonzalo Torrente Ballestero, 카밀로 호세 셀라 Camilo José Cela, 미겔 델리베스 Miguel Delibes 등이 있고, 이들보다 젊은 세대의 작가들로는 곤살로 수아레스 Gonzalo Suárez, 프란시스코 움브랄 F. Umbral, 마누엘 바스케스 몬탈반 Manuel Vázquez Montalbán, 호세 마리아 바스 데 소토 J.M. Vaz de Soto, 호세 마리아 겔벤수 J.M. Guelbenzu 등이 있다. 1980년대에 들어서 실험적 소설 기법은 몇몇 작품을 중심으로 더욱 뚜렷이 나타난다. 훌리안 리오스 Julián Ríos의 『구더기 *Larva*, 1983』가 대표작으로 조이스풍의 실험적 언어가 특징이다.

그러나 실험적 기법에 대한 관심과는 정반대의 현상도 나타난다. 다리오 비야누에바 Darío Villanueva의 표현대로 실험 정신이 온건해지면서 젊은 작가를 중심으로 기존의 형태를 선호하는 양상도 나타나게 되었다. 또 모험 소설과 추리 소설에 관심이 쏠리기도 하였다. 그러나 80년대 이후의 소설에서의 공통적인 느낌은 무엇보다 환멸이라고 할 수 있다. 세상을 바꿀 수 있으리라는 과거의 노력에 남은 것이라고는 환멸과 회의뿐이었다. 따라서 지배적 가치관을 부정하는 태도가 팽배하였고 대중적인 관심에 대해서는 거리를 두거나 냉소적이거나 심지어 도피하려는 경향도 나타난다. 개인적인 심리 문제, 대인 관계, 고독, 사랑, 에로티즘과 유머처럼 실존적 테마와 더불어 다양한 테마의 등장을 살펴볼 수 있다.

바스 데 소토 Vaz de Soto는 '소설의 에센스는 여전히 서술이다 la esencia de la novela sigue siendo la naración'고 했고, 에두아르도 멘도사 Eduardo Mendoza도 '이야기하는 즐거움 placer de contar'을 언급한다. 스토리텔링 스타일을 선호하면서 환타지 소설과 공상 과학 소설, 탐정 소설과 모험 소설 등에 대한 관심도 커졌다. 겔벤수 Guelbenzu도 혁신적 소설 기법보다 스토리텔링의 즐거움을 선택한 대표 작가다. 그 외에도 알바로 폼보, 호세 마리아 메리노 J. M. Merino, 안토니오 무뇨스 몰리나 Antonio Muñoz Molina, 프란시스코 움브랄 Francisco Umbral, 알레한드로 간다라 Alejandro Gándara도 대표 작가로 꼽을 수 있다.

1) 카밀로 호세 셀라 Camilo José Cela (1916-2002)

카밀로 호세 셀라 Camilo José Cela는 1916년 라 코루냐 La Coruña 지방의 작은 마을 이리아 플라비아 Iria Flavia에서 태어났다. 의학, 문학, 법학 등을 공부했지만, 제대로 학위를 마치지는 못했다. 노조 사무실에서 일했고, 첫 소설 『파스쿠알 두아르테의 가족 *La familia de Pascual Duarte*』이 출판된 1942년 이후로 창작에 집중하여 스페인 최고의 현대 소설가로 자리매김한다. 1957년부터 생을 마감한 2002년까지 스페인 한림원 'Q'석의 종신회원이었다.

셀라의 작품은 매우 다양한 듯하지만, 작품의 면면에 흐르는 사상과 문체는 동일하다. 우선 셀라는 세상을 보는 시각이 매우 부정적이다. '삶은 선하지 않다. 인간도 마찬가지로 선하지 않다. 살면서 때로 느끼는 친근함, 안정, 그리고 사랑도 그저 일시적으로 잠시 왔다 가는 허망한 것일 뿐이다. 더 이상 우리 스스로를 속이지 말자'라는 세상을 향한 부정적 시각은 피오 바로하 Pío Baroja와 상당 부분 일치한다. 작가의 작품 속에 나타나는 주인공들의 삶은 주변의 사회와 마찬가지로 불합리하고 조잡한 이미지로 대부분 어둡고 찌든 모습으로 그려진다. 또한 그의 소설에서는 인간의 삶의 고통에 대한 위로와 동정의 시각도 찾아볼 수 있다.

셀라의 창작 작업은 매우 역동적이다. 피오 바로하처럼 현실을 있는 그대로 그려내기도 하고 케베도와 에스페르펜토식으로 왜곡되고 찌그러진 모습으로 그리기도 한다. 하지만 어떤 경우에도 셀라의 창작 능력은 늘 빛을 발한다. 그가 언어를 다루는 능력은 타의 추종을 불허한다. 때로는 인위적이라는 평을 받기도 했고 또 때로는 지나치게 수사학적이라는 평을 받기도 했지만, 스페인어에 대한 해박한 지식에서 출발하는 셀라의 문체는 다양하고 풍요로웠으며 뛰어난 표현력과 음악성으로 무장된다. 또한 신랄한 조소와 해학을 서슴치 않았고 현실을 가감 없이 무자비하게 표현한다.

셀라의 소설 작품은 각각 다른 구조로 다양하게 구성된다. 그의 표현대로 각 작품은 다른 소설 기법 técnica de novelar에 따르고 있는데, 심지어 『콜드웰 부인이 아들과 대화하다 *Mrs. Caldwell habla con su hijo*, 1953』와 『어둠의 작업 5 *Oficio de tinieblas 5*, 1973』는 소설이라는 장르 안에 포함시킬 수 있는 작품인가에 대한 질문을 던지게도 했다. 이러한 질문에 작가는 소설의 정의를 '책의 형태로 출판이 되고 제목 아래 괄호 안에서나마 소설이라는 단어가 허용이 된다면, 그건 모두 소설'이라고 단정한다. 소설 장르를 상당히 포괄적인 범주까지 허용하는 그의 정의에 따라가기라도 하듯 셀라의 소설은 늘 변신을 꾀한다. 이러한 변신은 새로운 형태와 구조를 추구하는 소설가의 권리를 재확인시켜준 셈이다.

『파스쿠알 두아르테의 가족 *La familia de Pascual Duarte*, 1942』은 스페인 내란 이후의 최대 문학 사건으로 평가된다. 그런 만큼 박수도 받았지만 지탄의 대상이 되기도 하였다. 작품의 주된 내용은 주인공 파스쿠알 두아르테의 생경한 삶의 경험이고, 작품은 이를 어둡고 격하게 그려나간다. 소설의 '행위에 행위가 더해지고, 피에 피가 더해져 sumar acción sobre la acción y sangre sobre sangre' 폭발할 수밖에 없는 내용이라고 셀라는 설명한다. 이 작품의 생경한 내용과 문체는 '전율주의 Tremendismo'라는 신조어를 만들어 내었다. 작품이 던지는 중요한 주제는 바로 인간으로, 유전과 환경으로 결정되는 운명적 존재로 그려진 주인공 파스쿠알에 대해 마라뇬 Marañón 교수는 '언젠가는 범죄인이 될 수밖에 없는 불행한 존재 un infeliz que casi no tiene remedio que ser, una y otra vez, criminal'로 표현한다. 운명 fatum의 무게가 파스쿠알의 삶을 '희망 따위는 찾아볼 수 없는 납골당 un osario de esperanzas muertas'으로 만든 이 작품은 작가의 실존주의적 회의의 시각이 잘 나타나 있는 소설이다.

다른 각도로 접근한 작품이 자서전 성격의 『요양소 *Pabellón de reposo*, 1943』였다. '평화적 실험 un experimento pacífico', 또는 '반 파스쿠알 anti-Pascual' 성격으로 불리는 이 작품에서는 행위가 거의 전무하다. 결핵을 고치기 위해 요양소에 온 환자들의 소망과 고뇌와 좌절을 전달할 뿐으로 실존적 시각을 보인 작품이다. 환자들의 독백을 통해 꿈과 고뇌와 무기력을 그린 이 작품에서 시어의 아름다움이 유난히 돋보인다.

셀라의 세 번째 소설 『라사리요 데 토르메스의 다른 행보와 불운 *Nuevas andanzas y desventuras de Lazarillo de Tormes*, 1944』은 이전의 피카레스크 소설을 작가의 능숙한 솜씨로 섬세하게 모방한 패스티시 pastiche 작품이다. 모방 작품이지만 작가의 고전 문학 실력을 여지없이 보여준 또 하나의 실험작이라고 할 수 있다.

『벌집 *La colmena*, 1951』은 또다시 소설의 방향을 선회시키며 많은 공을 들인 작품이다. 셀라는 이 작품을 통해 사회적 사실주의 Realismo social로 방향을 바꾼다. 셀라에 따르면, 『벌집』은 낯설고 거칠고 고통스러운 현실의 일상 모습이 때로는 거울에 선명히 반영되고 또 때로는 잠잠한 그림자 모습으로 나타난다. 한발 더 나아가 작가는 현실의 모습에 오목 거울을 들이대며 암울하고 부조리한 모습을 왜곡한다. 스페인 내란 이후 절망스러운 마드리드를 배경으로 한 이 소설에는 300여 명의 등장인물들이 같은 공간에서 생존을 위해 몸부림치는 모습이 가벼운 터치로 그려져 있다. 그들은 잔인하고, 몰염치하고, 부패되고, 퇴폐적인 인물과 고통당하고 무능한 인물들이다. 현실의 모습을 적나라하게 표현한 이 작품은 셀라의 최고 대표작으로 손꼽을 수 있다.

실험적 성격이 더 강한 소설은 이후 1953년에 발표된 『콜드웰 부인이 아들과 대화하다 *Mrs. Caldwell habla con su hijo*』였다. 영국 런던의 정신병원에서 생을 마감한 콜드웰 부인이 남긴 육필 원고를 내용으로 하는 작품으로, 어린 나이의 아들을 잃고 제 정신이 아닌 콜드웰 부인의 생각이 편지로 구성된다. 죽은 아들을 향한 감정을 몽환적으로 그린 서정성 강한 짧은 산문시 212장으로 구성된 작품이다.

몽환적 성격에서 현실적 감각의 작품으로 돌아온 것은 1955년의

『베네수엘라 여인 *La catira*』에서였는데 이 작품은 백인과 원주민의 사이에 태어난 베네수엘라 여인을 노래하는 리얼리즘 작품이다. 중남미 스페인어의 느낌을 강하게 전하는 이 작품은 어휘, 의성어, 리듬 등의 언어의 유희가 돋보인다.

이후 15여 년간 소설의 공백기를 보낸 후 발표한 『굶주린 자들의 미끄럼틀 *Tobogán de hambrientos*, 1962』은 뒤에 나올 '고리타분 노트 apuntes carpetovetónicos'풍의 작품이다. 그는 1969년 새로운 소설 기법을 선보인 『산 카밀로 1936』을 발표하며 큰 관심을 받는데 과감한 실험적 성격이 돋보인 이 작품은 스페인 내란 초기의 마드리드를 배경으로 길게 이어지는 내적 독백이다. 작품에 등장하는 사회적 배경이 다른 여러 인물들은 곧이어 닥칠 전쟁의 비극을 모른 채 자신의 욕구를 충족시키며 현재를 살아간다. 이 삶을 통해 작가는 인간의 실존적 의미를 독자들에게 전달한다.

1973년의 『어둠의 작업 5 *Oficio de tinieblas 5*』 역시 매우 과감한 새로운 소설 형식을 도입한다. 소설이라는 부제를 달고 있지만, 작가는 '당연히 이건 소설이 아니다. 단지 내 심장의 배설물일 뿐이다'라고 말한다. 짧게는 한 줄에서 길게는 여러 쪽에 달하는 1194단락으로 구성된 이 작품에는 문장부호 없이 내적 독백, 서술문, 찬미송 등이 이어진다. 이렇게 난해하고 독특한 작품을 통해 셀라는 실험적 방법을 계속 시도하고 있음을 증명한다.

1983년엔 『두 망자를 위한 마주르카 *Mazurca para dos muertos*』를 발표하는데, 셀라의 고향인 갈리시아를 배경으로 하는 이 작품에는 스페인 내란 동안 전쟁의 와중에 관찰할 수 있는 인간의 삶에 대한 열정과 폭력이 담겨 있다. 셀라 특유의 문체의 힘을 다시 한 번 확인할 수 있다. 1994년에는 플라네타 문학상 Premio Planeta을 수상한 『성 안드레스의 십자가 *La cruz de San Andrés*』를 발표하였다.

또한 셀라는 스페인 전역으로 방랑의 길을 떠난 여행 작가로, 생생한 여행 체험에 바탕을 둔 여러 기행 문학을 탄생시킨다. 배낭 멘 작가 자신의 스페인 전역 무전여행 방랑기 『알카리아 여행 *Viaje a la Alcarria*, 1948』과 『레리다 지방의 피레네 산지 여행 *Viaje al Pirineo de Lérida*, 1965』을 비롯하여 『미뇨에서 비다소아까지 *Del Miño a Bidasoa*, 1952』와 『유대인과 무슬림과 기독교인들 *Judíos, moros y cistianos*, 1956』을 발표하였다. 여행지에서 작가가 만났던 다양한 사람들과 풍경을 작가 특유의 필체로 때로는 서글프고 또 때로는 비판적인 시각으로 그려낸다. 98세대의 작가들이 스페인 땅과 스페인 사람들에게 보인 관심으로부터 물려받은 유산이라고 할 수도 있고, 또한 스페인의 비판적 현실을 증언하고자 했던 다음 세대에게 길을 터준 작품으로 평가할 수 있다.

셀라의 단편 작품들은 『흘러가는 저 구름 *Esas nubes que pasan*, 1945』과 『굶주린 자들의 미끄럼틀 *Tobogán de hambrientos*, 1962』이라는 제목으로 묶어 발표되었다. 단편과 구별하기는 힘든 작품들이 셀라의 '고리타분 노트 apuntes carpetovetónico'다. '고리타분 carpetovetónico'이라는 단어는 로마 지배를 거부했던 이베리아 반도 내의 사람들을 의미하는데 광의로는 외적인 것을 쉽게 받아들이지 못하는 스페인 사람들의 성격을 의미한다. 셀라는 이를 지리학자들의 용어 '황량한 스페인'의 의미로 설명한다. 그림과 사진이 첨가된 단순한 묘사에서 산문 글도 포함되며 단편과 구별이 힘든 경우도 많은데, 『갈리시아 투우사와 투우팀 *El gallego y su cuadrilla*』과 『크리스토비타 씨의 새로운 祭壇畫 *Nuevo retablo de don Cristobita*』라는 제목으로 모아 출판된 작품들이다.

그 외에도 셀라의 수필과 신문과 잡지의 기사도 많이 찾아볼 수 있고, 회고록 『기름 장대타기 *La cucaña*』에서는 셀라 특유의 재미를 느낄 수 있다. 여러 편의 시집도 출간했지만 큰 관심을 불러일으키지는 못했다. 1936년에 쓴 첫 시집 『희미한 하루의 빛을 밟으며 *Pisando de dudosa luz del día*』는 1945년에서야 출판되었다.

일찍이 셀라는 자기 스스로를 '98세대 이후로 가장 중요한 작가'로 당당하게 지목한 바 있다. 자신감 넘치는 작가의 말처럼 셀라의 작품은 1942년 이후의 스페인 현대 소설의 변천사를 고스란히 반영하며, 그는 스페인 현대 문학의 최고 소설가로 인정받게 되었다.

2) 미겔 델리베스 Miguel Delibes (1920-2010)

1920년 바야돌리드 Valladolid에서 태어난 미겔 델리베스는 1944년부터 바야돌리드 상업 학교에서 상법학 교수로 재직하였다. 또한 민주 노선 지역 신문 '카스티야 북쪽 El Norte de Castilla'의 기자로도 오랜 기간 활동하고 신문사 사장도 역임하였다. 하지만 교육자와 기자로서의 활동보다도 더 중요한 것은 소설가로서의 활동이었다. 바야돌리드에서 평생을 살고 또 그곳을 사랑했던 델리베스는 많은 작품을 발표하였다. 2010년 생을 마감할 때까지 스페인 한림원 'E'석의 종신회원이기도 했던 그는 스페인 최고의 지성으로 일컬어지는 작가다.

델리베스는 휴머니스트 기독교인이었다. 또한 시대적 사명을 갖고 작가가 살았던 당시의 시대적인 문제들에 관심을 가졌으며 인간의 본질적 모습을 수용하려는 긍정적인 사고의 소유자였다. 작가는 이러한 휴머니스트 입장에서 부르주아 사회를 비판하고, 인간을 해방시키기보다는 노예화시키는 물질 문명과 기술의 발전에 비판적 태도를 보인다. 한발 더 나아가 자연과 시골의 삶에 시선을 돌린다. 문명의 혜택이 없고 물질적으로는 부족할지라도 자연과 어우러진 시골의 삶에서 인간의 위엄을 되찾을 수 있게 된다고 판단한다. 당연히 부르주아의 삶과 시골의 삶은 델리베스 작품의 양 축을 형성한다. 이기주의와 불의에 대한 고발과 더불어 델리베스의 작품 안에는 늘 가난하고 순박한 사람들에 대한 관심과 따뜻한 시선이 느껴진다. 이에 대해 델리베스는 가난하고 소외된 자들에 대한 관심은 작가의 민주주의 지향적 사고에 따른 것이나, 이보다 더 중요한 이유는 기독교 정신 때문이라고 설명한다.

미겔 델리베스는 소설 서술 능력이 탁월하고 등장인물과 작품의 배경 설정에 남다른 감각을 가진 작가다. 그러나 이보다도 더 돋보이는 작가의 장점은 스페인어 구사 능력이다. 다양한 지역 사회 각층의 사람들과 여러 세대의 언어가 그의 작품 안에 녹아내려, 그 어휘의 폭은 단연 돋보인다. 특히 순박한 시골 사람들의 언어는 타의 추종을 불허한다.

델리베스 작가에 대한 연구는 스페인 내란 이후 반세기의 스페인 현대 소설에 대한 연구로 설명할 수 있다. 그의 첫 작품 『삼나무 그림자가 드리워지다 *La sombra del ciprés es alargada*』는 1947년 나달 문학상 Premio Nadal을 수상하며 발표된 작품이다. 스페인 내란 이후에 만연된 절망과 고뇌의 감정이 진하게 묻어나고 불행과 죽음에 대한 강박 관념이 강조된 작품이다. 1949년에 발표된 『아직은 낮 *Aún es de día*』도 같은 노선상의 작품으로 파악될 수 있다.

하지만 델리베스에게 작가로서의 명성을 얻게 한 대표작은 『길 *El camino*, 1950』이다. 세 명의 어린 주인공을 통한 진솔한 시골의 삶이 작가의 작품 세계로 들어온 첫 작품이다.

1953년도에 발표된 『금지옥엽 내 아들 시시 *Mi idolatrado hijo Sisí*』는 스페인 지방 도시의 부르주아 주인공 세실리오의 지나친 사랑 때문에 외아들 시시는 자기밖에 모르는 이기적인 인물로 자라 전쟁을 피하려만 하다 결국 죽음을 맞이한다는 내용이다. 지나친 아버지의 사랑에 아들이 희생자가 되는 내용을 담고 있다.

델리베스에게 하여금 또 다른 성공을 갖다 준 작품은 1955년의 『사냥꾼 일기 *Diario de un cazador*』로, 작품의 주인공 로렌소와 마찬가지로 작가 델리베스도 사냥을 즐겼다. 학교 수위 로렌소의 사냥 취미를 통해 그의 삶을 엿보고, 자연을 그린 작품으로 낮은 사회 신분의 언어가 사실적으로 묘사된다. 이 작품에 이어 1958년의 『이민자 일기 *Diario de un emigrante*』와 1995년의 『퇴직자 일기 *Diario de un jubilado*』를 발표한다. 동일한 등장인물 로렌소를 등장시키며 중남미로 이민을 가 새로운 문화를 접하며 조국에 대한 그리움에 가슴 아파하는 모습과 퇴직한 이후의 삶을 그리고 있다. 이 작품이 퇴직 이후의 삶을 긍정적 관점으로 희화했다면 1959년의 『붉은 종이 *La hoja roja*』에서는 퇴직의 삶이 어둡고 절망적으로 묘사하였다.

또 다른 델리베스의 걸작이자 스페인 현대 소설의 최고작 『쥐떼 *Las ratas*』는 1962년에 발표되었는데 빈궁한 스페인 시골 마을의 삶을 사실적으로 묘사한다. 쥐를 잡아 연명하는 비참한 삶의 주인공 쥐 아저씨 tío Ratero와 어린아이지만 자연에 대한 해박한 지식을 가진 조카 니니 Nini는 여러 등장인물 가운데 돋보이는 주인공이다. 니니는 순박한 어린이의 시선으로 주변에서 벌어지는 사건을 숨죽인 채 지켜보는 증인의 모습을 보이며 감동을 더해준다. 『길』과 비슷하지만 시적인 언어와 신랄한 사실적 표현으로 사회의 여러 현상을 비판하는 데 강도를 높였다.

1966년에 발표된 『마리오와의 다섯 시간 *Cinco horas con Mario*』에서는 소설 기법의 변화를 엿볼 수 있다. 죽은 남편의 장례식 전날 밤 부인

카르멘의 내적 독백을 담은 작품으로 델리베스는 일상생활에서의 언어를 그대로 재현한다. 또한 스페인 내란 이후 분열된 삶의 시각이 마리오와 부인 카르멘을 통해 전달된다. 전통적이고 가톨릭적이며 자기중심적 사고를 가진 부인 카르멘과 진보적이고 이타적인 마리오와의 시각의 차이는 당시 스페인 국민의 분열된 시각을 고스란히 반영한다. 이러한 소설 기법의 실험적 변화는 1969년의 『조난자의 비유 *Parábola del naufrago*』에서 두드러지게 나타나는데, 내용과 어휘 면에서도 작가의 사회적 의도가 강하게 느껴진다. 한 도시의 막강한 권력 실세인 압돈 씨 don Abdón 밑에서 마치 개처럼 그의 명령과 요구를 들어야 하는 주인공 하신토 산 호세 Jacinto San José를 통해 자본주의와 소비 사회에 대해 강한 비판과 더불어 비인간화된 사회에 대한 경종을 울리는 작품이다. 독일 작가 카프카의 영향을 받은 비유를 통해 기형적 현대사회의 모습을 조명하고 인간이 자유와 정의를 부르짖는다는 것이 얼마나 어려운 숙제인가를 되돌아보게 하는 작품이다.

델리베스 특유의 단순하고 인간적인 체온이 느껴지는 『왕관을 뺏긴 왕자 *El príncipe destronado*, 1973』와 한 시골 마을에서 벌어지는 사건을 통해 인간의 폭력을 그린 『우리 선조들의 전쟁 *Las guerras de nuestros antepasados*, 1975』, 인간의 불의와 비참함을 고발하는 『죄 없는 성자 *Los santos inocentes*, 1981』를 연달아 발표한다. 그리고 작가가 대장암으로 사망하기 전인 1998년에 발표한 마지막 작품 『이단교인 *El hereje*』으로 국민소설상을 수상한다. 이 작품은 작가가 평생 몸 담고 사랑한 도시 바야돌리드에게 바치는 헌정 글로 시작하여 스페인 개신교의 역사를 담고 있다. 16세기 로마 가톨릭의 세력으로 이베리아 반도에 발을 붙이지 못하고 바야돌리드에서 화형장의 한줌 재로 돌아간 개신교도들의 신앙과 고통을 그린 내용이다.

3) 곤살로 토렌테 바예스테르 Gonzalo Torrente Ballester (1910-1999)

곤살로 토렌테 바예스테르 Gonzalo Torrente Ballester는 1910년 페롤 Ferrol에서 태어나 1999년 살라망카에서 사망하였다. 스페인 한림원의 종신 멤버로 'E'석의 주인공이었다. 처음에는 1950년대의 소설이 사회적 사실주의 노선이었던 당시의 분위기와 흑백논리를 앞세운 비평 때문에 제대로 평가받지 못했고, 뒤늦은 1970년대 후반에서야 작가로서의 역량을 인정받았다. 토렌테 바예스테르만의 독특한 문학 세계가 그다지 관심을 끌지 못했기 때문이었다. 첫 소설 『하비에르 마리뇨 *Javier Mariño*, 1943』는 당시 최고의 소설이었음에도 불구하고 큰 관심을 받지 못했다. 그 이후에 발표한 3부작은 『기쁨과 어두움 *Los gozos y las sombras*』은 『주인님이 돌아오셨다 *El señor llega*, 1957』, 『숨 쉴 수 있는 곳 *Donde da la vuelta el aire*, 1960』, 『슬픈 축제날 *La Pascua triste*, 1962』의 세 편으로 구성되어 있다. 스페인 내란 이전 봉건적 분위기의 갈리시아 지방을 배경으로 한 심리 소설로 당시 소설의 유행을 따르지 않아 크게 주목받지는 못했지만, 탄탄한 플롯과 독특한 전개 방식으로 최고의 작품이라고 평가할 만하다. 특히 1972년에 출판한 『J.B.의 설화/도주 *La saga/fuga de J.B*』는 토렌테 바예스테르의 최고 걸작으로 비평문학상 Premio de la Crítica을 수상하였다. 현실과 이상과 신화가 뒤섞인 작품으로, 스페인어의 맛을 가장 잘 느낄 수 있는 실험적 소설이다. 1977년에는 메타픽션 novela dentro de la novela인 『요한계시록 일부분 *Fragmentos de Apocalipsis*』을 발표하였다. 또한 1983년의 『잠자는 숲속의 공주가 학교 가다 *La Princesa Durmiente va a la escuela*』와 1984년 『어쩌면 우리는 바람을 타고 영원으로 갈 거야 *Quizá nos lleve el viento al infinito*』가 연달아 출판되었고, 1985년에는 『바람에 날리는 장미 *La rosa de los vien-*

tos』를 발표하면서 같은 해 미겔 데 세르반테스 문학상 Premio Miguel de Cervantes de Literatura을 최초로 수상한 소설가가 되었다. 그 외에 『나는 분명 내가 아니야 *Yo no soy yo, evidentemente*, 1987』, 『가슴 아픈 필로메노 *Filomeno, a mi pesar*, 1988』, 『어리벙벙왕 일대기 *Crónica del rey pasmado*, 1989』, 『특별한 섬 *Las islas extraordinarias*, 1991』, 『시간의 미궁 속으로 *Doménica*, 1999』 등의 작품이 있다.

4) 라파엘 산체스 페를로시오 Rafael Sánchez Ferlosio (1927-)

라파엘 산체스 페를로시오 Rafael Sánchez Ferlosio는 1927년 로마에서 태어났다. 첫 소설 『알판우이의 삶과 행적 *Industrias y andanzas de Alfanhuí*, 1951』은 어린 소년 알판우이의 일상과 기이한 삶의 궤적을 그린 작품이다. 피카레스크 소설로도 볼 수 있는데, 마술적 사실주의 풍으로 상상의 세계를 넘나들어 평범하지만은 않은 작품이다. 객관주의 Objetivismo 소설 기법을 살펴볼 수 있는 두 번째 소설 『엘 하라마 *El Jarama*』는 1955년 나달 문학상 Premio Nadal 수상작으로, 사회적 사실주의 미학을 대표하는 작품이다. 그 후 언어학 연구에 전념하며 20여 년간 침묵하던 작가는 1974년 『정원에서의 몇 주 *Las semanas del jardín*』를 발표한다. 작품의 제목은 세르반테스가 쓰려고 했다는 소설과 같은 제목이었는데 다양한 내용의 문단 짜깁기로 실험 소설의 여러 특성과 기법을 잘 보여준 작품이다. 1986년에 발표한 『야르포스의 증언 *El testimonio de Yarfoz*』은 전설의 유토피아 도시 문명에 대한 작품으로, 미완성으로 출판되었다. 그 외에 여러 편의 수필집과 비평서를 저술하였고, 2004년 세르반테스 문학상 Premio de Cervantes을 수상하였다.

5) 망명 작가들

라몬 센데르 Ramón J. Sender (1902-1982)

스페인 내란 이후의 망명 작가들 중에 가장 활발한 활동을 한 작가로 라몬 센데르를 들 수 있다. 센데르는 1902년 우에스카의 찰라메라 Chalamera에서 태어나 1982년 2월 미국 캘리포니아에서 사망한다. 스페인 내란이 종식되던 1939년 이전의 작품으로는 『자석 *Imán*, 1930』과 『공공질서 *O.P.*, 1931』, 『일곱 번의 붉은 일요일 *Siete domingos rojos*, 1932』, 그리고 국민문학상 수상작 『칸톤의 위트씨 *Mr. Witt en el Cantón*, 1935』 등의 사실주의 소설 여섯 편이 있다. 내란 이후 미국으로 망명한 센데르는 매우 다양한 테마로 소설에 접근한다. 사실적 묘사와 판타지 요소가 결합된 작품도 있고 유희적 성격의 작품도 있다. 미국에서 벌어진 사건을 그린 『프리에토 트리니다드의 축혼가 *Epitalamio de Prieto Trinidad*, 1942』는 카리브의 형무소 수감자들의 폭동을 다룬 작품으로 전율의 감동을 전해주기도 한다. 주인공인 정복자 로페 데 아기레가 신대륙 발견 당시를 배경으로 펼치는 역사 소설 『로페 데 아기레의 분점 모험 *La aventura equinoccial de Lope de Aguirre*, 1964』과 또 다른 역사 소설 『새벽 연대기 *Crónica del alba*, 1942-1966』 아홉 권도 있다. 『새벽 연대기』는 과거를 회상하며 당시의 역사적 상황을 되새기는 야심작으로 큰 성공을 거둔 작품이다. 스페인 내란을 상징적 수법으로 다룬 『왕과 왕비 *El rey y la reina*, 1949』와 『아리아드나의 책 다섯 권 *Los cinco libros de Ariadna*, 1957』도 들 수 있다. 짧은 분량이지만 센데르의 걸작으로 꼽히는 섬세한 사실주의 작품 『미얀 신부님 *Mosén Millán*, 1953』은 이후 변경된 제목 『스페인 농부를 위한 추도 미사 *Réquiem por un campesino español*』로 더 많이 알려졌다. 아라곤 지방의 작은 마을을 배경으로 한 작품으로 미얀 신부는 젊은 나이에 죽은 파코의 1주기 추도 미사를 준비한다. 내란의 과정 중에 불합리한 대립과 미움의 희생양이었던 파코와의 추억을 더듬으며 과거와 현재를 넘나든다. 독자들로 하여금 스페인 내란의 의미를 되새기게 하는 작품이다. 다양한 소설 테마로 왕성한 작품 활동을 했던 센데르는 스페인 현대 소설의 대표적인 작가로 자리매김했다.

막스 아웁 Max Aub (1902-1972)

막스 아웁은 1902년 프랑스 파리에서 독일인 아버지와 프랑스인 어머니 사이에서 태어났다. 스페인 국적을 가진 그는 스페인 내란 이후 망명의 길을 떠나 1972년 멕시코에서 사망한다. 극작가로도 유명하지만, 막스 아웁은 소설 작품으로도 큰 명성을 얻었다. 스페인 내란을 배경으로 한 들판 시리즈 6편의 작품은 막스 아웁의 대표작이다. 『닫힌 들판 *Campo cerrado*, 1943』, 『열린 들판 *Campo abierto*, 1951』, 『피의 들판 *Campo de sangre*, 1945』, 『무어인 들판 *Campo del Moro*, 1963』, 『아몬드나무 들판 *Campo de los almendros*, 1968』과 망명을 주제로 한 『프랑스 들판 *Campo francés*, 1965』으로 작가의 세계를 심도 있게 보여준 훌륭한 작품들이다. 또 다른 그의 작품으로는 1920년대의 마드리드를 그려낸 『발베르데 거리 *La calle de Valverde*, 1961』가 있고 삽화들과 전위주의 화가 토레스 캄팔란스의 일대기 『쥬셉 토레스 캄팔란스 *Jusep Torres Campalans*, 1958』도 있다.

프란시스코 아얄라 Francisco Ayala (1906-2009)

1906년 그라나다에서 출생한 프란시스코 아얄라는 전위주의 소설 『새벽의 사냥꾼 *Cazador en el alba*, 1930』의 발표로 스페인 내란 이전에 이미 이름이 잘 알려진 작가다. 그러나 스페인 내란을 경험하면서 작가의 작품 경향은 크게 변했고, 정치와 도덕에 초점을 맞춘 인간 삶의 문제에 집중한다. 걸작 『찬탈자 *Los usurpadores*, 1949』는 권력을 바라보는 시각을 그렸고 『개죽음 *Muertes de perro*, 1958』과 『컵 바닥 *El fondo del vaso*, 1962』은 독재와 부패라는 테마로 도덕에 초점을 맞춘 작품이다. 아얄라의 작품은 완성도가 높다.

로사 차셀 Rosa Chacel (1898-1994)

1898년 바야돌리드에서 출생한 여류 작가 로사 차셀은 브라질과 아르헨티나 등에서 망명 생활을 하고, 1977년 스페인에 돌아와 정착하였으며 1994년 마드리드에서 사망한다. 스페인 내란 이전에 발표한 『역, 그리고 왕복 *Estación, ida y vuelta*, 1930』은 줄거리가 거의 없는 작품으로, 오르테가 이 가세트의 사상을 충실히 따른 작품이다. 망명 이후에 에스프론세다 Espronceda의 연인 테레사의 전기를 소설화한 『테레사 *Teresa*』에 이어 사춘기 소녀의 性 경험을 다룬 『레티시아 바예 회고록 *Memorias de Leticia Valle*, 1946』을 발표한다. 대표작 『이유 없음 *La sinrazón*, 1960』은 다각적 심리 분석 방법이 뛰어난 방대한 작품이다. 비평가상 Premio de la Crítica 수상작 『경이로운 동네 *Barrio de Maravillas*, 1976』를 필두로 『아크로폴리스 *Acrópolis*, 1984』와 『자연과학 *Ciencias Naturales*, 1988』의 세 작품은 자서전의 성격을 띤 3부작이다. 작품 구성과 문체의 세심함이 돋보이는 작품으로, 로사 차셀이 20세기 스페인의 주요 소설가로 손꼽히는 데 기여하였다.

6) 여류 작가들

스페인 문학사에서 여류 작가를 찾는 것은 쉬운 일이 아니다. 하지만 시대의 변화로 내란 이후의 스페인 문단에는 몇몇 여류 작가가 등장하며, 이것은 스페인 문학사에 매우 중요한 의미를 준다. 카르멘 라포렛 Carmen Laforet, 아나 마리아 마투테 Ana María Matute, 카르멘 마르틴 가이테 Carmen Martín Gaite, 이들은 모두 나달 문학상 Premio Nadal을 수상하였고 또 전통적 여성관이 지배적이던 남성 중심적 사회에서 여류 소설가로 활동했다는 공통점이 있다. 1944년에는 카르멘 라포렛의 『無 *Nada*』, 1957년에는 카르멘 마르틴 가이테의 『커텐 사이로 *Entre visillos*』, 1959년에는 아나 마리아 마투테의 『어린시절의 추억 *Primera memoria*』이 각각 나달 문학상 수상작이었다.

카르멘 라포렛 Carmen Laforet (1921-2004)

카르멘 라포렛 Carmen Laforet은 1921년 바르셀로나에서 태어나 2살이 되던 해 카나리아 섬으로 이주한다. 어린 시절과 사춘기를 카나리아 섬에서 보낸 라포렛은 바르셀로나와 마드리드에서 대학 생활과 문학 활동을 하였다. 그러나 결혼과 더불어 문학 창작에서 멀어진 작가로, 2004년 생을 마감하였다. 카르멘 라포렛의 첫 소설 『無 *Nada*』는 현대 스페인의 대표 소설이다. 23살의 어린 학생에 불과했던 라포렛의 나달상 수상 소식은 당시 스페인 문단을 떠들썩하게 했던 사건이었다. 전후의 참담한 현실을 묘사한 작품으로, 어린 여학생의 주변에는 벌어지는 사소한 일상들의 빈틈없는 묘사는 절망적 감동을 불러일으키기에 충분하였다. 이후에 발표된 작품들은 『섬과 악마들 *La isla y los demonios*, 1952』과 『거듭난 여인 *La mujer nueva*, 1955』과 『일사병 *La insolación*, 1963』이 있는데 모두 『無』의 명성에는 이르지 못하였다.

카르멘 마르틴 가이테 Carmen Martín Gaite (1925-2000)

카르멘 마르틴 가이테 Carmen Martín Gaite는 1925년 살라망카에서 태어나 2000년 생을 마감한 작가다. 1957년 나달 문학상 수상작 『커텐 사이로 *Entre visillos*』에서는 여학생들의 의미 없는 사소한 수다를 통해 무기력하고 공허한 삶과 희망 부재의 현실을 그린다. 스페인 소도시의 여자가 겪어야 하는 상황에 대한 비판적 시각 역시 돋보이는 작품이다. 작가의 섬세한 감수성은 『느린 속도로 *Ritmo lento*, 1963』에서도 잘 드러난다. 그러나 작가로서의 중요성을 더해 준 작품은 이후에 발표한 『넋두리 *Retahílas*, 1974』와 『마음속 조각들 *Fragmentos de interior*, 1976』, 그리고 『뒷방 *El cuarto de atrás*, 1978』이다. 사회적 사실주의를 넘어선 작가의 독특한 개성과 문학 세계를 잘 보여준 작품들이다.

아나 마리아 마투테 Ana María Matute (1925-2014)

아나 마리아 마투테 Ana María Matute는 1925년 바르셀로나에서 태어났다. 스페인 한림원 'K'석의 종신회원으로 20세기 스페인 전후의 대표 소설가다. 『아벨家, *Los Abel*, 1948』로 일찍 문학 활동을 시작한 아나 마리아 마투테는 많은 작품을 발표하는데, 그녀의 작품은 사회적 사실주의 성격을 띠지만 작가 특유의 감수성에 감각적이고 서정적인 언어를 더해서 시적인 성격이 강하다는 특징이 있다. 인간의 소외와 위선, 비도덕과 악의 테마가 작품 곳곳에 나타난다는 점도 특징이라고 할 수 있다. 『북서쪽 파티 *Fiesta al noroeste*, 1953』와 『작은 극장 *Pequeño teatro*, 1954』에 이어 1959년 나달 문학상을 수상한 『어린 시절의 추억 *Primera memoria*』을 발표한다. 『어린 시절의 추억』은 스페인 내란을 배경으로 사춘기 소년과 소녀의 아름다운 사랑 이야기를 그린 작품이다. 이 작품은 『군인들은 밤에 울다 *Los soldados lloran de noche*, 1964』와 『함정 *La trampa*, 1969』과 함께 3부작 『상인들 *Los mercaderes*』 중 한 편이다. 최근 작품으로는 『잊혀진 왕 구두 *Olvidado rey Gudú*, 1996』와 『아란마노트 *Aranmanoth*, 2000』가 있다.

7) 이후 세대 소설가

루이스 마르틴-산토스 Luis Martín-Santos (1924-1964)

루이스 마르틴-산토스 Luis Martín-Santos는 1924년 모로코의 라라체 Larache에서 태어나 5살이 되던 해에 군의관이었던 아버지가 산 세바스티안으로 발령나면서 그곳으로 이사한다. 가톨릭 학교에서 수학한 후 살라망카에서 의학을 공부하고 1947년 마드리드에서 의학 박사를 수료한다. 외과 의사로 근무한 스페인 국립과학 연구소는 소설 『침묵의 시간 *Tiempo de silencio*, 1961』의 배경이 되었다. 그 후 정신과로 진료 과목을 바꾸어 마드리드와 독일에서 활동하다가, 산 세바스티안으로 돌아와 정신병원장을 맡았고 꾸준히 작품 활동을 병행하였다. 산체스 페를로시오, 사스트레, 후안 베넷, 알데코아 등의 친구들과 우정을 나누고, 또 사회당원으로 활동하며 여러 번 구속이 되기도 하였다. 1964년에 자동차 사고로 사망했다.

마르틴-산토스는 의학을 공부하며 익숙해진 과학적 사고에 실존주의와 마르크스 철학 중심의 지식까지 겸비하여 스페인 최고의 지성이라 불릴 만했다. 사르트르를 존경하였고, 정신과 의사로서 실존적 정신 분석을 연구하기도 하였다. 실존 철학은 그의 작품 곳곳에 영향을 미쳤다. 문학에 큰 관심을 쏟으면서 세르반테스를 비롯한 스페인 고전 작가들에 대한 해박한 지식을 쌓았고, 카프카와 포크너와 누보 로망에 관심이 많았다. 조이스에 대한 관심 또한 대단해서 그의 작품 『침묵의 시간』은 『율리시즈』의 영향을 받기도 하였다

스페인 소설에 남긴 마르틴-산토스의 혁신적 소설 기법은 그 중요성이 매우 크다. 당시 스페인 소설의 분위기는 사실주의가 지배적이었다. 사회 참여라는 명목으로 진부함을 벗어나지 못하던 스페인 소설에 마르틴-산토스의 작품은 신선함 그 자체였다. 『침묵의 시간』은 소설 형식의 혁신뿐만 아니라 내용의 풍부함까지 더해져 1960년대 최고의 소설이 되었고, 이후의 스페인 현대 소설에 이정표 역할을 충실히 한 작품으로 평가된다.

『침묵의 시간』의 발표되자 당시 스페인 문단은 경악과 이해불가의 반응이었다. 그러나 작품의 문학적 가치가 엄청나다는 것을 곧 인식하였고, 새로운 소설의 방향을 제시한 작품이라는 비평을 앞다투어 내놓기 시작하였다. 『침묵의 시간』은 줄거리가 중요한 작품이 아니라, 내용을 어떤 식으로 다루고 있는가에 중요성을 찾아야 하는 작품이라는 평을 받는다. 부유한 부르주아에서부터 판자촌의 가난에 이르기까지 당시 스페인의 사회 현실을 담은 이 작품은 탐정 소설풍의 짤막짤막한 이야기로 구성된다. 줄거리를 다루는 형식은 매우 독창적이다. 객관주의와 상반된 방법으로, 온갖 상상력을 동원한 은유와 상징과 신화는 곧 현실 모습 그대로를 전달한다.

매우 상반된 평을 받은 단편 모음집 『우화 *Apólogos*, 1970』에는 카프카풍의 작품도 찾아볼 수 있다. 마르틴 산토스의 갑작스런 교통 사고로 미완으로 보게 된 작품 『파괴의 시간 *Tiempo de destrucción*』은 1975년 마이네르 J.C.Mainer 교수의 서문과 함께 발표된 작품이다. 사고 이전에 쓰던 것으로, 완성작은 아니었지만 작가의 창작 능력을 충분히 볼 수 있는 작품이어서 젊은 나이의 그의 죽음이 더 안타까울 수밖에

없다. 한발 앞선 혁신적 소설 기법과 『침묵의 시간』에서 제시된 삶, 사회, 이념, 문화 등의 주제를 광범위하게 다루고 있다. 스페인의 혁신적 현대 소설의 가치를 보여준 작품이다.

후안 마르세 Juan Marsé (1933-)

후안 마르세 Juan Marsé는 1933년 바르셀로나에서 태어났다. 『장난감 하나 들고 갇힌 자들 *Encerrados con un solo juguete*, 1960』과 『달의 다른 얼굴 *La otra cara de la luna*, 1962』과 같은 사회비판적 사실주의 작품으로 활동을 시작한다. 스페인 내란 이후에 삶의 의욕을 상실한 채 방황하는 부르주아 젊은이들을 그린 작품들이다.

1966년에 발표한 『테레사와 함께한 마지막 오후 *Últimas tardes con Teresa*』에 대한 비평은 놀람 그 자체였다. 바르셀로나를 배경으로 한 사회고발 성격의 소설인데, 오토바이 도둑질로 생계를 유지하는 비밀 정치 당원 마놀로는 상류 사회로의 신분 상승을 위해 부르주아 출신으로 급진 사회운동의 리더인 여대생 테레사를 유혹한다. 이들 사랑을 중심으로 당시 사회의 모순과 위선과 진정성 부족의 인간상과 신분 계층에 따른 소통의 부재를 다룬다. 사회적 사실주의를 대표하는 작품이지만 기존 스페인의 사회적 사실주의의 극단적 성향과는 거리가 먼 작품으로, 소설의 혁신 기법을 다양하게 사용하였다. 다시 말해 객관주의 Objetivismo와 전지적 관점의 배제와 내적 고백 monólogo interior을 다양하게 적용시킨 작품이다.

『사촌 누나 몬세의 어두운 과거 *La oscura historia de la prima Montse*, 1970』도 비슷한 노선의 작품이다. 보수적인 부유한 집안의 딸로 가톨릭의 가르침을 따르는 이상주의자 몬세가 야망 가득한 가난한 청년을 만나 벌어지는 비극적 사건을 다룬다. 1973년에 멕시코에서 출간한

『내가 쓰러졌다고 네게 말하면 *Si te dicen que caí*』은 소설가 후안 마르세의 혁신적 소설 기법의 완숙미를 느낄 수 있는 작품이다. 1940년대의 바르셀로나를 배경으로, 건달들이 꾸며내는 이야기로 전후의 비참하고 폭력적이고 어두운 실제 스페인의 모습이 나타난다. 다양한 어휘를 선보이고 실제와 이상이 접목되는 이 작품은 큰 관심을 끌었다. 이어 1978년에는 플라네타 문학상 Premio Planeta 수상작 『황금팬티의 소녀 *La muchacha de las bragas de oro*』와 플라사 이 하네스 문학상 Premio Plaza & Janés 수상작 『어느 날 돌아올거야 *Un día volveré*, 1982』와 문학비평상 Premio de la Crítica 수상작 『도마뱀 꼬리 *Rabos de lagartija*, 2000』를 발표했다.

후안 베넷 Juan Benet (1927-1993)

후안 베넷 Juan Benet은 1927년 마드리드에서 출생하여 1993년 사망하였다. 그 해 미국의 Time紙는 후안 베넷을 프루스트와 제임스 조이스와 포크너와 함께 20세기 최고의 소설가로 소개하였다. 자비로 출판한 첫 단편 소설집 『어디에도 못 갈거야 *Nunca llegarás a nada*, 1961』는 잘 알려지지는 않았다. 후안 베넷의 혁신적 소설 쓰기를 알린 『레히온으로 돌아가라 *Volverás a la Región*, 1967』는 가상의 도시 레히온의 폐허를 배경으로 세상과 인간의 부패를 그린 실험적 소설이다. 여러 줄거리가 시간적 순서와 상관없이 얽히고 또 건너뛰기도 하는 작품으로 등장인물들과 그들 사이의 관계를 파악하기가 난해하다. 뿌연 안개에 싸인 현실은 왜곡되어 신화적 모습을 취한다. 대화가 거의 없고, 긴 독백이 여러 차례 등장한다. 지리학에서 사용하는 전문 용어와 서정적 단어와 코믹 단어들을 번갈아 사용한 묘사도 관심을 끈다. 비밀스럽고 알 수 없는 작품이라는 인상을 주며 매우 독특한 매력으로 독자들을 사로잡는 작품이다.

조금 더 과감한 서술 기법을 사용한 『명상 *Una meditación*, 1970』은 장으로 구분되지 않고 계속 이어지는 작품이다. 수수께끼 인물의 독백을 통해 신화의 도시 레히온을 회상하는 작품이다. 이전의 『레히온으로 돌아가라』에서 사용한 소설 기법보다 한층 과격한 기법을 썼고 완성되지 않은 문장도 빈번하게 등장한다.

『무덤 *Una tumba*, 1971』, 『겨울여행 *Un viaje de invierno*, 1972』, 『마손의 다른 집 *La otra casa de Mazón*, 1973』도 후안 베넷 특유의 소설 기법으로 쓰인 작품들로, 줄거리는 파괴되고 등장인물들의 주관적 시각이 지배적이다.

1977년 발표한 『과거를 털어내고 *En el estado*』는 우스꽝스런 인물들을 등장시켜 냉소적 웃음을 자아내는 작품으로 이전의 작품들과는 차이가 있다. 그러나 1980년에 발표한 『사울과 사무엘 *Saúl ante Samuel*』은 소설의 미학적 기법에 있어 이정표의 역할을 한 작품이다. 같은 해 플라네타 문학상 Premio de Planeta을 수상한 탐정 소설 『범죄 냄새 *El aire de un cirmen*』를 출판함으로써 독자들에게 쉽게 다가갈 수 있는 소설가로 인식되기도 하였다. 1983년에서 1986년 사이에 『녹슨 창 *Herrumbrosas lanzas*』 시리즈 3권을 출판한다. 가상의 도시 레히온을 중심으로 스페인의 굴곡진 역사를 다루는 이 작품의 제4권을 준비하던 중 뇌암으로 사망하여 완성하지 못했다. 이 밖의 작품으로 『어둠속에서 *En la penumbra*, 1989』와 『작센의 기사 *El caballero de Sajonia*, 1991l』도 있다.

후안 고이티솔로 Juan Goytisolo (1931-)

후안 고이티솔로 Juan Goytisolo는 1931년 바르셀로나에서 태어났다. 그의 작품은 세 시기로 구분할 수 있다. 첫 번째 시기의 대표작은 먼저 1954년 스페인 내란 이후의 부르주아 집안 젊은이들을 주인공으로 한 『손장난 Juegos de manos』이 있고, 전쟁놀이를 하는 어린아이들을 그린 1955년의 작품 『낙원에서의 결투 *Duelo en el paraíso*』가 있다. 특히 이 작품은 현실을 시적 해석으로 그려냈고 어린 시절과 청소년기의 미화된 삶을 객관적 시각으로 묘사하여 현실의 양면을 보여준다. 어린 시절의 삶은 청운의 꿈을 안은 미화된 삶으로 바라보지만 성인의 삶은 피하고 싶은 고통이라는 이분법적 해석을 할 수 있다.

두 번째 시기에서는 더 이상 시적 서정성이나 관념은 찾아볼 수 없다. 사회 비판과 사회 고발의 성격이 강하다. 대표작으로는 『서커스 *El circo*, 1957』와 판자촌 배경의 『썰물 *La resaca*, 1958』이 있다.

세 번째 시기는 이념과 미학적 관심이 두드러진 전위 작품의 시기로 1966년에 발표한 『정체성의 표시 *Señas de identidad*』와 『훌리안 백작님의 회복 *Reivindicación del conde don Julián*, 1970』, 『땅 없는 후안 *Juan sin tierra*, 1975』 등이 주요 작품이다. '과거 환영들과의 외로운 싸움 solitario combate con los fantasmas del pasado'으로 일컬어지는 『정체성의 표시』는 1960년대의 스페인 소설을 대표한다.

프란시스코 움브랄 Francisco Umbral (1935-2007)

프란시스코 움브랄 Francisco Umbral은 1935년 마드리드에서 태어나 2007년 사망한 스페인 작가로 미겔 델리베스의 가르침을 받으며 바야돌리드에서 칼럼니스트로도 활동하였다. 1961년 마드리드에 특파원으로 있을 때 독특한 시각으로 일상의 사건들을 정확하게 진단하고 분석하는 칼럼이 큰 호평을 받고 명성을 날리기 시작하였다. 주요 유력 일간지와 잡지사를 거치며 많은 글을 남겼고, 『속물 일기 *Diario de un snob*, 1973』를 비롯한 여러 작품이 있다.

마드리드의 카페 히혼 Café Gijón 문학 토론 모임 tertulia에 참여하면서 여러 문인들과의 친분을 쌓았고, 셀라의 도움을 받은 『놈팡이 노래 *Balada de gamberros*, 1965』를 비롯한 초기 소설 작품을 출간할 수 있었다. 1975년 나달 문학상 Premio Nadal을 수상한 『요정들 *Las ninfas*, 1975』, 『카페 히혼에 첫발을 내딛던 날 밤 *La noche que llegué al Café Gijón*, 1977』, 『마드리드 3부작 *Trilogía de Madrid*, 1984』, 그리고 1992년의 문학비평상 Premio de la Crítica 수상작 『세사르 비시오나리오 전설 *La leyenda de César Visionario*』 등을 대표작으로 꼽을 수 있다. 또 갈도스의 『스페인에서 벌어진 사건들 *Episodios nacionales*』처럼 『세사르 비시오나리오 전설』을 필두로 20세기 스페인에서 벌어진 역사적 사건들을 시리즈로 구성하여 여러 편의 소설을 집필하였다.

호세 마리아 겔벤수 José María Guelbenzu (1944-)

호세 마리아 겔벤수 José María Guelbenzu는 1944년 마드리드에서 출생하였다. 1968년에 발표한 『수은 *El mercurio*』에서는 매우 다양한 소설 기법과 스타일을 조합하여 메타픽션, 문장부호 파괴, 유희적 단어조합, 기이한 등장인물 등 여러 요소가 나타난다. 이 작품은 현실적 균형 감각이 없는 젊은 지식인의 고뇌와 방황을 그린다. 두 번째 소설 작품 『가면 *Antifaz*, 1970』은 아름다운 러브 스토리다. 다양한 소설 기법을 사용하지만 과감한 소설 기법은 상당히 자제된 작품이다. 이 작품을 시작으로 겔벤수는 혁신적이고 전위적 소설 기법을 탈피하여 자신만의 예술 세계를 형성해 나간다. 걸작 『바다 항해자 *El pasajero de ultramar*, 1976』와 『깊은 밤을 집에서 *La noche en casa*, 1977』는 혁신적 소설 기법을 확실하게 벗어난 것처럼 보인다. 고전적 글쓰기 방법을 통해 남자와 여자의 만남과 짧은 만남의 고통 등을 이야기한다. 에로티즘, 부드러움, 즐거움, 환멸, 여유, 서정성 등의 성격을 통해 작가의 소설적 감각과 재주를 엿볼 수 있다. '나의 유일한 관심은 사람들 사이의 관계이고, 관계가 바뀌면 모든 게 다 바뀔 수 있다'는 작가의 설명처럼, 이 작품에서도 등장인물들 사이의 관계가 부각되고, 또 이를 감각적으로 잘 묘사하였다.

2001년에는 추리 소설 『살인자를 추궁하지 마세요 *No acosen al asesino*』를 발표한다. 여판사 마리아나 데 마르코 Mariana de Marco를 주인공으로 하는 추리 소설은 2011년까지 여섯 편이 나왔고, 작가는 열 편까지 집필할 계획을 갖고 있다.

헤르만 산체스 에스페소 Germán Sánchez Espeso (1940-)

헤르만 산체스 에스페소 Germán Sánchez Espeso는 1940년 팜플로나에서 태어나 예수회의 신학학교에서 신학을 공부하였고, 심리학과 영화에 이르기까지 다양한 분야에 관심을 갖기도 했다. 초기 작품들인 『창세기 체험 *Experimento en Génesis*, 1967』, 『출애굽 증상 *Síntomas de Éxodo*, 1969』, 『레위지파의 미로 *Laberinto Levítico*, 1972』, 『민수기 사이에서 *De entre los Números*, 1978』는 성경 내용을 기본으로 한 실험적 소설이다. 실존적 문제와 소통의 문제가 상징적인 의미로 다루어지는 작품들로, 영화 기법과 누보 로망의 영향을 느낄 수 있다.

그러나 1979년 나달 문학상 Premio Nadal 수상작 『나르시스 *Narciso*』는 고전적 플롯을 취하고 있어 독자들이 읽기에 수월한 작품이다. 소설의 줄거리에 신화와 에로티즘의 요소를 복합시킨 작품이다. 『나비 날개 *Las alas de las mariposas*, 1985』는 스페인 내란과 어린 시절로의 시간 여행을 다룬 작품이다. 『엉망진창 뉴욕 *New York shitty*, 2004』은 얼빠진 등장인물들이 뉴욕에서 겪는 좌충우돌 사건들을 흥미 위주로 다룬 재미있는 작품이다. 또 이레네 프라 Irene Fra가 삽화를 그린 동화 『두꺼비 심장 *El corazón del sapo*, 2007』은 시간, 행복, 죽음 등의 주제를 상상을 동원하여 다룬 작품이다.

호세 마리아 바스 데 소토 José María Vaz de Soto (1938-)

호세 마리아 바스 데 소토 José María Vaz de Soto는 1938년 우엘바의 파이모고 Paymogo에서 태어났다. 영화화된 첫 소설 『지옥과 바람 *El infierno y la brisa*, 1971』은 최근까지 15회에 걸쳐 출간이 될 정도로 인기가 높은 작품으로, 가톨릭 학교의 기숙사를 중심으로 억압된 교육을 받는 청소년들에 대한 이야기다. 4부작으로 구성된 대화체 소설 『저녁 무렵의 대화 *Diálogos del anochecer*, 1972』, 『파비안 *Fabián*, 1977』, 『사바스 *Sabas*, 1982』, 『한밤중 대화 *Diálogos de la alta noche*, 1982』는 새로운 소설 기법을 잘 조화시킨 작품이다. 등장인물들의 에피소드를 대화 방식으로 알려주는데 그것들을 통해 스페인 사회 현실과 인간의 행위와 도덕 문제들에 대한 분석을 살펴볼 수 있다. 누아르 소설 novela negra 『목매 죽은 개들 *Perros ahorcados*, 2000』과 『감옥에서 *Desde mi celda*, 2002』, 『세비야, 테르미누스 驛 *Sevilla, estación Términus*, 2009』과 『살인자 회고록 *Memorias de un homicida*, 2013』 등의 탐정 소설을 발표하였다.

4. 1975년 이후의 소설

이 시기의 문학 활동은 주로 소설을 중심으로 활발하게 이루어졌기 때문에 소설은 스페인 문단에서 가장 비중 있는 장르가 되었다. 산토스 산츠 비야누에바 Santos Sanz Villanueva는 1975년 이후의 스페인 소설을 테마에 따라 다음과 같이 구분한다. 첫째로 누아르 소설 novela negra 또는 탐정 소설인데, 마누엘 바스케스 몬탈반 Manuel Vázquez Montalbán과 에두아르도 멘도사 Eduardo Mendoza를 대표 작가로 손꼽을 수 있다. 『리스본의 겨울 *El invierno en Lisboa*』과 『벨테네브로스 *Beltenebros*』를 쓴 안토니오 무뇨스 몰리나 Antonio Muñoz Molina와 『밤의 환상 *Visión de la noche*』의 작가 후안 호세 미야스 Juan José Millás도 언급할 수 있다.

둘째는 역사 소설을 들 수 있다. 유럽 국가들과 마찬가지로 스페인에서도 역사 소설의 추세가 강했다. 지난 과거의 사건과 인물들의 고증된 내용을 회상하는 형식의 작품이 많았다. 역사 소설의 대표 작가로는 『꿈의 황금 *El oro de los sueños*』의 호세 마리아 메리노 José María Merino와 『늑대의 달 *Luna de lobos*』을 쓴 훌리오 야마사레스 Julio Llamazares, 『탁월함 또는 소름 돋는 기억 *Eminencia o la memoria frígida*』의 작가 하비에르 알파야 Javier Alfaya와 『폴란드 기병 *El jinete polaco*』의 안토니오 무뇨스 몰리나 등이 있다.

셋째는 문화 소설 novela culturalista인데, 문화주의 Culturalismo는 주로 서정시를 중심으로 하는 문학의 미학 성향으로 문화적인 지식을 자주 언급한다. 17세기의 과식주의, 즉 공고리즘 Gongorismo, 19세기 후반의 모더니즘 Modernismo, 20세기의 27세대가 그 대표적인 예다. 소설에 등장한 과식주의는 주로 예술가의 세계를 언급하고 신화와 예술 창작의 과정에 대한 관심이 크다. 호세 마리아 메리노 José María Merino의 『바람의 중심 *El centro del aire*』이 대표 작품이다.

넷째는 내적 고백 소설 novela intimista이다. 인간의 자아와 정체성을 모색하는 서정성 짙은 소설로, 훌리오 야마사레스의 『노란 빗줄기 *La lluvia amarilla*』와 후안 호세 미야스의 『너의 이름은 무질서 *El de-*

sorden de tu nombre』, 아델라이다 가르시아 모랄레스 Adelaida García Morales의 『남쪽 *El sur*』과 솔레다드 푸에르톨라스 Soledad Puértolas의 『모두가 거짓말하다 *Todos mienten*』 등의 작품이 있다.

이외에도 기존의 작품 성향을 따르려는 작품들도 있는데 호세 루이스 란데로 José Luis Landero의 『늦은 나이의 유희 *Juegos de la edad tardía*』와 루이스 마테오 디에스 Luis Mateo Díez의 『나이의 샘 *La fuente de la edad*』 등이 그것이다.

또한 문학이 신문과 잡지 등의 언론과 매우 밀접한 관련이 있고, 저널리스트로 활동한 소설가가 많았다는 점도 짚고 넘어가야 한다. 훌리오 야마사레스, 후안 호세 미야스, 안토니오 무뇨스 몰리나, 마누엘 바스케스 몬탈반, 프란시스코 움브랄 외에도 아르투로 페레스-레베르테 Arturo Pérez Reverte, 로사 몬테로 Rosa Montero, 하비에르 마리아스 Javier Marías, 마누엘 비센트 Manuel Vicent, 알폰소 팔로마레스 Alfonso S. Palomares, 마루하 토레스 Maruja Torres 등 저널리스트로 활동하다 소설가가 된 경우도 많았다. 이들 작가들은 잘 다듬어진 문체로 시사성 있는 내용을 다루었다는 특징이 있다.

마누엘 바스케스 몬탈반 Manuel Vázquez Montalbán (1939-2003)

소설가이자 시인이자 저널리스트였던 마누엘 바스케스 몬탈반 Manuel Vázquez Montalbán은 1939년 바르셀로나에서 태어나 2003년 태국 방콕의 공항에서 심장마비로 사망한다. 그의 대표작은 사설탐정 페페 카르발로 Pepe Carvalho를 주인공으로 하는 탐정 소설 시리즈다.

1972에 발표된 『내가 케네디를 죽였다 *Yo maté a Kennedy*』를 시작으로 20편에 가까운 페페 카르발로 탐정 시리즈 중에서도 『방콕의 새들 *Los pájaros de Bangkok*, 1983』과 『중앙 공격수가 저녁 무렵 살해되다 *El delantero centro fue asesinado al atardecer*, 1988』, 『막냇동생 *El hermano pequeño*, 1994』과 『내 인생의 남자 *El hombre de mi vida*, 2000』 등은 베스트셀러 작품으로 유명하다. 그 외에도 1992년의 『프랑코 장군 자서전 *Autobiografía del general Franco*』을 비롯한 여러 소설과 시 작품과 에세이가 있다.

에두아르도 멘도사 Eduardo Mendoza (1943-)

에두아르도 멘도사 Eduardo Mendoza는 1943년 바르셀로나에서 태어났다. 가톨릭 미션 스쿨을 거쳐 법학을 공부하였다. 신념을 갖고 시작한 공부였고, 또 직장도 다녔지만 만족할 수는 없었다. 1973년 UN의 통역사로 뉴욕으로 이주하면서 독서와 여행과 글을 쓸 수 있는 시간을 가지게 되었다.

1975년 대표작 『사볼타 사건의 진실 *La verdad sobre el caso de Savolta*』을 출간했는데, 당시 스페인 문단을 놀라게 했던 작품으로 비평 역시 우호적이었다. 첫 소설작이라고는 믿을 수 없을 정도의 탄탄한 플롯과 내용을 보여준 걸작이라는 평이었다. 이듬해 비평문학상 Premio de la Crítica을 수상하면서 에두아르도 멘도사에 대한 관심은 더욱 커졌다. 바르셀로나를 배경으로 스페인 내란 이전과 이후를 아우르며 당시의 현안 문제를 주제로 한 이 작품은 작가의 예술적 역량을 잘 보여주었다.

그는 또 『지하 납골당의 미스터리 *El misterio de la cripta embrujada*, 1978』, 『올리브 열매의 미로 *El laberinto de las aceitunas*, 1982』, 『미용실에서 생긴 일 *La aventura del tocador de señoras*, 2001』, 『의문의 가방과 생명 *El enredo de la bolsa y la vida*, 2012』 등의 탐정 소설 작가로도 유명하다. 에두아르도 멘도사의 최고 걸작으로 꼽히는 『경이로운 도시

La ciudad de los prodigios, 1986』는 바르셀로나의 1888년 엑스포와 1929년 엑스포를 배경으로 한 작품으로 1999년에는 영화로도 상영되었다. 다른 작품들과는 달리 베니스를 배경으로 한『기이한 섬 *La isla inaudita,* 1989』과 1991년 엘 파이스 El País紙 에 연재된『구르브 연락 없다 *Sin noticias de Gurb*』는 1992년 올림픽을 앞둔 바르셀로나에 도착한 외계인을 주인공으로 다룬 작품이다.

이외에도『대홍수의 해 *El año del diluvio,* 1992』와『가벼운 코미디 *Una comedia ligera,* 1996』, 그리고 2010년 필명 리카르도 메디나 Ricardo Medina로 응모해 플라네타 문학상 Premio Planeta을 수상한『고양이 싸움. 마드리드 1936 *Riña de gatos, Madrid 1936,* 2010』 등의 소설이 있고 카탈란어 극『영광 *Gloria,* 2008』은『폼포니오 플라토의 놀라운 여행 *El asombroso viaje de Pomponio Flato*』이라는 제목으로 스페인어 소설로도 출판되었다. 예수의 생애를 탐정 소설과 느와르 소설식으로 처리한 작품이다.

에두아르도 멘도사는 작가 특유의 문학성과 대중성으로, 작품이 발표될 때마다 관심의 조명을 받고 수백만 부가 팔리는 베스트셀러가 되었고 또 여러 작품들이 영화나 텔레비전의 드라마와 연극으로 각색되기도 하였다.

로사 몬테로 Rosa Montero (1951-2009)

로사 몬테로 Rosa Montero는 1951년 마드리드에서 출생하여 2009년 사망한 스페인 저널리스트이자 소설가다. '카논 Canon'과 '타바노 Tábano' 등의 인디극단에서 활동했고 스페인 일간지 엘 파이스 El País紙의 저널리스트 이기도 했던 현대 스페인의 대표 여류 소설가다.

첫 작품『사랑부재 일기 *Crónica del desamor,* 1979』는 1970년대 말

격랑의 시기를 배경으로 고단한 삶을 사는 여주인공을 그린 작품이다. 또 다른 작품으로는 불가능한 사랑과 소외된 존재를 그린 미스터리 로맨스 『너를 내 여왕으로 *Te trataré como a una reina*, 1983』와 영화로도 상영된 『루시아, 거짓말의 기억 *La hija del caníbal*, 1997』, 『널 다시는 안 보려고 했다니 웃기군 *La ridícula idea de no volver a verte*, 2013』 등이 있다.

안토니오 무뇨스 몰리나 Antonio Muñoz Molina (1956-)

안토니오 무뇨스 몰리나 Antonio Muñoz Molina는 1956년 안달루시아 하엔 Jaén의 시골마을 우베다에서 태어났다. 스페인 한림원 종신멤버로 'U'석의 주인공인 무뇨스 몰리나는 그라나다 대학교에서 예술사를 전공하였고, 마드리드 대학교에서 언론학을 공부하였다. 그라나다 시청에서 공무원으로 일하며 일간지 '이데알 Ideal'紙에 연재한 칼럼들을 모아 『도시의 로빈슨 *El Robinson urbano*, 1984』을 출간하면서 작가로서 첫발을 내디뎠다.

1986년에 발표한 『베아투스 일레 *Beatus ille*』는 가상의 도시 마히나 Mágina를 배경으로 하는 장편 소설이다. 마히나는 이후에도 무뇨스 몰리나의 소설에서 배경 도시로 등장한다. 또 1987년 문학비평상 Premio de la Crítica을 받은 『리스본의 겨울 *El invierno en Lisboa*』은 큰 사랑을 받은 작품으로, 무명의 무뇨스 몰리나를 단숨에 유명 작가로 명성을 높이게 하였다. 또한 후속 작품마다 대중의 호응은 뜨거웠고 비평 역시 우호적이었다. 1989년의 『벨테네브로스 *Beltenebros*』와 프랑코 사후의 최대 성공작이라는 평을 받은 1991년 플라네타 문학상 Premio de Planeta 수상작 『폴란드 기병 *El jinete polaco*』도 큰 사랑을 받았다.

그 외에도 『마드리드의 미스터리 *Los misterios de Madrid*, 1992』와

『비밀의 주인 *El dueño del secreto*, 1994』과 『피 끓는 군인 *Ardor guerrero*, 1995』, 스페인 제2공화정의 몰락과 스페인 내란 발발을 배경으로 한 『역사의 밤 *La noche de los tiempos*, 2009』 등의 작품이 있고, 2013년 프린시페 데 아스투리아스 문학상 Premio Príncipe de Asturias을 수상하였다.

무뇨스의 소설은 느와르 영화나 탐정 소설에 등장하는 쫓기는 자의 시각에서 기억을 회상하며 스페인의 최근 역사를 재구성한다. 『벨테네브로스』가 대표적인 예로, 작품은 스페인 내란 이후의 강한 정치적 분위기와 더불어 마드리드를 중심으로 한 스페인 사회의 사랑 이야기와 스릴러 이야기로 풀어간다. 『마드리드의 미스터리』와 『비밀의 주인』 역시 마드리드를 중심으로 줄거리를 전개한 작품들이다. 보병대 군가 가사에서 따온 제목 『피끓는 군인』은 프랑코 독재 시절의 의무 군 복무를 내용으로 한 작품이다.

아르투로 페레스-레베르테 Arturo Pérez-Reverte (1951-)

아르투로 페레스-레베르테 Arturo Pérez-Reverte는 1951년 카르타헤나 출생으로, 스페인 한림원 'T'석의 종신멤버이며 작가이자 저널리스트다. 1994년까지 21년 동안 레바논을 비롯한 사하라 지역과 크로아티아와 보스니아 지역의 종군기자로 활동하였다. 『코만치 영토 *Territorio comanche*, 1997』는 작가의 생생한 종군기자의 경험을 바탕으로 쓴 작품이다. 또 텔레비전과 라디오 프로그램의 사회자로 활동하며 여러 사회적 문제들을 제시하고 진단하였다. 나폴레옹 침공 당시를 배경으로 한 첫 소설 『경기병 *El húsar*, 1986』에 이어 『펜싱 선생 *El maestro de esgrima*, 1988』은 19세기 정치 음모를 배경으로 한 작품이다. 프랑스 소설가 뒤마의 고서 사냥꾼 모험을 스릴러 소설로 그린 『뒤마 클럽 *El club*

Dumas, 1993』과, 고미술품 복원 전문가를 주인공으로 한 미스터리 스릴러 소설 『플랑드르 거장의 그림 *La tabla de Flandes*, 1990』은 페레스-레베르테를 유명 작가의 반열에 올려놓은 대표작이다. 17세기 플랜더스 전쟁을 배경으로 한 『알라트리스테 대위 *El capitán Alatriste*, 1996』는 이후에 시리즈로 여섯 편을 더 발표하였다. 또 다른 스릴러 소설 『은밀한 저격수 *El francotirador paciente*, 2013』를 포함한 20여 편의 소설을 발표하였고, 그 중에 여러 편은 영화로도 상영되었다. 또 2002년에 발표한 『남방 여왕 *La Reina del Sur*』은 미국에서 텔레비전 드라마로 큰 성공을 얻었다.

5. 연극

20세기 초부터 예술과 문학에 나타났던 많은 변화에 극 역시 무관하지 않았다. 더욱이 극은 문학 장르에 공연이 더해져 관객과 교감하는 예술이기 때문에 시대의 변화에 큰 영향을 받는다. 스페인 내란 이후의 현대극을 공부하기에 앞서 스페인 극에 영향을 미친 여러 작품이 어떻게 변화되었는지 그 양상을 살펴볼 필요가 있다.

다른 장르와 마찬가지로 20세기의 극은 사실주의에 대한 강한 거부감을 드러낸다. 사실극은 분위기와 관습과 인간의 속성으로 야기되는 문제들을 정확히 반영하고 등장인물의 심리를 사실적으로 분석한다. 무엇보다도 사실주의는 자연스러움 naturalidad을 추구하여서 등장인물의 행동과 언어는 무대 위의 공연일 뿐이라는 것을 관객들이 인식하지 못하도록 하였다.

하지만 이러한 사실극은 여러 각도에서 비판의 대상이 되었다. 사실주의를 거부한 상징주의 극 teatro simbolista은 시(詩)적 분위기를 만들고 신비스러움을 더하여 보이지 않는 무언가가 연상되고 현실을 초월한 그 이상의 무엇인가를 전달하기를 원한다. 표현주의 극 teatro expresionista은 현실을 왜곡시킴으로써 관객들이 일상적인 감각을 탈피하기를 원한다. 사실주의에서 추구하던 자연스러움과는 달리 현실을 왜곡하고 과장한 무대 예술에 방점을 둔다.

더 나아가 다다이즘 Dadaísmo과 초현실주의 Surrealismo로 대표되는 전위적 움직임은 전통극과의 철저한 단절을 의미한다. 전통극과 명확한 선긋기를 한 극작품과 무대 장치는 비이성과 비범함과 꿈과 환상의 세계를 추구한다. 프랑스 극작가 알프레드 자리 Alfred Jarry를 이러한 움직임의 선구자로 생각할 수 있다. 1896년에 초연된 알프레드 자리의 극 『위뷔왕 *Ubu, rey*』은 야비하고 바보스러운 언동으로 당시의 퇴폐적인 부르주아의 모습을 패러디하고, 또 인간의 허영과 탐욕과 위선과 비굴함을 폭로하여 큰 충격을 던진 작품이다. 상징주의 작가들이 알프레드 자리를 재평가하면서, 그는 과거 극과의 단절을 의미하는 극 혁명의 대명사로 불리게 되었다.

극 혁명의 흐름은 1920년과 1930년대에 이르러 독일의 베르톨트 브레히트 Bertold Brecht와 프랑스의 앙토냉 아르토 Antonin Artaud로 이어진다. '진실은 갖가지 형태로 억압되고 있으니, 그 진실을 표현하는 것 역시 갖가지 형태를 취하는 것은 당연하다'는 브레히트의 극은 이성적이다. 아이러니와 잔혹함과 죽음과 환멸의 의미를 담은 브레히트의 작품은 당연히 사회극 teatro social과 정치극 teatro político의 규범이 되었다. 반면에 아르토는 브레히트와는 상당히 다른 노선을 제시하였다. 극작가는 아니었지만 무대감독을 담당했던 아르토는 현대극의 중심적 역할을 담당한 인물이다. 『잔혹 연극론 *Manifiesto del teatro de la crueldad*, 1933』과 『연극과 그 분신 *El teatro y su doble*, 1938』을 통해

'세계를 움직이는 것은 투쟁하는 힘이고, 연극은 대사와 몸짓과 조명과 음향 등의 종합적 효과로 관객을 집단적 흥분 상태에 빠뜨리고 무대와 관객 사이에 신비적인 일체감을 자아내야 한다'는 이론은 당시에는 큰 반향을 불러일으키지 못했지만 훗날 전위극에 큰 영향을 미친다.

이러한 분위기 속에서 1950년대의 부조리극 teatro del absurdo이 등장한다. 『대머리 여가수 *La cantante calva*, 1950』의 이오네스코 Eugène Ionesco와 『고도를 기다리며 *Esperando a Godot*, 1953』의 사무엘 베케트 Samuel Beckett로 대표되는 부조리극은 세상을 보는 관점과 극 표현 방법의 혁신을 의미한다. 사르트르와 카뮈의 실존 사상과 문학에 기초하여 '인간은 부조리한 세상에 던져진 존재'로 인식한다. 따라서 시간에 대한 고뇌와 죽음과 공허와 고독과 소통의 부재는 당연하다. 그렇기 때문에 극은 상황과 언어의 부조리를 부조리하게 표현해야 한다. 비이성적 상황과 앞뒤가 맞지 않는 행위와 일상적이고 평범하지 않은 등장인물과 상황을 연출한다. 즉 존재의 부조리를 표현하기를 원한다. 그러나 부조리의 의미로 '말하는 방법'이 아닌 '느끼게 하는 방법'으로 전달하기를 원한다.

부조리극은 이미 상당 부분 전위극의 특성을 보여주었다. 또한 이와 동시에 여러 흐름의 실험극을 살펴볼 수 있다. 실험극이란 기존의 극과는 다른 형식의 극을 지칭한다. 우선 극작품보다는 공연 자체를 우선한다는 게 특징이다. 이에 따라 작가에 대한 관심은 줄고 무대 창작 예술에 대한 관심은 늘어나며, 극작품은 출발선일 뿐 무대 감독은 작품을 각색하는 데 최대한 자유를 누린다. 조형 요소와 음성 요소가 중요해지고 조명효과, 몸동작, 무언극, 춤, 영상효과, 음악, 노래, 소음... 등을 모두 사용한다. 아르토가 극을 종합 예술이라고 말하는 것도 바로 이 때문이다. 더불어 공연과 관객 사이의 새로운 관계 설정도 언급할 필요가 있다. 관객은 더 이상 수동적 위치에 있지 않고 적극적으로 공연에 참여하고 간섭하여 때로는 해프닝을 연출하기도 한다. 무대와 관객 사이의 전통적 벽이 사라졌다고 설명할 수 있다.

물론 극작품 자체에 대한 중요성을 폄하해서도 안되지만, 실험극은 공연의 새로운 개념 설정을 제시한다. 따라서 극작품과 공연이라는 두 차원은 서로 별개로 파악할 것이 아니고, 상호 의존적이고 종속적이며 보완적이라고 설명할 수 있다.

유럽극이 이렇듯 실험적 형태의 극으로 시도를 거듭하는 것과는 달리 스페인 극은 한계에 부딪히며 초라한 상황에 머물렀다. 스페인 내란이 끝났을 즈음 바예 인클란, 가르시아 로르카, 카소나와 같은 대표적인 극작가들은 이미 사망했거나 망명의 길을 떠났다. 또 당시 극에는 정치적인 압박과 검열도 있었고, 관객들도 가벼운 즐거움만을 선호하는 경향이 지배적인 상황이었다. 새로운 실험극 따위를 모색하며 고민할 수 없는 상황이었다. 이처럼 당시의 극 주변의 상황은 상업적 이유와 이데올로기적 이유로 나뉘어져 있었다.

극은 극단과 매우 밀접한 관련이 있다. 극이란 무대에 올리는 것을 목표로 하는 장르로, 무대에 올리기 위해서는 작품 이외의 것을 총괄하는 사업적인 면을 무시할 수 없기 때문이다. 당연히 극단은 극단주의 이해관계를 무시할 수 없고, 공연을 보러오는 관객들의 기호를 부르주아 위주로 맞춰야 했다. 이렇게 하여 관객의 흥미를 우선으로 삼는 상업극 teatro comercial이 등장했다. 상업적 요소를 따르지 않는 극은 심한 검열의 대상이었고, 따라서 정치적 이데올로기의 한계가 심한 벽으로 작용했다. 검열에 걸리지 않는 보편적 이데올로기 성향을 따르지 않는 극작가는 매우 험난한 길을 갈 수밖에 없었다. 인디극 teatro independiente의 형식을 취하거나 아니면 무대에 올리지 못하고 서랍 속에 작품을 사장시키는 경우도 많았다. 스페인의 실험극은 1960년대 중반 이후 많이 시도되었지만 사장된 경우가 많았다.

앞에서도 설명한 바와 같이 스페인 내란 이후에 바예 인클란이나 가르시아 로르카 등의 작가는 사망하였고, 또 많은 극작가들은 망명의 길을 떠났다. 검열로 말미암아 스페인의 신진 극작가들은 제대로 활동하지 못했고, 외국 극이 범람했지만 단순한 오락성 작품이 대부분이었다. 부르주아 중심의 관객이 원했던 것은 일상적인 사소한 즐거움이었기 때문이었다.

스페인 내란 이후의 극으로 하신토 베나벤테 Jacinto Benavente로 대표되는 고급극 alta comedia을 주목할 필요가 있다. 상업극 teatro comercial 중에서도 줄거리와 대화와 무대 장치에 관심을 많이 쏟은 고급극은 이미 19세기 말부터 마누엘 에두아르도 고로스티사 Manuel Eduardo Gorostiza 와 마누엘 브레톤 델 로스 에레로스 Manuel Bretón de los Herreros에 의해 명맥을 이어왔는데, 루이스 라몬은 이를 '단절없는 연속 la continuidad sin ruptura'으로 설명한다. 스페인 내란 이전의 극과 마찬가지로 전통적 사상을 대변하는 작품들이기 때문이다. 부패한 사회 고발과 가족애와 윤리 의식을 강조한 목적극으로, 전통적 이데올로기를 주장한 작품들이다. 선정된 어휘와 격조 높은 대화로 상당히 성공한 작품들이라고 할 수 있다. 베나벤테 외에도 호세 마리아 페만 J.M. Pemán, 루카 데 테나 Luca de Tena, 호세 로페스 루비오 J. López Rubio 등의 작가가 있다.

고급극 외에도 많은 작품이 있었다. 극작가로는 엔리케 하르디엘 폰셀라 Enrique Jardiel Poncela (1901-1952)와 미겔 미우라 Miguel Mihura (1905-1977)와 호세 로페스 루비오 Jose López Rubio가 있다. 하르디엘 폰셀라는 '웃음을 되찾자 renovar la risa'를 주장하며 신선한 주제와 대화로 흥미로운 작품들을 발표하였다. 미우라의 첫 작품 『세개의 해트 모자 *Tres sombreros de copa*』는 시적 즐거움을 선사하는 작품으로, 비평가들은 이 작품을 부조리극으로 평가하였다. 프랑스 비평가 장 자크 고티에 Jean-Jacquer Gautier는 미겔 미우라를 '스페인의 이오네스코 el Ionesco español'로 불렀다. 이 밖의 그의 작품으로는 『고귀한 결정 *Sublime decisión*』, 『마리벨 *Maribel*』, 『이상한 가족 *La extraña familia*』 등이 있다.

이후로도 매우 대중적인 작가 알폰소 파소 Alfonso Paso (1926-1978)의 등장으로 희극은 성공을 거듭한다. 가벼운 주제로 수십 편의 작품을 쓴 알폰소 파소 외에도 하이메 살롬 Jaime Salom, 알론소 미얀 J.J.Alonso Millán, 하이메 데 아르미냔 Jaime de Armiñan, 아나 디오스다도 Ana Diosdado 등을 언급할 수 있다. 이렇듯 1960년대 중반까지도 극은 희극 중심의 가벼운 작품들이 대부분이었지만, 이와는 다른 성격의 극도 미비하게나마 모습을 드러내기 시작한다. 인간 존재에 대한 무거운 주제를 다룬 대표작으로는 안토니오 부에로 바예호 Antonio Buero Vallejo의 『계단 이야기 *Historia de una escalera*』가 있다. 1949년에 초연된 이 작품은 자기 한계를 극복하기 위해 부단히 노력하지만 좌절할 수밖에 없는 삶을 그린 비극이다. 이어 1953년에는 알폰소 사스트레 Alfonso Sastre의 『죽음으로 향하는 분대 *Escuadra hacia la muerte*』가 발표된다. 부에로 바예호의 초기 작품과 마찬가지로 실존적 시각으로 삶을 바라보는 작품이다. 현실을 부정하지 않고 정면 대립을 선언하는 진지한 주제의 작품들은 더 나아가 1950년대의 사회 참여 성격으로 발전된다.

사회 참여 소설의 이론을 정립한 알폰소 사스트레는 저서 『극과 사회 *Drama y sociedad*, 1956』를 통해 극작품은 증인의 역할을 감당하며 사회를 고발해야 한다고 주장하며, 이러한 이론에 입각한 『재갈 *La mordaza*』과 『마을에서 벌어진 죽음 *Muerte en el barrio*』 등의 일련의 사회 참여 작품들을 발표한다.

1960년대에 들어 일련의 젊은 작가들이 생경한 사실주의적 기법으로 쓴 작품을 통해 참여 노선을 같이했다. 카를로스 무니스 Carlos Muñiz의 『잉크병 *El tintero*』에서는 행정조직 안에서 개인의 인간적인 고려나 배려가 배제된 말단 공무원을 통해 비인간화의 주제를 다룬다. 로드리게스 멘데스 J.M. Rodríguez Méndez의 『몬클로아 궁의 무고한 사람들 *Los inocentes de la Moncloa*』은 국가라는 거대조직 앞에 소외되는 인간의 비참함을 그린 작품이다. 리카르도 로드리게스 부데드 Ricardo Rodríguez Buded의 『소굴 *La madriguera*』에서는 거처할 데 없는 여러 가족이 좁은 하숙집에서 생활하는 비참하고 처절한 삶의 모습을 그린다. 1961 바예 인클란 상을 수상한 라우로 올모 Lauro Olmo의 『셔츠 *la camisa*』는 생존을 위해 대도시로 몰린 노동자들의 삶을 그렸고, 1963년에 발표된 호세 마르틴 레쿠에르다 J. Martín Recuerda의 『산힐 다리에서 폭행당한 아가씨들 *Las salvajes en Puente San Gil*』은 편협한 인간의 모습을 다룬 작품이다. 이 밖에 상당히 많은 작품들이 있었지만 상업적인 이유와 검열의 문제로 무대에 올리지조차 못했고, 이렇게 무대에 올리지 못한 당시의 극을 지하극 teatro soterrado이라고 명명했다.

극작품은 1960년대에 들어와서도 상당 기간 사회참여 성격을 띤 사실주의 극으로 유지되었다. 그러나 다른 한편에서는 극 표현의 변화를 모색하였다. 독일의 브레히트 Bertold Brecht와 프랑스의 아르토 Antonin Arthaud와 같은 외국 실험 극작가들의 영향을 받아 스페인에서도 실험극을 모색하면서 무대에서의 전위극은 가능해졌다. 작품으로는 호세 루이발 José Ruibal의 『사람과 파리 *El hombre y la mosca*』, 프란시스코 니에바의 『타르타라 부인 *La señora Tártara*』, 마누엘 마르티네스 메디에로 Manuel Martínez Mediero의 『버팔로 빌의 자매들 *Las hermanas de Búfalo Bill*』이 있고 로메로 에스테오 Romero Esteo, 히메네스 로메로 Jiménez Romero, 호세 마리아 베이도 José M.ª Bellido, 앙헬 가르시아 핀타도 Ángel García Pintado를 언급할 수 있다.

이러한 전위극의 내용은 대부분 독재에 항거하는 저항극 성격을 띤다. 독재와 자유의 부재에 비판적이며 비인간화되는 사회에 타협하지 않는 태도를 보이는 작품들이다. 또한 형식도 새로워져서 비유와 상징이 사실적 묘사를 대신하게 되었다. 상황에 따라 다양한 어조로 언어를 구사하여 때로는 천박하고, 또 때로는 웅변조로 말한다. 그리고 시적 언어를 선보이기도 한다. 시청각적인 효과와 잡지나 팬터마임이나 서커스에서 영감을 얻은 다양한 언어 외적인 요소를 사용한다. 하지만 이렇게 변화를 모색하려는 의지를 강하게 보였음에도 불구하고 관객들에게 어필하지 못한 부분도 많았다는 것을 인정해야 한다.

미학적인 부분의 변화가 쉽지 않은 것은 물론이거니와, 검열의 문제가 더해지면서 새로운 극의 모색은 어려웠다. 많은 작품들이 공연되지 못했고, 공연이 되더라도 동호회와 같은 소모임 공연 정도로 끝난 작품이 대부분이었기 때문에 지하극 teatro soterrado이라는 명칭이 적절하게 여겨졌다. 그나마 성공한 작가로는 마르티네스 메디에로와 프란시스코 니에바를 들 수 있다. 이와는 별도로 미학적인 부분을 놓치지 않으면서도 관객의 사랑을 받았던 안토니오 갈라 Antonio Gala가 있는데, 그의 작품으로는 상당한 성공을 거둔 『에덴의 푸른들 *Los verdes campos del Eden*, 1963』과 시적 상징으로 당시 정치를 풍자한 『페트라는 선물 *Petra regalada*, 1980』 등이 있다.

여기서 페르난도 아라발 Fernando Arrabal를 살펴볼 필요가 있는데, 그것은 그가 극이 변화를 모색하기 위한 여러 노력을 기울인 시기를 대표하는 작가이면서도 아라발 특유의 독특한 작품 세계를 가지고 있기 때문이다. 1932년에 태어난 아라발은 1955년 이후로 프랑스에 머물며 활발한 작품 활동을 했고 유럽극의 혁명을 대표하는 작가로 세계적인 명성을 날렸다. 인간의 상황은 부조리할 뿐이라는 실존적 의미와 인과율을 부정하는 부조리극 teatro del absurdo에서부터 패닉무브먼트 teatro pánico에 이르기까지 비인간적 현대 사회에 정면 도전장을 던지며 극 세계에 다양한 화두를 제시한 작가다. 이러한 작가의 세계관은 『세발자전거 *El triciclo*』, 『자동차 무덤 *El cementerio de los automóviles*』, 『미로 *El laberinto*』 등의 작품을 통해 살펴볼 수 있다. 그의 많은 작품들이 프랑코 독재가 끝날 때까지 스페인 내에서 금지되었기에 더 많은 관심을 불러일으키기도 하였다.

프랑코 독재가 끝나고 민주화가 진행되는 동안 검열 제도가 사라지고 극 정책에 대한 변화도 있어 창작에 대한 열기와 많은 극작가들의 등장을 예상했지만 그 예상은 빗나갔다. 연극에 대한 관객들의 사랑을 기대한 것은 단지 희망 사항에 그쳤을 뿐이다. 몇 편의 예외가 있기는 했지만 전반적으로 전위극은 관객의 관심을 끌지 못했다. 그러나 페르난도 페르난 고메스의 『여름엔 자전거가 필요해요 *Las bicicletas son para el verano*, 1982』처럼 사실주의 증언 문학 작품은 큰 성공을 거두기도 하였다. 『잠 못 드는 밤 *Esta noche gran velada*, 1983』의 페르민 카발 Fermín Cabal과 『아프리카로 내려가기 *Bajarse al moro*』의 호세 루이스 알론소 데 산토스 José Luis Alonso de Santos도 페르난 고메스와 같은 노선의 작가로 생각할 수 있다. 이렇듯 극은 사실주의와 전통극으로 회귀되어 오랜 기간 동안 유지되었다.

하신토 베나벤테 Jacinto Benavente (1866-1957)

하신토 베나벤테 Jacinto Benavente는 1866년 마드리드에서 태어났다. 그는 20세기 초 스페인 극의 가능성과 한계를 보인 대표 극작가였다. 부르주아 기혼녀들이 겪는 억압적 상황을 그린 『남의 둥지 *El nido de ajeno*, 1894』의 공연은 사회적으로 큰 파장을 불러 일으켰다. 세기말적 고뇌 세대의 젊은이들에게 베나벤테는 미학적인 면에서 혁명적 작가였다. 그는 또 테마에서도 에체가라이풍의 장황한 내용과는 반대되는 극을 썼는데, 이에 아소린은 그를 98세대로 인식하기도 했다. 그러나 『남의 둥지』는 관객의 항의에 금방 공연을 포기해야 했다.

이후 베나벤테는 비판의 무게를 감당하느냐 아니면 자신의 노선을 변경하느냐 중 하나를 선택해야하는 상황에 이르렀고, 베나벤테는 자신의 노선을 바꾸는 쪽을 선택한다. 이후에 사회 풍자 분위기가 약해진 작품들 『아는 사람들 *Gente conocida*, 1896』과 『가을장미 *Rosas de otoño*, 1905』를 발표한다. 상류 계층 삶의 가식과 위선을 여전히 지적하지만, 그 강도는 갈수록 약화된 작품들이었다. 그러나 이들은 그에게 극작가로서의 최고의 명성을 안겨 준 작품들이었다. 1912년 스페인 한림원 회원이 되었고, 1922년에는 노벨문학상을 수상하였다. 『네 잘못이야 *La culpa es tuya*, 1942』와 『사랑은 학교를 보내야해 *Al amor hay que mandarlo al colegio*, 1950』 등의 그의 상업극 teatro comercial은 여전히 인기가 있었지만, 젊은 작가들은 그를 '보수적 conservador'이고 '유치한 ñoño' 등의 표현으로 혹평하였다.

베나벤테의 극은 많은 성공과 명성을 누린 작품들이지만 당시의 조류와는 상반된 극으로 설명할 수 있다. 물론 장황한 내용의 후기 낭만주의 극 분위기를 쇄신하고 일상적인 소소한 내용과 도덕 철학적 내용을 담은 고급극 alta comedia을 도입했다는 점에서는 인정을 할 수 있다. 그러나 기존 극과의 단절을 표방하던 당시의 유럽극과 스페인의 시도와는 정반대의 길을 간 베나벤테 작품에 대한 문학적 평가는 시대에 뒤떨어진 극이라는 의견이 일반적이다.

호세 마리아 페만 José María Pemán (1897-1981)

호세 마리아 페만 José María Pemán은 1897년 카디스에서 태어났다. 여러 문학 장르를 넘나들며 활동을 했고, 시극 『초조한 성인 *El divino impaciente*, 1933』을 기점으로 뒤늦은 모더니즘 극작가로 활동했다. 스페인 내란이 끝나고 베나벤테풍의 극작품 『집 *La casa*, 1946』과 『죽은 듯 입 다물고 *Callados como muertos*, 1952』, 희극 『시몬씨의 세 번의 기타 등등 *Los tres etcéteras de don Simón*, 1958』을 발표하였다.

엔리케 하르디엘 폰셀라 Enrique Jardiel Poncela (1901-1952)

엔리케 하르디엘 폰셀라 Enrique Jardiel Poncela는 1901년 마드리드에서 출생하였다. 스페인 내란 이전에 이미 몇 편의 작품을 발표하였지만, 내란 이후에 활발한 작품 활동을 하며 최고의 코미디 극작가로 인정받았다. 여러 가지 파격적인 시도를 하며 '웃음을 되찾자 renovar la risa'고 제안했고, 부조리극 teatro del absurdo의 선구자로 인정받기도 했다. 대표작 『팜므파탈 눈을 가진 당신 *Usted tiene ojos de mujer fatal*, 1933』, 『세월을 거슬러 젊어지는 네 사람 *Cuatro corazones con freno y marcha atrás*, 1936,』, 『아몬드나무 밑의 엘로이사 *Eloísa está debajo de un almendro*, 1940』, 『우리 도둑들은 착한 사람들입니다 *Los ladrones somos gente honrada,* 1941』, 『빈 집의 거주자들 *Los habitantes de la casa deshabitada,* 1942』 등을 통해 기발한 발상과 재치 넘치는 대화를 선보인다. 미쳤다는 소리를 들을 정도로 새로운 면모를 선보인 하르디엘 폰셀라는 당시에는 큰 호응을 얻지 못했지만, 주목할 만한 가치는 충분한 극작가였다.

알폰소 파소 Alfonso Paso (1926-1978)

알폰소 파소 Alfonso Paso는 1926년 마드리드에서 태어났다. 120여 편의 많은 작품을 남긴 그의 문학 활동은 비판적 시각의 일상적이지 않은 작품 『아벨라르도라 불리는 폭탄 *Una bomba llamada Abelardo,* 1953』과 사회 문제를 담은 희비극 『가난한 사람들 *Los pobrecitos,* 1957』과 『소녀의 결혼식 *La boda de la chica,* 1960』 등으로 시작되었다. 이후에 부르주아 관객에 어필하는 흥미 위주의 『하녀들 *Las que tienen que servir,* 1962』과 『넥타이 *La corbata,* 1963』 등으로 유명해졌다. 탄탄한 작품 구성과 재치 넘치는 대사는 알폰소 파소 작품의 장점이다. 영화로 재구성된 작품도 여러 편 있다.

안토니오 부에로 바예호 Antonio Buero Vallejo (1916-2000)

안토니오 부에로 바예호 Antonio Buero Vallejo는 1916년 과달라하라 Guadalajara에서 태어나 2000년 생을 마감한 스페인의 대표 극작가다. 독서를 즐기며 미술에 조예가 깊었던 부에로 바예호는 스페인 내란이 끝나던 1939년 반란 가담죄로 투옥된다. 감옥에서 극작가로서의 소명을 느꼈고, 1949년에 공연된 『계단 이야기 *Historia de una escalera*』는 새로운 극의 탄생을 알리는 작품이었다. 인생의 의미와 사회적인 책무로부터 도피의 태도를 취했던 스페인 극은 이 작품의 탄생과 함께 사회적 의미를 되새겨볼 수 있는 극으로 돌아왔다. 스페인 내란 이후에 나온 스페인 최초의 극작가로서의 명성은 논란의 여지가 없다.

부에로 바예호의 작품에 등장하는 인물들은 비극적 인물들이다. 인간으로서의 갈망이 크지만 제한적일 수밖에 없다는 한계를 느끼는 인물들로서 행복과 자유와 진리를 추구하지만 그들 주변의 사회와 환경 때문에 결국 좌절하고 만다. 따라서 그의 작품에 등장하는 인물들의 면면에 비극적 요소가 존재하는 것은 당연한 일이다.

부에로 바예호 작품에 등장하는 비극적 테마는 두 가지 방법을 통해 접근할 수 있다. 하나는 실존적 접근 방법이다. 부에로 바예호의 작품은 꿈과 좌절과 고독으로 얽혀있는 인간의 삶에 실존적 의미를 부여하며 접근한다. 형이상학적 차원의 의미를 담은 이러한 접근 방법을 부에로 바예호는 실제적인 문맥으로 독자들에게 제시한다. 다른 하나는 사회적 의미의 접근 방법이다. 불의와 불공정에 대한 고발을 구체적으로 전제한다는 점에서 상당히 정치적인 접근 방법이라고도 할 수 있다. 또한 자신을 포함한 모든 사람들에게 상당히 엄격한 도덕적 잣대를 들이대며 진리를 추구하고 정직을 대변하고 정의에 대한 사랑을 추구한다. 진리와 정직과 정의는 부에로 바예호의 작품 저변에 늘 깔려있는 요소다. 이처럼 실존적 의미와 사회적 의미는 부에로 바예호의 작품 곳곳에 존재한다. 물론 시간이 흐르면서 실존적 의미보다는 사회적 의미가 강조되기도 했지만, 그의 표현대로 모든 극적인 요소는 한계를 가진 인간이 자유를 추구하려는 투쟁이기 때문으로 설명할 수 있다.

부에로 바예호 극의 또 다른 특징은 문제는 제기하되 해결책은 제시하지 않는다는 점이다. 작품의 결말은 종종 관객들에게 문제를 제기하는 것으로 끝나기 일쑤다. 관객들에게 해결책 없이 던져진 문제는 관객들 스스로가 문제를 깊이 고민하고 원인을 밝혀 가능한 해결책을 제시하며 극의 결말을 완성하고 이어가야 한다. 부에로 바예호에 따르면, 바로 이러한 방법을 통해 극은 제 기능을 다하는 것이다. 관객들 하나하나가 나름대로의 해결책을 제시하며 인간의 존엄성을 위협하는 모든 장애물들을 극복해 나감으로써 '고뇌 inquietar'와 '치유 curar'의 과정을 거치게 되는 것이다. 대부분의 그의 작품이 상당히 암울한 분위기를 띠고 있긴 하지만, 작가 부에로 바예호가 단지 비관주의에 머물지 않고 이를 넘어선 작가로 인식되는 것은 그가 관객들에게 이런 치유의 과정을 제안하기 때문이라고 할 수 있다. 그의 많은 극작품이 비극적 내용을 담고 있으면서도 인간에 대한 많은 교훈을 성공적으로 전달할 수 있는 것도 마찬가지 이유에서다.

부에로 바예호의 작품은 실존적 의미가 강한 제1기와 사회적 의미가 지배적인 제2기, 그리고 정치적 관심이 커지고 새로운 무대 장치 기법에 관심을 기울인 제3기로 구분한다.

제1기는 1955년경까지의 작품이 포함된 시기로, 로페 데 베가 償 Premio de Lope de Vega 수상작 『계단 이야기 *Historia de una escalera*, 1949』와 『어둠에 갇힌 고통에서 *En la ardiente oscuridad*, 1950』로 대표된다. 『계단 이야기』는 계단을 공유하는 여러 서민 가족 이야기다. 세 세대에 걸친 가족 이야기로 자신들의 꿈을 좇기에는 나약한 등장인물들이 사회적으로 해결되지 않은 문제 앞에서 겪게 되는 좌절과 아픔과 미움을 그린 작품이다. 『어둠에 갇힌 고통에서』의 줄거리는 단순하지 않다. 고통에 체념하며 나름대로 행복한 삶을 사는 맹인들의 학교에 이그나시오 Ignicio라는 맹인이 들어온다. 체념에서 비롯된 행복에 만족하지 않기 때문에 늘 우울한 이그나시오로 사건이 벌어지고,

줄거리는 비극적 결말을 맞는다. 맹인 주인공 설정은 제한적 조건에 처한 인간 삶의 상징으로 본다면 실존적 의미로 해석될 수 있고, 인간에게 부여된 사회적 제한으로 본다면 사회적 의미의 작품으로 해석될 수 있다. 부에로 바예호가 관객들에게 제시하는 문제는 '우리의 한계를 받아들이고 행복할 것인가, 아니면 해결할 능력이 없는 한계를 거부하며 불행한 모습으로 존재할 것인가'이다. 부에로 바예호의 극작가로서의 자질과 사고의 깊이를 충분히 인식할 수 있는 작품이다. 이후에 발표된 작품 『꿈을 짜는 여인 *La tejedora de sueños*, 1952』, 『마음 속 멜로디 *La señal que se espera*, 1952』, 『동화 속 이야기처럼 *Casi un cuento de hadas*, 1953』, 『여명 *Madrugada*, 1953』, 『이레네 또는 보물 *Irene o el tesoro*, 1954』은 앞서 살펴본 작품들보다는 상대적으로 큰 관심을 받지 못한 작품들이다.

부에로 바예호 작품 제2기에서 작가의 사회적 의도는 명백해진다. 그는 1955년에 발표된 『오늘은 축제 *Hoy es fiesta*』와 1957년의 『히든 카드 *Las cartas boca abajo*』와 같이 사회적 의도가 강한 작품들을 통해 극작가로서 새로운 도약의 기회를 얻는다. 희망과 진실과 좌절의 문제에 접근했다는 점과 전체적인 분위기는 『계단 이야기』와 크게 다르지 않지만, 매우 구체적인 사회 조건에서 문제를 지적한다는 점에 있어서는 차이를 드러낸다.

18세기 카를로스 3세 당시 장관을 지낸 에스킬라체 Esquilache 이야기를 재구성한 『민중을 위해 꿈꾸는 자 *Un soñador para un pueblo*, 1958』와 화가 벨라스케스를 주인공으로 그린 『궁정의 시녀들 *Las meninas*, 1960』이 있고, 18세기 프랑스 파리의 병원 맹인들을 주인공으로 그린 『성 오비디오 축일의 콘서트 *El concierto de San Ovidio*, 1962』와 화가 고야를 주인공으로 한 『이성의 꿈 *El sueño de la razón*, 1970』 등의 역사극이 있다. 역사적 사건은 단지 작품을 구성하기 위한 구실일 뿐이고, 실제적인 당시의 현안 문제가 그 바탕에 깔려 있는 작품들이다. 『궁정의 시녀들』에 나오는 마르틴 Martín의 대사 '마치 지나간 과거처럼 이야기를 하는 게 훨씬 견디기 쉽다'나 『성 오비디오 축일의 콘서트』의 맹인들을 억압받는 자들의 상징으로 본다면 과거의 역사가 아닌 당시의 현실 문제를 지적했다는 해석은 정확하다.

1967년에 발표한 『채광창 *La tragaluz*』도 역사적인 요소를 지닌다. 가상의 미래 관점에서 과거를 돌아보는 형식의 이 작품에서 '과거'는 단지 '현재'일 뿐이다. 스페인 내란 후 헤어진 두 형제 비센테와 마리오가 오랜 시간이 흐른 후 만난다. 상당한 사회적 지위를 누리는 비센테와 경제적 어려움을 겪는 마리오를 통해 현재를 조명한다. 집약된 줄거리와 노련한 무대 기법이 더욱 돋보이는 작품들이다.

제3기는 1970년경 시작된 것으로 보인다. 작가는 사회 문제를 일반적 관점으로 보는 데 그치지 않고, 정치적 관점에서 구체적으로 다룬다. 감옥, 고문, 테러리즘 등의 테마를 정치적 시각에서 접근한다. 1971년의 『신들의 흔적 *Llegada de los dioses*』은 꿈을 이루지 못한 젊은 화가 훌리오의 고뇌와 회의를 부정적 시각에서 다룬다. 『라 푼다시온 *La fundación*, 1974』은 정치범 수용소를 배경으로 한 작품이다. 주인공 토마스를 포함한 동료들은 연구를 위해 장학금을 받고 '라 푼다시온'이라 불리는 장소에 기거하는 줄 알고 있었지만 실상은 그렇지 않다는 사실을 알고 일말의 희망을 가지면서도 두려움에 사로잡힌다. 자유에 대한 이상과 현실에 대한 앙가주망의 문제를 깊이 있게 다룬 작품으로 토마스와 동료들을 『신들의 흔적』의 훌리오와 마찬가지로 현실을 제대로 보지 못하고 눈먼 장님의 시각을 부각시킨다. 관객들에게 이러한 시각을 전달하기 위하여 새로운 기법의 무대 장치를 사용한다.

19세기 스페인 작가 마리아노 호세 데 라라 Mariano José de Larra의 삶과 죽음을 그린 작품 『총소리 *La detonación*, 1977』를 비롯하여 『한밤중의 재판관들 *Jueces en la noche*, 1979』, 『비밀대화 *Diálogo secreto*, 1984』, 『미로 속의 나사로 *Lázaro en el laberinto*, 1986』 등의 작품들도 발표했다.

비극 문제는 스페인 연극사에서 오랫동안 논란의 대상이 되었다. 프랑스 신고전주의자들이 지적한 바와 같이 스페인 비극 작품은 좀처럼 찾아보기가 힘들었다. 이런 차원에서 부에로 바예호의 작품은 최초의 현대 비극 작품이라고 설명할 수 있다. 그는 천성적으로 어둡고 고뇌가 깊었으며 비타협적이었고, 그의 작품 역시 같은 특징을 보인다. 스페인 극의 현실로 볼 때 이런 성격의 작품은 성공을 예상하기 어려웠지만, 부에로 바예호는 자신의 길을 굳건히 지켜낸 작가로 스페인 극의 관객들에게 새로운 지평선을 열어주었다는 평가를 받고 있다.

알폰소 사스트레 Alfonso Sastre (1926-)

알폰소 사스트레 Alfonso Sastre는 1986년 스페인 국민 연극상 Premio Nacional de Teatro을 수상한 극작가다. 1953년에 발표한 『죽음으로 향하는 분대 *Escuadra hacia la muerte*』는 실존주의의 깊이를 느낄 수 있는 작품으로, 스페인 내란 이후의 극에 이정표 역할을 한 작품이다. 이후에 발표된 사실극 『마을에서 벌어진 죽음 *Muerte en el barrio*, 1955』과 『모두의 양식 *El pan de todos*, 1957』에서는 작가의 사회적 의도가 뚜렷하게 드러난다. 대표작 『피와 재 *La sangre y la ceniza*, 1965』는 브레히트의 극 개념에 바예 인클란의 에스페르펜토를 섞은 작품으로, 칼뱅의 종교재판으로 희생당한 미카엘 세르베투스의 이야기다. 프랑코 독재 체재에 비판의 목소리를 높인 알폰소 사스트레는 1966년 투옥되고, 1968년 『환상의 선술집 *La taberna fantástica*』을 발표한다. 1985년에 공연된 이 작품은 사이네테 sainete 형식으로 소외된 하층민을 다룬다.

카를로스 무니스 Carlos Muñiz (1927-1994)

카를로스 무니스 Carlos Muñiz는 『귀뚜라미 *El grillo*, 1955』 등의 극사실주의 작품을 발표하고, 이후에 발표한 인상주의 터치의 작품 『잉크병 *El tintero*, 1961』은 행정 조직에서 발생하는 비극적 내용으로 카프카풍의 인간의 소외를 다룬다. 『까다로운 노파들 *Las viejas difíciles*, 1963』과 대표작 『여유만만 카를로스 왕자의 희비극 *Tragicomedia del serenísimo príncipe don Carlos*, 1974』은 펠리페 2세와 아들 카를로스의 궁정생활을 에스페르펜토 시각으로 그린 작품이다. 이 밖에도 그는 드라마와 시나리오 극본을 많이 썼다.

라우로 올모 Lauro Olmo (1922-1994)

라우로 올모 Lauro Olmo의 『셔츠 La camisa, 1962』는 스페인 사실주의 극의 대표작이다. 대도시의 판자촌 사람들과 일자리를 찾아 외국으로 떠난 사람들, 복권이 유일한 희망인 사람들의 비참한 생활을 그린 작품으로 투박한 사이네테풍에 거친 일상의 언어가 돋보인다. 여인숙의 비참한 삶을 그린 『정어리 가슴살 *La pechuga de la sardina*, 1963』과 『몸뚱이 *El cuerpo*, 1966』, 『영어 가능 *English spoken*, 1968』, 『훈장 *La condecoración*, 1964』 등이 작품이 있다. 모두 사회비판 성격의 작품들이다.

안토니오 갈라 Antonio Gala (1930-)

안토니오 갈라 Antonio Gala의 작품은 시적 사실주의, 역사 笑劇, 도덕적 상징주의 극의 성격을 띤다. 1963년의 『에덴의 푸른들 *Los verdes campos del Edén*』은 치기 어린 방랑 청년의 일탈을 그린다. 우화 형식의 『개미굴의 태양 *El sol en el hormiguero*, 1966』과 『잃어버린 행복한 날들 *Los buenos días perdidos*, 1972』 등의 작품이 있으며 『부인에게 바치는 반지 *Anillos para una dama*, 1973』와 『나무에 달린 치터 *Las cítaras colgadas de los árboles*, 1974』, 그리고 『율리시즈, 왜 달려? *¿Por qué corres, Ulises?*, 1976』는 안토니오 갈라의 대표작들이다.

페르난도 아라발 Fernando Arrabal (1932-)

사실주의 극이 주류를 이루던 당시에 새로운 극을 시도하려는 많은 극작가들 중에서도 페르난도 아라발 Fernando Arrabal은 대표 작가다. 첫 작품 『세발자전거 사람들 *Los hombres del triciclo*, 1958』은 관객과 비평계로부터 별 호응을 받지 못했고, 이후 아라발은 프랑스에 거주하며 그곳에서 작품을 발표하였다. 불어로 많은 작품을 발표하면서 유럽 극 혁명을 대표하는 국제적 인물로 알려졌지만, 아라발은 항상 자신의 극의 뿌리는 스페인이라고 명시하였다.

아라발의 극은 부조리극 teatro del absurdo과 새로운 형태의 에스페르펜토 극에서 출발해서 패닉무브먼트 teatro pánico에 이른다. 대표작으로는 『게르니카 *Guernica*, 1956』, 『흑인 살인자의 의식 *Ceremonia por un negro asesinado*』, 『아름다운 안녕 *Bella Ciao*』 등이 있다. 작품의 공통점은 잔인하고 비인간적이며 부조리한 세상에 대한 반항의 시각을 드러낸다는 점이다. 스페인에서는 1970년대 말까지도 이러한 작품의 공연이 금지되었다. 이후에 공연된 작품들 중에 많은 관심과 사랑을 받은 작품으로는 『자동차 무덤 *El cementerio de los automóviles*, 1959』, 『아시리아 건축가와 황제 *El arquitecto y el emperador de Asiria*, 1966』, 『조국, 너의 괴로운 목소리가 들려 *Oigo, Patria, tu africción*』 등이 있다.

6. 1975년 이후의 극

1975년 프랑코 사후의 정치와 사회 상황은 극의 발전에 매우 우호적인 분위기였다. 우선 검열이 사라졌고, 국가적 차원에서 극을 지원하는 여러 정책이 등장했다. 국립 드라마 센터 Centro Dramático Nacional와 극 자료 소장센터 Centro de Documentación Teatral와 新무대공연 국립센터 Centro Nacional de Nuevas Tendencias Escénicas가 신설되었다. 또한 극작품 출판이 이어졌으며, 전국적인 극 페스티벌이 열렸다.

그러나 상황의 호전과는 상반되게, 새로운 극작품의 공연은 많지 않았고 관객들의 호응 또한 뜨겁지 않았다. 영화나 텔레비전에 관객들의 관심을 빼앗긴 것도 중요한 요인으로 볼 수 있다.

이미 극작가로 활동하던 안토니오 부에로 바예호나 안토니오 갈라와 같은 작가들은 계속하여 사실극 중심의 극을 무대에 올렸다. 반면에 1968년과 1975년 사이에 명성을 날렸던 실험극 극작가들에 대한 관객들의 반응은 차가왔다.

국가적 차원의 지원 정책에 대부분의 인디 극단들이 각 지자체로부터 지원을 받는 안정적인 극단으로 자리를 잡았으나, 오히려 그들의 추진력은 전보다 약해졌다. 그러나 인디 극단의 성격을 유지하며 명성을 날렸던 '음유시인들 Els Joglares'과 '희극단 Els comedians' 같은 극단도 있었다.

다른 장르에서와 마찬가지로 1975년 이후에 공연된 극작품의 공통점은 절충적 성격을 보인다는 것이다. 새로운 현실과 사회의 인물을 설정한 사회극과 실생활 묘사극도 인기는 있었지만, 흥미 위주의 극이 대부분을 차지했다.

호세 산치스 시니스테라 José Sanchis Sinisterra (1940-)

호세 산치스 시니스테라 José Sanchis Sinisterra는 1940년 발렌시아에서 태어났다. 바르셀로나 연극학교 Instituto de Teatro de Barcelona의 교수로, 또 '국경지대 연극 Teatro Fronterizo' 설립자로 여러 극 공연의 감독을 맡았을 뿐만 아니라 다른 장르의 작품을 각색하여 무대에 올리기도 하였다.

산치스 시니스테라의 특징은 전통극과 현대극을 잘 조화시킨다는 점이다. 끊임없는 실험과 연구 또한 그의 남다른 성격이다. 1980년 이후에 그는 산문과 극 장르를 넘나들며 20세기의 제임스 조이스와 훌리오 코르타사르와 카프카 등의 작품뿐 아니라 스페인 황금세기 작가들의 작품도 무대에 올렸다.

산치스 시니스테라의 가장 잘 알려진 작품 『아!, 카르멜라! *¡Ay, Carmela!*, 1986』는 스페인 내란 당시의 공화파 지지 극단이 공화당 파에서 위문 공연을 하고 장소를 이동하다가 국민당파 진영으로 가면서 벌어지는 사건들을 보여준 희극으로 1986년 초연 후에 여러 번 공연되었고 드라마로도 각색되어 많은 상을 받은 작품이다. 16세기 희극단이 20세기 민주화 과정에 있던 스페인 관객을 만나는 설정의 작품 『이투성이 2인 배우 극단 *Ñaque o de piojos y actores*, 1980』과 『너, 그리고 누군지는 상관없어 *Tú, no importa quién*, 1962』 등의 대표작이 있다.

호세 루이스 알론소 데 산토스 José Luis Alonso de Santos(1942-)

호세 루이스 알론소 데 산토스 José Luis Alonso de Santos는 1942년 바야돌리드에서 태어난 극작가이자 무대 감독이다. '타바노 Tábano' 등의 인디 극단에서 활동하였고, 1971년에 '자유 극단 연합 Asociación Teatro Libre'을 설립하였다.

알론소 데 산토스는 작품 속에 사회에서 소외된 사람들과 일반 대중의 언어를 세심하게 관찰하여 있는 그대로 옮겨놓았다. 이 때문에 그의 극작품은 실생활 묘사의 성격이 강하다. 『바예카스 담배가게 주인 할머니 *La estanquera de Vallecas,* 1981』와 기성 사회 비판 성격이 강한 『모로코로 내려가다 *Bajarse al moro,* 1985』 등 관객의 사랑을 많이 받은 작품들이 있다.

페르민 카발 Fermín Cabal (1948-)

1948년 레온 지방에서 태어난 페르민 카발 Fermín은 젊은 시절부터 인디 극단을 만들어 활동하였으며, 영화와 텔레비전 대본 작가로도 활동하였다.

무대에 올린 첫 작품 『브리오네스, 너 미쳤구나 *Tú estás loco, Briones,* 1978』는 프랑코 독재 시절을 배경으로 극우파를 주제로 한 작품이다. 권투 선수 주인공의 『오늘 밤에 열리는 큰 경기 *Esta noche gran velada,* 1983』와 마약 세계를 그린 『악마의 마약 *Caballito del diablo,* 1985』, 18세기 독립 전쟁의 영웅 후안 마르틴 디에스 *Juan Martín Díez*의 일대기를 역사적으로 재조명한 『돈 후안 마르틴의 불운 *Malandanza de don Juan Martín,* 1985』 등의 작품이 있다.

작가명 색인

스페인 문학사

지은이 김종옥
펴낸이 이남호
펴낸곳 전북대학교출판문화원

초판 1쇄 발행 2015.9.30.
초판 2쇄 발행 2016.7.11.

전북대학교출판문화원 전북 전주시 완산구 어진길 32 (풍남동2가)
기획 송덕호
디자인 이소형, 이진영
회계 · 행정 이진주
전화 (063) 219-5321~2
FAX (063) 219-5323
출판등록 2012년 8월 20일 제465-2012-000021호

값 25,000원

ISBN 978-89-98534-60-8 93870

이 도서의 국립중앙도서관 출판예정도서목록(CIP)은 서지정보유통지원시스템 홈페이지(http://seoji.nl.go.kr)와 국가자료공동목록시스템(http://www.nl.go.kr/kolisnet)에서 이용하실 수 있습니다.(CIP제어번호: CIP2015022946)